Wild & Geflügel

Christian Teubner • Olgierd E. J. Graf Kujawski • Siegfried Scholtyssek

Wild & Geflügel

Teubner Edition

Inhalt

Geflügel

Geflügel ist seit jeher ein wichtiger Bestandteil der Nahrung, und das weltweit. Die ständig wachsende Nachfrage nach preiswertem, eiweißreichem und diätetisch besonders geeignetem Fleisch hat verständlicherweise auf der Erzeugerseite zur Vergrößerung der Tierbestände geführt. Neben der umstrittenen Intensivhaltung gibt es aber auch Geflügel aus extensiver Haltung in hervorragender Qualität. Quantitativ gesehen rangiert die Hühnerfamilie mit weitem Abstand zum übrigen Geflügel unangefochten an der ersten Stelle. Zahlreiche Hühner in allen Größen und Altersstufen, angefangen vom kleinen Stubenküken bis hin zur schweren Poularde, sind auf dem Markt erhältlich. Auch Truthühner (Puten) werden intensiv und extensiv gehalten. Gerade hier hat sich die »Produktion« in den letzten Jahren stark ausgedehnt. Der Grund dafür liegt in einer im Vergleich zum Huhn günstigeren Körperfülle und Schlachtausbeute sowie in dem Vorteil, dass man Putenfleisch gut verarbeiten kann. Aus den diversen Teilstücken lassen sich ansprechende und gesunde Mahlzeiten zubereiten.

Perlhuhn, Taube und Wachtel gehören von vornherein zum Geflügel für Feinschmecker, das zwar seinen Preis hat, mit dem man aber auch in der Küche fantasievoll umgehen kann. Das Fleisch von Ente und Gans unterscheidet sich vom übrigen Geflügel durch seinen kräftigen Eigengeschmack, der sich, bedingt durch den hohen Gehalt an Körperfett im Vergleich zu den Hühnervögeln, besonders gut entwickeln kann. Zunehmend an Bedeutung gewinnt in jüngster Zeit auch das Fleisch vom Strauß und seinen Verwandten – für viele noch kulinarisches Neuland, das es zu entdecken gilt.

Gute Geflügelqualität verlangt auch, dass die übrigen Zutaten vom Besten sind,
zum Beispiel der Rotwein für diese Marinade.

Geflügel genießt seit jeher einen hohen Stellenwert in den Küchen Europas. Dies zeigt auch das Gemälde des Niederländers Joachim Buckelaers (1570).

Historisches
GEFLÜGEL-GESCHICHTEN

Wer lockte das erste wilde Huhn mit einer Hand voll Körner? Wer wagte es, die erste Gans zu zähmen? Die idyllisch anmutende Geschichte des »Hühnerhofs« nimmt unter anderem seinen Anfang mit der so genannten agrarischen Revolution in der Jungsteinzeit. Die Menschen wurden zu dieser Zeit sesshaft und teilten sich die Arbeit untereinander auf: Da waren Hirten und Jäger, Ackerbauern und Gärtner von Kulturpflanzen. Jedoch hingen diese noch sehr von den Unbilden des Klimas und den Krankheiten der Menschen und Tiere ab. Sie säten das Korn, brauchten aber die Ernte für Brot und Brei. Verfüttern konnten sie daher – auch später noch – nur den Überfluss, aber niemals das Saatkorn des nächsten Frühjahrs. Reichte die Ernte nicht, so wurde das Vieh geschlachtet. Eine Kuh aber brauchte viel Futter über die harte Zeit, wogegen sich Hühner eher anspruchslos über den Winter »pickten«. So war das Federvieh leichter zu halten und ergab letztlich doch einen schönen, fetten Braten. Federn zum Schreiben gab es noch gratis dazu, wie auch Daunen für ein warmes Bett; das Federspleißen gehörte zu den Winterarbeiten. Alles, was im Laufe des Jahres beim Rupfen der Gänse, Hühner und Enten zusammengekommen war, wurde gespleißt, das heißt,

vom Kiel gerissen. Die derben wurden sodann in die Unterbetten gestopft, Flaum und Daunen plusterten Kissen auf und machten wattierte Röcke und Kittel so warm, wie man es in den kalten Stuben und auf den winterlichen Fußmärschen auch brauchte.

Kein Mitleid mit der Gans

So lebte man bis in unser Jahrhundert hinein zwischen den Pflanzen und Tieren, die man später aß. Ein Kind kannte die Hennen, die die Sonntagsfrühstückseier legten, und im Frühsommer hielt es die Gössel in der Spielschürze. Später wurden diese glatte und weiße Gänse, und wenn sie zischelten und schnatterten und ihre riesigen, starken Schwingen wie zum Flug entfalteten, gab es wohl kein Kind, das nicht Angst vor ihnen gehabt hätte. Ebenso viel Angst wie vor dem starken Hahn, den sich der Bauer so scharf wie einen Hofhund hielt.
Keine starke Zuwendung oder Mitleid mit der Gans stellte sich ein, wenn der schwerfällige Sommerfeind nach Martini am Balkonhaken hing. Die sachliche Neugier wurde beim Schlachten und Ausnehmen befriedigt, wenn sich die Geheimnisse des Lebens enthüllten: da war der Magen und die Därme der Gans, und wenn die Hausfrau den Magen mit sicherer Hand aufschnitt, quollen Haferkörner heraus wie winzige Kieselsteine. Aus der Gurgel der Gans, getrocknet, mit ein paar Suppenerbsen gefüllt und zum

Ring zusammengebunden, machten Mütter Rasseln, mit welchen Buben kleine Mädchen erschreckten. Der Hahn als Herr seiner Hennen, als König auf dem Misthaufen, war hingegen ein mächtiges Vegetations- und Wachstumssymbol. Stand dann die Ernte bevor, wurde mit einem Hahnenopfer das Wetter beschworen: Hahnenreiten, Hahnenschlagen und andere Traditionen entluden die Aggressionen der Schnitter.

Das Huhn im Topf und der Hahn auf dem Hochzeitstisch

Nach der Ernte wurde dann üppig geschmaust und mit dem Hahn die erste Fülle der eingebrachten Feldfrüchte gefeiert. Friedliche Feste wie Schnitthahn, Hahnverzehr, Wurfhahn oder Schützenhahn wurden somit zum Mittelpunkt der Erntezeit. So war das Huhn im Topf in allen ländlichen Gegenden ein Festmahl von vielfältiger Segensbedeutung, das stets das Glück und die Dankbarkeit für die gute Ernte in der Erinnerung wach hielt. Der französische König Henri Quatre, beispielsweise, ging als guter Monarch in die Geschichte ein, weil er – abgesehen von all seinen anderen Taten – seinen Untertanen jeden Sonntag ein Huhn im Topf versprochen hatte. Das zarte, junge Huhn und der fette Kapaun waren die solide Basis einer nicht spektakulären, aber guten Küche. Ob Köchinnen und Köche für den Tisch der Bürger oder Fürsten aufkochten, ob die Väter Taufessen für ein Kind ausrichteten oder die Bauern die großen christlichen Feste mit den so genannten Fleischtagen begannen – immer wurden Hühner geschlachtet. Die Hochzeitssuppen in Nord und Süd beruhen auf einer fetten, kräftigen Hühnerbrühe zu Ehren des fruchtbaren Hahns.

Die Gemälde oder Holzschnitte, die mittelalterliche bis biedermeierliche Küchen zeigen, stellen stets den Bratspieß am Rande des gemauerten Herdes dar, auf dem drei oder vier Hühner aufgereiht sind und, schön fern von der Glut, damit das zarte Fleisch nicht trocken wird, vom Winde oder vom Küchenjungen gedreht werden. Ein junges Huhn war in alten Zeiten eine Portion für einen Mann. Es wurde unzerteilt auf das Brot oder auf den Zinnteller gelegt. Es gibt wohl keinen Kostümfilm aus Hollywood, der nicht ausschweifend zeigt, wie der Ritter nach Meinung der Regisseure die Brathühner mit der Faust zerschlug. Wer den Quellen mehr traut als Multicolorfilmen, sieht neben den Schmausenden die Diener, die mit Wasserbecken und Handtüchern aus Linnen umhergehen. Sicher jedoch ist, dass die festlichen Mahlzeiten des Mittelalters durch schiere Verschwendung prunkten und begeisterten. Wenn englische Könige Weihnachten feierten, mussten im 13. und 14. Jahrhundert Tausende von Hühnern und – bei Henry III. – sogar noch 115 Kraniche ihr Leben lassen. Der Erzbischof von York ließ für seine 6 000 Gäste 2 000 Gänse, 1 000 Kapaune, 104 Pfauen und 13 500 Vögel schlachten. Diese wurden noch neben den entsprechenden Schlachttieren, Pasteten und Fischen, Wild und Waffeln in ein paar Tagen verspeist. In der Spanne zwischen Barock und spätem Bürgertum wurde dem außergewöhnlichen Federvieh eine

Doppelrolle zuteil. Die Festungsmauern der Städte und Burgen waren überflüssig, Villen und Schlösser sicherer geworden und umgeben von offenen Parks. Diese wurden dann zu Kulissen für Pfau und Goldfasan, Perlhuhn und Wachtel. Teiche wurden zum Ort der Schwäne und Enten: Tiere zum Schmuck, aber dennoch Nahrungsvorrat. So wie die Taubenschläge in den Ritterburgen das Auge entzückten und als Notvorrat für lange Belagerungen gedacht waren. Auch der Truthahn, der Fremdling aus der Neuen Welt, muss als Merkwürdigkeit in sein eigenes Gehege. Der Truthahn gehört untrennbar zum amerikanischen Thanksgiving, das stets an das erste Erntedankfest der Pilgerväter erinnert. Diese waren 1620 aus England gekommen und als Städter kaum dem gewachsen, was in New England auf sie wartete. Im ersten harten Winter starben 50 der 100 Männer und 13 der 18 Frauen. Ohne die Unterstützung eines Indianers namens Squanto wären alle verhungert. Er zeigte ihnen, wie man mit einheimischen Pflanzen und Tieren umgeht, daraufhin fiel 1621 ihre erste Ernte so gut aus, dass sie Squanto voller Dankbarkeit zum Thanksgiving einluden. Es muss ein gewaltiges Fest gewesen sein, zu dem Squanto nach seiner Sitte des herbstlichen Ernte- und Reinigungsfestes seinen ganzen Stamm mitbrachte. Es gab Mais und Kürbis, Meeresfrüchte, jungen amerikanischen Wein, wilde Gänse, Enten und eben auch wilden Truthahn. Der Truthahn ist bis heute der gewichtige Mittelpunkt des Familienfestes, als das Thanksgiving in den Vereinigten Staaten begangen wird. Und er hat seinen Weg ins Mutterland der Pilgerväter gefunden und wurde der Weihnachtsbraten des viktorianischen Englands.

Die Weihnachtsgans und der heilige Martin

Aus England stammt die Sitte der Weihnachtsgans. Der großen Elizabeth soll just am Heiligen Abend des Jahres 1588 eine Gans aufgetischt worden sein, als ihr die Nachricht vom Sieg über die spanische Armada überbracht wurde, und zur Erinnerung an diesen Tag ist die Gans zum triumphalen Festbraten geworden.

Verschiedene Legenden ranken sich um die Martinsgans: Nach der einen sollen das Geschnatter der Gänse den heiligen Martin, der Bischof von Tours war, beim Predigen gestört haben. Nach einer anderen sollen ihn die Gänse verraten haben, als er sich im Gefühl der Schwäche in einen Gänsestall verkrochen hatte, um nicht das schwere Amt des Bischofs antreten zu müssen. In einer anderen Fabel wiederum preist die Gans, die dem Wolf knapp entkommen ist, den heiligen Martin als ihren Nothelfer. Aber wie auch immer es sich zugetragen haben mag: Stets haben die Gänse zu Martini ihr Leben lassen müssen. Dieser Tag war schon in alten norwegischen Runenkalendern und im vorigen Jahrhundert auch noch im Tiroler Bauernkalender mit einer gemalten Gans bezeichnet. Damit ist die englische Weihnachtsgans sozusagen auf die kontinentale Martinsgans gestoßen – und beide zusammen haben sich als unwiderstehlich erwiesen, wie die Vielfalt der Zubereitungsarten zeigt.

Der Hahn in seiner ganzen Pracht – Symbol der Fruchtbarkeit, Ernte-, Wetter- und Streithahn zugleich – war zu allen Zeiten ein beliebtes Motiv in der Darstellenden Kunst.

Geflügelfleisch
IM AUFWÄRTSTREND

Fleisch ist ein wichtiges und beliebtes Nahrungsmittel in unserer Gesellschaft. Obwohl der Gesamt-Fleischverzehr – also das Fleisch aller Schlachttiere, Wild und Geflügel zusammen – leicht rückläufig ist, hält der Aufwärtstrend im Verzehr von Geflügelfleisch erfreulicherweise an. Erfreulich deswegen, weil Geflügel aufgrund seiner Nährstoff-Zusammensetzung zu dem gesündesten Fleisch gehört und von Ernährungsphysiologen vor allem bei Stoffwechsel- und Kreislauferkrankungen empfohlen wird. Der Pro-Kopf-Verbrauch aller Fleischarten und speziell der von Geflügel stellt sich für die letzten 10 Jahre so dar, wie in der Tabelle rechts aufgeführt:

PRO-KOPF-VERBRAUCH VON FLEISCH		
	1990	2000
Fleisch insgesamt	100,3 kg	92,7 kg
davon:		
Schweinefleisch	58,1 kg	55,8 kg
Rindfleisch/Kalbfleisch	22,1 kg	14,6 kg
Geflügelfleisch	12,4 kg	15,6 kg
Vom Geflügelfleisch:		
Jungmasthühner	7,1 kg	8,1 kg
Suppenhennen	1,1 kg	0,9 kg
Enten	0,7 kg	1,0 kg
Gänse	0,4 kg	0,4 kg
Puten und anderes Geflügel	3,1 kg	5,3 kg

Während sich der Fleischverzehr insgesamt in den vergangenen 10 Jahren deutlich reduziert hat, ist die Nachfrage nach Geflügel ungebrochen. Im Gegenteil, hier ist sogar ein Mehrverbrauch von über 3 Prozent festzustellen. Die erhöhte Nachfrage nach Geflügel ging vor allem zu Lasten von Schweine- und Rindfleisch. Betrachtet man die einzelnen Sparten beim Geflügel genauer, so sind es vor allem Jungmasthühner und Puten, die zugelegt haben.

Das Hühnchen ist absolute Spitze beim Geflügelfleischverbrauch, und daran hat das beliebte Grillhähnchen einen wesentlichen Anteil. Aber nur dank einer Massenproduktion auf unterstem Qualitätsniveau und entsprechenden Auswirkungen auf das Image vom Hähnchen im Allgemeinen. Für den anspruchsvollen Verbraucher hat der Markt aber auch Hühner von guter bis bester Qualität zu bieten. Kein Grund also, auf ein delikat gegrilltes Hähnchen zu verzichten oder, wie im Bild oben, eine Poularde »alla cacciatora« zu schmoren.

Trotz der positiven Entwicklung im Geflügelfleischverzehr liegt die deutsche Verbrauchszahl 2000 mit 15,6 kg noch unter dem europäischen Durchschnitt. Hier nehmen Spanien, Frankreich, Irland, die Niederlande und die Vereinigten Königreiche eine Spitzenposition ein. Beim Verbrauch von Putenfleisch ist jedoch eindeutig zu erkennen, dass Deutschland in den letzten Jahren an die Zahlen der genannten Länder aufgeschlossen hat. Das Hähnchen steht jeweils an der Spitze des Konsums, gefolgt von den Puten. Suppenhennen und alte Hähne spielen heute nur noch eine untergeordnete Rolle, ebenso wie zahlenmäßig Enten und Gänse nur gering zu Buche schlagen, da sie meist nur eine saisonale Bedeutung haben. Perlhühner, Wachteln und Tauben gehören in der Tabelle zum »anderen« Geflügel und sind mit höchstens 0,2 kg bei den Puten abzuziehen. Der Selbstversorgungsgrad bei Geflügel liegt in Deutschland bei etwa 60 %, das heißt, es wird fast die Hälfte des verzehrten Geflügels eingeführt. Hauptlieferanten sind die Niederlande, Frankreich, Polen und die Tschechische Republik. Von den deutschen Hähnchen wird heute etwa die Hälfte »bratfertig« (mit Innereien), ein Viertel »grillfertig« (ohne Innereien), der Rest in Form von Teilstücken auf den Markt gebracht; das Frischwaren-Angebot liegt bei etwa 50 %.

Handelsklassen

Der deutsche Schlachtgeflügelhandel wird nach der gesetzlichen Handelsklassenverordnung (letzte Ausgabe 1990; in der jeweils aktuellen Fassung) geregelt. Sie hat praktisch EU-Gültigkeit, da die Importquote bei uns hoch ist. Geflügelfleisch wird nach fünf verschiedenen Kategorien – Geflügel, Geflügelfleisch, geschlachtetes Geflügel, Geflügelteile und Innereien – unterschieden und gütemäßig auf die zwei Klassen A und B verteilt. Dabei werden hauptsächlich der Gesamteindruck, die Bemuskelung beziehungsweise der Fleischansatz von Brust- und Schenkelpartie sowie deren Fettabdeckung, außerdem die Minderungen durch Verfärbungen, Stoppelfedern, Verletzungen und Frostbrand bewertet.
A = beste Qualität. Das Geflügel ist einwandfrei gerupft und ohne Verletzungen und Verfärbungen.
B = gesundes Geflügel mit geringen Verletzungen (Hautrisse, ungleichmäßiger Fettansatz).
Heutzutage wird der Verbraucher aber praktisch nur noch mit der Klasse A konfrontiert, das heißt, etwa 90 % der »Ganzkörper«-Ware werden in die Handelsklasse A eingestuft, der Rest wird, wenn möglich, zu Teilstücken verarbeitet. Als Verkehrsbezeichnung für die ganzen Tiere gelten Hähnchen, Suppenhenne, Junges Truthuhn, Junge Ente, Ente, Frühmastgans, Junge Gans und Gans, als Bezeichnung für die Teile Hälfte, Brust, Schenkel, Oberschenkel, Unterschenkel. Statt Truthahn kann man Pute sagen, statt Schenkel Keule. Ein Hähnchen mit einem Gewicht unter 700 g kann man als »Stubenküken« bezeichnen und chirurgisch kastrierte Junghähne als »Kapaun«. Es gibt einige neu eingeführte Teile, wie etwa ungetrennte Filets, Brustfilet mit Schlüsselbein, Schenkel mit Rückenstück und so weiter. Es müssen ausgezeichnet werden die Angebotszustände »frisch«, »gefroren«, »tiefgefroren« und die Lagertemperatur. Man kann

Geflügelteile in Form von Wurst und Schinken machen inzwischen einen beträchtlichen Anteil am Verbrauch von Geflügelfleisch aus. Vor allem die Wurstwaren von den mageren Geflügelsorten (Truthahn und Hähnchen) werden wegen ihres geringen Fettgehalts geschätzt und in der Diätküche eingesetzt.

auch die Kühlverfahren auszeichnen, denn bei der Schlachtung wird mit Luft-Sprühkühlung, Luftkühlung oder Tauchkühlung gearbeitet. Bei den Herrichtungsformen gibt es die Alternativen »teilweise ausgenommen«, »bratfertig« oder »mit Innereien« sowie »grillfertig« oder »ohne Innereien«. Die Herrichtungsformen wurden gegenüber früher stark reduziert. Mag sein, dass bei uns kein Interesse mehr vorhanden ist für Tiere mit Kopf und Ständern. Es spricht aber auch für die Verantwortung des Gesetzgebers in Bezug auf eine einwandfreie Hygiene, weil gerade die distalen Körperteile (Kopf, Flügelspitzen, Ständer) stark verschmutzt und beim Schlachtprozess nur schwierig vollständig zu reinigen sind. Frankreich hat für seine »Bresse«-Hühner bei der EU eine Sondergenehmigung erhalten, weil das Huhn mit Kopf und Ständern in diesem Fall als Markenzeichen anzusehen ist; denn nur so ist an den Federrückständen zu erkennen, ob die richtige Rasse angeboten wird. Im Orient wird das Mastgeflügel, selbst in den modernen Großstädten, lebend verkauft. Man lässt es an Ort und Stelle schlachten, um das Tier seiner Wahl (und dieses vor allem richtig geschlachtet) zu bekommen, zum Teil sogar geschächtet.

Bei den Hühnern auf dem Bauernhof steht in der Regel die Fleischleistung nicht an erster Stelle – sie sind zunächst einmal zum Eierlegen da. Wenn diese Leistung dann schließlich nachlässt, taugt die Fleischqualität nur noch für Suppen, aber dafür sind diese dann mit ihrem kräftigen Geschmack besonders gut.

dem Älterwerden signifikant an, während die der Flügel und des Rückens sinken.

Obwohl die Merkmale des Körperwuchses und des Körperbaus relativ hohe Erblichkeitsgrade (Heritabilitäten) besitzen und sich damit zur Direktselektion eignen, hat man auch in der Junggeflügelmast die Hybridzüchtung eingeführt. In der nunmehr schon bald als klassisch geltenden »Drei-Wege-Kreuzung« werden gegenwärtig die meisten Masttiere bei Hühnern, Puten und Enten gezüchtet.

Das genannte Verfahren besteht darin, dass man die Muttertiere aus zwei frohwüchsigen, mittelschweren, auch einigermaßen legefreudigen Rassen oder Linien benutzt, den Kreuzungs- oder Heterosiseffekt zur Verbesserung der Vitalität und der Legeleistung ausnutzt, die für die Muttertiere besonders wichtig sind. Gepaart werden diese Mütter dann mit sehr schweren und gut proportionierten (Betonung von Brust und Schenkel) Hähnen zur Erzeugung der gewünschten Mastküken. Damit sind die Haupt-Zuchtziele in den drei Linien eindeutig, wobei genetische Wechselwirkungen und geschlechtsgebundene Effekte zu berücksichtigen sind. Jeder Züchter wählt für die Selektion eigene Merkmale und Systeme. Jeder versucht natürlich, alle wichtigen Parameter zu objektivieren, also messbar zu machen. Merkmale wie Gewichtsentwicklung, Legeleistung (bei den weiblichen Tieren) und Vitalität werden grundsätzlich berücksichtigt.

Die Hähnchen werden auf Fleischleistung gezüchtet und als Jungmastgeflügel angeboten, was man diesen beiden schlanken Exemplaren auf einem römischen Markt zwar nicht ansieht, doch zumindest sind sie jung und haben zartes Fleisch.

Zucht und Arten
AUF DER SUCHE NACH MEHR LEISTUNG UND GESCHMACK

Alle Geflügelarten, die zur menschlichen Ernährung angeboten werden, sind im Laufe der Zeit besonders auf Fleischleistung gezüchtet worden und werden in der Regel als Jungmastgeflügel angeboten. Die geschlechtsreifen Eltern- oder Zuchttiere können, wie die Mehrheit der Suppenhennen, nur in Suppen oder in Fertigkonserven (eventuell noch als Schmorbraten) Verwendung finden. Bei der Zucht sind neben der Fleischmenge speziell den fleischreichsten Körperpartien Brust und Schenkel besondere Aufmerksamkeit zu schenken. Die Brust wird vor allem aus dem großen und dem kleinen Brustmuskel gebildet, das Schenkelfleisch umfasst mehrere Muskelstränge. Im Verhältnis zum gesamten Körper hat zum Beispiel die Wachtel den höchsten Brustfleischanteil, gefolgt von Pute, Perlhuhn, Huhn, Gans und Ente. Bei Schenkelfleisch rangiert das Huhn an erster Stelle, gefolgt von Perlhuhn, Pute, Gans, Ente und Wachtel. Bedeutsam ist das Alter der Tiere. So steigen die Anteile an Brustfleisch bei Hühnern und Puten mit

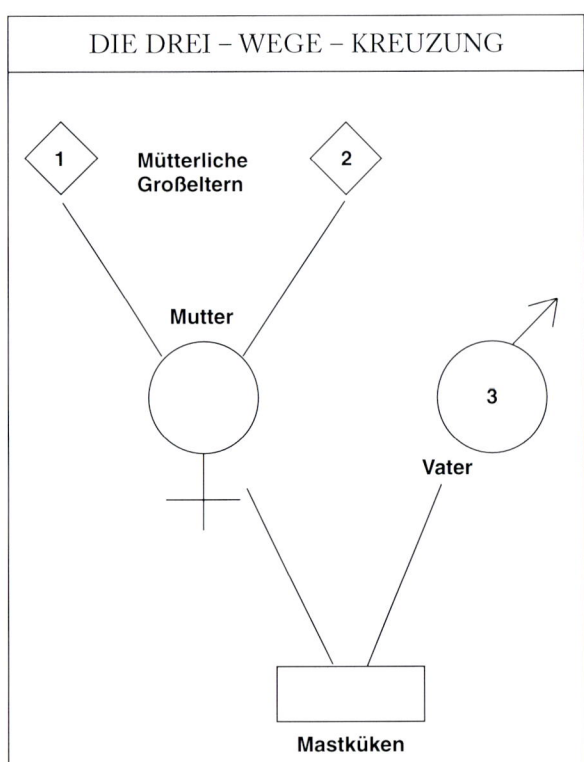

DIE DREI – WEGE – KREUZUNG

1 — **Mütterliche Großeltern** — 2

Mutter ♀

3

Vater

Mastküken

Hybridzüchtung. Ausschlachtungs- und Teilstückanteile, Brusttiefe, -breite, -höhe und/oder -winkel und andere Merkmale werden für die drei Linien unterschiedlich gewichtet.

GEWICHTE VON JUNGMASTGEFLÜGEL			
Geflügelart	Mastdauer - Wochen -	Lebendgewicht - kg - m w	Schlachtausbeute - % -
Huhn	6 8	1,8 1,6 2,8 2,4	70 72
Pute	12 18 24	7,9 6,1 14,0 10,0 19,5 –	77 80 82
Pekingente Flugente	8 8 10	Ø 3,3 3,2 2,1 4,0 2,6	70 72 74
Gans	12 16 20	5,7 4,8 6,3 5,4 7,5 6,5	73 74 75
Perlhuhn	8 12	Ø 1,3 Ø 1,8	– –
Taube	4	Ø 0,5	–
Wachtel	6–8	Ø 0,2	–

In der Junggeflügelmast gibt es starke Streuungen für
das Gewicht der Tiere. Varianzursachen sind in erster
Linie das Alter, die Herkunft und das Geschlecht.
Alle in der Tabelle (oben) aufgeführten Daten sind als
Anhaltswerte (grobe Mittelwerte) anzusehen. Beim
Huhn hat sich ein Standardtyp bei den Hybriden
entwickelt, der mit 38 bis 40 Tagen Einzelgewichte
von 1750 g auf die Waage bringt und damit das Gros
des »Hähnchen«-Bedarfs deckt. Die verlängerte Mast
gewinnt an Interesse, weil damit eine bessere
Fleischqualität garantiert werden kann. Bei der Pute
handelt es sich um schwere Breitbrust-Puten. Baby-
Puten haben nur eine geringe Bedeutung, weil sie mit
den schweren Hühnern konkurrieren müssen und
dann unrentabel sind. Puten werden zum Mastende
getrenntgeschlechtlich gemästet, da beim weiblichen
Tier mit 12 Wochen die optimale Gewichtszunahme
erreicht ist und das Tier bei weiter fortdauernder Mast
zunehmend verfettet. Bei den Enten sind Peking- und
Flugente angegeben. Erstere stellt die bekannte,
»traditionelle« Ente dar, die nur bis 8 Wochen gemästet wird und Standardgewichte von 3 kg erreicht. Bei
der Flugente interessieren die bessere Körperpropor-
tionierung (mehr Brust), die geringere Verfettung und
der originale Geschmack (mehr wildartig). Bei
Flugenten nimmt der Geschlechtsdimorphismus mit
dem Alter stark zu, so dass getrenntgeschlechtlich
gemästet und das weibliche Tier früher abgesetzt
werden kann. Bei der Gans ist die Gewichtsvariation
groß, weil neben den unterschiedlichen Rassen auch
die Art der Haltung (Schnellmast, Intensiv- und
Weidemast) eine Rolle spielt. Bei der Weidemast
werden die Tiere bedeutend älter (1/2 Jahr), ohne
jedoch sehr viel höhere Gewichte zu erbringen. Für
Perlhuhn, Taube und Wachtel wird nur ein grober
Anhalt gegeben. Auch hier handelt es sich um
Durchschnittswerte, die bei extremen Rassen völlig
anders ausfallen können.

Für wie viele Portionen reicht ein Vogel?

Diese Frage kann natürlich nicht generell beantwortet
werden, denn es kommt darauf an, ob das Geflügel als
sättigendes Hauptgericht, als Fleischgericht innerhalb
eines mehrgängigen Menüs oder gar als Vorspeise
oder Amuse-gueule gedacht ist. Es sind also Vorgaben
in Bezug auf die Menge, die einfach nicht vergleichbar
sind. Darüber hinaus kommt es noch auf die weiteren
Zutaten des jeweiligen Rezepts an, ob diese etwa
außer dem Geflügel quantitativ zu Buche schlagen.

Geflügelart	Gewicht g	Brust %	Schenkel %	Reicht für Portionen
Leichtes Hähnchen	1 100	32	36	2–3
Schweres Hähnchen	2 200	34	36	3–4
Leichte Pute	2 500	41	30	5–7
Schwere Pute	14 000	48	31	–
Pekingente	1 900	24	24	3–5
Flugente	2 100	30	23	3–6
Gans	4 000	30	23	6–8
Perlhuhn	1 300	32	29	3–4
Taube	350	40	15	1
Wachtel	100	40	27	0,5

Geschlachtet wird im Beisein des Kunden, denn auf vielen Märkten Asiens und Lateinamerikas sowie in einigen südeuropäischen Ländern kann er sich sein Geflügel aus dem lebenden Angebot aussuchen. Dabei ist die Auswahl gut, doch sind die Tiere nicht immer von guter Qualität.

Das Angebot muss den Kunden überzeugen und entsprechend wird das Geflügel in den Läden und auf den Märkten präsentiert. In Hongkong (Bild unten) gehören dazu natürlich auch die sauber hergerichteten Innereien, Kopf und Füße. In Mexiko legt man bei Hühnern mehr Wert auf die schöne gelbe Farbe.

Auf den Märkten Europas, wie hier auf dem traditionsreichen Markt »La Boqueria« in Barcelona, wird das geschlachtete Geflügel nach dem europäischen Hygienestandard angeboten. Trotzdem unterscheiden sich die Angebotsformen in den einzelnen Ländern erheblich.

Schlachten und verkaufen
SO KOMMT DAS GEFLÜGEL IN DEN HANDEL

In welcher Form der Verbraucher das Geflügel präsentiert bekommt, ist nicht zuletzt auf die höchst unterschiedlichen Hygienevorschriften zurückzuführen. Aber auch bei uns kann man direkt beim Erzeuger einkaufen, wenn man der Geflügelqualität im Handel nicht ganz traut. Um ein lebendes Huhn oder eine Ente nach seiner Fleischqualität beurteilen zu können, braucht man eine ganze Menge Erfahrung, das geht schon einfacher beim Schlachtkörper.

Im Hinblick auf eine einwandfreie Versorgung der Verbraucher mit hochwertigem Geflügel hat der deutsche Gesetzgeber mit dem Geflügelfleisch-Hygienegesetz den Verkehr mit Schlachtgeflügel genau geregelt. Danach müssen die Schlacht- und Zerlegebetriebe zugelassen und ständig amtstierärztlich untersucht werden, der Geflügelbestand ist lebend und geschlachtet zu kontrollieren. Ausnahmen für diese Beschaupflicht gelten für Kleinbetriebe, die direkt vermarkten, aber auch sie müssen gemeldet sein und werden amtlich kontrolliert.

Eine moderne Geflügel-Schlachterei ist ein hoch technisierter Betrieb, in dem die meisten »Handgriffe« maschinell ausgeführt werden, was durchaus zu begrüßen ist, weil damit gefährliche Infektionsrisiken abgebaut werden. Speziell das Öffnen, Entleeren (Ausnehmen) und Reinigen der Bauchhöhle geschieht auf diesem Wege weitaus hygienischer, als dies in Handarbeit je möglich war. Der Rumpf mit oder ohne Innereien wird laut Vermarktungsnorm als Hähnchen (Broiler) angeboten, nachdem er vorher ordnungsgemäß verpackt, gekennzeichnet und eventuell eingefroren wurde. Der Frischgeflügelabsatz wächst ständig. Neben der erhöhten Nachfrage nach Frischware ist auch ein deutlicher Trend zum Teilstück- oder Produktenmarkt zu verfolgen, so dass die Schlachtereien schon lange Zerlegetechniken eingeführt haben. So wie man beim manuellen Zerlegen die Schenkel an der deutlichen Markierung des Hüft- und Kniegelenks und die Flügel am Armgelenk abtrennt und dann mit einem Schnitt längs dem Brustbein das Herauslösen der beiden Brusthälften vom Brustkorb vornimmt, beint auch eine auf ein bestimmtes Kaliber (Körperbau) geeichte Schnittmaschine (band- oder kreissägenartiges Gerät) den Schlachtkörper aus, um Teilstücke zu fabrizieren. Auf diese Weise können bestimmte Wünsche im Hinblick auf die Schnittführung realisiert werden. Ein Hähnchen kann also wahlweise in Hälften, Vierteln oder anderen Teilstück-Kombinationen geliefert werden. Ansonsten gelten als die üblichen und wichtigsten Teilstücke (nach Menge und Qualität) die Brust, die Schenkel, der Rücken und die Flügel.

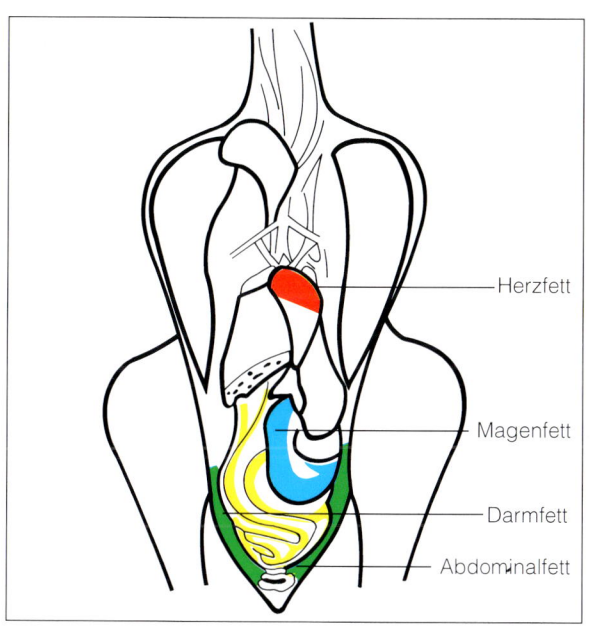

Fettarm und eiweißreich
GEFLÜGEL IN DER MODERNEN ERNÄHRUNG

Geflügel liefert mit seiner vorteilhaften Zusammensetzung an lebensnotwendigen Stoffen ein beliebtes Fleisch, das in der modernen Ernährung zu Recht einen festen Platz einnimmt. Das Brustfleisch vom Huhn weist beispielsweise im Vergleich zu gleichwertigem Muskelfleisch von Rind und Schwein ein Fett-Verhältnis von 1 : 4 : 6 und ein Eiweiß-Verhältnis von 1: 0,9 : 0,7 auf. Es enthält somit auch am wenigsten Energie. Bei den Vitaminen ist der Vitamin-C-Gehalt, bei den Mineralstoffen der Magnesiumgehalt vergleichsweise hoch. Ebenso wie auch bei den anderen Fleischarten sind die Vitamine der B-Gruppe sowie der Eisen- und Phosphorgehalt hervorzuheben. Der Cholesteringehalt von Geflügelfleisch ist vergleichsweise geringer als bei anderem Fleisch. Eine einheitliche Bewertung der Verdaulichkeit von Geflügel ist nicht möglich, da sich diese am Fettgehalt orientiert. So ist das so genannte »Magergeflügel« (Huhn, Pute, Taube) energieärmer und leicht verdaulich, das »Fettgeflügel« (Ente, Gans) dagegen energiereicher und schwerer verdaulich. Die Zusammensetzung des Fettes ist allerdings positiv zu bewerten, da die in der Diätetik gewünschten ungesättigten Fettsäuren in hohem Anteil im Fett der Ente, der Gans und der Pute zu finden sind. In ihrem geringen Energiegehalt rangiert die Putenbrust ganz vorn, insbesondere dann, wenn die Haut nicht mitverwendet wird. Putenbrust ist außerdem das eiweißreichste Fleisch schlechthin und deshalb für diätetische Ernährungsformen hervorragend geeignet.

Die Fettverteilung in einem Hühnerkörper. Bei einem küchenfertigen Huhn sind die Innereien – und mit ihnen zusammen das Herz-, Magen- und Darmfett – ausgenommen worden. In dem Körper verbleibt lediglich das Abdominalfett, das vor der Zubereitung leicht entfernt werden kann, und das intramuskuläre Fett.

(Bildbeschriftungen: Herzfett, Magenfett, Darmfett, Abdominalfett)

NÄHRSTOFF - TABELLE												
In 100 g essbarem Anteil sind enthalten:												
Geflügelart	Eiweiß	Fett	Energie	Mineralstoffe					Vitamine			
				Ca	P	K	Na	Fe	A	B1	B2	Niacin
	g	g	kcal / kJ	mg	mg	mg	mg	mg	µg	µg	µg	mg
Jungmasthuhn	20,6	5,6	144 / 602	12	200	359	82	1,8	39	83	160	6
Brust	22,8	0,9	109 / 457	14	212	264	66	1,1	60	70	90	10
Schenkel	20,6	2,4	113 / 473	15	188	250	95	1,8	150	100	240	5
Leber	22,1	4,7	142 / 594	18	240	218	68	7,4	12800	320	2490	11
Suppenhenne	18,5	20,3	274 / 1147	11	178	400	50	1,4	32	60	170	9
Pute (ausgewachsen)	20,2	15,0	231 / 968	25	226	300	63	1,4	13	100	180	8
Jungpute	22,4	6,8	163 / 682	26	238	315	66	1,5	–	80	140	8
Brust	24,1	1,0	115 / 483	–	–	–	333	46	1,0	+	47	11
Schenkel	20,5	3,6	124 / 521	–	–	289	86	2,0	+	90	180	5
Ente	18,1	17,2	243 / 1017	11	187	292	80	2,1	•	300	200	•
Gans	15,7	31,0	364 / 1521	12	184	420	86	1,9	65	120	260	•
Wachtel	22,4	2,3	120 / 504	14	179	280	46	–	•	130	170	•
Taube	20,9	9,5	182 / 762	45	217	330	90	–	•	100	280	•

Ca = Calcium, P = Phosphor, K = Kalium, Na = Natrium, Fe = Eisen
• keine Angabe   – nicht vorhanden   + in Spuren vorhanden

Kühlen, frosten und auftauen

Geflügel küchenfertig vorbereiten:

Das gewaschene Geflügel gut abtropfen lassen, dabei drehen, damit auch das Wasser aus der Bauchhöhle ablaufen kann.

Mit einem Leinentuch oder Küchenpapier sorgfältig trockentupfen, und zwar innen und außen.

Geflügel immer sehr sorgfältig waschen. Mit einer Handbrause geht es am besten, da man innen und außen an die schwer erreichbaren Stellen kommt.

Wichtiges Qualitätskriterium für alle Nahrungsmittel ist ihr Alter bzw. ihr Frischegrad bzw. ihre Haltbarkeit. Da es sich bei Geflügelfleisch um eine organische Substanz handelt, die aus einem Stoffwechselsystem stammt, hängt es sehr davon ab, in welcher Weise dieser biologische Kreislauf unterbrochen wurde. Die Art des Betäubens und Tötens entscheidet über den Eintritt der Totenstarre (und damit über den Muskelfaserstatus, sprich Zartheit) ebenso wie die technologischen Maßnahmen Kühlen, Frosten und andere. Diese »Bremsvorgänge« wirken sich auf die biochemischen Umsetzungen im Muskel aus, sie bestimmen auch den Kontakt mit irgendwelchen Keimen. Peinliche Hygiene beim Schlachtprozess und schnelles Kühlen und/oder Frosten verbessern die Haltbarkeit. Vorschriftsmäßig wird nach dem Schlachten und Ausnehmen gereinigt und in Luft oder Wasser gekühlt. Zulässig und anerkannt sind Luft-Sprühkühlung, Luftkühlung oder Tauchkühlung. Bei der Erzeugung von »Frischware« ist die Erstgenannte die Methode der Wahl, und der Verbraucher sollte nach dem Aufdruck schauen: »Garantiert Spezial-Einzelkühlung«. Frischware wird bei einer Lagertemperatur von 0 bis 2 °C gehalten, die Kühlkette sollte bis zum Verbrauch nicht unterbrochen werden. Unter diesen Bedingungen halten sich die Schlachtkörper 7 Tage. Die zweite große Gruppe des Geflügels kommt im Angebotszustand »tiefgefroren« auf den Markt. Auch sie garantiert eine einwandfreie, qualitativ hochwertige und im Vergleich zu frischem Geflügel ebenbürtige Ware. Gefrostetes Geflügel kann beim Schlachtprozess heiß gebrüht und hart gerupft werden, wichtig ist nach dem Ausnehmen und dem Reinigen die unmittelbare Kühlung und ein sofortiges »Schockgefrieren«, das heißt ein besonders schnelles Tiefgefrieren bis zu einer Kerntemperatur von −18 °C, was in Gefriertunneln bei −40 °C in knapp einer Stunde garantiert werden kann. Auch hier muss die gleiche Temperatur in Fortführung der Kühlkette eingehalten werden. Ein zwischenzeitliches Auftauen darf nicht vorkommen.

Der dritte Angebotszustand »gefroren« verlangt eine Schockfrostung von nur −12 °C und eine Lagerung bei eben dieser Temperatur. Leider können bei dieser Klasse, die kaum Bedeutung hat, auch »Umschichtungen« aus den beiden Klassen vorkommen.

Was die Weiterverarbeitung anbelangt, so sollte Frostware langsam aufgetaut werden, am besten im Kühlschrank. Das schnelle Einfrieren und langsame Auftauen strapazieren die Zellwände am wenigsten, so dass nur geringe Mengen von Gewebesaft frei werden und das Fleisch nicht zu trocken schmeckt. Die Auftauzeiten hängen vom Schlachtgewicht ab, daher beginnen sie in der folgenden Tabelle mit dem kleinsten Tier, der Wachtel. Wenn aus betriebswirtschaftlichen Gründen sehr schnell aufgetaut werden muss, können Mikrowellen eingesetzt werden. Die dafür angegebenen Zeiten fassen Betriebs- und Standzeiten zusammen und beziehen sich auf Geräte mittlerer Leistung. Welche Methode man auch wählt, wichtig

AUFTAUZEITEN FÜR TIEFGEFRORENES GEFLÜGEL			
Geflügelart	Kühlschrank (4 °C) Stunden	Luft (20 °C) Stunden	Mikrowelle Minuten
Wachtel	2–3	1–2	5–6
Taube	5–8	2–3	20–30
Hähnchen	12–18	5–7	30–40
Poularde	22–25	12–15	40–60
Perlhuhn	22–25	12–15	40–60
Ente	22–35	12–15	40–60
Flugente	28–35	15–18	100–170
Gans	35–38	16–20	160–240
Baby-Pute	35–38	16–20	180–260

ist bei allen, dass das Geflügel nach dem Auftauen gründlich gewaschen wird.

Eine ausreichend große Anzahl sensorischer Tests hat bewiesen, dass Frostware bei richtiger Behandlung keinerlei geschmackliche Nachteile aufweist. Industrielles Frosten in Schockgefrieranlagen, in denen die frisch geschlachteten Tiere bei −40 °C binnen kürzester Zeit durchgefroren sind, garantiert gute Qualität. Anders ist es beim Selbsteinfrieren von frischem Geflügel. Wer nicht über eine Schnellgefrierautomatik in seinem Gefriergerät verfügt, sollte Geflügel nicht einfrieren. Beim langsamen Einfrieren entstehen große Eiskristalle, die die Zellstruktur des Muskelfleisches zerstören. Die Folge ist, dass beim Auftauen und Zubereiten viel Fleischsaft verloren geht und das Fleisch trocken wird, im Extremfall sogar zäh. Wer dennoch selbst einfrieren möchte, sollte auf die korrekte Verpackung sorgfältig achten. Schon das kleinste Loch in der Folie führt ausnahmslos zu Gefrierbrand. Viel einfacher ist es, das qualitativ hochwertige Tiefkühlangebot zu nutzen und im eigenen Gefriergerät auf Vorrat zu halten. Oder es werden nicht ganze Tiere, sondern die zerlegten Einzelteile selbst eingefroren, also Schenkel und Brüste. Die Kälte kann schneller eindringen, die Verpackung ist weniger kompliziert. Auf die Gefahr des Verletzens der Verpackung durch hervorstehende Knochen muss allerdings geachtet werden. Als

Geflügel auftauen:

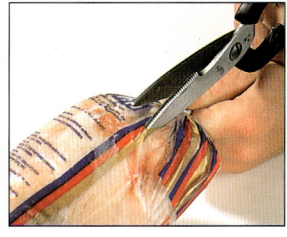

Zum Auftauen des Geflügels die Verpackung aufschneiden, unbedingt ganz entfernen und wegwerfen.

In ein großes Gefäß mit Gitter- oder Siebeinsatz legen, zudecken und im Kühlschrank langsam auftauen.

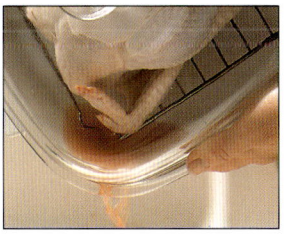

Das Auftauwasser wegschütten, nicht mit anderen Speisen in Berührung bringen, Salmonellengefahr.

Haltbarkeitsdauer für tiefgefrorenes und bei −18°C gelagertes Geflügel gelten: Hähnchen 1 Jahr, Pute 1,5 Jahre, Gans und Ente 8 Monate.

Die geringere Haltbarkeit von Gänsen und Enten weist darauf hin, dass Wassergeflügel einen höheren Fettgehalt hat und die Gefrierlagerung zwar das Ranzigwerden weitgehend stoppt, aber doch nicht völlig zu unterbinden vermag. Bemühungen einer erhöhten Vitamin-E-Zufuhr in der Endmastphase zur Herabsetzung der Oxidationsvorgänge im Schlachtkörper sind durchaus positiv verlaufen.

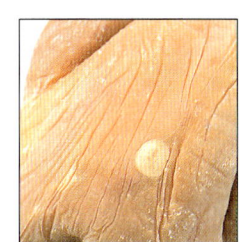

Gefrierbrand ist ein häufiger Qualitätsmangel von Tiefkühlware. Wird die Verpackung beschädigt, trocknet das Fleisch unter dem Loch durch den Gefriertrocknungseffekt aus. Weiße Flecken sind ein typisches Kennzeichen.

Salmonellen

Bekanntlich werden Salmonellen – Erreger der Salmonellose, die üble Magen-Darmbeschwerden auslösen – gern mit dem Geflügel in Verbindung gebracht, obwohl sie ubiquitär und damit auch in anderen Tierbeständen vorkommen. Die falsche Statistik, der Stück- anstatt Gewichtsvergleich, mag daran schuld sein. Auf jeden Fall ist die Geflügelhaut ein ideales Keimbett für Salmonellen. Man kann sich nur durch absolute Hygiene schützen. Viele Übertragungen finden in der Küche statt, wenn nicht sauber gearbeitet wird. Ferner sollte man Geflügel immer gut garen (nicht roh essen), das ist die sicherste Methode, Salmonellen zu töten. Dabei sollte man sich nicht nur auf die in den Rezepten angegebenen Garzeiten, sondern auf die eigene Garprobe verlassen. Das Geflügel ist gar, wenn sich das Fleisch von den Beinknochen löst und der beim Anstechen austretende Saft wasserklar ist. Eine weitere, zuverlässige Möglichkeit der Garprobe besteht darin, wie links beschrieben, die Kerntemperatur zu messen.

Zum Messen der Kerntemperatur ist ein Bratenthermometer hilfreich, damit kann die Temperatur im Inneren des Fleisches genau kontrolliert werden. Eine Kerntemperatur von mindestens 80 °C, besser noch 90 °C sollte dabei erreicht werden. Nicht direkt am Knochen messen, da dort die Temperatur erheblich höher ist als im Fleisch.

Wirtschaftshühnern unterschieden. Die Rassen-
einteilung kann in normalwüchsige und Zwerghühner
erfolgen, weiterhin kann man eine Aufteilung in
verschiedene Rassegruppen vornehmen, zu denen
unter anderem die des Asiatischen Typs gehören, die
sich aufgrund von Wuchs und Fleischqualität besonders für die Mast eignen. Zu ihnen zählen Cochin,
Brahma, Langschan, Orpington, Australorps,
Plymouth Rocks, Amrocks, Sussex, Mechelner,
Lachshuhn, Sundheimer, Niederrheiner, Wyandotten,
Deutsches Reichshuhn, Barnevelder, Welsumer,
Rhodeländer, New Hampshire, Dresdener Huhn.
Bei den Wirtschaftshühnern wurde anfangs auf
gleichzeitige Lege- und Mastleistung gezüchtet. Man
nannte die Idealhühner »Zwiehühner«. Heute werden
die Zuchtziele getrennt verfolgt, und die Lieferanten
der begehrten Endprodukte stammen aus der
Legehennenhaltung (bis zu 300 Eier pro Henne und
Jahr) oder aus der Hähnchenmast. Im Rahmen dieses
Buches interessiert nur die Mast. Wenn der Verbraucher von Hähnchen spricht, ist in der Regel das
Jungmasthuhn gemeint. Wir verzehren junge, noch
nicht geschlechtsreife Hühner beiderlei Geschlechts,
also Hähnchen wie Hühnchen. Im internationalen
Sprachgebrauch heißen sie Broiler, die älteren von
ihnen auch Rooster. Broiler erreichen bereits mit
40 Tagen Endgewichte von 2 kg.
Als originelle Spezialitäten in der Hühnermast sind
einige der oben genannten Rassen weiterentwickelt
worden. Besondere Bedeutung als Tafelgeflügel haben
in Frankreich die Züchtungen Bresse, die bekanntesten und sicher sehr guten Hühner Le Mans, Creve-
Coeur und Faverolles erlangt, in Belgien die
Mechelner als Rasse für die bekannten Brüsseler
Poularden und in Amerika die Rocks und Cornish.
Bei der großen Nachfrage nach Geflügelfleisch und
den hohen Ansprüchen an schnelle und einwandfreie
Lieferungen ist es verständlich, daß sich im Laufe der
Zeit immer mehr Großbetriebe entwickelt haben und
die einzelnen Stufen der Erzeugung separiert und
spezialisiert wurden. In den Zuchtbetrieben werden
bestimmte Rassen und Linien gehalten, die aufgrund

Huhn
GALLIFORMES

(engl. fowl = Geflügel, cock = Hahn, hen = Henne,
pullet = Junghuhn, chicken = Küken, baby oder squab
chicken = Stubenküken; franz. coq = Hahn, poule =
Henne, poulet = Hühnchen, poussin = Küken; ital.
und span. pollo). Das Huhn (*Gallus gallus*) ist seit
Menschengedenken über die ganze Welt verbreitet.
Man nimmt an, daß das Haushuhn (*Gallus domesticus*)
und alle späteren Rassen vom Bankivahuhn (*Gallus
bankiva*), auch Rotes Kammhuhn oder Dschungelhuhn genannt, abstammen, das in Malaysia, Indien
und China beheimatet ist und heute noch wild dort
vorkommt. Seine Verbreitung fand es zunächst in ganz
Asien, Afrika, Europa, bis es schließlich weltweit als
nützlichstes und beliebtestes Haustier galt. Es legt
Eier, die täglich in der Küche gebraucht werden, und
es liefert ein zartes, wohlschmeckendes, leicht verdau-
liches Fleisch. Mit diesem Spektrum vorzüglicher
Eigenschaften ist es dem Huhn gelungen, Einzug in
alle Küchen der Welt zu halten und zu ständig neuen
Rezepturen anzuregen.
Ganz generell wird zwischen Rassehühnern und

Stubenküken,
350 bis 400 g
nach 3 bis 5 Wochen

Hähnchen,
750 bis 1100 g
nach 5 bis 6 Wochen

vorheriger Selektionen und »Passer«-Eignung das beste Endprodukt, nämlich das gewünschte Mastküken ergeben. Die Vermehrungsbetriebe erhalten dann die entsprechenden Vater- und Muttertiere und produzieren Bruteier. Dort werden sie je nach Mastdauer unter möglichst optimalen Haltungs- und Fütterungsbedingungen gemästet und dann zu einer Schlachterei gebracht. Üblicherweise findet die Broilermast in Bodenhaltung statt, das heißt in Ställen mit Tiefstreu, die klimatisierbar sind und alle notwendigen Einrichtungen, vor allem zum Erwärmen, Füttern und Tränken, besitzen. Es gibt praktisch keine Käfigmast. Als Futter wird ein Alleinfutter verwendet, das im Nährstoffgehalt und mit den notwendigen Wirkstoffen (Mineralien, Vitaminen) für die Mast optimal zusammengesetzt ist.

Selbstverständlich gibt es noch Spezialbetriebe mit bestimmten Mastrassen und eigener Weiterverarbeitung, aber die sind zu vernachlässigen. Desgleichen kann als Haltungsform auch die Auslaufhaltung durchgeführt werden, um die Vorteile der natürlichen Haltung zu imitieren und dem Kunden auch Schlachtkörper aus Extensivhaltung anbieten zu können.

Bezüglich der Fütterung versucht man, weltweit dieselben Bedarfsnormen einzuhalten. Man gibt je nach Mastabschnitt unterschiedlich hoch an Eiweiß und Energie angereichertes Futter, das meistens in Pressfutterform angeboten wird. Zusatzstoffe müssen zugelassen sein und werden, wenn es sich um Prophylaktika handelt, vor Mastende abgesetzt. Die Arbeiten im Maststall müssen sehr sorgfältig und pünktlich ablaufen. Auch beim Huhn mästet das Auge des Mästers mit. Trotz zunehmender Automatisierung müssen ständig Kontrollen im Stall durchgeführt werden. Eine gewisse Arbeitsspitze stellt das Einfangen der Tiere vor dem Abtransport zur

Schlachterei dar. Hier muss besonders umsichtig vorgegangen werden, da sich Stresssituationen (Einfangen, Transport, Wartezeiten) nachteilig auf die Fleischqualität auswirken können. In der Schlachterei werden die Tiere einzeln betäubt und getötet. Sie passieren dann als Schlachtkörper folgende Bearbeitungs-Stationen: Brühen, Rupfen, Öffnen und Ausnehmen, Reinigen, Kalibrieren, Sortieren und Weiterverarbeiten (entweder Verpacken und Lagern, frisch oder gefrostet, oder aber Zerlegen und Verarbeiten zu Roh- bzw. Fertigprodukten). Beim Kalibrieren und Sortieren wird nach Gewicht und Schlachtkörperqualität sortiert.

Die meisten Tiere kommen als Hähnchen (= Broiler mit 700 bis 1200 g) auf den Markt. Übergewichte rangieren unter der Rubrik »Poularde« oder »Schwere Hähnchen«. Die früher hauptsächlich in Norddeutschland beliebten Stubenküken sind nur noch wenig gefragt. Sie gelten als Spezialität und sollen bratfertig eine Portion von 200 bis 300 g ergeben. Auch Kapaune, kastrierte männliche Tiere mit hohen Gewichten zwischen 2,5 und 3,5 kg, gibt es nur noch in Ausnahmefällen. Sie sind in der Erzeugung zu teuer und weisen geschmacklich keine Vorteile auf. Wer schwere Ware wünscht, greife zur Poularde oder zum »Jungen Hahn«. Es gibt Zuchtbetriebe, die sich zusammen mit ihren Vermehrern und Mästern auf die Erzeugung von schweren Jungmasthühnern spezialisiert haben, wie etwa in Deutschland die »Tetra«. Beim Verbraucher ebenfalls relativ wenig gefragt ist die Suppenhenne. Sie ist kein Masttier, sondern kommt aus einem Legebetrieb. In Anlehnung an frühere Vorstellungen wirklich erwünscht sind dann nur die schweren Exemplare, die »Braunleger« (New-Hampshire-Kreuzungen) oder die Mütter der Mastküken. Die vielen leichten Suppenhennen (Weiße Leghorn), die nach Absolvierung ihrer

Poularde,
2 bis 2,5 kg
nach 10 bis 12 Wochen

Suppenhuhn,
1,5 bis 2,4 kg
nach 12 bis 15 Monaten

Kapaun,
der kastrierte Hahn,
wiegt 1,75 bis 2,5 kg

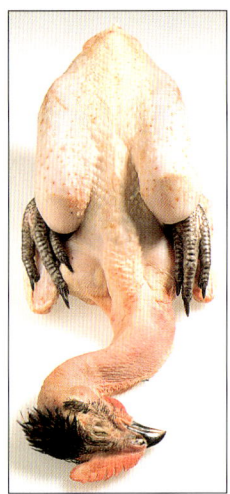

Schwarzfederhühner, ausschließlich im Departement Landes gezüchtet, sind ein weiteres Beispiel für gute Geflügelqualität aus Frankreich. Sie haben Ähnlichkeit mit den Altsteirern, wie sie für die österreichischen »Backhendl« verwendet werden.

Legeperiode ebenfalls zum Schlachten anstehen, werden verarbeitet und bleiben in Suppenkonserven oder Mischprodukten.

Hühner werden als ganze Schlachtkörper frisch oder gefroren, mit oder ohne Innereien angeboten. Früher gab es dafür die Begriffe »bratfertig« und »grillfertig«, die sich aber in der Verbraucherschaft nicht richtig durchgesetzt haben. Hähnchen werden in der Regel im Ganzen oder zerlegt gebraten, gebacken und gegrillt (Drehspieß). Das Brustfleisch der Poularden sollte durch Bardieren mit Speckscheiben vor dem Austrocknen geschützt werden.

Einflussmöglichkeiten auf die Broiler-Fleischqualität

Die Schlachtkörper-Qualität eines Huhns kann verschiedenartig definiert werden. Für den Verbraucher sind neben der Preiswürdigkeit der Nähr- und Genusswert, die sensorischen Eigenschaften und die Eignung zur Verarbeitung ausschlaggebend. Diese Kriterien können von einer Vielzahl von Faktoren bei der Erzeugung und Bearbeitung beeinflusst werden.

Die Zucht, das heißt die genetische Veranlagung und züchterische Weiterentwicklung, bestimmen den Körperbau einschließlich der Gewebestruktur und der Proportionierung. Ältere und schwerere Tiere haben eine höhere Schlachtausbeute, ein besseres Fleisch-Knochen-Verhältnis, einen höheren Anteil essbarer Teile, außerdem wird das Verhältnis von essenziellen zu nicht essenziellen Aminosäuren und das von ungesättigten zu gesättigten Fettsäuren günstiger. Auch der Geschmackswert entwickelt sich positiv, allerdings nur bis etwa zur 12. Lebenswoche der Broiler.

Das Futter hat in seiner Zusammensetzung vor allem auf die Wachstumsgeschwindigkeit und die jeweils altersbedingte Stoffwechselsituation Einfluss. Hier ist besonders der Verfettungsgrad anzusprechen, auf den auch Alter und Geschlecht der Tiere wirken. Verdorbenes Futter verändert den Fleischgeschmack. Die Haltung variiert ebenfalls den Fettgehalt. Wenig Bewegung führt zur Verfettung, viel Bewegung fördert die Entwicklung der Laufmuskulatur und eine deutliche Differenzierung in Farbe und Textur bei den Brust- und Schenkelmuskeln. Saubere Haltungsbedingungen und vorschriftsmäßige Gerätschaften schützen vor Körperverletzungen.

Bei der Schlachtung haben die Art des Schlachtens und Ausblutens sowie die Brüh- und Rupfbedingungen (Brühtemperatur und Rupfstärke) Auswirkungen auf die Fleischqualität. Nicht zu vergessen sind die Reinigung und unmittelbare Kühlung nach dem Schlachtprozess, die besonders mit der Haltbarkeit der Tiere zusammenhängen.

Die Aufbewahrung, das heißt die Lagerung und die vorherige Behandlung durch Kälte oder Frost, sind dem Verwendungszweck entsprechend zu steuern.

In den Zuchtställen, wo die Elterntiere für die Bruteiproduktion gehalten werden, sind Hähne und Hennen im gewünschten Anpaarungsverhältnis vereint. Der Züchter erwartet sich davon eine gesunde, langlebige und vor allem fruchtbare Herde.

Die Eintagsküken werden wegen ihres hohen Wärmebedarfs grundsätzlich in Ställen gehalten, die am ersten Tag den Tieren einen entsprechenden Unterschlupf mit Temperaturen über 32 °C bieten (Kunstglucke oder Bodentemperatur des Gesamtstalls). **Auch Junghühner** sollten bei rauher Witterung in luftigen Ställen Unterkunft finden; ein Auslauf steht zur Verfügung.

Die blauen Ständer, wie die Füße im Fachjargon korrekt heißen, sind Erkennungsmerkmal der echten Bresse-Hühner. An ihnen kann man auch das Alter testen: Junge Tiere sollen glatt anliegende Schuppen ohne helle Stellen haben.

Nur natürliche Nahrung darf zugefüttert werden: Milchpulver und Mais. Die Geflügelbauern der Bresse trocknen und lagern die Maiskolben in riesigen Drahtkäfigen und dreschen dann die Körner nach Bedarf aus.

Qualität durch Kontrolle. Im Falle des Bresse-Geflügels lassen sich durch die Fußringe bei Reklamationen die Mastbetriebe ohne weiteres ermitteln.

Alter und Qualität. Der Hühnerhalter prüft am Brustkiel des Tieres, ob es noch als Jungtier eingestuft werden kann (er muss noch biegsam sein).

Mit Kopf, Füßen und dem Federschopf sind die Hühner bei uns nicht auf dem Markt anzutreffen, aber das Qualitätssiegel auf dem Schlachtkörper garantiert – ebenso wie der Fußring – die Herkunft und somit auch die Qualität.

Hohe Geflügelqualität
AM BEISPIEL DER BRESSE

Diese Region im Osten Frankreichs kann sozusagen stellvertretend für andere Produzenten von Qualitätsgeflügel im übrigen Europa als Beispiel angeführt werden. Hier hat ein großer Erzeugerring ein bestimmtes Gütezeichen entwickelt, um dem Kunden Qualität zu garantieren. Seinen Mitgliedsbetrieben erteilt er entsprechende Auflagen, wie etwa: Mastalter, Zusammensetzung des Futters oder Besatzdichte im Stall und – wie auch in der Bresse – im Auslauf, wo jedem Huhn 10 qm Wiese garantiert werden. Solche Aufzuchtmethoden sind kostenintensiv, die Erzeuger müssen durch konstante Qualität den hohen Preis rechtfertigen.

Vorbereiten für die Küche

Der Weg vom lebenden Geflügel zum fertigen Gericht führt über mehrere Stufen, deren Abfolge von einem Profi-Koch beherrscht werden sollte. Am Beispiel eines Huhns wird hier der Ablauf bis zum küchenfertigen Geflügel erläutert. Zunächst muss das zu schlachtende Tier betäubt werden – etwa durch einen Schlag mit einem kurzen Schlagholz –, um seine Schmerzempfindlichkeit zu verlieren. Dann wird die Hauptschlagader geöffnet oder der Kopf vom Hals abgetrennt. Es folgt das Rupfen des Geflügels, wobei die Methode des »Nassrupfens« einen kurzen vorgeschalteten Brühvorgang vorsieht. Zum Rupfen hält man das Tier mit einer Hand, während die andere die Federn herauszieht. Zuerst werden nach »Feder-Rainen«, das heißt nach Federgruppen mit gleicher Wuchsrichtung, die großen Konturfedern der Flügel und des Schwanzes gerupft, dann die Rückenfedern (Rupfrichtung zum Schwanz) und die Brustfedern (Rupfrichtung zum Kopf). Dabei ist peinlichst darauf zu achten, dass die Haut nicht einreißt. Federrückstände können abgeflammt werden. Wachsbäder sind nur bei Wassergeflügel üblich. Dann wird das Tier geöffnet und ausgenommen.

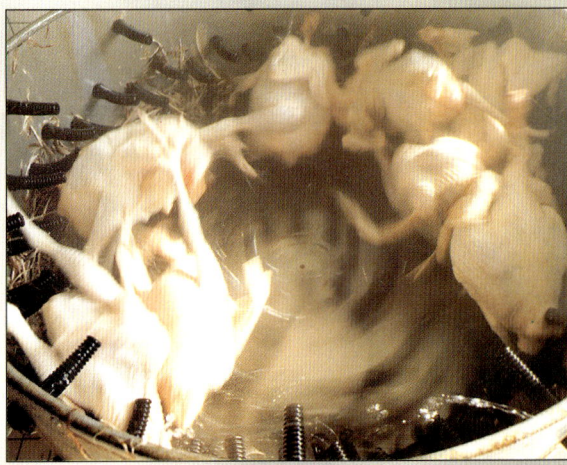

Rupfen in Maschinen nach sachgemäßem Brühen (52 bis 56 °C) ist der Handarbeit überlegen. Zu heißes Brühen und zu scharfes Maschinenrupfen schaden jedoch der Qualität.

Im Vergleich ein nass gerupftes Huhn (links), das an der glänzenden, feuchten Haut zu erkennen ist, und (rechts) ein trocken gerupftes Exemplar mit matter, trockener Haut.

Hühner mit »Kopf und Kragen« und mit Füßen dürfen bei uns im Handel nicht mehr angeboten werden. In anderen Ländern, z. B. in Frankreich, sind die Regeln nicht so streng, wie das Huhn links im Bild beweist.

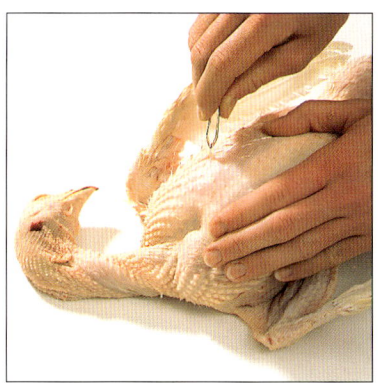

1 Von dem gerupften Geflügel noch verbliebene Stoppeln und Federkiele mit der Pinzette herausziehen.

2 Zusätzlich das Geflügel über offener Flamme (Gas oder Spiritus) absengen, dabei mehrmals drehen.

3 Den Schlachtkörper auf die Brustseite legen und die Füße unterhalb des Unterschenkelgelenks abschlagen.

4 Die Halshaut vom Rücken her straff ziehen und längs einschneiden, vollständig abreißen.

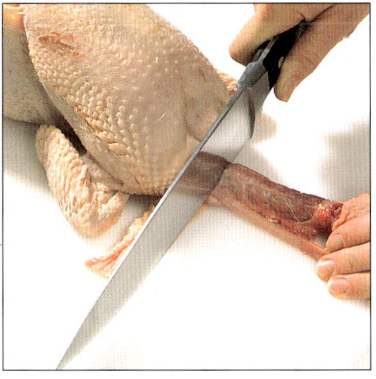

5 Den Schlachtkörper auf den Rücken drehen und den Hals möglichst nah am Körper abtrennen.

6 Die Speise- und die Luftröhre durch eine drehende Bewegung herausziehen und entfernen.

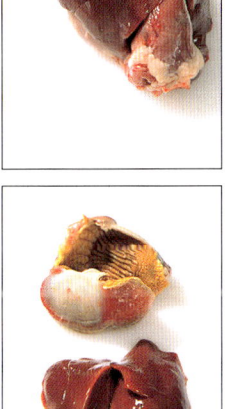

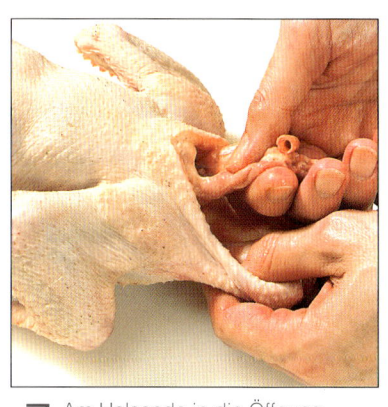

7 Am Halsende in die Öffnung hineingreifen und die Eingeweide bis zum Magen herauslösen.

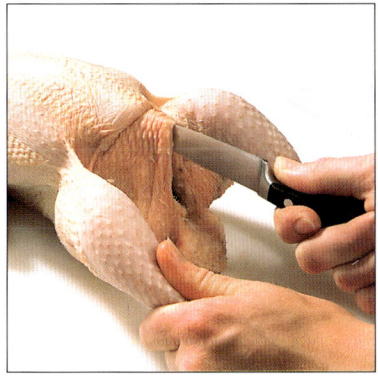

8 Den Schlachtkörper umdrehen und die Öffnung am Schwanzende durch einen kurzen Schnitt vergrößern.

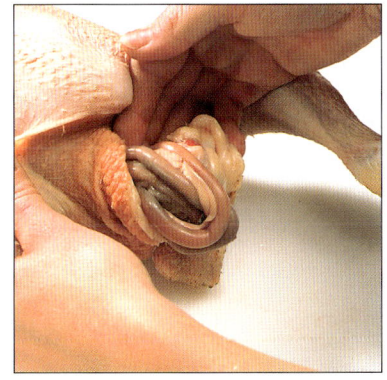

9 Aus dieser Öffnung die zusammenhängenden Innereien vorsichtig mit der Hand herausziehen.

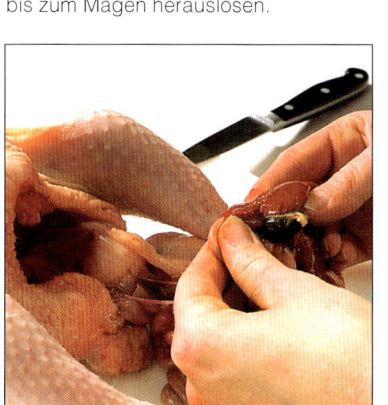

10 Die grüne Gallenblase darf nicht platzen! Ihre Flüssigkeit macht das umliegende Fleisch ungenießbar.

11 Den Schlachtkörper unter fließendem kaltem Wasser sorgfältig innen und außen waschen.

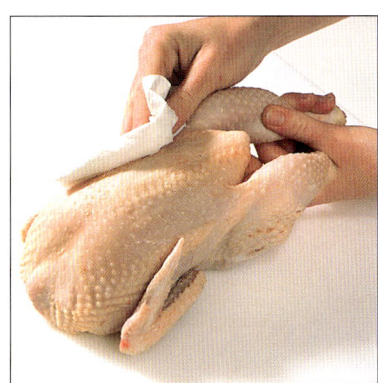

12 Vollständig abtrocknen, verbleibendes Wasser kann beim Braten spritzen und zu Verbrennungen führen.

Innereien: Magen, Leber und Herz. Im Bild oben hängen sie noch zusammen. Sie eignen sich für Füllungen oder Fonds. Von dem Magen zieht man die feste, gelbliche Innenhaut ab und wirft sie weg.

Geflügel zerlegen
ZWEI VERSCHIEDENE METHODEN

Wer die Technik des Zerlegens beherrscht – und die ist leicht zu erlernen –, kann mehrere Vorteile gleichzeitig ausschöpfen. Zum einen kann die Qualität der gewonnenen Einzelteile erheblich besser sein als die der fertig abgepackten Portionsstücke. Darüber hinaus sind ganze Tiere in Bezug auf das Gewicht der gewünschten Portionsstücke preiswerter, und schließlich können die Portionsgrößen ganz nach Bedarf geschnitten werden. Wichtig beim Zerlegen ist das Ertasten der Gelenke, wenn Sehnen und Knorpel durchtrennt werden sollen. Zum Spalten von Knochen eignen sich besonders Messer mit Wellenschliff oder Geflügelscheren. Stellvertretend für alle Geflügelarten werden hier zwei Methoden am Beispiel von Hühnern beschrieben. Die links gezeigte Art ist einfach und gängig, die rechte wenden Profiköche bei Geflügel mit über 800 g Gewicht an, um gleichmäßig große Stücke zu gewinnen. Hier werden die zarten »chicken oysters« (austernförmige Fleischstücke, deren Qualität jener der Filets entspricht) aus dem Rücken geschnitten, die Ober- und Unterschenkel zusammengelassen und – der Optik halber – die Flügelspitzen entfernt.

1 Um den Schenkel zu lösen, zunächst die Haut zwischen Rumpf und Keule nur vorsichtig einritzen.

2 Die Haut bis an das Gelenk durchschneiden, dabei den Schenkel mit der Hand nach außen biegen.

3 Den Schenkel drehen, bis die Gelenkkugel herausspringt, das Gelenk mit leichtem Druck durchschneiden.

4 Große Schenkel im Kniegelenk durchschneiden, um den Ober- und den Unterschenkel zu erhalten.

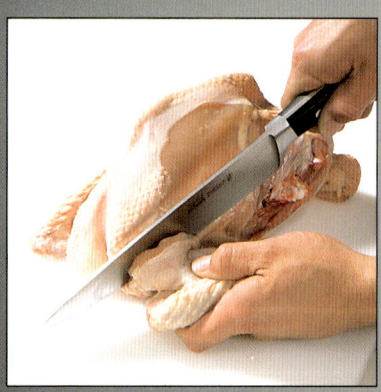

5 Den Flügel am Schultergelenk abtrennen, dabei ein kleines Stück vom Brustfilet mit abschneiden.

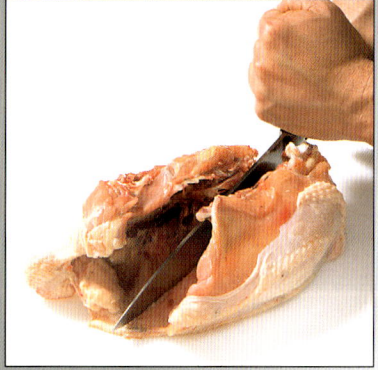

6 Mit etwas Druck das Schlüsselbein spalten und den Rücken parallel zum Rückgrat teilen.

7 Den Rücken in der Mitte teilen, dazu durch kurze Schläge mit dem Messer das Rückgrat aufbrechen.

8 Um die Brustfilets zu gewinnen, vorsichtig rechts und links entlang dem Brustbein schneiden.

**Zerlegen
am Beispiel eines
Bresse-Huhns:**

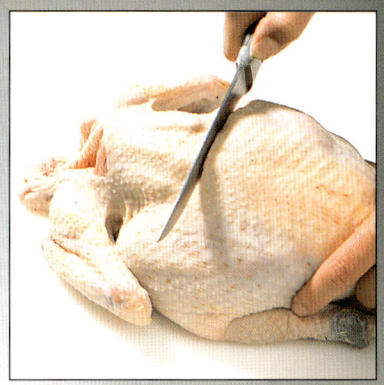

1 Unterhalb der Schulterblätter quer über den Rücken einen etwa 1 cm tiefen Schnitt ausführen.

2 Im rechten Winkel dazu am Rückgrat entlangschneiden und die »chicken oysters« herausschälen.

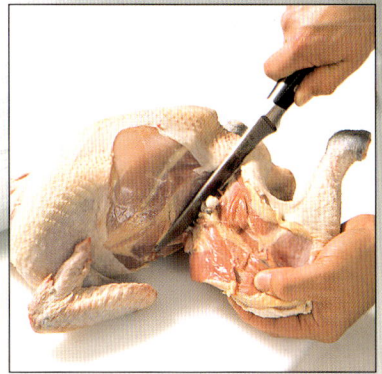

3 Die Haut am Schenkelansatz durchschneiden, den Schenkel abspreizen, das Gelenk durchtrennen.

4 Von den Flügeln die vordersten Glieder mit einem kleinen Küchenbeil oder Messer im Gelenk abschlagen.

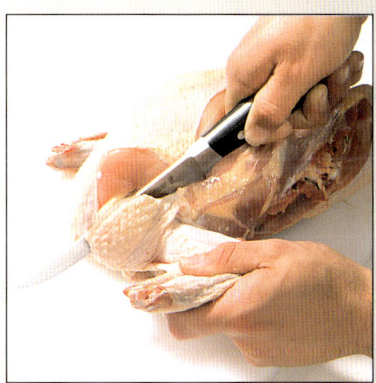

5 Die Flügel mit etwas Brustfleisch auslösen – am Brustbein und Gabelknochen entlang bis zum Gelenk.

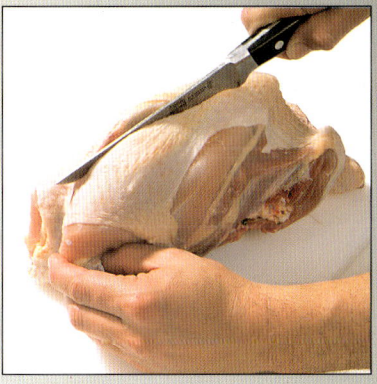

6 Zum Auslösen der Brustfilets das Huhn am Gabelknochen festhalten und entlang dem Brustbein schneiden.

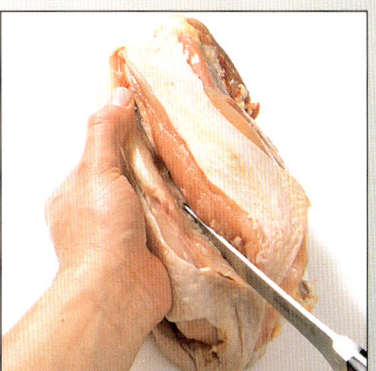

7 Um 180 Grad drehen, von vorn aus die Brustseite am Gabelknochen entlang bis zum Gelenk lösen.

8 Das Filet herausschneiden, dazu einen Schnitt vom Gelenk bis zum Ende des Brustbeins führen.

Farblich unterscheidet
sich das Fleisch in kleinen Nuancen. Jenes vom Bresse-Huhn (oben) ist gelblicher als das vom Schwarzfederhuhn (unten). Je nach Größe des Geflügels können unterschiedliche Mengen an Portionsstücken gewonnen werden. Die ausgelöste Karkasse eignet sich zur Herstellung von Suppen und Saucen.

▷ SPALTEN UND FLACH DRÜCKEN

So präpariert, lassen sich auch größere Poularden gleichmäßig grillen und braten. Die Hitze kann hier besser einwirken als beim geschlossenen Körper.

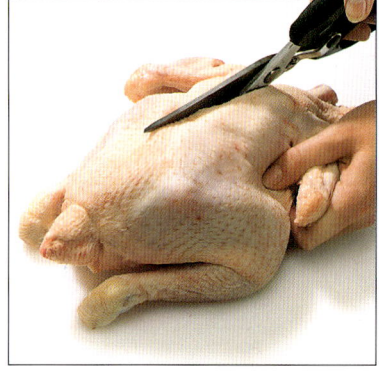

1 Das Huhn auf die Brust legen und mit einer Schere etwa 1 cm neben dem Rückgrat entlangschneiden.

2 Auf der anderen Seite des Rückgrats genauso entlangschneiden. Rückgrat mit Bürzel und Hals entfernen.

Ein gutes Beispiel: Dieses Hähnchen wurde mit einer Mandelkruste auf dem Gitter im Ofen gegart. Bei einem Gewicht von 1,2 kg und 220 °C dauert dies maximal 40 Minuten.

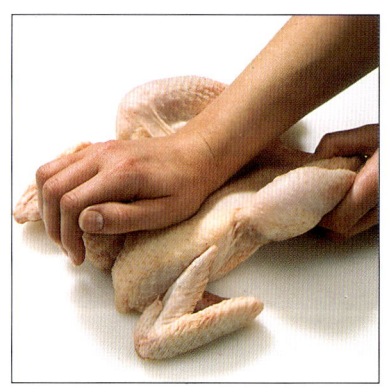

3 Mit der Brust nach oben auf ein Brett legen und das Brustbein durchdrücken, bis es flach liegen bleibt.

4 Je ein Loch seitlich in die Bauchhaut stechen und den jeweiligen Unterschenkel darin fixieren.

Ein wenig Technik muss sein

Geflügel gleichmäßig durchgegart und gut in Form zu servieren, ist keine besondere Kunst, wenn wichtige Handgriffe beherrscht werden. Das gilt genauso für das Auslösen der begehrten Brüste.

▽ ZUM KOCHEN VORBEREITEN

So kann das Huhn natürlich auch zum Braten oder Grillen dressiert werden, doch bei dieser Methode liegen die Keulen nicht ganz so eng an wie beim Binden.

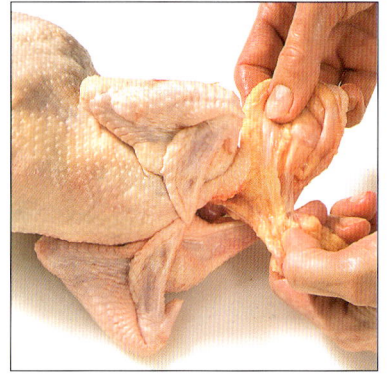

1 Überschüssiges Fett und die Drüsen an der Halshaut entfernen, die Haut auf dem Rücken feststecken.

2 In die Bauchhaut links und rechts der Öffnung mit einem spitzen Messer ein 2 cm großes Loch stechen.

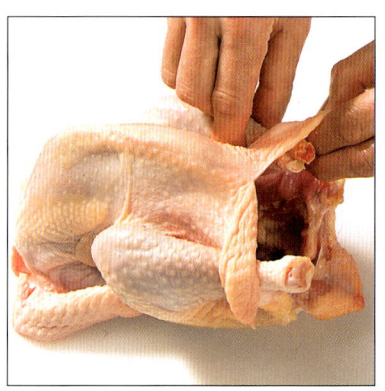

3 Die Enden der Unterschenkel durchstecken, damit sie sich beim Kochen oder Braten nicht abspreizen.

▽ MIT EINEM FADEN DRESSIEREN

Diese unkomplizierte Technik ist – außer Grillen (Faden brennt durch) – für alle Garmethoden brauchbar. Auch gefüllte Hähnchen, zugenäht oder gesteckt, bleiben so in Form.

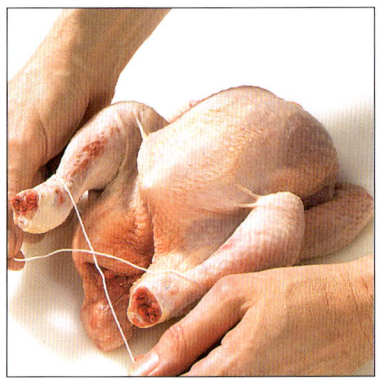

1 Flügel einschlagen, den Faden von unten um die Unterschenkel führen, an den Gelenken überkreuzen.

2 Den Faden seitlich entlang den Unterschenkeln zu den Flügeln führen und straff ziehen.

3 Den Faden seitlich fest verknoten, dabei das Hähnchen in seine natürliche Form bringen.

▷ DIE BRÜSTE EINZELN AUSLÖSEN

Diese Technik wird vor allem bei Hähnchen, Poularden und Perlhühnern angewandt. Auch für delikate Vorspeisen mit Tauben und Wachteln ist sie anwendbar, doch da ist schon Präzisionsarbeit nötig. Als Füllung können unterschiedliche Farcen, aber auch Schinken oder, wie hier gezeigt, Käse verwendet werden.

1 Den Oberschenkel abspreizen, das Gelenk im Drehpunkt durchtrennen, die Keule abtrennen.

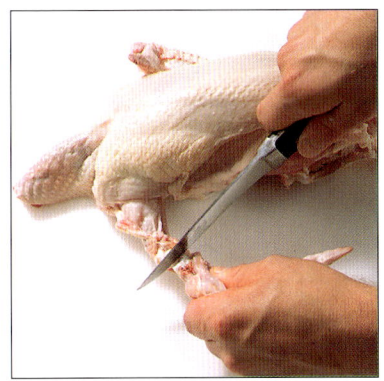

2 Die Flügel am Ellenbogengelenk umschneiden und durchtrennen, dabei die Knochen nicht verletzen.

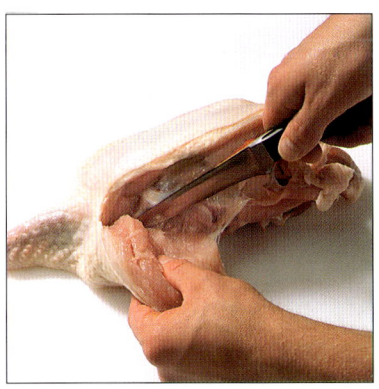

3 Beidseitig entlang dem Brustbein das Brustfleisch von der Karkasse lösen. Das Flügelgelenk durchtrennen.

4 Die Flügelhaut vom Knochen lösen und mit dem Messerrücken vom Knochen in Richtung Brust schaben.

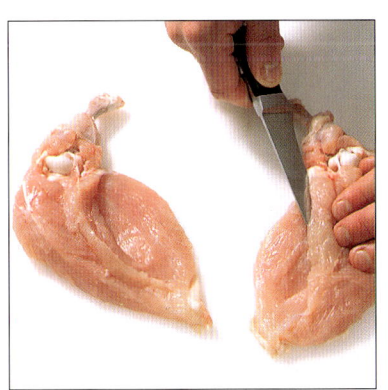

5 Vorsichtig in jede Brust eine Tasche schneiden. So schneiden, dass sie nur an einer Seite offen ist.

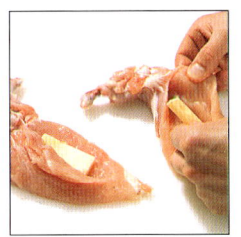

Die Brust salzen und pfeffern und beispielsweise mit einem Stück Käse füllen. In der Pfanne anbraten und im auf 180 °C vorgeheizten Ofen 12 bis 15 Minuten weiterbraten, kurz ruhen lassen und tranchieren.

▷ DIE BRÜSTE ZUSAMMENHÄNGEND AUSLÖSEN

Bei dieser Technik werden die Hühnerbrüste so ausgelöst, dass sie keine Haut mehr haben. Sie können gebraten, gedünstet, gedämpft oder paniert werden. Ebenso kann man sie füllen, zusammenklappen, binden und dann garen.

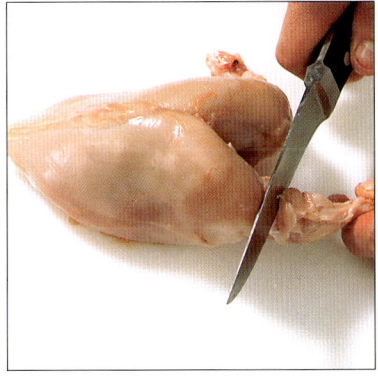

1 Die Haut von den Brüsten vollständig entfernen und die Flügelknochen vorsichtig im Gelenk durchtrennen.

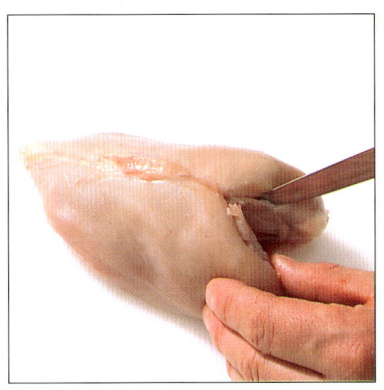

2 Den Gabelknochen beidseitig einschneiden, mit den Fingern freilegen und schließlich entfernen.

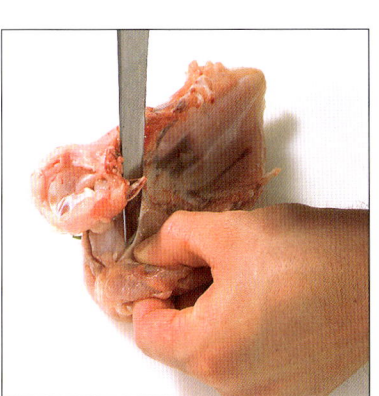

3 Mit der Messerspitze entlang den Schlüsselbeinen schneiden und diese anschließend völlig freilegen.

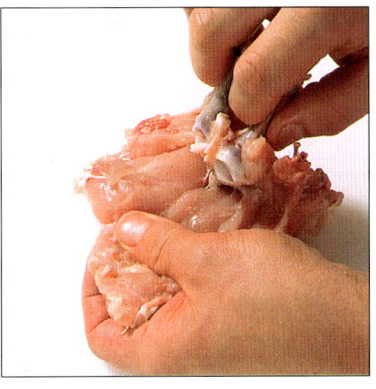

4 Die Brüste festhalten, die Karkasse nach hinten ziehen. Dabei löst sich die Knochenhaut des Brustbeins.

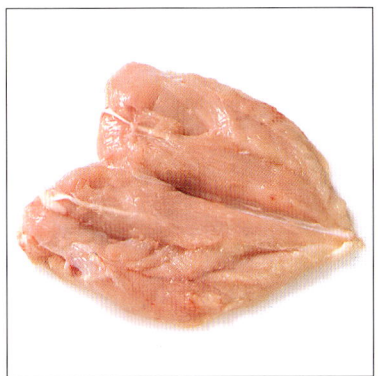

5 Die ausgelösten Brüste lassen sich beliebig füllen und, zusammengeklappt oder gerollt, in Form bringen.

Wachtelküken sind von Anfang an rege, sie bewegen sich auffallend munter. Ihr Gewicht beim Schlüpfen beträgt 7 bis 12 g. Sie sind sehr wärmebedürftig, werden anfangs bei 36 bis 38 °C aufgezogen und sind erst mit 3 Wochen problemlos mit ihrer Umgebung und einer Temperatur von 24 °C vertraut.

Wachteln kommen gerupft und ausgenommen, also grillfertig in den Handel, Restaurants werden sie direkt angeboten. Ihr Brustfleischanteil ist mit 40 % besonders hoch. Mit einem Gewicht von etwa 115 g sind Wachteln Portionstiere.

Wachtel
PERDICINAE

(engl. quail; franz. caille). Als nur starengroßer Vogel ist sie das kleinste Feldhuhn. Die Europäische Wachtel *(Coturnix coturnix)* – 18 cm Körperlänge – ist von der Japanischen Wachtel *(Coturnix japonica)* – 15 cm Körperlänge – zu unterscheiden. Die Europäische Wachtel kommt in den gemäßigten Zonen ganz Europas bis nach Asien hin vor, vor allem in Italien, Spanien, Griechenland und im südlichen Russland. Als einziger Hühnervogel ist sie Zugvogel und zieht im Herbst bis nach Nordafrika. Die Japanische Wachtel ist vor allem auf den japanischen Inseln heimisch sowie in Ostasien, sie überwintert auch in Südchina. Als Körner- und Insektenfresser liebt die Wachtel getreidereiche Gegenden.
Wachteln sind scheue Tiere, die behände laufen und gut fliegen können, sie können fast senkrecht aufsteigen (Hubschrauber). Sie haben einen kurzen Hals und einen kurzen Schwanz, die Hähne sind spornlos. Das Rückengefieder ist gelblichgrau mit schwarzen Flecken und gelben Federschäften. Ein weißgelber Strich ist deutlich zu sehen auf dem Scheitel und über den Augen. Der Schenkel ist braun und unten gelblichweiß. Die kleineren Männchen haben dunklere Rückenfedern und eine helle Kehle (Latz).

Als Nutztier nimmt die Japanische Wachtel eine herausragende Stellung ein. Etwa um 1300 wurde sie in Japan und China zum Haustier. Sie wurde wie ein Singvogel gehalten, denn ihre Stimme – der typische Wachtelschlag – fand zahlreiche Liebhaber. Erst im 20. Jahrhundert regte ihre hohe Legeleistung zur Zucht von Legewachteln an (pro Jahr 250 bis 300 Eier mit einem Durchschnittsgewicht von 12 g). Seit Mitte der fünfziger Jahre hat sich die Japanwachtel auch in Europa etabliert, besonders in Italien und Frankreich. Auch in den USA setzt sich die Japanische Wachtel als Zuchttier immer stärker durch. In den Zuchtfarmen werden Wachteln – aus hygienischen Gründen – in der Regel in Käfigen gehalten. Mit 6 Wochen werden sie geschlechtsreif. Bei den auf Fleisch gezüchteten Wachteln sind die weiblichen Tiere etwa ab der dritten Woche schwerer als die männlichen. Bei allen anderen Nutzgeflügelarten sind die männlichen Tiere schwerer. Weibliche Wachteln können deshalb bereits mit 5 Wochen (165 g), männliche Tiere erst mit 6 Wochen geschlachtet werden. Die Fleischausbeute ist dann am günstigsten, anschließend nehmen die Fettanteile stark zu. 40 % entfallen auf das Brustfleisch; das ist eine Ausbeute, die in dieser Höhe keine andere Geflügelart erreicht. Die Schenkel erbringen einen Anteil von fast 25 %. Das Brustfleisch enthält etwa 25 % Eiweiß und 2,5 % Fett. Eine brat- bzw. grillfertig vorbereitete Wachtel wiegt etwa 115 g. In Frankreich werden allerdings wesentlich schwerere Tiere gezüchtet. Die Vögel werden maschinell gerupft. Wachteln gelten wegen ihres zarten, wohlschmeckenden Fleisches als besondere Delikatesse. Sie werden meistens als Packung mit 2 oder 4 Tieren angeboten, und zwar in Feinkostgeschäften, im Wild- und Geflügelhandel, aber auch in Supermärkten. Restaurants sind in der Regel Direktbezieher. Frischer Ware ist gegenüber tiefgekühlter eindeutig der Vorzug zu geben, der Qualitätsunterschied ist erheblich. Wachteln werden im Ganzen gebraten oder gegrillt. Pro Portion rechnet man 2 Tiere. Das Brustfleisch hat einen außerordentlich geringen Wassergehalt und muss deshalb durch Bardieren und Begießen vor dem Austrocknen geschützt werden.

Schon küchenfertig vorbereitet kommen Wachteln in der Regel in den Handel. Sie werden als frische Ware entweder einzeln oder, für den Großhandel zu sechs oder zwölf Tieren zusammengefasst, angeboten.

Taube
COLUMBAE

(engl. pigeon, dove; franz. pigeon, pigeonneau; span. paloma). Die Taube gehört zur Familie der Taubenvögel (Columbae). In nahezu 300 Arten ist sie weltweit verbreitet und als Gefährte und Liebling des Menschen bereits seit ältesten Zeiten bekannt. Den alten Griechen, Römern und den Ägyptern dienten Tauben als kultische Opfertiere, Orakel und Götterboten. Schon vor Christi Geburt sollen in China Botentauben von Peking aus wichtige Nachrichten übermittelt haben. Tauben galten als heilige Vögel. Sie verkörpern das Symbol der Fruchtbarkeit und des Friedens, im Christentum ist die Taube Symbol des Heiligen Geistes. Taubentürme sind bauliche Zeugen aus alter Zeit.

Generell wird zwischen Wildtauben und Haustauben (Columbia livia domestica) unterschieden. Letztere stammen alle von der wilden Felsentaube (Columbia livia livia) ab, die in ganz Europa verbreitet ist, im Süden bis nach Nordafrika und im Osten bis zum Kaukasus. Blau, Schwarz, Rot, Gelb und Weiß sind die häufigsten Farben ihres Gefieders, dominierend ist Blau in variablen Schattierungen. Die Augen sind rot, braunschwarz oder perlweiß, die Flügelbinden meist schwarz. Tauben sind Körnerfresser, ernähren sich beim so genannten »Feldern« aber auch von Insekten und Würmern. Die treuen, monogamen Tauben sind Höhlenbrüter und nisten im Dunkeln an Gebäuden und anderem Mauerwerk. Die Eier werden sowohl vom Täuber (männliches Tier) als auch von der Täubin (weibliches Tier) bebrütet. Tauben sind robuste, gegen Temperatur unempfindliche und anspruchslose Tiere.

Die Zucht von Haustauben hat zu weit über 100 verschiedenen Rassen mit vielen unterschiedlichen Farbschlägen geführt, die in Gruppen eingeteilt werden. Rassetauben werden auf Formen und Farben gezüchtet. Die wichtigsten Gruppenvertreter sind Warzentauben (Bagdetten), Huhntauben, Kropftauben, Farbentauben, Trommeltauben, Strukturtauben, Mövchentauben, Tümmlertauben, Spiel- oder Hochflugtauben.

Masttauben werden auf Fleischleistung gezüchtet. Das Zuchtziel ist eine größtmögliche Anzahl verkaufsfähiger Jungtauben pro Jahr. Als Maximum gibt ein Taubenpaar alle 30 Tage 1 Gelege mit 1 bis 2 Eiern ab. Pro Taubenpaar können also höchstens 24 Jungtauben im Jahr aufgezogen werden. Zu den bedeutendsten Fleischtauben gehören vor allem die Weiße King = USA, mit bis zu 850 g eine der schwersten Taubenrassen, fleischige Brustpartie; Texaner-Taube = USA, mit bis zu 800 g ebenfalls hohes Gewicht, breite, fleischige Brust; Carneau-Taube = Südbelgien, Nordfrankreich, bis zu 750 g schwer; Mondain-Taube = Frankreich, schwergewichtige Fleischtaube mit bis zu 900 g; Strassertaube = in Österreich beheimatet, nicht sehr fruchtbar, aber bis zu 850 g schwer; Coburger Lerche = bis zu 800 g schwer, breite, fleischige Brust.

Tauben werden verbreitet in Ställen bzw. Volieren aufgezogen, vor allem in den USA, in Italien, Frankreich und Ungarn. In einer Voliere werden 20 bis 30 Taubenpaare gehalten; in einem Stall haben 10 bis 20 Volieren Platz. Jungtauben sind Nesthocker, sie erreichen mit 28 Tagen das ideale Schlachtalter. Bis dahin werden sie von den Eltern »gekröpft«, das heißt, mit Kropfmilch gefüttert. Vor dem Schlachten sollten sie 24 Stunden fasten, damit das große Fassungsvermögen des Kropfes nicht voll ausgenutzt ist. Der Anteil an Brustfleisch beträgt etwa 26 %, Schenkelfleisch etwa 10 %. Das Lebendgewicht von Jungtauben erreicht 300 bis 600 g, bratfertige Täubchen wiegen 250 bis 400 g. Tauben werden heute meist maschinell gerupft; sie können aber auch trocken oder nass (mit 55 °C heißem Wasser überbrühen) von Hand gerupft werden. Sie werden wie anderes Geflügel ausgenommen; das Entfernen des Kropfes erfordert einiges Geschick. Tauben haben übrigens keine Gallenblase.

Das Fleisch von Masttauben, insbesondere von Jungtauben, ist zart, wohlschmeckend, bekömmlich und von Feinschmeckern wegen seines durchaus kräftigen Aromas geschätzt. Jungmasttauben zählen ohne Einschränkung zum Delikatessgeflügel. Sie werden vorzugsweise gebraten oder zu Frikassee verarbeitet. Alte Tauben werden gekocht, gedämpft oder gedünstet, sie ergeben eine hervorragende Suppe und gute Farcen.

So sind Tauben im Handel: Die Flügelenden werden auf dem Rücken verschränkt, der Hals darunter gesteckt; der Schlachtkörper erhält dadurch sein kompaktes Aussehen.

Perlhuhn
NUMIDINAE

(engl. guinea-fowl; franz. pintade, pintandeau). Das Perlhuhn gehört zur Unterfamilie der Fasanartigen (Phasanidae). Es stammt aus Afrika und hat daher seine Namen Afrikanisches Huhn, Guinea-Huhn. Die Domestikation erfolgte wahrscheinlich bereits im alten Griechenland und bei den Römern. Es gelangte früh nach Frankreich und mit der Seefahrt nach Amerika. Seit Jahrhunderten wird es in Europa und Amerika als Zier- und Nutzgeflügel gehalten. Besonders in Frankreich und Italien werden Perlhühner in riesigen Hühnerhöfen gezüchtet.

Die Stammform des Haus-Perlhuhns ist das Helm-Perlhuhn *(Numida meleagris)*. Weitere Arten sind das Hauben-Perlhuhn (trägt einen Federbusch auf dem Kopf) und das farbenprächtige Geier-Perlhuhn. Die weißen »Perlen« auf dem Gefieder, kleine weiße Tupfen, haben ihm seinen Namen gegeben. Damit verbindet sich eine hübsche Sage: Meleagros wurde nach seinem Tod von seinen Schwestern, die von Artemis in Vögel verwandelt waren, bitterlich beweint. Ihre Tränen tropften auf das Gefieder, die Sprenkel sahen wie Perlen aus.

Helm-Perlhühner haben einen rundlichen Körper, kurze Flügel und ein glattes, anliegendes Gefieder. Auffallend sind das nackte Gesicht und der nahezu unbefiederte Hals. Das blaugrüne Gefieder ist über und über mit »Perlen« besät. Als Kopfaufsatz tragen sie anstelle eines Kamms einen dreieckigen roten oder kornfarbenen Helm. Der Kehllappen ist rötlich, der Schwanz kurz und hängend, an den schiefergrauen Ständern fehlt ein Sporn. Perlhühner sind lebhafte Tiere, anpassungsfähig, anspruchslos, jedoch scheu und schreckhaft. Unerträglich ist ihr trompeten-artiges, durchdringendes Geschrei.

Als Zuchttiere werden sie heute überwiegend in Käfigen gehalten (Intensivhaltung). Pro Henne kann mit etwa 170 Eiern/115 Küken gerechnet werden. Im Alter von 6 Wochen geschlachtet, erreichen Perl-hühner ein Gewicht von 500 bis 600 g, sie werden als Portionsperlhühner angeboten und gern als Ersatz für Rebhühner verwendet. Nach weiteren 6 Wochen wiegen sie bereits 1,3 kg, ausgewachsen 1,7 bis 2 kg. Die Fleischausbeute an wertvollen Teilstücken ist nach Wachtel und Pute am höchsten (Brust 32 %, Schenkel 29 %). Mit 1,1 % (Brustfleisch) bzw. 2,7 % (Keulen) weist es den geringsten Fettgehalt aller Geflügelarten auf und mit 25,2 % (Brustfleisch) bzw. 21,4 % (Schenkel) den höchsten Eiweißgehalt. Perlhühner werden im Wild- und Geflügel-Fachhandel, aber auch in Feinkostgeschäften angeboten. In der Regel handelt es sich um Ware aus Frankreich. Tiere aus Auslauf-haltung, die in den letzten Mastwochen mit Mais gefüttert wurden (Labelproduktion), tragen ein besonderes Gütezeichen. Das dunkle Fleisch des Perlhuhns ist zart, saftig und erinnert im Geschmack an Fasan. Nach dem Schlachten sollen die Tiere 2 bis 3 Tage kühl und luftig abhängen. Nur junge Hühner sind zum Braten geeignet. Sie werden gern bardiert und durch häufiges Begießen vor dem Austrocknen geschützt. Ältere Tiere, vor allem fette Hennen, werden geschmort, gedämpft oder gedünstet.

Bodenhaltung im geschlossenen Stall. Als Einstreu werden Häcksel und Ho-belspäne verwendet. Ein ausgewo-genes Leistungsfutter sorgt für gutes Wachstum und hohe Legeleistung.

Küchenfertiges Perlhuhn. Das Fleisch schimmert bläulich. Im Gegensatz zum Jungmasthuhn fehlen die deutlich sichtbaren Fettablagerungen sowie die vollfleischigen Muskeln. Nahezu alle Rezepte vom gebratenen Fasan, insbesondere von den Brüstchen, lassen sich auch auf junge Perlhühner übertragen.

Pute – Truthahn
MELIAGRIDIDAE

(engl. turkey; franz. dindon, dinde, dindonneau).
Die Pute, auch Truthahn genannt *(Meleagris
gallopavo)*, gehört zur Familie der Truthühner. Dieses
heute größte und schwerste Hausgeflügel stammt aus
Nordamerika (USA, Mexiko). Nach der Entdeckung
Amerikas fanden die Spanier bei den Indianern
gezähmte wilde Truthühner (»Indische Hühner«). Sie
brachten sie 1520 mit nach Europa, wo sie sehr schnell
in England, später auch in Frankreich und Holland
Verbreitung fanden und in Deutschland zum begehrten Hausgeflügel wurden. Puten sind große, hochbei-
nige Vögel, sie haben einen kräftigen, zum Schwanz
hin abfallenden Körper, eine breite Brust und einen
unbefiederten, warzenbesetzten Kopf. Ausgewachsene
Hähne haben ein schwarzes Haarbüschel auf der
Brust, Hennen stattdessen eine Warze. Puten werden
nach Farben, so genannten Farbschlägen, und nach
dem Gewicht unterschieden. Bedeutende Farbschläge
sind Bronzeputen = Grundton schwarz mit starkem
Bronzeglanz, schillernd; Weiße Puten = sie sind völlig
weiß und heute von herausragender wirtschaftlicher
Bedeutung; Schwarze Puten = sie sind völlig schwarz
und schimmern wie Samt. Die Cröllwitzer Puten sind
weiß, doch hat jede Feder am Ende einen schwarzen
Saum; sie waren in Deutschland eine bedeutende
Rasse. Die Rote Bourbon-Pute wurde in Amerika
gezüchtet. Rotflügelputen sind Kreuzungen aus
Bronze- und Roten Bourbon-Puten,
Schwarzflügelputen solche aus Bronze- und Rotflügel-
puten. Nach dem Gewicht werden leichte (bratfertig
3,5 bis 5 kg), mittlere (bratfertig 7 bis 10 kg) und
schwere Puten (bratfertig 10 bis 12,5 kg, sehr schwere
bis 18 kg) unterschieden.
Männliche Tiere werden mit 31 Wochen, weibliche
mit 30 bis 32 Wochen geschlechtsreif. Puten legen fast
das ganze Jahr – insgesamt etwa 150 Eier mit
Gewichten von 75 bis 90 g je Ei. Putenmast erfolgt in
Bodenhaltung, leichtere Puten können jedoch auch in
Käfigen aufgezogen werden. Es gibt zwar viele kleine
Putenzüchter, die auch noch Freiland- bzw.
Auslaufhaltung betreiben, das große weltweite
Angebot stammt jedoch aus wenigen Intensivzuchten,
die über regionale Vermehrer die Mäster beliefern
(Nicholas, British United Turkeys, Sun Valley).
Kriterien der Zucht sind Frühreife, schnelles
Wachstum, Widerstandsfähigkeit, hoher Fleischanteil
bei möglichst geringem Knochenanteil. Die schwere
Weiße Breitbrusthybride (aus Weißer und Beltsville-
Pute) erfüllt diese Anforderungen optimal. Hennen
von 8 bis 12 Wochen und bis zu 5 kg Lebendgewicht
werden im Ganzen vermarktet, Hennen mit 15 bis
18 Wochen und 7 bis 9 kg bzw. Hähne mit 20 bis
24 Wochen und 14 bis 17 kg Lebendgewicht werden
zerlegt vermarktet.

Die großen Hähne, wie
diese Hybridzüchtung,
tragen schwer an ihrer
gewaltigen Brust, die
erheblich mehr Gewicht
bringt als die der
Truthenne.

Dieser skurrile Vogel aus der Neuen Welt hat mancherlei
Besonderheiten. Vor allem das schwarze Haarbüschel auf
der Brust der erwachsenen Truthähne, das sich wie Ross-
haar anfühlt, ist auffällig.

**Hennen einer
Hybridherkunft.** Wie bei
jeder Intensivzucht sind
schnelles Wachstum und
möglichst hoher Fleisch-
anteil bei geringem
Knochengewicht das
Zuchtziel.

**Diese Truthähne auf einem
mexikanischen Markt** stammen vom
Bauernhof. Auch bei uns werden Puten im
Freiland aufgezogen; sie haben dann zwar
keine »Riesenbrüste« aber ein sehr muskulöses Fleisch (»trockene« Muskulatur).

Putenfleisch ist ernährungsphysiologisch hochwertig und wird deshalb gern in Diäten eingesetzt. Der hohe Eiweißanteil (Brust 24 %, Oberschenkel 21 %) ist reich an den lebensnotwendigen essenziellen Aminosäuren, der geringe Fettanteil (Brust 2 %, Oberschenkel 8 %) ist reich an den wertvollen mehrfach ungesättigten Fettsäuren. Puten werden vor der Geschlechtsreife geschlachtet, bis dahin ist das Fleisch der Hennen zarter als das der Hähne. Der Truthahn weist mehrere, in Farbe und Konsistenz unterschiedliche Fleischsorten auf. Die Schenkel haben ein dunkles, festes Fleisch, das Brustfleisch ist besonders mager, zart und weiß, während das am Hals und an den Seiten fetter ist.

Als Delikatesse wird das Fleisch vom kleinen Lendenmuskel, »oyster« genannt, gehandelt.

Das Angebot ist am vielfältigsten im Vergleich zu allen anderen Geflügelarten. Es erfolgt als ganzer Schlachtkörper (frisch oder tiefgefroren), als Teilstücke (Brust, Oberschenkel, Unterschenkel, Flügel), als Putenfleisch (Schnitzel, Gulasch, Rollbraten, Rouladen) oder als verarbeitete Produkte (verschiedene Würste, Sülzen, Pasteten).

Während die Teilstücke ganzjährig angeboten werden, sind die ganzen Schlachtkörper von September bis März, vor allem zu Weihnachten und zum amerikanischen »Thanksgiving« im Handel.

Leichte Puten, auch als Baby- oder Broiler-Puten bezeichnet, werden im Ganzen gebraten, ältere Puten finden in Eintöpfen und Suppen Verwendung. Kleine Tiere können wie Masthühner (gefüllt oder ungefüllt) zubereitet werden. Wichtig: Die Schenkel, vor allem die Unterschenkel, enthalten zahlreiche Sehnen, die vor der Zubereitung herausgezogen werden müssen.

Beachtliche Größenunterschiede
bestanden zwischen dieser Henne (6,3 kg) und dem zerlegten Truthahn (14 kg) auf der rechten Seite.

Den Truthahn in Einzelteile zerlegen

Große, schwere Truthähne werden nur noch selten im Ganzen gebraten. Ihre schwergewichtige Brust lohnt jedoch die Mühe, ein Prachtexemplar von 14 kg zu zerlegen, wie es in der nebenstehenden Anleitung gezeigt wird. An diesem Beispiel wird noch einmal deutlich, dass keine Küche ohne ein wenig Technik und anatomische Kenntnisse auskommt. Durch das mehr oder weniger standardisierte Putenangebot ist es nicht leicht, große, schwere Teile zu bekommen. Hier ist es nützlich, eine »Quelle« für frische Truthühner aufzutun.

Wer sich für die Gewichte der Einzelteile des rechts zerlegten Truthahns interessiert, vor allem im Vergleich zu den Durchschnittsangaben in der Tabelle, hier die Angaben für den 20 Wochen alten Vogel: Die begehrten Teile Brust, Schenkel und Flügel machen etwa die Hälfte des Schlachtgewichts aus. Mit 4,4 kg macht die Brust bereits nahezu 1/3 des Gesamtgewichts aus. Es folgen die Schenkel mit 1,7 kg (Oberschenkel 1000 g, Unterschenkel 700 g) und die Flügel im Ganzen mit 700 g (Oberflügel 380 g, Mittelflügel 260 g, Unterflügel 60 g).

GEWICHTE VON PUTEN UND PUTENTEILEN	
Ganze Puten	
Schwere Puten:	je nach Alter zwischen 6 bis 15 kg
Mittlere Puten:	je nach Alter zwischen 4 bis 10 kg
Leichte Puten:	je nach Alter zwischen 3 bis 7 kg
Putenteile	
Putenbrust ganz:	1 bis 3 kg
Putenschenkel:	1 bis 1,5 kg
Oberschenkel:	500 bis 700 g
Unterschenkel:	250 bis 400 g
Putenflügel:	200 bis 350 g

1 Den Flügel auslösen: abspreizen, das Schultergelenk ertasten, einschneiden und abtrennen.

2 Den Unterflügel abtrennen, dazu das Gelenk zum Mittelflügel ertasten und durchtrennen.

3 Den Mittelflügel vom Oberflügel abtrennen, dazu das Gelenk ertasten und in der Mitte durchschneiden.

Beim Trockenrupfen darauf achten, dass die Haut nicht einreißt.

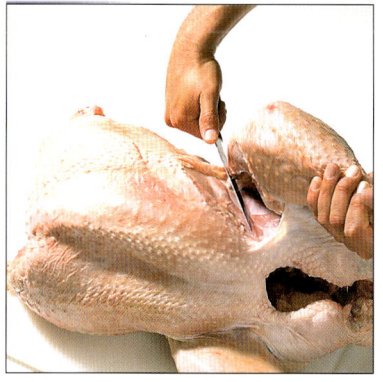

4 Den Schenkel auslösen: etwas anheben, abspreizen, die Haut zwischen Rumpf und Schenkel durchtrennen.

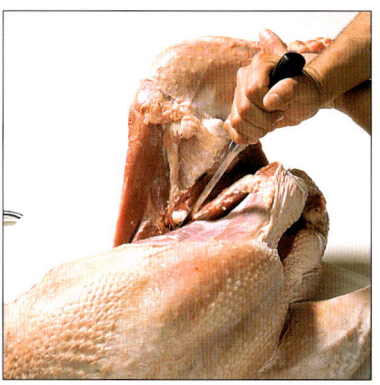

5 Tief hinunter bis zum Hüftknochengelenk schneiden, den Schenkel vom Rumpf wegdrücken und abtrennen.

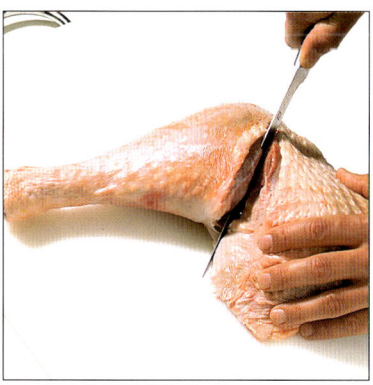

6 Den Ober- von dem Unterschenkel trennen, dazu mit einem glatten Schnitt durch das Gelenk schneiden.

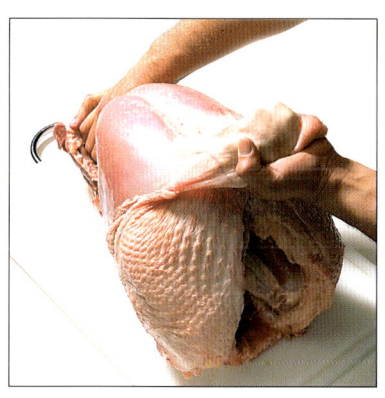

7 Die Brust auslösen: gut festhalten, die Haut von der Brustspitze aus abziehen, anhängendes Fett ablösen.

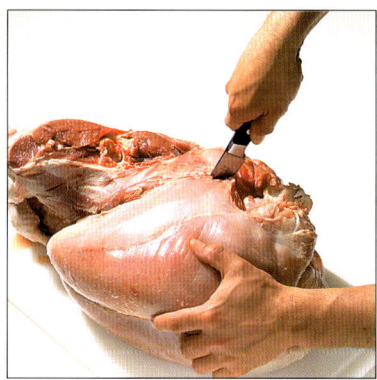

8 Auf die Seite drehen, entlang der Bindegewebslinie die Rippen auf beiden Seiten durchtrennen.

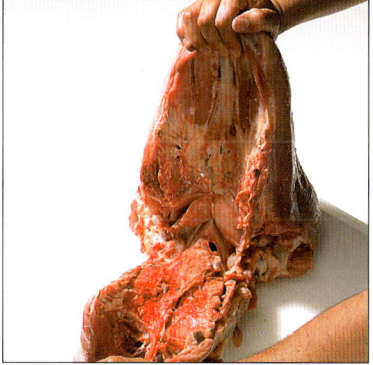

9 Wieder auf den Rücken legen, diesen festhalten, die Brustspitze fassen, mit Kraft vom Rücken wegziehen.

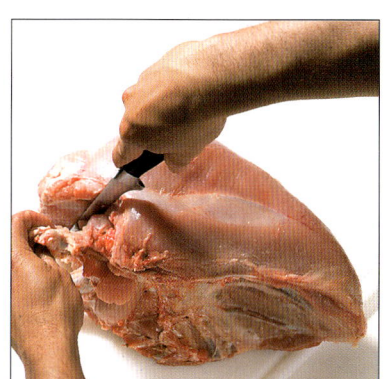

10 Vom abgetrennten Brustteil die Schultergelenke auf beiden Seiten bis zum Halsansatz abtrennen.

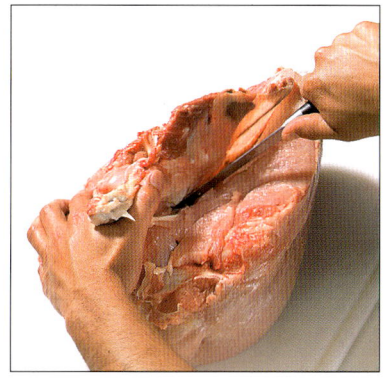

11 Vorsichtig zwischen Rippen und Fleisch entlangschneiden und die Brust von der Karkasse ablösen.

12 Das Filet vom dicken Ende der Brust aus auslösen, mit dem Messer etwas nachhelfen.

Krasse Farbunterschiede kennzeichnen die einzelnen Fleischarten des Truthahns. Das helle Brustfleisch ist zarter als das dunkle, kräftige Schenkelfleisch.

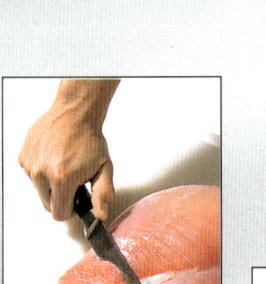

Schnitzel schneiden: von der Mitte der Brust aus in Richtung Brustspitze mit flachen, schrägen Schnitten einzelne Scheiben nach vorne abschneiden.

Putenbrust. Mit ihrem weißen Fleisch zählt sie zu den edelsten Stücken des Truthahns und erreicht bis zu 40 % des Körpergewichts. Das Fleisch ist sehr zart und fettarm.

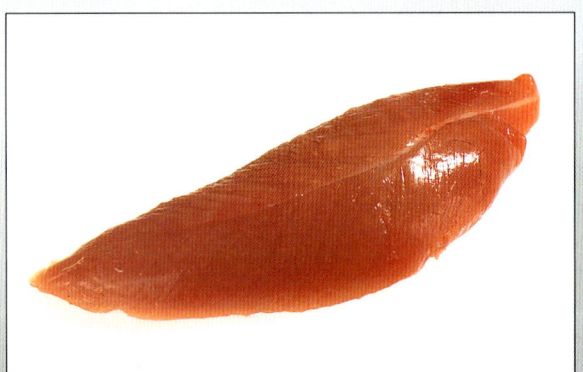

Putenfilet. Im Gegensatz zum Schlachtvieh, wo die Filets anatomisch ein eigener Körperteil sind, wird das Filet bei der Pute aus dem kleinen Brustmuskel geschnitten.

Putenschnitzel. Sie werden aus dem großen Brustmuskel geschnitten. Die kleineren Innenfilets eignen sich besonders für Medaillons, die Brustspitzen für Ragout.

Die Teile vom Truthahn

Truthahnfleisch setzt seiner küchentechnischen Verarbeitung keine Grenzen. Die Zerlegung ganzer Tiere bringt eine große Schlachtausbeute, deren Teilstücke entweder direkt zubereitet oder in Teil- und Fertigprodukte weiterverarbeitet werden. Die einzelnen Fleischteile wie Brust, Ober- und Unterschenkel sowie die Flügel unterscheiden sich allerdings deutlich in Farbe und Geschmack. Das helle, zarte Brustfleisch hält einen Vergleich mit Kalbsfleisch allemal stand, das dunklere, kräftigere Schenkelfleisch besitzt einen ganz leichten Wildgeschmack. Als Schnitzel, Steak, Filet, Roulade oder Rollbraten ist die Truthahnbrust vielseitig zu verarbeiten. Die Schenkel eignen sich am besten zum Braten, die Unterschenkel können auch gut geschmort werden. Die Flügel eignen sich als Suppeneinlagen ebenso gut wie zum Grillen oder zum Schmoren. Küchenfertig zubereitete Produkte vom Filet, Schnitzel oder Steak kommen, zum Teil paniert, als Cordon bleu und Hacksteak oder Rollbraten, Fleischspieße, Frikadellen, Geschnetzeltes in den Handel. Als Fleischdauerwaren werden geräucherte Teilstücke, Räucher- und Kochschinken angeboten. Außerdem erfreuen sich eine Vielzahl von Pasteten, Sülzen und Würsten der Gunst der Verbraucher.

Der ganze Flügel kann bis zu 350 g wiegen. Beim Teilen die Sehnen in den Gelenken trennen und herausziehen.

Ober-, Mittel- und Unterflügel. Der Flügel wird entsprechend zerlegt. Die Fleischausbeute ist unterschiedlich.

Als Grillflügel bezeichnet man den Mittelflügel, nachdem seine Knochen entfernt worden sind.

Ganzer Schenkel. Das kräftige, dunkle Fleisch ist sehr begehrt. Der Schenkel wird in Ober- und Unterschenkel zerlegt.

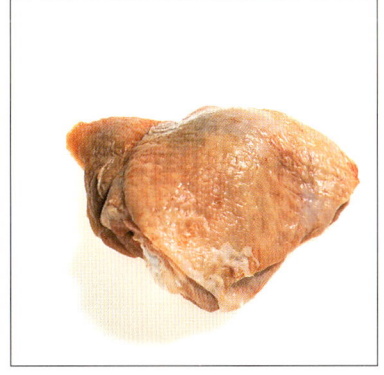

Der Oberschenkel eignet sich bestens für Rollbraten und zum Füllen. Dazu muss der Knochen ausgelöst werden.

Der Unterschenkel wird im Ganzen gebraten. Dazu die kräftigen Sehnen am unteren Ende sorgfältig entfernen.

Gulaschwürfel aus der Brust und dem Oberschenkel. Die Farbunterschiede sind deutlich zu erkennen.

Geschnetzeltes kann vielseitig verwendet werden. Von der Truthahnbrust ist es besonders zart.

Der Putenrollbraten kann aus Brustfleisch oder der entbeinten Oberschenkel gerollt und gebunden werden.

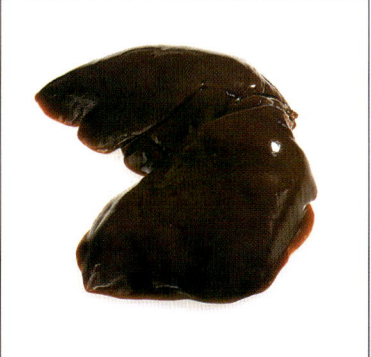

Die Leber erreicht Gewichte bis zu 150 g. Ihr kräftiges Aroma kommt beim Braten am besten zur Geltung.

Der Magen ist zum Mitkochen in Eintöpfen geeignet. Vorher aber die ledrige Magenhaut vollständig entfernen.

Das Herz kann nach Entfernen der großen Blutgefäße und gründlichem Waschen gebraten oder mitgekocht werden.

Ente
ANATINAE

(engl. duck, franz. canard oder caneton). Enten sind Wasser- bzw. Tauchvögel verschiedener Größen und Rassen und gehören zur Familie der Entenvögel. Generell ist zwischen Wildenten und Hausenten zu unterscheiden. Die Stammform aller Hausenten ist die Stockente *(Anas platyrhynchos)*, die in zwei Grundtypen vorkommt: als Landente mit waagerecht gehaltenem Körper und als Pinguinente mit aufrechter Körperhaltung. Letztere zeichnen sich durch eine besondere Lauffreudigkeit aus, bekannteste Vertreterin ist die Indische Laufente. Stockenten haben ein graubraunes, wildfarbenes Gefieder, der Erpel hat einen schillernden dunkelgrünen Kopf und Hals, einen weißen Halsring und am Schwanz die bekannte Erpellocke. Sie sind in ganz Europa, Nordafrika, Nordamerika und im nördlichen Asien verbreitet. Enten wurden schon lange vor unserer Zeitrechnung in China gehalten, in Griechenland wurden sie bereits um 1000 v. Chr. domestiziert. Aus der Stockente wurden viele Rassen gezüchtet. Zu den wichtigsten Fleischenten zählen heute: Aylesbury-Ente = aus England stammender reinweißer Vogel, große, schwere Landente mit voller Brust und zartem, sehr schmackhaftem Fleisch, 3 bis 3,5 kg Lebendgewicht, etwa 80 Eier von je 80 g im Jahr. Rouen-Ente = aus der Normandie stammende, hübsche, große Landente, breit und mit bis zum Boden reichendem Rumpf, schwere Fleischente, 4 bis 5 kg Lebendgewicht, etwa 60 bis 90 Eier von je 80 g im Jahr; Besonderheit: Sie wird nicht geschlachtet, sondern erstickt, das Blut bleibt also im Körper (daher der Name »Blutente«), das Fleisch ist rötlich und sehr fein. Nantes- oder Nantaiser Ente = kleinerer, weniger fetter Vogel, der selbst bei guter Mast nach 4 Monaten nicht mehr als 2 kg bringt. Pekingente = leicht zu mästende, legefreudige Ente; die Deutsche Pekingente stammt aus China, wurde aus der Pinguinente erzüchtet und bringt 3 bis 3,5 kg Lebendgewicht sowie 50 bis 60 Eier mit je 70 g; die Amerikanische Pekingente ist ein reinweißer, von der chinesischen Landente abstammender Vogel mit guter Fleisch- und Legeleistung (200 Eier und mehr im Jahr). Pommern-Ente = in Pommern gezüchtete Landente mit 2,5 bis 3 kg Gewicht und etwa 80 Eiern von je 80 g im Jahr.

Die Flugenten wurden bereits von den Indianern in Peru und Mexiko domestiziert. Sie stehen in der zoologischen Nomenklatur zwischen Ente und Gans und gehören zur Gattung Cairina. Sie sind besonders widerstandsfähig, Körper und Schwanz sind länger als bei der Stockente. Flugenten haben keine Stimme, sie zischen nur und heißen deshalb auch Stummenten. Sie leben an Flüssen, schlafen und nisten in Bäumen und kommen in Weiß, als schwarzgescheckte Vögel oder in blauen Farbvarianten vor. Als Mastente mit hohem Fleischanteil und relativ wenig Fett erreicht der Erpel in 11 Wochen ein Gewicht von 4 kg, die Ente in 10 Wochen nur bis zu 2,5 kg. Das Fleisch ist im Geschmack dem der Wildente ähnlich. Die Flug- oder auch Warzenente hat einen lang gestreckten Körper

In Brutkästen wird der Nachwuchs in Zuchtbetrieben herangezogen. Bevor die Jungtiere an die Mästereien verkauft werden, können sie für kurze Zeit das frische Grün genießen.

Flugenten aus Freilandhaltung haben muskulöses Fleisch und sind von besonders kräftigem Geschmack.

und ein warziges, nacktes rotes Gesicht. Ihr Fleisch gilt als Delikatesse. Der Erpel wird fast doppelt so schwer wie die Ente.

Enten sind lebhafte, anspruchslose, problemlos zu haltende und deshalb für die Intensivmast besonders geeignete Tiere. Sie liefern dem Menschen Eier, Fleisch und Federn/Daunen (bis 300 g pro ausgewachsene Ente), in Frankreich auch noch die durch Zwangsfütterung (wie bei Gänsen) gewonnenen Fettlebern. Von wirtschaftlicher Bedeutung sind die Fleischenten und hier vor allem die weiße Pekingente und die Flugente.

Die wohl größte Entenfarm der Welt züchtet in England verschiedene Linien der Cherry-Valley-Ente. Das älteste und bekannteste Gebiet für Entenzucht liegt aber auf Long Island in den USA; hier wurden die ersten Pekingenten aufgezogen. Mit Blick auf eine umfangreiche Eierproduktion muss die Intensivhaltung in China und Taiwan genannt werden. Pekingenten werden mit 7 bis 8 Wochen und einem Lebendgewicht von etwa 2,5 kg geschlachtet, weibliche Flugenten mit 9 Wochen und 2,5 kg, männliche Flugenten mit 10 bis 11 Wochen und nahezu 4 kg. Importe kommen bei uns vor allem aus Polen, Ungarn (Flugente für Fleisch, Kreuzungen aus Flug- und Pekingente – »Mule« genannt – für Entenleber) und neuerdings aus Frankreich (Flugente = Canard de Barbarie oder Barbarie-Ente). Das Hauptangebot –

frisch und tiefgefroren – stammt von Frühmastenten, die 6 bis 8 Wochen alt sind. Der Zeitpunkt richtet sich nach der ersten Mauser, denn unmittelbar vorher lassen sie sich besonders leicht rupfen. Beim maschinellen Trockenrupfen können die Federn schonend gewonnen werden, doch ist das Nassrupfen weniger arbeitsaufwändig. Bei beiden Verfahren wird in einem anschließenden Wachstauchbad der Flaum entfernt. Nach 20 bis 24 Wochen spricht man von Spätmastenten, sie sind selten im Handel. Bei jungen Tieren ist der schmale Schnabel biegsam, die Luftröhre lässt sich leicht eindrücken und die Schwimmhäute an den Füßen sind weich und leicht einzureißen.

Enten haben ein großes Skelett und damit einen relativ hohen Knochenanteil. Da auch der Fettanteil recht hoch ist, fällt die Fleischausbeute entsprechend geringer aus. Der Brustanteil beträgt 27 % (Pekingente) bzw. knapp 25 % (Laufente), für die Schenkel gelten 23 % (Pekingente) bzw. knapp 28 % (Laufente). Entenfleisch enthält rund 20 % Eiweiß und bis zu 6 % Fett.

Beim Einkauf ist auf vollfleischige, nicht zu fette Tiere zu achten, deren Haut hell sein soll. Enten werden gern im Ofen auf dem Rost gebraten, so dass das Fett abtropfen kann. Vor der Zubereitung sollte alles sichtbare Fett entfernt werden. Ältere oder weniger zarte Enten werden geschmort. Entenbrust wird auch gern als Einzelteil zubereitet.

Trockenrupfen ist mühsam, aber gut für die Federn und noch besser für den Koch, da die Haut beim Braten knuspriger wird.

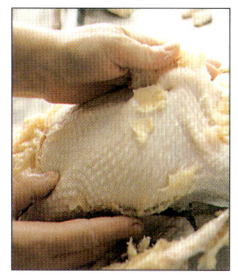

Mit heißem Wachs entfernt man auch die kleinsten Federreste. Diese Methode ist schonender als das Überbrühen mit kochendem Wasser.

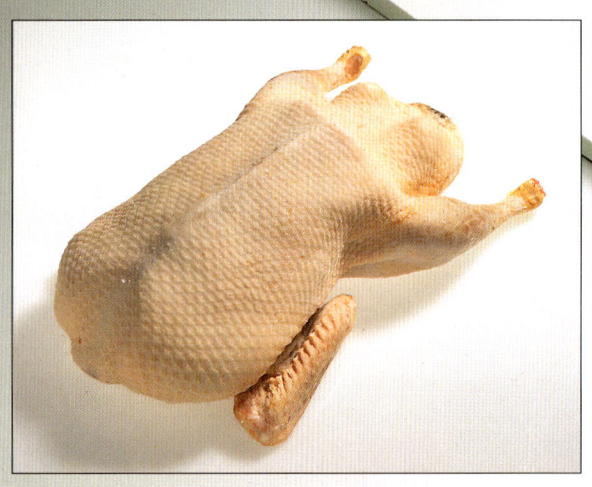

Bayerische Ente. In bayerischen Landen ist Entenbraten mit Knödeln eine Spezialität. Die meist weißfedrige Ente ist als Braten auch geradezu prädestiniert, denn sie ist fleischig und zart. Eine fleischige Ente kann bis zu 3 kg schwer sein.

Ente rupfen. Um die Federn rasch zu entfernen, muss die Ente zuerst in heißem Wasser gebrüht werden, dann lassen sich die Federkiele relativ leicht abrupfen. Anschließend werden die verbleibenden Federn und Federkielreste abgesengt und gründlich abgerieben.

Flugente. Unter dem Namen »Flugente« kommt die Warzen- oder Moschusente auf den Markt. Ihr Fleisch ist saftig, schmackhaft und fettarm. Der Fleischanteil des Schlachtkörpers ist höher als bei der Hausente. Während die Ente 2,5 kg erreicht, kann der Erpel bis zu 5 kg schwer werden.
Flugentenbrüste. Sie sind eine besondere Delikatesse und fallen entsprechend dem höheren Gewicht auch größer aus. Die Flugentenbrüste können mit Haut oder auch gehäutet verwendet werden. Knusprig und rosa gebraten, mit Orangen oder Ingwer, sind sie sehr beliebt.

Die Ente ist eine Spezialität auf bayerischen Speisekarten. Enten gehören auch heute noch zum Dorfbild in vielen bayerischen Regionen.

Nantes- oder Nantaiser Ente. Sie gehört zu den kleinen Enten, hat aber den Vorteil, dass sie weniger fett ist. Sie kann bis zu 2 kg auf die Waage bringen.

Die Ente ausnehmen:

Die Ente auf den Rücken legen. Die beiden Füße abhacken oder abschneiden etwa 1 cm über dem Gelenk.

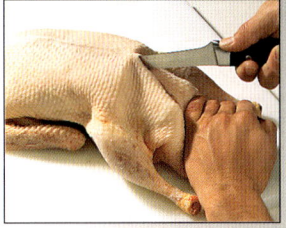

Vom Bürzel bis zum Brustbein aufschneiden, aber nicht zu tief, um die Eingeweide nicht zu verletzen.

Mit der Hand tief in die Körperhöhle fahren und die Eingeweide und Innereien auf einmal herausziehen.

Den Entenmagen in der Mitte aufschneiden und entleeren. Er kann wie alle Geflügelmägen verwendet werden.

Unter fließendem Wasser waschen, bis die gelbgrünliche, ledrige Magenwand sichtbar wird.

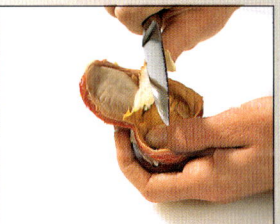

Die Magenwand mit einem scharfen Messer anziehen und vom Magenmuskel völlig abtrennen.

Die Ente frisch im Federkleid

SO WIRD EINE ENTE KÜCHENFERTIG VORBEREITET

Es ist heute eher eine Seltenheit, eine frische Ente im Federkleid zu bekommen, die noch gerupft und ausgenommen werden muss. Die einzelnen Arbeitsschritte für die küchenfertige Vorbereitung werden hier gezeigt.

Den Hals herausschneiden:

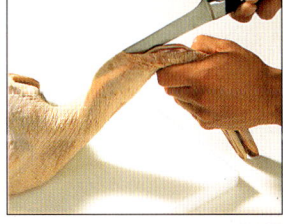

Den Kopf in die Hand nehmen und mit einem scharfen Messer die Haut auf dem Halsrücken aufschneiden.

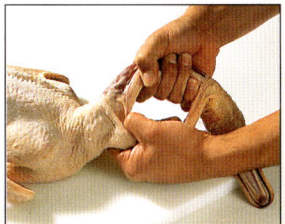

Mit einer Hand den Hals unter der Haut fassen und mit einem kräftigen Zug die Haut vom Hals abziehen.

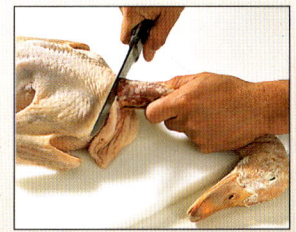

Mit einem scharfen Messer am letzten Halswirbel den Hals vom restlichen Körper gerade abtrennen.

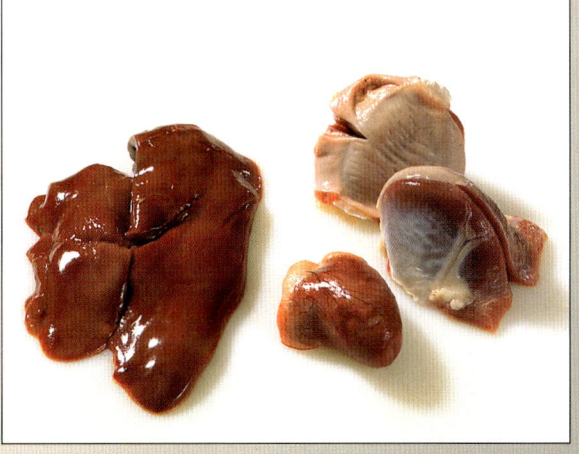

Die Innereien der Ente: Leber, Herz und Magen. Mägen und Herz zusammen mit dem Hals und den Flügeln gehören zum so genannten »Entenklein« und sind hervorragend für Eintöpfe geeignet.

Eine Ente teilen, am Beispiel einer Flugente:

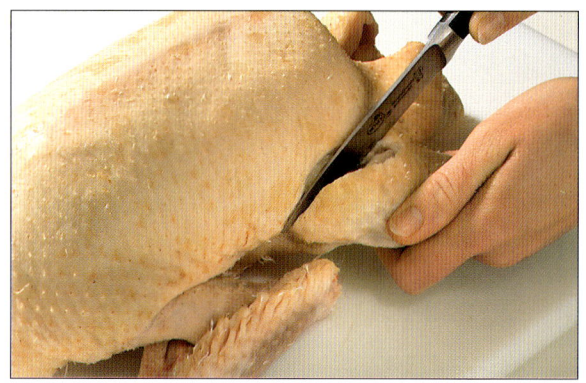

1 Zunächst die beiden Schenkel abtrennen. Dazu die Haut zwischen Körper und Schenkel einschneiden und dabei die Keule etwas vom Körper wegziehen.

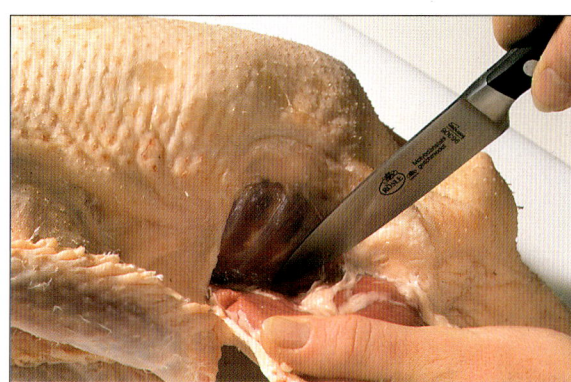

2 Mit einer Hand den Schenkel vom Körper weghalten, mit einem scharfen Messer an der Karkasse entlang bis zum Hüftgelenk herunterschneiden.

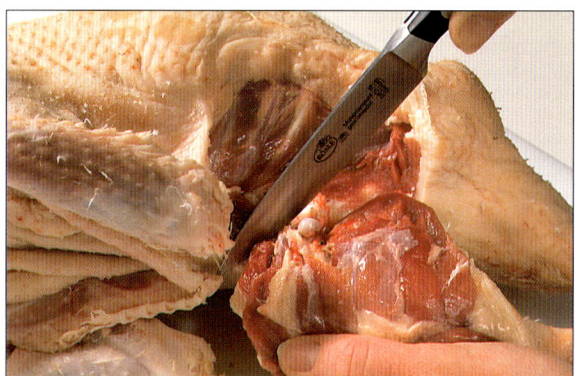

3 Das Hüftgelenk auseinander biegen und durchtrennen, Sehnen und Fleischteile durchschneiden. Den anderen Schenkel ebenso auslösen.

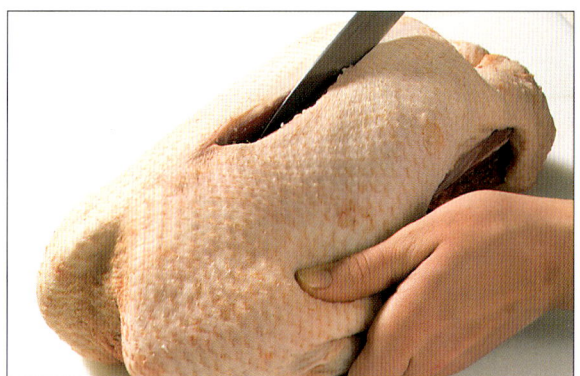

4 Zur Gewinnung der Brust diese entlang dem Brustbein mit einem scharfen Messer einschneiden, dann rechts und links bis zum Brustkorbknorpel die Brust lösen.

5 Entlang der Brustplatte das Fleisch mit einem scharfen Messer Stück für Stück abschaben. Dabei das Fleisch mit der Hand von der Karkasse weghalten.

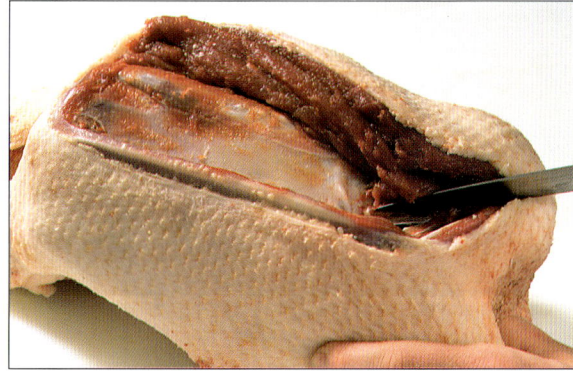

6 Nun ist die Brust so weit abgelöst, dass die Brustplatte freiliegt. Es folgt das sorgfältige Abtrennen des Fleisches entlang dem Gabelknochen.

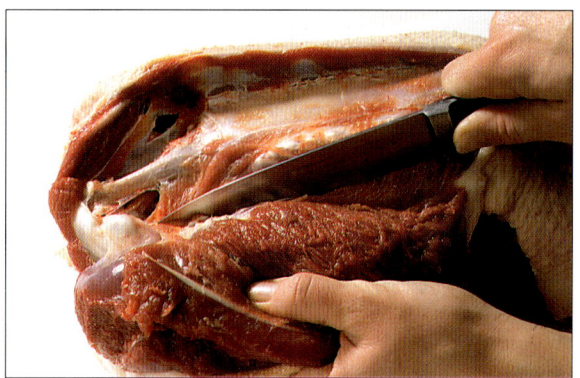

7 Die Brust mit einer Hand von der Karkasse wegziehen und vorsichtig entlang der Karkasse mit dem Messer in einem Stück endgültig abtrennen.

8 Die vier ausgelösten Ententeile – je 2 Brüste und 2 Schenkel – sowie die restliche Karkasse mit den noch anhaftenden Teilen, dem Rücken und den Flügeln.

Füllen und mit der Nadel dressieren

AM BEISPIEL EINER ENTE

Füllungen sind nicht nur eine ideale Beilage zu Geflügel, sie geben der Fleischhülle zusätzlichen Geschmack und eine schöne, volle Form. Ob Brot-, Maronen- oder Farcefüllung, ihnen allen ist die Technik des Füllens gemeinsam. Das anschließende Dressieren verhindert das Herausquellen der Füllung beim Garen, hilft aber auch, dem Geflügel seine schöne Form zu erhalten.

Eine Ente füllen:

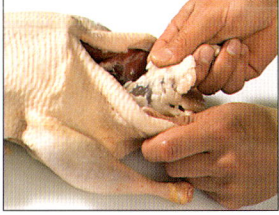

Die Ente bratfertig vorbereiten. In der Bauchhöhle noch vorhandenes Fett mit den Fingern lösen und sorgfältig entfernen.

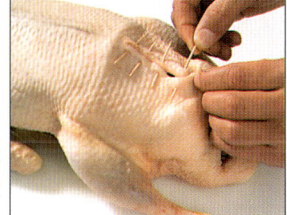

Die Füllung mit einem Löffel in die Bauchhöhle geben und verteilen. Nicht prall füllen, da sich die Füllung beim Garen ausdehnt.

Um die Bauchöffnung zu schließen, die Hautkanten mit Daumen und Zeigefinger zusammendrücken und mit Holzspießchen zustecken.

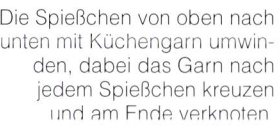

Die Spießchen von oben nach unten mit Küchengarn umwinden, dabei das Garn nach jedem Spießchen kreuzen und am Ende verknoten.

Eine Ente dressieren:

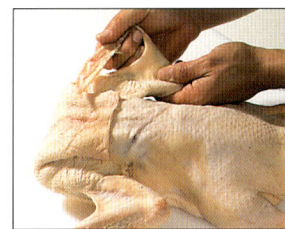

Die Ente auf die Brustseite legen und die Flügelspitzen unter das zweite Armgelenk stecken, die Halshaut auf den Rücken klappen.

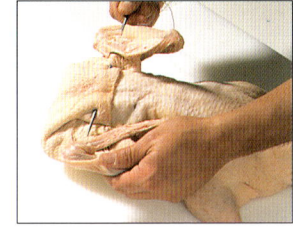

Die Nadel durch beide Teile des Flügels, die Halshaut, unter dem Rückenknochen hindurch durch den zweiten Flügel stechen.

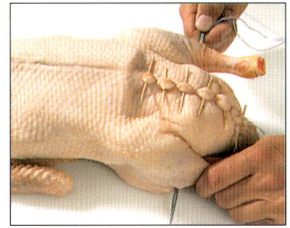

Zum weiteren Dressieren die Nadel durch die Schenkel stechen und so durchschieben, dass sie an dem anderen Schenkel austritt.

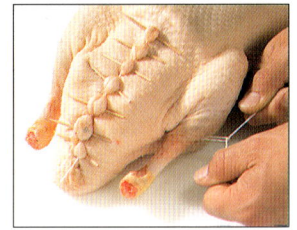

Die Enden des Küchengarns fest zusammenbinden. Die Schenkel sollen waagerecht nach hinten zeigen, die Ente soll flach auf dem Brett liegen.

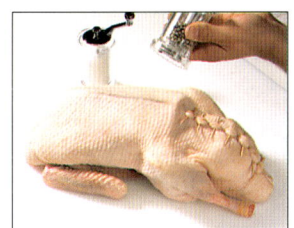

Die gefüllte Ente erst nach dem Dressieren mit Salz und frisch gemahlenem Pfeffer bestreuen und gleichmäßig einmassieren.

Durch das Dressieren kann das gefüllte Geflügel wieder in seine ursprüngliche Form gebracht werden.

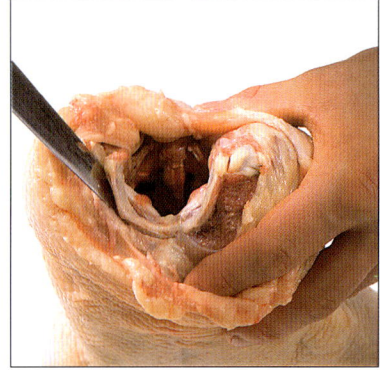

1 Die Halshaut über die Karkasse stülpen, den Gabelknochen freilegen, die Knochenhaut anritzen.

Zum Füllen vorbereiten
ZWEI METHODEN AM BEISPIEL EINER ENTE

Wer Geflügel im Ganzen füllen und spätere Verluste beim Tranchieren vermeiden will, muss es hohl auslösen, das heißt, die Karkasse entfernen, nicht jedoch die Flügel- und Schenkelknochen. Als Umhüllung einer Galantine müssen dagegen alle Knochen ausgelöst werden. Für beide Methoden – linke Seite: hohl auslösen, rechte Seite: für eine Galantine entbeinen – werden von dem küchenfertigen Vogel die Flügelspitzen im Ellenbogengelenk und die Füße im Kniegelenk abgetrennt. Der Hals wird am Brustansatz abgeschnitten, die Halshaut jedoch so weit daran gelassen, dass der gefüllte Vogel zugenäht beziehungsweise die Galantine sauber gerollt werden kann.

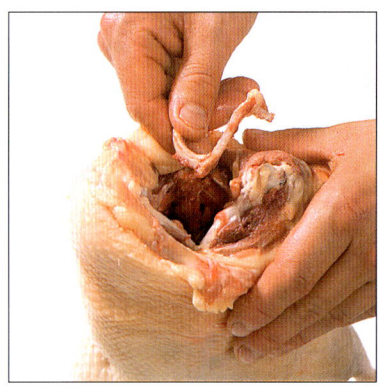

2 Durch eine Drehung den Gabelknochen entfernen und die Haut leicht nach unten schieben.

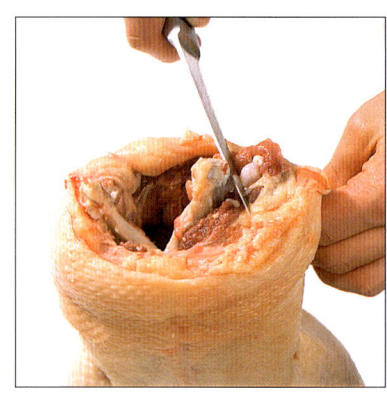

3 Die Schultergelenke ertasten, freilegen und durchtrennen, dabei im Gelenk leicht drehen.

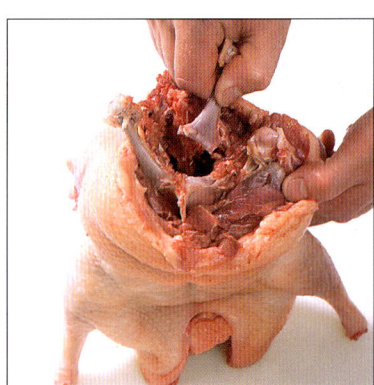

4 Das Fleisch von den Schlüsselbeinen lösen, mit leichtem Druck vom Brustbein abbrechen.

5 Die Schlüsselbeine vorsichtig vom Schulterblatt wegziehen, ohne das Fleisch zu zerreißen.

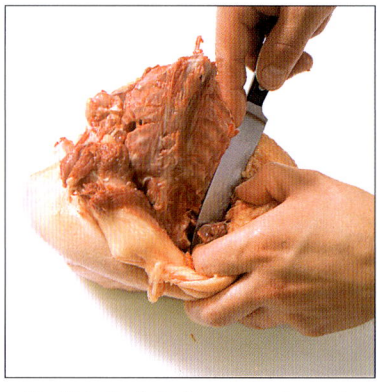

6 Von der Schulter aus entlang der Karkasse das Fleisch nach unten ziehen und vom Hüftgelenk trennen.

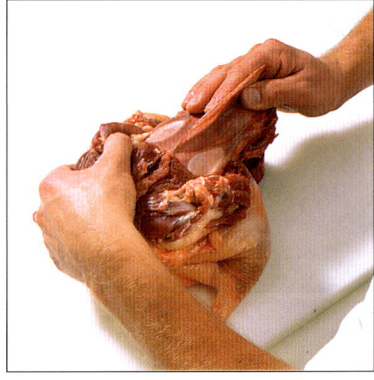

7 Die Ente umdrehen und das Brustfleisch ebenso von der Karkasse herunterziehen.

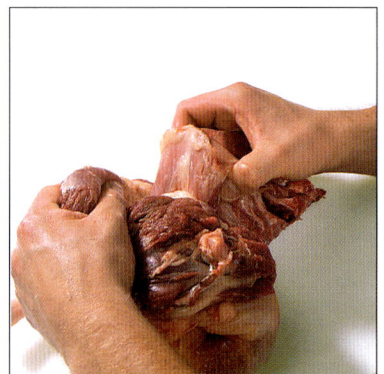

8 Das Rückgrat bis zum Bürzel freilegen, das Brustbein durch leichtes Ziehen lösen.

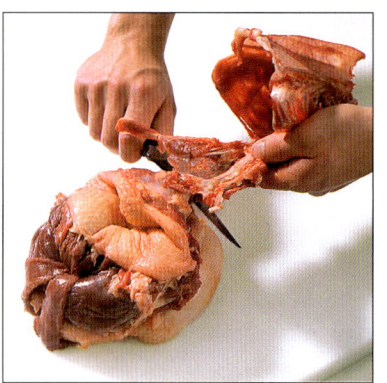

9 Den Bürzel mit der Karkasse so abschneiden, dass 3 bis 4 Wirbel im Fleisch verbleiben.

10 Nur die Schenkel- und Flügelknochen sind der hohl ausgelösten Ente noch geblieben.

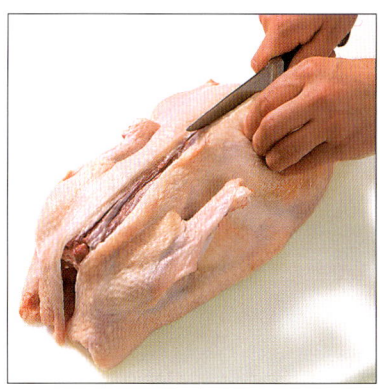

1 Auf beiden Seiten des Rückgrats bis auf den Knochen einschneiden und die Haut ablösen.

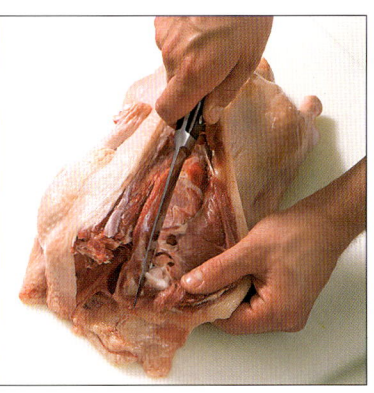

2 Das Schultergelenk ertasten, freilegen und durchtrennen, dabei im Gelenk leicht drehen.

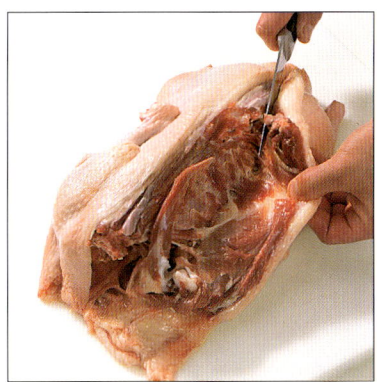

3 Das Fleisch entlang der Karkasse bis zum Hüftgelenk ablösen. Dieses ertasten, freilegen, durchtrennen.

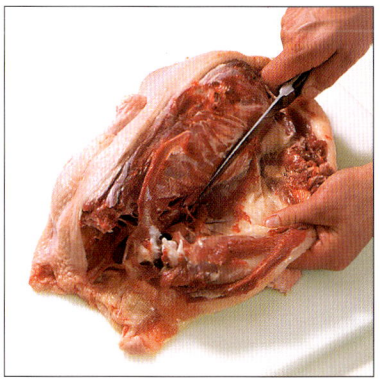

4 Das Fleisch entlang den Rippenknochen ablösen. Die Messerklinge zeigt immer zur Karkasse.

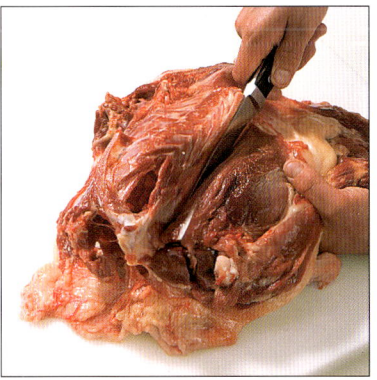

5 Beim Übergang zum Brustbein aufpassen, die Brust nicht verletzen. Die andere Hälfte ebenso ablösen.

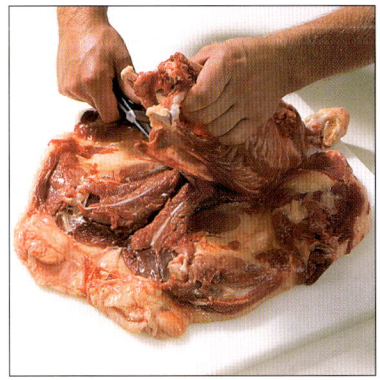

6 Das Brustbein von der Haut lösen, diese aber nicht beschädigen. Dabei die Karkasse »weghalten«.

7 Die Knochenstummel der Flügel umschneiden, abschaben, herausziehen, das Fleisch nach innen stülpen.

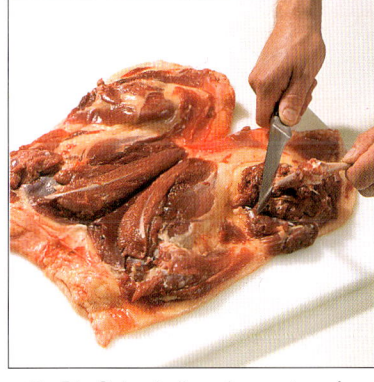

8 Die Schenkelknochenreste auf dieselbe Weise entfernen und das Fleisch ebenfalls nach innen stülpen.

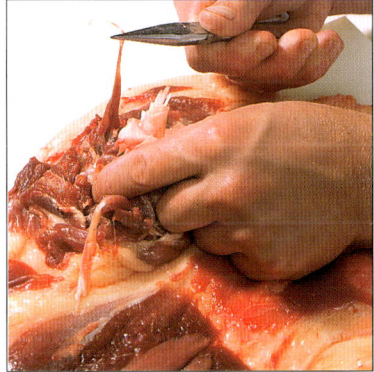

9 Die an den Flügeln und Schenkeln durchtrennten Sehnen mit einer kleinen Flachzange herausziehen.

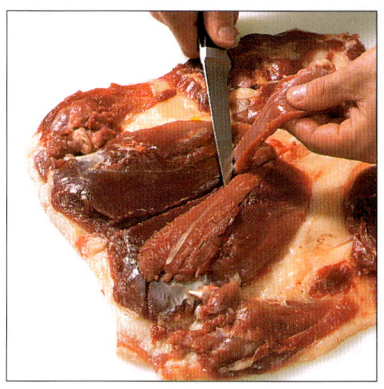

10 Sichtbare Fettpolster entfernen, die Hautränder egalisieren, die kleinen Brustfilets auslösen.

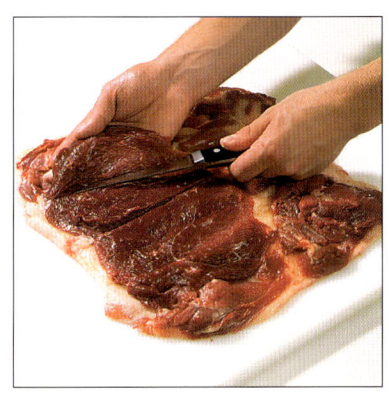

11 Die Filets auf die unbedeckte Unterseite legen. Die Brüste einschneiden und nach außen klappen.

12 Die Entenhaut muss überall mit gleich viel Fleisch bedeckt sein, um gleichmäßig zu garen.

Gans
ANSERIFORMES

(engl. goose, franz. oie, oison). Gänse *(Anser* spp.) gehören zur Ordnung der Gänsevögel und zur Unterfamilie der Gänse (Anserinae). Generell wird zwischen Wildgans und Hausgans unterschieden. Die Stammform der Hausgans ist die gemeine Wildgans oder Graugans *(Anser anser)*, die in Europa heimisch ist. Sie wurde von den Germanen domestiziert und wegen ihres vortrefflichen Fleisches, ihres Fetts und wegen der Federn als Nutztier gehalten. Die Federnutzung führte in Ostfriesland zur Züchtung der ersten deutschen Gänserassen; in anderen deutschen Gebieten waren Größe, Fleischansatz und Fettlebern die Zuchtziele. In Osteuropa sind Gänse weit verbreitet und – vor allem in Polen – von großer wirtschaftlicher Bedeutung. In Amerika werden Puten und Hühner favorisiert, so dass keine nennenswerte Gänsezucht entstand. Zu nennen ist nur die gezähmte Kanadagans, die in ihren Eigenschaften unverändert blieb. Im Typ zwischen Graugans und Schwan steht die Höckergans *(Anser cygnoides)*, zu der auch die Tulaer Kampfgans gehört, eine Gans mit einem Krummschnabel.

Ein schneeweißes Prachtstück vom Bauernhof. Inzwischen haben sich auch bei uns viele kleine Betriebe der natürlichen Aufzucht dieses attraktiven Geflügels angenommen.

Höckergänse stehen – zoologisch betrachtet – zwischen den Graugänsen und den Schwänen.

Gänse sind monogame Vögel, die ihr ganzes Leben als Paar verbringen. Sie leben in Herden, sind sensibel und anhänglich. Ihre Wachsamkeit wurde bereits von den Römern geschätzt, denn Gänse retteten bekanntlich das von den Galliern bedrohte Kapitol. Gans und Gänserich (Ganter) sind im Aussehen ähnlich. Sie sind nach 10 bis 12 Monaten geschlechtsreif und legen in der Zeitspanne von Anfang Februar bis Ende Mai etwa 50 bis 60 Eier.

Das äußere Erscheinungsbild ist bei den Gänsen von nachgeordneter Bedeutung. Entsprechend den Zuchtzielen unterscheiden sich die Rassen nach Gewicht und Größe der Vögel. Zu den heute noch wichtigsten Rassen, die in der reinen Form allerdings kaum noch vorkommen, zählen die Emdener Gans = völlig weiße, große, schwere, bewegliche Rasse mit breiter Brust und breitem Rücken; Ganter 11 bis 12 kg, Gans 10 bis 11 kg Lebendgewicht, Legeleistung 40 Eier von je 170 g, guter Federertrag. Pommersche Gans = graue, weiße oder grau ge-scheckte, schwere Landrasse mit breitem, massigem Rumpf, beste Fleischgans; Ganter 8 bis 9 kg, Gans 7 kg Lebendgewicht, Legeleistung 20 Eier von je 170 g, guter Federertrag. Toulouser Gans = wild-farbene, schwerste, fette, unbewegliche Rasse mit kastenförmigem Rumpf und dickem Hals, hauptsäch-lich zur Gewinnung von Fettlebern (Gänsestopflebern) gezüchtet; Ganter 9 bis 10 kg, Gans 8 bis 9 kg Lebendgewicht, Legeleistung 40 Eier von je 160 g. Diepholzer Gans = völlig weiße, leichte bis mittel-schwere, bewegliche, frühreife Rasse mit eleganter Figur; Ganter 7 kg, Gans 5,5 bis 6 kg Lebendgewicht, Legeleistung 40 Eier von je 140 g. Höckergans = weiße oder wildfarbene, leichte, sehr fruchtbare Rasse; typisch sind der Höckerwulst auf der Vorderstirn und ihr trompetenartiges Geschrei; Ganter 5 kg, Gans 4 kg Lebendgewicht, Legeleistung 40 Eier von je 120 g. Weitere leichte Rassen sind die Italiener Gans = weiß, Ganter 6 kg, Gans 5 kg Lebendgewicht, 50 Eier; die Rheinische Vielleger = weiß, Ganter 6 kg, Gans 4 bis 5 kg Lebendgewicht, 50 Eier; die Celler Gans und die Steinbacher Kampfgans.

Die Gänsemast erfolgt je nach der Haltungsform in unterschiedlichen Zeitabläufen. Bei der Schnellmast erreichen die Tiere bereits nach gut 9 Wochen ein durchschnittliches Endgewicht von 4,5 bis 5,5 kg. Bei der Intensivmast werden 5,5 bis 6,5 kg erst nach 15 bis 16 Wochen erreicht, und bei der Weidemast werden 20 bis 32 Wochen gebraucht, um 6,5 bis 7,5 kg schwere Vögel zu erzielen. Vor dem Schlachten müssen Gänse 12 Stunden fasten. Für eine gute Federqualität werden die noch warmen Tiere maschi-nell trocken gerupft, mit einem sich anschließenden Wachstauchbad wird der Flaum entfernt. Nassrupfen (62 °C) ist ebenfalls möglich, aber seltener. Das Rupfen beim lebenden Tier, »Raufen« genannt, ist üblich und hat keine Auswirkung auf die Leistung von Zucht- oder Mastgans. Die Schlachtausbeute bei einer etwa 5 kg schweren Gans beträgt 72 %, der Brust- und Schenkelanteil je 27 %. Brust- und Schenkelfleisch enthalten 22 g/100 g Eiweiß und bis zu 7 g/100 g Fett. Die Gans hat die höchsten Fettanteile von allen Geflügelarten.

Gänse werden frisch und tiefgefroren angeboten, als ganzer Schlachtkörper und auch in Teilen (Brust, Keulen). Hauptsaison sind die Wintermonate, vor allem zu Martini (11. November) und zu Weihnach-ten. Sie sollen gleichmäßig blass aussehen, keine Federreste oder Hautrisse aufweisen, eine fettige Haut und eine fleischige Brust haben. Frühmastgänse werden bereits vor der ersten Federreife geschlachtet, der Brustbeinfortsatz ist biegsam, sie wiegen bratfertig etwa 4 kg. Junge Gänse werden nach der ersten Federreife geschlachtet, der Brustbeinfortsatz ist

Bei der grauen Gans aus dem französischen Périgord ist nicht der Fleischansatz, sondern eine möglichst große Stopf-leber oberstes Zuchtziel. Trotzdem ist das Fleisch von gutem Geschmack; es wird meist nach Art der Region zu »Confit« verarbeitet. Dieses im eigenen Fett gekochte Fleisch ist eine traditionelle Zutat für das berühmte »Cassoulet«.

gerade noch biegsam, sie wiegen bratfertig 5 bis 7 kg und stellen das größte Marktangebot. Über 1 Jahr alte Gänse werden nach der Legeperiode geschlachtet, der Brustbeinfortsatz ist bereits verknöchert. Sie werden selten angeboten, denn Gänsefleisch ist nur im ersten Jahr wirklich schmackhaft. Als Produkte werden Gänseschmalz, geräucherte Gänsebrust, Gänseleberpastete (Pâté de foie gras), Confit (einge-machtes Gänsefleisch) und Gänseleberwurst verkauft. Importe kommen hauptsächlich aus Polen, Ungarn und Tschechien. Lieferanten der begehrten Gänsestopfleber sind Frankreich, Italien, Ungarn und Israel. Das Gänsestopfen ist übrigens in Deutschland, Österreich und der Schweiz aus Gründen des Tier-schutzes verboten.

Gänsefleisch hat einen arttypischen Geschmack, der beim Braten im Ofen besonders gut hervortritt. Als sehr fetter Vogel muss die Gans vor der Zubereitung von allem sichtbaren Fett befreit werden, das aber nicht verworfen, sondern zu Gänseschmalz verarbeitet wird. Der Festtagsbraten sollte auf dem Rost zuberei-tet werden, damit das austretende Fett gut abtropfen kann. Seltener werden Gänse geschmort, gekocht oder gedämpft. Als besondere Delikatesse gilt die Gänseleber sowie die gepökelte, geräucherte Gänsebrust. Stopflebern werden zu Pasteten und Parfaits verarbeitet und als Einlagen in Wildpasteten und Terrinen verwendet.

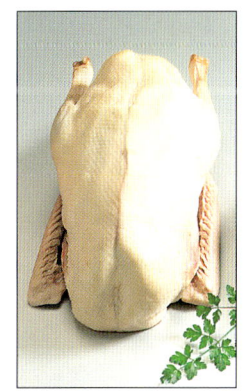

Nach einer Intensiv-mast von etwa 15 Wo-chen bringen die Gänse zwischen 4,5 und 5,5 kg auf die Waage. Bei der Weidemast dauert die Mastzeit bis zu 30 Wo-chen, trotzdem sind die Tiere dann nur 1 bis 2 kg schwerer.

Typisch für die Strauße sind ein langer, nackter, rosa oder auch blau gefärbter Hals und lange, fleischfarbene, geschuppte Ständer (Beine). Der Hahn ist zweifarbig, das heißt schwarz oder dunkelblau gedeckt mit weißer Bauchseite. Die Henne dagegen ist einfarbig graubraun mit wenigen schwarzen Federenden.

die in Nordafrika (S. c. *carmelus*), in Massai (S. c. *massaicus*), in Somalia (S. c. *malybdo-phanes*) und in Südafrika (S. c. *australis*) vorkommt. Wegen der so beliebten Jagdtrophäen, den Straußenfedern, ist der Strauß in Südafrika seit Mitte des 19. Jahrhunderts domestiziert, das heißt, gezähmt und gezüchtet worden. Das Selektionsziel waren die Federn. Inzwischen wird der Strauß auch in anderen Ländern, vor allem in Australien, den USA und Israel, als Nutzgeflügel gehalten. Die Zuchtziele haben sich geändert. Waren es zunächst in der Reihenfolge Federn, Leder, Fleisch und Eier, so sind es heute Fleisch, Leder und Eier; die Federn sind nur noch für Spezialfarmen interessant.

Mit der Züchtung konnte sich die Fruchtbarkeit beziehungsweise die Zahl der Nachkommenschaft wesentlich verbessern, denn in der freien Natur werden viele Eier zerstört oder nicht ausgebrütet und die Küken nicht immer alle aufgezogen. Die Bebrütung in Brutmaschinen erreicht heute Schlupfraten bis zu 80 % (gegenüber 30 % in der freien Natur), die Aufzuchtverluste in Straußenfarmen betragen maximal 30 % (gegenüber 80 %). Verändert wurden ebenfalls die Geschlechtsreife (um etwa 2 Jahre verjüngt) und die Legeleistung. Durch das Wegnehmen der Eier aus dem Nest erhöht die Straußenhenne ihr Gelege auf 40 bis 100 Eier im Jahr.

Die Haltung des Straußes ist nicht problemlos und am ehesten noch in großflächigen Wildgehegen in Australien, Afrika und im Südwesten der USA möglich. Dort entspricht das Klima den natürlichen Ansprüchen der Vögel. Strauße können sich allerdings

Strauße haben kleine, platte Köpfe und große, glänzende Augen (mit Wimpern am oberen Lid). Der Schnabel ist gerade, vorn abgerundet, besitzt einen Hornaufsatz und biegsame Kinnladen und reicht bis unter die Augen. In der Schnabelmitte befinden sich die Nasenlöcher.

Strauß
STRUTHIONIDAE

(engl. ostrich; franz. autruche; span. avestruz). Strauße gehören zoologisch zu den Kurzflüglern oder Flachbrustvögeln, denn sie können nicht fliegen, sind also nur Laufvögel. Ihnen fehlt der wichtige Burstbeinkiel (Carina), der bei anderen Hausgeflügelarten die kräftige Brutmuskulatur hält. Der Strauß ist der größte lebende Vogel. Er erreicht eine Scheitelhöhe von 2,60 m und ein Gewicht von bis zu 140 kg. Auffallend sind die hohen Beine, die nur zwei Zehen haben. Strauße können sehr schnell laufen – kein Wunder bei einer Schrittlänge von bis zu 4 m. Straußeneier erreichen eine Länge von 15 bis 17 cm und ein Gewicht von 1,5 bis 1,7 kg. Den Straußen ähnlich sind die Nandus, die Kasuarvögel – prominenter Vertreter ist der Emu –, die Kiwis und die Steißhühner. Hier interessiert die Art *Struthius camelus*,

Die Keule des Straußenvogels
macht den größten Fleischanteil aus. Ihr großer Knochen ist verblüffend leicht, da er hohl ist, das heißt kein Knochenmark enthält. Das Fleisch der Unterkeule eignet sich zum Braten und Schmoren, jenes der Oberkeule bietet dagegen bestes Steak- und Filetfleisch.

einer feuchteren und kälteren Umgebung anpassen. Von Bedeutung ist der richtige Platzbedarf: 1 Hektar Auslauf- und Weidefläche pro Straußenpaar gilt als ideal. In Deutschland fordert man heute für ein Paar 800 qm, für eine weitere Henne 200 qm, für einen weiteren Hahn 1000 qm. Bei der intensiven Jungtiermast werden 100 Tiere bis zu 8 beziehungsweise 14 Monate pro Hektar gehalten.

Die Fütterung ist weniger schwierig, da die Strauße wie anderes Hausgeflügel Pflanzenfresser sind. Sie sind allerdings in der Lage, rohfaserreiches Futter besonders gut zu verwerten. Der Bedarf für Zuchttiere liegt bei 14 bis 17 % Rohprotein, etwa 10 MJ umsetzbare Energie und etwa 15 % Rohfaser. Jungtiere brauchen mehr Eiweiß (über 20 %). Wasserreiche Pflanzen und Früchte sind beliebt. Derartige Zugaben fehlen leider oftmals in der Intensivhaltung, so dass es leicht zu der Untugend des Federfressens kommen kann. Junge, zur Mast bestimmte Tiere werden mit 12 (männlich) und 16 (weiblich) Monaten geschlachtet, sie bringen dann 75 bis 100 kg auf die Waage. Der Fleischanteil liegt bei 45 %, das heißt, es werden 34 bis 45 kg Fleisch gewonnen, wobei das Schenkelfleisch den größten Teil ausmacht.

Das Fleisch vom Strauß ist sehr fettarm; Filet und Steak weisen weniger als 1,1 % Fett auf. Auch der Cholesteringehalt ist mit etwa 60 mg/100 g niedrig. Im Geschmack ähnelt Straußenfleisch eher dem Rind- als dem Putenfleisch. Durch die gut durchbluteten Muskeln weist es eine rote Farbe auf. Es ist zart und keineswegs trocken oder faserreich, was man wegen der fehlenden Marmorierung annehmen könnte.

Aus dem Unterschenkel können mittelgroße Portionen um 500 g gewonnen werden. Die Schnittführung erfolgt nach dem Muskelverlauf.

Die Keule liefert den höchsten Fleischertrag, wobei der Oberschenkel die stärksten Muskelstränge hat. Aus ihm werden Portionen über 1000 g gewonnen.

Die Brust liefert nur wenig Fleisch, das beim Zerlegen in unterschiedlichen Portionsgrößen anfällt.

Kaninchen
LEPORIDAE

(engl. rabbit, franz. lapin). Das Kaninchen nimmt in der Tierzucht eine Sonderstellung ein. Da es in Deutschland als »Haustier der armen Leute« gilt, wird sein hervorragendes Fleisch nur wenig nachgefragt. Im Gegensatz dazu steht vor allem Frankreich, wo Feinschmecker Kaninchengerichte zu schätzen wissen. Das Kaninchen ist im späten Altertum, aus Südwesteuropa kommend, in unser Gebiet gelangt und domestiziert worden. Das Europäische Wildkaninchen *(Oryctolagus cuniculus)* gehört zwar in die Familie der Leporiden (Hasen), unterscheidet sich aber vom Hasen in folgenden, auffallenden Merkmalen: Es ist mit bis zu 3 kg Gewicht nur etwa halb so schwer wie der Hase. Das Kaninchen besitzt verhältnismäßig kurze Ohren, während diese beim Hasen seine Kopflänge übertreffen. Das Kaninchen erzeugt ein weißes, der Hase ein rotes Fleisch. Auch in ihren Gewohnheiten unterscheiden sich die beiden. Während das Kaninchen als Grabtier und Höhlenbewohner in der Gemeinschaft lebt, ist der Hase ein Lauftier und ausgeprägter Einzelgänger. Das Kaninchen hat mehr Nachkommen als der Hase, sie werden blind geboren und sind Nesthocker, während beim Hasen sehende, nestflüchtige Junge geworfen werden.

In der Kaninchenzucht hat man einige Rassen bewusst dem Hasenaussehen angepasst, obwohl die anderen Kaninchen-Charakteristika geblieben sind. In Süddeutschland spricht man von »Stallhasen«, wenn man Kaninchen meint. Das Hauskaninchen *(Oryctolagus cuniculus forma domestica)* ist ein wichtiger Fleisch- und Felllieferant. Die Rassekaninchenzucht möchte das Tier in seiner Art erhalten und mit dem Zuchtziel Schönheit und Leistung ständig neue Rassen kreieren. Die Vielzahl der Varianten lässt sich gruppieren nach der Nutzungsrichtung in Rassekaninchen, Fleischkaninchen und Haarkaninchen (Angora), nach der Haarlänge in Kurz-, Mittel- und Langhaar-Kaninchen (unter 20 mm, von 20 bis 30 mm und über 30 mm) und nach der Körpergröße in große (5 bis 7 kg), mittelgroße (3 bis 5 kg) und kleine (bis zu 3 kg) Rassen. In Bezug auf die Fleischleistung haben sich die Züchter die Erfahrungen aus der Großtier- und Geflügelzucht zu Eigen gemacht und bei besonders fruchtbaren und frohwüchsigen Rassen mit Hilfe der Drei- oder Vierwegekreuzung entsprechende Hybridkaninchen gezüchtet. Gepaart wird eine sehr fruchtbare Mutter mit guter Fleischleistung und ein sehr fleischreicher Vater mit genügender Fruchtbarkeit. Die Nachkommen bringen dann bei günstiger Futterverwertung in 12 Wochen Gewichte bis über 3 kg auf die Waage. Außer der Mastleistung wird bei den Müttern ein schnelles Wurfintervall (etwa alle 70 Tage) und eine große Wurfstärke (durchschnittlich 8 Tiere) erwartet. Die wichtigsten Ausgangsrassen sind die Weißen Neuseeländer, die Weißen Wiener, die Weißen Riesen und die Holländer-Kaninchen.

Kaninchen abbalgen:
Die Sehnen an den Hinterläufen freilegen, den Körper mit dem Kopf nach unten aufhängen. Die Balginnenseite bis zum After und den Sprunggelenken der Hinterläufe aufschneiden.

Haltung, Mast und Schlachtung

Kaninchen sind zahme, zutrauliche, anspruchslose Tiere, Pflanzenfresser und Nagetiere. Die Liebhaberzüchter nutzen diese Eigenschaften, sie ernten selbst das Grünfutter, geben Möhren oder Rüben sowie Getreide und ein Mineralstoff-Vitaminkonzentrat dazu. Heu, Stroh und Silofutter eignen sich zur Vorratshaltung. Wichtig beim Kaninchen ist eine gute Futterhygiene, da die Tiere empfindlich auf verdorbenes Futter reagieren; außerdem brauchen sie ständig frisches Wasser. Die Haltung erfolgt meist in Holz- oder Metallkäfigen. Die Bodenhaltung für ganze Herden ist schon häufig ausprobiert worden, allerdings gibt es hier Probleme hinsichtlich der Abgrenzung und vor allem auch der Hygiene. Die Stallungen sind meist Offenställe bzw. nur Schattendächer. Große Herden werden in Massivstallungen gehalten, die voll klimatisiert sind. Dort arbeitet man in getrennten Einheiten für Zucht, Muttertiere und Mast und wendet moderne Verfahren der Reproduktionskontrolle (künstliche Besamung, Brunstsynchronisation, Ammenhaltung usw.) mit großem Erfolg an.

Von den Kleintierzüchtern werden die Tiere geschlachtet, wenn sie nicht mehr zuchttauglich sind oder die Zahl der notwendigen Nachkommentiere überschreiten. In der Hausschlachtung werden die Tiere betäubt, getötet, ausgebalgt (vom Fell befreit) und ausgenommen. Die Schlachtung erfolgt ebenfalls auf dem Erzeugerbetrieb oder in einer Spezialschlachterei (von denen es in Deutschland noch nicht viele gibt). Bereits das Ausnüchtern, das Einfangen und das Halten der Tiere zum Schlachten und besonders natürlich die Schlachttechnik – also das Betäuben (mit Schlagholz oder Schlagbolzen), das Töten (Durchschneiden der Halsschlagader mit spitzem Messer) und das Ausbluten – haben einen großen Einfluss auf die spätere Fleischqualität. Das Ausbalgen sollte erst nach Krampflösung und Bewegungslosigkeit des getöteten, jedoch noch warmen Tieres mit den in der Bildfolge gezeigten Handgriffen vorgenommen werden. Soll das Fell weiterverwendet werden, muss es aufgespannt, vom Fett befreit und getrocknet werden, ehe der eigentliche Konservierungsprozess eingeleitet wird.

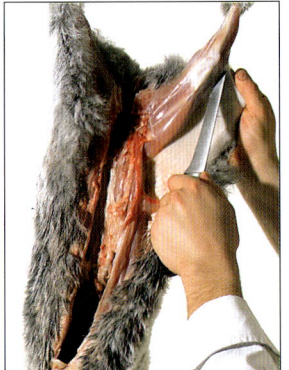 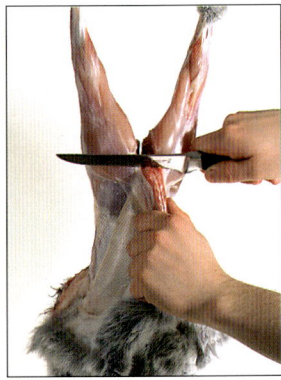

Den Balg abschneiden und die Pfoten im Handwurzelgelenk abtrennen. Den Kopf durch Abziehen des Balgs freilegen. Den Balg mit den Ohren vom Kopf abschneiden.

Fleischqualität und Marktangebot

Die Fleischqualität ist je nach Herkunft und Alter der Tiere sehr unterschiedlich. Das beim Verbraucher so beliebte Kaninchenfleisch stammt von Jungmastkaninchen aus der Fleischkaninchenzucht und garantiert eine hohe und vor allem gleich bleibende Fleischqualität. Das Kaninchen liefert ein hervorragendes Fleisch. Mit seinem hohen Eiweiß- und niedrigen Fettgehalt kommt es den Wünschen einer aufgeklärten, ernährungsbewussten Verbraucherschaft in besonderer Weise entgegen.

DIE WICHTIGSTEN NÄHRSTOFFE

In 100 g essbarem Anteil sind enthalten:

Eiweiß	20,8 g	Magnesium	29 mg
Fett	7,6 g	Kalium	382 mg
Energie	164 kcal / 686 kJ	Vitamin A	0,3 µg
Natrium	47 mg	Vitamin B$_1$	110 µg
Calcium	14 mg	Vitamin B$_2$	66 µg
Phosphor	224 mg	Niacin	860 µg

Kaninchenfleisch ist leicht verdaulich, weshalb es sich für eine diätetische Kost gut eignet. Die Schwankungen im Eiweiß- und Fettgehalt sind altersbedingt, Jungmastkaninchen weisen die günstigeren Werte auf. Der Fettgehalt ist in den verschiedenen Körperteilen unterschiedlich hoch, die fettärmsten Teilstücke sind Keulen, Läufe und Rücken. Die Fettzusammensetzung selbst ist vorteilhaft, das Fett enthält hohe Mengen an ungesättigten Fettsäuren (Linol- und Linolensäure). Der Cholesteringehalt ist mit 30 bis 40 mg/100 g Fleisch relativ gering.

Man kann Kaninchen als ganze Schlachtkörper im Wild- und Geflügelhandel beziehen. Desgleichen sind jederzeit Teilstücke zu bekommen. Angeboten werden die Vorderschenkel mit Brust (22 bis 24 %), der Rücken (34 bis 38 %), die Keulen (32 bis 36 %), das Herz und die Leber (5 bis 7 % vom Gesamtschlachtkörper, ohne Kopf). Die Schlachtausbeute ist mit etwa 50 % niedrig. Die Gründe dafür sind der Fellanteil und speziell der relativ große Verdauungstrakt, der für einen Pflanzenfresser notwendig und beim Kaninchen durch eine »Gärkammer« in Form der großen Blinddärme zu charakterisieren ist.

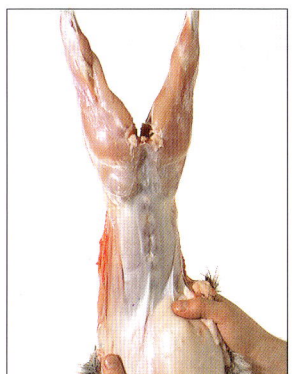 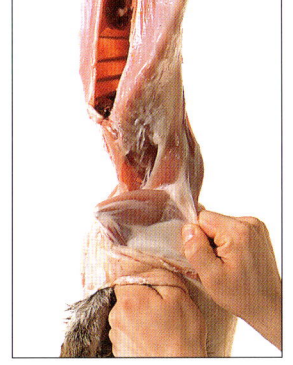 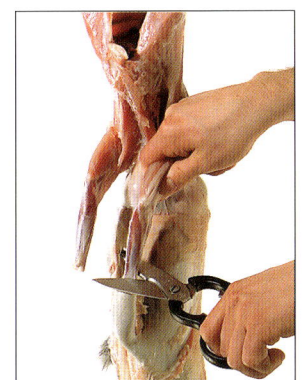 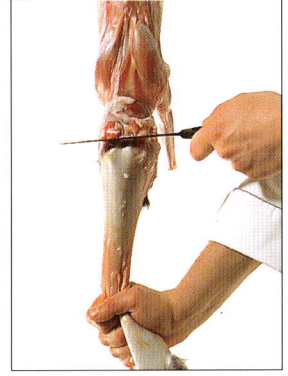

Den Balg mit kräftigem Zug über den Rücken in Richtung Kopf abziehen. Die Vorderläufe nach oben aus dem Balg drücken und diesen bis zum Handwurzelgelenk abziehen.

Den Balg abschneiden und die Pfoten im Handwurzelgelenk abtrennen. Den Kopf durch Abziehen des Balgs freilegen. Den Balg mit den Ohren vom Kopf abschneiden.

Kaninchen zerteilen

Für das Zerteilen eines Kaninchens sind ein Messer, eine kräftige Küchenschere und ein kleines Küchenbeil ausreichend. In der Regel werden die Teile im Ganzen gebraten, nur für Schmorgerichte werden Rücken, Keulen und Läufe nochmals geteilt.

Schnittführung am Kaninchenschlachtkörper:
A = Keule
B₁ = Rücken
B₂ = Bauchlappen
C₁ = Vorderteil ohne Vorderschenkel
C₂ = Vorderschenkel
D = Kopf

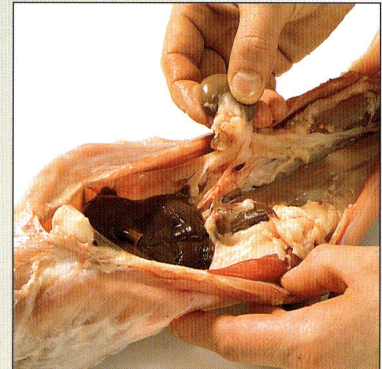

1 Innereien entfernen: Als Erstes Herz, Leber und Nieren vorsichtig aus dem Körper ziehen und abtrennen.

2 Die dünnen Fetthäutchen um die Nieren mit den Fingernägeln behutsam anritzen und abziehen.

3 Als besondere Delikatessen gelten: das Herz für Ragouts; Leber und Nieren zum Kurzbraten oder Grillen.

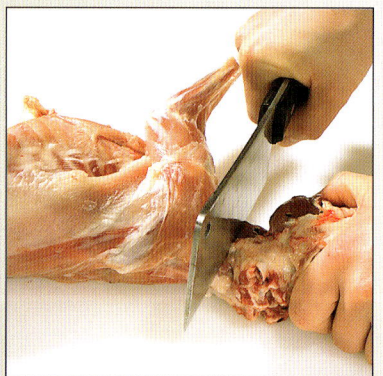

1 Kaninchen zerteilen: Den Kopf festhalten und mit einem Küchenbeil zusammen mit dem Hals abhacken.

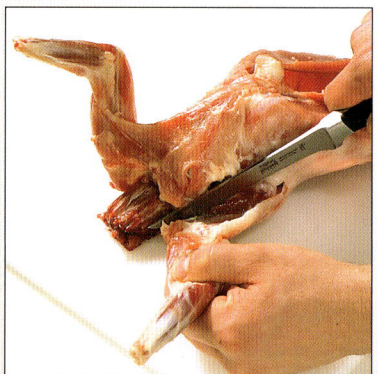

2 Bei den Vorderläufen die Achselhöhle einschneiden, den Lauf wegspreizen, das Gelenk durchtrennen.

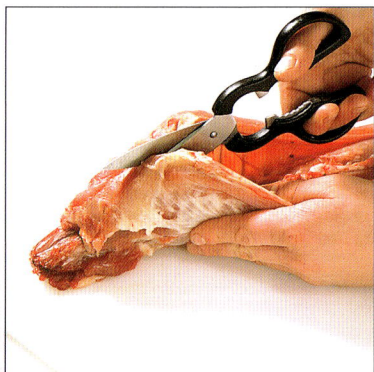

3 Den Brustkorb mit einer Küchenschere von der Bauchöffnung bis hin zum Halsansatz aufschneiden.

4 Die Bauchlappen und Rippenbögen parallel zum Rückgrat mit der Küchenschere abschneiden.

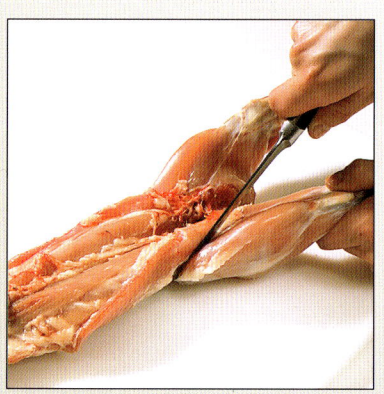

5 Die Keulen links und rechts oberhalb der Beckenknochen mit einem kurzen Messerschnitt anlösen.

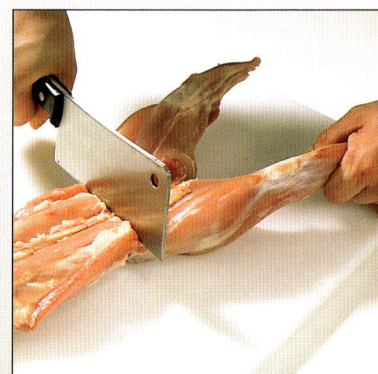

6 Rücken im Bereich der Lendenwirbel, die Keulen zwischen Kreuzbein und Schwanzwirbel durchschlagen.

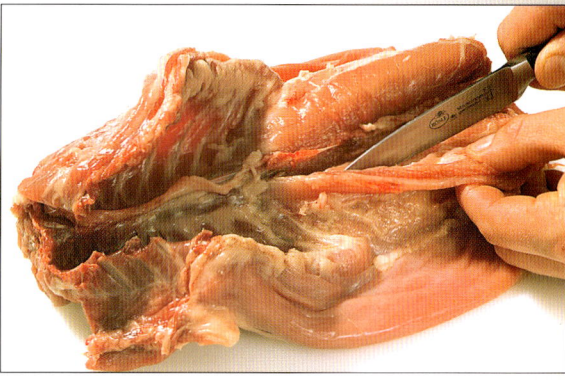

Kaninchenrücken zum Füllen vorbereiten: Die kleinen Filets entlang dem Rückgrat vorsichtig herauslösen, sie können später in der Füllung mitverarbeitet werden.

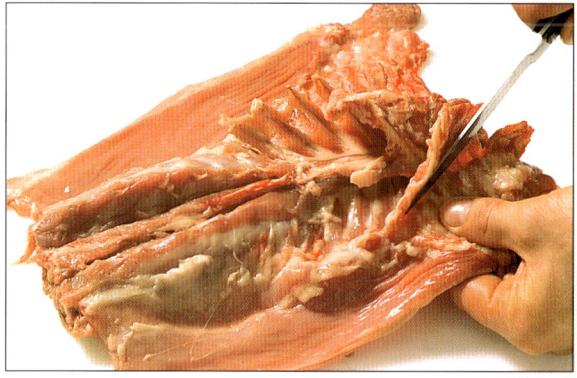

Mit der Messerspitze mit kleinen Schnitten die Bauchlappen von den Rippen lösen, ohne das Fleisch dabei zu verletzen (die Füllung würde sonst austreten können).

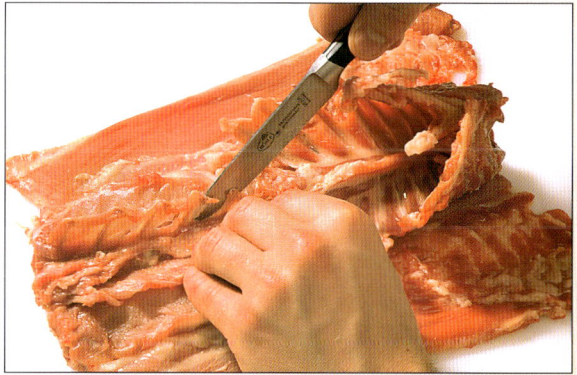

Das Rückgrat freilegen, dazu die Messerschneide möglichst eng entlang dem Knochen führen, damit keine Fleischreste am Knochengerüst zurückbleiben.

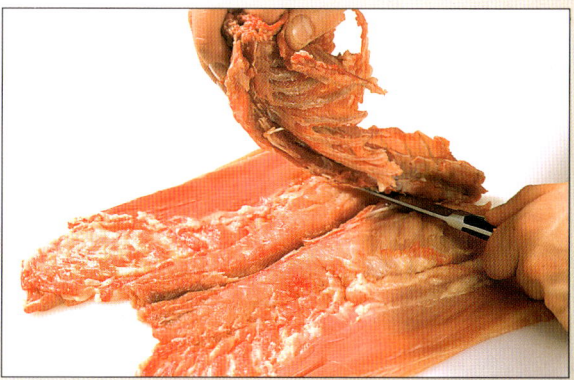

Das Knochengerüst entlang dem Rückgrat vorsichtig herauslösen; besonders hier darauf achten, dass die Haut zwischen den Rückenfilets nicht verletzt wird.

KANINCHENGEWICHTE

abgebalgt mit Kopf und Innereien	2 200 g
Rücken	560 g
Keulen	700 g
Läufe (Vorderläufe)	280 g
Rippen mit Bauchlappen	240 g
Kopf und Hals	330 g
Innereien	100 g
davon:	
Herz	10 g
Nieren	20 g
Leber	70 g

Aus einem Kaninchen ergeben sich in der Regel 3 bis 4 Portionen. Bei diesen Gewichtsangaben handelt es sich um Durchschnittswerte. Gewogen wurden die Teile des in der Bildfolge zerlegten Kaninchens.

Fonds, Suppen und Saucen

Aus dem Fleisch von Geflügel und Kaninchen, vor allem aber aus den weniger edlen Stücken – beim Geflügel der Hals, die Flügel, der Magen und die Karkasse – wird der Fond gekocht. Als eher unscheinbarer Baustein ist der Fond ein unverzichtbarer Grundstock für Suppen und Saucen, auf den in der Küche nie verzichtet werden kann. Unter den verschiedenen Fonds kommt dem Geflügelfond – Fond de volaille – allerdings eine übergeordnete Rolle zu. Er wird in der Regel mit Kalbsfüßen oder Kalbsknochen gekocht und genießt in dieser Zubereitung hohes Ansehen in den internationalen Küchen. Als Hühnerbrühe – Fond de poulet oder Chickenstock – ist er überall dort unentbehrlich, wo eine gute Brühe vonnöten ist. Da dieser Fond zudem je nach Konzentration höchst variabel ist, findet er nicht nur für Geflügelgerichte Anwendung. Als »Fond blanc de volaille« ist er die ideale Zutat für helles Fleisch, Geflügel und Gemüsegerichte, ja selbst in der Fischküche kann er hilfreich sein. Etwas konzentrierter wird er zur beliebten Hühnerbouillon, die wiederum Basis für viele Geflügel- oder Gemüsesuppen ist. Noch stärker eingekocht und mit Eiweiß geklärt, wird er zur Consommé. Die konzentrierteste Form des Hühnerfonds ist die Reduktion – Glace de volaille -, die durch stundenlanges Einkochen bis etwa auf ein Zehntel oder weniger des ursprünglichen Volumens gewonnen wird. Ein solches Konzentrat ist die ideale Zutat überall dort, wo viel Geschmack in konzentrierter Form nötig ist, nicht nur bei Geflügel, sondern auch bei anderem Fleisch, Wild oder Gemüsegerichten. Denn trotz des starken Fleischaromas ist die Glace vom Huhn so neutral, dass sie den Eigengeschmack anderer Zutaten nicht überdeckt.

Mit entsprechendem Gemüse hat man die Möglichkeit, einen Fond
oder eine Bouillon geschmacklich zu variieren.

1 Von den Karkassen mit einem scharfen Messer sorgfältig so viel Fett wie möglich entfernen.

2 Die Karkassen zerlegen, das heißt, mit einem kleinen Küchenbeil in gleich große Stücke hacken.

3 Die unter fließendem Wasser kurz abgespülten Herzen und Mägen in ebenso große Stücke schneiden.

4 Das Öl in einem Bräter im Ofen bei 250 °C erhitzen, Karkassen und Innereien kräftig anrösten.

5 Das gewürfelte Gemüse, die Zwiebel, die Pfefferkörner und die Knoblauchzehe zugeben und mitrösten.

6 Sobald das Gemüse leicht Farbe angenommen hat, das Tomatenmark unterrühren. Alles trockenrösten.

7 Nach und nach mit Wasser ablöschen, kräftig durchrühren und bis zur gewünschten Farbe reduzieren.

8 So viel kaltes Wasser aufgießen, dass der Bräterinhalt vollständig damit bedeckt ist. Petersilie zugeben.

Dunkler Geflügelfond
AM BEISPIEL EINES ENTENFONDS

Der Schlüssel zum Erfolg von geschmacklich perfekten Saucen liegt in dem verwendeten Grundfond. Je feiner und aromatischer dieser ist, desto besser wird die Sauce. Ein auf Vorrat gekochter und portionsweise eingefrorener Fond bietet zudem die Möglichkeit, in kürzester Zeit verschiedenste Saucen zu zaubern. Für dunkle Saucen ist ein dunkler Fond die Basis. Dazu finden alle Teile Verwendung, die beim Zurichten der Ente anfallen: die Karkasse (Knochengerüst ohne Haut) und das Geflügelklein, wie etwa die Sehnen, Knorpel, der Hals, der Magen, das Herz und die Flügel. Teile von verschiedenen Tierarten sollten nicht miteinander vermischt werden, um nicht den typischen Geschmack des verwendeten Geflügels zu verfälschen. Die Farbe bekommt der dunkle Fond durch das Anrösten der Zutaten. Gewürzt wird nur sehr sparsam, gesalzen überhaupt nicht, da der Fond teilweise sogar bis zu einer sirupartigen Glace eingekocht (reduziert) wird. Einen dunklen Geflügelfond vom Huhn, Perlhuhn oder Truthahn kann man nach dem nebenstehenden Rezept ohne Änderungen der übrigen Zutaten zubereiten.

9 Den Bratsatz vollständig mit einem Bratenwender vom Boden lösen. Alles nochmals gut durchrühren.

10 Den Inhalt des Bräters vorsichtig in einen entsprechend großen Topf füllen.

| 2 Entenkarkassen (mit Hals etwa 2,2 kg) |
| 2 Entenherzen, 2 Entenmägen |
| 4 EL Öl |
| 150 g Möhren |
| 200 g Knollensellerie mit Schale, 100 g Lauch |
| 1 halbierte Zwiebel, mit 1 Lorbeerblatt und 1 Nelke gespickt |
| 10 schwarze Pfefferkörner |
| 1/2 Knoblauchzehe mit Schale |
| 1 EL dreifach konzentriertes Tomatenmark |
| 3 l Wasser |
| etwas glatte Petersilie |
| Kräutersträußchen: Thymian, Petersilie, Sellerieblätter und Salbei |

Wichtig für einen guten Fond ist sein geringer Fettgehalt. Dafür die Karkassen zu Beginn der Verarbeitung von allem sichtbaren Fett befreien. Beim Aufkochen nach der Reduktion wird das Fett, welches sich zusammen mit den Eiweißstoffen in Form von Schaum an der Oberfläche absetzt, vorsichtig abgeschöpft. Für einen klaren Fond ist es wichtig, daß die Trübstoffe abgeseiht werden. Danach den Fond bis zur gewünschten Konsistenz reduzieren, nochmals entfetten, nach Bedarf portionsweise abfüllen und erkalten lassen.

11 Kurz aufkochen lassen, den sich bildenden Schaum mit einem Löffel öfters sorgfältig abnehmen.

13 Ein Spitzsieb mit einem Passiertuch auslegen, den Fond vorsichtig einfüllen und durchseihen.

12 Das Kräutersträußchen zugeben und alles miteinander 3 bis 4 Stunden weiterköcheln lassen.

14 Nach dem Erkalten kann das sich absetzende Fett problemlos mit einem Löffel abgehoben werden.

FONDS, SUPPEN UND SAUCEN

HELLER GEFLÜGELFOND
AUS DEN KARKASSEN VOM HUHN

Die Zubereitungsmethode ist ähnlich dem dunklen Fond von Seite 54/55, jedoch dürfen die Karkassen beim Anschwitzen keine Farbe annehmen, also keine Röststoffe entwickeln. Anstelle der Hühnerkarkassen können für diesen Fond natürlich auch die Karkassen von anderen Geflügelarten, wie zum Beispiel einer Ente oder Gans, verwendet werden.

(für etwa 2,5 l Fond)

2 kg Hühnerkarkassen (mit Hals, Magen und Herz)

750 g Kalbsknochen in Scheiben

4 EL Pflanzenöl

100 g Möhren, je 80 g Stangensellerie und Lauch

40 g Knollensellerie

1/4 l trockener Weißwein, 3 l Wasser

1 Lorbeerblatt, 15 Pfefferkörner

4 Pimentkörner

1 angedrückte Knoblauchzehe

Die gehackten Karkassen und die Kalbsknochen unter fließendem Wasser 1/2 Stunde wässern. Gut abtropfen lassen. Das Öl in einem Bräter erhitzen, die Karkassen mit den Kalbsknochen hell anschwitzen, das grob geschnittene Gemüse zugeben und weiter anrösten, ohne Farbe nehmen zu lassen. Mit dem Wein ablöschen. In einen Topf umfüllen, das Wasser zugießen und einmal aufkochen lassen. Abschäumen und 2 Stunden leicht köcheln lassen, wenn nötig, Wasser nachfüllen. Nach 1 Stunde die Gewürze zugeben. Nach Ablauf der Garzeit 20 Minuten ziehen lassen, durch ein Tuch seihen und entfetten.

HÜHNERBRÜHE
AUS DEM GANZEN HUHN

Unter der allgemein üblichen Bezeichnung »Brühe« ist eine gehaltvolle, klare helle Bouillon zu verstehen. Im Gegensatz zum Fond bezieht sie ihre Kraft nicht nur aus den Knochen, sondern auch aus dem Fleisch, das mitgekocht wird. Ihre Herstellung ist sehr einfach und der Nutzen ein doppelter: Die Brühe ist Basis für Suppen und Saucen, das mitgekochte Fleisch findet Verwendung für Ragouts, Salate oder als Einlage. Für die Hühnerbrühe ist ein ganzes Suppenhuhn bestens geeignet. Es bringt jedoch viel Fett mit, das aber später von der erkalteten Brühe abgehoben oder mit Küchenpapier entfernt werden kann. Wer seiner Brühe eine schöne, tiefe Farbe geben möchte, lässt ein paar in der Schale geröstete Zwiebeln mitkochen.

(für etwa 3 l Brühe)

1 Suppenhuhn (2 bis 2,5 kg)

1 kg Kalbsknochen in Scheiben

4 l Wasser

20 Pfefferkörner

2 angedrückte Knoblauchzehen

1 Zwiebel, mit 4 Nelken gespickt

Für das Bouquet garni:

1 Möhre, 1/2 Stange Lauch, 1 Stangensellerie

2 Lorbeerblätter, 2 Thymianzweige

6 Petersilienstängel

Das geviertelte Suppenhuhn und die Kalbsknochen mit heißem Wasser bedecken und möglichst schnell zum Kochen bringen. Aufwallen lassen, bis das Eiweiß und die Schmutzteile an die Oberfläche steigen. Abgießen und mit warmem Wasser abbrausen. Mit frischem Wasser auffüllen, wieder zum Kochen bringen und erneut sorgfältig abschäumen. Die Hitze reduzieren und etwa 3 Stunden unter dem Siedepunkt halten. Nach 2 Stunden die Gewürze und das Bouquet garni zugeben und, wenn nötig, Wasser nachfüllen. Die fertige Brühe durch ein Tuch passieren, abkühlen lassen und das Fett abheben.

Geflügelfond
DIE BASIS FÜR DIE GUTE GEFLÜGELKÜCHE

Ob Geflügelfond, Geflügelbrühe oder Bouillon –
gemeint ist immer eine helle, möglichst kraftvolle
Brühe, die als Suppe, als Basis für Saucen oder zum
Pochieren von Geflügel und Galantinen eingesetzt
werden kann. Durch Klären mit Fleisch kann sie auch
bis zur kräftigen Consommé (Kraftbrühe, siehe
Seite 58/59) weiterverarbeitet werden. Grundsätzlich
gibt es zwei Methoden, eine helle Brühe zuzubereiten:
entweder aus Geflügelkarkassen, also den Knochen
und den Fleischabgängen, oder aus dem ganzen Huhn.
Am meisten Geschmack bringt dabei ein Suppenhuhn, also ein älteres Tier. Eine Kombination von
Geflügelkarkassen und Suppenhuhn ist eine sehr
empfehlenswerte dritte Möglichkeit, wenn man sie
nach der Bouillon-Methode kocht. Die Zusammensetzung lautet dann wie folgt: 1/2 Suppenhuhn von
etwa 1,2 kg, 1 kg Geflügelknochen (Karkassen) und
1 kg Kalbsknochen. Letztere gehören bei der
Hühnerbrühe mit in den Topf, da sie einerseits den
Geschmack verfeinern und andererseits besonders viel
Gelierstoffe mitbringen, welche vor allem dem reduzierten Fond eine angenehme Konsistenz verleihen.
Der helle Fond beziehungsweise die Hühnerbrühe
wird zum Aufgießen von weißen Saucen, für Frikassee,
Blanquette und zum Pochieren von Geflügel verwendet, der dunkle Fond für die Zubereitung brauner
Saucen, dunkler Ragouts und zum Schmoren. Auch
wenn die Zutatenmengen der nebenstehenden
Rezepte auf den ersten Blick sehr hoch erscheinen,
lohnt es sich, die gesamte Menge zu verwenden, da
man die Bruhe oder den Fond bestens auf Vorrat
halten kann. Heiß in gut verschließbare Gläser einge-
füllt, hält sie sich im Kühlschrank bis zu 2 Wochen
und tiefgefroren mehrere Monate. Fonds und Brühen
werden grundsätzlich nicht gesalzen, um sie beliebig
reduzieren zu können und damit ihre vielseitige
Verwendung zu ermöglichen.

Geflügelglace
DAS OPTIMUM AN GESCHMACK

Eine Glace ist sozusagen ein hochkonzentrierter
Fond, denn ihre Basis ist immer ein passierter
Geflügelfond. Dieser wird bei entsprechender
Hitze ganz langsam bis zur gewünschten Konsistenz reduziert, das heißt so lange, bis die Flüssigkeit
einen Löffel mit der Rundung nach oben deckt,
ohne abzulaufen. Bedingt vor allem durch den
Anteil an Kalbsknochen oder gar Kalbsfüßen,
wird diese Reduktion im kalten Zustand zu einem
festen Gelee. Sie lässt sich in kleinen Portionen
über Wochen im Kühlschrank oder tiefgefroren
auf Vorrat halten. So hat man ständig einen
»Geschmacksverstärker« zur Hand, welcher nicht
unbedingt nur für Geflügel-, sondern auch für
andere Fleischgerichte, ja sogar für
Fischzubereitungen sehr hilfreich sein kann.

GEFLÜGEL-CONSOMMÉ

Stellvertretend für jede Geflügel-Consommé wird in diesem Rezept eine Hühnerkraftbrühe gekocht.

(für 1,5 l Consommé)
350 g schieres Klärfleisch (Rinderwade)
180 g klein gewürfeltes Gemüse (Knollensellerie, Möhren, Lauch)
1 Tasse gestoßenes Eis, 3 Eiweiße
1 angedrückte Knoblauchzehe
10 Pfefferkörner, 1 Thymianzweig
10 Petersilienstängel
2 l völlig entfettete Hühnerbrühe (siehe Seite 56/57)
Salz

Die Consommé, wie in der Bildfolge unten beschrieben, zubereiten. Wichtig ist dabei, dass bis zum Aufkochen des Klärfleisches ständig am Topfboden gerührt wird, um ein Anbrennen der Eiweiße zu verhindern. Anschließend muss nicht mehr gerührt werden, da das Eiweiß nun alle festen Stoffe bindet.

Das sorgfältig parierte, fettfreie Klärfleisch durch die grobe Scheibe des Fleischwolfs drehen.

Consommé klären und fertig stellen:

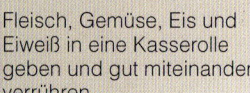

Fleisch, Gemüse, Eis und Eiweiß in eine Kasserolle geben und gut miteinander verrühren.

Die Gewürze unter die eiskalte Fleisch-Gemüse-Mischung rühren und mit der Geflügelbrühe auffüllen.

Erhitzen, dabei mit einem Bratenwender ständig am Topfboden rühren, damit das Eiweiß nicht anhängt.

Sobald die Brühe aufkocht, den Rührvorgang beenden. 30 bis 40 Minuten unter dem Siedepunkt ziehen lassen.

Vom Herd nehmen, salzen, 10 Minuten ruhen lassen, anschließend durch ein Sieb mit Passiertuch gießen.

Kraftbrühe oder Consommé

DIE KRAFT KOMMT VOM GEFLÜGEL, DIE FRISCHE VOM RINDFLEISCH

Solch eine glasklare Suppe mit viel Geschmack lässt sich allein aus Geflügel nicht herstellen. So vorsichtig man eine Bouillon auch kochen mag, diese Transparenz kann nur mit Hilfe eines gesonderten Klärvorgangs erreicht werden. Sie wird durch den Zusatz von Hühnereiweiß möglich, welches den Geschmack der Suppe jedoch nicht verstärkt. Eine entscheidende Geschmackssteigerung gelingt dabei nur mit Rindfleisch. Da dieses so genannte »Klärfleisch« ein völlig mageres und sehnenreiches Stück sein muss, sind sowohl die Haxe als auch der Unterschenkel vom Rind ideal. Es sollte möglichst frisch geschlachtetes Fleisch sein, um diesen frischen Geschmack der Kraftbrühe zu erzielen. Vor allem durch seinen hohen Eiweißgehalt (rund 20 %) und die kollagenhaltigen Sehnen ist dieses Fleisch bestens zum Klären geeignet. Wer den Geschmack einer Consommé vom Geflügel darüber hinaus noch steigern möchte, kann leicht angeröstete Geflügelknochen mitgaren.

CONSOMMÉ VON PERLHUHN UND TOMATEN

Dieses Rezept ist ein gutes Beispiel dafür, wie eine Geflügel-Consommé durch die Säure von Tomaten geschmacklich hervorragend verändert werden kann.

(für 1 l Consommé)
500 g Karkassen vom Perlhuhn
200 g schieres Klärfleisch (Rinderwade)
120 g klein gewürfeltes Gemüse (Petersilienwurzel, Möhren, Stangensellerie)
1/2 Tasse gestoßenes Eis
2 Eiweiße
150 g doppelt konzentriertes Tomatenmark
300 g frische Tomatenwürfel
1,5 l helle Brühe vom Perlhuhn oder Huhn (siehe Seite 64/65)
1 angedrückte Knoblauchzehe
10 Pfefferkörner
2 Blätter Liebstöckl, 10 Petersilienstängel
Salz

Gemüsestreifen sind für jede Consommé eine passende Einlage. Aber auch gekochtes Fleisch der jeweiligen Geflügelsorte bietet sich an.

Die Perlhuhnkarkassen in kleine Stücke hacken, in einen großen Topf geben, mit Wasser bedecken und einmal kräftig aufkochen lassen. Sofort in ein Sieb schütten und gut abtropfen lassen. Das Klärfleisch durch die grobe Scheibe des Fleischwolfs drehen, mit dem vorbereiteten Gemüse, dem Eis und dem Eiweiß in eine Kasserolle geben und gut verrühren. Das Tomatenmark und die Tomatenwürfel zugeben und unterrühren.

Die kalte Brühe aufgießen und, wie in den Arbeitsschritten links beschrieben, zum Kochen bringen. Die Perlhuhnkarkassen und die Gewürze hinzufügen und bei schwacher Hitze etwa 30 Minuten ziehen lassen. Vom Herd nehmen, salzen und noch 10 Minuten stehen lassen, bevor die Consommé durch ein Passiertuch abgegossen wird. Mit passender Einlage wie etwa Tomatenwürfel oder Perlhuhnfleisch servieren.

Suppeneinlagen aus Geflügelfleisch

EINE WOHLSCHMECKENDE ERGÄNZUNG FÜR KRAFTBRÜHEN UND CREMESUPPEN

Von den gebräuchlichen Suppeneinlagen wie Nudeln, Reis oder Gemüse, die natürlich auch für alle Geflügelsuppen verwendet werden können, heben sich die Klößchen, Gnocchi oder Ravioli aus Geflügelfleisch geschmacklich und optisch angenehm hervor. Sie harmonieren ganz besonders mit den Suppen, wenn sie aus dem Fleisch derselben Geflügelsorte zubereitet werden, von der auch der Fond stammt. Diese kleinen, leichten Farcen sind nicht sonderlich arbeitsaufwändig, wie die Beispiele auf dieser Seite zeigen, und können aus allen Geflügelfleischsorten zubereitet werden. Mit Hilfe verschiedener Gewürze lassen sich die Einlagen zudem beliebig variieren.

Geflügelklößchen vertragen sich durchaus auch mit Gemüseeinlagen, wie die Wachtelrosetten mit Navets und Zucchini beweisen.

WACHTELROSETTEN

Eine dekorative Suppeneinlage, die ebenso in Form von Klößchen oder länglichen Gnocchi gefertigt werden kann; zu Rosetten gespritzt, sieht sie aber besonders hübsch aus. Hier finden auch Fleischteile eine Verwendung, die sich zum Braten nicht eignen oder gerade nicht benötigt werden. Bei den Wachteln bleiben beispielsweise oft die Keulen übrig, da nur die Brüste für ein Gericht verarbeitet werden.

150 g Wachtelfleisch
Salz, frisch gemahlener weißer Pfeffer
1 Messerspitze Ingwerpulver
1 cl Cognac
1/2 Eiweiß
120 ml Sahne
1/4 l heller Geflügelfond (siehe Seite 56/57)

Das Wachtelfleisch in feine Würfel schneiden, in einer Schüssel mit den Gewürzen bestreuen, mit Cognac beträufeln und zugedeckt im Kühlschrank gut durchkühlen lassen. In einer Küchenmaschine fein mixen und das gekühlte Eiweiß zugeben. Nach und nach die gut gekühlte, am besten leicht angefrorene Sahne einarbeiten. Die Farce durch ein feines Sieb streichen und nochmals kühl stellen. In einen Dressiersack mit Sterntülle füllen, auf eine leicht geölte Unterlage Rosetten spritzen und ganz leicht anfrieren lassen. Mit einem Messer abheben und im siedenden Geflügelfond – er darf keinesfalls kochen – vor dem Servieren in 2 bis 3 Minuten gar ziehen lassen.

ENTENLEBERGNOCCHI

Wer möchte, kann auch jede andere Geflügelleber für dieses Rezept verarbeiten, mit Entenlebern sind die Gnocchi allerdings am schmackhaftesten.

70 g schieres Entenfleisch ohne Haut
70 g Entenleber
Salz, frisch gemahlener weißer Pfeffer
1 Messerspitze Piment
1/2 Eiweiß
100 ml Sahne
1 TL gehackte Kräuter
(z. B. Petersilie, Schnittlauch, Majoran)
1/4 l heller Hühnerfond (siehe Seite 56/57)

Das Entenfleisch und die Leber separat würfeln, würzen, mit Folie bedecken und im Kühlschrank gut durchkühlen lassen. In der Küchenmaschine zuerst die Entenwürfel fein mixen, die Leberwürfel und das Eiweiß zugeben und unterarbeiten. Die angefrorene Sahne nach und nach zugießen und mitmixen. Die Farce durch ein feines Sieb streichen, die Kräuter unterheben, mit einem Kaffeelöffel feine Gnocchi abstechen und im siedenden Fond in 2 bis 3 Minuten gar ziehen lassen.

Taubenfüllung zubereiten: Die Taubenbrust zuerst in grobe Stücke schneiden und dann mit einem Wiegemesser fein hacken. Den blanchierten Spinat ausdrücken und mit einem Messer oder einem Wiegemesser fein schneiden.

Das Toastbrot in Milch einweichen, anschließend ausdrücken und unter den Spinat mischen.

Die Schalotten- und Champignonwürfel in Öl leicht anschwitzen. Das Fleisch zugeben und anbraten.

Die Spinatmischung und die Kräuter zugeben, würzen, die Sahne zugießen. 5 Minuten bei mittlerer Hitze garen.

RAVIOLI MIT TAUBENFÜLLUNG

Diese Teigtäschchen mit einer Füllung aus Geflügelfleisch eignen sich sehr gut als Einlagen, besonders dann, wenn die Geflügel-Consommé von der gleichen Geflügelsorte gekocht wurde. Die folgende Füllung mit Taubenfleisch ist eine echte Delikatesse, aber auch mit dem Fleisch einer jungen Ente, eines Perlhuhns oder einer Wachtel krönen diese Ravioli jede Suppe.

(als Suppeneinlage für 8 Portionen)

Für den Teig:

200 g Weizenmehl, 2 Eier, 1 EL Olivenöl, Salz

Für die Füllung:

160 g Taubenbrust ohne Haut

50 g frischer Spinat

1 Scheibe Toastbrot, Milch zum Einweichen

je 30 g Schalottenwürfel und gehackte Champignons

1 EL Olivenöl

je 1 TL gehackte Petersilie und Majoran

Salz, frisch gemahlener weißer Pfeffer

50 g Sahne

Aus den Zutaten für den Teig einen geschmeidigen Nudelteig bereiten, ruhen lassen, dünn ausrollen und in kleine Quadrate schneiden oder, wie im Bild zu sehen ist, rund ausstechen. Die Füllung, wie in der Bildfolge rechts gezeigt, zubereiten und darauf verteilen. Die Teigränder mit Wasser bestreichen, über die Füllung klappen und zusammendrücken. In siedendem Salzwasser in 10 bis 12 Minuten gar ziehen lassen.

Diese Ravioli sind nicht nur als Suppeneinlage geeignet, sondern können auch als Vor- oder Hauptgericht gereicht werden. Mit einer Paprika- oder Tomatensauce und mit reichlich geriebenem Käse bestreut, sind sie ein vollständiges Gericht.

GEFLÜGELRAHMSUPPE

Dieses Grundrezept am Beispiel einer Hühnersuppe kann mit würzenden Zutaten oder verschiedensten Einlagen beliebig variiert werden. Zarte Gemüseeinlagen oder Geflügelklößchen (wie etwa auf Seite 60/61) passen zu dieser Suppe ebenso wie kräftige Gewürze, die jedoch den zarten Eigengeschmack der Hühnerbrühe in den Hintergrund drängen. Die Anpassungsfähigkeit der Hühnerbrühe wird auch hier wieder deutlich und lässt viel Spielraum für eigene Kreationen.

(für etwa 1 l Suppe)
20 g Butter
je 50 g Lauch und Stangensellerie
20 g Weizenmehl
1 1/4 l Hühnerbrühe (siehe Seite 56/57)
500 g Hühnerknochen
1/8 l Sahne
Salz, frisch gemahlener weißer Pfeffer
etwas frisch geriebene Muskatnuss
20 g Butter

Die Suppe wie in den Arbeitsschritten zubereiten und mit einer beliebigen Beilage servieren.

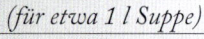

Die Butter schmelzen und das klein geschnittene Gemüse hell anbräunen, mit Mehl bestauben und dieses ebenfalls hell anschwitzen, anschließend die Hühnerbrühe aufgießen.

Die klein gehackten Hühnerknochen mit Wasser bedecken und kurz aufkochen lassen, abgießen, zur Brühe geben und etwa 30 Minuten leicht mitköcheln lassen. Die Sahne zugießen und weitere 5 bis 10 Minuten köcheln lassen. Die Suppe würzen, durch ein Spitzsieb seihen und mit der Butter aufmontieren. Vor dem Servieren erneut erhitzen.

Rahmsuppen
MIT VIEL SAHNE UND WENIG MEHL

Durch den mehr oder weniger hohen Sahneanteil sind Geflügelrahmsuppen nicht gerade kalorienarm, aber dennoch ein »leichter« Genuss. Interessant an diesen Suppen ist, dass sich das Grundrezept fast beliebig variieren lässt. Eine solche Rahmsuppe kann, muss aber nicht mit Mehl gebunden werden, wodurch sie zur »Samtsuppe« wird, deren Konsistenz einzig und allein dem Wort »samtig« gerecht wird. Die Rezepte auf dieser Seite zeigen, dass man auch mit einem Minimum an Mehl auskommen kann und dennoch die gewünschte Geschmeidigkeit erhält. Es gibt aber auch die Möglichkeit, diese Rahmsuppen mit Eigelb zu legieren, was sie allerdings noch etwas »mächtiger« macht.

2 Pimentkörner
2 Knoblauchzehen
1/8 l Sahne
Salz
4 gehäufte EL gehackte Kräuter (etwa Petersilie, Basilikum, Sauerampfer, Kerbel und Schnittlauch)
20 g Butter

Die Butter in einer Kasserolle zerlaufen lassen und die Schalotten darin glasig schwitzen. Das klein gewürfelte Gemüse hinzufügen und weich dünsten. Mit dem Mehl bestauben, anschwitzen, mit der Hühnerbrühe aufgießen und zum Kochen bringen. Die Gewürze und den angedrückten Knoblauch zugeben und bei schwacher Hitze etwa 1/2 Stunde leicht köcheln lassen, wenn nötig, aufsteigenden Schaum mit einem Löffel abschöpfen. Die Sahne zugießen, nochmals aufkochen lassen, passieren und salzen. Die Kräuter waschen, abtropfen lassen, fein hacken und zur Suppe geben, einige Minuten ziehen lassen. Mit der Butter kurz aufmixen, erneut erhitzen und servieren. Als Einlage sind Hühnerfleisch, Klößchen oder geröstete Brotwürfel geeignet.

RAHMSUPPE VOM TRUTHAHN MIT GURKEN

(für 1 l Rahmsuppe)
500 g Truthahnknochen
1 EL Pflanzenöl
30 g Zwiebelwürfel
je 50 g Stangensellerie und Möhren
100 g Gurke
20 g Butter
20 g Mehl
1 l Geflügelbrühe, möglichst vom Truthahn (siehe Seite 56/57)
5 Pfefferkörner, 2 Petersilienstängel
1/8 l Sahne
Einlage und Garnitur:
100 g Gurkenwürfel
20 g Butter
150 g gekochte oder gebratene Truthahnbrust
4 Dillzweige

Gehackter Dill ergänzt den durch die Gurken frischen Geschmack der Suppe aufs Beste.

KRÄUTERRAHMSUPPE

Dass es auch deftigere Rahmsuppen geben kann, zeigt dieses Beispiel, das aber dennoch den typischen Charakter einer Geflügelrahmsuppe behält.

30 g Butter
je 30 g Schalottenwürfel und Möhren
je 50 g Stangensellerie und Lauch
20 g Petersilienwurzel
20 g Weizenmehl
1 1/4 l Hühnerbrühe (siehe Seite 56/57)
1 Lorbeerblatt
5 Pfefferkörner

Die zerkleinerten Truthahnknochen im heißen Öl goldbraun anbraten, herausnehmen und abtropfen lassen. Das Gemüse fein würfeln und in der Butter weich dünsten, mit dem Mehl bestauben und angehen lassen. Die Geflügelbrühe, die Gewürze und die angebratenen Knochen hinzufügen und 30 Minuten köcheln lassen. Die Sahne zugießen, umrühren und nochmals aufkochen. Durch ein feines Spitzsieb passieren. Die Gurkenwürfel in der Butter weich dünsten und mit der gewürfelten Truthahnbrust zur Suppe geben. Erneut erhitzen und, mit Dillzweigen garniert, servieren.

TAUBENCREMESUPPE

Eine Cremesuppe, die mit wenig Weißbrot und viel Sahne gebunden wird und als geschmacklichen Kontrapunkt einen Heuschreckenkrebs oder einen Kaisergranat (Scampo) enthält.

2 küchenfertige Tauben
30 g Butter
Salz, frisch gemahlener weißer Pfeffer
150 g Lauch
100 g Möhren
100 g Pastinaken
100 g Stangensellerie
1 Knoblauchzehe
1 Thymianzweig
1 1/2 l heller Hühnerfond (siehe Seite 56/57)
4 Krebse
30 g Weißbrot ohne Rinde
3/8 l Sahne
1 Messerspitze Ingwerpulver
1 Messerspitze Muskatnuss
100 g Sauerampfer

Die Tauben innen und außen waschen, mit einer Geflügelschere längs halbieren und abtrocknen. Die Butter in einem entsprechend großen Topf erhitzen, bis sie aufschäumt, die Täubchen hineinlegen, hellbraun anbraten, wenden und von der anderen Seite braten, salzen und pfeffern. Das Gemüse sorgfältig waschen, abtropfen lassen, in Stücke schneiden und über die angebratenen Tauben geben. Die Knoblauchzehe ungeschält mit einem schweren Messer andrücken und mit dem frischen Thymian in den Topf geben. Zugedeckt etwa 15 Minuten schmoren, 1 Tasse vom Hühnerfond zugießen, den Topf wieder schließen und bei schwacher Hitze 40 bis 50 Minuten weitergaren. Den restlichen Fond zugießen, zum Kochen bringen und weitere 30 Minuten bei sehr schwacher Hitze und offenem Topf köcheln. Die Tauben aus der Brühe nehmen und warm stellen. Die Brühe durch ein feines Spitzsieb passieren und das Gemüse mit einem Schöpflöffel ausdrücken. Die Krebse waschen, die Schwänze mit der Hand abdrehen und den Darm herausziehen. Die Suppe erneut zum Kochen bringen. Das Weißbrot in der Sahne einweichen, verrühren, mit dem Schneebesen einrühren und bei schwacher Hitze einige Minuten köcheln lassen, mit Ingwer und Muskat abschmecken. Den in Streifen geschnittenen Sauerampfer sowie das ausgelöste und in Stücke geschnittene Taubenfleisch zufügen und mit den Krebsen 10 Minuten ziehen lassen.

Geflügelcremesuppen
GEHALTVOLLE SUPPEN, SÄMIG PÜRIERT MIT REICHLICH EINLAGEN

Alle Geflügelsorten sind für diese Suppen geeignet, magere Hühner, Tauben oder auch der Truthahn, welcher sich besonders gut dafür verwenden lässt. Sie sind alle hervorragend mit Gemüse zu kombinieren, besonders harmonisch zum Beispiel mit Stangensellerie oder Petersilienwurzel.

HÜHNERCREMESUPPE AUS DER NORMANDIE

400 g Hühnerbrustfilets
3/4 l heller Hühnerfond (siehe Seite 56/57)
60 g Butter
1 EL Mehl, 1/2 l Milch
300 g Champignons
2 TL Zitronensaft
1 Bund Petersilie
2 cl Calvados
1 TL Salz
frisch gemahlener weißer Pfeffer
etwas frisch geriebene Muskatnuss
1/4 l Sahne, 2 Eigelbe

Die Hühnerbrüste in dem Fond bei schwacher Hitze etwa 15 Minuten kochen, herausnehmen, klein würfeln und in die Schüssel einer Rührmaschine geben. Die Hälfte der Butter in einer Kasserolle erhitzen, das Mehl zugeben und hell anschwitzen. Die Hälfte der Milch mit dem Schneebesen darunter rühren, etwa 15 Minuten leicht kochen und die fertige Béchamelsauce zur Seite stellen. Die gewaschenen Champignons in der Küchenmaschine pürieren und die Suppe weiter zubereiten, wie in der Bildfolge gezeigt. Zuletzt die Suppe nochmals erhitzen, sie darf jetzt aber keinesfalls mehr kochen.

In eine Schüssel geben. Die restliche Milch zum Kochen bringen, über das Fleischpüree gießen und gleichmäßig einrühren.

Diese Mischung durch ein feines Sieb in einen entsprechend großen Topf passieren, den Fond zugießen, unterrühren und aufkochen.

Die Champignonmischung mit dem Schneebesen gleichmäßig unterrühren, mit Salz, Pfeffer und Muskatnuss würzen und wieder erhitzen.

Separat die Sahne auf die Hälfte reduzieren, abkühlen lassen. Mit Eigelb verrühren, die Suppe damit legieren und erhitzen.

Hühnercremesuppe zubereiten:

Die restliche Butter mit dem Zitronensaft und der Petersilie erhitzen. Das Champignonpüree zugeben und unter Rühren erhitzen.

Béchamelsauce kräftig mit dem Schneebesen einrühren, aufkochen. Die Petersilie entfernen und die Mischung beiseite stellen.

Das Hühnerfleisch in der Küchenmaschine mit dem Calvados übergießen und zusammen zu einer feinen, homogenen Masse pürieren.

FONDS, SUPPEN UND SAUCEN

Paprikaschoten häuten: Die Paprikaschoten so lange bei 220 °C im Ofen rösten, bis die Haut Blasen wirft und dunkle Flecken bekommt, dann die Haut abziehen.

Suppe zubereiten:

Die Butter erhitzen, Zucker und Zwiebeln zugeben und anschwitzen, dann mit Zitronensaft und Paprikastreifen etwa 5 Minuten dünsten.

Die Hühnerbrühe aufgießen, aufkochen und etwa 10 Minuten köcheln lassen, die Sahne zugießen und weitere 10 Minuten köcheln.

Nach der Hälfte der Garzeit Knoblauch, Thymian, Rosmarin und Petersilie zugeben, mit Salz, Pfeffer und Ingwer abschmecken.

Die Kräuter und den Knoblauch wieder entfernen, die Suppe im Mixer pürieren und passieren. Das Hühnerfleisch zugeben und erhitzen.

Mit zwei verschieden farbigen Paprikasuppen, zum Beispiel rot und gelb, lassen sich interessante Farbspiele im Suppenteller zaubern.

HÜHNERSUPPE MIT PAPRIKASCHOTEN

Dass eine Hühnerbrühe mit Sahne und Gemüse zu einem völlig neuen Geschmackserlebnis verarbeitet werden kann, zeigt dieses Rezept. Die unterschiedlichen Farben der Paprikaschoten bringen optische Abwechslung. Nach diesem Rezept können auch mit anderem Gemüse, zum Beispiel mit Möhren, Sellerie oder Petersilienwurzeln, interessante Geschmackskombinationen erreicht werden.

4 Paprikaschoten (rot oder gelb)
30 g Butter, 1 TL Zucker
40 g Zwiebelwürfel
2 EL Zitronensaft
1/2 l Hühnerbrühe (siehe Seite 56/57)
1/8 l Sahne
1 angedrückte Knoblauchzehe
je 1 Thymian- und Petersilienzweig
einige Rosmarinnadeln
1 TL Salz
frisch gemahlener weißer Pfeffer
frisch geriebene Ingwerwurzel
2 pochierte Hühnerbrüste in Streifen

Die Paprikaschoten häuten, Scheidewände und Samen entfernen, das Fruchtfleisch in Streifen schneiden. Die Suppe, wie in der Bildfolge links beschrieben, zubereiten. Anschließend mit der pochierten Hühnerbrust langsam erhitzen.

COCK-A-LEEKIE

Hier handelt es sich um eine Hühnersuppe, wie sie in Schottland zubereitet wird. Wie bei den meisten Traditionsrezepten sind recht unterschiedliche Varianten im Umlauf, die Grundzutaten sind aber immer dieselben, nämlich ein Suppenhuhn, viel frischer Lauch und Backpflaumen. In einigen Rezepten werden Graupen, separat gekocht, zugesetzt, wodurch die Suppe noch etwas sättigender wird.

1 küchenfertiges Suppenhuhn (etwa 2 kg)
2 l Wasser
2 TL Salz
1 kleine Zwiebel
1 Petersilienstängel
1 Thymianzweig
1 Muskatblüte
1/2 TL schwarze Pfefferkörner
2 Pimentkörner
1 Lorbeerblatt
750 g Lauch
frisch gemahlener weißer Pfeffer und Piment
12 Backpflaumen ohne Stein

Das Huhn innen und außen sorgfältig waschen und mit Küchenpapier trockentupfen. Das Wasser in einen großen Topf gießen, das Huhn und das Salz zugeben. Die Zwiebel schälen, halbieren, zufügen und zum Kochen bringen. Die Petersilie und den Thymian beigeben. Die restlichen Gewürze in ein kleines Leinensäckchen binden und ebenfalls zugeben. Von den Lauchstangen die oberen grünen Blätter entfernen, die Stangen längs halbieren, sorgfältig waschen und in etwa 5 cm lange Stücke schneiden; ein Viertel davon zur Suppe geben. Den Schaum von der Oberfläche abnehmen und bei mittlerer Hitze 1 1/2 Stunden langsam weiterkochen. Das weich gekochte Huhn herausnehmen, die Haut entfernen, das Fleisch von den Knochen lösen und in Stücke schneiden. Die Brühe durchseihen und mit dem restlichen Lauch wieder zum Kochen bringen. Die Hitze reduzieren und so lange weiterköcheln lassen, bis der Lauch gar ist. Wenn nötig, mit etwas Pfeffer und Piment nachwürzen. Das Hühnerfleisch und die Backpflaumen zugeben. Den Topf vom Herd nehmen und noch etwa 15 Minuten durchziehen lassen.

Sauce Suprême zubereiten: Die Schalottenwürfel in der Butter angehen lassen, mit Mehl bestreuen und hell anschwitzen. Den kalten Fond aufgießen und glatt rühren, einmal gut durchkochen. Die Sahne zugießen, aufkochen lassen und passieren.

SAUCE SUPRÊME

Diese feinste aller Geflügelrahmsaucen ist häufig die Grundlage kulinarischer Köstlichkeiten.

(für 4 bis 6 Portionen)

1 Schalotte
20 g Butter
20 g Mehl
1/2 l heller Geflügelfond (siehe Seite 56/57)
1/8 l Sahne
je 1 Prise Salz und Cayennepfeffer
1 Spritzer Zitronensaft

Für die Sauce die Schalotte schälen und fein schneiden. Die Butter in einem Topf schmelzen, die Schalottenwürfel zugeben und darin glasig schwitzen. Mit Mehl bestauben und ebenfalls angehen lassen, ohne dabei Farbe zu nehmen. Den kalten Geflügelfond unter ständigem Rühren zugießen und glatt rühren, 10 Minuten köcheln lassen, die Sahne aufgießen und einkochen lassen, bis die Sauce von cremig-sahniger Konsistenz ist. Mit Salz, Cayennepfeffer und Zitronensaft würzen und vor dem Servieren passieren.

BÄRLAUCHSAUCE

Der Bärlauch, der eng mit dem Knoblauch verwandt ist, gibt dieser Sauce einen interessanten Charakter. Die Blätter, die man vor allem in feuchten Laubwäldern findet, pflückt man im Mai vor Beginn der Blüte.

(ohne Abbildung)

1 Grundrezept Sauce Suprême
10 Bärlauchblätter, 2 EL geschlagene Sahne

Die Blätter waschen und von den Stielen trennen. Die Stiele können nach Belieben im Saucenansatz der Sauce Suprême mitgekocht werden. Nach dem Passieren der Sauce die fein geschnittenen Bärlauchblätter zugeben und einmal mit aufkochen lassen. Mit der Sahne verfeinern und servieren.

MORCHELSAUCE

Morcheln werden sehr gerne mit Geflügel kombiniert, wobei für diese Sauce sowohl getrocknete als auch frische Morcheln zum Einsatz kommen können.

(ohne Abbildung)

120 g Morcheln
1 Grundrezept Sauce Velouté
1 Schalotte, 10 g Butter
Salz, frisch gemahlener weißer Pfeffer

Falls getrocknete Morcheln verwendet werden, diese einweichen. Die Morcheln putzen und waschen. Die Putzreste können, wenn gewünscht, im Saucenansatz der Velouté zusammen mit den Schalotten angeschwitzt werden. Die fertige Velouté passieren und beiseite stellen. Die Morcheln trockentupfen, die Schalotte schälen, fein schneiden und in der heißen Butter glasig schwitzen. Die Morcheln zugeben, salzen und pfeffern, durchschwenken und etwa 5 Minuten dünsten. Zur Sauce Velouté geben, erhitzen und servieren.

Weiße Geflügelrahmsaucen
VARIABLE GRUNDSAUCEN, MIT MEHL GEBUNDEN

Unter dem Begriff »weiße Geflügelrahmsaucen« können Grundsaucen zusammengefasst werden, die vorwiegend zu gekochtem oder gedünstetem, hellem Geflügelfleisch serviert werden. Es sind aber nicht nur Truthühner, Suppenhühner, Mast- und Junghühner, zu denen diese Saucen gereicht werden. Sie können ebenso Eierspeisen oder beispielsweise ein Kalbsbries ergänzen. Durch Zugabe von verschiedenen Kräutern, Pilzen und Gemüse lassen sich helle Geflügelrahmsaucen beliebig variieren.

SAUCE VELOUTÉ

Die einfache Geflügelgrundsauce kann zum Schluss mit wenig geschlagener Sahne verfeinert werden.

(für 4 bis 6 Portionen)

1 Schalotte
30 g Butter
30 g Mehl
1/8 l Weißwein
3/4 l heller Geflügelfond (siehe Seite 56/57)
1 Prise Salz
frisch gemahlener weißer Pfeffer
2 EL geschlagene Sahne

Die Schalotte schälen und in kleine Würfel schneiden. Die Butter schmelzen und die Schalotte darin anschwitzen. Die Velouté, wie in den Arbeitsschritten unten beschrieben, fertig stellen.

Velouté zubereiten:

Die Schalottenwürfel mit dem Mehl bestauben und unter ständigem Rühren angehen lassen. Mit dem Wein ablöschen und glatt rühren.

Den kalten Geflügelfond aufgießen, mit einem Drahtbesen gut unterrühren und 12 bis 15 Minuten leicht köcheln lassen.

Die Sauce salzen, pfeffern und passieren. Vor dem Servieren mit der geschlagenen Sahne verfeinern. Sie sollte nun nicht mehr kochen.

CURRYSAUCE

Für helle Saucen müssen Geflügelfonds nicht zwingend mit einer Mehlschwitze gebunden werden, ein ebenso gutes Ergebnis wird auch mit Mehlbutter erzielt. Die Butter kann dafür nach Belieben mit Kräutern und Gewürzen versetzt werden, in diesem Rezept zum Beispiel mit Curry. Wichtig ist, dass auch bei diesem Verfahren das Mehl lange genug auskochen kann, denn nur so verliert die Sauce ihren Mehlgeschmack.

(für 4 bis 6 Portionen)
Für die Currybutter:
30 g Butter
15 g Mehl
1 TL Currypulver
Außerdem:
1/2 l heller Geflügelfond (siehe Seite 56/57)
1/8 l Sahne
1 Prise Salz
1 Spritzer Zitronensaft

Die Currybutter, wie in der Bildfolge rechts beschrieben, herstellen. Den heißen Geflügelfond damit binden, glatt rühren und etwa 15 Minuten leicht köcheln lassen. Die Sahne zugießen und die Sauce zu einer cremigen Konsistenz einkochen lassen.

Gedünstete Poulardenbrust mit grünem Spargel und Geflügelrahmsauce, hier mit Streifen von frischem Bärlauch abgewandelt.

Currybutter: Die Butter würfeln, mit Mehl und Currypulver auf einen Teller geben und mit einer Gabel verkneten. Eine Rolle formen und kühl stellen. Zur Verwendung die gewürzte Butter in kleine Würfel schneiden.

Den Geflügelfond zum Kochen bringen, die kalten Butterwürfel zugeben und sorgfältig glatt rühren.

Die Sahne zugießen und noch weitere 5 Minuten leicht köcheln lassen. Mit Salz und Zitrone abschmecken.

Pikante Saucen zu Geflügel

Kräftiges, dunkles Geflügelfleisch wie das von Taube, Ente oder Gans benötigt gleichwertige Saucen, die den Eigengeschmack unterstützen. Sie werden meist zu kurz gebratenen oder im Ganzen gebratenen Geflügelgerichten gereicht. Diese Saucen können kombiniert werden, zum Beispiel mit Gemüse und Kräutern, Früchten oder Spirituosen.

GEBRATENE TAUBE AUF BLUTORANGENSAUCE

Blutorangen geben der Sauce einen eigenen Charakter und verleihen ihr zudem eine intensive dunkle Farbe.

(für 2 bis 4 Portionen)
Für die Sauce:
800 g unbehandelte Blutorangen
5 g frischer Ingwer
1/4 l dunkler Geflügelfond (siehe Seite 54/55)
1/2 TL Speisestärke
3 EL Rotwein zum Anrühren der Stärke
1 Prise Salz, frisch gemahlener schwarzer Pfeffer
Außerdem:
2 küchenfertige Tauben (à 320 g)
Salz, frisch gemahlener weißer Pfeffer
40 ml Pflanzenöl

Die Sauce, wie unten gezeigt, zubereiten. Die Tauben innen und außen waschen, trockentupfen, salzen, pfeffern und mit Küchengarn in Form binden. Das Öl in einer Pfanne erhitzen, die Tauben auf der Brustseite kurz anbraten, wenden und bei 200 °C im vorgeheizten Ofen in 20 bis 25 Minuten garen, herausnehmen, kurz ruhen lassen, das Küchengarn entfernen, und mit der Blutorangensauce servieren.

Blutorangensauce: 2/3 der Orangen auspressen, den Saft mit wenig Orangenschale und dem Ingwer in einen Topf geben, sirupartig einkochen lassen, den Fond zugießen und leicht reduzieren. Die Stärke mit dem Wein anrühren, zur Sauce gießen und damit binden. Die restlichen Orangen filetieren, zugeben und erwärmen (nicht kochen!). Salzen und pfeffern.

GEBRATENE ENTENBRUST AUF LINSENSAUCE

Das klassische Verfahren, Geflügelsaucen mit Linsenpüree zu binden, sieht man nur noch selten, doch hat es sich seinen Platz in der gehobenen Küche verdient.

Für die Sauce:
je 50 g grüne und rote Linsen
1/2 l dunkler Geflügelfond (siehe Seite 54/55)
20 g kalte Butterwürfel
Salz, frisch gemahlener weißer Pfeffer
1 Spritzer Aceto Balsamico
1 EL fein geschnittener Schnittlauch
Außerdem:
4 Entenbrüste (à 200 g)
Salz
frisch gemahlener weißer Pfeffer
60 ml Pflanzenöl

Die Linsensorten getrennt waschen und in Salzwasser garen. Die roten Linsen bereits nach etwa 8 Minuten abgießen und kalt abbrausen. Die grünen Linsen dagegen insgesamt 18 bis 23 Minuten kochen, wenn sie weich sind, abgießen, noch warm mit einem Mixstab pürieren, durch ein Sieb streichen und beiseite stellen. Die Sauce, wie in der Bildfolge in der Mitte beschrieben, fertig stellen. Für die Entenbrüste das Öl in einer Pfanne erhitzen, die gewürzten Brüste auf der Hautseite anbraten, im vorgeheizten Ofen bei 180 bis 200 °C weiterbraten. Erst wenden, wenn die Haut knusprig braun ist. Nach 10 bis 12 Minuten herausnehmen, kurz ruhen lassen und in gleichmäßige Tranchen schneiden. Mit der Linsensauce anrichten und servieren.

MADEIRASAUCE

(ohne Abbildung)

10 cl Madeira
1/4 l dunkler Geflügelfond (siehe Seite 54/55)
10 g kalte Butter
Salz, frisch gemahlener weißer Pfeffer

Den Madeira in einen Topf geben, bis auf einen kleinen Rest reduzieren, den Geflügelfond zugeben und bei schwacher Hitze etwa auf die Hälfte einkochen lassen. Mit der kalten Butter binden und abschmecken.

ROTE ZWIEBELSAUCE

Für diese einfach zuzubereitende Sauce, die am besten zu kräftigem Geflügelfleisch passt, wird kein Geflügelfond benötigt. Die roten Zwiebeln geben ihr eine sehr intensive rote Farbe.

400 g rote Zwiebeln
10 g Butter
1 Thymianzweig
1/8 l roter Portwein, 1/2 l Rotwein
30 g Butterwürfel
Salz, frisch gemahlener weißer Pfeffer

Linsensauce: Den Geflügelfond zum Kochen bringen, das Linsenpüree zugeben und gut unterrühren. Die roten Linsen ebenfalls unterrühren. Die Sauce mit den kalten Butterwürfeln aufmontieren, mit Salz, Pfeffer und Aceto Balsamico abschmecken, mit dem Schnittlauch bestreuen und zur frisch gebratenen Entenbrust servieren.

Rote Zwiebelsauce: Die Zwiebeln schälen und fein würfeln. Die Butter in einem Topf erhitzen und die Zwiebeln darin anschwitzen. Den Thymianzweig einlegen. Den Portwein zugießen, zur Hälfte reduzieren, dann den Rotwein zufügen und 25 bis 30 Minuten köcheln lassen. Die kalten Butterwürfel zugeben und die Sauce montieren. Salzen und pfeffern.

Pochieren und Dämpfen

Diese so genannten »feuchten Garverfahren« stehen in der Geflügelküche zwar nicht an erster Stelle, doch sind sie für verschiedene Gerichte, etwa in der Diätküche, einfach unersetzlich. Das eigentliche Kochen, bei dem das Gargut um den Siedepunkt gehalten wird, findet meist nur bei der Zubereitung von Fonds und Brühen Verwendung, wo es auf den kräftigen Gehalt der Flüssigkeit ankommt. Zartes, junges Geflügel- und Kaninchenfleisch verlangen nach den schonenden Garmethoden Pochieren und Dämpfen, bei denen der Eigengeschmack des Fleisches am besten erhalten bleibt. Beim Pochieren zieht das Fleisch in möglichst heißer Flüssigkeit – zwischen 75 und 90 °C – langsam gar, ohne dass diese dabei ins Wallen gerät. Wichtig ist, dass es in kaltem Sud aufgesetzt und der Siedepunkt möglichst schnell erreicht wird, anschließend werden die Trübstoffe abgeschöpft. Auch Menge und Qualität der Flüssigkeit beeinflussen den Geschmack des Gerichts, da während des Garvorgangs ein ständiger Austausch zwischen Fleisch und Flüssigkeit stattfindet. Wenn in Wasser pochiert wird, dann soll es so wenig wie möglich sein. Wird das Fleisch dagegen in einem Fond gegart, dann darf es schon mehr sein, zumal die Flüssigkeit anschließend für die Sauce reduziert wird. Beim Dämpfen wird das Fleisch in einem Loch- oder Siebeinsatz über kochendem Wasser bei Temperaturen um 100 °C im geschlossenen Topf besonders schonend gegart. Das Dämpfen bringt den geringsten Verlust an Nähr- und Wirkstoffen mit sich und erhält ein Maximum an Eigengeschmack.

Kräftig ist bei pochiertem oder gedämpftem Geflügel
nur der Eigengeschmack, was auch für die Sauce gilt,
die sehr dezent gewürzt werden sollte.

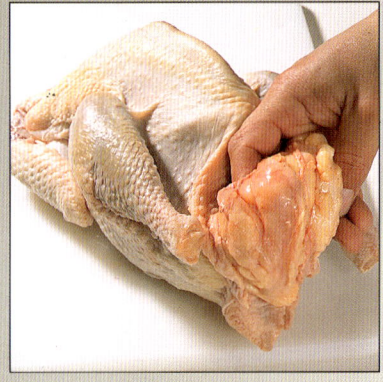

1 Die Halsdrüsen und das Fett an der Halshaut von Hand heraus- holen und vorsichtig abschneiden.

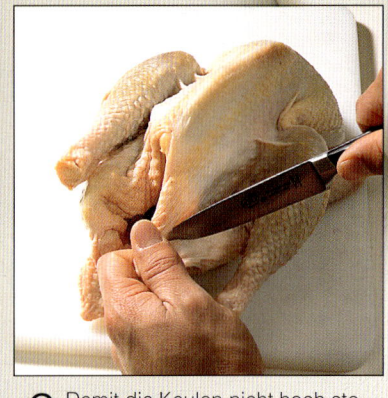

2 Damit die Keulen nicht hoch ste- hen, zwei kleine Schnitte links und rechts der Bauchöffnung machen.

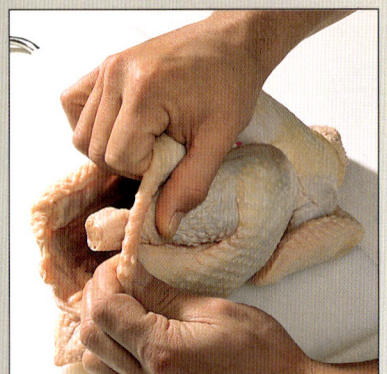

3 Die beiden Unterschenkel nach innen durch die Einschnitte in der Bauchdecke stecken.

4 Das Huhn zusammen mit dem gestückelten Gemüse in einen entsprechend großen Topf geben.

5 Mit so viel kaltem Wasser auf- gießen, dass das Huhn vollstän- dig bedeckt ist. Zum Kochen bringen.

6 Mit einem Schaumlöffel den auf- tretenden Schaum sorgfältig ab- schöpfen, danach die Hitze reduzieren.

7 Das Huhn gar ziehen lassen, Peter- silienstängel, 1 Lorbeerblatt und 1 TL schwarze Pfefferkörner zugeben.

8 Nach etwa 1 1/2 Stunden ist das Huhn gar. Das Huhn herausneh- men, erkalten lassen und in Stücke teilen.

Ein Huhn pochieren
GAREN UNTER DEM SIEDEPUNKT

Pochieren wird die Methode genannt, bei der etwa ein ausgenommenes Huhn in Flüssigkeit unter dem Siedepunkt gar zieht. Die Flüssigkeit muss zwar kochend heiß gehalten werden, darf jedoch nicht ins Wallen kommen. Sie soll so schnell wie möglich zum Siedepunkt gebracht und der dabei auftretende Schaum abgeschöpft werden. Dann wird die Hitze so reguliert, dass die Brühe nur noch leicht siedet. Wichtig ist ein genau passendes Geschirr, da das Huhn während des Pochierens ständig mit Flüssigkeit bedeckt sein muss; der extraktreiche Fond dient dann als Grundlage für die Sauce. Diese Garmethode eignet sich besonders gut für ältere »Suppenhühner«, deren Fleisch, wenn auch nicht zart, so zumindest doch noch weich wird. Dafür liefert das gelatinehaltige Fleisch eine kräftige, hervorragend schmeckende Brühe. Beste Fleischqualität ergibt dagegen das Pochieren junger Hühner. Beim Pochieren von Geflügel ist es üblich, das Gemüse zusammen mit dem Vogel zu garen. In dem nebenstehenden Rezept werden 100 g Möhren, 80 g Zwiebeln, 60 g Lauch, 1/2 Petersilienwurzel (etwa 50 g) und 1/2 Sellerieknolle (etwa 50 g), in Stücke geschnitten, verwendet.

Ein feistes Maishuhn: Je nach Fütterungsart der Hühner nimmt das Fleisch unterschiedliche Farben an. Bei diesem gelblich gefärbten Fleisch handelt es sich um ein vorwiegend mit Mais gefüttertes Huhn.

1 Von den gekochten, ausgelösten Keulen lässt sich die Haut ganz einfach mit der Hand abziehen.

Suppenhuhn zerteilen: Je nach Größe des Vogels kann eine unterschiedliche Anzahl von Stücken gewonnen werden. Bei der hier gezeigten Bildfolge wird das Suppenhuhn mit der Haut zerteilt.

1 Das Huhn auf den Rücken legen, mit einem Messer die Haut zwischen Keule und Brust einschneiden.

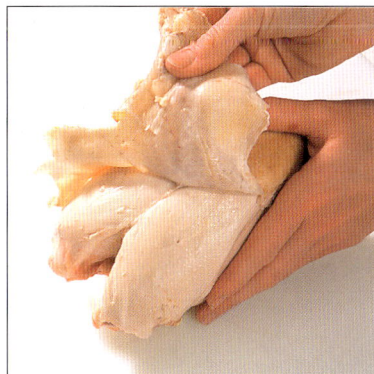

2 Von dem noch auf der Karkasse befindlichen Brustfleisch ebenfalls die Haut vollständig abziehen.

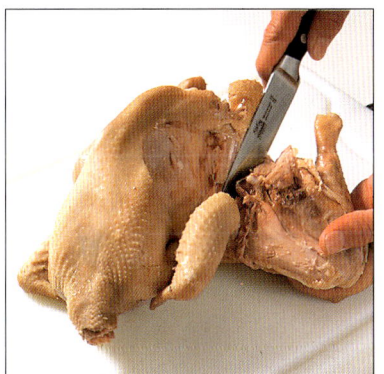

2 Den Schnitt durch das Gelenk führen und dieses dabei aufspalten, die Keule ablösen.

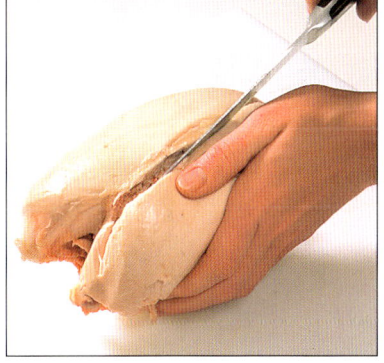

3 Die Brustfilets auf beiden Seiten des Rückgrats sorgfältig von der Karkasse lösen.

4 Das Fleisch der ausgelösten Teile eignet sich, zusammen mit seiner Haut, sowohl als Suppeneinlagen als auch für Frikassee oder Salate.

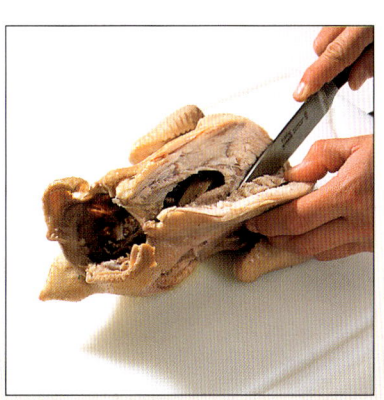

3 Die Karkasse um 180° drehen, am Brustbein entlangschneiden, die Brust auslösen. Flügel abtrennen.

4 Die Brustfilets, je nach Verwendung, aufschneiden als Einlage in Terrinen, in Aspik oder für Salate.

Pot-au-feu zubereiten:

Das Rindfleisch mit einem Teil des heißen Fonds und Wassers übergießen, mit Suppengrün und den gerösteten Zwiebeln aufkochen.

Nach 2 Stunden Kochzeit die vorbereitete Poularde und Ente zugeben und die restliche Fond-Wasser-Mischung zugießen.

Einmal aufkochen lassen und, sobald genügend Schaum an die Oberfläche gestiegen ist, diesen sehr sorgfältig abschöpfen.

Das in der Butter angeschwitzte Gemüse zugeben und bei schwacher Hitze ohne Deckel etwa 1 1/2 Stunden leicht köcheln lassen.

Geflügel und Fleisch herausnehmen, warm stellen, mit einem Leinentuch bedecken und dieses mehrmals mit Brühe befeuchten.

Die Brühe durch ein feines Tuch ablaufen lassen. Dabei das Gemüse jedoch nicht ausdrücken, damit die Brühe klar bleibt.

Die Brühe 10 Minuten ruhen lassen, damit das Fett nach oben steigen kann. Mit einem Küchenpapier das Fett sorgfältig absaugen.

Pot-au-feu vom Geflügel
EIN KRÄFTIGES ESSEN FÜR FESTLICHE TAGE

Ein »Pot-au-feu« ist schon deshalb ein Festessen, weil er einerseits ein äußerst dekoratives Gericht ist, das sich andererseits ohne Geschmacksverluste schon Tage vorher zubereiten lässt und schließlich mit wenig Mühe fertig zu stellen ist. Dass sich die Zubereitung vor allem für größere Mengen lohnt, soll nicht verschwiegen werden. Wie viele ähnliche Gerichte, schmeckt auch ein »Pot-au-feu« erst dann so richtig gut, wenn ganze Hühner, am besten große Poularden, und Enten schön langsam kochen. Wer ihn in kleineren Mengen nachkochen möchte, kann das folgende Rezept halbieren. Die Ente ist zwar etwas ungewöhnlich für einen »Pot-au-feu«, bringt aber einen ganz besonderen Geschmack ein. Wichtig ist, dass es sich um ein junges und mageres Tier handelt, am besten eignen sich Nantaiser Enten, deren Fett aber auf jeden Fall entfernt werden muss.

(für 6 bis 8 Portionen)
800 g Rinderbrust
1 küchenfertige Poularde (etwa 1,6 kg)
1 kleine, küchenfertige Nantaiser Ente (etwa 900 g)
1 l heller Hühnerfond (siehe Seite 56/57)
1 l Wasser
1 Bund Suppengrün
2 halbierte, geschwärzte Zwiebeln

Das Geflügel und das Rindfleisch erneut in einen Topf geben und mit der entfetteten Brühe aufgießen. Die Einlagegemüse fein geschnitten zugeben, 10 Minuten leise mitkochen. Abschließend die vorbereiteten Bohnen zugeben, mit Salz und Pfeffer abschmecken und nochmals erhitzen.

Mit einem Zampone,
diesem gefüllten
Schweinsfuß, lässt sich
der Pot-au-feu ohne
Mühe zum italienischen
»Bollito misto« um-
wandeln – eine Ergän-
zung, die dem Geflügel
gut bekommt. Dazu
gehört dann aber auch
eine »Salsa verde«,
jene typisch italieni-
sche, grüne Sauce.

Zum Anrösten:

20 g Butter, 4 zerdrückte Knoblauchzehen

je 100 g gewürfelte Stangensellerie, Möhren,
Zwiebeln und Tomaten

einige Thymianzweige

Für die Gemüseeinlage:

150 g weiße Bohnen, 1 Bund Suppengrün

150 g Lauch, 100 g Stangensellerie, 200 g Zucchini

Außerdem:

Salz, frisch gemahlener weißer Pfeffer

1 EL gehackte Petersilie

Das Rindfleisch sowie das Geflügel waschen und trockentupfen. Von der Poularde und der Ente das
Abdominalfett entfernen. Weiterarbeiten, wie links
beschrieben. Für die Gemüseeinlage die weißen
Bohnen über Nacht einweichen, abgießen und mit
frischem Wasser und Suppengrün in etwa 1 Stunde
weich kochen. Zum Servieren das Rindfleisch (ohne
Fett) in Scheiben schneiden. Die Poularde in Portionsstücke teilen, von der Ente die Haut abziehen und
ebenfalls teilen. Zusammen mit gekochten Kartoffeln auf
Tellern anrichten, mit der Brühe begießen und mit Petersilie bestreuen. Will man »Pot-au-feu« mit Wurst
oder, wie in Italien üblich, »Bollito misto« mit einem
gefüllten Schweinsfuß anreichern, werden diese 10 Minuten vor dem Servieren zugegeben und miterhitzt.

Geflügel in feiner Brühe

Solche »Eintöpfe« sind zwar leicht, aber dennoch stark im Geschmack. Tatsächlich gehört pochiertes Geflügel, wie die beiden Rezepte dieser Doppelseite dokumentieren, schon deshalb zur leichten Kost, weil es einfach wenig Fett enthält. Ihren besonders kräftigen Geschmack bekommen die beiden Gerichte durch den Geflügelfond, in dem sie – statt wie üblich mit etwas Wasser – pochiert werden. Darüber hinaus bringt das Gemüse noch ein typisches Aroma in die Kompositionen ein.

POULE AU POT

Dieses »Huhn im Topf« ist eine sättigende, komplette Mahlzeit. Man kann sie als Eintopf genießen oder das Fleisch zusammen mit dem Gemüse und getrennt dazu die Brühe als Vorsuppe servieren.

1 küchenfertige Poularde (etwa 1,8 kg) mit Herz und Magen
100 g Möhren
100 g Stangensellerie
150 g weiße Rübchen
50 g Petersilienwurzel
200 g Wirsing
1 l heller Hühnerfond (siehe Seite 56/57)
1 Zwiebel, mit 2 Nelken gespickt
20 Pfefferkörner
1 TL Salz

Das Huhn innen und außen gut waschen, sorgfältig trockentupfen und die Keulen, wie auf Seite 74/75 gezeigt, fixieren. In einen entsprechend großen Topf geben und, mit Wasser bedeckt, einmal kräftig aufkochen lassen. Bei diesem Blanchieren lösen sich die noch verbliebenen Schmutzstoffe. Das Wasser abgießen, das Huhn mit kaltem Wasser abbrausen und, zusammen mit dem Magen und dem Herzen, zurück in den Topf geben. Das Gemüse grob zerkleinern, in den Topf streuen und mit dem Hühnerfond auffüllen. Zum Kochen bringen und die Hitze so weit reduzieren, dass die Flüssigkeit gerade unter dem Siedepunkt bleibt. Bei diesem Pochiervorgang können noch Eiweiß- und Trübstoffe aufsteigen, die zwischendurch immer wieder von der Oberfläche abgeschöpft werden. Zwiebel, Pfefferkörner und das Salz zugeben, das Huhn in etwa 50 bis 60 Minuten weich schmoren und anschließend teilen. In der Brühe mit dem Gemüse servieren.

TÄUBCHEN IM TOPF

Ein gutes Beispiel dafür, dass es nicht immer »gebratene Tauben« sein müssen. Sie schmecken pochiert höchst delikat, wenn sie vom richtigen Gemüse begleitet werden und in einer entsprechend konzentrierten Brühe schwimmen. So können sie ein Vorgericht, aber auch, beispielsweise in Kombination mit Kartoffeln, ein sättigendes Hauptgericht sein.

2 küchenfertige Tauben (à etwa 250 g)
Für die Linsen:
100 g rote Linsen
2 EL Zwiebelwürfel
1 EL Erdnussöl
1/4 l Wasser
Außerdem:
3 EL Erdnussöl
3 EL Zwiebelwürfel
1 Knoblauchzehe
100 g Stangensellerie
100 g Lauch, 50 g Möhren
100 g weiße Rübchen
3/4 l heller Geflügelfond (siehe Seite 56/57)

1 TL Salz
frisch gemahlener weißer Pfeffer
1 Lorbeerblatt
1 Thymianzweig
1 Bund glatte Petersilie

Die Tauben innen und außen waschen und sorgfältig abtrocknen. In einem entsprechend großen Topf kurz blanchieren und das Wasser sofort wieder abgießen. Die Tauben mit kaltem Wasser abbrausen, um die ausgetretenen Eiweiß- und Schmutzstoffe zu entfernen. Für die Zubereitung der Linsen diese gründlich waschen. Die Zwiebelwürfel in dem heißen Öl kurz anlaufen lassen, die Linsen zufügen, mit dem Wasser aufgießen und kochen, bis sie fast weich sind. Das restliche Öl in einem entsprechend großen Topf erhitzen, die Zwiebelwürfel darin anlaufen lassen und die geschälte und angedrückte Knoblauchzehe zugeben. Das zerkleinerte Gemüse zufügen und unter ständiger Bewegung etwas Farbe nehmen lassen. Die Tauben darauf setzen, mit dem Fond aufgießen, aufkochen und die Hitze sofort reduzieren; die Flüssigkeit muss während des gesamten Garvorgangs bei offenem Topf unter dem Siedepunkt gehalten werden. Nach etwa 20 Minuten Salz, Gewürze, Kräuter und die Linsen zufügen und weiterpochieren, bis die Tauben und das Gemüse weich sind.

Wie lustige Luftballons sehen die aufgeblasenen Schweinsblasen aus, sehr zur Freude des Kochs.

Zur Vorbereitung der Schweinsblase diese über Nacht in mit Salz und Essig angereichertes Wasser legen. Mit einem Strohhalm bis zu ihrer vollen Größe aufblasen, mit einem Bindfaden abbinden und in einem gut gelüfteten Raum trocknen lassen. Vor der Verwendung den Bindfaden entfernen, die Blase in kaltes Wasser legen und so lange wässern, bis sie wieder geschmeidig wird.

Poulet à la Vessie
EINE POULARDE IN DER SCHWEINSBLASE POCHIERT

Eine wohl erprobte Methode aus der französischen Küche, die dem zarten Eigengeschmack einer Poularde besonders entgegenkommt, vor allem, wenn sie mit einer solch milden Farce und Fleischeinlage gefüllt wurde. Die Aromen werden beim Garen in der Blase regelrecht konserviert und verstärkt.

GEFÜLLTE POULARDE IN DER SCHWEINSBLASE

1 küchenfertige Poularde (etwa 1,4 kg)
Für die Schweinsblase:
1 Schweinsblase
1,5 l heller Hühnerfond (siehe Seite 56/57)
1 Bouquet garni
Für die Füllung:
150 g Kalbfleisch (aus der Oberschale)
Salz, frisch gemahlener weißer Pfeffer
180 ml Sahne, 1 EL geschlagene Sahne
100 g Kalbsbries
100 g Möhrenwürfel, 50 g Zucchiniwürfel
Für die Poularde:
4 Salbeiblätter, 1 TL Pflanzenöl

Die Poularde waschen und trockentupfen. Vom Rücken her auslösen, dabei jedoch die Flügel- und Keulenknochen am Körper belassen. Für die Füllung das Kalbfleisch in feine Würfel schneiden und kalt stellen. Durch die feine Scheibe des Fleischwolfs drehen und erneut kalt stellen. In einen Mixer geben, salzen, pfeffern und die gut gekühlte Sahne nach und nach zugeben, bis eine homogene Masse entstanden ist. Die Farce durch ein feines Sieb streichen, in einer auf Eis gekühlten Schüssel glatt rühren, salzen und pfeffern, mit der geschlagenen Sahne fertig stellen und kalt stellen. In der Zwischenzeit das Kalbsbries wässern, putzen und blanchieren, in Röschen zerteilen und zur Farce geben. Die Möhren- und Zucchiniwürfel blanchieren, trockenlegen und zur Farce geben. Die Poularde damit füllen, dressieren und in die Schweinsblase geben.

Poularde füllen:

Unter die Haut die in Öl eingeweichten Salbeiblätter schieben. Die Poularde drehen und die Füllung darauf verteilen.

Den Vogel wieder in Form bringen, mit einem Faden zunähen und, wie auf Seite 26 beschrieben, mit einem Faden dressieren.

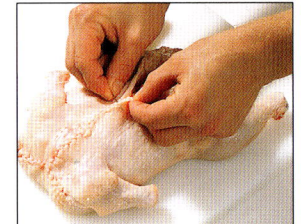

In der Schweinsblase zubereiten:

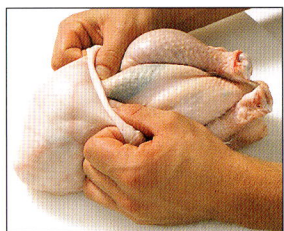

Den Knorpel von der Blase so weit abschneiden, dass die Öffnung die gefüllte Poularde aufnehmen kann.

Die Innenseite der Blase nach außen wenden, etwas aufrollen und gut anliegend über die Poularde stülpen.

Die Öffnung der prall gefüllten Schweinsblase mit einem Bindfaden fest verschließen, ohne die Haut zu verletzen.

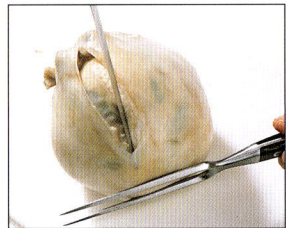

Die Blase mit dem Bouquet garni in den kochenden Hühnerfond einlegen und in 90 Minuten gar ziehen lassen.

Die gefüllte Schweinsblase aus dem Kochsud nehmen und mit einem Längsschnitt vorsichtig aufschneiden.

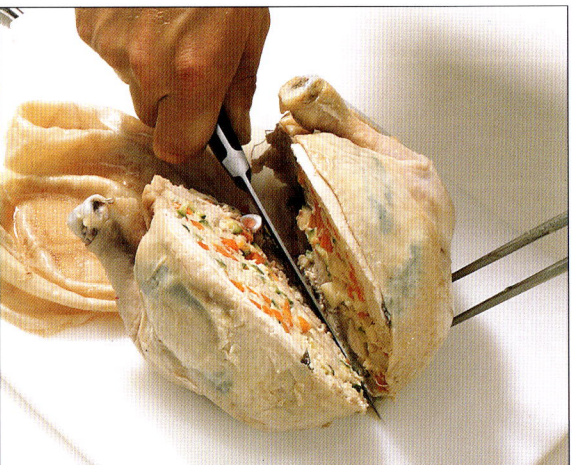

Die fertige Poularde aufschneiden: Zuerst die Blase aufschneiden und abziehen, dann die Poularde längs halbieren und jeweils nochmals quer teilen. Dazu passt vorzüglich eine Weißweinsauce oder als Kontrapunkt eine ganz kräftige Sauce Périgord mit reichlich schwarzen Trüffeln. Petersilienkartoffeln sind eine passende Beilage.

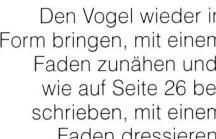

GEFÜLLTE TRÜFFELPOULARDE

Ein extravagantes und kostbares Gericht, das in der französischen Küche »Poulet demi-deuil«, also Huhn in Halbtrauer, genannt wird. Das starke Aroma der schwarzen Trüffel dominiert diese Köstlichkeit.

1 küchenfertige Poularde (etwa 1,8 kg)
1 frische Trüffel (etwa 20 g)
Für die Füllung:
20 g Butter, 150 g Hühnerleber
50 g Weißbrot ohne Rinde, 4 EL Milch
1 Ei, 2 cl Cognac
1/3 TL Salz, frisch gemahlener weißer Pfeffer
Zum Kochen:
80 g Möhren, 1 kleine, halbierte Zwiebel
80 g Stangensellerie, 1 Bouquet garni
10 Pfefferkörner
2 l heller Geflügelfond (siehe Seite 56/57)
1/4 l trockener Weißwein
Für die Sauce:
30 g Butter, 1 EL Mehl, 1 Eigelb, 1/8 l Sahne

Die Poularde innen und außen gründlich waschen, abtropfen lassen und trockentupfen. Die unter fließendem kaltem Wasser gut gebürstete Trüffel in dünne Scheiben schneiden. Für die Füllung die Butter erhitzen, die Leber rundum anbraten, herausnehmen und klein würfeln. Das Weißbrot in der Milch einweichen, ausdrücken und in einer Schüssel mit den Leberwürfeln, dem Ei, dem Cognac, Salz und Pfeffer vermischen. Falls Putzreste der Trüffel vorhanden sind, diese untermengen. Die Poularde, wie rechts gezeigt, füllen. Das geputzte Gemüse mit dem Bouquet garni und den Pfefferkörnern in den Fond geben, den Weißwein zugießen, erhitzen und 15 Minuten köcheln lassen. Die gefüllte Poularde darin pochieren, herausnehmen und warm stellen. Den Fond passieren und auf etwa 1/2 l reduzieren. Die Butter zerlassen, das Mehl hell anschwitzen, mit dem reduzierten Fond aufgießen und unter Rühren eine helle Sauce kochen, 15 Minuten köcheln lassen. Das Eigelb mit der Sahne verrühren, die Sauce damit legieren. Die Poularde auswickeln, zugeben und mit der Sauce erhitzen.

Die Trüffelscheiben zwischen Haut und Fleisch schieben und gleichmäßig auf Brust und Schenkeln verteilen.

Poularde füllen: Die Haut der Poularde vom Hals her lösen. Dabei mit den Fingern vorsichtig von der Brust in Richtung der Keulen vorarbeiten.

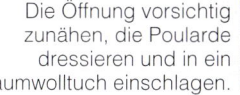

Die Bauchhöhle salzen und pfeffern, anschließend die Leberfarce mit einem Löffel nicht zu stramm einfüllen.

Die Öffnung vorsichtig zunähen, die Poularde dressieren und in ein Baumwolltuch einschlagen.

In die Brühe legen und alles im offenem Topf langsam zum Kochen bringen. Die Poularde 1 1/2 Stunden pochieren.

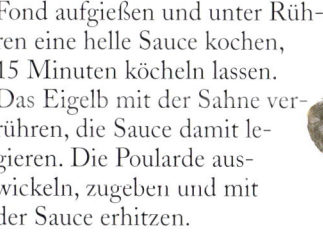

Blanquette zubereiten:

Das Truthahnfleisch häuten, in Würfel mit 3 cm Kantenlänge schneiden und in kochendem Salzwasser blanchieren.

Das Wasser kurz aufwallen lassen, bis alle Trübstoffe geronnen sind, anschließend das Fleisch auf ein Sieb gießen.

Die Truthahnwürfel mit kaltem Wasser gründlich abbrausen, um eventuell anhaftende Schmutzreste zu entfernen.

Den Fond mit dem Fleisch zum Kochen bringen, Bouquet garni, Spickzwiebel und 1 Prise Salz hinzufügen.

Nach 1 Stunde Garzeit das Fleisch in ein Sieb gießen, den Kochfond auffangen und die Truthahnteile ausstechen.

Für die Mehlschwitze die Butter in einem Topf zergehen lassen und das Mehl unter ständigem Rühren zugeben.

Mit dem Weißwein ablöschen. Dabei den Wein langsam und unter ständigem Rühren zugießen und völlig glatt rühren.

Etwa 12 Minuten leicht köcheln lassen. Anschließend die Sahne aufgießen und die Sauce leicht einkochen.

Den aufgefangenen Kochfond nach und nach zugießen, mit dem Drahtbesen gut unterrühren und zum Kochen bringen.

Mit Salz, Pfeffer und Zitrone abschmecken, die Truthahnwürfel darin erhitzen und die Liaison unterziehen.

Blanquette
WENN DAS FLEISCH IN REICHLICH SAUCE SERVIERT WERDEN SOLL

Das Blanquette unterscheidet sich vom bekannteren Frikassee dadurch, dass zuerst das Fleisch gegart und die Sauce danach separat zubereitet wird. Die Fleischwürfel für ein Blanquette werden in der Regel kleiner geschnitten, ähnlich wie für ein Ragout. Die getrennte Zubereitung von Fleisch und Sauce macht es möglich, durch die Zugabe von Gewürzen und würzenden Zutaten aus einem Blanquette völlig neue Gerichte zu zaubern. Die Sauce kann zum Beispiel mit Paprikapulver oder Curry, aber auch mit vorgegartem, würzigem Gemüse variiert werden. So wird aus dem echten Blanquette ein Ragout.

BLANQUETTE VON DER TRUTHAHNKEULE

Dies ist ein Grundrezept für Blanquettes, das beliebig variiert werden kann. Dieses Gericht kann mit allen Geflügelsorten zubereitet werden, wenngleich der Truthahn besonders geeignet ist. Und da müssen es nicht immer die feinsten Stücke aus der Brust sein.

800 g Truthahnoberkeule ohne Knochen
Für das Bouquet garni:
je 30 g Möhre, Knollensellerie und Lauch
1 Petersilienzweig
Für die Spickzwiebel:
1/2 Zwiebel, 2 Nelken, 1 Lorbeerblatt
Außerdem:
1 1/2 l heller Geflügelfond (siehe Seite 56/57)
Salz
10 g Butter, 10 g Mehl

1/8 l Weißwein, 1/8 l Sahne
frisch gemahlener weißer Pfeffer
1 Spritzer Zitronensaft
Für die Liaison:
1 Eigelb
2 EL angeschlagene Sahne

Das Truthahnfleisch häuten und in Würfel schneiden. Das Gemüse für das Bouquet garni putzen, in gleich große Stücke teilen und mit Küchengarn zusammenbinden. Die Zwiebelhälfte mit den Nelken und dem Lorbeerblatt spicken. Das Blanquette, wie in der Bildfolge links gezeigt, zubereiten. Das Fleisch in der Sauce nochmals erhitzen. Eigelb und Sahne miteinander verrühren und die Liaison unterziehen. Danach darf die Sauce nicht mehr kochen. Das hier gezeigte Grundrezept kann anschließend beliebig durch verschiedene Gemüse, wie zum Beispiel Spargel, Blumenkohl, Pilze, weiß gedünstete Zwiebelchen, oder aber durch Früchte verfeinert werden, wie dies in den beiden Rezeptbeispielen rechts der Fall ist.

Typische Beilagen zu einem Blanquette sind Reis, Nudeln oder Salzkartoffeln.

BLANQUETTE MIT MANGO UND GARNELEN

1 reife Mango
12 gekochte Garnelen

Die Mango schälen, vom Stein befreien und in Würfel schneiden. Zusammen mit den Garnelen zum fertigen Blanquette geben, legieren und nach Belieben mit frischer Zitronenmelisse verfeinern.

BLANQUETTE MIT ERBSEN UND TOMATEN

400 g Tomaten
200 g Erbsenschoten, ausgepalt

Die Tomaten brühen, schälen, vierteln, von Stielansatz und Samen befreien und in kleine Stücke schneiden. Tomaten und Erbsen vor der Liaison unter die Sauce rühren und mit dem Fleisch erhitzen.

KANINCHEN IN SAUERAMPFERSAUCE

Wenn es die jungen Kaninchen und den frischen Sauerampfer gibt, dann sollte man an dieses Gericht denken, das übrigens nach genau gleichem Rezept auch mit einem Hähnchen oder Perlhuhn zubereitet werden kann.

1 Rücken, 2 Hinterkeulen (zusammen etwa 1,2 kg) von einem jungen Kaninchen
2 EL Pflanzenöl
150 g Möhren, 50 g Knollensellerie, 120 g Lauch
2 Lorbeerblätter
1 Knoblauchzehe
2 Nelken, 5 Pfefferkörner
1 TL Salz
1 l heller Kaninchenfond, 1/2 l Wasser
Für die Sauce:
20 g Butter, 50 g frischer Sauerampfer
1 Messerspitze Zucker, 2 TL Essig
1/4 l Sahne, 1 Eigelb

Die Kaninchenteile waschen und sorgfältig trockentupfen, den Rücken einmal durchschneiden. Das Öl in einer entsprechend großen Kasserolle erhitzen und das gewaschene und klein geschnittene Wurzelgemüse darin hell anrösten. Das Rezept, wie in der Bildfolge beschrieben, zubereiten. Zum Legieren der Kochbrühe den Essig, das Eigelb und den Zucker mit etwas Sahne verrühren. Soll die Kochzeit auf 1/2 Stunde verkürzt werden, so müssen die Kaninchenteile in 8 Teile geschnitten werden (Rücken 4 Teile, Keulen je einmal teilen). Das gekochte Wurzelgemüse kann man mit dem Fleisch auch wieder zum Gericht geben.

Das Kaninchen zubereiten:

Die Gewürze zu dem Gemüse geben. Kaninchenfond und Wasser aufgießen und bei geschlossenem Topf etwa 20 Minuten kochen.

Die gewaschenen Kaninchenteile in die kochende Brühe einlegen und im geschlossenen Topf in 40 bis 50 Minuten weich kochen.

In einer Pfanne die Butter schmelzen und den in Streifen geschnittenen Sauerampfer so lange darin dünsten, bis er zusammenfällt.

Die Brühe passieren, auf etwa 1/4 l einkochen. Die Sahne hineingießen, zur Hälfte reduzieren und mit der Sahnemischung legieren.

Den Sauerampfer und die Kaninchenteile in die Sauce geben und nochmals gut durchziehen lassen. Mit Kartoffeln servieren.

GEFLÜGELRAGOUT MIT HAHNENKÄMMEN

In der Renaissance-Zeit wurden Hahnenkämme als Aphrodisiakum geschätzt und als Bestandteil prachtvoller Leckerbissen serviert. Nach altem Glauben soll ihr Genuss Mut, Stolz, Kraft und Ausdauer verleihen. Aber davon mal abgesehen, sie schmecken auch sehr fein, besonders wenn sie von jungen Hähnen kommen. Diese kleinen Kämme machen natürlich noch mehr Mühe, als die Prozedur ohnehin schon erfordert. Für ihre Zubereitung müssen Hahnenkämme zunächst von der dünnen Haut befreit und gut gewässert werden. Um sie richtig weich zu bekommen, müssen sie längere Zeit köcheln. Wichtig ist, sie weiß zu erhalten. Sie können als Einlage für Ragouts oder als Garnitur anderer Gerichte verwendet werden. Paniert und in Butter gebraten, mit einigen Spritzern Zitronensaft beträufelt, bilden sie eine ausgefallene Vorspeise.

(für 8 Portionen)
Für die Hahnenkämme:
24 Hahnenkämme
1/2 l heller Hühnerfond (siehe Seite 56/57)
50 ml Weißwein, einige Spritzer Zitronensaft
Für das Ragout:
2 Hühnerbrüste (à 120 g)
1/2 l heller Hühnerfond , 1/8 l Weißwein
1/2 Gemüsezwiebel, mit 1 Nelke und 1/2 Lorbeerblatt gespickt
100 g Möhren, 80 g frisch ausgepalte Erbsen
15 g Butter, 10 g Mehl, 1/8 l Sahne
Salz, frisch gemahlener weißer Pfeffer
1 TL geschnittener Estragon
1 EL geschlagene Sahne
Außerdem:
8 Blätterteigpastetchen (etwa 4,5 cm im Durchmesser)

Die Hahnenkämme, wie rechts beschrieben, vorbereiten. Für das Ragout die Hühnerbrüste häuten. Den Hühnerfond mit dem Weißwein zum Kochen bringen, die gespickte Gemüsezwiebel und die Hühnerbrüste zugeben. Bei schwacher Hitze 25 Minuten garen, herausnehmen und abkühlen lassen. Zum späteren besseren Schneiden die Brüste mit einem flachen Teller leicht beschweren. Den Fond passieren und abkühlen lassen. In der Zwischenzeit die Möhren schälen, in Scheiben und anschließend in große Rauten schneiden, mit den Erbsen in Salzwasser blanchieren und abschrecken. Die Butter in einem Topf schmelzen, das Mehl darüber sieben und 1 Minute mitschwitzen. Den passierten Hühnerfond nach und nach zugeben und die Sauce glatt rühren. Nach zehnminütigem leichtem Köcheln die Sahne zugießen und 3 bis 4 Minuten einkochen lassen. Die Sauce passieren und zu einer cremigen Konsistenz reduzieren. Das Fleisch in Würfel schneiden und zum Erwärmen in die Sauce legen. Das Gemüse und die Hahnenkämme zugeben, salzen und pfeffern. Das Ragout kurz aufkochen, mit Estragon und Sahne vollenden und in die zuvor aufgebackenen, noch heißen Blätterteigpastetchen füllen.

Attraktive Dekorationen lassen sich mit gekochten Hahnenkämmen gestalten. Das klassische Rezept der Königin-Pasteten kann mit ihnen wirkungsvoll angerichtet werden.

Hahnenkämme vorbereiten:

Die dekorativen Kämme junger Hähne sind im rohen Zustand 3 bis 4 cm lang und weisen eine kräftige rote Farbe auf.

Hahnenkämme zubereiten: In dem Hühnerfond mit Wein und Zitronensaft etwa 20 Minuten leicht köcheln. Die Hahnenkämme weisen dann noch einen leichten Biss auf.

Die frischen Hahnenkämme unter fließendem Wasser wässern, bis keine Blutreste mehr austreten und das Wasser klar bleibt.

In heißes Wasser (max. 80 °C) legen, anschließend auf ein Sieb legen und kalt abschrecken. So lässt sich die Haut leicht abziehen.

Die Hahnenkämme in Salz eintauchen und mit Daumen und Zeigefinger die dünnen Häutchen abrubbeln. Erneut wässern, bis sie weiß sind.

Geflügel dämpfen
EINE SCHONENDE GARMETHODE FÜR DIE FEINSTEN STÜCKE

Im Dampf garen ist für zarte Geflügelteile die wohl schonendste Garmethode überhaupt. Dazu wird das Fleisch auf einen Siebeinsatz gelegt und über siedendem Wasser im verschlossenen Topf gegart. Durch den Dampf lockert das Bindegewebe auf. Die Garzeiten entsprechen denen des Kochens, die Temperaturen liegen – sofern nicht im Dampfdrucktopf zubereitet – bei 100 °C. Das Gargut lässt sich durch aromatisierende Zutaten verfeinern, doch sollte der Eigenschmack des Geflügels hierbei nicht überdeckt werden.

TAUBENBRÜSTCHEN, IN MANGOLD GEDÄMPFT

8 Taubenbrüste (à 80 g)
10 bis 12 große Mangoldblätter
20 g weiche Butter
Salz, frisch gemahlener weißer Pfeffer
Für die Sauce:
150 ml heller Geflügelfond (siehe Seite 56/57)
je 40 ml Milch und Sahne
25 g entrindetes Weißbrot
40 g frisch geriebener Meerrettich
Salz, frisch gemahlener weißer Pfeffer
einige Spritzer Zitronensaft
1 EL geschlagene Sahne

Die Mangoldblätter von den Stielen befreien, waschen, in Salzwasser kurz blanchieren, abschrecken, die Mittelrippen entfernen und auf einem Tuch zum Trocknen ausbreiten. Die gewaschenen Taubenbrüste häuten, die Sehnen entfernen und, wie links beschrieben, zubereiten. Für die Sauce den Fond mit der Milch und der Sahne zum Kochen bringen und etwa 5 Minuten köcheln lassen. Das gewürfelte Weißbrot zugeben und kurz darin aufkochen. Den Topf vom Herd nehmen, den Meerrettich zufügen, kurz ziehen lassen und die Sauce durch ein Sieb passieren. Vor dem Servieren nochmals erhitzen, jedoch nicht mehr kochen; salzen, pfeffern, mit Zitronensaft abschmecken und mit der Sahne verfeinern. Die gedämpften Päckchen aufschneiden und auf der Meerrettichsauce anrichten.

Mangoldpäckchen dämpfen:
Die Mangoldblätter zu Rechtecken auslegen, mit der Butter bestreichen, eine Taubenbrust in die vordere Hälfte legen, salzen und pfeffern. Die Seiten über die Brust klappen, und die Brust ganz darin einschlagen.

Einen Topf mit so viel Wasser füllen, dass der Siebeinsatz nicht mit der Wasseroberfläche in Berührung kommt.

Das Wasser zum Kochen bringen, die Taubenbrüste einsetzen und zugedeckt 8 bis 10 Minuten dämpfen.

STUBENKÜKEN, AUF GEMÜSE GEDÄMPFT

Eine Kombination, bei der das zarte Fleisch der Küken vom frischen Gemüsearoma profitiert. Der Sherry gibt dem Ganzen eine pikante Note.

(ohne Abbildung)
2 küchenfertige Stubenküken (à 500 g)
1/2 TL Salz
frisch gemahlener weißer Pfeffer
1 Messerspitze Ingwerpulver
4 Estragonzweige
1 l heller Geflügelfond (siehe Seite 56/57)
1 Zwiebel
100 g Stangensellerie
100 g Zucchini
100 g weiße Rübchen
20 g Butter
8 cl trockener Sherry
1/8 l Sahne, 50 g kalte Butter

Gedämpftes Geflügel
wird durch Möhren, Kohlrabi,
Sellerie und Kartoffeln geschmacklich gut ergänzt.

GEDÄMPFTES PERLHUHNKÜKEN, MIT GEMÜSE UND KRÄUTERN GEFÜLLT

Die schonende Garmethode macht das Perlhuhn leicht verträglich, während die mitgedämpften Aromastoffe seinen Eigengeschmack verstärken.

(für 2 Portionen)
2 küchenfertige Perlhuhnküken (à 380 g)
Für die Füllung:
2 EL gehackte Petersilie
1 TL Zitronenthymian
20 g weiche Butter
Salz, frisch gemahlener weißer Pfeffer
60 g Möhren
60 g Petersilienwurzel
40 g Stangensellerie

Die Perlhuhnküken unter fließendem Wasser innen und außen waschen und sorgfältig trockentupfen. Für die Füllung die Kräuter hacken, mit der Butter verrühren, salzen und pfeffern. Das Gemüse waschen, schälen und in Streifen schneiden. Die Perlhühner, wie in der Bildfolge beschrieben, unter der Haut füllen und 25 Minuten dämpfen. Vor dem Servieren halbieren oder tranchieren; das Gemüse kann wahlweise mitverzehrt werden. Leichte Saucen, ein Sabayon oder Salate sind ideale Beilagen für dieses Gericht.

Perlhuhn füllen und dämpfen:

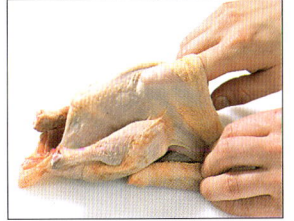

Mit den Fingern behutsam die Haut der Küken vom Hals aus über der Brust lösen, ohne sie dabei zu verletzen.

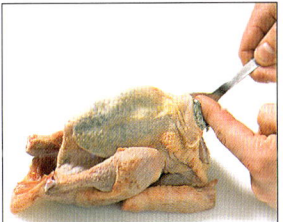

Die Kräuterbutter mit Hilfe eines Teelöffels unter die Haut schieben und gleichmäßig auf den Brüsten verteilen.

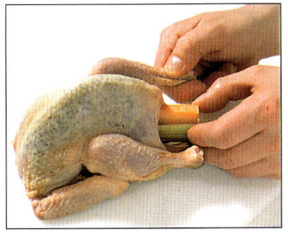

Die Bauchhöhle salzen und pfeffern, anschließend das vorbereitete Gemüse vorsichtig hineinschieben.

Das gefüllte Küken mit Küchengarn in Form bringen und auf einem Siebeinsatz im geschlossenen Topf dämpfen.

Die Stubenküken gründlich waschen, innen und außen trockentupfen. Die Bauchhöhle mit Salz, Pfeffer und Ingwer würzen und je 2 Estragonzweige einlegen. Zum Fixieren der Beine die Bauchlappen auf beiden Seiten ein wenig einschneiden und die Beine durchstecken. Den Geflügelfond auf die Hälfte reduzieren. Die Zwiebel schälen und vierteln, das Gemüse putzen und in gleich große Stücke schneiden. Die Butter in einem entsprechend großen Topf schmelzen, die Zwiebel und das Gemüse darin hell anschwitzen. Den reduzierten Fond und den Sherry zugießen und die vorbereiteten Küken darauf setzen. Im geschlossenen Topf etwa 40 Minuten dämpfen, anschließend die Küken herausnehmen, in Folie einschlagen und warm stellen. Den Garfond abseihen, dabei das Gemüse leicht ausdrücken und auf etwa 1/4 l reduzieren. Die Sahne mit einem Schneebesen unterrühren und einige Minuten einkochen lassen. Wenn nötig, nachwürzen. Zum Schluss mit der kalten Butter mit einem Mixstab montieren. Die Küken längs halbieren, auf 4 Tellern anrichten und mit der Sauce nappieren. Dazu passen gut getrüffelte Nudeln oder mit reichlich Kräutern gedämpfte Kartoffeln.

Dünsten und Schmoren

Es sind dies zwei Garmethoden, die bei Geflügel unterschiedlich häufig angewandt werden. Gedünstet wird Geflügel relativ selten, geschmort aber um so öfter. Der Grund ist sicher darin zu sehen, dass sich zwar die guten Stücke mit dem zarten Fleisch zum Dünsten hervorragend eignen, doch es andererseits eben diese – im wahrsten Sinne des Wortes – »Filetstücke« sind, die für die geschmacklich attraktiveren Garmethoden wie Grillen, Braten und Schmoren wie geschaffen sind. Beim Dünsten wird nicht angebraten, sondern in wenig Flüssigkeit bei moderaten Temperaturen langsam gegart, so dass das Fleisch kaum Farbe annimmt. Das Fleisch gart in der zugefügten Flüssigkeit und dem entstehenden Dampf. Eine Steigerung hiervon ist das »Poêlieren«, etwa ein Dünsten bis zum Erreichen einer hellbraunen Farbe. Ganz anders ist es beim Schmoren. Da geht immer ein kräftiges Anbraten in wenig Fett voraus, bei dem entsprechend viele Röststoffe entstehen und sich der gewünschte Bratengeschmack bildet. Erst dann wird mit Flüssigkeit aufgegossen, wobei die Bratenkruste in der feuchten Wärme aufweicht und die Aromastoffe an Fleisch und Flüssigkeit abgibt. Dass man mit dieser Kombination von Trockengaren mit wenig Fett und Feuchtgaren in Flüssigkeit auch qualitativ schwieriges Fleisch, wie etwa die Keulen oder das Fleisch älterer Tiere, geschmackvoll zubereiten kann, ist wohl der Grund für die Beliebtheit dieser Methode. Das Fleisch bekommt beim Schmoren einen kräftigen Geschmack, durch die Zugabe von Gemüse, Gewürzen, Kräutern und Wein kann Geflügel zudem geschmacklich variiert werden. Für Kaninchen ist das Schmoren die beliebteste Garmethode. Das Fleisch wird dabei besonders zart und sein typischer Geschmack durch das kräftige Anbraten noch verstärkt.

Viel Geschmack durch kräftiges Anbraten
zeichnet die rustikalen regionalen Schmorgerichte vom Huhn aus,
wie etwa das Pollo alla cacciatora.

GEDÜNSTETE BRUST VOM PERLHUHNKÜKEN

Die kleinen Perlhühner gehören zum Feinsten, was die Geflügelküche zu bieten hat, so dass sich das »Dünsten« als besonders schonende Garmethode geradezu anbietet. Da das zarte Fleisch sehr schnell gar ist, muss das hinzugefügte Gemüse jung und von bester Qualität sein. Am sichersten ist es, das Gemüse fein geschnitten zuzugeben, damit es zusammen mit dem Fleisch gar ist.

(für 2 Portionen)
4 Perlhuhnbrüste (à 70 g)
10 g Butter
Salz
frisch gemahlener weißer Pfeffer
Für die Sauce:
30 g Schalotten
40 g Lauch
60 g Möhre
40 g Knollensellerie
100 ml heller Geflügelfond (siehe Seite 56/57)
100 ml Sahne
1 TL gehackter Estragon
1 Spritzer Champagneressig

Die unteren Flügelknochen der Brüste mit einem Messer freilegen. Für die Sauce die Schalotten, den Lauch, die Möhre und den Knollensellerie schälen und in möglichst kleine Würfel schneiden. Das Gericht, wie in der Stepfolge unten gezeigt, zubereiten. Die Brüste in der Sauce servieren. Als Beilage passen Nudeln, Reis oder Kartoffeln.

GESCHNETZELTES VON DER TRUTHAHNBRUST

Dieses Rezept ist ein gutes Beispiel dafür, wie klein geschnittenes Fleisch gedünstet wird. Es sind vor allem die großen Stücke, wie beispielsweise die Brüste von Poularden und Enten oder das Fleisch vom Truthahn, die sich für solche Rezepte gut eignen. Ist das Fleisch von guter Qualität, kommt ein Geflügelgeschnetzeltes einem Kalbsgeschnetzelten schon sehr nahe.

(für 2 Portionen)
300 g geschnetzelte Truthahnbrust
30 g Schalotten
1/2 Knoblauchzehe
2 gekochte Artischockenböden
200 g Tomaten
2 EL Olivenöl
5 g Butter
Salz
frisch gemahlener weißer Pfeffer
60 ml Weißwein
1 TL Rosmarinnadeln
2 EL Crème fraîche

Das Truthahnfleisch in kurze Streifen von etwa 1 cm Stärke schneiden. Die Schalotten fein würfeln und den Knoblauch zerdrücken. Die Artischockenböden in Ecken teilen. Die Tomaten überbrühen, häuten, vierteln und von den Samen befreien. Das Gericht, wie in der Bildfolge beschrieben, zubereiten. Wer eine mildere Variante möchte, kann Crème fraîche zugeben. Als Beilagen sind ein Risotto, Polenta oder feine Nudeln zu empfehlen.

Die Butter in einer entsprechend großen Pfanne aufschäumen lassen. Die Brüstchen salzen und pfeffern und auf der Hautseite mit leichter Farbe anbraten. Die Schalotten und das Wurzelgemüse zufügen und anschwitzen. Den Geflügelfond aufgießen und reduzieren. Anschließend die Sahne zugießen und ebenfalls einkochen lassen. Die Gemüsesauce abschmecken, mit Estragon verfeinern und mit dem Essig vollenden.

Das Olivenöl mit der Butter erhitzen und das gewürzte Truthahnfleisch darin anbraten, ohne es Farbe nehmen zu lassen. Die Schalottenwürfel und den Knoblauch sowie die Artischockenecken zugeben und mitschwitzen. Mit dem Weißwein ablöschen. Die Tomaten hinzufügen und 6 bis 8 Minuten köcheln lassen. Ist die Flüssigkeit eingekocht und sind die Tomaten weich, die Rosmarinnadeln darüber streuen und das Geschnetzelte vor dem Servieren abschmecken.

Dünsten und Poêlieren
ZWEI GARMETHODEN FÜR FEINE GEFLÜGELSTÜCKE

Sowohl das Dünsten als auch das Poêlieren sind Garmethoden, die mit dem Eigengeschmack des Geflügels sehr vorsichtig umgehen. Beiden gemeinsam ist, dass sie trockene und feuchte Garverfahren kombinieren. Während es sich beim Dünsten um eine Garmethode handelt, bei der das Geflügel keine oder nur ganz wenig Farbe annimmt, kann man das Poêlieren als »Hellbraundünsten« bezeichnen, da das Gargut vor dem »feuchten Garen« leicht angebraten wird. Tatsächlich ist dieses Poêlieren eine Zwischenstufe von Dünsten und Schmoren. Beim Schmoren wird ähnlich wie beim Poêlieren vorgegangen, nur wird das Fleisch kräftig angebraten und dann in reichlich Flüssigkeit geschmort. Um auch einem gedünsteten oder poêlierten Gericht Farbe zu geben, kann es im Anschluss an den Garvorgang ohne Deckel in den Ofen geschoben werden. Die trockene Ofenluft führt zu einer Oberflächenbräunung, häufiges Begießen bringt zusätzlichen »Glanz«.

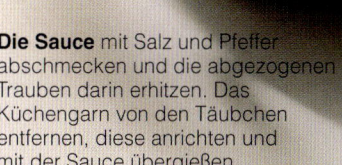

Die Sauce mit Salz und Pfeffer abschmecken und die abgezogenen Trauben darin erhitzen. Das Küchengarn von den Täubchen entfernen, diese anrichten und mit der Sauce übergießen.

POÊLIERTE TAUBEN IN SAUTERNES

Bei dieser besonderen Art des Dünstens wird das Gargut in reichlich Butter gegart und erhält schon dadurch mehr Farbe. Der süße, fruchtige und körperreiche Sauternes harmoniert sehr gut mit den Tauben, die während des Garvorgangs mehrmals übergossen werden.

(für 2 Portionen)
2 Tauben (à 320 g)
Salz
frisch gemahlener weißer Pfeffer
40 g Butter
1/8 l Sauternes
1/8 l heller Geflügelfond (siehe Seite 56/57)
2 EL Crème fraîche
Trauben ohne Kerne (Sorte Thomas)

Die Tauben waschen, trockentupfen, in der Bauchhöhle salzen und pfeffern und mit Küchengarn in Form binden. Die Haut ebenfalls salzen und pfeffern und die Tauben zubereiten, wie in der Bildfolge rechts beschrieben. Durch das mehrmalige Übergießen mit der Buttersauce erhalten sie eine glänzende, glacierte Oberfläche. Die Täubchen mit Teigwaren, wie zum Beispiel Trüffelnudeln, und Champagnerkraut servieren.

Tauben in Sauternes:

Die Butter in einer Sauteuse aufschäumen lassen und die vorbereiteten Tauben rundherum kurz anbraten.

Die Tauben auf den Rücken wenden, den Sauternes aufgießen und auf die Hälfte reduzieren lassen.

Anschließend den Geflügelfond aufgießen und die Tauben mehrmals mit der Sauce übergießen.

Die Tauben herausnehmen und warm halten. Die kalte Crème fraîche zum Fond geben und gut unterrühren.

DÜNSTEN UND SCHMOREN

Variationsmöglichkeiten gibt es viele
bei diesem Rezept. Anstelle der Languste kann
ein gleich schwerer Hummer verwendet
werden. Er wird ebenfalls vorgekocht und
geteilt, die Scheren müssen mit einem schweren
Messer angebrochen werden, damit das Aroma
durch die Risse dringen und sich mit der Sauce
vermischen kann. Geschmacklich hervorragend
ist ebenso die Kombination von Taube und
Rotwein. Dafür das Hähnchen durch
2 Tauben, den Champagner durch
einen Rotwein ersetzen und bei der
Zubereitung den Cognac und
Safran weglassen.

CHAMPAGNER-HÄHNCHEN MIT LANGUSTE
1 küchenfertiges Hähnchen (etwa 1,1 kg) mit der Leber
Salz, frisch gemahlener weißer Pfeffer
1 Messerspitze Zimt
1 Languste (etwa 600 g)
4 Tomaten
1 kleine Zwiebel
50 g Butter
1 Kräutersträußchen aus frischem Majoran, Thymian und Petersilie
1 Lorbeerblatt
1/8 l Champagner
2 cl Cognac
6 EL Pflanzenöl
5 Safranfäden
2 Knoblauchzehen
2 EL geröstete Mandeln
Salz, frisch gemahlener weißer Pfeffer
1 TL Speisestärke

Das Hähnchen unter fließendem kaltem Wasser abspülen und mit Küchenpapier innen sowie außen gut trockentupfen. Salz, Pfeffer und Zimt gut in die Haut einreiben und in 8 Stücke zerteilen (siehe Seite 24/25). Die Languste in kochendes Wasser geben und etwa 5 Minuten kochen, herausnehmen, gut abtropfen lassen und mit Küchenpapier trockentupfen. Den Schwanz und den Panzer mit einem kräftigen Sägemesser in 4 Teile schneiden. Die Tomaten kurz mit kochendem Wasser überbrühen, die Haut abziehen und das Fruchtfleisch klein würfeln, die Zwiebel klein schneiden. Die Butter in einer entsprechend großen Kasserolle erhitzen, die Hähnchenteile mit der Leber einlegen und unter ständigem Wenden goldbraun anbraten. Die Zwiebel, die Tomaten, das Kräutersträußchen und das Lorbeerblatt zum Hähnchen geben und alles zusammen 5 bis 10 Minuten schmoren. Die Hähnchenleber aus der Pfanne nehmen. Den Bratenfond mit Champagner und Cognac ablöschen, zur Hälfte einkochen lassen, dann so viel heißes Wasser zugießen, dass die Hähnchenteile bedeckt sind, bei geringer Hitze etwa 10 Minuten schmoren. Das Öl in einer Pfanne erhitzen, die Langustenteile einlegen und schnell anbraten. Sobald das Fleisch anfängt, fest zu werden, zu den Hähnchenteilen in die Kasserolle geben und zusammen nochmals etwa 10 Minuten weich schmoren. Den Safran mit den geschälten Knoblauchzehen, den Mandeln und der Hähnchenleber in einem Mörser zerstoßen und gut vermischen. Die entstandene Masse mit etwas Wasser verdünnen und in das Gericht einrühren, salzen und pfeffern. Die Sauce gut einkochen, eventuell durch ein Sieb passieren. Will man die Sauce etwas sämiger, mit der angerührten Speisestärke zur gewünschten Konsistenz binden. Als Beilage zu diesem Gericht passt frisches Weißbrot oder auch körnig gekochter Reis.

Chicken and Lobster

EINE ZARTE KOMBINATION FÜR EIN FESTLICHES ESSEN

In vielen Ländern ist dieses Rezept eine beliebte Delikatesse. Es kann auf sehr viele Arten abgewandelt werden. Aufs Beste harmoniert das zarte Aroma vom Huhn mit jenem von der Languste, besonders, wenn es durch ausgereifte Tomaten und frische Kräuter unterstützt wird. Geschmacklich abgerundet wird das Gericht durch die Säure des Champagners. Dieser kann natürlich durch einen trockenen, spritzigen Weißwein ersetzt werden, der dann auch zum Essen serviert werden sollte.

Als einfachere Variante können unmarinierte Hähnchenteile verwendet werden. Sie sind nach dem Anbraten herauszunehmen. In dem würzigen Öl die Zwiebeln anschwitzen und Tomaten dünsten, bevor die Fleischstücke wieder dazukommen.

POLLO ALLA CACCIATORA

Ein Hühnergericht mit diesem Namen gibt es in den meisten italienischen Provinzen, doch hat jede Region ihre eigene Rezeptur. Eine Zutat bleibt dem Huhn jedoch immer treu: die schwarzen Oliven. Sie sind es auch, die den Hühnern den unverwechselbaren, südländischen Geschmack verleihen. Oft sind auch Kapern und Sardellen mit von der Partie. In jedem Fall werden die Vögel mit reichlich Knoblauch gewürzt.

1 küchenfertiges Hähnchen (etwa 1,2 kg)
Für die Paste:
3 EL feines Olivenöl
1 TL Salz, frisch gemahlener weißer Pfeffer
einige Nadeln Rosmarin
1 TL Oregano
Abgeriebenes von 1/2 unbehandelten Zitrone
2 Knoblauchzehen
Außerdem:
2 EL Olivenöl
40 g Zwiebelwürfel
2 Tomaten
16 schwarze Oliven
2 Sardellenfilets
2 TL gesalzene Kapern

Das Hähnchen innen und außen waschen und trockentupfen. In 4 oder 8 Teile zerteilen. In einem Mörser das

Öl mit allen Zutaten für die Paste fein zerstoßen und die Geflügelteile damit bestreichen. In einer Schüssel zugedeckt 1 bis 2 Stunden durchziehen lassen. Das Öl in einer Kasserolle erhitzen, die marinierten Fleischteile nacheinander rundum knusprig braun anbraten, wieder herausnehmen und warm stellen. Die Zwiebelwürfel in dem würzigen Öl anschwitzen. Die Tomaten blanchieren, die Haut abziehen und würfeln. Zu den Zwiebeln geben, 2 bis 3 Minuten dünsten und die Fleischteile wieder hineingeben. Bei geschlossener Kasserolle etwa 20 Minuten schmoren. Die Oliven entsteinen, nach Belieben halbieren und die Sardellen in Stücke schneiden. Zusammen mit den Kapern zum Gericht geben und das Ganze weitere 10 bis 15 Minuten schmoren, bis das Fleisch sozusagen »butterweich« ist. Als klassische Beilage passt ein Risotto bestens dazu. Eine etwas deftigere Variante dieses Rezepts mit Kaninchen ist das »Coniglio alla cacciatora«. Statt des Hähnchens wird ein Kaninchen von 1,2 bis 1,5 kg verwendet. Die Zutaten und die Zubereitung sind gleich, nur dass die Kaninchenteile statt in Olivenöl in 60 g gewürfeltem, durchwachsenem Räucherspeck angebraten werden. Als Beilage ist neben Risotto eine frisch zubereitete Polenta zu empfehlen.

Regional und deftig

SCHMORGERICHTE VON GEFLÜGEL UND KANINCHEN SIND ECHTE HAUSMANNSKOST

Dies sind im Laufe der Jahre gewachsene Rezepte aus den Produkten des Landes, unkompliziert und bodenständig und wahrscheinlich gerade deshalb so beliebt. Nicht wenige wurden über ihre Landesgrenzen hinaus berühmt.

PERLHUHNKÜKEN IN PAPRIKASAUCE

Dies ist eine Zubereitungsart für Geflügel, wie sie in der Wiener Küche und in Ungarn üblich ist

2 Perlhuhnküken (à 500 bis 600 g)
Salz, frisch gemahlener weißer Pfeffer
je 1 gelbe und rote Paprikaschote
2 Tomaten, 2 EL Pflanzenöl, 30 g Butter
1 Knoblauchzehe, 150 g Zwiebelwürfel
20 g edelsüßes Paprikapulver
1/8 l dunkler Geflügelfond (siehe Seite 54/55)
100 ml Sahne, 1 TL frischer Majoran

Die Perlhuhnküken innen sowie außen gut waschen, trockentupfen, der Länge nach teilen, salzen und pfeffern. Die Paprikaschoten bei 220 °C im Ofen erhitzen, bis die Haut Blasen wirft und bräunt, etwas abkühlen lassen, häuten, von Samen und Samensträngen befreien und das Fruchtfleisch in Streifen schneiden. Die Tomaten blanchieren, die Haut abziehen, die Kerne entfernen und das Fruchtfleisch vierteln. Das Rezept, wie rechts beschrieben, zubereiten. Die Perlhuhnhälften wieder in die Sauce geben und servieren.

Perlhuhnküken schmoren:

Das Öl und die Butter in einer Pfanne erhitzen und die halbierten Perlhuhnküken von beiden Seiten gleichmäßig hellbraun anbraten.

Knoblauch und Zwiebeln zugeben, 6 bis 8 Minuten dünsten. Das Fleisch mit Paprika bestreuen und mehrmals wenden.

Nach 10 Minuten das Gemüse und den Geflügelfond zugeben und bei geschlossener Pfanne 15 bis 20 Minuten schmoren lassen.

Das Fleisch herausnehmen und warm stellen. Sahne und Majoran zugeben, die Sauce bis zur gewünschten Konsistenz reduzieren.

Nach dem gleichen Rezept kann natürlich auch ein Hähnchen oder eine Poularde zubereitet werden. Sie werden den Wohlgeschmack der Perlhuhnküken aber kaum übertreffen.

DÜNSTEN UND SCHMOREN

Von den ausgelösten Fleischstücken die Haut vollständig abziehen, eventuell mit einem Messer nachhelfen.

Hühnerfrikassee zubereiten:

Die Hälfte der Butter zerlassen, das Gemüse zugeben und unter ständigem Rühren ohne Farbe anschwitzen.

Die Fleischstücke salzen und pfeffern, auf das Gemüse legen und ebenfalls anschwitzen, ohne dass sie braun werden.

Mit Mehl bestauben, die restliche Butter in Flöckchen darüber geben und die Fleischstücke wenden.

Den Weißwein zugießen, etwa 10 Minuten dünsten, bis der Wein verdampft ist. Die Fleischstücke erneut wenden.

1/2 l des vorbereiteten Fonds auf einmal zugießen, Petersilie und Thymian zugeben, zugedeckt 25 Minuten schmoren.

Die gegarten Fleischstücke mit einer Gabel herausnehmen, auf einen Teller legen, mit Folie abdecken und warm halten.

Die Sauce durch ein Sieb gießen, dabei so viel Gemüse wie möglich durchdrücken. Die Sauce erneut erhitzen.

Die Sahne zugießen und auf etwa 0,3 l reduzieren. Anschließend mit dem Eigelb legieren, mit Cayennepfeffer und Zitronensaft abschmecken.

Mit reichlich »mehliger Bindung« ist dieses Frikassee in Verruf geraten. Dabei ist Mehl nur in ganz geringer Dosierung nötig, denn vom Gemüse, der Sahne und dem Eigelb wird die Sauce ohnehin schön sämig. Außerdem kocht der typische Mehlgeschmack ganz aus. Allerdings geht es auch ganz ohne Mehl, wie das Beispiel auf der rechten Seite zeigt.

FRIKASSEE MIT MORCHELN

1 küchenfertige Poularde (1,6 bis 1,8 kg)
Für den Hühnerfond:
je 50 g Möhre, Stangensellerie, Lauch
1/2 Knoblauchzehe, 1 Lorbeerblatt
Für das Frikassee:
80 g Butter, 50 g gewürfelter Stangensellerie
je 100 g gewürfelte Zwiebeln und Lauch
Salz, Pfeffer, 10 g Mehl, 1/8 l trockener Weißwein
4 Petersilienstängel, 2 Thymianzweige, 200 ml Sahne
1 Eigelb, 1/4 TL Cayennepfeffer, 1 TL Zitronensaft
Außerdem:
60 g Morcheln, 8 Krebsschwänze, Kerbel

Hühnerfrikassee
EIN THEMA MIT SEHR VIELEN VARIATIONEN

Die Feigen gut waschen, mit dem Portwein übergießen, würzen und bei geringer Hitze behutsam pochieren.

Von wenigen Rezepten der klassischen Kochkunst gibt es so viele Interpretationen wie von diesem köstlichen Hühnergericht, dem Fricassée de poulet. Schließlich stammt es ja aus Frankreich, wo auch das erste Rezept gleichen Namens aus dem Jahr 1674 in der Bibliothèque Nationale in Paris sorgsam verwahrt wird. Dass in der Folgezeit am Frikassee kräftig gearbeitet wurde, beweisen die vielen Rezepte, die nur noch eines gemeinsam haben: das Huhn und eine mit Mehl gebundene Sauce mit mehr oder weniger Sahne. Die übrigen Zutaten wechseln erheblich. Das Rezept links ist etwa das statistische Mittel dieser Frikassee-Sammlung, geschmacklich aber sicher kein Mittelmaß.

FRIKASSEE MIT FRISCHEN FEIGEN

Bei diesem kräftigen Frikassee werden Fleisch und Gemüse hellbraun angebraten, dazu kommen frische Tomaten und eine kräftige Würzung, die besonders gut zu den pochierten Feigen passt.

Für die Feigen:
8 frische Feigen, 1/4 l Portwein
1 Stück Zimtrinde, 1 Nelke
Für das Frikassee:
1 küchenfertige Poularde (etwa 1,6 kg)
1 Möhre, 1 Stück Knollensellerie
80 g Butter, 60 g gewürfelte Zwiebel
80 g gewürfelter Stangensellerie
2 zerdrückte Knoblauchzehen
Salz, frisch gemahlener weißer Pfeffer
2 klein geschnittene Tomaten, 1/8 l Sahne

Die Feigen waschen, trocknen und in eine Pfanne setzen, mit dem Wein übergießen, Zimtrinde und Nelke zufügen und 10 Minuten pochieren. Im Sud warm halten. Die Poularde waschen und trockentupfen. Die Keulen abtrennen und die Brust mit den Flügelstummeln auslösen. Diese 4 Stücke häuten und einmal teilen. Die Karkasse hacken und mit dem gesäuberten Magen und dem Herz in einem Topf mit reichlich Wasser blanchieren. Abgießen, mit Wasser abbrausen und mit der Möhre und dem Sellerie in 1 l Wasser 1 Stunde leise köcheln. Die Hälfte der Butter in einer Pfanne zerlaufen lassen und die Zwiebel, den Stangensellerie und Knoblauch hellbraun anschwitzen. Das Fleisch würzen, zu dem Gemüse geben und ebenfalls hellbraun anbraten. Die restliche Butter darüber verteilen. Die Tomaten zugeben und 10 Minuten dünsten. Den vorbereiteten Hühnerfond durch ein Sieb darüber gießen und bei geschlossener Pfanne in etwa 30 Minuten weich schmoren. Das Fleisch herausnehmen und warm halten. Die Sauce abseihen – dabei möglichst viel vom Gemüse mit durchdrücken – und auf etwa 1/4 l reduzieren. Die Sahne zugießen, das Fleisch und die geviertelten Feigen einlegen und alles zusammen 5 bis 10 Minuten ziehen lassen. Mit Nudeln anrichten.

VARIANTE: Nach diesem Rezept lässt sich auch ein Perlhuhnfrikassee mit Paprika zubereiten. Dafür werden die Poularden gegen ein Perlhuhn ausgetauscht, 2 rote Paprikaschoten mitgeschmort und das Gericht mit 2 TL edelsüßem Paprika abgeschmeckt. Das Frikassee statt der Feigen mit Weißkraut servieren, das reichlich mit Kümmel gewürzt wird.

Die Poularde waschen und trocknen. Das Fleisch auslösen, in 8 Stücke teilen. Aus Karkasse, Herz und Magen, Gemüse, Knoblauch und Lorbeerblatt einen hellen Fond kochen, siehe Seite 56/57. Das Frikassee, wie links beschrieben, zubereiten. Das Fleisch, die gekochten Morcheln und die Krebsschwänze in die Sauce legen und erhitzen. Mit Kerbel würzen.

Hühner, im Ganzen geschmort

Zum Schmoren eignen sich im Ganzen belassene Vögel ganz vorzüglich, sehr großes Geflügel kann jedoch auch in Einzelstücken geschmort werden. Ob offen oder im verschlossenen Topf gegart, das Fleisch bleibt schön saftig. Das Prinzip ist immer dasselbe: Auf das kurze, gleichmäßige Anbraten in heißem Fett folgt die Zugabe der unterschiedlichen Zutaten sowie das Aufgießen mit einem guten Fond und das Garen bei geringer Hitze. Aufgrund der mannigfaltigen Zutaten passen schlichte Beilagen am besten dazu.

POULARDE »GÄRTNERIN«

Sommerfrisches Gemüse als Zutat verleiht dieser geschmorten Poularde einen besonders frischen Geschmack. Doch auch das Gemüse profitiert von dieser Garmethode, da es angenehm würzig wird.

1 küchenfertige Poularde (etwa 1,5 kg)
1 TL Salz
frisch gemahlener weißer Pfeffer
1/2 TL Ingwerpulver
1 Kräutersträußchen (Petersilie, Thymian, Majoran und ein wenig Liebstöckel)
50 g Butter
250 g Zucchini
500 g kleine, fest kochende Kartoffeln
1 frischer Maiskolben
200 g Tomaten
1/2 l heller Hühnerfond (siehe Seite 56/57)
1 Bund Petersilie
2 Thymianzweige

Die Poularde unter fließendem Wasser sorgfältig waschen und gut trockentupfen. Innen und außen salzen, pfeffern und mit Ingwerpulver würzen. Das Kräutersträußchen in die Bauchhöhle legen. Die Poularde dressieren, rundherum mit der Butter einstreichen, in einen Bräter legen und im vorgeheizten Ofen bei 220 °C etwa 10 Minuten anbraten. Die gewaschenen Zucchini in Scheiben schneiden, die Kartoffeln schälen – eventuell zerkleinern – und von dem Maiskolben mit einem Messer die Körner abschneiden. Die Tomaten blanchieren, die Haut abziehen, die Kerne entfernen und das Fruchtfleisch würfeln. Das Gemüse zu der Poularde in den Bräter geben und mit dem Hühnerfond aufgießen. Die Hitze im Ofen auf 180 °C reduzieren und die Poularde etwa 20 Minuten schmoren lassen. Zwischendurch immer wieder mit dem Fond übergießen. Petersilie und Thymian fein hacken, die Poularde damit bestreuen und fertig schmoren. Es dauert weitere 30 bis 40 Minuten, bis das Fleisch weich ist.

POULARDE, MIT VIERZIG KNOBLAUCHZEHEN GESCHMORT

Dieser großzügige Umgang mit Knoblauch stammt aus dem Süden Frankreichs, wo auch das Kaninchen so zubereitet wird. Dass der Knoblauchduft nach dem Genuss dieser Gerichte für die Mitmenschen trotzdem erträglich bleibt, ist das eigentliche Geheimnis dieses Rezepts. Die Erklärung ist wiederum ganz einfach: Die Zehen werden ungeschält und im Ganzen oder höchstens ganz leicht angedrückt mitgeschmort. Das Huhn schmeckt dann angenehm frisch und würzig, aber keinesfalls penetrant nach Knoblauch. Liebhabern dieser duftenden Knolle bleibt es dann selbst überlassen, ob sie die weich geschmorten, sehr milde schmeckenden Zehen aus der Schale löffeln möchten. Wichtig ist jedoch, dass der Topf während des Garens luftdicht verschlossen ist. Dies gelingt am besten mit einem Mehlteig, den man auf die Deckel- und Topfränder »klebt«. Ein besonders gutes Ergebnis erzielt man in einem Tontopf oder – wenn die Ränder mit Eigelb eingepinselt werden – in einem gusseisernen Topf.

Für den Teig:
200 g Mehl
1 EL Olivenöl
Wasser
Für die Poularde:
1 küchenfertige Poularde (etwa 1,8 kg)
1 TL Salz, frisch gemahlener weißer Pfeffer
1 Kräutersträußchen (Petersilie, Thymian, Liebstöckel, Bohnenkraut)
50 g Möhre
50 g Stangensellerie
120 ml Olivenöl
40 Knoblauchzehen
1 Lorbeerblatt
1 Rosmarinzweig

Einen Römertopf für 10 Minuten in kaltes Wasser legen. Für den Teig das Mehl in eine Schüssel geben, das Öl zufügen, nach und nach so viel Wasser einarbeiten, dass ein knetbarer Teig entsteht. Die Poularde waschen, sorgfältig trockentupfen, innen und außen salzen und pfeffern. Das Kräutersträußchen in die Bauchhöhle legen und das Huhn dressieren. Die Möhre und den Sellerie waschen, in kleine Würfel schneiden und auf dem Boden des Tontopfs verteilen. Die Poularde von allen Seiten gleichmäßig mit dem Olivenöl bestreichen, in den Topf setzen und das restliche Öl darüber gießen. Weiterverfahren, wie in der Bildfolge rechts beschrieben. Die fertig gegarte Poularde 10 bis 15 Minuten im Topf ziehen lassen und mit beliebigen Beilagen servieren. Frisches Weißbrot, in den dann enstandenen Sud getaucht oder mit den weichen Knoblauchzwiebeln bestrichen, schmeckt besonders gut dazu. Als Begleiter bietet sich ein leichter Rosé aus der Provence an.

Knoblauchhuhn schmoren:

Den ungeschälten Knoblauch, Lorbeer und Rosmarin gleichmäßig im Topf verteilen, damit ihre Aromen ausgewogen ins Fleisch eindringen können.

Den Teig zu einer langen, dünnen Rolle formen, ihn gleichmäßig auf den Topfrand legen, leicht andrücken und den Deckel aufsetzen.

Den gut verschlossenen Topf in den auf 180 °C vorgeheizten Ofen auf die mittlere Schiene setzen und etwa 1 1/2 Stunden schmoren.

Das Huhn nimmt während des Garprozesses im Römertopf eine leichte Färbung an; im normalen gusseisernen Topf bleibt es weiß.

Arroz con pollo – ein alltägliches Gericht in Mittelamerika.

Huhn und Reis
VARIANTENREICHE SPEZIALITÄTEN

Wenn auch zu dieser Kombination von Huhn und Reis sehr simple, alltägliche Gerichte gehören, so haben sich dennoch beachtenswerte Spezialitäten daraus entwickelt, die inzwischen – entsprechend verfeinert – zu den Spitzenreitern internationaler Kochkunst zählen.

ARROZ CON POLLO

In allen Ländern Mittelamerikas und in Mexiko ist diese pikant-würzige Kombination von Huhn mit Reis ein sehr beliebtes Gericht und ganz einfach zuzubereiten.

1 küchenfertige Poularde (etwa 1,5 kg)
1 grüne Paprikaschote
200 g Tomaten
1 große Zwiebel
1 scharfe Chilischote
4 EL Pflanzenöl
2 Knoblauchzehen
180 bis 200 g Langkornreis
3/4 l heller Hühnerfond (siehe Seite 56/57)
1 TL Salz
1/2 TL Zucker
2 TL frische Korianderblätter
2 TL Limettensaft
Außerdem:
400 g Chorizo (sehr würzige spanische Wurst)

Die Poularde unter fließendem Wasser innen und außen waschen, trockentupfen und in 8 bis 12 Teile zerteilen. Die Paprikaschote bei 220 °C im Ofen erhitzen, bis die Haut Blasen wirft und bräunt, etwas abkühlen lassen, häuten, von Samen und Scheidewänden befreien und das Fruchtfleisch würfeln. Die Tomaten blanchieren, häuten, Stielansätze und Samen entfernen und das Fruchtfleisch, ebenso wie die Zwiebel, würfeln. Die Chilischote längs halbieren, die Samen sowie die Scheidewände entfernen (wer es gern scharf mag, lässt sie drin) und das Fruchtfleisch in feine Längsstreifen schneiden. Das Öl in einer Pfanne erhitzen, die zerdrückten Knoblauchzehen sowie die Zwiebel- und Paprikawürfel darin hell anschwitzen. Die Tomaten und die Chilistreifen unterrühren. Den Reis zufügen und unter Rühren dünsten. Die Poulardenstücke einlegen und den Fond angießen. Bei geringer Hitze garen, bis der Reis und das Huhn weich sind, dies dauert etwa 50 Minuten. Mit Salz, Zucker, Korianderblättern und Limettensaft würzen. Je nach Belieben das Gericht zusätzlich mit etwas Chili würzen. Nach Belieben kann noch die in Scheiben geschnittene Wurst untergemischt werden, der Eigengeschmack der Poularde wird dadurch aber beeinträchtigt.

JAMBALAYA

Diese Spezialität, bei der das Huhn eine ebenso wichtige Rolle spielt wie der Reis, stammt aus der kreolischen Küche. Vermutlich hat sie ihren Namen von dem spanischen Wort für Schinken »jamón« erhalten, der übrigens in diesem Gericht nicht fehlen sollte, heutzutage aber meistens durch eine kräftige Wurst ersetzt wird. Und nicht zu vergessen ist der Pflichtteil aus dem Wasser: die Süßwasserkrebse, Garnelen, Langusten oder Austern. In dem Originalrezept, wie es in New Orleans serviert wird, sollten auf jeden Fall die heimischen Red Swamp Crayfish enthalten sein. Doch auch eine frische Languste macht sich nicht schlecht.

1 küchenfertige Poularde (etwa 1 kg)
1 Languste (etwa 600 g)
400 g Tomaten
250 g grüne Erbsen in der Schote
2 kleine Chilischoten
80 g durchwachsener Räucherspeck
2 EL Pflanzenöl
60 g gewürfelte Zwiebel
1 Knoblauchzehe
100 g gekochter Schinken
150 g Langkornreis, 400 g Tomaten
1/2 l heller Hühnerfond (siehe Seite 56/57)
einige Safranfäden

1 TL Salz	
1/2 TL Thymian	
1 EL Limettensaft	
150 g Chorizo (sehr würzige spanische Wurst)	
1 EL zerkleinerte Basilikumblätter	

Die Poularde unter fließendem Wasser innen und außen waschen, trockentupfen und, wie auf Seite 24/25 beschrieben, in 8 Teile zerlegen. Die Languste in sprudelndem Wasser 3 Minuten kochen und in Eiswasser abschrecken. Den Schwanz ausbrechen und in 8 Stücke teilen. Die Tomaten blanchieren, häuten, Stielansatz und Samen entfernen und das Fruchtfleisch würfeln. Die Erbsen auspalen. Die Chilischoten längs halbieren, Samen und Scheidewände sorgfältig entfernen und die

Schoten in feine Längsstreifen schneiden. Den Speck fein würfeln und in dem Öl kräftig anbraten. Die Zwiebelwürfel und die zerdrückte Knoblauchzehe 2 bis 3 Minuten mitbraten. Die Hähnchenteile und den in Streifen geschnittenen Schinken zugeben und rundum anbraten. Den Reis hinzufügen und unter ständigem Rühren anbraten, bis die Körner glasig sind. Die Tomaten und Erbsen unterrühren, mit dem Fond aufgießen und die Safranfäden dazugeben. Das Gericht mit den Chilischoten, Salz, Thymian und Limettensaft würzen und bei geringer Hitze garen, bis der Reis und das Fleisch weich sind; dies dauert etwa 50 Minuten. Die in Scheiben geschnittene Wurst und die Languste dazugeben; wenn nötig, noch etwas Hühnerfond aufgießen. Alles zusammen noch etwa 5 bis 10 Minuten ziehen lassen. Vor dem Servieren Basilikum zugeben.

TAUBENRISOTTO

Dieses Rezept macht einige Mühe, wenn der Fond aus den Karkassen selbst zubereitet wird. Der delikate Geschmack entschädigt dann allerdings für den Aufwand.

2 Tauben (à 350 g)
Salz, frisch gemahlener weißer Pfeffer
Für den Geflügelfond:
2 EL Pflanzenöl
1 angedrückte Knoblauchzehe
je 30 g fein gewürfelte Schalotten und Möhre
60 g gewürfelter Stangensellerie
1 l Wasser
je 1 Lorbeerblatt und Thymianzweig
Für den Risotto:
30 g Butter
2 EL fein gewürfelte Schalotten
2 gehäutete, gewürfelte Tomaten
1 bis 2 EL Tomatenmark
400 g Arborio-Reis (Rundkornreis)
1/8 l trockener Rotwein

Die Tauben, wie auf Seite 22/23 beschrieben, ausnehmen, die Brüste und Schenkel auslösen (siehe Seite 24/25) und das Fleisch würfeln, salzen, pfeffern und kühl stellen. Für den Fond die Karkassen zerkleinern. Das Öl in einer entsprechend großen Kasserolle erhitzen, die Knoblauchzehe und die Schalotten zugeben und anschwitzen. Die Karkassen und das Gemüse zufügen und anbraten. Mit dem Wasser aufgießen, Lorbeerblatt und Thymian zugeben und etwa 1 Stunde leicht köcheln lassen. Anschließend durch ein Sieb passieren, etwas abkühlen lassen und die Oberfläche entfetten. Den Risotto, wie in der Bildfolge gezeigt, zubereiten. Frisch geriebener Parmesan oder Grana padano runden den Geschmack hervorragend ab.

Risotto mit Fleisch oder Innereien
REIS UND GEFLÜGEL LASSEN SICH GUT KOMBINIEREN

Risotti laden geradezu zum Experimentieren ein. Während alle Geflügelarten für Risotti verwendet werden können, muss man beim Reis vorsichtiger sein, denn nicht jede Reissorte ist für einen Risotto gleich gut geeignet. Mit den italienischen Rundkornsorten gelingt der Risotto aber allemal. Wer ein Reisgericht mit nur wenig Bindung haben will, kann aber auch amerikanischen Langkornreis verwenden. Ein gutes Beispiel hierfür ist ein Wachtelrisotto, das nach dem nebenstehenden Grundrezept zubereitet werden kann. Dafür wird der Rundkornreis durch Langkornreis ersetzt, 4 Wachteln küchenfertig vorbereitet, kräftig gewürzt und in Butter rosa angebraten. Nach dem vollständigen Entbeinen das Fleisch würfeln und unter den fertigen Risotto mischen. Mit reichlich Parmesan bestreuen und servieren.

Taubenrisotto zubereiten:
Die Butter schmelzen und die Schalotten darin anschwitzen. Die Fleischwürfel zugeben und kräftig anbraten. Die Tomaten und das Tomatenmark zufügen und 10 Minuten mitschmoren.

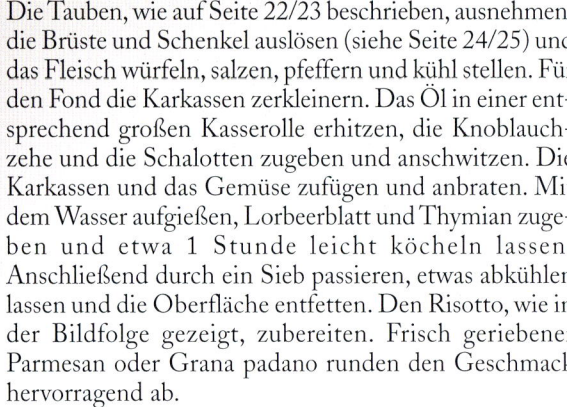

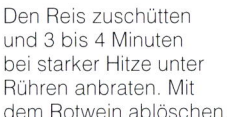

Den Reis zuschütten und 3 bis 4 Minuten bei starker Hitze unter Rühren anbraten. Mit dem Rotwein ablöschen.

Ist der Wein weitgehend verdampft, etwa 1 l Geflügelfond aufgießen. Bei Bedarf Wasser nachgießen.

Bei offenem Topf kochen, bis der Reis weich ist. Den Reis mehrmals mit dem Spatel vom Topfboden lösen.

GRUNDREZEPT RISOTTO

50 g Butter
1 fein gewürfelte Zwiebel
400 g Arborio-Reis (Rundkornreis)
150 ml Weißwein
1 l Fleischbrühe
Salz
80 g geriebener Parmesan

Den Risotto, wie in der Bildfolge rechts beschrieben, zubereiten. Darauf achten, dass der Reis beim Anbraten keine Farbe nimmt und nicht anhängt. Vor dem Servieren den geriebenen Parmesan unterrühren.

SAFRANRISOTTO MIT GEFLÜGELLEBER

Im Handel werden meist Geflügellebern vom Huhn und vom Truthahn angeboten. Beide eignen sich gut für das folgende Rezept. Kräftiger im Geschmack sind aber die Lebern von frischen Enten oder Gänsen.

Für den Safranrisotto:
30 g Rindermark, 70 g Butter
1 gewürfelte Zwiebel
1/2 angedrückte Knoblauchzehe
400 g Arborio-Reis (Rundkornreis)
150 ml Weißwein
1 bis 1,2 l heller Geflügelfond (siehe Seite 56/57)
Salz, etwa 1/4 TL Safranfäden
Für die Leber:
2 EL Pflanzenöl, 20 g Butter
50 g gewürfelte Zwiebeln
1 Knoblauchzehe, 500 g Geflügellebern
Salz, frisch gemahlener weißer Pfeffer
5 bis 6 EL Geflügelfond
Außerdem:
80 g geriebener Parmesan

Das Rindermark wassern, wurfeln und in 30 g Butter auslassen. Die Zwiebel und die Knoblauchzehe zugeben und mitdünsten. Den Reis zuschütten und glasig dünsten. Mit dem Weißwein ablöschen, etwas einkochen lassen und mit dem Fond nach und nach aufgießen. Salzen, den Safran zugeben und bei ständiger Bewegung 12 bis 15 Minuten kochen. Für die Leber das Öl mit der Butter erhitzen und die Zwiebeln sowie die angedrückte Knoblauchzehe darin anschwitzen. Die in Würfel geschnittenen Lebern zugeben, bei starker Hitze rundum anbraten, salzen und pfeffern und mit dem Fond aufgießen, langsam schmoren. Nach 5 bis 6 Minuten sind die Leberwürfel gar und können unter den fertigen Risotto gerührt werden. Vor dem Servieren die restliche Butter unterrühren und das Gericht mit dem Parmesan vollenden.

Risotto zubereiten:
Die Butter schmelzen, die Zwiebel darin anschwitzen, den Reis zuschütten und unter ständigem Rühren bei starker Hitze anbraten. Mit dem Wein ablöschen und reduzieren. Die Brühe zugießen und in 12 bis 15 Minuten fertig kochen.

Coq au Riesling aus dem Elsass. Er kann genauso wie das nebenstehende Rezept zubereitet werden und ist trotzdem keine Kopie, denn der Riesling gibt dem Gericht eine ganz eigene Note.

COQ AU VIN MIT BURGUNDER

Dieses Rezept ist eine rustikale Version des klassischen Coq au vin, bei der das Huhn nicht mariniert wird. Auch der Coq au Riesling kann so zubereitet werden, wobei lediglich das Tomatenmark weggelassen und der Rotwein durch einen weißen Riesling ersetzt wird.

1 küchenfertige Poularde (1,6 bis 1,8 kg)
Salz, frisch gemahlener weißer Pfeffer
60 g durchwachsener Räucherspeck
2 EL Pflanzenöl
50 g Butter
1 Knoblauchzehe
150 g gewürfelte Zwiebeln
100 g gewürfelte Möhren
0,7 l roter Burgunder
2 Lorbeerblätter
1 Kräutersträußchen (Petersilie, Majoran, Thymian, wenig Liebstöckel)
2 EL dreifach konzentriertes Tomatenmark
200 g frische Champignons

Die Poularde unter fließendem Wasser innen und außen gut waschen und sorgfältig trockentupfen. Mit der Geflügelschere das Rückgrat herausschneiden und den Rest in 8 Teile zerlegen, salzen und pfeffern. Den Speck in Würfel schneiden. Das Öl in einer Kasserolle erhitzen und die Speckwürfel darin hell anbraten. Das Fett abschöpfen, die Butter dazugeben und die Poulardenteile rundum kräftig anbraten. Die angedrückte Knoblauchzehe, die Zwiebel- und Möhrenwürfel dazugeben, 10 Minuten mitschwitzen, dann mit dem Wein aufgießen. Lorbeerblätter, das Kräutersträußchen und Tomatenmark zufügen, den Topf schließen und bei 200 °C im vorgeheizten Ofen 40 bis 50 Minuten schmoren, bis das Fleisch gar ist. Die geputzten Champignons (große einmal durchschneiden) zugeben und das Gericht bei offenem Topf weitere 10 Minuten garen. Wahlweise kann es so serviert oder die Sauce zusätzlich passiert werden. Als Beilage passen Kartoffeln oder Teigwaren bestens dazu.

In Wein geschmort
ROTWEIN UND EINE POULARDE BESTER QUALITÄT

In Frankreich sagt man, dass ein einjähriger Hahn zum Originalrezept »Coq au vin« gehört. Eine fleischige Poularde tut es aber auch. Und auf die Frage nach dem passenden Wein, ist »kräftiger Burgunder« sicher die richtige Antwort.

POULARDE, IN ROTWEIN GESCHMORT

Es handelt sich hier um ein Coq-au-vin-Rezept von elitärer Art. Seine Zubereitung erfordert auch etwas mehr Mühe als die rustikale Variante auf der linken Seite. Das Huhn wird ausgelöst, mariniert und der Geschmack der Sauce durch die Karkasse verstärkt.

1 küchenfertige Poularde (etwa 1,8 kg)
Für die Marinade:
100 g gewürfelte Zwiebeln
100 g Stangensellerie in Scheiben
50 g gewürfelte Möhre
2 Gewürznelken
je 1 Thymian- und Rosmarinzweig
1 Lorbeerblatt
1 angedrückte Knoblauchzehe
10 zerdrückte Pfefferkörner
0,7 l Rotwein (Veltliner oder Barbera d'Asti aus dem Piemont)
Für die Poularde:
Salz, frisch gemahlener weißer Pfeffer
etwas Mehl
2 EL Pflanzenöl, 50 g Butter
2 TL dreifach konzentriertes Tomatenmark
2 TL Mehl
1 Kräutersträußchen (Thymian, Lorbeerblatt, Petersilienstängel)
3/4 l Wasser, 150 g Crème fraîche
Salz, frisch gemahlener weißer Pfeffer
1 Spritzer Zitronensaft
Für die Garnitur:
100 g in Streifen geschnittener Speck
250 g Frühlingszwiebeln
200 g Champignons
1 bis 2 EL gehackte Petersilie

Die Poularde waschen und trockentupfen. Die Keulen ablösen und mit einer Geflügelschere die Brüste mit den darunter liegenden Knochen herausschneiden. Die Flügel, die restliche Karkasse, den Hals und die Füße klein hacken. Zum Marinieren die Einzelteile in ein flaches Geschirr legen, das Gemüse und die Gewürze zufügen und mit so viel Rotwein übergießen, dass alles gerade bedeckt ist. Mit Folie verschlossen 2 Tage im Kühlschrank durchziehen lassen. Die Poulardenteile herausnehmen, Schenkel und Brüste abtropfen lassen, salzen, pfeffern und mit Mehl bestauben. In einer Pfanne das Öl und die Butter erhitzen und die Einzelteile goldbraun braten, dabei die zerhackten Knochen mitbraten. Das Fleisch herausnehmen. Das abgetropfte Gemüse aus der Marinade und das Tomatenmark in die Pfanne geben, etwas anschwitzen, mit Mehl bestauben und so lange braten, bis das Mehl hellbraun wird. Mit der getrennt aufgekochten und abgeschäumten Marinade ablöschen. Das Kräutersträußchen zufügen, mit Wasser auffüllen und bei offenem Topf 1/2 Stunde kräftig durchkochen. Poulardenstücke einlegen und etwa 1/2 Stunde weiterköcheln, bis das Fleisch weich ist. Die Fleischstücke wieder herausnehmen, nach Belieben die Haut entfernen, die Knochen auslösen und das Fleisch wahlweise ganz lassen oder in mundgerechte Stücke schneiden. Für die Sauce den Fond durch ein Sieb passieren, Gemüse und die ausgelaugten Knochen dabei fest auspressen. Mit der Crème fraîche verrühren, salzen, pfeffern und mit dem Zitronensaft frisch abschmecken. Für die Garnitur die Speckstreifen anschwitzen, die Zwiebeln und Pilze mitbraten und leicht bräunen. Das Fleisch in der Sauce erhitzen, abschmecken und die Petersilie einrühren. Mit der Garnitur anrichten und servieren.

Durch die Marinade kann das pikante Aroma von Wein, Gemüse und Kräutern richtig in das Fleisch eindringen. Der Geschmack vom Fleisch ist ungleich kräftiger als der des Rezepts auf der gegenüberliegenden Seite.

Zu dem würzigen Ragout vom Strauß schmeckt körnig gekochter Reis als Beilage. Und als Getränk passt derselbe Rotwein, der auch zum Schmoren verwendet wird.

Strauß und Emu
LAUFFREUDIGE GESELLEN

Straußenfleisch ist dunkelrot und erinnert schon von der Farbe her eher an Rind als an das Fleisch anderer großer Geflügelarten wie etwa Truthahn oder Gans. Auch geschmacklich bestehen hier keine Parallelen. Dennoch ist Straußenfleisch durchaus zu empfehlen, es ist recht fettarm und es weist einen vergleichsweise niedrigen Cholesteringehalt auf. Aufgrund der fehlenden Marmorierung könnte man befürchten, dass das Fleisch des größten lebenden Vogels eher trocken sein könnte; doch dem ist nicht so, ganz im Gegenteil. Straußenfleisch ist – ebenso wie das seiner wild lebenden Verwandten – zart und saftig. In Qualität und Geschmack des Fleisches unterscheiden sich Strauß und andere wild lebende Straußenvögel wie etwa der Emu kaum, weshalb sie in den Rezepten jeweils ohne weiteres gegeneinander ausgetauscht werden können.

RAGOUT VOM STRAUSS ODER EMU

800 g Fleisch vom Strauß oder Emu
80 g weiße Zwiebeln, 1 Knoblauchzehe
50 g Stangensellerie
250 g Tomaten, 3 EL Pflanzenöl
Salz, frisch gemahlener Pfeffer
150 ml kräftiger Rotwein
150 g Shiitake-Pilze, 1 EL gehackte Petersilie
Für den Reis:
600 ml Geflügelfond, 50 g Zwiebel
2 EL Pflanzenöl, 300 g Langkornreis
Salz, frisch gemahlener Pfeffer

Das Fleisch von allen Häutchen und Sehnen befreien und etwa 1,5 cm groß würfeln. Die Zwiebeln und den Knoblauch schälen, beides fein hacken. Sellerie putzen, dabei eventuell vorhandene Fäden abziehen und die Stange in dünne Scheiben schneiden. Die Tomaten blanchieren, häuten, vierteln, Stielansätze und Samen entfernen und das Fruchtfleisch klein würfeln.

Das Öl in einer Pfanne erhitzen und die Zwiebel- und Knoblauchwürfel sowie den Sellerie darin hell anschwitzen. Die Fleischwürfel salzen, pfeffern und in der Zwiebel-Knoblauch-Mischung von allen Seiten kräftig anbraten. Mit dem Rotwein ablöschen und die Tomatenwürfel zufügen. Alles bei mittlerer Hitze 20 bis 25 Minuten garen, bei Bedarf noch etwas Wasser zugießen. In der Zwischenzeit die Pilze putzen, die harten Stiele kürzen und mit den Hüten je nach Größe halbieren oder vierteln. Die Pilze etwa 5 Minuten vor Ende der Garzeit unter das Ragout mischen. Mit Salz sowie Pfeffer abschmecken und die gehackte Petersilie einrühren. Den Geflügelfond für den Reis erhitzen. Die Zwiebel schälen und fein hacken. Das Öl erhitzen und die Zwiebel darin hell anschwitzen, den Reis zufügen und die Körner unter Rühren mitschwitzen, bis sie glasig sind. Den heißen Fond zugießen, salzen, pfeffern und aufkochen lassen. Die Hitze reduzieren und den Reis 20 bis 25 Minuten garen. Das Ragout mit den Pilzen auf dem Reis anrichten und servieren.

CURRY VOM EMU

Nicht nur mit Huhn oder Ente lassen sich hervorragende Curries zubereiten, auch mit Emu- oder Straußenfleisch werden sie stets beliebter.

800 g Fleisch vom Strauß oder Emu
200 g Zwiebeln, 2 Knoblauchzehen
10 g frische Ingwerwurzel
15 g frische Kurkumawurzel
3 rote Chilischoten, 1 TL Kreuzkümmel
1 TL Koriandersamen, 1/2 TL Fenchelsamen
400 g Tomaten, 350 g Süßkartoffeln
4 EL Pflanzenöl, Salz, Saft von 1/2 Kaffir-Limette

Das Straußen- oder Emufleisch parieren, das heißt von dünnen Häutchen und Sehnen befreien, und in 3 cm große Stücke schneiden. Die Zwiebeln, den Knoblauch, die Ingwer- sowie Kurkumawurzel schälen. Zwiebeln, Knoblauch und Ingwer fein hacken, die Kurkumawurzel fein reiben. Die Chilischoten halbieren, Stielansätze, Samen sowie Scheidewände entfernen und das Fruchtfleisch in feine Streifen schneiden. Kreuzkümmel, Koriander- und Fenchelsamen im Mörser zu einem feinen Pulver zerstoßen. Die Tomaten blanchieren, häuten, halbieren und von Stielansätzen sowie Samen befreien. Das Fruchtfleisch klein würfeln. Die Süßkartoffeln schälen und in 2 cm große Stücke schneiden. 3 EL Pflanzenöl in einer großen Pfanne erhitzen. Das Straußen- oder Emufleisch darin unter Rühren anbraten, wieder herausnehmen. Restliches Öl zufügen und heiß werden lassen. Zwiebeln, Knoblauch und Ingwer zufügen und alles unter ständigem Rühren bei nicht zu starker Hitze 5 Minuten braten. Geriebene Kurkumawurzel, Chilistreifen sowie die zerstoßenen Gewürze 1 Minute mitbraten. Die Tomaten und das Straußen- oder Emufleisch zufügen und alles mit 300 ml Wasser aufgießen, salzen und zum Kochen bringen. Die Hitze reduzieren und das Curry 35 bis 40 Minuten köcheln lassen. Nach etwa 20 Minuten die Süßkartoffeln zufügen. Das Curry mit Limettensaft und Salz abschmecken und servieren.

Auch mit Emu, der
geschmacklich dem
Strauß sehr ähnelt,
lassen sich hervorra-
gende Gerichte zau-
bern. So etwa dieses
mittelscharfe Curry,
das aromatische
Gewürze wie Kreuz-
kümmel und Koriander
durchaus verträgt.

PARPADELLE MIT RAGOUT VOM STRAUSS

500 g Fleisch vom Strauß aus der Oberschale
Für den Nudelteig:
300 g Weizenmehl Type 405
1 Ei, 7 Eigelbe
1 EL Pflanzenöl, 1/2 TL Salz
Für die Marinade:
80 g weiße Zwiebeln, 80 g Möhre
1 Knoblauchzehe, 3/8 l Rotwein
1 TL schwarze Pfefferkörner
1 Stück unbehandelte Zitronenschale, 1 Lorbeerblatt
Außerdem:
80 g Möhre, 50 g Zwiebel
50 g Stangensellerie, 400 g Tomaten
3 EL Pflanzenöl, 1 EL Mehl
Salz, frisch gemahlener Pfeffer
1 El gehackte Petersilie

Aus den oben angegebenen Zutaten einen Nudelteig herstellen, diesen in Folie wickeln und 1 Stunde kühl ruhen lassen. Den Teig mit der Nudelmaschine in mehreren Durchgängen bis zur gewünschten Stärke ausrollen. Die Teigbahnen mit dem entsprechenden Vorsatz in 2 cm breite Streifen schneiden und die Papardelle auf einem Tuch ausbreiten, kurz antrocknen lassen. Das Straußenfleisch in 1 cm große Würfel schneiden, in eine hochwandige Schüssel geben. Die Zwiebeln, Möhre sowie den Knoblauch schälen, in kleine Stücke schneiden, über das Fleisch verteilen und mit dem Rotwein übergießen. Die Pfefferkörner, die Zitronenschale und das Lorbeerblatt zufügen, die Schüssel zudecken und das Fleisch über Nacht durchziehen lassen. Das Fleisch mit der Gabel ausstechen und mit Küchenpapier trockentupfen. Die Marinade durch ein Sieb gießen, die Flüssigkeit dabei auffangen und beiseite stellen. Möhre und Zwiebel schälen, Stangensellerie putzen, alles klein würfeln. Die Tomaten blanchieren, häuten, vierteln Stielansätze und Samen entfernen und das Fruchtfleisch in Würfel schneiden. Das Öl in einer Kasserolle erhitzen und das Fleisch darin von allen Seiten gleichmäßig anbraten. Möhre, Zwiebel und Sellerie kurz mitbraten. Mit Mehl bestauben, gut durchrühren und die Tomatenwürfel einrühren. Alles mit der Marinade aufgießen, unter Rühren zum Kochen bringen, dabei den Bratsatz vom Topfboden lösen. Die Hitze reduzieren und das Fleisch zugedeckt etwa 1 Stunde schmoren. Mit Salz und Pfeffer würzen. Die Nudeln in sprudelnd kochendem Salzwasser »al dente« garen, abgießen und auf Tellern anrichten. Das Ragout darauf verteilen, mit Petersilie bestreuen und servieren.

RAGOUT VOM STRAUSS IN SHIRAZ

1 kg Straußenfleisch (Oberkeule oder Brust)
200 g Zwiebeln, 400 ml Shiraz
je 60 g Möhre und Petersilienwurzel, geputzt
je 60 g Knollensellerie und Lauch, geputzt
Salz, frisch gemahlener schwarzer Pfeffer
4 EL Pflanzenöl, Mehl, 300 ml Geflügelfond
1 Stängel Petersilie, 1 Zweig Thymian, 1 Lorbeerblatt
150 g roh geräucherter durchwachsener Speck
150 g Schalotten, 400 g weiße Champignons

Für das Kartoffel-Sellerie-Püree

700 g Kartoffeln, 300 g Knollensellerie mit Grün

Salz, 1/4 l Milch

80 g Butter, frisch geriebene Muskatnuss

Das Straußenfleisch in große Würfel schneiden, sie sollten gut doppelt so groß sein wie für ein gewöhnliches Gulasch. Die Zwiebeln schälen und in dünne Scheiben schneiden. Das Fleisch mit den Zwiebeln in eine Schüssel geben, mit dem Rotwein übergießen und 4 Stunden marinieren. Die Möhre mit der Petersilienwurzel, dem Knollensellerie und dem Lauch zu einem Bouquet garni binden. Das Fleisch aus der Marinade ausstechen, abtropfen lassen und mit Küchenpapier trockentupfen. Die Marinade beiseite stellen. Die Fleischstücke salzen und pfeffern. 2 EL Öl in einer Kasserolle erhitzen und das Fleisch darin gleichmäßig anbraten, mit Mehl bestauben und unter Rühren leicht Farbe nehmen lassen. Das Fleisch herausnehmen. Den Bratsatz mit der Marinade vom Pfannenboden lösen. Den Geflügelfond unter Rühren zugießen und zum Kochen bringen. Die Fleischwürfel, das Bouquet garni, Petersilie, Thymian und Lorbeerblatt einlegen und erhitzen. Die Kasserolle schließen und das Ragout bei 180 °C im vorgeheizten Ofen 1 Stunde schmoren. In der Zwischenzeit den Speck quer in Streifen schneiden. Die Schalotten schälen und längs vierteln. Die Champignons putzen und ebenfalls vierteln. 1 EL Öl in einem Topf erhitzen, den Speck darin knusprig braten und herausnehmen. Die Champignons im Speckfett kurz anbraten und ebenfalls wieder herausnehmen. Das restliche Öl in dem Topf erhitzen und die Schalotten darin langsam anschwitzen. Speck und Champignons wieder einlegen. Für das Kartoffel-Sellerie-Püree die Kartoffeln und den Sellerie schälen – etwas Selleriegrün aufbewahren – und die Kartoffeln sowie den Sellerie in Stücke schneiden. Beides separat in leicht gesalzenem Wasser garen, abgießen. Die Milch mit der Butter in einem Topf aufkochen, mit Salz und Muskatnuss würzen. Vom Herd nehmen, Kartoffeln und Sellerie noch warm durch die Kartoffelpresse in die Milch drücken und mit dem Schneebesen locker aufschlagen. Das Selleriegrün fein hacken und untermischen, salzen. Das Ragout aus dem Ofen nehmen und das Fleisch ausstechen. Den Schmorfond durch ein Haarsieb auf die Pilzmischung seihen. Das Fleisch wieder einlegen und in der Sauce erwärmen. Das Ragout mit dem Püree auf Tellern anrichten und servieren.

Ente und Rotwein
HARMONIE BEIM SCHMOREN

Mit der Kombination von Ente und Rotwein verhält es sich wie mit dem berühmten Coq au vin: Es kursieren eine ganze Menge interessanter Rezepte. So hat jede europäische Weinbauregion, die guten Rotwein hervorbringt, ihr eigenes Hühner- oder Enten-Schmorgericht, natürlich in Verbindung mit Rotwein. Geschmortes Geflügel ist dort aber nicht allein wegen der Kombination mit Rotwein beliebt, sondern vor allem, weil man durch langsames und behutsames Schmoren ein sehr zartes, saftiges und gut durchgegartes Fleisch erhält. Solch eine saftige Ente lässt sich mit Hilfe zweier Grundzubereitungen erreichen: Die Ente wird entweder über längere Zeit mit den übrigen Zutaten im Wein mariniert – wie im Rezept auf der rechten Seite – oder der Wein wird erst beim Schmoren zugegeben, was im Rezept auf dieser Seite der Fall ist.

Wem die Entenhaut zu fett ist, sollte sie erst von der fertig geschmorten Ente entfernen, da sie während des Garvorgangs eine Menge Geschmack an das Fleisch abgibt.

THYMIAN-ENTE, IN ROTWEIN GESCHMORT

Ein einfaches, rustikales Rezept, das nach guten Zutaten verlangt: eine frische Ente, kräftig schmeckender Thymian und ein trockener Roter aus der Provence.

1 frische, küchenfertige Ente (1,6 bis 1,8 kg)
1 TL Salz
frisch gemahlener weißer Pfeffer
2 TL Thymian
4 Schalotten
1 Knoblauchzehe
je 100 g Lauch und Knollensellerie
20 g Butter
2 EL Pflanzenöl
1/4 l trockener Rotwein (etwa Minervois)
1/4 l dunkler Enten- oder Hühnerfond (siehe Seite 54/55)
4 EL Sahne
40 g Butterflöckchen

Die Ente innen und außen waschen und gut trockentupfen, in 4 oder 8 möglichst gleich große Stücke teilen. Sind Innereien vorhanden, können diese mitverarbeitet werden. Die Ententeile in eine Schüssel legen, mit Salz, Pfeffer und dem grob gehackten Thymian bestreuen und zugedeckt etwa 1 Stunde durchziehen lassen. Die Schalotten, den Knoblauch und das Gemüse klein schneiden. Die Butter und das Öl in einer entsprechend großen Pfanne erhitzen und die Ententeile rundum kräftig anbraten. Das Gemüse hinzufügen und bei mittlerer Hitze etwa 10 Minuten mitdünsten, den Wein aufgießen und bei offener Pfanne 10 Minuten schmoren lassen. Den Fond zugießen und bei geschlossener Pfanne in dem auf 180 °C vorgeheizten Ofen etwa 1 Stunde schmoren. Die Ententeile herausnehmen und warm stellen. Die Sauce durch ein Spitzsieb passieren und dabei das Gemüse so gut wie möglich durchdrücken. Die Sauce entfetten und auf etwa ein Viertel einkochen lassen. Die Sahne mit dem Drahtbesen unterarbeiten, wenn nötig nachwürzen. Die Butterflöckchen unterschlagen. Die Ententeile entweder in der Sauce oder beides voneinander getrennt servieren. Selbst gemachte Nudeln und ein Gemüse der Region, zum Beispiel Zucchini oder Auberginen, eignen sich besonders gut als Beilagen.

ROTWEINENTE
MIT STEINPILZEN UND ZWIEBELN

(für 2 Portionen)

1 küchenfertige Nantaiser Ente (800 bis 900 g)
Salz, frisch gemahlener weißer Pfeffer
Für die Marinade:
je 40 g klein geschnittene Zwiebel, Stangensellerie, Lauch und Möhre
1 Lorbeerblatt
2 Nelken
1 Thymianzweig
1 kleiner Bund Petersilie
1/4 l Rotwein (etwa Blaufränkischer)
Außerdem:
2 EL Pflanzenöl
1 angedrückte Knoblauchzehe
2 Tomaten
2 EL Schweineblut
30 g Butterflöckchen

Die Ente auslösen, das heißt, in beide Keulen und zwei Bruststücke mit Flügelstummeln teilen. Die Teile salzen, pfeffern und, wie unten gezeigt, zubereiten. Das Fleisch mindestens 12 Stunden lang in Rotwein marinieren, da es nur dann seinen Geschmack aufnimmt. Aus der Karkasse, wie auf Seite 54/55 beschrieben, einen dunklen Entenfond kochen.

Die kleinen Zwiebelchen und die Steinpilzstücke werden ungesalzen und mit etwas Speck gedünstet. Sie passen ganz hervorragend zu dieser kräftigen Sauce.

Rotweinente zubereiten:

Die Ente mit dem Gemüse und den Gewürzen in eine Schale geben, mit dem Wein übergießen, 12 Stunden marinieren.

Die Knoblauchzehe und die gehäuteten, gewürfelten Tomaten hinzufügen und 10 Minuten mitschmoren.

Das Öl in einer Pfanne erhitzen. Die gut abgetrockneten Ententeile zugeben und rundum anbraten.

Etwa 1/2 l Entenfond zugießen und bei geschlossener Pfanne und geringer Hitze weitere 20 Minuten schmoren.

Das Gemüse aus der Marinade heben, abtropfen, zum Fleisch geben und 4 bis 5 Minuten mitdünsten.

Die Ententeile herausnehmen. Die Sauce mit dem Gemüse passieren, auf 1/4 reduzieren, das Blut unterschlagen.

Die Marinadenflüssigkeit zugießen und die Ententeile bei offener Pfanne weitere 10 Minuten schmoren lassen.

Mit den Butterflöckchen aufschlagen, die Ententeile zugeben und erhitzen. Auf 2 Tellern anrichten.

Canard à l'orange
DIE KLASSISCHE KOMBINATION AUS FRANKREICH

Für dieses Entengericht gibt es zwei sehr unterschiedliche Zubereitungsarten. Zum einen werden die einzelnen Teile der Ente in der später zur Sauce ergänzten Flüssigkeit geschmort; zum anderen wird die Ente im Ganzen gebraten und warm gestellt, während die Sauce separat zubereitet wird. Die erste Methode eignet sich für größere und ältere Tiere mit nicht mehr ganz zartem Fleisch, für die zweite Methode sind junge Enten mit zartem Fleisch unabdingbar. Für deren Sauce wird das Entenklein (in Stücken) mit Wurzelgemüse in dem Enten-Bratfett angebraten, mit Hühnerfond und Orangensaft aufgegossen, pikant gewürzt und schließlich passiert. Diese Sauce wird mit zusätzlichen Orangenfilets zur gebratenen Ente serviert.

GESCHMORTE ENTE MIT ORANGEN

Von der großen Auswahl der Rezepte zur Canard à l'orange ist dies ein ganz vorzügliches, es ist vor allem relativ schnell und leicht zu realisieren. Die Ente muss dafür nicht unbedingt sehr jung sein, wenn sie es dennoch ist, um so besser.

1 küchenfertige Ente (etwa 2,5 kg)
Salz, frisch gemahlener weißer Pfeffer
40 g Butter
100 g Zwiebeln, 1/2 Knoblauchzehe
80 g Möhren
40 g Petersilienwurzel, 120 g Stangensellerie
1/4 l trockener Weißwein
1 Thymianzweig, 1 Lorbeerblatt
1/2 l heller Enten- oder Geflügelfond (siehe Seite 56/57)
2 unbehandelte Orangen, 2 TL Zucker

Die Ente innen und außen waschen und sorgfältig abtrocknen. In 8 Teile zerlegen, leicht salzen und pfeffern. Die Butter in einem entsprechend großen Schmortopf erhitzen und die Ententeile bei starker Hitze von allen Seiten goldbraun anbraten. Zuerst die gewürfelten Zwiebeln und die halbe, unzerkleinerte Knoblauchzehe zugeben und anschwitzen, dann das gewürfelte Gemüse unter mehrmaligem Wenden 10 Minuten kräftig schmo-

ren und mit dem Wein ablöschen. Thymian und Lorbeerblatt einlegen, mit dem Entenfond aufgießen und im geschlossenen Topf 70 bis 80 Minuten schmoren. Die Orangen unter fließendem heißem Wasser sorgfältig abbürsten und trocknen. Die Haut in dünnen Streifen (ohne weiße Innenhaut) mit einem Zesteur oder Gemüsemesser abschälen. Den Saft auspressen, mit dem Zucker aufkochen und darin die Schalen weich kochen. Die Entenstücke warm stellen, die Sauce durch ein feines Sieb passieren und dabei möglichst viel Gemüse mit durchdrücken. Bis auf 1/4 l einkochen lassen und mit 2 EL des Orangensuds und 2 EL der weich gekochten Orangenschale würzen. Wenn nötig, nachsalzen und ganz nach Belieben die Sauce mit etwas Speisestärke binden. Sie kann separat oder zusammen mit den Entenstücken serviert werden.

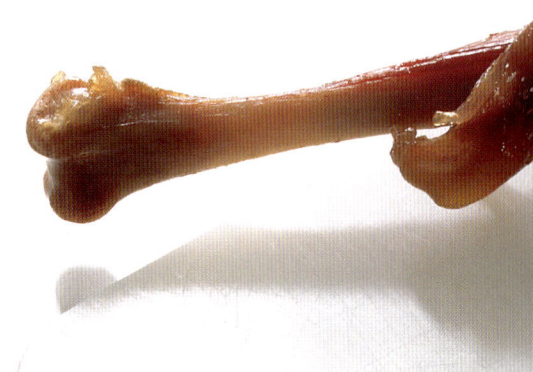

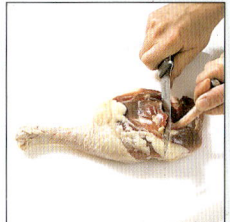

Damit sich die Keulen später leichter aufschneiden lassen, den Oberschenkelknochen auslösen, erst dann rundum anbraten.

Eine einfachere Variante für die Gemüsebeilage: Zwiebeln und Knoblauch nur im Fett anschwitzen, Paprika zufügen und – ohne Sauerkraut – schmoren.

Gänsekeulen mit Paprikakraut

EIN DEFTIGES, ABER FEINES SCHMORGERICHT

Dieses Gericht schmeckt mit gepökelten Gänsekeulen besonders gut. Wer die Prozedur des Pökelns umgehen möchte, bittet den Fleischer darum. Frische Gänsekeulen sind natürlich auch geeignet, sie müssen aber gesalzen werden. Die Fleischmenge (900 g für 2 Portionen) erscheint zunächst hoch, aber Knochen und abgelaufenes Fett abgerechnet, verbleibt eine ganz normale Größenordnung. Als Hauptgericht reicht diese Menge für 2 Portionen, in der Menüfolge entsprechend für 4 Portionen.

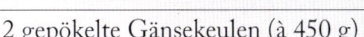

| 2 gepökelte Gänsekeulen (à 450 g) |
| frisch gemahlener weißer Pfeffer, 3 EL Pflanzenöl |
| 1/8 l heller Geflügelfond (siehe Seite 56/57) |
| *Für das Paprikakraut:* |
| 60 g Schalottenwürfel |
| 1 zerdrückte Knoblauchzehe |
| je 1 grüne, rote und gelbe Paprikaschote |
| 500 g Sauerkraut |
| 1 TL edelsüßes Paprikapulver, Salz |

Von den gepökelten Gänsekeulen die Oberschenkelknochen auslösen und leicht pfeffern. Das Öl in einer Pfanne erhitzen und die Keulen rundum goldbraun anbraten. Mit dem Fond aufgießen und bei geschlossener Pfanne 15 Minuten schmoren. Die Keulen herausnehmen. Die Schalotten und den Knoblauch in den Bratensaft geben und darin andünsten. Die in Stücke geschnittenen Paprikaschoten zufügen und 5 Minuten kräftig schmoren. Dann das Sauerkraut zugeben, die Keulen darauf legen und bei geschlossener Pfanne schmoren, bis alles gar ist. Das dauert etwa 30 bis 40 Minuten. Je nach Bedarf noch mit etwas Paprikapulver und Salz würzen. Als Beilage passen Knödel sehr gut dazu.

Attraktive Blüten
bringt der Kapern-
strauch hervor. Als
Gewürz dienen jedoch
die noch nicht geöffne-
ten Blütenknospen, die
gesalzen in Essig oder
Öl eingelegt werden.

KANINCHEN
MIT PAPRIKA UND KAPERN

Obwohl das zarte Kaninchenfleisch in diesem Rezept mit
sehr kräftig schmeckenden Zutaten und Gewürzen –
Räucherspeck, Paprika und Kapern – kombiniert wird,
ergibt dies ein geschmacklich harmonisches Resultat.

1 küchenfertiges Kaninchen (etwa 1,5 kg)
Für die Marinade:
60 g Zwiebeln, 100 g Lauch
40 g Knollensellerie
40 g Petersilienwurzel
2 Knoblauchzehen
1/2 l Rotwein (Côte de Provence)
Außerdem:
3 Paprikaschoten (rot und grün)
100 g durchwachsener Räucherspeck
2 EL Olivenöl
1/4 l heller Geflügelfond (siehe Seite 56/57)
1 TL scharfer Senf, 1 TL Salz
frisch gemahlener weißer Pfeffer
1 Thymianzweig
1 Bohnenkrautstängel
1 Bund Petersilie
3 EL Crème fraîche, 1 EL Kapern

Das Kaninchen gut waschen, sorgfältig trockentupfen
und in 8 gleich große Stücke zerteilen, wie auf Seite
50/51 beschrieben. Die Teile in eine entsprechend große
Schüssel legen. Die Zwiebel und das Wurzelgemüse
würfeln, die Knoblauchzehen mit einem Messer andrücken. Alles zusammen über das Fleisch verteilen und mit
dem Wein übergießen. Zugedeckt mindestens 2 bis
3 Stunden, besser noch über Nacht im Kühlschrank
durchziehen lassen. Die Paprikaschoten häuten, von
Samen und Scheidewänden befreien und in grobe Stücke
schneiden. Den Räucherspeck würfeln, in einer Pfanne
knusprig ausbraten und das Fett abgießen. Das Öl in
einer entsprechend großen Kasserolle erhitzen und die
Speckwürfel zufügen. Die Fleischstücke aus der Marinade nehmen, mit Küchenpapier trockentupfen und
rundum kräftig anbraten. Das abgetropfte Wurzelgemüse
aus der Marinade zugeben und die Hälfte vom Wein
zugießen. Im offenen Topf schmoren, bis der Wein verdampft ist. Die Paprikaschoten, den restlichen Wein und
die Hälfte des Geflügelfonds zusetzen und im geschlossenen Topf etwa 30 Minuten schmoren. Den restlichen
Fond, Senf, Salz, Pfeffer und die grob zerteilten Kräuter
zugeben und im geschlossenen Topf weiterschmoren, bis
das Fleisch weich ist. Je nach Qualität dauert das weitere 20 bis 30 Minuten. Die Crème fraîche mit etwas Sauce
verrühren, in den Topf geben und unterrühren. Zuletzt
die Kapern zugeben und alles nochmals erhitzen. Mit
Reis oder Teigwaren servieren.

Kaninchen, wie es in der Provence geschmort wird

Reichlich Kräuter und Gewürze zeichnen die Schmorgerichte dieser malerischen Region Frankreichs aus. An sich sind es ganz einfache Gerichte, die jedoch von den Produkten des Landes – Kräuter, Gemüse und Wein – deren unverwechselbares Aroma übernehmen. Dazu harmonieren die beliebten Rosé- oder die würzigen Rotweine der Gegend.

GESCHMORTES KANINCHEN MIT OLIVEN

1 küchenfertiges Kaninchen (etwa 1,7 kg)
3 EL Olivenöl
50 g Schalotten
je 100 g Stangensellerie und Lauch
250 g ungeschälte Tomaten
2 Knoblauchzehen
3 EL Olivenöl
1 TL Salz, frisch gemahlener weißer Pfeffer
1/4 l Rosé aus der Provence
1/2 l heller Geflügelfond (siehe Seite 56/57)
1 Kräutersträußchen (Thymian, Rosmarin, Salbei, Bohnenkraut, Petersilie)
12 schwarze Oliven ohne Kern

Das Rezept, wie rechts beschrieben, zubereiten. Die Oliven anquetschen, damit sie ihr Aroma leichter abgeben können, und der fast fertig reduzierten Sauce zugeben. Das Fleisch in der Sauce wieder erhitzen. Als Beilage passt ein Ratatouille aus gelben und grünen Zucchini, Auberginen, Tomaten und Zwiebeln, das mit Kräutern der Provence abgerundet wird.

Kaninchen zubereiten:

Keulen und Rücken auslösen, den Rücken quer durchschneiden. Das Fleisch von Karkasse und Vorderläufen in Stücke schneiden.

Das Fleisch im heißen Öl hellbraun anbraten. Dabei mit einem Holzspatel ständig in Bewegung halten, damit es nicht anbrennt.

Die gehackten Schalotten, den Sellerie und den Lauch, in Stücke geschnitten, zugeben und unter Rühren Farbe nehmen lassen.

Die entkernten, in Stücke geschnittenen Tomaten und den Knoblauch mit einem Schuss Rosé zugeben und etwa 10 Minuten schmoren.

In einer Pfanne das Öl erhitzen. Die Keulen und Rückenteile mit Salz und Pfeffer würzen und portionsweise rundum kräftig anbraten.

Die Fleischteile samt Bratensaft zum Gemüse geben, den Wein aufgießen und aufkochen. Sobald er etwas verdampft ist, den Fond zugießen.

Die Kräuter und die Kaninchenteile im verschlossenen Topf gar schmoren. Das dauert je nach Fleischqualität 50 bis 80 Minuten.

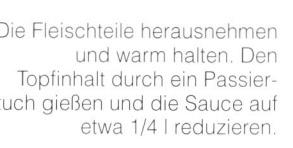

Die Fleischteile herausnehmen und warm halten. Den Topfinhalt durch ein Passiertuch gießen und die Sauce auf etwa 1/4 l reduzieren.

Kaninchen schmoren:

Die ausgelösten Kaninchenteile salzen, pfeffern und anschließend gleichmäßig mit
Senf bestreichen.

Die einzelnen Teile vollständig
in Mehl wenden, danach das
überschüssige Mehl durch
leichtes Abklopfen entfernen.

Das Öl in einem entsprechend
großen Topf erhitzen und die
einzelnen Kaninchenteile
darin knusprig anbraten.

Das Fleisch herausnehmen,
das Gemüse darin an-
schwitzen, mit dem Wein
ablöschen und aufkochen.

KANINCHEN MIT DÖRRPFLAUMEN

Eine gelungene Kombination ist diese Zusammenstellung von scharfem Senf und Dörrpflaumen. Gehaltvoller
wird dieses Gericht noch durch einen kräftigen Wein, der
dann auch zum Essen gereicht wird.

1 küchenfertiges Kaninchen (etwa 2 kg)
Salz, frisch gemahlener weißer Pfeffer
2 EL Dijonsenf
100 g Mehl
80 ml Pflanzenöl
80 g Lauch, 100 g Stangensellerie
100 g Zwiebeln
3/4 l kräftiger Weißwein
3/4 l Wasser
2 Thymianzweige, 1 Lorbeerblatt
12 weiße Pfefferkörner
2 Nelken
2 Knoblauchzehen
Außerdem:
100 g Dörrpflaumen
2 EL gehackte Petersilie

Das Kaninchen, wie auf Seite 50/51 beschrieben, in
Einzelteile zerlegen, dabei die Vorderlaufe und Keulen
im Kniegelenk durchtrennen. Die Oberkeulen nach
Belieben nochmals durchtrennen. Den Lauch und den
Sellerie waschen, putzen und, wie auch die Zwiebeln, in
grobe Würfel schneiden. Wie in der Bildfolge angegeben, weiterverfahren. Das Fleisch im geschlossenen Topf
in den auf 180 °C vorgeheizten Ofen schieben und auf
der untersten Schiene 60 bis 70 Minuten schmoren. Nach
dem Einkochen der Sauce die Dörrpflaumen hinzuge-
ben, die Kaninchenteile wieder einlegen, erwärmen,
anrichten und mit Petersilie bestreuen. Als Beilage passen Kartoffeln, Reis oder Nudeln dazu.

Die Kaninchenteile
mit den Gewürzen
und Kräutern hinzu-
fügen, das Fleisch
mit Wasser be-
decken und gar
schmoren.

Die Fleischteile
ausstechen, den
Fond passieren, dabei
das Gemüse leicht
ausdrücken.

Den Kochfond mit der Sahne
auffüllen, gut unterrühren und
zu einer cremigen Konsistenz
einkochen lassen.

In Wein geschmort

Kaninchenfleisch verhält sich beim Schmoren in
Wein wie mageres Geflügel. Sowohl Weißwein als
auch Rotwein eignen sich dafür, allerdings müssen
die übrigen Zutaten, Gemüse, Kräuter und Gewürze
darauf abgestimmt sein. Starkes Würzen ist nicht
angebracht, da der reduzierte Wein schon genügend
Geschmack mitbringt.

KANINCHEN, IN ROTWEIN GESCHMORT

1 küchenfertiges Kaninchen (etwa 1,5 kg)
Für die Marinade:
150 g Möhren, 160 g Zwiebeln
1 Bund glatte Petersilie
3 Lorbeerblätter, 1 TL schwarze Pfefferkörner
4 Gewürznelken, 1 EL getrockneter Thymian
700 ml trockener Rotwein
Außerdem:
125 g durchwachsener Räucherspeck
20 g Butter
1 Bund Frühlingszwiebeln
Salz, frisch gemahlener schwarzer Pfeffer
1 Prise Zucker, 1 EL Mehl zum Bestauben
1/4 l Sahne

Das Kaninchen waschen und mit Küchenpapier trockentupfen. In Portionsstücke teilen – wie auf Seite
50/51 beschrieben – und in eine Schüssel legen. Die
Möhren und die Zwiebeln putzen, in Scheiben schneiden und zusammen mit der Petersilie und den Gewürzen zum Fleisch geben. Mit Rotwein übergießen
und zugedeckt über Nacht im Kühlschrank marinieren.
Am nächsten Tag das Fleisch aus der Marinade nehmen und mit Küchenpapier trockentupfen. Die
Marinade durch ein Sieb gießen. Den Speck in feine
Würfel schneiden, in der zerlassenen Butter glasig werden lassen und die Kaninchenteile von allen Seiten
darin anbraten. Die Frühlingszwiebeln putzen, waschen, von dem Grün etwa 10 cm abschneiden und zur
Seite stellen. Die Frühlingszwiebeln in Ringe schneiden und zum angebratenen Kaninchen geben. Leicht
bräunen, alles mit Salz und Pfeffer und einer Prise
Zucker bestreuen und mit Mehl bestauben. Etwas von
der Marinade hinzufügen und das Kaninchen in 25 bis
35 Minuten bei milder Hitze im geschlossenen Topf
garen. Zwischendurch immer wieder etwas von der
Marinade nachgießen. Die Kaninchenteile ausstechen,
auf eine vorgewärmte Platte legen und in den vorgeheizten Ofen stellen. Die Sauce mit der Sahne verrühren und bei starker Hitze unter Rühren einkochen lassen, bis sie cremig ist. Die Kaninchenteile wieder in die
Sauce legen, abschmecken und das in Ringe geschnittene Frühlingszwiebelgrün darüber streuen. Als Beilage
eignen sich Teigwaren und Salat sowie der Wein, der
auch zum Kochen verwendet wurde, ganz besonders.

Gefüllt und braisiert

Das Füllen eines Kaninchens ist immer eine Zubereitung, die zeitaufwändig, aber lohnend ist. Dabei ist es weniger von Bedeutung, ob das Kaninchen im Ganzen gefüllt oder nur der Rücken als Rolle gegart wird. Wichtig ist bei beiden Rezepten, dass das Fleisch weder ge- schmort noch gebraten, sondern braisiert wird – eine Garmethode, die auch als »Braundünsten« bezeichnet wird. In der klassischen Küche wird hierfür das Fleisch nur leicht braun angebraten, damit die sich bildende Kruste das Auslaufen des Fleischsaftes während des weiteren Garvorgangs verhindert. Es wird dann nur so viel Flüssigkeit aufgegossen, dass das Fleisch nicht anhängt und seine Kruste behält. Aus dem Bratsatz und der restlichen Flüssigkeit wird die Sauce zubereitet. Das Ergebnis ist ein saftiges Fleisch mit einer leichten Kruste.

IM GANZEN GEFÜLLTES KANINCHEN MIT GEMÜSE-BROT-FÜLLUNG

(für 4 bis 6 Portionen)
1 Kaninchen (etwa 2,2 kg)
Für die Füllung:
5 Scheiben Toastbrot
10 g Butter
60 g Brokkoli
je 80 g Möhren und Stangensellerie
60 g Zucchini
Salz, Pfeffer, 1 Prise Muskatnuss
1 Ei
20 g gebräunte Butter
1 EL gehackte Petersilie
1 EL Crème fraîche
Außerdem:
2 Scheiben grüner Speck
80 ml Pflanzenöl
80 g Zwiebeln, 50 g Möhre
40 g Knollensellerie
1/2 l dunkler Kaninchenfond
30 g kalte Butterwürfel

Den Kopf und Hals des Kaninchens abtrennen und das Kaninchen, wie auf Seite 50/51 beschrieben, auslösen, dabei die Keulen und Läufe am Rücken belassen. Das Kaninchen sorgfältig waschen und trockentupfen. Für die Füllung das Toastbrot entrinden und in kleine Würfel schneiden. Die Butter in einer Pfanne schmelzen und die Brotwürfel darin goldbraun anbraten. Wer möchte, kann sie auch im vorgeheizten Ofen anbraten; die gleichmä- ßige Ober- und Unterhitze gewährleisten ein gutes Ergebnis. Das Gemüse putzen, den Brokkoli in Röschen zerteilen, das restliche Gemüse in Würfel schneiden. Das

Gemüse sortenweise in Salzwasser blan- chieren, würzen und abtropfen lassen. Die vorbereiteten Brotwürfel und das Gemüse in eine Schüssel geben, die restlichen Zutaten für die Füllung der Reihe nach zufügen und zu einer festen Masse verarbeiten. Die Bauchhöhle des Kaninchens salzen, pfeffern und mit der Gemüse- Brot-Masse füllen. Den grünen Speck auf die Füllung legen, die Bauchlappen darüberschlagen und mit dünnem Zwirn vernähen, jedoch nicht zu straff, da sich die Füllung während des Garvorgangs noch ausdehnt. Das Kaninchen außen salzen und pfeffern. Das Öl in einer entsprechend großen Bratpfanne erhitzen und das Kaninchen kurz auf dem Rücken anbraten. Auf die Bauchseite wenden, in den auf 180 °C vorgeheizten Ofen schieben und insgesamt etwa 1 Stunde garen. Das Wurzelgemüse putzen und in Würfel schneiden. Nach etwa 10 Minuten Garzeit zum Kaninchen geben und mitbraten. Hat das Gemüse leicht Farbe genommen, ein wenig Fond zugießen, das Gemüse bis zum Ende der Garzeit des Öfteren wenden. Das Kaninchen heraus- nehmen und warm halten. Den restlichen Fond zum Bratsatz gießen und zur Hälfte einkochen lassen. Die Sauce passieren, mit der kalten Butter aufschlagen und abschmecken. Das Kaninchen in Scheiben schneiden und separat zur Sauce servieren.

| 150 g Möhren, 200 g Zwiebeln |
| 100 g Knollensellerie |
| 1/8 l dunkler Kaninchenfond |
| 1/8 l Sahne |

Den Kaninchenrücken zum Füllen vorbereiten, wie auf Seite 50/51 beschrieben. Für die Füllung das Kaninchenfleisch und die Sahne kühl stellen. Die Pistazien halbieren und den Schinken würfeln. Das Kaninchenfleisch salzen und pfeffern, in einen Mixer geben und fein pürieren. Die Sahne nach und nach zugeben, bis eine homogene Masse entstanden ist. Die Farce durch ein feines Sieb streichen und erneut kalt stellen. Die Kaninchennieren würzen und kurz von beiden Seiten in der Butter anbraten, anschließend kalt stellen. Die Pistazien und den Schinken zur Farce geben. Den Rücken, wie in den Arbeitsschritten rechts gezeigt, mit der Farce füllen. Dabei sollten die Bauchlappen noch 3 bis 4 cm überlappen und nicht zu viel Füllung auf dem Rücken sein, da sich die Farce beim Garen noch etwas ausdehnt. Die Roulade nach dem Anbraten bei 180 °C im vorgeheizten Ofen 45 Minuten garen. Sobald das zugegebene Röstgemüse Farbe angenommen hat, mit ein wenig Kaninchenfond aufgießen. Die fertige Roulade warm stellen, den restlichen Fond zugießen, zur Hälfte reduzieren, passieren und mit der Sahne zu einer cremigen Konsistenz einkochen. Die Sauce mit Salz und Pfeffer abschmecken und zu der aufgeschnittenen Roulade reichen.

Kaninchenrücken füllen: Das Schweinenetz ausbreiten, den Rücken darauf legen, würzen. Die Farce auftragen, die kleinen Filets einlegen und dünn mit Farce bestreichen. Die halbierten kalten Nieren in der Mitte aneinander reihen.

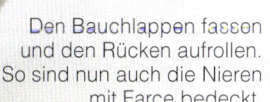

Den Bauchlappen fassen und den Rücken aufrollen. So sind nun auch die Nieren mit Farce bedeckt.

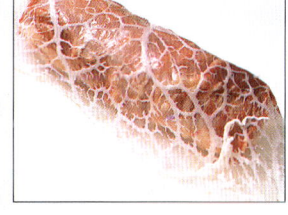

Die Roulade doppelt in das Schweinenetz einschlagen, dabei darauf achten, dass es nicht zu straff sitzt.

GEFÜLLTER KANINCHENRÜCKEN

Dieses Gericht wird ähnlich wie eine Galantine zubereitet. Es unterscheidet sich von der klassischen Rollpastete lediglich dadurch, dass der Kaninchenrücken in ein Schweinenetz eingerollt, braisiert und noch warm mit einer Sauce serviert wird.

| 1 Kaninchenrücken mit Rippenbogen (etwa 800 g) |
| *Für die Füllung:* |
| 150 g Kaninchenfleisch aus der Oberkeule |
| 150 ml Sahne |
| 20 g Pistazien, 100 g gekochter Schinken |
| Salz, frisch gemahlener weißer Pfeffer |
| 8 Kaninchennieren |
| 20 g Butter |
| *Außerdem:* |
| 1 Schweinenetz |
| 80 ml Pflanzenöl |

Das Öl in einer entsprechend großen Bratpfanne erhitzen und die Roulade rundherum gleichmäßig anbraten.

In den vorgeheizten Ofen schieben, das gewürfelte Röstgemüse zugeben und mitbraten; dabei oft wenden.

Braten in der Pfanne und im Ofen

In der Geflügelküche ist das Braten sicher die wichtigste Garmethode, da das zarte, mehr oder weniger neutrale Fleisch – zumindest beim Huhn und der Pute – nach einer würzigen Kruste verlangt. Diese kann auf zweierlei Weise erreicht werden: durch Braten in der Pfanne, was vor allem bei Geflügelteilen angebracht ist, oder durch Braten im Ofen, wie überwiegend die ganzen Vögel zubereitet werden. Das Ergebnis ist ähnlich: innen saftiges, zartes Fleisch und außen eine braune, krosse Haut. Das Braten in der Pfanne bekommt vor allem jungem Geflügel, wenn es in Einzelteile zerlegt, gewürzt und in Butter von allen Seiten knusprig braun gebraten wird. Ob es vorher noch mit Mehl bestaubt oder paniert wurde, ist unerheblich, denn mit der Kontakthitze in der Pfanne kann sehr schonend gegart werden, das Fleisch bleibt saftig, im Gegensatz zur Haut, die würzig und knusprig wird. Für Geflügel im Ganzen taugt die Strahlungshitze im Ofen mehr, sie kann sich rundum verteilen und gleichmäßig in das Fleisch eindringen. Das hat allerdings zur Folge, dass zum Beispiel beim Hähnchen die Brust, die direkt unter der Haut liegt, schneller gar wird als das Fleisch der Oberkeule. Das Problem lässt sich lösen, wenn man nach dem Tranchieren die Keulen nachbrät und nachserviert. Die großen Festtagsbraten wie Ente, Gans und Puter können nach zwei Methoden gebraten werden. Bei der ersten wird mit starker Hitze angebraten und bei reduzierter Temperatur fertig gegart. Dies ist wichtig bei Gans und Ente, um überschüssiges Fett zu entziehen. Die langsamere Methode bei niedriger Temperatur hat den Vorteil, dass die großen Geflügelarten gleichmäßiger garen, vor allem, wenn sie ab und zu gewendet und entsprechend oft mit Bratensaft begossen werden.

Eine ganz natürliche Küche: ein gutes Huhn, reichlich Butter und frische Kräuter.
Das Ergebnis: saftiges Fleisch und eine würzige Kruste.

Geflügelbrüste, in der Pfanne gebraten

Die ausgelösten Brüste sind als Portionsgerichte besonders gut geeignet. Ihr mageres Fleisch bietet sich für die Diätküche geradezu an, es kann von den unterschiedlichsten geschmacksgebenden Komponenten begleitet werden. Das Braten in der Pfanne ist wohl die am häufigsten angewandte Garmethode für diese zarten Stücke. Dabei sind die Grundregeln meist gleich, die Garzeiten richten sich nach Größe und Gewicht des Produkts. Die Brüste kleiner Geflügelsorten, wie zum Beispiel Taube und Perlhuhn, werden eigentlich immer im Ganzen gebraten. Die großen Putenbrüste dagegen werden meist aufgeschnitten und als Schnitzel oder sogar geschnetzelt (in einem Wok) gebraten. Geflügelbrüste aller Größen können gefüllt werden. Dazu wird eine Tasche in das Fleisch geschnitten und in diese die Farce hineingefüllt. Bei größeren bzw. großen Brusthälften kann auch das aufliegende Filet abgelöst, das Brustfleisch und das Filet leicht plattiert, die Füllung auf die Brust gegeben und mit dem Filet zugedeckt werden. Durch Einrollen und sorgfältiges Binden ist sichergestellt, dass die Füllung beim Braten nicht herausläuft. Gerade für die große Putenbrust bietet sich das Füllen und Braten im Ganzen an. Auf diese Weise kann das Putenbrustfleisch aus seinem Schattendasein der Schnitzelküche heraustreten.

TAUBENBRÜSTCHEN AUF GÄNSESTOPFLEBERSAUCE

(für 2 Portionen)

4 Taubenbrüste mit Flügelknochen (à 85 g)
Salz, frisch gemahlener weißer Pfeffer
3 EL Pflanzenöl
10 g Butter
Für die Sauce:
100 ml dunkler Geflügelfond (siehe Seite 54/55)
80 ml Sahne
1 EL Gänsestopfleberparfait

Vor dem Braten der Brüste den Geflügelfond für die Sauce auf die Hälfte reduzieren und mit der Sahne aufgießen. 2 bis 3 Minuten köcheln lassen und die Sauce beiseite ziehen. Die Taubenbrüste, wie in der Stepfolge beschrieben, braten. Die Sauce erneut zum Kochen bringen, die Gänsestopfleber mit einem Schneebesen einrühren, abschmecken und nicht mehr kochen. Die tranchierten Taubenbrüste mit der Sauce anrichten.

PERLHUHNBRUST MIT SALBEIJUS

(für 2 Portionen)

2 Perlhuhnbrüste (à 160 g)
Salz, frisch gemahlener weißer Pfeffer
10 Salbeiblätter
3 EL Pflanzenöl
10 g Butter
Für die Sauce:
200 ml dunkler Geflügelfond (siehe Seite 54/55)
1/2 TL Speisestärke

Vorab den Geflügelfond für die Sauce auf die Hälfte reduzieren. Die Brüste, wie in der Bildfolge unten beschrieben, zubereiten. In der Zwischenzeit die restlichen 4 Salbeiblätter in feine Streifen schneiden und zum reduzierten Fond geben. Diesen mit der in wenig Wasser angerührten Speisestärke binden und abschmecken. Die Perlhuhnbrüste vom Brustende zur Brustspitze hin in Scheiben schneiden und fächerförmig anrichten. Mit der Sauce servieren.

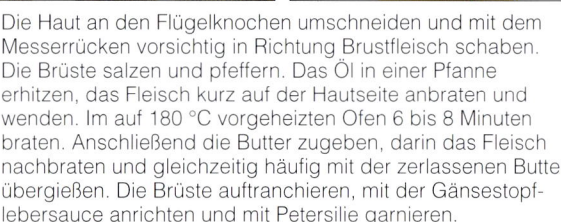

Die Haut an den Flügelknochen umschneiden und mit dem Messerrücken vorsichtig in Richtung Brustfleisch schaben. Die Brüste salzen und pfeffern. Das Öl in einer Pfanne erhitzen, das Fleisch kurz auf der Hautseite anbraten und wenden. Im auf 180 °C vorgeheizten Ofen 6 bis 8 Minuten braten. Anschließend die Butter zugeben, darin das Fleisch nachbraten und gleichzeitig häufig mit der zerlassenen Butter übergießen. Die Brüste auftranchieren, mit der Gänsestopflebersauce anrichten und mit Petersilie garnieren.

Die Perlhuhnbrüste mit einem dünnen Messer längs einschneiden, so dass eine Tasche entsteht. Das Fleisch salzen und pfeffern und je 3 Salbeiblätter in die Taschen einlegen. Das Öl in einer Pfanne erhitzen, die Brüste auf der Hautseite anbraten und wenden. Im auf 180 °C vorgeheizten Ofen in 10 bis 12 Minuten fertig garen. Kurz vor Ende der Garzeit die Butter zugeben, darin das Fleisch nachbraten und mit der zerlassenen Butter übergießen. Die gebratenen Brüste kurz ruhen lassen, anschließend aufschneiden und anrichten.

Truthahnbrüste eignen sich besonders gut zum Füllen, etwa wie hier gezeigt, mit einer herzhaften Gemüsezubereitung. Im Ganzen gebraten sind sie ein ansprechender Anblick.

GEBRATENE ENTENBRUST

Das Braten von Entenbrüsten bedarf einer besonderen Methode. Um eine knusprige Haut zu erhalten, werden sie nur bei Oberhitze im Backofen gebraten. Nach Meinung vieler Leute ist sie das Beste einer Ente und muss deshalb bevorzugt behandelt werden.

(für 2 Portionen)
2 Entenbrüste (à 180 g)
1 Prise Salz
frisch gemahlener weißer Pfeffer
3 EL Pflanzenöl

Die Zubereitung erfolgt entsprechend der Bildfolge unten. Sollte kein Ofen mit getrennt zu schaltender Oberhitze zur Verfügung stehen, so empfiehlt es sich, die Ente länger auf der Hautseite anzubraten. Eine andere Möglichkeit besteht darin, die Brüste mit der Hautseite nach oben 2 bis 3 Minuten vor Ende der Garzeit unter einem Grill fertig zu garen.

Die Hautseite der Entenbrüste mit einem scharfen Messer im Karomuster bis knapp über das Fleisch einschneiden. Das Fleisch salzen und pfeffern. Das Öl in einer Pfanne erhitzen und die Brüste auf der Hautseite anbraten, sie sollen dabei leicht Farbe annehmen. Die Brüste wenden und im auf 180 °C vorgeheizten Ofen bei Oberhitze in 12 bis 14 Minuten fertig garen. Die gebratenen Entenbrüste kurz ruhen lassen, anschließend in gleichmäßige Scheiben schneiden und fächerförmig anrichten. Dazu passt gedünstetes Gemüse.

GEFÜLLTE TRUTHAHNBRUST

Eine Truthahnbrust im Ganzen zu braten, ist etwas ungewöhnlich, doch bei entsprechendem Anlass und ausreichender Personenzahl kann sie eine willkommene Abwechslung darstellen.

(für 4 bis 6 Portionen)
1 Truthahnbrust mit Flügelknochen (etwa 1,1 kg)
Salz, frisch gemahlener weißer Pfeffer
50 ml Pflanzenöl
100 ml dunkler Geflügelfond (siehe Seite 54/55)
Für die Füllung:
80 g Truthahnfleisch aus der Keule
60 ml Sahne, 80 g Brokkoli
Salz, frisch gemahlener weißer Pfeffer
1 EL geschlagene Sahne

Für die Füllung das gewürfelte Fleisch und die Sahne kühl stellen. In der Zwischenzeit den Brokkoli putzen, in kleine Röschen zerteilen, in kräftigem Salzwasser blanchieren, abschrecken und trockenlegen, anschließend grob hacken. Das gekühlte Fleisch in einen Mixer geben, salzen, pfeffern und fein pürieren. Nach und nach die flüssige Sahne zugeben und so lange mixen, bis eine homogene Masse entstanden ist. Die Farce durch ein feines Sieb streichen und kühl stellen. Dann die Farce mit dem Brokkoli vermengen, abschmecken und die geschlagene Sahne unterziehen. In die Truthahnbrust eine Tasche einschneiden, wie am Beispiel des Perlhuhns gegenüber gezeigt, die Brokkolifarce einfüllen und zunähen. Das Öl in einer Pfanne erhitzen, die Brust würzen, auf der Hautseite anbraten und wenden. Im auf 180 °C vorgeheizten Ofen in 50 bis 60 Minuten fertig braten. Damit der Bratensatz nicht einbrennt, nach und nach etwas Geflügelfond in die Pfanne gießen. Den Küchenzwirn entfernen, die Brust einige Minuten ruhen lassen, dann aufschneiden.

GEBRATENE PUTENLEBER AUF KARTOFFEL-LAUCH-GEMÜSE

Von den Lebern aller Hühnervögel hat die Putenleber den kräftigsten Geschmack und passt schon deshalb gut zu deftigem Gemüse, wie zum Beispiel Lauch.

250 g Putenleber
je 5 g Butterschmalz und Butter
Salz, frisch gemahlener weißer Pfeffer
80 ml dunkler Geflügelfond (siehe Seite 54/55)
Für das Gemüse:
200 g Lauch, 300 g fest kochende Kartoffeln
100 g Steinpilze
200 ml Geflügelvelouté (siehe Seite 68/69)
10 g Butter, 1 fein geschnittene Schalotte
Salz, frisch gemahlener weißer Pfeffer
1 Prise Muskatnuss
1 EL geschlagene Sahne

Für das Gemüse den Lauch putzen, in 1/2 cm breite Scheiben schneiden und blanchieren. Die Kartoffeln in der Schale kochen, pellen und in Scheiben schneiden. Die Steinpilze putzen und ebenfalls in Scheiben zerteilen. In einem Topf die Velouté erhitzen, den Lauch und die Kartoffeln zufügen. Die Steinpilze mit der Schalotte in der Butter anbraten und zum Gemüse geben. Zusammen einmal aufkochen, salzen, pfeffern und mit Muskat würzen. Die Putenleber waschen. In einer Pfanne das Butterschmalz erhitzen und die Leber darin gleichmäßig braten. Zum Schluss die frische Butter zufügen, aufschäumen lassen, kurz nachbraten und würzen. Die Leber herausnehmen. Den Bratensatz mit dem Geflügelfond ablöschen und einkochen lassen. Das Gemüse mit der Sahne verfeinern und anrichten. Die Geflügelleber in Tranchen schneiden, auf Tellern anrichten und mit der Bratensauce übergießen.

GEBACKENE ENTENSTOPFLEBER- WÜRFEL AUF SPARGELSALAT

240 g Entenstopfleber
Salz, frisch gemahlener weißer Pfeffer
1 EL Mehl, 1 Ei
je 100 g Briochebrösel und Semmelbrösel
80 ml Pflanzenöl
Für den Salat:
500 g weißer Spargel
Salz, 1/2 EL Zucker, 1 Zitronenscheibe
Für die Vinaigrette:
30 ml Himbeeressig
Salz, frisch gemahlener weißer Pfeffer
100 ml Distelöl
Außerdem:
1 Tomate
1/2 EL fein geschnittener Schnittlauch

Für den Salat den Spargel schälen, in kochendem Wasser mit einer Prise Salz, dem Zucker und der Zitronen-

Leber, kurz gebraten

Natürlich gewachsene Lebern unterscheiden sich in ihrem Bratverhalten von den Lebern gestopfter Vögel. Stopflebern geraten aufgrund ihres höheren Fettgehalts beim Braten leicht »ins Schwimmen«. Deshalb ist es wichtig, sie nur gut gekühlt zu verarbeiten. Sie sollten erst unmittelbar vor der Zubereitung aus dem Kühlschrank genommen werden, dann braten sie außen knusprig an, während sie innen schmelzig bleiben und einen zarten Kern behalten.

scheibe bissfest garen, abgießen und abschrecken. Für die Vinaigrette den Essig mit Salz und Pfeffer verrühren, das Öl zugeben und gut unterrühren. Die Spargelspitzen in 5 cm Länge abschneiden und der Länge nach halbieren, die Enden in Scheiben schneiden. Den Spargel in der Vinaigrette marinieren. Die Tomate blanchieren, häuten, Stielansatz und Samen entfernen, würfeln und zufügen.

Kurz vor dem Servieren mit Schnittlauch bestreuen. Die Entenstopfleber in 2,5 cm breite Scheiben, daraus Balken und schließlich Würfel schneiden. Diese salzen, pfeffern, in Mehl und dem verquirlten Ei wenden und mit den gemischten Bröseln panieren. Die Panade fest andrücken und die Leber nochmals kurz kalt stellen. Das Öl in einer Pfanne erhitzen und die Leberwürfel von allen Seiten nur kurz anbraten und leicht Farbe nehmen lassen. Die Leberwürfel mit dem Spargelsalat anrichten und sofort servieren.

Gänsestopfleber braten:
Die Leber in Scheiben schneiden, eventuell vorhandene Äderchen entfernen. Die Scheiben salzen, pfeffern und in einer heißen Pfanne ohne Fett von beiden Seiten braten, bis sie leicht Farbe angenommen haben.

GEBRATENE GÄNSESTOPFLEBER AUF SCHALOTTENCONFIT

Im Geschmack sucht die gebratene Gänsestopfleber ihresgleichen. Ihr eigenes charakteristisches Aroma wird durch die feinen Röststoffe noch verfeinert.

240 g Gänsestopfleber
Für das Confit:
180 g Schalotten
5 g Butter
1 Thymianzweig
1/4 l kräftiger Rotwein
60 ml roter Portwein
1/8 l dunkler Geflügelfond (siehe Seite 54/55)
Salz, frisch gemahlener weißer Pfeffer
Außerdem:
2 Stauden Chicorée

Die Gänsestopfleber in 8 Scheiben à 30 g schneiden und kühl stellen. Für das Confit die Schalotten schälen, in Ringe schneiden und in der Butter kurz anschwitzen. Den Thymian beigeben, mit Rotwein und Portwein ablöschen und bei niedriger Temperatur bis auf einen kleinen Rest reduzieren. Den Geflügelfond zugießen, die Schalotten weiterköcheln lassen, bis sie gar sind und der Fond zur Hälfte eingekocht ist, dann salzen und pfeffern. Die Gänsestopfleber, wie rechts beschrieben, braten; jedoch darauf achten, dass sie noch einen leichten schmelzenden Kern behält. Das Schalottenconfit mit den geputzten Chicoréespitzen anrichten und die Leberscheiben dazugeben. Nach Belieben die Leber mit kräftigem Geflügeljus nappieren.

BRATEN IN DER PFANNE UND IM OFEN

CORDON BLEU VON DER PUTENBRUST

Ein Cordon bleu lässt sich am besten aus der ganzen Brust schneiden. Wer das Fleisch portionsweise kauft, lässt sich die Taschen schon vom Metzger einschneiden.

(für 2 Portionen)
360 g Putenbrust
Salz, frisch gemahlener weißer Pfeffer
2 Scheiben gekochter Schinken (à 15 g)
2 Scheiben Emmentaler (à 20 g)
Mehl, 1 Ei und Semmelbrösel zum Panieren
50 ml Pflanzenöl
10 g Butter

Die Putenbrust entgegen der Fleischfaser anschneiden. Wie links beschrieben, die Tasche zum Füllen bereits beim Abschneiden vom Fleischstück einschneiden. Dazu die erste Scheibe nicht ganz durchschneiden, so dass sich beim Abschneiden der zweiten Scheibe eine Tasche ergibt. Die Fleischtaschen, wie links gezeigt, füllen und panieren. Das Öl in einer Pfanne erhitzen, die Cordon-bleu-Stücke rundum 3 bis 4 Minuten braten. Kurz vor Ende der Garzeit die Butter zufügen, aufschäumen lassen und die Fleischstücke nachbraten. Vor dem Servieren auf Küchenpapier abtropfen lassen. Mit Bohnenbündeln und Kartoffelpüree servieren und nach Belieben mit Zitronensaft beträufeln.

Cordon bleu zubereiten: Die Fleischtaschen würzen und mit je 1 Scheibe Schinken und Käse belegen. In Mehl, verquirltem Ei und Semmelbröseln wenden, die Panade andrücken.

HÄHNCHEN-CRÉPINETTES

2 küchenfertige Hähnchen (à 1 kg)
60 g Hähnchenbrust
Salz, frisch gemahlener weißer Pfeffer
80 ml Sahne
1 EL geschlagene Sahne
20 g geschälte Pistazien
30 g schwarze Trüffel aus dem Glas
2 Schweinenetze
20 ml Pflanzenöl

Die Hähnchen, wie in der Bildfolge beschrieben, auslösen und kalt stellen. Das zusätzliche Hähnchenbrustfleisch fein würfeln und gut durchkühlen lassen. Die Würfel in einen Mixer geben, salzen und pfeffern, fein mixen und nach und nach die Sahne zugießen. Die Farce passieren, erneut abschmecken und die geschlagene Sahne unterheben. Die Pistazien halbieren, die Trüffeln in Scheiben schneiden und beides unter die Farce heben. Die ausgelösten Keulen und Brüste salzen und pfeffern, die Farce, wie unten beschrieben, auf den Keulen verteilen, mit den Brüsten bedecken und in Form bringen. Die gewässerten Schweinenetze ausdrücken und halbieren. Das Fleisch doppelt in je ein halbes Schweinenetz einschlagen und leicht andrücken, die Ränder abschneiden. Die Crépinettes in heißem Öl rundum anbraten und in 12 bis 14 Minuten bei 180 °C im vorgeheizten Ofen fertig garen.

Crépinettes zubereiten:

Die Keulen und Brüste (mit Flügelknochen) auslösen. Die Brüste von den Flügelknochen befreien und die Haut vorsichtig ablösen.

Die Keulen häuten, den Unterschenkelknochen freilegen und putzen, den Oberschenkelknochen auslösen

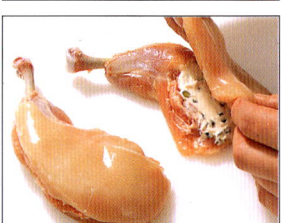

Die Keulen würzen, mit Farce bestreichen, die Brüste mit der Spitze zum Knochen auflegen, braten.

Die Crépinettes aus dem Ofen nehmen, kurz ruhen lassen und anschließend auftranchieren.

Gefüllt und gebraten
DIE FEINSTEN STÜCKE VOM GEFLÜGEL SIND GERADE GUT GENUG

Dies trifft natürlich nur dann zu, wenn das Geflügel von entsprechender Qualität ist. Dann lohnt sich auch die Mühe dieser zeitaufwändigen Zubereitung, ganz zu schweigen von den Kosten für solch edle Zutaten wie schwarze Trüffeln oder Gänsestopfleber.

CRÉPINETTES VOM PERLHUHNKÜKEN MIT GÄNSESTOPFLEBER

Diese Crépinettes aus Brust und Keule mit einem zart-schmelzenden Kern aus Gänsestopfleber sind ein ganz besonderer Leckerbissen.

2 küchenfertige Perlhuhnküken (à 360 g)
Salz, frisch gemahlener weißer Pfeffer
60 g Gänsestopfleber, 2 Schweinenetze
60 ml Pflanzenöl
Für die Sauce:
1 EL Senfkörner
300 ml Apfelsaft
1/4 l dunkler Geflügelfond (siehe Seite 54/55)
1/2 TL Speisestärke
Salz, frisch gemahlener weißer Pfeffer

Die Perlhuhnküken so zerlegen, dass Brust und Keule zusammenhängen, die Haut ablösen. Die Crépinettes, wie in den Arbeitsschritten gezeigt, vorbereiten und in das Schweinenetz einwickeln. Für die Sauce die Senfkörner mit dem Apfelsaft zum Kochen bringen und 15 Minuten köcheln lassen. Den Geflügelfond separat erhitzen und etwa auf die Hälfte reduzieren. Den Apfelsaft durch ein Tuch passieren, die Senfkörner zum Geflügelfond geben. Die mit wenig Wasser angerührte Speisestärke einrühren und die Sauce abschmecken. Die Crépinettes im heißen Öl anbraten und im auf 180 °C vorgeheizten Ofen in 12 bis 15 Minuten fertig garen. Herausnehmen, kurz ruhen lassen, in Scheiben schneiden, anrichten und mit der Senfkörnersauce servieren. Dazu feine Bandnudeln und kleines Gemüse reichen.

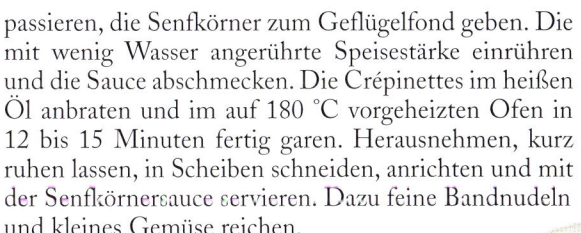

Crépinettes mit Gänsestopfleber:

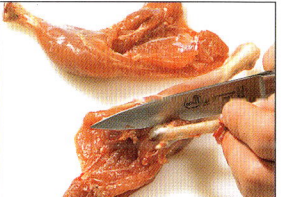

Den Oberschenkelknochen mit einem scharfen Messer herauslösen, das Fleisch salzen und pfeffern.

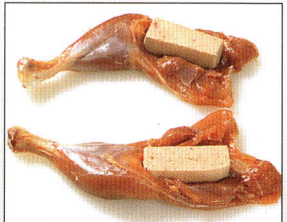

Die Gänsestopfleber in 4 gleichmäßig dicke Rechtecke schneiden und auf je 1 Oberschenkel legen.

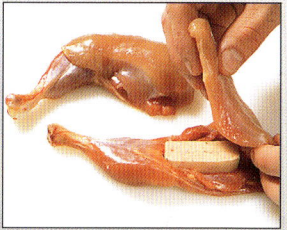

Die Brüste so auflegen, dass die Brustspitze zum Unterschenkel zeigt und dann fest andrücken.

Die gewässerten, ausgedrückten Schweinenetze halbieren, das Fleisch doppelt darin einwickeln.

Das Öl erhitzen, das Fleisch erst auf der Brustseite anbraten, wenden und auf der Keulenseite fertig braten.

BRATEN IN DER PFANNE UND IM OFEN

Perlhuhn tranchieren:

Das gebratene Perlhuhn 5 Minuten ruhen lassen. Den Zwirn entfernen. Zwischen Brust und Schenkel einschneiden.

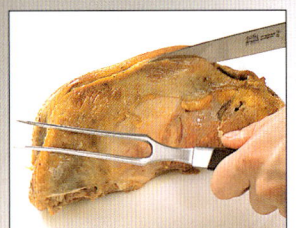

So tief schneiden, bis das Hüftgelenk sichtbar wird. Den Schenkel seitwärts klappen und im Gelenk abtrennen.

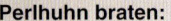

Perlhuhn braten:
Das Perlhuhn würzen, binden und in dem Öl in einer Bratpfanne auf der Brustseite anbraten. Auf das Rückgrat wenden, die Brüste und Keulen mit 30 g weicher Butter bepinseln. Bei 180 °C im vorgeheizten Ofen 40 bis 50 Minuten braten. Mehrmals mit dem Bratensaft übergießen.

Ebenso die Flügel unterhalb der Brust abtrennen. Die Brüste entlang dem Brustbein vorsichtig einschneiden.

Die Brüste von der Karkasse lösen. Die Klinge zur Karkasse richten, um das Fleisch nicht zu verletzen.

Die ausgelösten Brüste vom Flügelansatz zur Brustspitze in gleichmäßige Tranchen schneiden.

Die restliche Butter im Bratsatz aufschäumen lassen und die Keulen 8 bis 10 Minuten im Ofen nachbraten.

Die Keulen zwischen Ober- und Unterschenkel einschneiden und das Kniegelenk durchtrennen.

Den Ober- und Unterschenkelknochen auslösen. Das Fleisch in Stücke bzw. Scheiben schneiden.

GEBRATENES PERLHUHN, IN ZWEI GÄNGEN SERVIERT

(für 2 bis 4 Portionen)

1 Perlhuhn (etwa 1,6 kg)
Salz, frisch gemahlener weißer Pfeffer
60 ml Pflanzenöl
40 g Butter

Das Perlhuhn, wie in der Stepfolge beschrieben, zubereiten. Nach dem Braten 5 Minuten ruhen lassen, damit beim Tranchieren nicht zu viel Saft austritt. Die Brüste werden als erster Gang mit Gemüse, Beilagen und einer Rahmsauce serviert. Die Keulenteile und Flügel folgen als zweiter Gang auf einem zarten Salatbukett mit kräftiger Geflügeljus.

Im Ganzen braten und getrennt servieren

DENN NICHT ALLE TEILE VOM HUHN SIND GLEICHZEITIG GAR

Geflügel im Ganzen zu braten, hat seine Vorteile. Zum einen wird das Bratenstück außen knusprig und bleibt innen saftig, da durch die trockene Hitze die Haut und die äußeren Schichten schnell gar werden. Es entsteht eine Schutzschicht, unter der die Fleischsäfte die Hitze nach innen leiten und das Fleisch garen. Zum anderen geben die Knochen während des Bratvorgangs Geschmacks- und Aromastoffe an das Fleisch ab, was im Ganzen gebratenem Geflügel seinen unverkennbaren Geschmack verleiht. Leider wird in der Gastronomie heute sehr wenig im Ganzen gebratenes Geflügel angeboten. Dabei ist die Präsentation einer gebratenen Ente beispielsweise auch im Restaurant immer etwas Besonderes. Das Geflügel kann vor den Augen der Gäste tranchiert beziehungsweise nach der Präsentation in der Küche aufgeschnitten werden. Wie am Perlhuhn auf der linken Seite gezeigt wird, kann ein Geflügel aber auch in zwei Gängen serviert werden, was vor allem bei größeren Geflügelsorten seine Berechtigung hat. In der Regel sind die Brüste vor den Keulen gar und würden bis zum Ende der Gesamtgarzeit trocken werden. Die kürzere Bratzeit der Brüste und ein separates Nachbraten der Keulen führt zu einem guten Ergebnis. Bei kleinerem Geflügel, etwa Wachteln oder Tauben, sind die Garzeiten für Brüste und Keulen identisch.

GEBRATENE TAUBEN MIT TRÜFFELSAUCE

(für 2 Portionen)
2 bratfertige Tauben (à 350 g)
Salz, frisch gemahlener weißer Pfeffer
3 EL Pflanzenöl, 10 g Butter
Für die Sauce:
4 cl Trüffelfond
200 ml dunkler Geflügelfond (siehe Seite 54/55)
10 g kalte Butter, 30 g schwarze Trüffel

Die Tauben salzen, pfeffern, mit Küchengarn in Form binden. Das Öl in einer Pfanne erhitzen, die Tauben auf der Brustseite kurz anbraten und wenden. Bei 180 °C im vorgeheizten Ofen 15 bis 18 Minuten braten. 5 Minuten vor Ende der Garzeit die Butter zugeben und die Tauben mehrmals damit übergießen. 3 bis 4 Minuten ruhen lassen und, wie unten beschrieben, fortfahren. Für die Sauce den Trüffelfond bis auf einen kleinen Rest einkochen lassen, den Geflügelfond aufgießen und auf 1/3 reduzieren. Die kalte Butter einrühren, binden und die in Scheiben geschnittenen Trüffeln zugeben.

Für die Garprobe an der dicksten Stelle des Oberschenkels einen Spieß einstechen. Solange der austretende Saft rosa ist, muss weitergegart werden, bis der Saft klar ist.

Taube tranchieren, Trüffelsauce zubereiten:

Mit dem Messer die Haut zwischen Brust und Keule einschneiden und die Keulen im Hüftgelenk abtrennen.

Brüste entlang dem Brustbein einschneiden, von der Karkasse lösen. Flügelknochen im Gelenk durchtrennen.

Eine Kartoffelpresse mit einem Tuch auslegen, die Taubenkarkassen hineingeben und kräftig auspressen.

Die Trüffelsauce zum Kochen bringen und mit dem Saft der Karkassen binden.

Die Taubenteile auf Polenta anrichten, mit der Trüffelsauce nappieren, mit Trüffelscheiben garnieren.

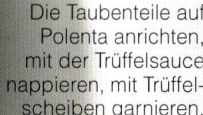

BRATEN IN DER PFANNE UND IM OFEN

Basilikum mit Calvados ist eine harmonische Kombination, die die Poularde zu einer geschmacklichen Delikatesse macht.

BASILIKUMHÄHNCHEN MIT CALVADOSÄPFELN

1 küchenfertige Poularde (etwa 1,6 kg)
Salz
3 süßsaure Äpfel
12 Basilikumblättchen
8 EL Calvados
50 g Butter
Für die Sauce:
1/8 l trockener Cidre
100 g Crème fraîche
Salz, frisch gemahlener weißer Pfeffer

Die Poularde gut waschen, trockentupfen, innen und außen salzen. Einen der Äpfel schälen und in Spalten teilen. Die Bauchhöhle der Poularde mit 5 Basilikumblättchen und den Apfelspalten füllen, verschließen und in eine Bratpfanne legen. Die Haut von Brust und Keulen vorsichtig anheben und weitere 5, jedoch halbierte Basilikumblättchen darunter schieben. Die Poularde mit 4 EL Calvados übergießen und 30 Minuten marinieren, dabei mehrmals mit dem abgelaufenen Calvados beträufeln. 40 g Butter schmelzen, gleichmäßig über der Poularde verteilen und in den auf 225 °C vorgeheizten Ofen schieben. Die restlichen Äpfel schälen, halbieren, die Kerngehäuse entfernen und je 1/2 Basilikumblatt in die Höhlung legen. Die Poularde nach 35 Minuten wenden, mit den Apfelhälften umlegen, mit dem restlichen Calvados und dem Rest geschmolzener Butter beträufeln. Weitere 20 Minuten zugedeckt garen. Die Poularde und die Äpfel auf einer Platte anrichten und abgedeckt warm stellen. Den Bratfond mit dem Cidre aufgießen und loskochen, passieren und entfetten. Crème fraîche einrühren, etwas einkochen lassen und abschmecken. Die Sauce getrennt zur Poularde servieren. Dazu schmecken Brokkoliröschen und Butternudeln.

Beim Tranchieren eines gebratenen Hähnchens muss man wissen, wo mit dem Messer anzusetzen ist, besonders dann, wenn das Hähnchen bei Tisch zerlegt werden soll. Die richtigen Werkzeuge hierfür sind: eine Gabel mit zwei Zinken und ein sehr scharfes Tranchiermesser.

Ein Brathähnchen tranchieren:

Die Flügel abtrennen. Dazu das Hähnchen auf den Rücken legen, mit der Gabel die Flügel anstechen und festhalten. Im Gelenk durchschneiden.

Die Keulen abtrennen. Dazu die Keule mit der Gabel vom Körper wegdrücken, ohne einzustechen. Die Haut einschneiden, dann das Gelenk durchtrennen.

Die Keulen in Ober- und Unterkeule teilen. Dazu das Gelenk ertasten und mit dem Messer an dieser Stelle durchschneiden. Die Keule mit der Gabel gut festhalten.

Die Brust in Scheiben ablösen. Dazu die Gabel in das Rückgrat stechen und so das Hähnchen fixieren. Mit dem Messer gleichmäßige Tranchen abschneiden.

Wird die Brust im Ganzen ausgelöst und dann erst in Scheiben oder Stücke geschnitten, das Fleisch mit den Fingern festhalten und gleichmäßig tranchieren.

GARZEITEN FÜR GEFLÜGEL

Geflügelart	Gewicht kg	Garzeiten in Minuten	
		Braten im Ofen auf dem Rost	im Bratgeschirr
Hähnchen	0,7 – 1,2	45 – 60	45 – 60
Poularde	1,2 – 1,8	60 – 75	60 – 70
Pute (jung)	2,5 – 3,5	90 – 180	120 – 180
Ente	1,5 – 2,5	75 – 105	105 – 120
Flugente	1,5 – 3,0	80 – 120	80 – 120
Gans	3,0 – 6,0	150 – 180	150 – 180
Wachtel	0,1 – 0,15	30 – 40	30 – 40
Perlhuhn	1,0 – 1,8	60 – 75	60 – 70
Taube	0,3 – 0,4	40 – 50	40 – 50

Da es bei Geflügel wegen der Salmonellengefahr besonders wichtig ist, dass das Fleisch gut durchgegart ist, hier einige Richtzeiten für die wichtigsten Geflügelarten. Noch zuverlässiger als die oben genannten Garzeiten ist allerdings das Überprüfen der Kerntemperatur, die immer mindestens 80 °C, besser aber 90 °C betragen sollte.

Tranchieren oder halbieren

IM GANZEN ODER HALBIERT LÄSST SICH GEFLÜGEL BESONDERS GUT BRATEN

Das Aroma von Fleisch und Knochen wird bei diesen beiden Verfahren am besten konserviert. Das Teilen des gebratenen Geflügels ist nicht schwierig, bei einem zarten Hähnchen ist nicht einmal eine Geflügelschere nötig. Bei dem in Hälften gebratenen Hähnchen bleibt das Tranchieren ohnehin dem Esser überlassen, da die Hälften meist Portionsgröße haben.

POLLO ALLA ROMANA

Dieses Gericht aus dem Ofen ist schnell und einfach zuzubereiten und kann in vielerlei Hinsicht variiert werden. Mit zusätzlichem Gemüse, anderen Gewürzen und Kräutern oder mit einem kräftiger schmeckenden Perlhuhn ergeben sich interessante Varianten.

(für 2 Portionen)
1 küchenfertiges Hähnchen (etwa 1,2 kg)
1 Knoblauchzehe
Salz, frisch gemahlener weißer Pfeffer
3 EL gehackte Kräuter (etwa Salbei, Petersilie, Rosmarin und Majoran)
Abgeriebenes von 1/2 unbehandelten Zitrone
3 EL Olivenöl
4 Scheiben durchwachsener Bauchspeck
1/8 l trockener Weißwein
300 g gehäutete, gewürfelte Tomaten
100 g gewürfelte Frühlingszwiebeln
Außerdem:
etwas Öl für die Form

Das Hähnchen waschen, trockentupfen und der Länge nach halbieren. Den gehackten Knoblauch, Salz, Pfeffer, die Kräuter und die Zitronenschale miteinander vermengen und das Hähnchen mit 2/3 der Mischung innen würzen, den Rest auf der Haut verteilen. Das Hähnchen mit Öl beträufeln und, wie rechts gezeigt, mit Speck umwickeln. In eine feuerfeste, gefettete Form legen, in den auf 250 °C vorgeheizten Ofen schieben, kurz anbraten und den Wein zugießen.

Pollo alla romana zubereiten:

2/3 der Kräutermischung gleichmäßig auf die Innenseiten des Hähnchens verteilen. Das Aroma dringt beim Braten ins Fleisch ein.

»Frische ist Trumpf« ist das Motto dieses italienischen Geflügelhändlers. Seine Ware spaziert munter auf dem Marktstand umher.

Die Hähnchenhälften auch außen mit der Kräutermischung bestreuen, mit Öl beträufeln, mit Speckstreifen belegen und in eine Form setzen

Nach 15 Minuten die Tomaten und die Frühlingszwiebeln zugeben, die Hitze auf 180 °C reduzieren und in 30 Minuten fertig garen.

Beim »Pollo alla romana« sind es die Kräuter, der Knoblauch und die Tomaten, die den typischen Geschmack ausmachen, der Speck bringt die Würze.

Delikate Füllungen
ZWEI METHODEN, EIN HUHN ZU FÜLLEN

Besonders das Huhn mit seinem neutralen Fleischgeschmack eignet sich für die unterschiedlichsten Füllungen. Als natürliche Hülle für Füllungen bietet sich die Bauchhöhle an. Doch auch das Füllen unter der Haut ist sehr interessant und hat seine Vorteile. Das Geflügel und die Füllung werden so schneller und gleichmäßiger gar, das empfindliche Brustfleisch ist durch die Füllung geschützt und bleibt schön saftig.

HÄHNCHEN MIT KÄSEFÜLLUNG

2 küchenfertige Hähnchen (à 700 g)
Salz, frisch gemahlener weißer Pfeffer
Für die Füllung:
1 1/2 altbackene Brötchen, 30 g Butter
30 g Zwiebelwürfel, 1 zerdrückte Knoblauchzehe
40 g durchwachsener Räucherspeck
50 g gewürfelte Hühnerleber
1/8 l Milch, 1 Ei
3 EL gehackte Basilikum, Thymian und Petersilie
Salz, frisch gemahlener weißer Pfeffer
100 g Gruyère
flüssige Butter zum Braten

Die Hähnchen würzen. 1/2 Brötchen würfeln und in der Hälfte der Butter braten. Die restliche Butter erhitzen, Zwiebeln, Knoblauch und den gewürfelten Speck darin anschwitzen. Die Hühnerleber zugeben und etwa 1 Minute mitbraten. Die Füllung wie unten zubereiten. Die Hähnchen in den auf 200 °C vorgeheizten Ofen schieben, in 40 bis 45 Minuten braten. Nach 30 Minuten Garzeit mit den Kräutern bestreuen und buttern.

In der Bauchhöhle füllen:

Von einem Brötchen die Rinde abreiben, in Scheiben schneiden, mit der lauwarmen Milch übergießen und durchziehen lassen.

Die Käsefüllung in die Hähnchen geben. Sie dürfen nicht zu straff gefüllt werden. Mit flüssiger Butter bestreichen.

Die gerösteten Brotwürfel und den in kleine Würfel geschnittenen Gruyère zugeben und alles gut miteinander vermischen.

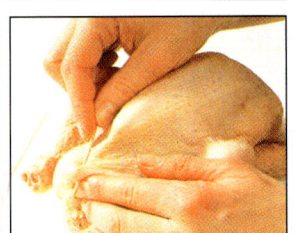
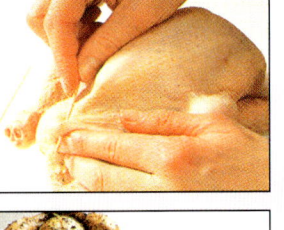

Mit Zahnstochern oder Nadel und Küchengarn die Öffnung sorgfältig verschließen. Die Keulen am Gelenk zusammenbinden.

Das Ei, die Hälfte der Kräuter, sowie die mit Speck und Zwiebeln vermischte Leber dazu geben. Mit Salz und Pfeffer würzen.

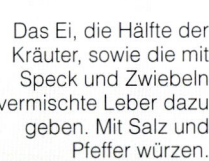

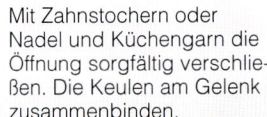
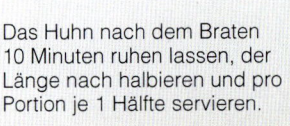

Das Huhn nach dem Braten 10 Minuten ruhen lassen, der Länge nach halbieren und pro Portion je 1 Hälfte servieren.

Die vorbereiteten Zutaten für die Füllung in eine Schüssel geben und zu einer weichen Masse verrühren, schließlich pikant würzen.

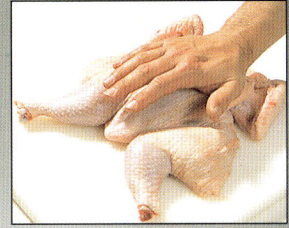

Das Huhn am Rücken aufschneiden, mit den Schnittflächen nach unten auf ein Schneidbrett legen und auseinander drücken.

Vom Hals aus die Haut vom Fleisch lösen, ohne sie zu beschädigen. Die Finger dabei immer in Richtung Bürzel schieben.

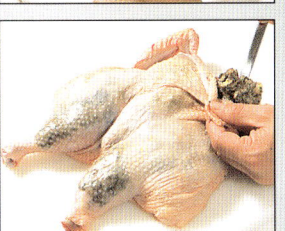

Die Haut zunächst auf einer Seite bis zum Anfang des Unterschenkels lösen, dann auf der anderen Seite ebenso verfahren.

MIT SPINAT GEFÜLLTE POULARDE

Unter der Haut gefüllt, aufgeschnitten und flach gedrückt – so wird das Huhn schneller und gleichmäßiger gar als in der Bauchhöhle gefüllt.

1 küchenfertige Poularde (etwa 1,5 kg)
Für die Füllung:
60 g fein gewürfelter durchwachsener Speck
2 fein gewürfelte Schalotten
20 g Butter
100 g fein gewürfelte Geflügelleber
100 g entrindetes Brötchen
100 g Butter
100 g Spinat
1 Ei
2 EL gehackte Petersilie
1 TL Salz
frisch gemahlener weißer Pfeffer
1 Messerspitze Muskatnuss
Außerdem:
Butter zum Bestreichen

Für die Füllung den Speck und die Schalotten in der Butter anschwitzen. Die Geflügelleber dazugeben und kurz mitbraten, beiseite ziehen und abkühlen lassen. Das Brötchen würfeln und die Hälfte der Würfel in etwa 50 g Butter anbraten. Den Spinat waschen, entstielen, in Salzwasser blanchieren, kurz abtropfen lassen und fein hacken. Die restliche Butter schaumig rühren, das Ei zugeben, unterrühren. Die Petersilie hacken und zugeben. Die Füllung, wie in der Bildfolge rechts beschrieben, fertig stellen und die Poularde damit füllen. Mit der Butter bestreichen und im vorgeheizten Ofen bei 180 °C in 90 bis 120 Minuten braten.

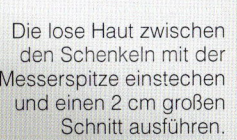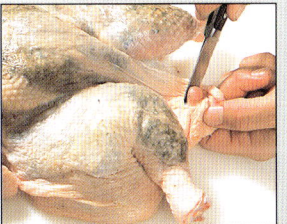

Die Füllung mit einem Löffel zwischen Haut und Fleisch einbringen und gut verteilen. Zum Verschließen die Halshaut herunterklappen.

Die lose Haut zwischen den Schenkeln mit der Messerspitze einstechen und einen 2 cm großen Schnitt ausführen.

Die Schenkelenden einstecken. Die Füllung mit den Händen gleichmäßig verteilen und das Huhn in seine ursprüngliche Form bringen.

Das Huhn nach dem Braten 10 Minuten ruhen lassen, zuerst längs der Brustmitte teilen, dann die Schenkel abtrennen und servieren.

Der große Braten
GEFLÜGEL SCHMECKT IM GANZEN GEBRATEN IMMER AM BESTEN

Vor allem Ente und Gans sind höchst beliebte Festtagsbraten, wenn viele Portionen gebraucht werden. Die Jahreszeit spielt dabei eine große Rolle, denn eine gute, zarte, junge Gans bekommt man – von tiefgekühlter Ware einmal abgesehen – eben doch nur im Herbst. Die frischen Enten sind heutzutage ganzjährig am Markt. Und so ein im Ganzen gebratener Vogel ist eben von keiner Zubereitungsmethode einzuholen. Da kann man Einzelteile vom Geflügel noch so raffiniert zubereiten, der Eigengeschmack kommt nur beim großen Braten wirklich optimal zur Geltung. Isoliert durch die Haut, kann sich das Fleisch während des Bratvorgangs bestens entwickeln und bekommt von dem Knochengerüst noch eine Menge Geschmack mit.

ENTE IN KIRSCHSAUCE
1 frische, küchenfertige Ente (etwa 2,5 kg)
Salz, frisch gemahlener weißer Pfeffer
1 EL getrockneter Beifuß
2 Thymianzweige
1/2 l Enten- oder Hühnerfond (siehe Seite 56/57)
1 Glas entsteinte Sauerkirschen
1/8 l trockener Rotwein
1 Prise Nelkenpulver
1 Prise Zimt
2 EL Sahne
1 EL abgezogene, geriebene Mandeln

Die Ente unter fließendem kaltem Wasser waschen, sichtbares Fett abschneiden und mit Küchenpapier innen und außen trockentupfen. Das Salz, den Pfeffer und den Beifuß mischen und die Ente damit innen und außen kräftig einreiben. Den Thymian in die Bauchhöhle legen. Die Ente mit der Brustseite nach unten in eine entsprechend große Form legen, in den auf 200 °C vorgeheizten Ofen schieben und 60 bis 70 Minuten lang braten. Nach Bedarf den heißen Geflügelfond angießen. Nach der halben Garzeit die Ente umdrehen. Wer eine besonders knusprige Haut erzielen möchte, sollte sie nun wiederholt mit Salzwasser bestreichen. Die Sauerkirschen zum Abtropfen auf ein Sieb geben, die Hälfte davon pürieren. Den aufgefangenen Saft mit dem Wein erhitzen und 2 bis 3 Minuten einkochen lassen. Mit Nelkenpulver und dem Zimt abschmecken, den entfetteten Bratensaft der Ente zugeben und die Sauce um etwa 1/3 reduzieren. Die ganzen und die pürierten Sauerkirschen dazugeben, erhitzen, die Sahne und die Mandeln einrühren. Die Bratzeit ist beendet, wenn beim Einstechen einer Nadel in die dickste Stelle klarer Bratensaft austritt.

Vor dem Tranchieren die Ente 10 Minuten ruhen lassen. Die Portionen mit Kirschsauce servieren und Kroketten dazu reichen.

Dressieren, um im Ganzen zu braten

Am Beispiel einer Gans wird demonstriert, wie man einen solch großen Vogel gut in Form bringt, damit er über die gesamte Bratzeit in Form bleibt. Zwei Möglichkeiten bieten sich an: Die Gans (oder Ente) kann mit Hilfe einer Nadel dressiert oder, wie in der Bildfolge auf dieser Seite gezeigt, nur mit einem Faden gebunden werden. Der Vorteil des Bindens liegt darin, dass das Fleisch nicht durchstochen werden muss und somit auch kein Saft auslaufen kann.

4 Mit Garn zuerst die Flügel fixieren. Dazu die Gans auf die Brust legen, den Faden unter den Flügeln hindurch und über den Rücken führen und überkreuzen.

Knusprige Haut. Sie wird mit Honig erzielt. Zu gleichen Teilen mit Fond vermischt, muss die Haut während des Bratens wiederholt übergossen werden.

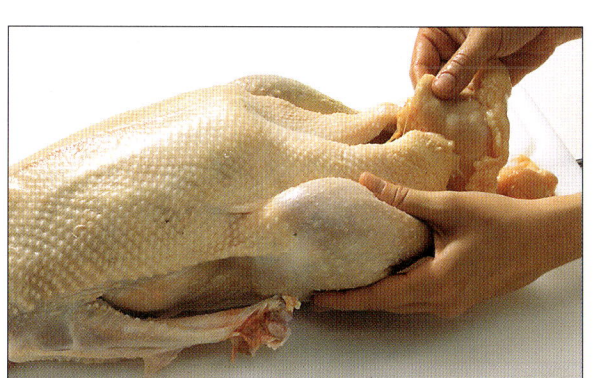

1 Zunächst mit den Fingern das sichtbare Abdominalfett sorgfältig und möglichst vollständig entfernen. Innen mit Salz und Pfeffer würzen und, wenn gewünscht, füllen.

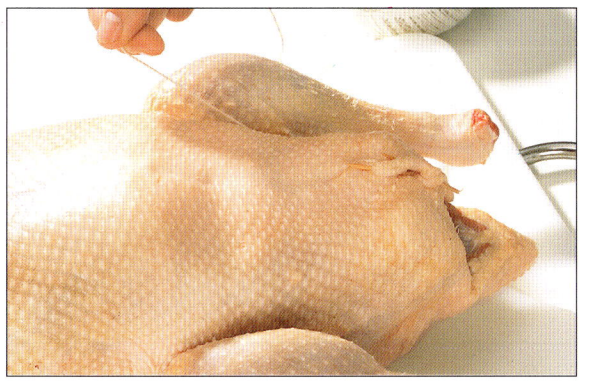

5 Nun die Keulen fixieren. Dazu die Gans wieder auf den Rücken legen, den Faden von unten zwischen Keulen und Rumpf nach oben führen.

2 Die Bauchöffnung verschließen. Bei ungefüllten Gänsen reicht ein einfaches Holzstäbchen aus, bei gefüllten Vögeln sollte die Öffnung mit einem Faden vernäht werden.

6 Den Faden über der zugesteckten Öffnung überkreuzen und unter den Keulenenden durchziehen, dabei immer möglichst stramm führen.

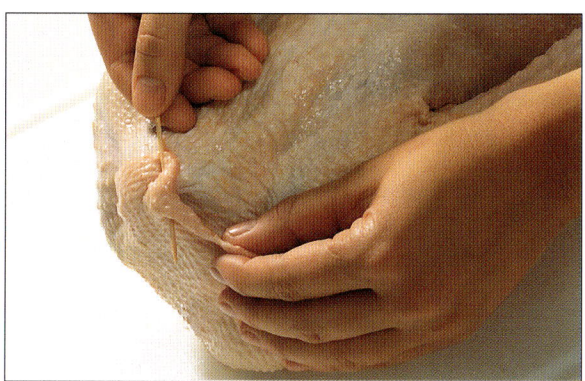

3 Die Halsöffnung verschließen. Dafür die Halshaut über das Rückgrat stülpen und mit einem Holzstäbchen mit der darunter liegenden Haut feststecken.

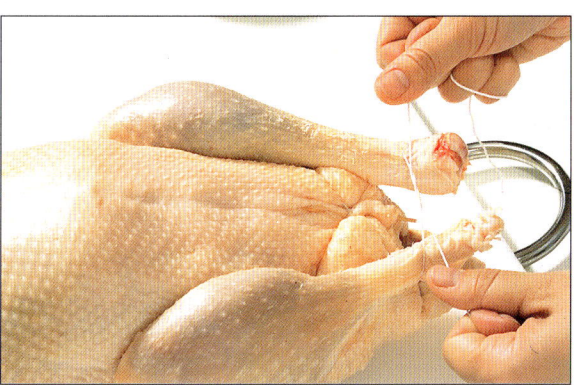

7 Zum Schluss den Faden oben verknoten, diesen dabei mehr oder weniger stark anziehen, je nachdem, wie eng die Füße zusammenkommen sollen.

Mit einem Braten-thermometer lässt sich der Gargrad der einzelnen Körperteile der Ente, aber auch der Füllung, exakt ermitteln. Das Geflügel sollte eine Kerntemperatur von 80 bis 90 °C erreichen, während in der vor-gegarten Füllung 75 °C ausreichend sind.

ENTE MIT LEBERFÜLLUNG

Die Kombination von Brötchen und Entenlebern ergibt eine besonders leichte, aber geschmacklich intensive Füllung. Ihr kann man auch die übrigen Innereien der Ente (Herz und Magen) beifügen. Dafür den Magen häuten, alle Innereien würfeln, in Butter halb gar dünsten und zu der Füllung geben.

1 küchenfertige Ente (etwa 1,8 kg)
Für die Füllung:
2 Brötchen vom Vortag
1/8 l heller Geflügelfond (siehe Seite 56/57)
180 g Entenleber, 2 EL Pflanzenöl
60 g Zwiebelwürfel, 1 Ei
1/2 zerdrückte Knoblauchzehe
1/2 TL Salz
frisch gemahlener weißer Pfeffer

Die Ente unter fließendem kaltem Wasser innen und außen waschen und sorgfältig trockentupfen. Die Leber-füllung, wie in der Bildfolge unten beschrieben, zube-reiten und in die Bauchhöhle der Ente geben.

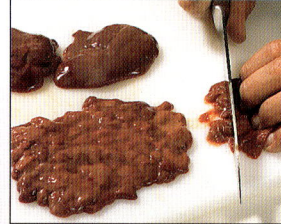

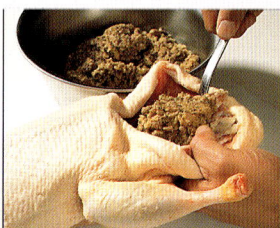

Von den Brötchen die Rinde abreiben, in Scheiben schneiden und in einer Schüssel mit dem erhitzten Fond übergießen. Die Lebern würfeln. Das Öl erhitzen, die Zwiebeln darin hell anlaufen lassen, die Lebern zugeben und kurz anbraten. Die Mischung zu den Brötchen geben und mit dem Ei und den Gewürzen vermischen. In die Bauchhöhle der Ente füllen und verteilen. Nicht zu prall füllen, da sich die Füllung während des Garens noch ausdehnt. Die Öffnung verschließen, bei 180 °C im vorgeheizten Ofen in etwa 2 Stunden knusprig braun braten.

Ente gefüllt
DREI BEISPIELE FÜR FEINE FÜLLUNGEN

Die aufgeführten Füllungen sind auf das Aroma der Ente abgestimmt, sie lassen sich jedoch auch gut für Magergeflügel verwenden. In vorgegarten Füllungen müssen nicht die bei rohem Geflügel obligatorischen 80 bis 90 °C erreicht werden, hier reichen 75 °C als Kerntemperatur aus. Wird die Ente vorher entbeint, wie auf Seite 42/43 gezeigt, lässt sie sich nach der Zubereitung ganz besonders leicht aufschneiden. Dies ist vor allem dann praktisch, wenn die Ente als kalter Braten serviert werden soll.

ENTE MIT FLEISCHFÜLLUNG

1 ausgenommene Ente (etwa 3 kg)
Salz, frisch gemahlener weißer Pfeffer
Für die Füllung:
2 Brötchen, 30 g Butter
1/4 l heller Geflügelfond, 250 g Schweinehackfleisch
50 g Zwiebelwürfel, 1 zerdrückte Knoblauchzehe
1 TL Abgeriebenes von unbehandelter Zitrone
3 EL gehackte Kräuter (Petersilie, Schnittlauch, Liebstöckel, Salbei und Rosmarin)
Salz, frisch gemahlener weißer Pfeffer, 1 Ei
Zum Braten:
2 EL Pflanzenöl, 1 Bouquet garni

Die Ente innen und außen unter fließendem Wasser waschen und sorgfältig trockentupfen. Für die Füllung

ENTE, MIT GEFLÜGELFARCE GEFÜLLT

1 entbeinte Ente (etwa 2,5 kg)	
30 ml Pflanzenöl	
Für die Füllung:	
250 g Poulardenbrust	
Salz	
frisch gemahlener weißer Pfeffer	
280 ml Sahne	
2 EL geschlagene Sahne	
1 Entenleber	
1 Entenherz	
50 g Butter	
150 g Toastbrot	
100 g Möhren	
150 g Zucchini	
1 kleiner Bund Petersilie	

Praktisch zum Aufschneiden. Bei dieser entbeinten, gefüllten Ente können gleichmäßige Tranchen bis zu den Keulenknochen geschnitten werden.

Die Ente innen und außen unter fließendem Wasser waschen und trockentupfen. Für die Füllung die Poulardenbrust in kleine Würfelchen schneiden und gut durchkühlen oder gar leicht anfrieren lassen. Das Fleisch salzen und pfeffern, in einem Mixer fein pürieren, nach und nach die gut gekühlte Sahne zugeben. Die Farce in einer Schüssel auf Eis zu einer homogenen Masse glatt rühren. Nach kurzem Durchkühlen durch ein Sieb streichen, würzen und die geschlagene Sahne unterheben. Nun die Einlagen für die Farce zubereiten. Die Leber und das Herz in kleine Würfel schneiden, in 5 g frischer Butter anbraten und abtropfen lassen. Das Toastbrot entrinden und in kleine Würfel schneiden. Die restliche Butter in einer Pfanne erhitzen, die Brotwürfel darin goldbraun braten, herausnehmen und auf Küchenpapier abtropfen lassen. Die Möhren schälen, zuerst in Scheiben und dann in Würfel schneiden. Die Zucchini ebenfalls würfeln. Das Gemüse getrennt in Salzwasser blanchieren und abschrecken. Die Petersilie klein hacken und 1 EL zurückhalten. Die Einlagen zur Farce geben und vorsichtig untermengen. Die Ente damit füllen und binden. Das Öl in einer Bratreine entsprechender Größe erwärmen und die Ente auf beiden Brustseiten kurz anbraten. Die Ente mit der Brust nach oben in den auf 180 °C vorgeheizten Ofen geben. Ist die Ente sehr fett, die Haut vor dem Braten mit einer Nadel mehrmals einstechen, damit das Fett besser austreten kann. Nach etwa 10 Minuten etwas Wasser angießen, damit das austretende Fett nicht verbrennt. Diesen Vorgang bis zum Ende der Garzeit 2- bis 3-mal wiederholen. Nach 50 bis 60 Minuten ist die Ente gar. Die Ente herausnehmen, den Bindfaden entfernen und einige Minuten ruhen lassen. Die Ente mit der zurückgehaltenen Petersilie bestreuen und tranchieren.

die Brötchen entrinden, in kleine Würfel schneiden und in der heißen Butter hellbraun anrösten. Mit dem heißen Fond übergießen und 5 Minuten ziehen lassen. Mit den übrigen Zutaten zu einem weichen Fleischteig verarbeiten und kräftig würzen. Wie unten gezeigt, die Ente füllen und braten.

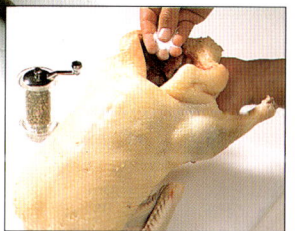
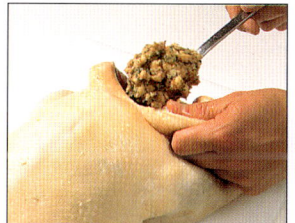

Die Bauchhöhle der Ente salzen und pfeffern. Die Füllung hineingeben und gleichmäßig verteilen, dabei bedenken, dass sich die Masse beim Garen noch ausdehnt. Die Öffnung verschließen, wie auf Seite 40/41 gezeigt. Die Ente mit Öl bepinseln und mit dem Bouquet garni in einen Bräter legen. Im vorgeheizten Ofen bei 180 °C in etwa 2 Stunden knusprig braun braten, eine Kerntemperatur von 80 °C muss dabei erreicht werden. Zwischendurch mit Bratensaft begießen. Kurz ruhen lassen, zum Servieren die Ente längs halbieren.

BRATEN IN DER PFANNE UND IM OFEN

Frische Maronen schälen: Mit einem scharfen Messer die Schale kreuzweise einschneiden und im Ofen bei 220 °C etwa 10 Minuten rösten, bis die Schalen aufspringen, diese noch im heißen Zustand abziehen.

DER KLASSISCHE GÄNSEBRATEN

Im Herbst kommen die frischen, jungen Gänse auf den Markt, die Kastanien sind reif und können zu der traditionellen Füllung verarbeitet werden.

1 küchenfertige Gans (etwa 3,5 kg)
Salz, frisch gemahlener weißer Pfeffer
Für die Füllung:
600 g frische Maronen
2 Äpfel (etwa 300 g)
1 altbackenes Brötchen, 4 EL Wasser
4 EL Weißwein
das Herz und die Leber der Gans
30 g Butter, 1 EL fein gehackte Schalotten
1 TL Salz, frisch gemahlener weißer Pfeffer
2 EL frisch gehackte Kräuter (Petersilie, Thymian, Majoran und Beifuß)
Außerdem:
50 g weiche Butter, 1/8 l Bier, 1 TL Salz

Die Gans innen und außen waschen, trocknen, innen und außen mit Salz und Pfeffer würzen. Für die Füllung die geschälten Maronen klein hacken. Die Äpfel schälen, zerteilen, das Kernhaus entfernen und das Fruchtfleisch würfeln. Das Brötchen würfeln und mit Wasser und Wein beträufeln. Das Herz und die Leber in kleine Würfel schneiden. Die Butter in einer Pfanne zerlaufen lassen. Zuerst das Herz hell anbraten, die Schalotten und dann die Leber zugeben und nur ganz kurz absteifen lassen. In einer Schüssel mit den Maronen, den Äpfeln und dem Brötchen mischen und pikant würzen. Die Salzmenge, wenn nötig, erhöhen. Die Gans füllen und die Bauchhöhle zunähen oder mit Holzspießchen verschließen. Die Gans mit der weichen Butter bepinseln, mit der Brustseite nach unten in einen entsprechend großen Bräter legen und im vorgeheizten Ofen bei 200 °C anbraten. Wenn die Brust Farbe angenommen hat, die Gans umdrehen, weiterbraten und zwischendurch abwechselnd mit dem gesalzenen Bier (dadurch wird die Haut schön knusprig) und dem Bratfett begießen. Die Bratzeit beträgt etwa 2,5 Stunden, dabei sollte jedoch die Fleischtemperatur mit einem Bratenthermometer kontrolliert werden. Die Füllung wird auf jeden Fall gar, da die Zutaten bereits vorgegart wurden. Den Bratenfond entfetten und mit dem traditionellen Rotkohl zur Gans reichen. Nach der hier beschriebenen Methode kann jeder große Geflügelbraten zubereitet werden.

Die Gans tranchieren
EINE TECHNIK, DIE AUCH BEI DER ENTE ANGEWANDT WIRD

Das Zerlegen einer Gans oder Ente unterscheidet sich schon deshalb vom Zerlegen von Magergeflügel (Huhn und Puter), weil Gans und Ente anatomisch ganz anders gebaut sind und darüber hinaus eine sehr feste Haut und ebensolche Sehnen haben. Ganz zu schweigen von ihren Knochen, für die, will man sie durchtrennen, beachtliche Kraft aufgewendet werden muss. Vor dem Tranchieren sollte man in jedem Fall zuerst das Fett ablaufen lassen. Dafür die Gans schräg anheben, damit das Fett aus der Bauchhöhle auslaufen kann. Im Übrigen gilt auch bei diesem Geflügel die Regel aller großen Braten: Wenn sie fertig gegart sind, mindestens 10 Minuten, möglichst in Folie gewickelt, ruhen lassen, damit beim Tranchieren der Fleischsaft nicht verloren geht. Entscheidend ist auch, ob man das Geflügel in der Küche oder bei Tisch zerlegen will, denn wenn keiner zusieht, kann man schon mal mit den Händen nachhelfen. Bei Tisch sollte die ganze Prozedur möglichst nur mit dem Tranchierbesteck oder mit Hilfe der Geflügelschere geschehen. Hier werden meist nur die fleischigen Teile (Keulen, Brüste und Flügel) abgetrennt, das Zerlegen der Karkasse mit relativ geringem Fleischanteil erledigt man dann in der Küche. Am besten lassen sich diese Portionsstücke mit einer Geflügelschere zerteilen. Die meist feinen Knochen der Karkasse können mit einem stabilen Fleischmesser durchgeschlagen werden.

Die Keulen lösen. Den Keulenknochen zwischen die Zinken der Fleischgabel nehmen. Diese etwas drehen und so den Knochen festhalten. Die Keule entlang dem Rumpf bis zum Gelenk einschneiden, durch leichte Drehbewegungen der Gabel den Knochen in seiner Position etwas bewegen und das Gelenk mit dem Messer vollständig durchtrennen.

Die Brust in Scheiben schneiden. Dafür gibt es zwei Methoden. Bei der hier im Bild gezeigten Art die Gans mit der Fleischgabel festhalten und die Brust parallel zum Brustbein in gleichmäßige Tranchen schneiden. Oder, nach der anderen Methode, die Brüste von der Karkasse ablösen und quer zur Fleischfaser schräg in gleich starke Scheiben schneiden.

Bei gefüllten Gänsen kann die nebenstehende Tranchiermethode angewandt werden. Wenn die Brust entfernt ist, am Brustbein entlang mit einer Geflügelschere aufschneiden, den Brustkorb auseinander drücken und die Füllung herausnehmen.

Die Flügel abtrennen. Dazu die Gans mit dem Rücken nach unten auf ein Tranchierbrett legen. Mit einer Fleischgabel in den Flügel stechen und den Flügel leicht vom Körper wegziehen. Ein scharfes Messer zur Hand nehmen und durch vorsichtiges Bewegen des Flügels die Lage des Gelenks feststellen. Zuerst die Haut, dann das Gelenk durchschneiden.

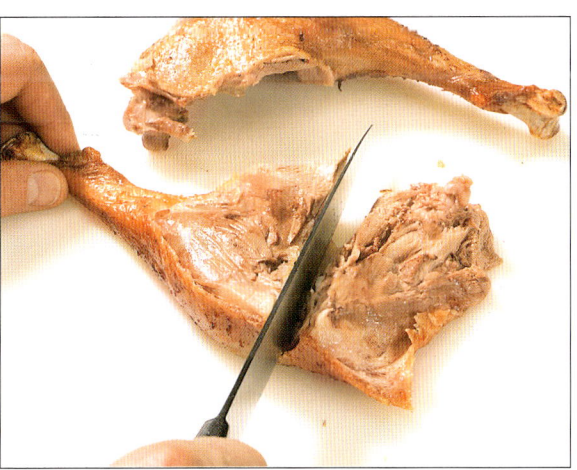

Die Keulen teilen. Bei großen Tieren oder für kleinere Portionen können die Keulen nochmals geteilt werden. Dafür das Knochenende mit den Fingern festhalten, durch Bewegen der Keule das Gelenk suchen und mit dem Messer durchschneiden. Die restlichen Teile der Gans lassen sich problemlos mit einer Geflügelschere in Portionsstücke teilen.

PUTE MIT MAISKÜCHLEIN
UND ROSENKOHL

Der große Geflügelbraten gehört zum traditionellen Weihnachtsfestschmaus, selbst wenn nach Vorspeise und Suppe beim Hauptgericht nur noch zögerlich zugelangt wird und so ein großer Teil des imposanten Bratens wieder in die Küche entschwindet.

1 frische, küchenfertige Babypute mit Innereien (3 bis 3,5 kg)
1 EL Salz, 1 Bund frische Kräuter
50 g Butterschmalz, 250 g Suppengrün
1/2 l heller Geflügelfond (siehe Seite 56/57)
1 EL Tomatenmark, 20 g Saucenlebkuchen
2 cl Portwein, Salz
Für die Maisküchlein:
50 g Cornflakes, 100 g gegarte Maiskörner
2 Eier, Salz, 50 g Butterschmalz

Die Pute unter fließendem kaltem Wasser waschen und sorgfältig trockentupfen. Innen und außen salzen und die Kräuter in die Bauchhöhle legen. Die Innereien waschen und beiseite legen. Das Butterschmalz in einem Bräter auf dem Herd erhitzen und die Pute darin rundum kurz anbraten, auf die Brustseite legen. Das Suppengemüse waschen, klein schneiden und zusammen mit den Innereien zugeben. Den Bräter auf die unterste Schiene des auf 180 ℃ vorgeheizten Ofens schieben. Wenn das Gemüse und die Pute beginnen, Farbe zu nehmen, die Pute umdrehen und in mindestens 2 Stunden fertig garen. Den Fond erwärmen, das Tomatenmark einrühren und die Pute damit und mit dem Bratenfond immer wieder begießen. Das Ende der Garzeit mit der Garprobe überprüfen: mit einer Nadel in die dickste Stelle der Keulen stechen; tritt klarer Saft aus, ist die Pute gar. Die Pute aus dem Bräter nehmen und warm stellen. Den Bratenfond in einen kleinen Topf abseihen, das Gemüse dabei gut ausdrücken. Die Sauce nach Wunsch entfetten, erneut aufkochen, den zerkleinerten Saucenlebkuchen zugeben und verkochen lassen. Die Sauce durch ein Sieb streichen, mit Portwein und Salz abschmecken. Für die Maisküchlein die Cornflakes zerkrümeln und mit den fein gehackten Maiskörnern, den Eiern und dem Salz vermischen. Das Butterschmalz in einer Pfanne erhitzen, jeweils 1 bis 2 EL der Masse in die Pfanne geben, mit dem Löffel zu einem runden Küchlein verstreichen und auf jeder Seite 2 bis 3 Minuten goldbraun braten. Die Pute auf einer vorgewärmten Platte mit den Maisküchlein anrichten. Die Sauce getrennt servieren. Eine passende Beilage ist Rosenkohl.

Ein Truthahn zum Fest

Während die »grosses pièces« in den Spitzenrestaurants erst wieder entdeckt werden mussten, sind die traditionellen Festtagsbraten im Kreise der Familie eigentlich nie aus der Mode gekommen. Was die großen Geflügelbraten betrifft, so gehören sie nach wie vor zu den Festen im Herbst und Winter. In angelsächsischen Ländern wird dabei vor allem der Truthahn favorisiert, der sich aber auch bei uns immer größerer Beliebtheit erfreut, denn er bietet viel Fleischgenuss mit wenig Fett.

BABYPUTE MIT KRÄUTERKRUSTE

Dieses Rezept ist besonders für kleine Puten empfehlenswert, es eignet sich aber auch für die Zubereitung von Poularden. Das Geflügel kann zusätzlich gefüllt werden, wobei die Füllung geschmacklich auf die Kruste abgestimmt sein sollte. Besonders passend ist eine Füllung aus Herz und Leber, die mit derselben Kräutermischung wie die Kruste gewürzt wurde.

1 Babypute (etwa 2,5 kg)
1 TL Salz, frisch gemahlener weißer Pfeffer
80 g Butter
Für die Kräuterkruste:
40 g Semmelbrösel
40 g sehr fein geriebene Mandeln
4 EL gehackte Kräuter (zu gleichen Teilen Petersilie, Salbei, Thymian, wenig Rosmarin und Liebstöckel)

Die Pute innen und außen sorgfältig waschen und mit Küchenpapier trockentupfen. Die Haut und die Bauchhöhle salzen und pfeffern, die Pute, wie rechts beschrieben, dressieren und auf einem Gitterrost in den auf 200 °C vorgeheizten Ofen schieben. Im Abstand von 5 Minuten mit Butter bepinseln. Alle Zutaten für die Kräutermischung vermengen und die Pute nach etwa 40 Minuten rundum damit bestreuen. Die in die Fettpfanne abgetropfte Mischung aus abgelaufener Butter und Kräutern mehrmals in einer Ecke zusammenlaufen lassen und mit einem Löffel über der Pute verteilen. Nach weiteren 30 Minuten mit einer Nadel oder besser noch mit einem Bratenthermometer die Garprobe machen und, wenn nötig, weiterbraten. Die fertig gegarte Pute etwa 15 Minuten in Folie eingeschlagen ruhen lassen und tranchieren.

Pute dressieren:

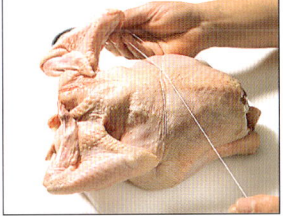

Einen Baumwollfaden unter den Keulen durchziehen. Die Pute auf die Brust wenden, den Faden kreuzen.

Auf den Rücken drehen, den Faden zwischen Keulen und Brust führen, über der Brust kreuzen und an den Gelenken zusammenbinden.

Pute braten: Während des Bratens mehrmals mit der flüssigen Butter einstreichen und nach der Hälfte der Bratzeit mit der Kräutermischung bestreuen.

BISTILLA,
DIE TAUBENPASTETE AUS MAROKKO

Anstelle der hauchdünnen, aufwändigen »Warkha«-Teigblätter können hier auch die bei uns käuflichen griechischen Phyllo-Blätter verarbeitet werden. Für die Bistilla müssen diese rund ausgeschnitten, für die Perlhuhnpastete auf der rechten Seite, in Form eines Rechtecks ausgelegt werden.

4 küchenfertige Tauben (mit Herz und Leber)
1/2 TL Salz, frisch gemahlener weißer Pfeffer
100 g Butter
200 g gewürfelte Zwiebeln
2 EL gehackte Petersilie, 1 TL Thymianblätter
2 TL frisch geriebene Ingwerwurzel
1/2 TL Kreuzkümmel (Cumin)
2 Messerspitzen Kurkuma
1/4 l Wasser
4 Eier, 50 g Butter
150 g geschälte Mandeln
1/2 TL Zimt, 1 EL Zucker
2 Pakete Phyllo-Teig (je 10 Blätter)
3 EL Öl, 50 g Butter
Zum Besieben:
1 EL Puderzucker, 1/2 TL Zimt

Die Tauben innen und außen waschen, trockentupfen, salzen und pfeffern, die Innereien fein würfeln. Die Butter in einer Pfanne zerlassen, die Tauben darin rundum braun anbraten und herausnehmen. Die Zwiebeln und die Innereien in der verbliebenen Butter anbraten. Die Kräuter, Gewürze und das Wasser hinzufügen und zum Kochen bringen. Die Tauben einlegen, zugedeckt etwa 50 Minuten schmoren und anschließend herausnehmen, das Fleisch vom Knochen lösen und klein schneiden. Die Hälfte der Brühe abgießen und aufbewahren. Die restliche Brühe bei starker Hitze auf etwa 4 EL einkochen, entfetten und ebenfalls aufbewahren. Nun die aufbewahrte Brühe erhitzen, mit den verquirlten Eiern legieren und den reduzierten Fond zugießen. Die Butter zerlassen, die Mandeln darin hellbraun anbraten, abtropfen lassen, fein hacken und mit Zimt und Zucker mischen. 6 Teigfladen, sich jeweils überlappend, zu einem geschlossenen Kreis anordnen und darauf einen zweiten Kreis von weiteren 6 Fladen legen. Die Mandelmischung in der Mitte verteilen. Das Taubenfleisch mit der Sauce mischen, auf die Mandelmischung geben und mit der restlichen Mischung bedecken. Den Rand der oberen Fladenschicht über die Pastetenfüllung schlagen und mit noch vorhandenen Fladen bedecken, den Rand der unteren Fladenschicht ebenfalls nach oben schlagen. Das Öl und die Butter in einer großen Pfanne erhitzen, die Pastete ins heiße Fett gleiten lassen, in etwa 5 Minuten goldbraun braten, mit Hilfe eines Topfdeckels vorsichtig wenden und auch die Unterseite braten. Auf eine Servierplatte gleiten lassen, mit Zucker und Zimt bestreuen und heiß servieren.

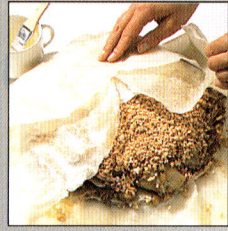

Umgang mit den Teigblättern: Von dem richtigen Auslegen, Füllen und Zusammenlegen der Teigfladen hängt der Erfolg der Pastete ab. Sie müssen immer gut feucht gehalten werden, damit sie beim Finschlagen nicht brechen. Die fertige Pastete wird traditionell mit einem Gitter aus Puderzucker und Zimt bestreut.

Geflügelpasteten aus der Pfanne
HERZHAFTES IN DÜNNEM TEIG

Die Wurzeln für diese Köstlichkeiten aus der Geflügelküche sind nicht belegt, aber sie stammen mit großer Wahrscheinlichkeit aus dem arabischen Raum. Auch heute noch werden diese Pasteten in den nordafrikanischen Ländern zubereitet, und Marokko ist beispielsweise berühmt für seine Bistillas, jene köstlichen Taubenpasteten. Pasteten werden dort aber nicht nur mit Taubenfleisch, sondern auch mit Huhn oder Pute gefüllt. Das Wichtigste an diesen Pasteten sind ihre hauchdünnen Teigblätter, die dort »Warkha«-Blätter heißen und deren Herstellung mit der chinesischen Frühlingsrollen identisch ist. Der elastische Teig wird auf eine heiße Platte gedrückt und wieder abgezogen. Der dann noch anhaftende, dünne Teigfilm wird schließlich gebacken. Da diese Prozedur nur schwer nachzuvollziehen ist, sind Alternativen gefragt. Ein Phyllo-Teig liefert zwar keinen hauchdünnen, aber durchaus brauchbaren Ersatz.

**Perlhuhnpastete
zubereiten:**

Das Perlhuhn auslösen, in
Keulen, Flügel und Brüste
zerlegen, im heißen Öl rundum
knusprig anbraten, herausnehmen und abtropfen lassen.

Die in Stücke gehackte
Karkasse mit den Innereien
im verbliebenen Fett anbraten, die gewürfelten Zwiebeln
zugeben und anschwitzen.

Die Butter in einer
großen Bratpfanne
zerlassen und die
Pastete in dem auf
200 °C vorgeheizten
Ofen von beiden Seiten
je 10 Minuten knusprig
braun braten.

Die Gewürze hinzufügen, mit
Mehl bestauben, die in Stücke
geschnittene Möhre und den
Knollensellerie zugeben, den
Geflügelfond aufgießen.

Die Perlhuhnstücke wieder
zugeben und in dem auf
200 °C vorgeheizten Ofen in
etwa 40 Minuten garen,
herausnehmen, das Fleisch
ablösen und klein schneiden.

Die Schmorflüssigkeit durch
ein feines Sieb seihen,
anschließend auf etwa 1/4
reduzieren und das
Perlhuhnfleisch zufügen.

Die Kräuter und die fein
gehackten Eier zur Mischung
geben, alles gut miteinander
vermengen und, wenn nötig,
nachwürzen.

PERLHUHNPASTETE

Als Vorspeise oder Zwischengericht ist dieses Rezept für
8 bis 10 Portionen ausreichend.

1 küchenfertiges Perlhuhn mit Herz, Magen und Leber (etwa 2 kg)
4 EL Pflanzenöl, 150 g Zwiebeln
1 TL Salz, frisch gemahlener weißer Pfeffer
1 entkernte Chilischote
1 TL frisch geriebene Ingwerwurzel
1/2 TL Kurkuma, 2 angedrückte Knoblauchzehen
1 EL Mehl
je 60 g Möhre und Knollensellerie
3/4 l heller Geflügelfond (siehe Seite 56/57)
2 EL gehackte Kräuter (etwa Koriandergrün, Petersilie, Thymian)
4 hart gekochte Eier
1 Paket Phyllo-Teig (10 Blätter)
80 g geriebene Mandeln, 1/2 TL Zimt, 80 g Butter

Die Teigblätter zu einem
großen Kreis auslegen, die
mit dem Zimt vermischten
Mandeln darauf verteilen und
das Fleisch darauf geben.

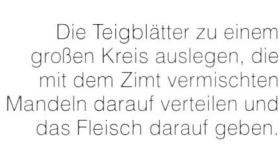

Die Perlhuhnpastete, wie in der Bildfolge rechts beschrieben, zubereiten.

Die Teigblätter von allen vier
Seiten zu einem Rechteck
über die Füllung klappen, so
dass sie vollständig eingehüllt
ist und nichts ausläuft.

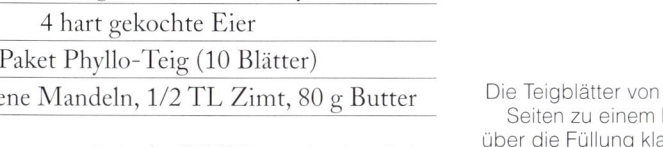

Grillen

Grillen ist die ideale Garmethode für Geflügel, da große Mengen von ganzem Geflügel, aber auch Geflügelteile, entsprechend ihren natürlichen Eigenschaften – Haut, Fett, Fleisch – optimal zubereitet werden können. Da Grillen zudem eine einfache und äußerst rationelle Garmethode ist, vereint sie wie keine andere nahezu alle Vorteile in sich, ist aber mit dem Begriff »Grillhähnchen« in Verruf geraten. Dies war ganz eindeutig eine Folge der Massentierhaltung, die in den USA ihren Ausgang nahm und nach dem Zweiten Weltkrieg nach Deutschland kam. Vorher wurde Geflügel nur in den asiatischen Küchen traditionell zu jeder Zeit und in allen sozialen Schichten zubereitet, in der Alten Welt war Geflügel als »Edelprodukt« besonderen Anlässen vorbehalten. Die moderne Massentierhaltung machte es dann auch bei uns möglich, Hühner zu extrem niedrigen Preisen (und ebensolchen Qualitäten) zu produzieren. Diese beiden Komponenten – das einfache »Handling« beim Grillen und die billige Massenproduktion – haben das Image des delikat und mit Sorgfalt gegrillten Hähnchens zerstört. Doch die Situation hat sich wieder verändert, eine »Renaissance« von gegrilltem Geflügel hat eingesetzt, die sich nicht nur auf Flugenten und Perlhühner beschränkt. Auch die Hühner sind in diesen Trend miteinbezogen, denn schließlich gibt es neben der Massentierhaltung heute genügend Hühner bester Qualität auf dem Markt, zu entsprechenden Preisen, versteht sich. Zudem hat Grillen – gemeint ist die Zubereitung im Freien – auch noch einen beträchtlichen gesellschaftlichen Aspekt, der durchaus feinschmeckerisch genutzt werden sollte.

Kaninchen stehen dem Geflügel geschmacklich in nichts nach,
wenn sie vor dem Grillen in Speck gewickelt werden, damit das Fleisch nicht austrocknet.

Die marinierten
Poulardenhälften vor
dem Grillen auf ein
Gitter legen und das
überschüssige Öl
ablaufen lassen.

Den Grill richtig anheizen:

Zum indirekten Grillen wird
die Holzkohle neben den
Gitterabsperrungen an zwei
Seiten gleichmäßig verteilt.

Die Anzünder auf der Kohle
verteilen und anzünden. Die
Lüftung am Boden des
Grillgeräts öffnen.

Die Kohle zum Glühen
bringen und diesen Vorgang,
wenn nötig, mit einem
Blasebalg unterstützen.

Die Abtropfschale auf den
Rost zwischen die Kohlen
stellen und das eigentliche
Grillgitter einsetzen.

Das marinierte Fleisch genau
über die Abtropfschale
setzen, damit kein Fett in die
Kohle tropft.

Auf dem Rost grillen
GRUNDREGELN FÜR GUTES GELINGEN

Es ist dies eine Garmethode mit extremer Strahlungshitze; deshalb hängt der Erfolg auch davon ab, wie man die Hitzeeinwirkung regulieren kann. Bei Gas oder Elektrogrills ist dies relativ leicht möglich, bei der Holzkohlenglut nur bedingt. Deshalb muss hier die Intensität durch den Abstand zwischen Holzkohle und Geflügel reguliert werden. Dies gilt sowohl für den Grillrost, den man in der Höhe variieren muss, als auch für den Drehspieß, der in dem Grillgerät je nach Größe des Geflügels auf die richtige Distanz gebracht wird. Ist sie zu gering, verbrennt die Haut sehr schnell, und das Fleisch wird nicht gar. Umgekehrt ist bei zu großem Abstand die Garzeit zu lang, das Fleisch wird trocken. Als Faustregel für Geflügel gilt: bei mittlerer Hitze etwa 10 cm Abstand zur Glut; dies trifft sowohl für den Rost als auch für den Spieß zu.

MARINIERTE POULARDE VOM GRILL

1 küchenfertige Poularde (etwa 1,4 kg)
Für die Marinade:
je 1/2 rote, grüne, gelbe Paprikaschote
1 Chilischote, 2 zerdrückte Knoblauchzehen
50 g Zwiebeln, in dünne Scheiben geschnitten
1 TL Salz, 1 TL Abgeriebenes einer Zitrone
1/4 l feines Pflanzenöl

Die gewaschene Poularde trockentupfen und längs halbieren. In ein entsprechend großes Gefäß legen. Das Fruchtfleisch der entkernten Paprikaschoten und der Chilischote ganz fein würfeln, und mit den übrigen Zutaten in das Öl einrühren. Die Poularde damit rundum übergießen. Mit Folie abdecken, kühl stellen und über Nacht durchziehen lassen. Auf dem Grillrost von beiden Seiten insgesamt 40 Minuten grillen. In kurzen Abständen mit der Marinade beträufeln.

Zum wohlgewürzten Grillhähnchen können ganz einfache Beilagen, wie zum Beispiel frisches Baguette oder knackige Pommes frites, gereicht werden. Besonders delikat schmeckt dazu aber ein Kartoffelgratin.

Zwei in einem Korb,
so lassen sich kleine
Stubenküken praktisch
grillen, sowohl auf dem
Drehspieß als auch auf
dem Rost.

POULET »MARTINIQUE«

Das zarte Aroma des Hähnchens ist in diesem Rezept aufs Beste mit der höllischen Schärfe der karibischen Chilischoten kombiniert. Das Ergebnis ist ein Poulet mit wohlschmeckendem, saftigem Fleisch und scharfer, knuspriger Kruste. Wer immer diese Chilisorte von den Karibischen Inseln bekommt, sollte zugreifen, denn sie haben zwar eine kräftige, aber sehr aromatische Schärfe. Natürlich kann man auch andere scharfe Sorten verwenden. Nicht austauschbar allerdings sind die Limetten, deren typisches Aroma zum Beispiel durch Zitronen nicht ersetzt werden kann.

(für 2 Portionen)
1 küchenfertiges Poulet (1,2 bis 1,3 kg)
Für die Marinade:
1 Limette
1 zerdrückte Knoblauchzehe
1 TL Salz
20 g frische Ingwerwurzel
frisch geriebene Muskatnuss
2 EL frisch gehackte Kräuter (Petersilie, Korianderkraut, Thymian, Basilikum)
4 EL feines Pflanzenöl
1 Chilischote

Das Poulet innen und außen waschen, sorgfältig trockentupfen. Längs am Rückgrat entlang mit einem schweren Messer oder einer Geflügelschere teilen. Die beiden Hälften mit der Schnittfläche nach oben in ein entsprechend großes Gefäß legen. Von der Limette mit einem Zesteur die äußere, grüne Schale entfernen und mit dem ausgedrückten Saft in eine Tasse geben. Dazu kommt der Knoblauch, das Salz, der Ingwer, die Muskatnuss und die Hälfte der gehackten Kräuter. Das Öl zugießen und gut verrühren. Mit der Mischung zuerst die Schnittflächen der Poulethälften beträufeln, wenden und den Rest der Marinade auf den Oberflächen verteilen. Die Chilischote längs halbieren, die Samen entfernen, das Fruchtfleisch in Streifen schneiden und auf dem Huhn verteilen. Dieses mit Folie verschlossen über Nacht im Kühlschrank durchziehen lassen. Den überwiegenden Teil der Chilistreifen wieder entfernen, die Poulethälften gut mit der abgelaufenen Marinade bestreichen und auf den Grillrost legen. Zunächst auf der Schnittseite 10 Minuten grillen, dann wenden und weitere 15 bis 20 Minuten auf der Hautseite garen, bis die Haut schön knusprig und das Fleisch gar ist. Ganz original wird Poulet »Martinique« mit Brotfruchtgemüse und Reis serviert, aber es passen natürlich auch andere Gemüsesorten dazu. Für die ganz typische Würzung bei Tisch wird eine Chilischote (wie auf dem Bild) längs halbiert, die Samen entfernt und in die Hälften frisch ausgepresster Limettensaft gegossen. Die Chilihälfte wird dann über dem Poulet zusammengedrückt, um die Aromamischung aus dem Saft der Limette und der Schärfe der Chilischote darüber zu träufeln.

Gegrilltes vom Spieß
EIN GRENZENLOSES SPEKTRUM BUNTER ÜBERRASCHUNGEN

Der Zusammenstellung von Grillspießen sind kaum Grenzen zu setzen. Geflügel und Kaninchen können mit den verschiedensten Produkten, beispielsweise Krustentieren, Gemüse oder Früchten, kombiniert werden. Um mageres Fleisch vor dem Austrocknen zu schützen, kann es in einer Speckscheibe eingewickelt gegart werden. In diesem Fall ist nur ein leichtes Einfetten der Spieße nötig, um ein Anhängen am Rost zu verhindern. Natürlich gibt der salzige Speck auch Geschmack an das Fleisch ab. Wer dies nicht möchte, kann das Fleisch »hüllenlos« grillen, muss aber darauf achten, dass die Spieße gut eingefettet sind und das Grillgut schnell gar wird, da es schnell austrocknet. Vor allem beim Grillen über Holzkohle ist es wichtig, dass die Spieße nicht direkt über der Glut garen, da auf offene Holzkohle herabtropfendes Fett die Bildung von Krebs erregenden Stoffen (Benzpyren) begünstigt. Je nach Hitze der Glut muss eine Garzeit zwischen 8 und 12 Minuten veranschlagt werden. Richtig gegrillt, sind «bunt» zusammengestellte Spieße eine willkommene Abwechslung für einen Grillabend.

POULARDE MIT RIESENGARNELEN

(für 2 Spieße)

180 g Poulardenbrust
4 Riesengarnelen ohne Kopf
4 bis 6 Perlzwiebeln aus dem Glas
Salz, frisch gemahlener weißer Pfeffer

Die Poulardenbrust mit der Haut in große Stücke schneiden und abwechselnd mit den Garnelen und den Perlzwiebeln auf den Spieß stecken. Salzen, pfeffern und grillen. Vor dem Servieren können die Spieße nach Belieben mit Zitronensaft beträufelt werden.

DAS BESTE VOM KANINCHEN

(für 2 Spieße)

2 enthäutete Kaninchenfilets (à 100 g)
2 Kaninchenlebern
2 Scheiben durchwachsener Speck
2 Apfelspalten
4 Kaninchennieren
1/2 kleine Gemüsezwiebel
Salz, frisch gemahlener weißer Pfeffer

Die Filets in Stücke teilen, die Lebern putzen und in je 1 Scheibe Speck einwickeln. Apfelspalten halbieren und – wie es im Foto zu sehen ist – mit den Filetstücken, den Lebern, Nieren und der in Viertel geteilten

Zwiebel aufspießen, salzen und pfeffern. Die Kombination von süß, scharf und würzig gibt dem Spieß einen besonderen Charakter. Nach dem Grillen mit frischen, gehackten Kräutern bestreuen.

ENTEN-PAPRIKA-SPIESS

(für 2 Spieße)

180 g Entenbrust
je 1/2 rote und gelbe Paprikaschote
4 ungeschälte Knoblauchzehen
Salz, frisch gemahlener weißer Pfeffer

Die Entenbrust in grobe Würfel schneiden. Die Paprikaschoten von den Samen und den Samensträngen befreien und ebenfalls würfeln. Den Knoblauch mit dem Handballen leicht andrücken, damit die Schale etwas aufspringt. Die Zutaten abwechselnd so auf dem Spieß anordnen, dass die Hautseite der Entenbrustwürfel nach oben gerichtet ist. Der Spieß kann dann auf der Hautseite etwas länger gegrillt werden, wodurch die Haut schön knusprig wird. Die Spieße salzen und pfeffern, wie links beschrieben grillen und nach Belieben mit Kräutern der Provence bestreuen.

TAUBENTEILE MIT SALBEIBLÄTTERN

(für 2 Spieße)

2 küchenfertige Tauben (à 380 g)
6 Salbeiblätter
Salz, frisch gemahlener weißer Pfeffer
Für die Sauce:
10 g Butter
2 Schalotten
2 cl Cognac
1/8 l dunkler Geflügelfond (siehe Seite 54/55)
20 g kalte Butterwürfel

Die Tauben waschen, trockentupfen, in Brüste und Keulen zerlegen und abwechselnd mit den Salbeiblättern auf die Spieße stecken. Vor dem Grillen aus den Karkassen die Sauce bereiten. Dafür die Knochen klein hacken, in der Butter anbraten, die fein geschnittenen Schalotten zugeben und mitschwitzen. Den Cognac zugießen, anzünden und die Karkassen flambieren. Den Geflügelfond aufgießen, auf etwa die Hälfte reduzieren und passieren. Die Spieße würzen, grillen. Kurz vor Ende der Garzeit die kalte Butter unter die heiße Sauce montieren, abschmecken und zu den Spießen servieren.

GEGRILLTE ENTE

Die Nantaiser Enten eignen sich aufgrund ihres geringen Gewichts und kräftigen Geschmacks besonders gut zum Grillen. Die Garzeit beträgt 60 bis 70 Minuten.

1 küchenfertige Nantaiser Ente (etwa 1,3 kg)
Salz, frisch gemahlener weißer Pfeffer
1 Kräutersträußchen (Petersilie, Salbei, Thymian)
2 EL Pflanzenöl
40 g Butter
2 TL scharfes Paprikapulver
2 EL gehackte Kräuter (Petersilie, Salbei, Thymian)

Ente grillen:

Die gewaschene und getrocknete Ente innen und außen salzen und pfeffern und das Kräutersträußchen in die Bauchhöhle einlegen.

In den Grillkorb legen oder auf den Drehspieß stechen und mit Klammern befestigen. Den Spieß in den vorgeheizten Grill geben.

In kurzen Abständen mit der Öl-Butter-Mischung einpinseln. 15 Minuten vor Ende der Garzeit mit den Kräutern bestreuen.

Am Spieß gegrillt
DIE IDEALE GARMETHODE, WENN GEFLÜGEL IM GANZEN GEGRILLT WERDEN SOLL

Durch das gleichmäßige Rotieren ist die Hitzeeinwirkung beim Grillen am Spieß überall gleich stark. Mit dem richtigen Abstand von der Hitzequelle ist das Verhältnis von knuspriger Haut zu saftigem Fleisch ideal, vorausgesetzt, das Geflügel wird in kurzen Abständen mit dem Bratfett bepinselt, damit die Oberfläche nicht austrocknen kann. Für mageres Geflügel eignet sich deshalb am besten eine Mischung von 1/3 Öl und 2/3 Butter.

PERLHUHNKÜKEN, UNTER DER HAUT GEFÜLLT

So lässt sich das kleine Perlhuhn am Spieß oder im Grillkorb (siehe Seite 147) garen. Für das Grillen auf einem Rost sollte man es aufschneiden und flach drücken, damit es schneller und gleichmäßiger gart.

(für 2 Portionen)
2 küchenfertige Perlhuhnküken (à 480 g)
Salz, frisch gemahlener weißer Pfeffer
Für die Füllung:
1 kleiner Bund glatte Petersilie
je 2 Thymian- und Rosmarinzweige
1 Scheibe Toastbrot
Salz, frisch gemahlener weißer Pfeffer
40 g Pinienkerne

Entsprechend der Anleitung rechts die Füllung zubereiten und die Perlhuhnküken damit füllen. Zum Grillen die Perlhuhnküken zunächst mit dem Rücken auf den Rost legen, nach 20 Minuten wenden und weitere 15 bis 20 Minuten grillen.

Am Spieß grillen lassen sich alle Geflügelarten, von der Taube bis zum Puter, die kleinen Vögel am besten im Grillkorb, die mittleren am Spieß; bei großen Enten, Gans oder Puter setzt das Fassungsvermögen des Grills Grenzen.

**Perlhuhnküken
unter der Haut füllen:**

Die gewaschenen Kräuter mit
dem klein geschnittenen
Toastbrot mixen, salzen und
pfeffern. Die Pinienkerne
zugeben und mit zerkleinern.

Die Perlhühner mit einer
Geflügelschere entlang dem
Rückgrat aufschneiden,
die Bauchhöhle säubern,
salzen und pfeffern.

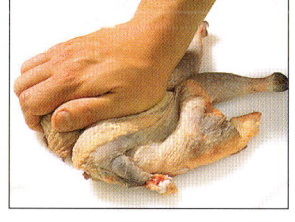

Die Perlhuhnküken mit der
Brustseite nach oben auf
ein Arbeitsbrett legen und
mit dem Handballen leicht
flach drücken.

Vom Hals aus die Haut über
dem Brustfleisch vorsichtig
mit den Fingern lösen.
Dabei darauf achten, dass
sie nicht einreißt.

Die Füllung mit Hilfe eines
Löffels sorgfältig unter die
Haut schieben und gleichmä-
ßig auf dem Fleisch verteilen.

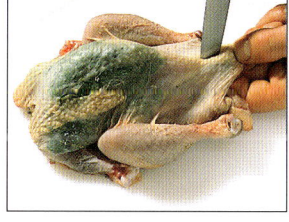

Mit leichtem Fingerdruck
die Füllung formen. Die
dünne Haut zwischen den
Schenkeln etwa 2 cm lang
einschneiden.

Die Schenkel vorsichtig
durch die eingeschnittene
Haut ziehen, um so die Form
des Kükens während des
Grillens zu erhalten.

Als Gemüsebeilagen
passen mitgegrillte Zucchini-
und Auberginenscheiben mit
geschmolzenen Tomaten-
stücken ganz besonders.

GEFÜLLTES KANINCHEN VOM GRILL

So vorbereitet, lässt sich ein Kaninchen mühelos «zusammenfalten», so dass es gut in den Grillkorb passt und
am Drehspieß gleichmäßig garen kann.

1 Kaninchen ohne Kopf, mit Innereien (etwa 1,3 kg)
bis zu 50 g weiche Butter
Salz, frisch gemahlener weißer Pfeffer
Für die Füllung:
20 g Butter, 2 Schalotten, 200 g Kalbfleisch
50 g durchwachsener Räucherspeck
1/2 TL Salz, frisch gemahlener weißer Pfeffer
1 Messerspitze Piment
1/2 fein zerdrückte Knoblauchzehe
1 EL gehackte Kräuter (Petersilie, Oregano, Salbei)
1 Eigelb, 1/8 l Sahne
4 bis 6 schwarze Oliven ohne Stein
Salz und Pfeffer zum Würzen

Für die Füllung die Butter erhitzen, die fein gehackten
Schalotten, das klein geschnittene Herz und die Leber
darin anschwitzen. Die Nieren darin kurz absteifen, herausnehmen und beiseite legen. Das Kalbfleisch und
den Speck durch einen Fleischwolf drehen und mit den
Gewürzen, Kräutern und dem Eigelb zu der Lebermi-
schung geben. Zum Schluss die Sahne unterrühren. Das
gefüllte Kaninchen im Korb 60 bis 70 Minuten grillen.
In kurzen Abständen mit Bratenfett bepinseln.

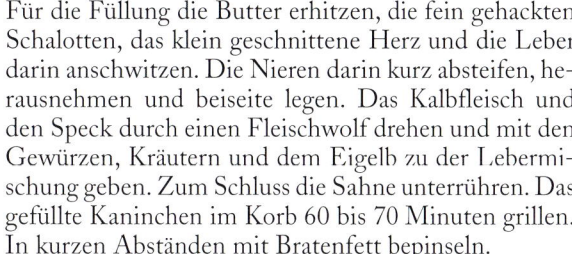

Die Bauchhöhle salzen und
pfeffern, mit der Hälfte der
Farce füllen, Nieren und
Oliven einlegen und mit der
restlichen Farce zustreichen.

Den Bauch mit einem
Baumwollfaden sorgfältig
zunähen oder mit
Zahnstochern zustecken.

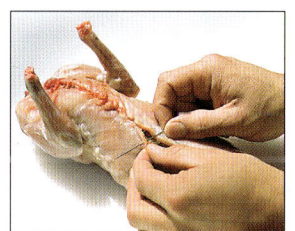

In den Grillkorb legen, die
Hinter- und die Vorderläufe
auf die Bauchseite drücken.
Die Oberfläche würzen und
mit Butter bestreichen.

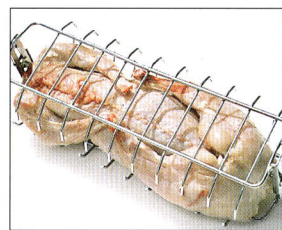

Das gegrillte Kaninchen
5 Minuten ziehen lassen,
dann portionieren. Läufe
abtrennen, Rumpf in
Scheiben schneiden.

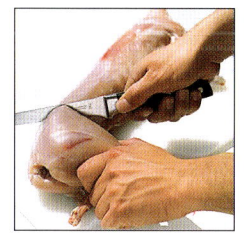

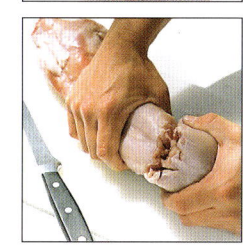

**Kaninchen zum
Grillen vorbereiten:**
Hinter dem Hüft-
knochen bis zum
Rückgrat einschneiden
und das Rückgrat
zwischen dem 5. und
6. Wirbel durchschnei-
den, das Fleisch
jedoch nicht durchtren-
nen. So lässt sich das
Kaninchen regelrecht
«zusammenklappen».

Backen
und frittieren

Geflügel muss im Ofen nicht immer gebraten werden, es eignet sich auch ganz hervorragend zum Backen. Zum Beispiel im Salzmantel oder als Einlage in einem Brotteig erweist sich das variable Fleisch vom Geflügel als wahre Delikatesse, da es sich geschmacklich bestens anpasst und kombinieren lässt. Dass dafür nicht immer eine besonders raffinierte Würzung nötig ist, beweist etwa eine in der Salzkruste gebackene Poularde. Unter der schützenden Hülle wird der Eigengeschmack des Fleisches geradezu konzentriert, das Ergebnis ist ein saftiges Fleisch, das jedoch keineswegs salzig schmeckt. Geflügelfleisch oder Innereien sind ebenso ideale Einlagen für pikante Tarteletts aus geriebenem Teig oder für eine Quiche. Ein kräftig schmeckender Belag für eine Pizza ist geräuchertes Geflügel, wie etwa Truthahn- oder Hähnchenfleisch; mit geräucherter Entenbrust wird ein solches Gebäck zur Delikatesse. Ob Geflügelfleisch frittiert werden sollte, darüber gehen die Meinungen der Gourmets auseinander, vor allem dann, wenn es sich um panierte Geflügelteile handelt, die oftmals ebenso gut in reichlich Butter in der Pfanne gebraten werden können. Es lassen sich geschmacklich aber durchaus gute Ergebnisse erzielen, wenn die einzelnen Stücke korrekt paniert werden und die Temperatur des Frittierfetts stimmt.

Delikates im Brotteig:
eine angebratene Poulardenbrust mit gekräuterter Kalbfleischfarce.

Frittiertes Geflügel

EINE KNUSPRIGE HÜLLE AUS MEHL, EI UND SEMMELBRÖSELN ERHÄLT DAS FLEISCH SAFTIG

Geschützt durch eine gut angedrückte Panade können alle Geflügelteile – sofern sie nicht zu groß sind – im heißen Fett gebacken werden. Die Panade bildet dabei einen hermetischen Mantel; außen wird die Oberfläche knusprig, während innen alles schön saftig bleibt. Üblicherweise wird das Fleisch in Mehl gewälzt, durch verschlagenes Ei gezogen und in Semmelbröseln gewendet. Geschmacksvariationen lassen sich durch die Zugabe etwa von Mandeln oder, wie bei der Panade »alla milanesa«, durch Parmesankäse erreichen. Beim Panieren ist darauf zu achten, dass der aufgetragene Mantel rundum alles bedeckt; notfalls muss der Vorgang wiederholt werden. Wichtig ist die Fettmenge, in der frittiert wird: Die Teile sollen im Fett »schwimmen«, damit die Hitze gleichmäßig eindringen kann. Kleine Portionen sind angebracht, damit die Außenseite nicht zu stark bräunt, bevor das Innere heiß ist.

BACKHÄHNCHEN	TRUTHAHNRÖLLCHEN

Diese Wiener Spezialität, die, wie das berühmte Wiener Schnitzel, auch in der Pfanne mit reichlich Butter gebraten werden kann, lässt sich ganz einfach in der Fritteuse zubereiten.

Die pikante Füllung aus Parmaschinken und Fontina-Käse macht das Truthahnfleisch recht würzig. Unter der gut schließenden Kruste aus Ei und Bröseln bleibt das Fleisch zudem schön saftig.

1 küchenfertiges Hähnchen (etwa 1 kg)	8 dünne Scheiben von der Truthahnbrust (à 50 g)
1/2 TL Salz	1/2 Knoblauchzehe
frisch gemahlener weißer Pfeffer	1 TL scharfer Senf, 1/2 TL Salz
2 EL Mehl	8 dünne Scheiben Parmaschinken (etwa 80 g)
2 Eier	8 dünne Scheiben Fontina-Käse
80 g Semmelbrösel	2 EL Mehl
Pflanzenfett zum Ausbacken	2 Eier
	80 g Semmelbrösel

Das Hähnchen waschen, trockentupfen, nach Wunsch in 4 oder 8 Teile zerlegen und nochmals sorgfältig mit Küchenpapier abtrocknen, damit die Panade gut hält. Wie in der Bildfolge unten beschrieben, panieren und die Bröselschicht gut andrücken. Im 180 °C heißen Fett in 12 bis 15 Minuten frittieren, am besten am Ende der Garzeit mit einem Holzstäbchen die Garprobe machen. Kartoffelsalat passt bestens dazu.

Die Truthahnschnitzel gleichmäßig klopfen. Den Knoblauch fein drücken, mit dem Senf und dem Salz mischen und die Schnitzel damit dünn bestreichen. Wie unten gezeigt, mit Schinken und Käse belegen, einrollen, feststecken, sorgfältig panieren und im 180 °C heißen Fett in 10 bis 12 Minuten kross ausbacken. Mit frischem Salat und knusprigem Weißbrot servieren.

Die gut abgetrockneten, gewürzten Hähnchenteile zuerst im Mehl wenden, dann durch die verquirlten Eier ziehen, dabei darauf achten, dass keine Stellen ohne Ei bleiben. Die Teile sorgfältig in den Semmelbröseln wälzen, fest andrücken, überschüssige Panade abklopfen und in dem auf 180 °C vorgeheizten Fett schwimmend ausbacken.

Die vorbereiteten Truthahnschnitzel jeweils mit 1 Scheibe Schinken und Käse belegen, aufrollen und mit einem Holzspießchen verschließen. Anschließend im Mehl wenden, leicht abklopfen, in den verrührten Eiern und den Semmelbröseln wälzen. Die Panade fest andrücken und die Röllchen im Fett schwimmend ausbacken.

Unter einer Kruste aus Salz gebacken

Diese Garmethode bekommt magerem Geflügel, aber auch jungen Enten, deren Fett aus der Bauchhöhle entfernt wurde, bestens. Auf diese nicht alltägliche Art lässt sich Geflügel gut im Ganzen zubereiten. Es ist dabei unter dem Salzmantel hermetisch abgeschlossen, so dass das Fett während des Garvorgangs nicht ablaufen kann. Extra salzen ist nicht nötig – von derHülle bekommt das Geflügel trotzdem nicht zu viel ab.

POULARDE IN DER SALZKRUSTE

In der mit Eiweiß gebundenen Salzhülle wird das Fleisch schonend im eigenen Saft gegart. Der Vogel kann direkt auf einem mit Alupapier ausgelegten Backblech mit der Salzkruste umhüllt werden. Einfacher ist es, wie hier gezeigt, den Vogel in einen mit der Salzschicht ausgekleideten großen Topf zu setzen und mit dem Salzteig zu ummanteln.

| 1 küchenfertige Poularde (etwa 1,8 kg) |
| frisch gemahlener weißer Pfeffer |
| 1 Kräutersträußchen (Petersilie, Salbei, Thymian und Liebstöckel) |
| 2 ungeschälte Knoblauchzehen |
| *Für den Salzteig:* |
| 5 kg grobes Salz, 1 Eiweiß, Wasser |

Die Poularde waschen und sorgfältig trockentupfen. Die Bauchhöhle pfeffern, das Kräutersträußchen und die mit dem Messerrücken angedrückten Knoblauchzehen einlegen. Für den Teig das Salz mit dem Eiweiß und entsprechend viel Wasser zu einer formbaren Masse verarbeiten. Einen ausreichend großen Topf mit einer 2 cm dicken Salzschicht auskleiden, die Poularde hineinsetzen und mit dem restlichen Salzteig ummanteln, so dass die Poularde völlig dicht abgeschlossen ist. In den auf 220 °C vorgeheizten Ofen auf die unterste Schiene schieben und etwa 2 Stunden garen. Die Salzschicht mit einem Hammer oder einem Fleischklopfer aufbrechen und die Poularde herausnehmen. Mit Salat und ofenfrischem Weißbrot servieren.

BACKEN UND FRITTIEREN

KLEINE ZWIEBELKUCHEN MIT GERÄUCHERTER TRUTHAHNKEULE

(für 8 Tartlets von 10 cm Durchmesser)

Für den geriebenen Teig:

300 g Mehl, 150 g Butter

4 g Salz, 3 bis 4 EL Wasser, 1 Ei

Für die Füllung:

20 g Butter

50 g durchwachsener Räucherspeck

150 g Zwiebelwürfel, 200 g Lauchringe

1 Knoblauchzehe

1/8 l heller Geflügelfond (siehe Seite 56/57)

20 g Butter

250 g geräucherte Truthahn-Oberkeule

1/8 l Sahne, 2 Eier

120 g geriebener Emmentaler Käse

Salz, frisch gemahlener weißer Pfeffer

Geriebener Teig: Mehl und Butter mit den Händen zu kleinen Bröseln verreiben. Eine Mulde formen, Salz, Wasser und das Ei hineingeben und alles rasch zu einem glatten Teig verkneten. 1 Stunde kalt stellen, ausrollen und mit Hilfe eines Wellholzes die Form damit auslegen.

Zwiebelkuchen zubereiten: Die mit Teig ausgelegten Förmchen blind backen, erkalten lassen, Hülsenfrüchte und Pergamentpapier entfernen. Das Fleisch einfüllen, die Zwiebelmischung darüber geben und fertig backen.

Den Teig 3 mm dick ausrollen, die Förmchen damit auslegen und die überstehenden Teigränder abschneiden. Den Teig blind backen, das heißt, den Boden mehrmals einstechen, mit Pergamentpapier auslegen, Hülsenfrüchte einlegen und 10 Minuten bei 200 °C vorbacken. Das wird gemacht, damit der Boden mit der späteren Füllung nicht aufweicht. Für die Füllung die Butter in einer Pfanne zerlaufen lassen, den fein gewürfelten Räucherspeck zugeben und kurz anbraten. Die Zwiebelwürfel, die Lauchringe und den ganz fein zerdrückten Knoblauch etwa 5 Minuten mitdünsten. Mit dem Fond aufgießen und weiterdünsten, bis die Flüssigkeit verdampft ist. Die Mischung beiseite stellen. In einer anderen Pfanne die Butter zerlaufen lassen und das gewürfelte Truthahnfleisch kurz anbraten. Sahne, Eier und den geriebenen Käse mit der Zwiebelmischung vermengen, würzen und weiterverfahren, wie links beschrieben. Die gefüllten Tartlets bei 210 °C im vorgeheizten Ofen in 25 bis 30 Minuten goldbraun backen. Heiß servieren.

KANINCHEN-QUICHE

1 Rezept geriebener Teig (siehe Rezept links)

Für die Füllung:

1 Kaninchenrücken

50 g Zucchini

je 50 g gelbe, grüne und rote Paprikaschoten

50 g Butter, 80 g Zwiebelwürfel, 1 Knoblauchzehe

150 g Kaninchenleber, 12 Kaninchennieren

2 EL frisch gehackte Kräuter (Petersilie, Thymian und Salbei)

Für den Guss:

3/8 l Sahne, 3 Eier

1 TL Salz, frisch gemahlener weißer Pfeffer

je 1/4 TL Muskatnuss und Muskatblüte

Eine Quicheform von 26 cm Durchmesser mit dem ausgerollten Teig auslegen, den Rand andrücken, den Boden einstechen und den überstehenden Teig abschneiden. Den Kaninchenrücken auslösen und das Fleisch, ebenso die Zucchini und Paprikaschoten fein würfeln. In einer Pfanne die Hälfte der Butter erhitzen und das Fleisch 4 bis 5 Minuten braten, herausnehmen und beiseite stellen. Die restliche Butter zerlaufen lassen und die Zwiebelwürfel mit der fein zerdrückten Knoblauchzehe darin anschwitzen. Die Gemüsewürfel zugeben und etwa 5 Minuten mitdünsten. Die in Würfel geschnittene Kaninchenleber und die gut gewässerten, halbierten Nieren zufügen und kurz absteifen. Zuletzt die Kräuter untermischen, etwas abkühlen lassen. Die Sahne mit den Eiern und den Gewürzen vermengen. Das Fleisch mit der Gemüsemischung vermengen und in die vorbereitete Form füllen, dabei die Nieren gleichmäßig verteilen. Die Eier-Sahne-Mischung darüber gießen, die Quiche bei 200 °C im vorgeheizten Ofen 45 bis 50 Minuten goldbraun backen.

Knusprige Teige als Boden und Hülle
FÜR GEBRÄUNTE OBERFLÄCHEN ODER ZARTE FÜLLUNGEN

Ob Tartelett, Quiche, große pikante Kuchen, Pie (Schüsselpastete) oder Teigmantel, stets ist es der gebackene, gebräunte Teig, der eine zusätzliche Geschmacks- und Variationsmöglichkeit bietet. Sein Reiz liegt in der Kruste, sein Eigenaroma ist mehr oder weniger »hintergründig«, um etwa das zarte Aroma einer Gänsestopfleber nicht zu überdecken.

GÄNSELEBER IM BRIOCHETEIG

Eine Kombination, wie sie besser nicht sein könnte. Die Foie gras entwickelt sich in dieser Hülle besonders gut, der Brioscheteig profitiert vom Aroma der Leber.

(für eine Kastenform von 2 bis 2 1/2 l Inhalt)
1 Gänseleber (etwa 800 g)
1/2 TL Salz
je 1 Messerspitze Piment und Muskatblüte
frisch gemahlener weißer Pfeffer
1/4 l alter Portwein
2 cl Armagnac
Für den Brioscheteig:
25 g Hefe, 1/8 l lauwarme Milch
150 g Butter
2 Eier, 1/2 TL Zucker
1 TL Salz
450 g Mehl
Außerdem:
100 g dünne Platten grüner Speck
1 bis 2 Eigelbe
Portweingelee

Die Leber sehr sorgfältig von allen Häuten und Adern befreien, salzen, würzen und in einer Schüssel mit Portwein und Armagnac übergießen. Mit Folie abdecken und 24 Stunden im Kühlschrank marinieren. Die Leber aus der Marinade nehmen und abtropfen lassen. Die Marinade aufkochen, bis auf etwa 2 bis 3 Esslöffel reduzieren und abkühlen. Die Hälfte der Leber in eine Kastenform drücken – die etwas kleiner als die endgültige Form sein soll, die reduzierte Marinade darüber gießen und die restliche Leber einfüllen. Für den Teig die Hefe in der lauwarmen Milch unter Rühren auflösen. Die Butter schmelzen, abkühlen lassen und die Eier, den Zucker und das Salz zufügen. Das Mehl in eine Schüssel sieben, die aufgelöste Hefe und die Buttermischung zufügen und zu einem glatten, trockenen Teig verkneten. Den Teig bei Zimmertemperatur zugedeckt 1/2 Stunde gehen lassen. Den Teig zu einer 60 x 40 cm großen Platte ausrollen und eine zweite, etwas größere Kastenform so damit auslegen, dass der Teig an den Rändern gleichmäßig übersteht. Die vorgeformte Leber stürzen, in die dünnen Speckplatten einwickeln und in die mit Teig ausgelegte Form geben. Die überhängenden Teigränder mit Eigelb bestreichen, über der Füllung zusammenlegen und gut zusammendrücken, damit die Pastete vollkommen verschlossen ist. Die Oberfläche an zwei Stellen mit einem scharfen Messer kreuzweise kurz einschneiden, zwei kleine, runde Ausstecher als Kamine einsetzen und mit Teigrosetten umlegen. Die Pastete bei Zimmertemperatur, nicht wärmer, 20 bis 30 Minuten gehen lassen, bis sich ihr Volumen fast verdoppelt hat. Die Oberfläche mit Eigelb bestreichen, bei 210 °C im vorgeheizten Ofen 45 bis 55 Minuten backen. Die Gänseleber im Brioscheteig über Nacht auskühlen lassen und mit Portweingelee auffüllen. Vor dem Servieren die Ausstecher entfernen.

Pikante Pizzen

MIT GEFLÜGELFLEISCH IM GROSSFORMAT ODER ALS HANDLICHE MINIPIZZA

Die Pizza, der Exportschlager aus Italien, ist im Hinblick auf den Belag ein sehr variables Gebäck. Dass man sie aber auch mit Geflügelfleisch, besonders dann, wenn es geräuchert ist, belegen und damit beste Ergebnisse erzielen kann, beweisen folgende Rezepte.

GRUNDREZEPT PIZZATEIG

(für 2 Pizzen von 30 cm Durchmesser)
300 g Mehl, 20 g Hefe
1/8 l lauwarmes Wasser
1/2 TL Salz, 2 EL Olivenöl

Ein ganz einfaches Hefeteigrezept, ohne Eier, Butter oder Milch – nur mit Wasser. Gerade dadurch wird der Teig schön knusprig. Er kann beispielsweise auch ohne Vorteig, im »All-in-Verfahren« hergestellt werden, muss allerdings etwas länger gehen. Der fertige Teig soll fest und dennoch elastisch sein, damit er gut »ausgezogen« werden kann, so wie es die neapolitanischen Pizzaiolis so gekonnt machen. Der Rand muss immer etwas dicker sein, damit beim Backen die Flüssigkeit des Belags nicht in den Ofen läuft.

Pizzateig zubereiten:
Die Hefe in der Mehlmulde mit lauwarmem Wasser auflösen, mit Mehl bestauben, die Schüssel mit einem Tuch bedecken und den Ansatz an einem warmen Ort gehen lassen, bis die Oberfläche Risse zeigt. Das Öl zugeben und verrühren.

Auf einer bemehlten Arbeitsfläche zu einem glatten Teig kneten. Nochmals zu doppeltem Volumen aufgehen lassen.

Den Teig in Stücke teilen, diese mit der Hand zu Kugeln rollen und dann mit einem Rollholz zu Fladen ausrollen.

Die Fladen mit der bemehlten Hand von innen nach außen streichen. Mehrmals mit einer Gabel einstechen.

Die Teigfladen in der richtigen Reihenfolge mit den Zutaten belegen, den etwas erhabenen Rand aber freilassen.

HÄHNCHENPIZZA

Für den pikanten Charakter dieser Pizza ist das geräucherte Hähnchenfleisch verantwortlich. Nach Belieben kann aber auch geräuchertes Truthahnfleisch, vorzugsweise aus der Oberkeule, verwendet werden. Das Brustfleisch ist dafür zu trocken.

(für 2 Pizzen von 30 cm Durchmesser)
1 Grundrezept Pizzateig
Für den Belag:
300 g Tomaten in Scheiben
6 Frühlingszwiebeln ohne Spitzen
je 1 rote, gelbe und grüne Paprikaschote
1/2 entbeinte geräucherte Poularde (600 bis 700 g)
100 g Zucchini in Scheiben
1/2 TL Salz, Pfeffer
300 g Mozzarella
16 schwarze Oliven
2 EL gehackter Thymian, Oregano und Basilikum
4 EL feines Olivenöl

Die Tomatenscheiben auf den Teigfladen verteilen und die klein geschnittenen Frühlingszwiebeln darüber streuen. Die vorbereiteten Paprikaschoten in feine Streifen schneiden. Das Fleisch mit der Haut in Scheiben schneiden und mit den Paprikastreifen und den Zucchini auf der Pizza verteilen. Salzen, pfeffern und mit dem in Scheiben geschnittenen Mozzarella belegen. Die Oliven auflegen, mit Kräutern bestreuen und dem Öl beträufeln. Im vorgeheizten Ofen bei 220 °C in ungefähr 25 Minuten knusprig braun backen.

Die Tomatenwürfel zu den angeschwitzten Zwiebeln geben, dünsten und das Tomatenmark zufügen.

KLEINE PIZZEN
MIT GERÄUCHERTER ENTENBRUST

Diese delikaten »Häppchen« eignen sich sehr gut als Vorspeise oder Zwischengericht. Die Entenbrust in Kombination mit der selbst gemachten Tomatensauce ergibt einen ganz besonderen Belag.

(für 12 kleine Pizzen)
1 Grundrezept Pizzateig
Für die Tomatensauce:
2 EL feines Olivenöl, 60 g Zwiebelwürfel
1 fein geschnittene Knoblauchzehe
250 g Tomaten, 1 EL Tomatenmark
1/2 TL Salz, frisch gemahlener weißer Pfeffer
2 EL frisch gehackte Kräuter (etwa Petersilie, Basilikum, Rosmarin, Thymian)
Außerdem:
1 EL Butter
150 g frische Champignons, 1 gelbe Paprikaschote
400 g geräucherte Entenbrust
180 g klein geschnittener Mozzarella
2 EL geschnittener Schnittlauch, 4 EL Olivenöl

Den Teig in 12 Stücke teilen, zu Kugeln formen, nochmals etwas gehen lassen, zu runden Fladen von 10 cm Durchmesser ausrollen und auf zwei Backbleche verteilen. Für die Sauce das Öl erhitzen, die Zwiebeln anschwitzen, den Knoblauch angehen lassen. Die Tomaten würfeln, zugeben und in etwa 10 Minuten weich dünsten. Das Tomatenmark zufügen, würzen und weitere 5 Minuten dünsten. In einer zweiten Pfanne die Butter erhitzen, die in Scheiben geschnittenen Champignons darin anschwitzen. Die Paprika würfeln und zugeben. Die Entenbrust in Scheiben schneiden und abwechselnd mit der Tomatensauce, der Gemüsemischung und dem Käse auf den Pizzen verteilen. Mit Schnittlauch bestreuen, mit Öl beträufeln und im vorgeheizten Ofen bei 220 °C in 30 Minuten backen.

Das Öl in einer Pfanne erhitzen, die klein gewürfelten Lebern kurz darin anbraten und beiseite stellen.

Soufflé zubereiten:
Die Schalotten und den Knoblauch in der Butter andünsten. Die Champignonwürfel zugeben, salzen, pfeffern und dünsten, bis der Pilzsaft eingekocht ist. Mit den Kräutern bestreuen.

Für die Sauce die Butter in einem Topf aufschäumen lassen und das Mehl unter ständigem Rühren einstreuen.

Das Mehl angehen lassen, die Milch auf einmal zugießen und mit dem Drahtbesen sorgfältig glatt rühren. Salzen.

Die Sauce kurz abkühlen lassen. Anschließend die Eigelbe nacheinander mit dem Drahtbesen unterrühren.

Die Sauce in eine große Schüssel geben, die Pilzmischung und die Leber hinzufügen und unterrühren.

Die Eiweiße separat zu steifem Schnee schlagen und mit dem Kochlöffel vorsichtig unter die Masse heben.

Die Soufflémasse daumenbreit bis unter den Rand der vorher sorgfältig ausgebutterten Form füllen.

Backen. Anschließend sofort servieren, da es bei zu langem Stehen zusammenfallen kann.

Soufflés und Aufläufe
LEBER AUF LOCKERE ART

Die besonders luftigen Soufflés sind in der Tat höchst empfindlich und müssen, sobald sie die Hitze des Ofens verlassen haben, sofort auf den Tisch, denn sie fallen leicht zusammen. Die Herstellung ist gar nicht so schwierig, wenn man sich genau an die einzelnen Zubereitungsschritte hält. Übrigens können für Soufflés die Lebern aller Geflügelarten verwendet werden, von denen die Leber der Ente aber ganz besonders kräftig schmeckt.

GEFLÜGELLEBERSOUFFLÉ

(für 4 bis 6 Portionen)
200 g Geflügelleber
2 Schalotten
1/2 Knoblauchzehe
120 g weiße Champignons
20 g Butter
Salz, frisch gemahlener weißer Pfeffer
1 EL gehackte Petersilie
1/2 TL gehackter Thymian und Rosmarin
2 EL Pflanzenöl
Für die Sauce:
30 g Butter
30 g Mehl
1/4 l Milch
1 Prise Salz
4 Eigelbe
Außerdem:
4 Eiweiße
Butter für die Form

Die Geflügellebern unter kaltem Wasser abbrausen, trockentupfen und in kleine Würfel schneiden. Die Schalotten und den Knoblauch schälen und fein schneiden. Die Champignons waschen, die Haut abziehen und ebenfalls fein würfeln. Die Soufflémasse, wie in der Bildfolge links gezeigt, fertig zubereiten. Eine Souffléform von 1,5 l Fassungsvermögen ausbuttern und die Masse einfüllen. Die Form bis zu 2/3 ihrer Höhe in ein 80 °C heißes Wasserbad setzen und in dem auf 180 °C vorgeheizten Ofen auf der untersten Schiene 15 Minuten anbacken. Die Temperatur auf 200 °C erhöhen und in 25 bis 30 Minuten fertig backen. Das Soufflé in der Form servieren oder mit einem Löffel Nocken ausstechen. Salate, Gemüse oder Saucen dazureichen.

Im Wasserbad garen.
Die Förmchen bis zu
2/3 ihrer Höhe in ein
80 °C heißes Wasser-
bad setzen und im
vorgeheizten Ofen
garen. Das Wasserbad
darf nicht kochen, aber
auch nicht unter 80 °C
abkühlen.

KANINCHENLEBERAUFLAUF MIT ÄPFELN

Aufläufe sind sozusagen die robusteren »Vettern« der Soufflés. Doch auch sie werden schön locker und bleiben saftig, vor allem, wenn sie, wie in diesem Rezept, mit Äpfeln zubereitet werden.

200 g Kaninchenleber
1 Schalotte
20 g Butter
Salz
frisch gemahlener weißer Pfeffer
3 Scheiben Toastbrot
1 säuerlicher Apfel
1 cl Calvados
2 EL Läuterzucker
2 Eigelbe
1 EL gehackte Petersilie
3 bis 4 EL Crème fraîche
2 Eiweiße
10 g Butter für die Förmchen

Die Kaninchenleber unter fließendem Wasser gründlich waschen, putzen und in kleine Würfel schneiden. Die Schalotte schälen und fein würfeln. 10 g Butter in einer Pfanne schmelzen, die Schalotte und die Leber kurz darin anbraten, salzen, pfeffern und in eine Schüssel schütten. Das Toastbrot entrinden, würfeln, in der restlichen Butter goldbraun braten, zur Leber geben und etwas abkühlen lassen. In der Zwischenzeit den Apfel schälen, entkernen, in kleine Würfel schneiden und mit Calvados und Läuterzucker marinieren, anschließend zur Leber geben. Die Eigelbe und die Petersilie hinzufügen und unterrühren, die Crème fraîche untermengen. Die Eiweiße zu steifem Schnee schlagen, unterheben und die Masse in 4 ausgebutterte Portionsförmchen füllen. In ein Wasserbad (siehe rechts) setzen und jedes mit einer kleinen Butterflocke belegen. In den auf 180 °C vorgeheizten Ofen schieben und auf der untersten Schiene 30 bis 35 Minuten backen. Die Förmchen stürzen und anrichten. Ein Gemüseragout, wie hier zum Beispiel aus Spargel, oder ein Salat eignen sich sehr gut als Beilagen.

Fernöstliche Spezialitäten

In den asiatischen Landesküchen kann man mit Geflügel besonders gut umgehen, das ist bekannt und entspricht jahrhundertealter Tradition. Schließlich stammt das populärste Geflügel – das Huhn, das wir heute in unserer Küche verwenden – vom roten Dschungelhuhn ab, welches in Südostasien heimisch war und bereits 2500 vor Christus als Hausgeflügel gehalten wurde. Deshalb ist es auch nicht verwunderlich, dass es die Kultur der Landesküchen des gesamten asiatischen Kontinents stark geprägt hat und im Vergleich zur abendländischen Kochkunst einen wesentlich höheren Stellenwert hat. Zusammen mit der Ente beherrscht es die asiatische Fleischküche weitgehend. Allen voran haben die chinesischen Köche im Laufe der Jahrtausende eine Geflügelküche entwickelt, die durchaus als vollkommen bezeichnet werden kann und die auch für den europäischen Gaumen akzeptabel ist. Man denke nur an die Brust und die knusprige Haut einer Peking-Ente, welche mit Mandarin-Pfannkuchen und schwarzer Bohnensauce eine Delikatesse ist. Die wahre Kunst der chinesischen Geflügelküche wird aber erst sichtbar, wenn die Köche aus jenen Teilen von der Ente oder vom Huhn, die wir mehr oder minder als Abfall betrachten, die feinsten Gerichte zaubern. Da gibt es kross gebackene Hühnerflügel, geschmorte Entenmägen, feine Suppen von Hühnerfüßen oder die Füße von der Ente in pikanter Senfsauce. Ähnlich kreativ im Umgang mit Geflügel, vor allem mit dem Huhn, sind die südostasiatischen Völker, die mit Gewürzen, Obst und Gemüse der tropischen Regionen höchst interessante Kombinationen schaffen und die internationale Speisekarte damit bereichern.

Esskultur mit Stäbchen –
diese Methode hat auch die asiatischen Landesküchen stark beeinflusst.

FERNÖSTLICHE SPEZIALITÄTEN

Die Auswahl ist groß auf den asiatischen Märkten. Ob ganzes Geflügel, küchenfertig vorbereitet, oder Geflügelteile und Innereien, alles ist sauber und appetitlich angerichtet. Selbst die Füße – bei uns gehören sie zum Abfall – sind sehr begehrt, denn in China versteht man es, daraus eine vorzügliche Brühe zu kochen. Etwas Besonderes im Geflügelangebot sind die Hühner »mit der blauen Haut«, die auch immer etwas teurer gehandelt werden.

Nicht nur der Frische wegen kaufen die sachkundigen Asiaten ihr Geflügel aus dem Käfig. Dies ist auch die einfachste Art, es in guter Qualität, zumal ohne Kühlschrank, auf Vorrat zu halten, denn ein lebendes Huhn kann nicht verderben...

Sie sind wahre Kochkünstler in der Zubereitung von Geflügel. Die Spanne reicht vom ganz einfachen, pfannengerührten Huhn mit frischem Gemüse, wie es in den Garküchen auf der Straße angeboten wird, bis zu Delikatessen wie der »Ente der acht Köstlichkeiten«, die, was Zutaten und Arbeitsaufwand anbelangt, wirklich als kostbar zu bezeichnen ist.

Hühner, Enten und der Wok

GEFLÜGEL IST DAS WICHTIGSTE FLEISCH IN DEN KÜCHEN ASIENS, UND DER WOK DAS KOCHGESCHIRR FÜR VIELE GARMETHODEN

Zwar wird in den asiatischen Küchen – auch in der chinesischen – nicht alles im Wok gegart: Es gibt Steintöpfe für Suppen oder Bambuskörbe mit entsprechenden Töpfen zum Dämpfen, doch der Wok ist das Universalkochgeschirr schlechthin. Tatsächlich ist er ein »Alleskönner«, denn in ihm kann man Suppen kochen, dämpfen, frittieren und vor allem äußerst fettarm braten. Letzteres allerdings nur auf die asiatische Art mit klein geschnittenen Zutaten. In seiner traditionellen Form (und das ist die beste) ist er rund nach unten gewölbt, aus Gusseisen und mit zwei seitlichen Griffen. Mit seinem Innenmaß, zwischen 25 und 40 cm Durchmesser, lassen sich fast alle Gerichte bewältigen, ausgenommen eine große Ente im Ganzen. Eines der Geheimnisse asiatischer, vor allem chinesischer Kochkunst ist aber eine Garmethode, die mit »Pfannenrühren« leider nur sehr unvollständig beschrieben wird, für die jedoch dieser Wok »fast« unersetzlich ist, ganz besonders für die vielen delikaten Geflügelgerichte. Es ist eine Garmethode, die in der abendländischen Küche unbekannt ist. In dem asiatischen Kulturhaus ist das Messer am Tisch unbekannt; das Essen mit Stäbchen setzt bereits zerkleinerte Zutaten voraus, und daraus ist auch diese Zubereitungsmethode zu erklären. Das Fleisch und das Gemüse werden mundgerecht in Würfel oder Streifen geschnitten. In der Regel wird bereits der leere Wok stark erhitzt, dann kommt für unsere Verhältnisse sehr wenig Öl hinein, das durch Schwenken des Woks gleichmäßig verteilt wird. Die vorbereiteten Zutaten werden, meist in der Reihenfolge ihrer benötigten Garzeit, nacheinander zugegeben und unter ständigem Rühren bei großer Hitze in erstaunlich kurzer Zeit gegart. Gerührt wird mit einer vorn abgerundeten Blechschaufel, die in ihrer Rundung dem Wok angepasst ist. Das Resultat dieses »Pfannenrührens« sind wirklich auf den Punkt gegartes Fleisch, besonders wichtig beim zarten Geflügel, und »knackig« gebratenes Gemüse mit viel Geschmack.

Gewürzpasten werden traditionell im Mörser zubereitet, doch auch das Pürieren mit der Küchenmaschine liefert ein sehr gutes Ergebnis.

Hühnercurries

IN SÜDOSTASIEN FINDEN HÜHNER BEVORZUGT IN CURRIES VERWENDUNG

Curries, man könnte sie auch Ragouts mit mehr oder weniger viel Sauce nennen, werden je nach Herkunftsland mit völlig unterschiedlichen Zutaten bereitet. Die Palette reicht von ganz scharf mit wenig Gemüse und Sauce bis hin zu suppig, süß und mild. Das anpassungsfähige Hühnerfleisch toleriert alle Würzungen. Das zarte Aroma des Hühnerfleisches wird durch scharfe Gewürze zwar etwas in den Hintergrund gedrängt, doch das Ergebnis kann sich durchaus »schmecken« lassen. Die verschiedenen Kombinationen sind meist von sehr hoher geschmacklicher Qualität, selbst wenn man einen Chilianteil weglässt, um die Schärfe des Gerichts zu mildern. Als Beilagen zu Curries dürfen Gemüse der Saison und natürlich Reis nicht fehlen.

KYETHA HIN

Ein Hühnercurry aus Burma, das durch die zugesetzten Tomaten, den Kürbis und die nur sparsame Verwendung von Chilis besonders mild ist.

1 frische Poularde (etwa 1,6 kg)
1 Zwiebel
2 Knoblauchzehen
1 TL Salz
1/2 TL gestoßener Kardamom
1 EL frisch geriebener Ingwer
2 kleine Chilischoten
1 TL Kurkumapulver
1 Stängel Zitronengras
4 EL Pflanzenöl
1/2 l heller Hühnerfond (siehe Seite 56/57)
2 große Tomaten
150 g eingelegter Kürbis
2 TL gehackte Korianderblätter

Das küchenfertige Huhn zerlegen (siehe Seite 24/25) und das Fleisch in kleine, mundgerechte Stücke schneiden. Die Zwiebel und die Knoblauchzehen hacken und mit den Gewürzen und wenig Öl in der Küchenmaschine fein pürieren. Das restliche Öl im Wok erhitzen, das Püree hinzufügen und unter ständigem Rühren 2 bis 3 Minuten anschwitzen. Den Hühnerfond aufgießen, das Fleisch zugeben und bei geringer Hitze unter ständigem Rühren in etwa 20 Minuten garen. Die Tomaten und den Kürbis würfeln, zufügen und alles bei geringer Hitze weitere 30 Minuten köcheln lassen. Mit Koriander bestreuen und heiß servieren.

HÜHNERCURRY MIT BANANEN

»Kukul mas curry« nennen die Ceylonesen ihr hervorragendes Curry, das allerdings höllisch scharf ist. Wer will,
kann die Schärfe mildern, indem er die Samen aus den
Chilischoten entfernt (danach sofort die Hände waschen!). Wem das Curry ohne die Chilisamen noch zu
scharf ist, kann es mit geriebener Kokosnuss bestreuen,
was die Schärfe zusätzlich reduziert. Ein ganz typisches
Gewürz der ceylonesischen Curries sind die »Curry-
blätter«, die in unseren Breiten leider nur in spezialisier-
ten Asienläden zu haben sind. Getrocknet verlieren sie
etwas an Würzkraft, doch sie sind es, die diesem Gericht
seinen unverwechselbaren Geschmack geben. Aber auch
ohne »Curry leaves« ist es ein feines, exotisches Gericht,
das durch Bananen interessant ergänzt wird.

1 küchenfertiges Huhn (etwa 1,4 kg)
1 TL Salz
1 TL edelsüßes Paprikapulver
2 Knoblauchzehen
3 EL Pflanzenöl
1 EL Butterschmalz
1 Zwiebel
2 TL frisch geriebener Ingwer
1 TL Kurkuma
1 TL Chilipulver
2 TL gemahlener Koriander
1 TL Kreuzkümmel
1 Zweig »Curryblätter«
1/2 l heller Hühnerfond (siehe Seite 56/57)
1 EL Butterschmalz
6 kleine Zuckerbananen (oder 3 große Obstbananen)

Das Huhn in 12 bis 16 gleich große Stücke schneiden,
in eine Schüssel legen, mit Salz, Paprika und fein zer-
drücktem Knoblauch bestreuen und mit dem Pflanzenöl
beträufeln. Eine halbe Stunde marinieren lassen. Das
Butterschmalz im Wok erhitzen und die fein geschnittene Zwiebel darin anschwitzen. Die Hühnerteile aus der
Marinade nehmen, abtropfen lassen und bei starker
Hitze von allen Seiten im Wok anbraten. Die Gewürze
hinzufügen und mit dem Hühnerfond aufgießen.
Das Curry bei schwacher Hitze 25 bis 30 Minuten
schmoren, herausnehmen und warm stellen. Das
restliche Butterschmalz im Wok erhitzen, die geschälten und längs halbierten Bananen kurz
anbraten, die warm gestellten Hühnchenteile
zugeben und nochmals erhitzen. Nach Belieben
mit frisch geriebener Kokosnuss bestreuen und
mit Reis servieren.

Die echte, weiße Pekingente mit ihrer hohen Fleischqualität gehört wohl mit zum Geheimnis dieser Spezialität.

Chefkoch Chang Sum Ching aus Singapore ist berühmt für seine köstlichen Peking-Enten. Um die Haut vom Fleisch zu lösen, durchtrennt er sie mit einem kleinen Schnitt unter der Luftröhre. An dieser Stelle bläst er dann die Luft zwischen Haut und Fleisch und verteilt sie mit den Händen wie bei einer Massage.

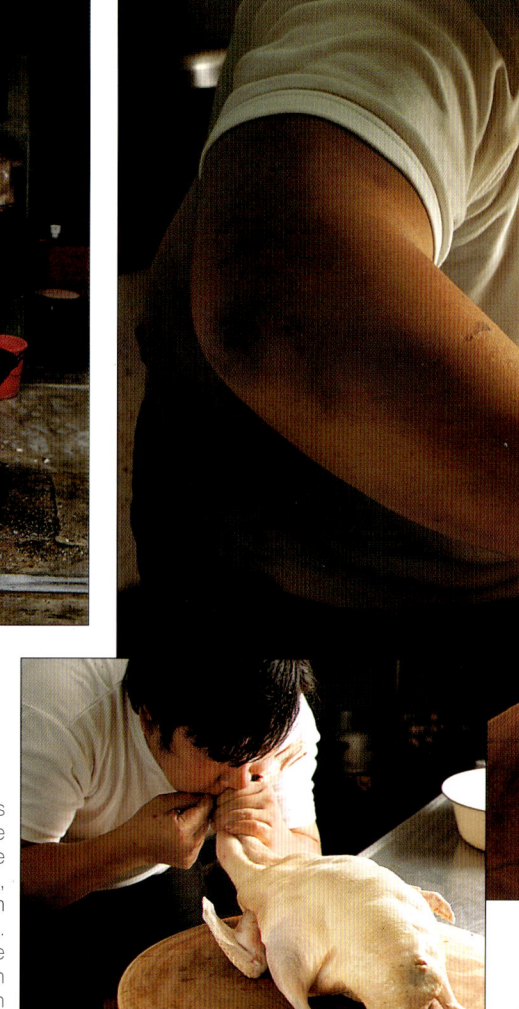

Die Füße werden abgeschnitten, und die Ente wird ausgenommen. Durch einen kleinen Schnitt unterhalb des Flügels werden die Innereien herausgezogen – eine Kunst, die nur die chinesischen Spezialisten beherrschen.

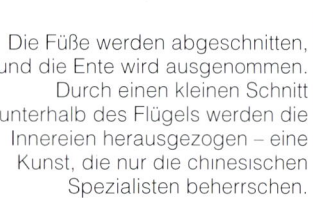

An einem Haken über einem Topf mit kochendem Wasser aufgehängt, wird die Ente blanchiert, indem sie von allen Seiten gleichmäßig beschöpft wird. Die Haut soll dadurch aufnahmefähig werden für das spätere Honigbad.

Das Geheimnis der Peking-Ente
EIN WAHRHAFT KULINARISCHES MEISTERWERK AUS NORDCHINA

Es ist aber ein Meisterwerk, das von uns nur mit großer Mühe und qualitativen Abstrichen nachvollzogen werden kann. Deshalb sollte man diese Mühe den Spezialisten überlassen und die Peking-Ente im Restaurant bestellen, wobei es interessant ist zu wissen, wie sie zubereitet wird. Das Geheimnis dieser knusprigen Ente hat sicher verschiedene Gründe, entscheidend ist aber der Spezialofen, der hohe Temperaturen erreicht und die Hitze rund um die eingehängten Enten zirkulieren lässt. Die Präsentation der Ente am Tisch kommt einem feierlichen Zeremoniell gleich: Sie wird erst den Gästen vorgeführt, bevor der Koch die Haut mit schnellen Schnitten vom Fleisch löst. Die Haut wird in kleine Pfannkuchen aus Weizenmehl eingewickelt und zusammen mit kleinen Frühlingszwiebelstreifen und einer süßen Bohnenpaste verzehrt. Erst als zweiter Gang folgt das zarte Fleisch, welches, ebenfalls in Streifen geschnitten, mit den Beilagen serviert wird. Aus den Knochen und dem verbleibenden Fleisch kann eine Suppe gekocht werden, die als Abschluss des Menüs gereicht wird.

»**Kwantung-Ente**«, eine Spezialität aus dem Süden Chinas, die mit der Peking-Ente schon deshalb nicht konkurrieren kann, weil sie diese vom Fleisch gelöste, knusprige Haut nicht hat. Um sie korrekt zu braten, ist ein ähnlicher Ofen nötig wie für die Peking-Ente, ein Ofen mit hohen Temperaturen und entsprechender Luftzirkulation. Eine Delikatesse, die man also besser in Hongkong bestellt, bevor man sie höchst unzureichend bei uns nachvollzieht.

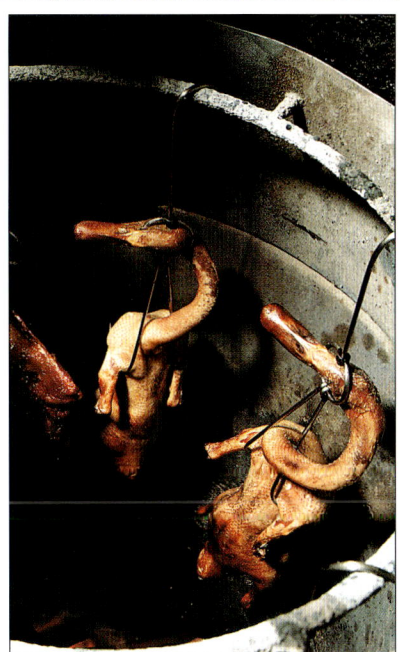

▽ Es folgt das große Würzgeheimnis der Peking-Ente, das natürlich nicht einheitlich ist: Mr. Chang löst eine Tasse Honig im kochenden Wasser auf und überbrüht damit die Ente. Nicht einmal Salz braucht er, lediglich das Honigwasser ist wichtig.
▽▽ Mindestens 3 bis 4 Stunden muss die Ente bei zirkulierender, heißer Luft getrocknet werden. So kann die präparierte Haut fest werden, die Luftkammern zwischen Haut und Fleisch bleiben erhalten.

Die Kanton-Ente

Im Süden und Osten Chinas werden die Enten kräftiger gewürzt und die Zubereitung ist meist weniger aufwändig als in den anderen Teilen des Landes. Überregionale Bedeutung haben aus diesem Gebiet vor allem die Enten aus Kanton (Kwantung), welche zwar bei weitem nicht an die Qualität der Peking-Enten heranreichen, dafür aber in wahrhaft riesigen Mengen fertig zubereitet auf den Märkten und in den traditionellen Straßenrestaurants angeboten werden. Wie im Süden Chinas üblich, sind diese Gerichte großzügig gewürzt, meist mit der auch bei uns bekannten »Fünf-Gewürze-Mischung«, welche aus Zimt, Szechuanpfeffer, Nelken, Fenchel und Anis hergestellt wird. Die genaue Zusammensetzung und Dosierung der einzelnen Gewürze bleibt jeweils dem Koch überlassen. Eine besonders scharfe Variante wird in der Provinz Szechuan, das übrigens für seine Vielfalt an Gewürzen berühmt ist, zubereitet. Hier wird die Ente nicht nur mit der Gewürzmischung, sondern zusätzlich noch mit einer Extraportion Szechuanpfeffer gewürzt.

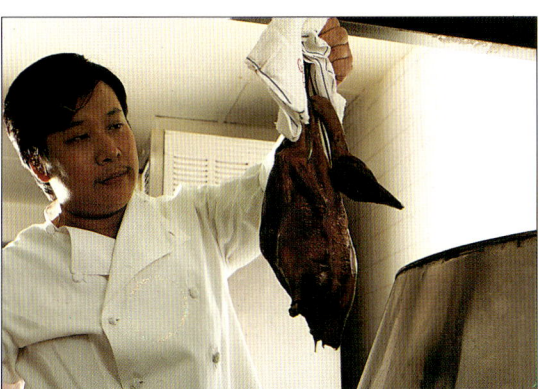

Stolz präsentiert Chang Sum Ching die fertige Ente, die er dann bei Tisch tranchiert – dafür gibt es 2 Möglichkeiten. Man kann, wie auf dem Bild rechts, die Brust mit der Haut in Scheiben schneiden. Oder die Haut wird vorab vom Fleisch gelöst, in Rauten geschnitten und als erster Gang verzehrt. Das Fleisch folgt dann als zweiter Gang.

STREIFEN VON DER ENTENBRUST MIT BOHNENKEIMLINGEN

Gerichte, bei denen die Brust der Ente verwendet wird, gehören auch in China zu den Delikatessen. Da das Fleisch vorgebraten wird, bleiben die übrigen Zutaten schön knackig frisch.

400 g Entenbrust
125 g frische Mung- oder Sojabohnenkeimlinge
1 Frühlingszwiebel
3 Scheiben frische Ingwerwurzel, 2 1/2 EL Öl
Für das Szechuanpfefferöl:
2 EL Erdnussöl, 2 TL Szechuanpfefferkörner
Für die Sauce:
1/8 l Hühnerbrühe (siehe Seite 56/57)
2 TL Reiswein, 2 TL Rotweinessig
2 Knoblauchzehen

Als Vorbereitung die Entenbrust im Ofen bei 200 °C rosa braten, abkühlen lassen und die fette Haut entfernen. Die Keimlinge kurz in kochendem Wasser blanchieren, abgießen, abtropfen und abkühlen lassen. Die Frühlingszwiebel in feine Scheiben, die Ingwerscheiben sowie den Knoblauch für die Sauce in feine Streifen schneiden. Für das Szechuanpfefferöl das Öl in einem Wok erhitzen, bis es siedet. Die Pfefferkörner grob zerstoßen, zugeben, und etwa 1 Minute braten. Das Öl erkalten lassen, abgießen und beiseite stellen. Das Gericht, wie unten beschrieben, zubereiten. Mit gebratenen, halbierten Kirschtomaten servieren.

Vorbereiten: Die gebratene Entenbrust zuerst in dünne Scheiben, dann in feine Streifen schneiden.

Zubereiten:

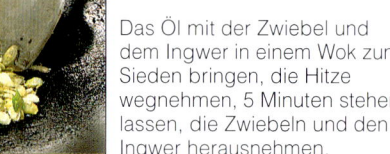

Das Öl mit der Zwiebel und dem Ingwer in einem Wok zum Sieden bringen, die Hitze wegnehmen, 5 Minuten stehen lassen, die Zwiebeln und den Ingwer herausnehmen.

Das Öl erneut erhitzen, bis es siedet. Die Bohnenkeimlinge zufügen und unter ständigem Rühren und Wenden einige Sekunden braten.

Die Entenfleischstreifen zugeben. Dabei ist es nun besonders wichtig, dass das gesamte Gargut ständig in Bewegung gehalten wird.

Die Zutaten für die Sauce gut miteinander verrühren, zugießen und sehr schnell erhitzen. Anrichten und mit Szechuanpfefferöl übergießen.

Pfannengerührt
NUR DER WOK MACHT ES MÖGLICH

Dieses schnelle Garen bei starker Hitze und gleichzeitiger Bewegung benötigt nur wenig Fett, das Fleisch und das Gemüse werden knusprig und knackig. Doch im Wok kann man auch zwischendurch frittieren, wie es bei dem Rezept auf der rechten Seite der Fall ist.

GEWÜRFELTES ENTENFLEISCH MIT GRÜNEM PAPRIKA

Die Brust der Ente eignet sich für solche Gerichte natürlich bestens. Wer möchte, kann aber auch das Fleisch der Keulen verwenden, die allerdings entsprechend länger gegart werden müssen.

400 g Entenbrust mit Haut
1 Eiweiß
2 EL Maisstärke
1/4 TL Salz
200 g grüne Paprikaschoten
1/2 l Pflanzenöl
1 TL Maisstärke
Für die Würzmischung:
2 EL helle Sojasauce
2 TL Reiswein
1 1/2 TL Zucker
1/8 l Hühnerbrühe (siehe Seite 56/57)
1 TL Sesamöl
je 1 Prise Salz und frisch gemahlener weißer Pfeffer

Als Vorbereitung das Eiweiß zu steifem Schnee schlagen und die Zutaten für die Würzmischung miteinander verrühren. Die Fleischwürfel zugeben und mit dem Eiweiß überziehen. Das Gericht, wie in den Arbeitsschritten gezeigt, zubereiten.

Zubereiten:

Das Öl in einem Wok zum Sieden bringen, etwas abkühlen lassen, das Entenfleisch zugeben, etwa 3 Minuten frittieren und herausheben.

Die Paprikawürfel in das Öl geben und so lange garen, bis sie sich leicht verfärben. Ebenfalls herausheben und abtropfen lassen.

Das Öl bis auf 2 EL abgießen, die Würzmischung zugießen und aufkochen. Fleisch- und Paprikawürfel zugeben und unter Rühren erhitzen.

Die Maisstärke in kaltem Wasser dünnflüssig anrühren, zugießen, leicht eindicken lassen und mit bunten Paprikastreifen anrichten.

Vorbereiten: Das Entenfleisch in Würfel (2 x 2 cm) schneiden. Den Eischnee, die Maisstärke und das Salz in einer Schüssel vermischen und die Fleischwürfel unterheben. Die Paprikaschoten halbieren, Scheidewände und Samen entfernen und in Quadrate von 1,5 cm Kantenlänge schneiden.

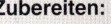

Vorbereiten: Das Fleisch mit der Marinade übergießen und 20 Minuten ziehen lassen. Die Chilistücke und den Szechuanpfeffer auf einem Drahtsieb im heißen Öl knusprig frittieren und beiseite stellen.

MARINIERTES HUHN MIT ERDNÜSSEN

Geschmackliche Kontraste geben diesem Hühnergericht die ganz besondere Note: einerseits die würzige Marinade, die von der Schärfe der Chilischoten und dem besonderen Aroma des Szechuanpfeffers dominiert wird, und andererseits die süßlichen Erdnüsse.

400 g Hühnerbrust ohne Haut
2 bis 3 getrocknete Chilischoten
1 TL Szechuanpfefferkörner
2 Frühlingszwiebeln
100 g Stangensellerie
30 g frischer Ingwer in Scheiben
2 Knoblauchzehen
Öl zum Frittieren
120 g geschälte Erdnüsse
Für die Marinade:
1 EL Reiswein
1 EL helle Sojasauce
1/2 TL Salz
1 TL Maisstärke
Für die Sauce:
200 ml Hühnerbrühe (siehe Seite 56/57)
1 EL helle Sojasauce
1 TL Zucker
2 TL Zitronensaft
1 1/2 TL Maisstärke

Das Fleisch in 2 cm große Würfel schneiden. Die Chilischoten von den Samen befreien und in Stücke schneiden. Die Pfefferkörner grob zerstoßen. Die Frühlingszwiebeln, den Stangensellerie und den Ingwer schnitzeln und die Knoblauchzehen in dünne Scheiben schneiden. Für die Marinade den Reiswein, die Sojasauce, das Salz und die Maisstärke verrühren. Für die Sauce die Zutaten vermengen. Die Zubereitung erfolgt im Wok; dafür das Öl erhitzen, bis es siedet.

Hühnerwürfel zubereiten:

Die Fleischwürfel in den Wok geben und frittieren, bis sie weiß und fest sind. Dann schnell wieder herausnehmen.

Die Erdnüsse frittieren, bis sie leicht braun sind. Herausheben, auf Küchenpapier abtropfen lassen.

Das Öl bis auf 2 1/2 EL abgießen und erhitzen. Frühlingszwiebeln, Sellerie, Ingwer und Knoblauch kurz sautieren.

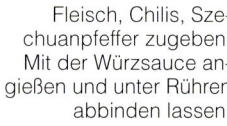

Fleisch, Chilis, Szechuanpfeffer zugeben. Mit der Würzsauce angießen und unter Rühren abbinden lassen.

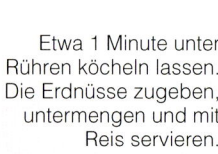

Etwa 1 Minute unter Rühren köcheln lassen. Die Erdnüsse zugeben, untermengen und mit Reis servieren.

Die Hühnerbrust auslösen und das Fleisch in feine Streifen schneiden. In einer Schüssel mit dem Eiweiß und der Maisstärke vermischen. Die Paprikaschoten waschen, von Samen und Scheidewänden befreien und in dünne Streifen schneiden. Die Chilischote längs halbieren, die Samen entfernen und das Fruchtfleisch fein hacken. Die Bambussprossen in ebenso dünne Streifen schneiden. Das Öl in einem Wok erhitzen, das Fleisch darin frittieren, wieder herausnehmen und gut abtropfen lassen. Das Erdnussöl erhitzen, den Lauch und den Ingwer unter Rühren anbraten, Paprika und Bambussprossen zufügen. Sobald das Gemüse weich ist, das Fleisch unterrühren. Mit Reiswein und Sojasauce beträufeln und mit Salz und Zucker würzen.

HUHN MIT PAPRIKA UND BAMBUSSPROSSEN

400 g Hühnerbrust (mit Knochen)
1/2 Eiweiß
1 TL Maisstärke
je 1 grüne und rote Paprikaschote
1 kleine Chilischote
150 g Bambussprossen
Öl zum Frittieren
2 EL Erdnussöl
30 g fein gehackter Lauch
5 g frisch gehackte Ingwerwurzel
1 EL Reiswein
2 EL helle Sojasauce
1/2 TL Salz
1/2 TL Zucker

INGWERHUHN

1 Huhn (etwa 1,2 kg)
Salz
1 Zwiebel
1 Knoblauchzehe
50 g frische Ingwerwurzel
1 kandierte Ingwerpflaume
1 EL Öl
1/8 l Wasser
1 EL Ingwersirup
1 vollreife Fleischtomate
1 grüne Paprikaschote
frisch gemahlener weißer Pfeffer

Das Huhn innen und außen unter fließendem Wasser waschen und trockentupfen, in etwa 20 Stücke teilen und mit Salz einreiben. Die Zwiebel und die Knoblauchzehe schälen und fein hacken. Die Ingwerwurzel schälen und in feine Scheibchen schneiden. Die kandierte Ingwerpflaume würfeln. Das Öl in einem Wok erhitzen und zuerst die Keulen und die Flügel des Huhns 10 Minuten darin anbraten. Die Bruststücke zugeben und 5 Minuten mitbraten. Die Zwiebel, den Knoblauch und den Ingwer hinzufügen und anbraten. Das Wasser und den Ingwersirup zugießen und den Bratfond damit lösen. Das Huhn zugedeckt bei schwacher Hitze 20 Minuten schmoren. In der Zwischenzeit die Tomate mit kochendem Wasser überbrühen, häuten und würfeln, dabei den Stielansatz und die Kerne entfernen. Die Paprikaschote waschen, vierteln, von Samen und Scheidewänden befreien und in Streifen schneiden. Das Gemüse über dem Huhn verteilen und weitere 15 Minuten garen. Das Ingwerhuhn mit Salz und Pfeffer abschmecken. Mit Reis oder Fladenbrot servieren.

Szechuanpfeffer (*Xanthoxylum pipertum*) stammt aus Westchina. Das Pfefferkorn wird oft im Ganzen verwendet und hat einen sehr eigenen, würzigen Geschmack.

SZECHUAN-CHICKEN

Ein Paradebeispiel für die scharfe chinesische Küche, die in diesem Teil Chinas besonders gepflegt wird. Man sollte meinen, die Chilischote würde mit ihrer höllischen Schärfe das zarte Hühner-Aroma erdrücken. Doch weit gefehlt, das Huhn behält durchaus seinen Eigengeschmack, der durch die Chili-Schärfe sogar noch verstärkt wird. Geschmacklicher Mittler ist, wie in vielen anderen chinesischen Speisen, die Sojasauce.

1 küchenfertiges Hähnchen (etwa 1,2 kg)
1/2 TL Salz, 1 TL Szechuanpfefferkörner
3 EL helle Sojasauce
1 gestrichener TL Speisestärke
150 g Möhren
150 g Frühlingszwiebeln
2 bis 3 frische rote Chilischoten
4 EL Pflanzenöl

Das Hähnchen unter fließendem kaltem Wasser innen und außen waschen und mit Küchenpapier trockentupfen. Das Hähnchen völlig entbeinen und das Fleisch in große, mundgerechte Stücke schneiden. In eine Schüssel geben, mit dem Salz und dem grob gestoßenen Szechuanpfeffer bestreuen und mit der Sojasauce beträufeln, die Speisestärke darüber sieben und zugedeckt etwa 30 Minuten marinieren. Das Gemüse waschen, putzen und in 5 cm lange, dünne Streifen (Julienne) schneiden. Die Chilischoten längs halbieren, die Samen entfernen und in Scheibchen schneiden. Von dem Öl die Hälfte in einem Wok erhitzen und zunächst einmal die Hälfte des marinierten Fleisches unter Rühren 2 bis 3 Minuten schön knusprig und hellbraun anbraten, sofort mit einem Schaumlöffel herausnehmen und warm stellen. Die zweite Hälfte Fleisch ebenso garen und herausnehmen. Das restliche Öl hinzufügen und das Gemüse mit den Chilis unter Rühren kurz anbraten. Das Fleisch zugeben, alles zusammen erhitzen und gut durchrühren. Nach Belieben mit Sojasauce nachwürzen und mit Reis oder Teigwaren servieren.

Variante Szechuan-Ente: Auf die Szechuan-Art kann man auch eine Ente höchst schmackhaft zubereiten. Dafür eine Ente (1,5 kg) ebenfalls völlig entbeinen und das Fett weitgehend entfernen. Von der Brust das Fett (mit der Haut) abschneiden und das Fleisch gleichmäßig würfeln. Die Würzung und das Gemüse sind identisch mit dem Chicken-Rezept, bei der Zubereitung wird genauso verfahren. Mit reichlich gehacktem Cilantro (Koriandergrün) würzen.

Huhn, im Teig gebacken

NACH ART DER FRÜHLINGSROLLEN WERDEN DIESE TEIGTASCHEN ZUBEREITET

Tatsächlich kann man dafür auch bereits fertigen Frühlingsrollenteig verwenden oder, wie hier gezeigt, vorgefertigten Phylloteig aus Griechenland. Den hauchdünnen Teig dabei sorgfältig behandeln, da er sehr schnell austrocknet und brüchig wird. Dagegen hilft, ihn mit Wasser feucht zu halten oder mit Öl einzupinseln. Für die Füllung können auch andere Gemüsesorten verarbeitet werden.

20 g getrocknete Shiitake-Pilze
100 g gekochte Bambussprossen (oder aus der Dose)
60 g ausgepalte Erbsen
20 g frischer Ingwer
1 Bund Schnittlauch
3 Blätter Phylloteig

250 g Hühnerbrust ohne Haut
Erdnussöl zum Frittieren
Für die Marinade:
1 EL dunkle Sojasauce
1/2 TL Salz
1 EL Reiswein
frisch gemahlener weißer Pfeffer
1 TL Sesamöl
1 TL Maisstärke

Die getrockneten Shiitake einweichen; sobald sie ihre normale Gestalt angenommen haben, abtropfen lassen und leicht ausdrücken, damit sie nicht zu feucht sind. Die Bambussprossen in ganz feine Streifen schneiden. Die Erbsen in Salzwasser weich kochen. Den Ingwer und den Schnittlauch fein hacken. Für die Marinade die Zutaten in einer Schüssel gleichmäßig vermengen. Von den großen Teigplatten Quadrate von 12 x 12 cm schneiden und – wie in der Bildfolge gezeigt – füllen und im heißen Öl ausbacken.

Huhn im Teig backen:

Die Hühnerbrüste mit einem Messer schräg in gleichmäßig dünne Scheiben schneiden. Eventuell nochmals teilen.

Von den eingeweichten und abgetropften Pilze die Stiele entfernen und die Hüte in feine Streifen schneiden.

Das Fleisch, das vorbereitete Gemüse und die Gewürze mit der Marinade begießen und durchziehen lassen.

Die Füllung auf die Teigquadrate setzen. Zuerst den Teig zu einem Dreieck, dann wie ein Kuvert zusammenfalten.

Das Öl im Wok erhitzen, die Päckchen etwa 4 Minuten frittieren, dabei mit dem Schaumlöffel mehrmals wenden.

Beggar's chicken
ZUFÄLLIGE ERFINDUNG EINES BETTLERS

Wie ein Märchen mutet eine überlieferte Geschichte des Bettlerhuhns an. Es war einmal ein armer Mann aus der chinesischen Provinz Anhuei, der, vom Hunger getrieben, ein Huhn stahl. Während er sich glücklich am Ufer eines Sees niederließ und ein Feuer entfachte, kam auf hohem Ross ein Feudalherr daher. Erschreckt durch den Auftritt des Adligen mit seinen bewaffneten Begleitern, nahm der arme Mann das gestohlene Huhn, bedeckte es mit Schlamm aus dem See und warf es in die Glut. Wie das Schicksal es so wollte, stieg der Adlige vom Pferd, um sich an dem Feuer zu wärmen. Es dauerte lange, bis er weiterzog. In der Zwischenzeit war das Huhn mit einer hart gebrannten Tonschicht überzogen. Wütend warf der arme Mann einen Stein gegen die Hülle, welche alsdann auseinander brach und sich jener unvergleichliche Duft entfaltete, der für das wohlschmeckende »Bettlerhuhn« so typisch geworden ist. Noch heute wird das Bettlerhuhn so gegart. Mit köstlichen Zutaten gefüllt, mit Lotusblättern umwickelt, mit Ton umhüllt und in der Kohlenglut gegart, entwickelte es sich zu einer weltweit berühmten Spezialität.

Traditionell wird das mit Kardamom, Ingwer, Chili, Koriander und Knoblauch gewürzte und gefüllte Huhn in Lotusblätter eingewickelt, mit Bast fest verschnürt und anschließend in Ton eingehüllt. Die Chinesen mischen unter den Lehm noch klein gehacktes Reisstroh. Die Attraktion ist dann das Öffnen der Hülle, was nur mit kräftigen Schlägen möglich ist. Zum Vorschein kommt dann das unvergleichlich saftige Hühnerfleisch.

BETTLERHUHN

Eine Version des Originalrezepts, das auch ohne den Mantel aus Lehm ein sehr gutes Ergebnis verspricht, wenn man es in einem Tontopf (Römertopf) zubereitet. Das Tongefäß muss allerdings mit einem Teig aus Wasser und Mehl hermetisch verschlossen werden, um ein dem Original nahe kommendes Ergebnis zu erzielen. Wer sich in einem Asienladen die Lotusblätter besorgen kann und die Mühe mit der Lehmhülle nicht scheut, dem sei die alte Methode wärmstens empfohlen. Dabei muss das Huhn allerdings bei weit höheren Temperaturen – mindestens 220 °C – gegart werden.

1 Poularde (etwa 1,6 kg)
1 TL Salz, 10 Pfefferkörner
1/2 TL Kardamomkörner
1 TL frisch geriebener Ingwer
2 kleine Chilischoten
1 EL gehacktes Koriandergrün
1 geschälte Knoblauchzehe
Für die Füllung:
50 g Schalotten
150 g chinesischer Brokkoli
3 EL Pflanzenöl
100 g Bambussprossen aus der Konserve
2 EL dunkle Sojasauce
Außerdem:
1 Stängel Zitronengras
1 Sternanis
1 Stück Stangensellerie
200 g Mehl
Wasser für den Teig

Den Tontopf in lauwarmem Wasser einweichen. Die Poularde innen und außen waschen, gut abtrocknen. In einem Mörser das Salz mit den Pfefferkörnern und dem Kardamom zerstoßen. Den Ingwer, die Chilischoten, das Koriandergrün und den Knoblauch zugeben und zu einer Paste verarbeiten. Damit das Innere der Poularde ausstreichen und den Rest mit der Hand in die Haut des Hähnchens reiben. Für die Füllung die Schalotten schälen, grob würfeln und mit dem ebenfalls nur grob zerkleinerten Brokkoli kurz (etwa 2 bis 3 Minuten) in dem heißen Öl dünsten. Die klein geschnittenen Bambussprossen zugeben und mit Sojasauce übergießen. Damit die Bauchhöhle des Hähnchens füllen und die Öffnung mit einem Zahnstocher verschließen. Das Huhn in den gut gewässerten Tontopf setzen und Zitronengras, Sternanis und Stangensellerie zugeben. Das Mehl mit Wasser zu einem weichen Teig verarbeiten, diesen auf den Rand der Form verstreichen und den Deckel darauf setzen. Den Teig von außen ebenfalls gut verstreichen, so dass die Form vollständig verschlossen ist. In den auf 180 °C vorgeheizten Ofen stellen und in 2 Stunden garen. Nach Ablauf dieser Zeit sind das Hähnchen und die Füllung gar, die Aromen haben sich gleichmäßig verteilt. Zum Servieren die Form vorsichtig mit einem Messer öffnen. Neben der typischen Beilage in China, dem Reis, können auch Pfannkuchen dazu gereicht werden.

Frische Hühner sind auf den Märkten in Asien immer noch lebende Hühner. Entsprechend fachmännisch muss auch eingekauft werden, denn unter dem Federkleid kann sich auch mindere Qualität verbergen.

FERNÖSTLICHE SPEZIALITÄTEN

HUHN MIT REIS »HAINAN«

Dieses Rezept stammt ursprünglich von der Insel Hainan im südchinesischen Meer, hat aber inzwischen schon große Verbreitung gefunden. Überall auf der Welt, wo sich Chinesen niedergelassen haben, wird es in verschiedenen Varianten gekocht. Es ist ein leichtes Gericht, das wahlweise durch Zugabe einer Chilischote schärfer zubereitet werden kann.

1 frisches Huhn (etwa 1,5 kg)
2 TL Salz
1 TL Oystersauce
1 zerdrückte Knoblauchzehe
1,5 l Wasser
1 Frühlingszwiebel
100 g in Scheiben geschnittener Stangensellerie
1 EL frischer, klein gehackter Ingwer
1 frische rote Chilischote
200 g Reis
4 EL Kokosmilch
1/4 l Hühnerbrühe (siehe Seite 56/57)
1 EL fein gehackte Zwiebeln
1 TL frischer, klein gehackter Ingwer
1/2 Eissalat oder Chinakohl

Das Huhn innen und außen waschen und sorgfältig trockentupfen. Mit dem Salz, der Oystersauce und der Knoblauchzehe innen und außen einreiben und, mit einer Folie zugedeckt, 60 Minuten durchziehen lassen.

Das Wasser mit der geputzten Frühlingszwiebel, dem Stangensellerie und dem Ingwer zum Kochen bringen. Nach Belieben die Chilischote, von den Samen befreit und in Stücke geschnitten, zugeben. Das Huhn in die Flüssigkeit einlegen und in 45 bis 55 Minuten weich kochen. Den Reis mit der Kokosmilch, der Hühnerbrühe, den Zwiebeln und dem Ingwer bei geringer Hitze bissfest kochen. Das Huhn aus der heißen Brühe nehmen, auslösen und entweder alles oder nur die Brüste in gleichmäßige Stücke schneiden und auf dem geputzten Salat anrichten. Dazu werden der körnige Reis und die Hühnerbrühe mit dem gekochten Gemüse serviert. Je nach Geschmack kann noch eine Chili- oder Rettichsauce, auf jeden Fall aber eine Sojasauce gereicht werden.

SUPPE »FÜNF FARBEN«

Diese gehaltvolle Suppe würde man bei uns als »Eintopf« bezeichnen, und als solche kann sie durchaus serviert werden. Innerhalb einer chinesischen Menüfolge kann sie auch in kleinen Portionen gereicht werden.

2 Hähnchenschenkel (à 180 g)
8 Wachteleier
4 Jakobsmuscheln
50 g Schweinebauch
20 g getrocknete Shiitake-Pilze
60 g Bambussprossen
200 g Chinakohl
1/2 Stange Lauch (80 g)
4 EL dunkle Sojasauce
Erdnussöl zum Frittieren
30 g rohe Glasnudeln
1 EL Erdnussöl
1 EL Reiswein
frisch gemahlener weißer Pfeffer
1 l Hühnerbrühe (siehe Seite 56/57)

In einem entsprechend großen Dämpftopf Wasser zum Kochen bringen. Die Hähnchenschenkel waschen, in mundgerechte Stücke teilen und zusammen mit den Wachteleiern in eine feuerfeste Form legen. Im Dämpf-topf 5 Minuten garen, herausnehmen, die Eier schälen und das Fleisch gut abtropfen lassen. Die Muscheln aus der Schale lösen und gut putzen. Den Schweinebauch in 5 bis 6 cm lange Streifen schneiden. Die Shiitake-Pillze einweichen und gut abtropfen lassen, die Stiele entfernen und die Hüte in dünne Streifen teilen. Die Bambus-sprossen in dünne Scheiben schneiden. Die Kohlblätter längs halbieren, zuerst in 5 cm lange Stücke und dann in schräge, dünne Streifen, den Lauch in 3 cm lange Stifte schneiden. Die Suppe, wie in der Bildfolge unten erklärt, zubereiten.

Suppe »Fünf Farben« zubereiten: Die Hühnerstücke und die Wachteleier mit 2 EL Sojasauce gleichmäßig beträufeln und 15 Minuten ziehen lassen.

In einem Wok das Öl erhitzen, Hähnchenstücke und Eier darin goldbraun frittieren und mit einem Schaumlöffel vorsichtig herausnehmen.

Die Glasnudeln mit kochendem Wasser übergießen. Sobald sie weich sind, abgießen. Je nach Bedarf etwas klein schneiden.

Das Öl erhitzen, den Lauch anrösten. Je 1 EL Reiswein und Sojasauce einrühren, pfeffern, die kochende Brühe zugießen.

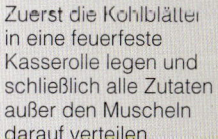

Zuerst die Kohlblätter in eine feuerfeste Kasserolle legen und schließlich alle Zutaten außer den Muscheln darauf verteilen.

Den Lauch aus der Brühe nehmen und diese über die einge-schichteten Zutaten gießen. Die Suppe aufkochen lassen.

Die Hitze reduzieren und köcheln, bis alles fast weich ist. Muscheln zugeben und noch einige Minuten mitkochen.

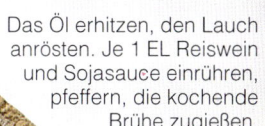

Gekochtes Huhn
IN ASIEN GEHÖRT ES IN FAST ALLE LANDESKÜCHEN

Speziell die chinesische Küche kennt eine Vielzahl von Rezepten mit gekochtem Huhn: als Suppe, die in der chinesischen Menüfolge zum Schluss gereicht wird, oder als Eintopf, der als Hauptgericht serviert und nur selten von weiteren Gängen begleitet wird. Als zusätzliche Suppeneinlage wird Gemüse aller Art verwendet, ebenso wie Reis oder Nudeln. Besonders beliebt sind aber auch die vielfältigen chinesischen Eier- und Teigwaren.

HÜHNEREINTOPF MIT NUDELN

Ein sättigendes Hauptgericht mit Gemüse und Nudeln, das auch, in kleinen Portionen serviert, als Suppengang in ein Menü integriert werden kann.

1/2 Bresse-Huhn (etwa 800 g)
150 g frischer Blattspinat
100 g Stangensellerie
100 g Lauch
20 g Ingwerwurzel in Scheiben
2 EL Reiswein
1 bis 2 TL Salz
1,2 l Wasser oder Hühnerfond
250 g chinesische Eiernudeln
200 g Shiitake-Pilze
1 EL helle Sojasauce

Den Eintopf zubereiten. Vor dem Servieren das Fleisch von den Knochen lösen und in Stücke schneiden.

Die Nudeln bissfest garen. Ist das Huhn gar, Ingwer und Lauch herausnehmen, Nudeln zugeben und kurz mitkochen.

Die Pilze in einem anderen Topf etwa 10 Minuten in Salzwasser kochen. 15 Minuten vor Ende der Kochzeit mit ihrer Brühe zur Suppe geben.

5 Minuten vor Ende der Garzeit den Spinat zugeben und mitkochen, dabei soll er knackig bleiben. Mit der Sojasauce würzen.

Nudelsuppe mit Huhn zubereiten: Das gewaschene Huhn in kochendem Wasser 4 bis 5 Minuten blanchieren, herausnehmen, kalt abbrausen und abtropfen lassen.

Den Spinat waschen und gut ausschleudern, die Stiele entfernen und die Blätter gleichmäßig in 3 bis 4 cm lange Abschnitte schneiden.

Das Huhn, Sellerie, Lauch und Ingwer in einen Topf geben, den Reiswein und das Salz zufügen, mit Wasser oder Fond übergießen.

Bei starker Hitze schnell zum Kochen bringen, die Hitze reduzieren und 1 Stunde köcheln lassen, dabei mehrmals abschäumen.

HÜHNERSUPPE MIT RETTICH

Eine Kombination, die zunächst etwas fremd erscheint, die geschmacklich aber überzeugt.

4 Hühnerflügel (etwa 420 g)
2 Hühnerschenkel (etwa 480 g)
300 g Möhren
400 g weißer Rettich
60 g Lauch
80 g Glasnudeln
20 g Ingwerwurzel
2 l Hühnerbrühe (siehe Seite 56/57)
1 EL Reiswein, 2 EL helle Sojasauce
1 1/4 TL Salz
frisch gemahlener weißer Pfeffer
1 EL gehackter Cilantro (Koriandergrün)

Die Hühnerteile sorgfältig waschen, trocknen und mit den Knochen in je 3 bis 4 große Stücke teilen. Das Gemüse waschen, Möhren und Rettich schälen. Die Glasnudeln in Salzwasser weich kochen und kalt abbrausen. Zur Suppe geben und wieder erhitzen.

Hühnersuppe zubereiten: Die Möhren in 1/2 cm dicke und 4 cm lange Stifte schneiden. Den Rettich in 1/2 cm starke Scheiben schneiden und diese vierteln.

Den Ingwer schälen, in Scheiben schneiden und mit einem Messer zerdrücken. Den Lauch längs halbieren und dann vierteln.

Hühnerfleisch, Lauch und Ingwer in die Brühe geben und zum Kochen bringen. Den aufsteigenden Schaum öfters abschöpfen.

Nach 15 Minuten Kochzeit die Möhren und den Rettich zugeben, erneut aufkochen und noch weitere 30 Minuten leise köcheln lassen.

Reiswein, Sojasauce, Salz und Pfeffer sorgfältig vermischen und zur Brühe geben. Nudeln und Cilantro zufügen und alles zusammen erhitzen.

Yakitori
JAPANISCHE KÖSTLICHKEITEN

Als Vorspeisen, als Imbiss zu Getränken oder als Spieß zum Grillen, diese bunten Zusammenstellungen verschiedener Zutaten erfreuen sich nicht nur in Japan großer Beliebtheit. Den Grundstock bildet dabei immer das Huhn, das durch eine Vielzahl von Beigaben beliebig variiert werden kann.

100 g Hühnerhaut
100 g Hühnerleber
100 g Hühnermägen
250 g Hühnerkeule ohne Knochen
je 1 gelbe und rote Paprikaschote (à 120 g)
4 Frühlingszwiebeln
Für die Yakitori-Sauce:
300 g Hühnerknochen
400 ml dunkle Sojasauce
400 ml Mirin (süßer Reiswein)
200 ml Sake
50 g Kandiszucker
60 ml dunkle Sojasauce
Für die Hühnerfleischbällchen:
250 g durchgedrehtes Hühnerfleisch
1 kleines, verquirltes Ei
1 TL frisch geriebener Ingwer
1 EL Maisstärke, in 2 EL Wasser aufgelöst
Zum Würzen:
gemahlener Sansho (japanische Pfefferart)
Salz
Senf
Zitronenschnitze
Außerdem:
16 Bambusspießchen

Für die Sauce die Knochen bei 200 °C im Ofen in etwa 35 Minuten goldbraun rösten. In der Zwischenzeit das Fleisch und das Gemüse vorbereiten. Dafür die Haut weich kochen, die Hühnerlebern sorgfältig waschen,

die Mägen von der zähen Haut befreien, das Gemüse waschen, die Paprikaschoten von Samen und Scheidewänden befreien. Für die Hühnerbällchen das durchgedrehte Hühnerfleisch in einen Mixer geben und pürieren. Die Spieße zubereiten und grillen, wie in der Bildfolge beschrieben. Vor dem Servieren noch einmal in die Yakitori-Sauce tauchen.

Das pürierte Fleisch mit den übrigen Zutaten vermischen, gut verkneten und 2,5 cm große Bällchen formen.

In ganz leicht siedendes Wasser legen, aufsteigen lassen, nach 2 bis 3 Minuten entnehmen und abkühlen lassen.

Die verschiedenen Zutaten auf die Spieße stecken. Gemüse und Fleisch mischen, ausgenommen bei den Bällchen.

Die Spieße auf beiden Seiten grillen, in die Yakitori-Sauce legen und weitergrillen, bis diese eingezogen ist.

Die angebratenen Knochen mit den Zutaten für die Yakitori-Sauce in einem Topf um etwa 1/4 reduzieren.

Die vorbereiteten Hühnerteile, das Keulenfleisch und das Gemüse in 2,5 cm große Quadrate schneiden.

Für die Hülle:
2 Eiweiße
2 EL Maisstärke
1/4 TL Salz
2 EL gehackte Frühlingszwiebeln mit etwas Grün
1 EL frisch gehackte Ingwerwurzel

Das Fleisch in 3 cm große und 1 cm dicke quadratische Stücke schneiden. Das Rezept nach der Bildanleitung zubereiten. Zum Servieren das Huhn mit den Paprikarauten und den Zitronenschnitzen anrichten.

Backhuhn zubereiten:

Die Eiweiße schaumig schlagen. Die Stärke einrühren. Salz, Zwiebeln und Ingwer zugeben.

Vorbereiten: Die Zutaten für die Würzmischung vermengen und das geschnittene Fleisch 30 Minuten darin marinieren. Die Paprikaschoten von Samen und Scheidewänden befreien und in Rauten schneiden.

JAPANISCHES BACKHUHN »TATSUTA«

Herbstliche Farben kennzeichnen dieses Gericht, das in Japan nach dem Fluss Tatsuta benannt wurde. Hier entfaltet der Herbst seine farbige Pracht in den berühmten Ahornwäldern. Das in Sojasauce marinierte Huhn weist eben diese bunten Schattierungen auf, die Paprikaschoten werden in Japan sogar in Form von Ahornblättern »geschnitzt«.

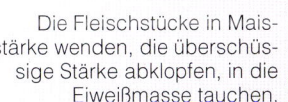

Die Fleischstücke in Maisstärke wenden, die überschüssige Stärke abklopfen, in die Eiweißmasse tauchen.

450 g Hühnerbrust ohne Haut
je 1 rote, grüne und gelbe Paprikaschote
Maisstärke zum Panieren
Pflanzenöl zum Frittieren
Salz
4 Zitronenschnitze
Für die Würzmischung:
2 EL dunkle Sojasauce
2 EL Sake
1 TL frisch geriebener Ingwer

Das Öl in einem Wok erhitzen, das Fleisch einlegen, knusprig frittieren, herausnehmen und abtropfen lassen.

Die Paprikarauten frittieren, bis sie außen weich sind, maximal jedoch 30 Sekunden. Herausnehmen und salzen.

Kalte Delikatessen

Die traditionsreiche »Kalte Küche«, wie sie in den Adelshäusern und später in den großbürgerlichen Küchen praktiziert wurde, war zum großen Teil eine echte Renommier- und Schauküche, deren Köche offensichtlich großen Spaß daran hatten, ihre kalten Kreationen in wahre Kunstwerke zu verwandeln. Aus dem Geflügelbereich gibt es besonders viele Beispiele dafür, wie kaltes Geflügel zu Pasteten im Teig, zu Terrinen oder raffiniert gefüllten Galantinen verwandelt wurde, Letztere meist in die ursprüngliche Geflügelform gebracht. In alten Kochbüchern kann man diese Gebilde heute noch bewundern. In der modernen »Kalten Küche« wird natürlich sehr viel sachlicher gekocht und gebacken, aber ein bisschen von den »Schnörkeln« hat sich doch erhalten. So ist etwas »Schau«, zumindest auf den Tellern, geblieben, denn Dekorationen sind gerade jetzt wieder im Kommen, wenn sie sich auch auf das Wesentliche beschränken. Die kalte Geflügelküche kann sich diese neue optische Sparsamkeit auch leisten, hat sie doch Delikatessen mit jahrhundertealter Tradition in ihrem Repertoire, die alle durch ihren Geschmack überzeugen – man denke nur an die Foie gras von Gans und Ente! Kalte Geflügelküche muss aber nicht unbedingt kostspielig sein, denn von der Wachtel bis zum Truthahn lässt sich dieses Fleisch pochiert, gebraten oder gegrillt bestens mit anderen frischen Zutaten kombinieren. Es passt zu Vorspeisen mit unterschiedlichen kalten Saucen ebenso wie für Salate. Der Fantasie des Kochs sind keine Grenzen gesetzt, da vor allem das magere Geflügelfleisch in der Kalten Küche seine Anpassungsfähigkeit unter Beweis stellen kann und sich mit geschmacklich dezenten Zutaten ebenso wie mit scharfen Gewürzen bestens verträgt.

Geflügelleberpastete in Briocheteig mit Foie gras und Trüffeleinlage.
Ein Beispiel auch für die Küche unserer Tage,
wenn guter Geschmack und Tradition übereinstimmen.

Den Reissalat mindestens 1 Stunde vor dem Servieren anmachen. Mit halbierten Cocktailtomaten garnieren.

Hähnchen, Wachtel und Entenleber
GEFLÜGELSALATE ZUM SATTESSEN UND ALS VORSPEISE

Portionsgrößen von Salaten variieren je nach der Gelegenheit, zu welcher sie serviert werden sollen – ob als sättigendes Zwischen- oder Hauptgericht, als Vorspeise oder gar als Amuse-gueule. Für auserlesene Salatspezialitäten gilt nach wie vor die Faustregel: je feiner die Zutaten, desto kleiner die Portionen.

REISSALAT
MIT GEKOCHTEM HÄHNCHEN

Anstelle eines gekochten Hähnchens kann ein Brathähnchen verarbeitet werden, was dem Salat – auch ohne die braune Haut – eine herzhafte Note gibt.

1 EL Pflanzenöl, 1 EL fein gewürfelte Zwiebel
1 kleine, zerdrückte Knoblauchzehe
100 g Langkornreis
1/2 l heller Hühnerfond (siehe Seite 56/57)
Salz, frisch gemahlener weißer Pfeffer
3 bis 5 Safranfäden
250 g gekochtes Hähnchenfleisch ohne Haut und Knochen
150 g gekochter grüner Spargel
50 g gekochter Stangensellerie
150 g Champignons
Für die Salatsauce:
50 g Mayonnaise
50 g Crème fraîche, 1 EL helle Sojasauce
Salz, frisch gemahlener weißer Pfeffer
2 EL Hühnerfond, 1 EL gehackte Petersilie

Das Öl in einem Topf erhitzen, Zwiebel und Knoblauch darin angehen lassen, den Reis dazuschütten und kurz mitschwitzen. Den Hühnerfond aufgießen, würzen, die Safranfäden zufügen. Wie ein Risotto weich kochen und abkühlen lassen. Das Hähnchenfleisch, den Spargel, den Stangensellerie und die Champignons klein schneiden und unter den Reis mischen. Die Zutaten für die Sauce verrühren und den Salat damit anmachen.

Sommerfrische Salate
passen gut zu gebrate-
nem Geflügel.

SALAT MIT LAUWARMER WACHTEL

Die Kombination von frischen Blattsalaten mit gebratenem, noch lauwarmem Fleisch wird erst durch eine säuerliche Vinaigrette interessant.

2 küchenfertige Wachteln (à 150 g)
Salz, frisch gemahlener weißer Pfeffer
2 Thymianzweige, 2 EL Erdnussöl
1 EL Sesamsamen, 80 g Portulak
1/4 Kopf Friséesalat, 8 Cocktailtomaten
Für die Vinaigrette:
2 EL Sherryessig, 1/2 TL scharfer Senf
Salz, einige rosa Pfefferkörner
1 EL fein geschnittene Frühlingszwiebel
4 EL Erdnussöl, 1 kleine Chilischote

Die Wachteln salzen, pfeffern und je 1 Thymianzweig in die Bauchhöhle legen. Das Öl in einer Pfanne erhitzen, die Wachteln rundum kräftig anbraten, mit dem Sesam bestreuen und im vorgeheizten Ofen bei 200 °C 20 bis 25 Minuten braten. In der Zwischenzeit die Salate waschen, trockenschleudern und auf 4 Tellern anrichten. Die noch warmen Wachteln vierteln und je 2 Viertel neben dem Salat anrichten, mit halbierten Cocktail-tomaten garnieren. Die Zutaten der Vinaigrette gut mit-einander verrühren. Die Chilischote halbieren, die Samen sorgfältig entfernen, in Stücke schneiden und zur Salatsauce geben. Die Vinaigrette über den Salat und die Wachteln verteilen.

ENTENLEBER
MIT ZWEIERLEI CHICORÉE

Wer möchte, kann für diesen Salat auch die Lebern von Huhn oder Puter verwenden, mit einer Entenleber schmeckt er aber besonders fein.

250 g Flugentenleber
1 EL Pflanzenöl
2 TL fein geschnittene Schalotte
20 g Butter, 2 TL gehackte Petersilie
Salz, frisch gemahlener weißer Pfeffer
je 1 weißer und roter Chicorée
4 EL Sojasprossen
Für die Vinaigrette:
2 EL Apfelessig, 1 Messerspitze Currypulver
Salz, frisch gemahlener weißer Pfeffer
3 EL Erdnussöl, 1 EL Walnussöl

Die Leber unter fließendem kaltem Wasser waschen und in Stücke schneiden. Das Öl in einer Pfanne erhitzen, die Schalottenwürfel darin kurz angehen lassen, die Lebern zugeben und anbraten. Die Butter und die Petersilie hinzufügen und die Lebern unter ständigem Rühren fertig braten. Salzen und pfeffern. Den Chicorée in einzelne Blätter zerlegen, waschen, trockenschleudern, den bitteren Keil ein Stück wegschneiden und längs in Streifen schneiden. Mit den lauwarmen Leberstückchen auf 4 Tellern anrichten, die Sojasprossen darüber geben. Alle Zutaten für die Vinaigrette verrühren und damit den Salat und die Leber beträufeln.

Gelee zubereiten: 1/2 l Geflügelkraftbrühe erhitzen, 6 Blatt weiße, kalt eingeweichte Gelatine darin auflösen, salzen, in ein tiefes Blech gießen und stocken lassen. Das Blech kurz in heißes Wasser tauchen, das Gelee auf Pergamentpapier stürzen, zuerst in Streifen und dann in Würfel schneiden.

GEFÜLLTE TAUBENKEULEN

Durch ihre Form erinnern sie ein wenig an Kirschen mit Stiel. Sie sind ein geeigneter Mundhappen für Amusegueules oder kleine Vorspeisen. Da in der Gastronomie oftmals die beliebten Brüstchen getrennt verkauft werden, ist dies eine attraktive Möglichkeit, die kleinen Keulen von Tauben, Wachteln oder anderen kleinen Geflügelsorten zu verarbeiten.

8 Taubenkeulen
1/2 EL gehobelte, geröstete Haselnüsse
80 g Geflügelfarce (siehe Rezept rechts)
Salz, frisch gemahlener weißer Pfeffer
Zum Pochieren:
1/2 l heller Geflügelfond (siehe Seite 56/57)
Außerdem:
10 g Butter
4 EL Geflügelglace (siehe Seite 56/57)

Für die Füllung die Haselnüsse grob hacken und gleichmäßig unter die Farce rühren. Die Keulen, wie in der Bildfolge erklärt, auslösen und füllen. Die fertigen Päckchen 25 Minuten im Geflügelfond bei 80 °C pochieren. Herausnehmen, in kaltem Wasser abschrecken und auskühlen lassen. Die kleinen »Kirschen« mit der Fleischglace überziehen (siehe Rezept rechts).

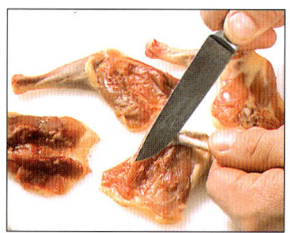

Taubenkeulen füllen:

Oberschenkelknochen freilegen, im Kniegelenk durchtrennen, die Unterschenkelknochen zur Hälfte abtrennen.

Die Keuleninnenseite salzen, pfeffern und mit einem Dressierbeutel die Farce einfüllen. Die Haut darüber schlagen.

Passende Stücke aus Alufolie gleichmäßig mit flüssiger Butter bestreichen und je eine Keule mit der offenen Seite nach unten darauf legen.

Die Keulen nicht zu stramm einschlagen und die Folie an den Enden bonbonartig einrollen. Die Päckchen damit in Form bringen.

Gefüllte Geflügelkeulen können mit Gelee und einer kleinen Salatgarnitur ansprechend serviert werden.

Wachteln füllen:

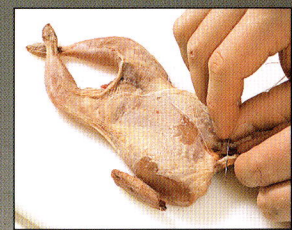

Die Halsöffnung der Wachteln vollständig verschließen. Dafür die Haut mit einem dünnen Küchengarn vernähen.

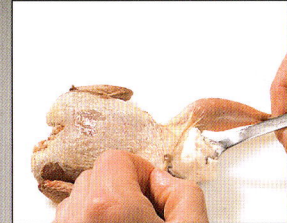

Mit einem Löffel die Fleischfarce vorsichtig in die Bauchhöhle füllen und je eine kleine Trüffel hineingeben.

Nicht zu prall einfüllen, da sich die Farce beim Garen noch ausdehnt. Die Bauchöffnung ebenfalls zunähen.

Die Wachteln mit Küchenzwirn in Form binden und in bratfeste Folie einrollen, diese an den Enden abbinden.

Die Wachtelpäckchen in dem Geflügelfond mit dem Bouquet garni pochieren und dann darin auskühlen lassen.

Auf einem Gitter mit flüssiger Glace bestreichen, ablaufende Glace wieder erhitzen, den Vorgang wiederholen.

Gefüllt und kalt serviert

Aus kleinen Geflügelsorten lassen sich gut gefüllte Portionsgerichte herstellen. Entgegen der klassischen Galantine (Rollpastete) kann hier das Geflügel im Ganzen serviert werden und stellt dabei trotzdem nur Einzelportionen dar. Ebenso können Teilstücke großer Vögel, wie etwa die Keulen, gefüllt werden. Durch geschicktes Ausbeinen und Füllen bleibt die Form des Vogels erhalten. Die Füllung lässt der Fantasie dabei freien Lauf.

GEFÜLLTE WACHTELN

Sicherlich ist es zeitaufwändig, die Wachteln auf diese Weise zu füllen, doch es kann – bis auf das Überglänzen mit Fleischfarce – problemlos am Vortag durchgeführt werden.

(für 4 Portionen als Vorspeise)	
4 küchenfertige Wachteln (à 160 g)	
Für die Farce:	
100 g Geflügelfleisch	
Salz, frisch gemahlener weißer Pfeffer	
100 ml Sahne, 20 g Gänse- oder Entenstopfleber	
4 kleine Trüffeln (à 10 g), 20 g geschälte Pistazien	
Zum Pochieren:	
1 1/2 bis 2 l heller Geflügelfond (siehe Seite 56/57)	
1 Bouquet garni	
Außerdem:	
6 bis 8 EL Geflügelglace (siehe Seite 56/57)	

Die Wachteln zum Füllen vorbereiten, wie auf Seite 42/43 beschrieben. Für die Füllung müssen alle Zutaten gut gekühlt sein. Das Fleisch fein würfeln, kräftig salzen,

pfeffern und mixen, bis eine zähe Masse entsteht. Nach und nach die kalte Sahne und die gewürfelte Stopfleber untermixen. Die Farce kühl stellen. Die Trüffeln dünn schälen und die Pistazien quer halbieren. Die Farce durch ein Sieb streichen, abschmecken, die Pistazien unterrühren. Die Wachteln füllen, dabei die Trüffeln in die Mitte setzen. Die Wachteln 40 Minuten im Fond bei 80 °C pochieren. Das Geflügel im Pochierfond erkalten lassen, aus der Folie schlagen und das Garn entfernen. Vor dem Überglänzen gut kalt stellen, damit die flüssige Fleischglace auf der Haut anziehen und haften kann. Sobald die Glace fest ist, die gefüllten Wachteln der Länge nach halbieren und servieren. Eine geeignete Beigabe sind Würfel aus kräftigen Gelees, wie sie links außen beschrieben sind.

Geflügelmousse im Geleemantel

Die Herstellung feinster Mousses und Gelees bedarf bester Grundprodukte und deren sorgfältige Verarbeitung. Für die Mousses sind kräftige und gehaltvolle Fonds die Basis. Das Gelee rundet mit seinem durch die Zugabe von Dessertwein, Portwein oder Madeira erzielten süßlichen Geschmack das kräftige Aroma der Mousse ab. Diese Harmonie zwischen Mousse und Gelee erfordert etwas Fingerspitzengefühl, der Zeitaufwand zahlt sich jedoch allemal aus.

MOUSSE VON DER TAUBE IM GEWÜRZTRAMINERGELEE

Für das Gelee:

3/4 l Taubenessenz (siehe Seite 58/59)

1/4 l Gewürztraminer, 9 Blatt weiße Gelatine

Für die Brüste:

2 Taubenbrüste, Salz, frisch gemahlener weißer Pfeffer

2 EL Pflanzenöl, 8 Blätter Zitronenmelisse

Für die Mousse:

400 ml dunkler Taubenfond (siehe Seite 54/55)

1/2 Lorbeerblatt, 1 Thymianzweig

6 bis 8 weiße Pfefferkörner

1 Nelke, 3 Pimentkörner

2 cl Madeira, 1 cl Grand Marnier

150 ml Sahne, 40 g kalte Butterwürfel

3 Blatt weiße Gelatine, 1/8 l geschlagene Sahne

Salz, frisch gemahlener weißer Pfeffer

Das Rezept reicht für 8 Förmchen mit einer Füllmenge von etwa 90 ml. Die Essenz aus Taubenkarkassen bereiten und den Gewürztraminer vor dem Klären zugeben. Die Gelatine kalt einweichen, ausdrücken und in der heißen Essenz auflösen. Vor dem Auskleiden der Förmchen mit Gelee sollte dieses leicht abgekühlt sein. Da es in Eiswasser schnell zu stocken beginnt, sollten nicht zu viele Förmchen gleichzeitig gekühlt werden, weil sie nicht rasch genug nacheinander ausgegossen werden können. Ist der Geleerand zu dünn geraten, den Vorgang wiederholen. Die Förmchen kalt stellen. Die Taubenbrüste salzen, pfeffern und im erhitzten Pflanzenöl von beiden Seiten anbraten. Im auf 180 °C vorgeheizten Ofen 6 bis 8 Minuten braten und auskühlen lassen. Die Haut entfernen, der Länge nach in dünne Scheiben schneiden, und, wie rechts beschrieben, in die Förmchen füllen. Mit etwas flüssigem Gelee beträufeln, damit das Fleisch fest mit dem Rand verbunden wird. Die Förmchen kühl stellen. Die Mousse, wie rechts beschrieben, zubereiten und 2 bis 3 mm unter den Rand in die vorbereiteten Förmchen füllen. Vor dem Servieren kurz in heißes Wasser tauchen und stürzen. Mit frischen Salaten und einer lieblichen Vinaigrette servieren.

1 Nur 4 Timbalförmchen gleichzeitig mit Gelee füllen, darauf achten, dass sich keine Luftbläschen bilden.

2 Die Förmchen in Eiswasser setzen, kurz stocken lassen und ausgießen, ein dünner Rand bleibt stehen.

3 Für die Mousse den Fond zusammen mit allen Gewürzen und den Spirituosen zum Kochen bringen.

4 Nach 10-minütigem, leichtem Köcheln der Flüssigkeit die Sahne zugießen und cremig einkochen lassen.

5 Den Topf vom Herd nehmen, die Butterwürfel zufügen und mit einem Mixstab gleichmäßig aufschlagen.

6 Die schaumig aufgeschlagene Sauce durch ein feines Sieb passieren und in einer Schüssel auffangen.

7 Die kalt eingeweichte und warm aufgelöste Gelatine gleichmäßig in die noch warme Sauce einrühren.

8 Bis kurz vor dem Stocken erkalten lassen, die geschlagene Sahne unterziehen, salzen und pfeffern.

9 In die mit Gelee ausgekleideten Timbalförmchen je 1 Melissenblatt und 3 Taubenbrustscheiben legen.

10 Die Mousse bis knapp unter den Rand in die vorbereiteten Förmchen füllen, die Oberfläche glätten.

11 Sobald die Mousse erstarrt ist, die Förmchen mit Gelee auffüllen und 1 bis 2 Stunden durchkühlen lassen.

1 Die ausgelegte Ente mit der Brustseite bündig zur Kante auf ein feuchtes Tuch legen, salzen und pfeffern. Die vorbereitete Farce gleichmäßig darauf verteilen.

2 Die gesalzenen und gepfefferten Leberstreifen in einer Linie auf dem ersten Drittel des Fleisches platzieren und dabei leicht in die Farce drücken.

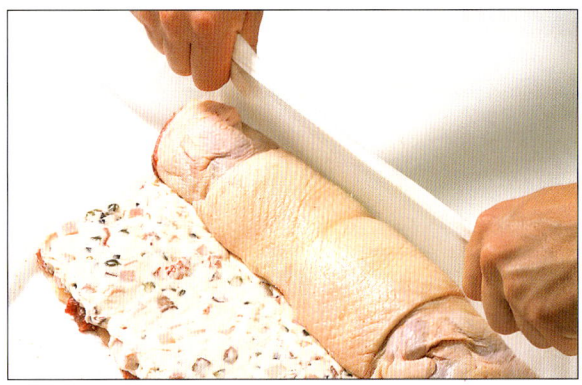

3 Durch Anheben des Tuches die Galantine von der Brustseite her zur Keule aufrollen. Das Keulenfleisch bedarf einer stärkeren Hitzeeinwirkung als die Brust.

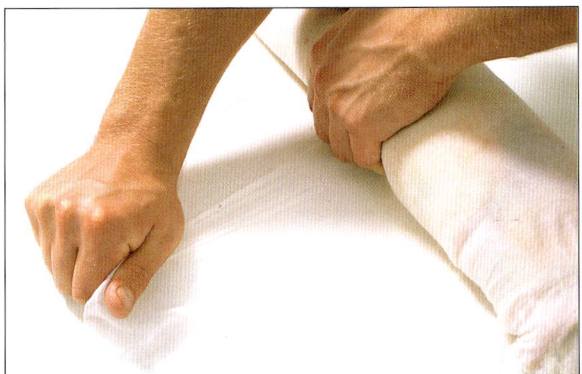

4 Wichtig ist eine straffe Führung des Tuches beim Einrollen der Galantine, um mögliche Hohlräume zwischen der Haut und der Farce zu vermeiden.

5 Die Tuchenden mit einem Faden abbinden und gut verknoten. Dabei das Tuch nicht zu straff binden, da sich die Galantine beim Garen noch etwas ausdehnt.

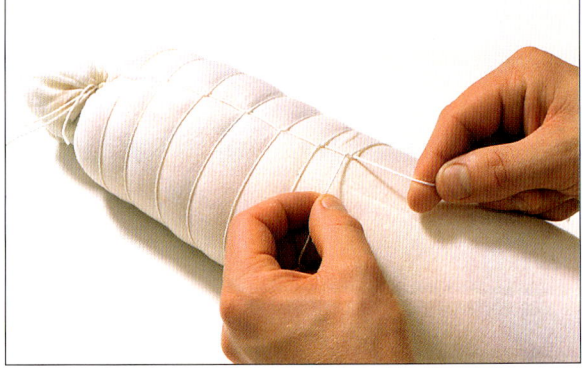

6 Die Rolle in Abständen von etwa 3 cm mit dem Faden umwickeln und an den Querverbindungen jeweils mit Schlingen befestigen; so bleibt die Galantine in Form.

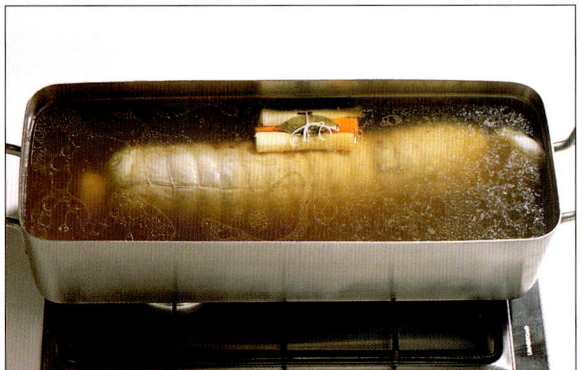

7 Die Galantine im Geflügelfond mit dem Bouquet garni in etwa 60 Minuten pochieren. Sie muss ständig mit dem konstant 80 °C warmen Fond bedeckt sein.

8 Die Galantine im Fond – notfalls mit einem Gewicht beschwert – auskühlen lassen. Auswickeln, eventuell anhaftendes Fett entfernen und tranchieren.

Eine gerollte Galantine
EINE PASTETE VON AUSSERGEWÖHNLICHER OPTIK

Die modernen Galantinen ähneln in ihrer Gestaltung nicht mehr im Entferntesten jenen Pasteten, von denen sie ursprünglich abstammen. In der Vergangenheit präsentierten sich diese Pasteten in der naturgetreuen Form der verwendeten Geflügelarten; eine Kunst, die viel Aufwand erforderte, waren dem Geflügelfleisch doch Keulen- und Flügelknochen am Körper belassen. Der Wandel der Zeit machte auch vor den Galantinen keinen Halt: Die weitaus praktischere und wesentlich besser zu füllende Rollpastete hielt ihren Einzug in die Küchen der Spitzengastronomen. Frei von sämtlichen Knochen lässt sich das entbeinte Fleisch gut rollen oder an der Rückennaht wieder verschließen. Geschmacklich stehen diese Galantinen den früheren Kunstwerken in nichts nach. Für die Zubereitung einer Galantine sind gut gekühlte Zutaten unabdingbare Voraussetzung, andernfalls lassen sie sich gar nicht zu einer Emulsion verarbeiten.

Poulardengalantine
– die Poularde in ihrer Form belassen – so wurde sie früher mit hohem Arbeitsaufwand zubereitet.

ENTENGALANTINE
(für 10 Portionen – 20 Scheiben)
1 Ente (etwa 2,5 kg)
200 g Enten- oder Poulardenfleisch
Salz, frisch gemahlener weißer Pfeffer
200 ml kalte Sahne
2 cl Trüffelsaft (aus dem Glas)
1 cl Cognac
2 EL geschlagene Sahne
je 1 Entenleber und -herz
10 g Butter
50 g geschälte Pistazien
25 g schwarze Trüffel (aus dem Glas)
150 g gekochter Schinken
80 g Gänsestopfleber
Außerdem:
1/2 l heller Geflügelfond (siehe Seite 56/57)
1 Bouquet garni

Die Ente, wie in der Stepfolge auf Seite 43 beschrieben, auslösen. Das zusätzliche Geflügelfleisch in Würfel schneiden und kalt stellen. Gut gekühlt durch die feine Scheibe des Fleischwolfs drehen und nochmals ganz durchkühlen lassen. Das Fleisch salzen und pfeffern und in mehreren kleinen Portionen in einer Küchenmaschine fein pürieren. Die kalte Sahne nach und nach zufügen, bis eine homogene, glatte Farce entsteht. Diese in einer auf Eis gesetzten Schüssel erkalten lassen. Anschließend durch ein Holzrahmensieb passieren, erneut auf Eis setzen und den Trüffelsaft, den Cognac und die geschlagene Sahne gleichmäßig einarbeiten. Die Leber und das Herz fein würfeln, kurz in der Butter anbraten und auf Küchenpapier abtropfen lassen. Die Pistazien halbieren, die Trüffel in kleine und den Schinken in Würfel mit 0,5 cm Kantenlänge schneiden. Die Gänsestopfleber zuerst in 1 cm dicke Scheiben und anschließend in Streifen schneiden und kalt stellen. Die gewürfelten Einlagen zur Farce geben und die Ente, wie in der Bildfolge links erläutert, füllen und rollen. Die Galantine kann auch in eine bratfeste Folie eingehüllt und gegart werden.

In Scheiben geschnitten, lässt sich die Galantine mit einer Salatgarnitur und Geleewürfeln attraktiv anrichten.

Pikant-erfrischend
KALTE GEFLÜGELBRÜSTE IN GELEE ODER MIT FEINSAUREN SAUCEN

Für gebratenes oder pochiertes Geflügelfleisch, das vom großen Braten oder von einer Bouillon übrig bleibt, gibt es in der Kalten Küche immer Verwendung. Zum Beispiel als Zutat für sättigende Salate mit Kartoffeln, Nudeln oder auch unterschiedlichem Gemüse. So kann man die Reste in sehr delikate Gerichte verwandeln. In den folgenden Rezepten aber spielt das Geflügel die Hauptrolle – es wird speziell dafür zubereitet, und zwar nur die besten Teile, nämlich die Brüste.

KALTE ENTENBRUST MIT SCHARFER PAPRIKA-VINAIGRETTE

2 Entenbrüste ohne Haut (à 250 g)
Für die Vinaigrette:
4 EL Himbeeressig
1/2 zerdrückte Knoblauchzehe
Salz, frisch gemahlener weißer Pfeffer
30 g gehackte Schalotten
1 kleine Chilischote
100 g gelbe und grüne Paprikaschoten
3 EL feines Pflanzenöl
1 kleiner Friséesalat, Feldsalat

Die Entenbrüste wie im nebenstehenden Rezept zubereiten und kalt aufschneiden. Für die Vinaigrette den Essig mit den Gewürzen, den Schalotten und den klein gehackten Chili- und Paprikaschoten vermengen und alles mit dem Öl verrühren. Die Brustscheiben in der Vinaigrette etwa 15 Minuten marinieren. Den Salat putzen, waschen und trockenschleudern. Die Entenbrust fächerförmig anrichten, mit dem Salat garnieren und die Vinaigrette darüber gießen.

KALTE ENTENBRUST MIT SALSA VERDE

Eine für die Sommermonate typische Vorspeise, wie sie etwa im italienischen Piemont zubereitet wird. In Verbindung mit der Entenbrust ist die erfrischende, säuerliche Salsa verde (italienisch: grüne Sauce) eine wahre Gaumenfreude.

2 Entenbrüste ohne Haut (à 250 g)
Salz, frisch gemahlener weißer Pfeffer
40 ml Pflanzenöl
100 g Schalotten
1/8 l dunkler Geflügelfond (siehe Seite 54/55)
Für die Salsa verde:
10 ml Rotweinessig
Salz, frisch gemahlener weißer Pfeffer
100 ml Olivenöl
1 Schalotte, 1 Knoblauchzehe
je 10 g krause und glatte Petersilienblätter
5 g Basilikum
2 Sardellenfilets, 2 geschälte Cornichons
5 g geröstete Pinienkerne, 1/2 EL Kapern
Zum Garnieren:
einige Salatblätter
geviertelte Tomaten

Die Entenbrüste salzen und pfeffern und, wie in der Bildfolge beschrieben, zubereiten. Nach dem Aufgießen des Geflügelfonds den Topf in den auf 180 °C vorgeheizten Ofen stellen und 25 Minuten ohne Deckel garen. Die Brüste herausnehmen und auskühlen lassen. In der Zwischenzeit die Salsa verde zubereiten. Dafür den Essig mit Salz und Pfeffer verrühren und das Olivenöl einrühren. Die restlichen Zutaten klein gehackt untermischen und gut durchziehen lassen.

In einem Topf das Pflanzenöl erhitzen und die Brüste anbraten. Die fein geschnittenen Schalotten zugeben, anschwitzen, den Geflügelfond aufgießen und fertig braten. Anschließend die erkalteten Entenbrüste mit einem scharfen Messer in dünne Scheiben schneiden. Die Entenbrustscheiben fächerförmig anrichten, mit Salatblättern und Tomatenhälften garnieren und die Salsa verde darüber gießen.

GEBRATENE TAUBENBRÜSTCHEN IM GEMÜSESUD

Eine erfrischende Köstlichkeit für die heiße Jahreszeit stellt dieses Gericht dar. Ähnlich wie die bekannten Bratheringe werden hier Geflügelbrüste mariniert, das heißt, das Fleisch wird gebraten und anschließend mit einem würzigen, lauwarmen Sud übergossen, in dem es über Nacht durchzieht.

(für 2 Portionen als Vorspeise)
4 Taubenbrüste (mit den Flügelknochen)
Salz, frisch gemahlener weißer Pfeffer
40 ml Pflanzenöl
Für den Sud:
1/8 l Weißwein
1/4 l Wasser
40 ml Weißweinessig
6 bis 8 Pfefferkörner
2 Nelken
1 Lorbeerblatt
3 Pimentkörner
2 Thymianzweige
60 g Möhre
50 g Stangensellerie, 60 g Zwiebel
10 g Salz

Die Taubenbrüste, wie in der Bildfolge unten beschrieben, anbraten und in 10 Minuten im vorgeheizten Ofen bei 180 °C fertig braten. In der Zwischenzeit den Sud bereiten. Den Weißwein mit dem Wasser, dem Essig und den Gewürzen zum Kochen bringen. Währenddessen die Möhre und den Stangensellerie waschen, schälen und in feine Scheiben schneiden, ebenso die Zwiebel. Der Flüssigkeit zugeben und 10 Minuten bei geringer Hitze leicht köcheln lassen. Den Sud beiseite ziehen, das Salz einrühren und auskühlen lassen.

HÄHNCHENSÜLZE MIT MÖHREN UND SELLERIE

So wird das Hähnchen bis zum letzten Rest verbraucht: die Brüste für die Einlage, die Keulen zum Klären und die Knochen, die Karkasse und die Haut für den Fond.

1 küchenfertiges Hähnchen (etwa 1 kg)
1 Bouquet garni
Zum Klären:
je 50 g Möhre und Stangensellerie
1/2 geschwärzte Zwiebel, 1/2 Knoblauchzehe
1 Lorbeerblatt, 1 Thymianzweig
2 Nelken, 6 bis 8 Pfefferkörner
einige Spritzer Aceto Balsamico
3 Hühnereiweiße, 5 zerstoßene Eiswürfel
Außerdem:
3 Blatt weiße Gelatine
Salz, frisch gemahlener weißer Pfeffer
40 ml Pflanzenöl
100 g Möhren, 80 g Stangensellerie
4 Kerbelzweiglein

Die Keulen und die Brüste auslösen. Von den Keulen die Haut entfernen, die Kniegelenke durchtrennen und die Oberschenkelknochen herauslösen. Aus Knochen, Haut, Karkasse und dem Bouquet garni einen Fond kochen, wie auf Seite 56/57 beschrieben. Zur Klarifikation des Fonds (siehe Seite 58/59) das Oberschenkelfleisch durchdrehen und den Fond mit dem Gemüse und den restlichen Zutaten fertig stellen. Auf 1/4 l einkochen, die kalt eingeweichte Gelatine darin auflösen und auskühlen lassen. Die Hähnchenbrüste salzen, pfeffern, im heißen Öl anbraten und bei 180 °C im vorgeheizten Ofen in 10 bis 12 Minuten fertig braten, erkalten lassen und mit Küchenpapier trockentupfen. Die Sülze, wie unten beschrieben, fertig stellen.

Die Timbalförmchen kurz in heißes Wasser tauchen und stürzen. Mit der Salatgarnitur servieren.

Die Taubenbrüste salzen, pfeffern, im heißen Öl anbraten und anschließend im Ofen fertig braten. Danach auskühlen lassen. Den Sud in einem entsprechend großen Topf zubereiten, dafür das Gemüse und die Gewürze in der Flüssigkeit köcheln lassen. Den lauwarmen Sud über die erkalteten Taubenbrüste gießen und zugedeckt im Kühlschrank über Nacht marinieren. Am nächsten Tag das Fleisch mit dem Gemüse auf Tellern anrichten und mit Weißbrot servieren.

Die Möhren und den Stangensellerie klein würfeln und in Salzwasser blanchieren, abschrecken, abtropfen und trockenlegen. Die gebratenen Brüste in gleichmäßige Würfel schneiden. Vier Timbalförmchen mit dem noch lauwarmen Gelee ausgießen, so dass ein 2 bis 3 mm starker Geleespiegel anstocken kann, und je 1 Kerbelzweiglein einlegen. Das Fleisch mit dem Gemüse mischen, in die Förmchen füllen und mit dem restlichen Gelee aufgießen. 1 bis 2 Stunden durchkühlen lassen.

WACHTEL IM TÖPFCHEN

Die Wachteln im Töpfchen werden – bis auf ein wenig Wein – im eigenen Saft gegart. Nach dem Erkalten wird die Flüssigkeit abgegossen und durch Gelee ersetzt. Die Wachteln können im Förmchen, aber auch gestürzt und in Hälften geteilt auf einem Teller angerichtet und serviert werden.

4 Wachteln (à 180 g)
je 50 g Möhre, Knollensellerie und Lauch
Salz, frisch gemahlener weißer Pfeffer
4 Thymianzweige
1/8 l trockener Weißwein
1/8 l heller Geflügelfond (siehe Seite 56/57)
1 1/2 Blatt weiße Gelatine

Die Wachteln in Keulen und Brüste teilen und diese von Knochen und Häuten befreien. Das Gemüse putzen und fein würfeln, in kräftigem Salzwasser blanchieren, kalt abschrecken und abtropfen lassen. Wie unten gezeigt, fortfahren. Die Töpfchen in einem etwa 80 °C heißen Wasserbad, das knapp bis unter den Rand reicht, in etwa 45 Minuten bei 180 °C im Ofen pochieren. Herausnehmen, erkalten lassen und den Pochierfond durch ein kleines Sieb abgießen. Den Fond dazugießen, erhitzen und die kalt eingeweichte und warm aufgelöste Gelatine zugeben. Das Gelee in die Förmchen gießen, durchkühlen und erstarren lassen und die Wachteltöpfchen servieren. Dazu eine Tomatenvinaigrette mit Kräutern sowie frische Salate reichen.

Im Töpfchen zubereiten: Die ausgelösten Wachtelteile salzen, pfeffern und abwechselnd mit dem Gemüse in die Förmchen füllen.

Je 1 Thymianzweig auf ein Förmchen setzen und mit dem Weißwein bis knapp unter den Rand aufgießen.

Die Töpfchen mit Alufolie fest verschließen, gut kühl stellen und über Nacht kräftig durchziehen lassen.

Die Wachteln im Wasserbad im Ofen pochieren, erkalten lassen und den Sud durch ein feines Sieb abgießen.

Mit einer Schöpfkelle so viel Gelee in die Förmchen gießen, dass die Einlage vollständig damit bedeckt ist.

Im eigenen Saft gegart

Nicht nur Wachteln, auch Kaninchenkeulen lassen sich gemäß der Devise »einfach, aber gut« mit wenigen Zutaten ganz köstlich zubereiten. Entgegen der Haute Cuisine, die von feinsten Fleischfarcen und kräftigen Gelees lebt, wird hier eine rustikale, eher ländliche Richtung eingeschlagen. Durch die Gewürze und das Einlegen in die Marinade nimmt das Fleisch die verschiedenen Aromen sehr gut auf.

KANINCHENTERRINE

Kaninchenkeulen sind sehr kollagenhaltig, das heißt, sie enthalten viele Gelierstoffe. Dadurch hält die Terrine nach dem Erkalten von selbst zusammen und benötigt keine zusätzlichen Binde- oder Geliermittel. Durch das Auskleiden der Terrinenform mit geräuchertem Speck erhält das Fleisch zudem einen interessanten Geschmack, der sehr gut mit dem Wein harmoniert. Bei der Wahl des Rieslings sollte auf gute Qualität geachtet werden, denn der Wein hat einen ganz entscheidenden Anteil am Ergebnis des Gerichts.

(für 15 Portionen als Vorspeise)
8 Kaninchenkeulen (à 190 g)
je 1 EL fein geschnittener Estragon und Basilikum
Salz, frisch gemahlener weißer Pfeffer
3/4 l kräftiger Riesling
250 g durchwachsener, geräucherter Bauchspeck (etwa 30 Scheiben von 18 cm Länge)

**Kaninchenterrine
zubereiten:**

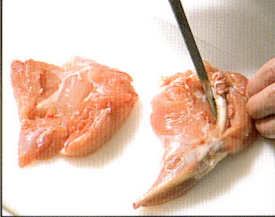

Ober- und Unterschenkel-
knochen der Keulen auslösen
und die frei liegenden Sehnen
sorgfältig entfernen.

Die Keulen in eine Schale
legen, mit den Kräutern
bestreuen, salzen und kräftig
mit Pfeffer würzen.

Den Weißwein darüber gießen,
die Keulen eventuell einmal
wenden. Die Schale gut mit
Alufolie verschließen.

Die Form so mit Speck auslegen, dass sich die Streifen
überlappen und etwa 10 cm
über Rand der Form hängen.

Die Keulen aus der Marinade
nehmen, abtropfen lassen
und in zwei Schichten in die
ausgelegte Form füllen.

Den Speck über dem Fleisch
überlappend zusammenle-
gen, da er sich beim Garen
etwas zusammenzieht

Das Fleisch unter der Speckhülle leicht pressen, den
Deckel auflegen und in ein
heißes Wasserbad setzen.

Vor Ende der Garzeit die Kerntemperatur mit einem Thermometer messen. Sie sollte
zwischen 75 und 80 °C liegen.

Die angegebene Menge ist für eine Terrinenform von 1,2 l Füllmenge berechnet. Die Terrine wie in der Bildfolge zubereiten. Die Kaninchenteile werden nur zum Marinieren gesalzen, da die Speckhülle später zusätzliche Würze an das Fleisch abgibt. Zum Pochieren die Terrinenform in ein siedendes Wasserbad setzen und im vorgeheizten Ofen bei 180 °C 1 1/2 Stunden garen. Die Wassertemperatur des Öfteren kontrollieren, sie soll 80 °C nicht übersteigen. Am Ende der Garzeit auf die Terrine ein kleines Brettchen legen, mit dem Terrinen- deckel beschweren und so die Füllung leicht zusammen- pressen. Die Terrine erhält dadurch ihre kompakte Bindung und lässt sich später besser schneiden. Die Terrine völlig auskühlen lassen, am besten über Nacht, stürzen, in Scheiben schneiden und kalt servieren.

Confit

Mit dem Begriff »Confit« werden in Salz und Fett
haltbar gemachte Fleischstücke bezeichnet. Zwei
Konservierungsmethoden müssen dafür herhalten, um
aus Ente oder Gans (aber auch Schweinefleisch) diese
unverwechselbare südfranzösische Spezialität zu
schaffen, die internationale Verbreitung gefunden hat.
Sie darf in manchen Gerichten, wie etwa dem
Cassoulet oder der Gemüsesuppe Garbure, nicht
fehlen. Zur Herstellung von Confit den Enten oder
Gänsen zuerst das Fett aus der Bauchhöhle entnehmen
und die Vögel in Einzelteile zerlegen. Mit grobkörni-
gem Salz einreiben oder in Salzlake einlegen, um die
Bildung von Fäulnisbakterien zu unterbinden und
gleichzeitig dem Fleisch einen Teil seiner Flüssigkeit
zu entziehen. Getrocknete Kräuter darüber streuen
und alles zusammen 24 Stunden kühl stellen. Nach
Ablauf dieser Zeit die Fleischstücke sorgfältig abreiben und trockentupfen. In einer passenden Kasserolle
das Enten- oder Gänsefett auslassen und darin die
vollständig bedeckten Fleischteile bei geringer Hitze
langsam schmoren, dabei öfters umrühren. Eventuell
mit etwas Schweineschmalz die benötigte Fettmenge
ergänzen. Je nach Alter des Vogels beträgt die Garzeit
1 bis 2 1/2 Stunden. Ein Steingutgefäß vorbereiten:
kochendes Wasser eingießen, um den Topf zunächst
zu sterilisieren, und dann mit flüssigem Fett aus-
schwenken, das Fett dichtet den Topf luftdicht ab. Die
Fleischstücke abwechselnd mit zerlassenem Fett
einschichten, die oberste Schicht Fleisch muss etwa
3 cm mit Fett bedeckt sein. Nach dem Erkalten des
Topfinhalts mit Fett auffüllen, abdecken und kalt
stellen. Nach 3 bis 4 Wochen hat sich das volle Aroma
entwickelt, die Konservierung hält etwa
4 Monate. Portionsweise das Fleisch entnehmen
und immer wieder mit Fett auffüllen.

Ein frischer Salat
aus Bärlauch und Frisée
passt gut dazu. Er wird in einer
Marinade aus 3 EL Olivenöl, etwas Aceto
Balsamico und 1 EL Wasser mit je 30 g
Würfelchen von roter und gelber Paprika-
schote sowie 1 in Ringe geschnittenen
Frühlingszwiebel zubereitet.

**In reichlich
Gänseschmalz** und
bei geringer Hitze
werden die
Gänsestücke gar.

Konservieren mit Fett

Durch die heute selbstverständliche Kühltechnik
verwöhnt, sind manche Konservierungsmethoden fast
in Vergessenheit geraten. Zu Unrecht, wie es traditionelle Rezepte belegen. Eine seit alters her bekannte
Methode, Fleisch haltbar zu machen, ist das Überziehen des Fleisches mit Fett beziehungsweise das
Einlegen in Fett. Dazu eignen sich am besten
Fleischsorten, die selbst einen Überschuss an natürli-
chem Fett aufweisen, wie das bei den Gänsen oder
Enten der Fall ist. Diese Art der Konservierung
entwickelten die französischen Bauern in der Zeit vor
der Tiefkühltechnik für das Fleisch jener Tiere, die sie
ausschließlich zur Gewinnung der Gänsestopfleber
gezüchtet hatten.

Entenroulade zubereiten:

Die Brüste pfeffern, den Stopfleberkern einlegen und einrollen, die Fleischstücke sollen sich überlappen.

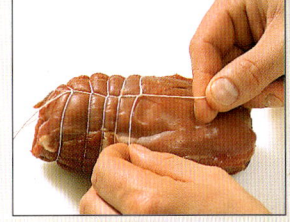

Mit Küchengarn binden, jede Schlaufe fest anziehen, da die Roulade beim Räuchern etwas schrumpft.

Entenbrüste vorbereiten: Die Entenbrüste von der Seite mit einem scharfen Messer einschneiden, so dass eine Tasche entsteht. Mit einem Plattiereisen leicht flach klopfen und nebeneinander legen.

Die Roulade, völlig bedeckt, in die vorbereitete Pökellake legen, mit Folie abdecken und 3 Tage durchziehen lassen.

Aus der Lake herausnehmen und, wieder völlig bedeckt, in kaltem Wasser einen halben Tag lang wässern.

Die Roulade trockentupfen, in Kristallzucker wenden und 1 bis 2 Tage zum Trocknen aufhängen. Zum Räuchern geben.

Die geräucherte Poularde im Anschnitt. Brustfleisch und Stopfleberkern bilden einen hübschen Kontrast.

GERÄUCHERTE ROULADE VON ENTENBRUST UND STOPFLEBER

Sollte keine Möglichkeit zum Räuchern bestehen, ist die heimische Metzgerei sicherlich dabei behilflich.

2 Entenbrüste ohne Haut (à 100 g)
180 g geputzte Entenstopfleber
Salz, frisch gemahlener weißer Pfeffer
je einige Spritzer roter Portwein und Cognac
Für die Pökellake:
1 l Wasser
2 Nelken, 6 bis 8 Pfefferkörner
1/2 Lorbeerblatt
1 kleine Knoblauchzehe
1 Thymianzweig, 2 Pimentkörner
Schale von je 1/2 Orange und Zitrone
5 g frischer Ingwer
120 g Pökelsalz
Außerdem:
etwas Kristallzucker

Die Entenbrüste vorbereiten, wie in den beiden Steps der Bildfolge ganz rechts erläutert. Die Entenstopfleber putzen, leicht salzen und pfeffern, mit den Spirituosen beträufeln und in ihre ursprüngliche Form drücken. Der Leberkern sollte etwas kleiner als die Brüste sein, damit er nicht auslaufen kann. Die Roulade zubereiten, wie in den Steps gezeigt. Für die Pökellake das Wasser zum Kochen bringen, die Gewürze – bis auf das Pökelsalz – zugeben und 15 Minuten leicht köcheln lassen. Erst nach dem Abkühlen das Pökelsalz einrühren. Beim Räuchern ist zu beachten, dass der Rauch kalt sein muss. Nach etwa 12 Stunden Räucherzeit das Küchengarn entfernen und die Roulade in dünne Scheiben schneiden.

Wild

Unter »Wild« versteht der Fachmann alle wild lebenden Tiere, die dem
Jagdrecht unterliegen. Jedoch wird nur ein Teil von ihnen auch tatsächlich
in der Küche verarbeitet. Der Jäger ordnet Wild generell in die beiden
Kategorien Haarwild – alles, was Fell trägt, und Federwild – alles was Federn
trägt, ein. Von besonderer Bedeutung für die Wildküche sind beim Haarwild
die Geweih tragenden Wildtiere, bei denen die männlichen Tiere einen jährlich
sich erneuernden Kopfschmuck aufweisen. Ebenso die Horn tragenden
Wildtiere, bei denen sowohl männliche als auch weibliche Tiere einen
dauerhaften, jährlich sich vergrößernden Kopfschmuck tragen.
Zum Haarwild zählen auch das Schwarzwild sowie die hasenartigen Wildtiere.
Beim Schwarzwild ist das europäische Wildschwein mit seinen
regionalen Unterarten eindeutig von anderen »Wildschweinen«, die von verwilderten, dunkelhaarigen Hausschweinen, beispielsweise aus Australien und
den Philippinen, abstammen, zu unterscheiden. In der regional geprägten
Küche sind in Westeuropa der auf Trichinen zu untersuchende Dachs und
in Kanada Eichhörnchen und Biber anzutreffen. Biber findet sich zudem
noch in Finnland und der Russland; die Nutria in Osteuropa und
das Murmeltier in Österreich und der Schweiz. Vereinzelt tauchen auch
Angebote von Bären- und Löwenfleisch auf und in jüngster Zeit ist
Kängurufleisch immer häufiger anzutreffen.

Wildbret vom Haarwild ist heute dank Tiefkühlung, Farmhaltung und Importen das ganze Jahr über verfügbar.
Ausgenommen die »echten Wilden«, zu denen auch die Gemse zählt!

Wild als Motiv
war bei den Kunst-
werken früherer Meister
sehr beliebt, wohl nicht
zuletzt deshalb, weil
es Zeichen eines
gewissen Wohlstandes
war. Hier ein Gemälde
von GERRIT DOU
(1613–1675), National
Gallery, London.

Historisches
ZWISCHEN JAGD UND KÜCHE

Das Erbeuten von Fleisch wild lebender Tiere sicherte
schon in der vorgeschichtlichen Zeit das Überleben
der Menschen. Wissenschaftliche Nachweise darüber
reichen bis in die Eiszeit und davor (rund 600 000
Jahre) zurück. Die bei Ausgrabungen gemachten
Funde belegen, dass es neben Pflanzen, Wurzeln und
Früchten jegliches essbare Wild war, das von den
Vorläufern des Homo sapiens als Nahrung aufgenommen wurde. Stets war es der Hunger auf Fleisch
und die Aussicht, sich über mehrere Tage satt essen zu
können, die den Menschen in den verschiedenen
Perioden der Steinzeit und in den Jahrtausenden
danach veranlasste, dem Wildtier nachzustellen.
Bei den jagdtechnischen Möglichkeiten, die sich in
den vorgeschichtlichen Epochen auf Fallgrube,
Schlinge, Speere, Wurfholz, Wurfhammmer und
Netze beschränkten, war das ein aufwändiges, schwieriges und gefährliches Unterfangen. Musste der auf
Waldelefant, Mammut, Wollnashorn, Höhlenbären,
Wisent, Ren und Hirsch jagende Höhlenbewohner
doch stets damit rechnen, selbst Beute wilder Tiere zu
werden. Das Fleisch wurde anfangs noch roh gegessen.
Erst als der Mensch gelernt hatte, das Feuer zu
beherrschen, wurde es auch über dem Feuer geröstet.

Das Ende der freien Jagd

Im Verlauf der Jahrtausende verminderte sich mit
zunehmender Domestizierung von Wildtieren und
stetiger Ausweitung des Ackerbaus (in Mitteleuropa
vor rund 5 000 Jahren) der Anteil des Wildbrets innerhalb der menschlichen Ernährung. Die einst für
jedermann freie Jagd, bei der der Hund als Wild
aufstöbernder Begleiter eine ebenso wichtige Rolle
spielte, wie später das die schnelle Verfolgung ermög-
lichende Pferd, wurde zum Privileg der Tüchtigsten
und Stärksten eines Stammes und letzlich zum
Vorrecht des Stammesfürsten und damit des Adels.
Durch die Weiterentwicklung der Kriegstechnik
wurden auch die Jagdwaffen verbessert, ebenso wie die
Jagdmethoden. Bis heute unverändert geblieben ist
eins: Wer eine wertvolle Beute machte, der durfte sich
der Bewunderung, aber auch des Neides Dritter sicher
sein. Sich und sein Heim mit dem Fell oder den
Federn des erlegten Tieres und Teilen seiner Wehr zu
schmücken hat eine jahrtausendealte Tradition.
Beispielsweise wurde der Kopfschmuck, Zähne und
Krallen als äußeres Zeichen des Erfolges und als böse
Kräfte abwehrendes Amulett genutzt. Wesentlich
bestimmt wurde die Jagdpassion auch dadurch, den
tief verwurzelten Beutetrieb zu befriedigen und dabei
Vergnügen zu haben. Anspruch darauf erhoben bereits
im Altertum jene, die Macht besaßen.

Hochwildjagd und Niederwildjagd

Es war Karl der Große (768–814), der die hochherr-
schaftliche Jagd zur besonderen Blüte führte. Da es
nicht gestattet war, auf fremdem Grund und Boden
zu jagen, andererseits aber viel Land praktisch
niemandem gehörte, erklärte er es zu königlichem
Land und damit zu seinem Jagdgrund. Die
Bannforsten, in denen außer der König und seinem
Gefolge kein anderer jagen durfte, wurden scharf
bewacht. In diese Zeit fällt auch der Beginn der in den
nachfolgenden Jahrhunderten immer wieder Änderungen unterworfenen Unterteilung des Wildes in
Hochwild und Niederwild. Das Hochwild, zu dem
anfangs nur der Hirsch und Wildschwein, später auch
Mufflon, Gemse und Steinbock, zeitweise auch Fasan
sowie Auerhahn und Birkhahn zählten, durfte nur von
den »hohen« Herren bejagt werden. Dem »niederen«
Volk blieb die Jagd auf Rehwild, Hase, Wildkaninchen
sowie verschiedene Vogelarten. Der unberechtigte
Abschuss oder Fang von Hochwild durch die
Untertanen wurde als Wilderei hart bestraft. Eigenes
Jagdpersonal des Adels hatte dieses zu unterbinden
und dafür Sorge zu tragen, dass der jagdliche Erfolg
nicht ausblieb. Noch zu Lebzeiten Karl des Großen
entwickelte sich in Frankreich und England die
Parforcejagd, eine Hetzjagd, bei der ausschließlich zu
Pferde und mit Hundemeute stets nur einem Wildtier
nachgestellt wurde. War es erschöpft, wurde es mit
Schwert oder Speer getötet. Die Jagd zu Fuß, die
Pirsch, war in diesen Ländern verpönt.

Wildküche der Länder

Damals wie heute genießt das Nahrungsmittel
Wildbret und die Jagd selbst einen nicht geringen
Stellenwert. Auch dieser Tage noch stellen einfache
Volksstämme dem Wild mit Fallgruben, Schlingen,
Speeren und Pfeilen nach. In hoch entwickelten
Ländern dagegen wird es mit neuzeitlichen Waffen
nach strengen gesetzlichen Vorgaben erlegt.
Daneben hat sich in vielen Ländern ein freizügäng-
licher Wildhandel entwickelt, in dem Wildfleisch von
Tieren aus heimischer und fremder Wildbahn
(Osteuropa), von gefarmtem (Neuseeland, Namibia,
Südafrika) und gegattertem Wild (Deutschland)
angeboten wird. Verwertet wird Wild heute in der
Küche all jener Länder, in denen artenreiche und
große Wildbestände in freier Natur anzutreffen sind.
Die größte Variationsbreite in der Zubereitung von
Wild ist in Europa gegeben. Während Rezepte der
mittel- und ostdeutschen Küche eher als traditionell
einzustufen sind, sind in Süddeutschland französische
und österreichische Einflüsse erkennbar.
Vergleichbares gilt auch für die Wildzubereitung in
Polen, Tschechien und Ungarn. Hier spielen die durch
die Köche des Adels eingebrachten französischen
Kreationen eine Rolle. Südländisch präsentiert sich
aufgrund der landesspezifischen Gewürze die
Wildküche Spaniens, Italiens und vor allem Frank-
reichs. Während bei den Germanen und Slawen
Wild durchgegart wurde, gibt es in Frankreich,
England und in den von diesen Ländern beeinflussten
«Küchenkulturen» eine andere, vergleichsweise junge
Tradition. Hier wurde das Wildfleisch fast roh zube-

reitet. Die Erklärung für rare, à point oder saignant
zubereitetes Wildfleisch ist in der Art zu jagen zu
finden. Das auf der Jagd zu Pferde (Parforcejagd)
erbeutete Wild lieferte aufgrund der Stresssituation ein
Fleisch, das praktisch keine Fleischreifung durchlief.
Hinzu kam die Gepflogenheit, das Fleisch meist noch
am selben, spätestens jedoch am nächsten Tag zuzubereiten. Wurde das frische, nicht abgehangene Fleisch
durchgebraten beziehungsweise durchgegart, wie es
der alten Tradition entsprach, blieb es zäh. Um es
überhaupt essen zu können, musste es mehr oder
weniger roh serviert werden. Aus dieser besonderen
Situation heraus entwickelte sich also die
Zubereitungsmethode, die vielerorts nachgeahmt
wurde. Im Gegensatz zur französisch-angelsächsischen
Küchentradition steht die mittel- und osteuropäische
Küchenerfahrung. Wildfleisch wurde durchgebraten
und durchgegart. Das hier verarbeitete Fleisch
stammte von Wildtieren, die auf der Einzeljagd oder
vom Pirschwagen aus ohne Stress erlegt und darüber
hinaus lange abgehangen wurden. Ganz eigene Wege
der Wildzubereitung gingen asiatische Länder.
Religiöse Einstellungen und der Mangel an Holz
führten dazu, dass Wildfleisch, in kleinste Stücke
geschnitten, im Wok schnell gegart wird. Reichlich
Gemüse und Gewürze bereichern die Rezepte.
In Afrika sind althergebrachte Traditionen und
Kolonialherreneinflüsse erkennbar. Die Neue Welt ist
geprägt von der Einwanderung, wobei sich heimische
Zubereitungsmethoden mit denen der Neuankömm-
linge mischten. In Hinblick auf neuere Erkenntnisse
wird heute jedoch empfohlen, Wildbret mindestens
während eines Zeitraums von 10 Minuten mit einer
Kerntemperatur von 80 °C zuzubereiten. Es wider-
spricht nämlich jeglicher lebensmittelhygienischer
Vernunft, Krankheitserregern durch eine zu geringe
Kerntemperatur beim Garen eine Chance zu geben.

Wildbret spielte in den
herrschaftlichen Küchen
eine große Rolle.
Auf diesem Stich aus
dem Mittelalter ist unter
anderem zu sehen, wie
der Köchin ein Hase
überreicht wird.

Gewinnung von Wild, Fleischqualität, Wildbrethygiene

Die Gewinnung des Fleisches wild lebender Tiere erfolgt durch die Jagd, des Menschen ältestes Handwerk. Erjagt wird das Wild auf der Pirsch, auf der Ansitzjagd und bei Drück- und Treibjagden. Während bei Pirsch und Ansitzjagd der Jäger meist allein oder zu zweit ist, sind an einer Drück- oder Treibjagd mehrere Jäger und Hilfskräfte (Treiber) beteiligt. Zum Erbeuten von für die Küche bestimmtem Wild dienen beim Schalenwild (Haarwild, dessen Läufe in aus Horn bestehenden Schalen enden) Kugelwaffen, bei den Hasenartigen (und Wildgeflügel) Schrotwaffen (Schrot = zahlreiche kleine, in Patronenhülsen verfüllte Blei- oder Stahlkugeln). In Amerika werden zur Jagd nach wie vor auch Pfeil und Bogen bzw. die Armbrust eingesetzt. Welche Waffen jeweils zur Jagdausübung verwendet werden dürfen, wann und wo auf welche Wildart gejagt werden kann und welche Anzahl an Tieren dem Gesamtbestand entnommen wird, regeln länderspezifische Gesetze. Heute gibt es weltweit ein von den Organisationen der Jäger verantwortlich mitgestaltetes Wildmanagement, das unter Berücksichtigung regionaler Gegebenheiten und Notwendigkeiten (Einklang zwischen Lebensraum und Wildtieren) die Erhaltung und Nutzung der Wildtierbestände steuert. Außer in seinen Lebensräumen wird Wild mit zunehmender Tendenz auch in landwirtschaftlicher Gatterhaltung gewonnen. Dies gilt insbesondere für Dam-, Rot- und Schwarzwild. Die Tötung erfolgt auch hier mit einer Waffe – Kopfschuss auf nahe Distanz.

Die Art der Jagd, die Treffpunktlage des Schusses auf dem Wildkörper sowie die nachfolgende Behandlung des erlegten Tieres wirken sich entscheidend auf die spätere Fleischqualität aus. Wird das Wild vor dem Erlegen gehetzt, wie es zum Beispiel bei einer Treib- oder Drückjagd überwiegend der Fall ist, dann vermindert sich aufgrund der Stresssituation der körpereigene Glykogengehalt. Glykogen (tierisches Reservekohlenhydrat) wird nach dem Tod in Milchsäure umgewandelt. Darauf folgt die Totenstarre und anschließend das Zartwerden des Fleisches. Die Milchsäure sorgt für eine Keim hemmende Säuerung des Fleisches und mobilisiert Wirkstoffe (Enzyme), die die großen Eiweißmoleküle aufspalten und feinste Muskelfasern auflockern. Wird Glykogen durch Stress im Tierkörper aufgrund hohen Energieverbrauchs rapide abgebaut, dann fehlt es für eine optimale Fleischreifung (normal: 36 bis 92 Stunden nach Eintritt des Todes, abhängig vom Gewicht des Wildkörpers). Diese ist dann mangelhaft und bedingt, dass das Fleisch längst nicht so zart und mürbe wird wie bei einem ohne vorherige Hetze erlegten Wildtier. Das ist u. a. ein Grund für das früher geübte Abhängen über Tage und Wochen von auf einer Treibjagd erlegten Hasen und Wildkaninchen. Indikator für den Verlauf der Fleischreifung ist der in der Muskulatur in verschiedenen Zeitabständen gemessene pH-Wert, wobei die Ausgangswerte je nach Tierart, Alter und Gesundheitszustand geringfügig voneinander abweichen. Allgemein gilt: Vor dem Einsetzen der Totenstarre liegen die pH-Werte um 6,2 bis 6,4. Sie fallen im Verlauf des Fleischreifungsprozesses ab (5,5 bis 5,7) und sind zum Ende der Fleischreifung geringfügig (5,8 bis 5,9) höher. Geht das Wildbret in Fäulnis über, steigt der pH-Wert über den Ausgangswert an. Fleisch von akut erkranktem Wild hat gegenüber dem als genusstauglich beurteilten Wildbret einen höheren, um 7 und darüber liegenden pH-Wert. Ein weiterer Grund dafür, dass selbst Fleisch von jungen Tieren trotz ausreichenden Garens zäh bleibt, liegt in einer zu schnellen, noch vor dem Absinken des pH-Wertes (also vor Eintritt der Totenstarre) erfolgenden Kühlung des Wildes mit Temperaturen unter +10 °C. Die durch den Kälteschock verursachte Muskelverkürzung (Verhärtung) führt zu Zähigkeit und Saftverlust. Auswirkungen auf die Fleischreifung hat auch die Treffpunktlage des Schusses auf dem Wildkörper. Liegt der Schuss so gut, dass das vorher nicht gestresste Wildtier auf der Stelle verendet, ist dies für die spätere Fleischqualität optimal. Flüchtet das Tier jedoch angeschossen hinweg, dann tritt der zuvor dargestellte Glykogenabbau ein; und dies um so mehr, je weiter das Tier flüchtet. Wird es erst auf einer mit einem Hund durchgeführten Nachsuche Stunden später endgültig erlegt, ist von einem qualitativ minderwertigen Wildbret auszugehen. Ein schlechter Treffer auf dem Wildkörper hat darüber hinaus noch weitere negative Auswirkungen: Wird durch das Geschoss der Magen-Darm-Bereich verletzt und sind in der Bauchhöhle Blutgefäße getroffen, ist ein Einschwemmen von Magen- und Darmbakterien in die Blutbahn und deren Verteilung in der Muskulatur nicht auszuschließen. Bis zum Absinken der Kerntemperatur im Fleisch unter +10 °C (dauert bei stiller Kühlung rund 24 Stunden) vermehren sich diese Bakterien zum Teil rapide. Selbst bei Temperaturen unter + 10 °C ist noch bei verschiedenen, durchaus krank machenden Bakterien eine Vermehrung möglich. Geschmacksveränderung ist nur eine der Folgen. Sie ist auch dann gegeben, wenn das Stück Wild nicht unmittelbar nach dem Erlegen, sondern erst später ausgeweidet wird. Der Grund: Bereits 30 bis 40 Minuten nach Eintritt des Todes beginnt die Magen-Darm-Barriere zusammenzubrechen mit der Folge, dass die in den Eingeweiden lebenden Keime durch die Darmwände austreten und sich im Fleisch der Bauchhöhle ansiedeln. Im Vergleich zur Haustierschlachtung erfolgt das Ausweiden erlegter Wildtiere zumeist in freier Natur und weitest gehend unter hygienisch weniger günstigen Bedingungen. Die Verschmutzung des Wildbrets während des Ausweidens mit Bodenbakterien, Pilzsporen, Magen- und Darminhalt ist praktisch nicht auszuschließen. Hinzu kommt, dass die Jäger nicht immer in der Lage sind, beim Ausweiden an den inneren Organen sowie im Magen-Darm-Bereich krankheitsbedingte, mehr oder minder sichtbare Zeichen zu erkennen. Wildbret ist somit ein Lebensmittel, das – ausgenommen die aus Gatterhaltung stammenden Wildtiere – aufgrund seiner Gewinnung in der Hygiene wesentlich anderen Bedingungen unterliegt als das Fleisch von Schlachttieren. Seine Verarbeitung hat dem Rechnung zu tragen.

Bis zu seiner Weiterverarbeitung reift das Wildbret in den Kühlräumen dieser Betriebe. Die am Körper belassene Decke (Fell) verhindert ein Austrocknen der Fleischoberfläche.

Aus den Revieren werden die ausgeweideten Wildtiere einschließlich ihrer Innereien in Kühlwagen den Wildgewinnungs- und -verarbeitungsbetrieben, hier in Ungarn, angeliefert.

Mit Hilfsmitteln, wie sie in Schlachthöfen gegeben sind, wird auch im Wildgewinnungsbetrieb die Decke vom Wildkörper abgezogen. Fleischhygiene ist hier oberstes Gebot.

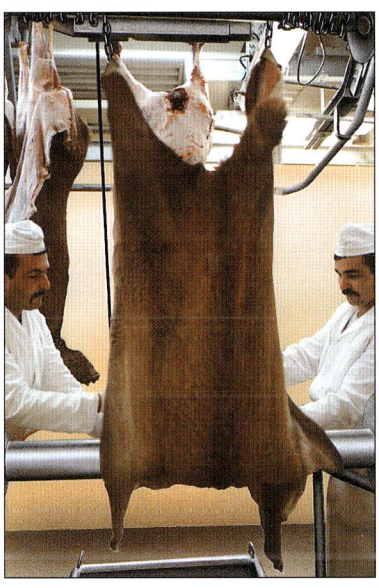

Nach dem Zerwirken des Wildes erfolgt unter hygienisch einwandfreien Bedingungen (großes Bild) das Zurichten (Entbeinen und Portionieren) der Einzelteile. Anschließend werden sie für den Versand vakuuminiert (kleines Bild), sodann gekühlt oder tiefgefroren in die Abnehmerländer geliefert.

Hygiene und moderne Verarbeitung

Wildbrethygiene, in den letzten Jahren verstärkt in der Jungjägerausbildung vermittelt, hat in den Wild exportierenden Ländern einen hohen Stellenwert. Im Rahmen der EU wurden schon vor Jahren strenge Richtlinien entwickelt, die für alle Länder gelten, die in die EU Wild und Wildteile exportieren. Zugelassen sind nur solche Wildgewinnungsbetriebe, die u. a. in ihren Anforderungen modernen Schlachtbetrieben vergleichbar sind. Das hier verarbeitete Wild und dessen innere Organe werden von einheimischen Veterinärmedizinern untersucht und die Betriebe durch Veterinärmediziner der EU kontrolliert. Gleiches bewirken die zusätzlichen Einfuhrkontrollen.

Herkunft des heutigen Wildangebotes und Fleischuntersuchung

Die weltweite Verflechtung der Märkte sowie die moderne Kühl- und Tiefkühltechnik ermöglichen es, dass Wildbret das ganze Jahr über erhältlich ist. Darüber hinaus steht es frisch auch dann zur Verfügung, wenn in Europa aufgrund gegebener Schonzeiten die Jagd ruht. Lieferanten sind in dieser Zeit die Länder auf der südlichen Erdhalbkugel, zum Beispiel Neuseeland (Hirschwild), Argentinien (Hasen), Australien (Wildschwein- und Känguruhfleisch) sowie Südafrika und Namibia (Antilopen). Das aus Neuseeland kommende Hirschfleisch stammt nahezu ausschließlich aus Farmhaltung. Argentinische Hasen sind aus freier Wildbahn; sie werden in den Pampas nachts im Scheinwerferlicht mit Kopfschuss erlegt und sofort in mitgeführte Kühlwagen verfrachtet. Das übrige ausländische Wild stammt überwiegend aus freier Wildbahn. Sowohl in den außereuropäischen als auch in den osteuropäischen Ländern (Polen, Ungarn, Tschechien, Slowakei, Staaten des Ex-Jugoslawiens und Bulgarien, Russland) gibt es spezielle, für den Export in die EU zugelassene Wildgewin-nungsbetriebe. Hier wird das zusammen mit den inneren Organen angelieferte Wildbret auf seine Verzehrfähigkeit veterinärmedizinisch geprüft. Diese Kontrolle wird stichprobenartig bei der Einfuhr wiederholt.

Das in Deutschland und anderen westeuropäischen Ländern in freier Wildbahn erlegte Wild unterliegt – sofern es in anerkannten Wildgewinnungsbetrieben zusammengeführt und über den Wildgroßhandel vertrieben wird – ebenfalls einer veterinärmedizinischen Fleischuntersuchung. Diese entspricht nahezu der bei Schlachttieren. In die Pflicht genommen sind die EU-Staaten sowie die darüber hinaus dem EWR-Vertrag beigetretenen Länder. Die dem Großhandel Haar- und Federwild zuliefernden Jäger müssen seit Januar 1994 mit dem erlegten Wildkörper die inneren Organe (Herz, Lunge, Leber, Nieren und Milz) abliefern und haben auf das »kleine Jägerrecht« zu verzichten. Durch Untersuchung der inneren Organe auf krankhafte Veränderungen vermag der Veterinärmediziner die Verzehrsfähigkeit zu beurteilen. Weitere Hinweise hierfür gewinnt er durch die Kontrolle des Wildkörpers auf Verschmutzung des Fleisches durch eine unsachgemäße Versorgung nach dem Schuss, auf stickige Reifung (Verhitzung durch nicht schnell genug erfolgte Kühlung) oder auf sonstige äußerlich feststellbare Unregelmäßigkeiten (u. a. starke Abmagerung, alte Schussverletzung, tastbare Geschwülste). Beim Bezug von Wildbret über den Wildgroßhandel kann man grundsätzlich davon ausgehen – insbesondere, wenn es sich um in die EU importiertes Haarwild handelt –, dass es von einem amtlich beauftragen Veterinärmediziner bzw. von diesem unterstellten Fleischkontrolleuren zumindest überprüft wurde. Beim Direktbezug vom Revierinhaber, beim Kauf im Wildeinzelhandel oder beim Wildverzehr in einem Restaurant ist das nicht in jedem Fall gegeben – Ausnahme: bei aus landwirtschaftlicher Gatterhaltung

Qualitätskontrolle: Exportländer wie Neuseeland achten peinlich genau darauf, dass nur einwandfreies Wildfleisch in den Handel kommt. Kontrollen durch den Veterinär sind obligatorisch.

stammenden, der veterinärmedizinischen Kontrolle unterliegenden Wildtieren. Ausnahmeregelungen in den verschiedenen Ländern (bisher auch in Deutschland) ermöglichen es dem Revierinhaber, erlegte Wildtiere ohne amtstierärztliche Untersuchung an Privatpersonen, Wildeinzelhandelsgeschäfte und gastronomische Betriebe zu verkaufen. Diese brauchen keinen Veterinärmediziner einzuschalten. Auch hier die Ausnahme: Revierinhaber oder Käufer müssen (ob dies immer erfolgt, ist eine andere Sache) bei Wildschweinen die amtlich vorgeschriebene Trichinenuntersuchung durchführen lassen. Diese ist nicht gleichbedeutend mit der amtlichen Fleischuntersuchung. Eine immer wieder nachgewiesene laxe Handhabung der lebensmittelhygienischen Vorschriften bzw. deren geschickte Umgehung erfordert laut Empfehlung des deutschen Bundesgesundheitsamtes in Berlin, dass Wildbret ohne Ausnahme nur durchgebraten bzw. durchgegart verzehrt wird (Kerntemperatur von 80 °C über 10 Minuten).

Wildfleisch und Lebensmittelrecht

Wie andere Lebensmittel unterliegen auch Wild und Wildbret lebensmittelrechtlichen Regelungen. Diese sind länderspezifisch, werden aber in der Europäischen Gemeinschaft durch sog. EU-Richtlinien normiert. In Deutschland zum Beispiel unterliegt Haarwild dem Fleischhygienegesetz und der Fleischhygiene-Verordnung. Unterschiede in der veterinärmedizinischen Überwachung der Genussfähigkeit von Wildbret bestehen, wenn das Wildtier in freier

Wildbahn erlegt wurde oder aus veterinärmedizinisch kontrollierter landwirtschaftlicher Gatterhaltung stammt. Letztere sowie Importe in die EU unterliegen strengeren Kontrollen als das in der jeweiligen Region gewonnene und der Küche direkt zugeführte Wild. Der Käufer von Wildbret, das nicht von Tieren aus kontrollierter Gatterhaltung und veterinärmedizinisch überwachter »Schlachtung« stammt – wird selten als solches deklariert – sollte sich immer bewusst sein: Wildtiere werden von Personen erlegt, ausgeweidet und auf die Genusstauglichkeit ihres Fleisches hin beurteilt, die nur in Einzelfällen eine veterinärmedizinische Ausbildung bzw. lebensmittel-hygienische Erfahrung besitzen. Was hier in der Freude über den jagdlichen Erfolg oftmals übersehen wird, vermag auch eine nachgeordnete veterinärmedizinische Kontrolle – sofern sie durchgeführt wird – nicht immer auszugleichen. Wildbret ist teuer und meist nur in geringem Umfang verfügbar. Es ist eigenständig zu bewerten und hinsichtlich seiner Gewinnung und der Beurteilung seiner Genussfähigkeit nicht immer mit dem Fleisch von Schlachtvieh vergleichbar – auch wenn Letzteres in der Vergangenheit hinsichtlich seiner Unbedenklichkeit für den menschlichen Verzehr (zum Beispiel Einsatz von Hormonen) teilweise massiv beanstandet wurde.

Behandlung und Lagerung von Wild

Grundsätzlich kann man davon ausgehen, dass das meiste Wildbret, in Einzelstücke (Rücken, Keulen, Blätter, Gulasch) portioniert, über den Wildhändler bezogen wird. Je nach regionaler Bezugsmöglichkeit können ganze, im Fell belassene Wildtiere aus nahe gelegenen Revieren eingekauft werden. Handelt es sich dabei um Schalenwild, sollte der ungefähre Erlegungszeitpunkt, die danach erfolgte Art der Versorgung und Kühlung sowie vom Jäger erkannte Merkmale, die eine Kontrolle durch den amtlichen

Fachlichen Service bietet der Wildfach-handel. Gerade beim Einkauf von Wildbret ist der Kunde auf gute Beratung und soliden fachlichen Rat angewiesen. Dazu gehört auch, dass man den Rehrücken ofenfertig bekommen kann – vom Profi gespickt.

Hochsaison ist Herbst und Winter aber die Wildfachge-schäfte bieten heute schon rund ums Jahr eine große Auswahl. Importe aus den Ländern der südlichen Hemis-phäre, Tiefkühlung und Gatterhaltung (zum Beispiel vom Damwild) in unseren Breiten machen es möglich. Wildbret ist zum »Ganzjahres-Artikel« geworden, wenngleich der Herbst nach wie vor die »Wildzeit« ist.

Veterinärmediziner erforderlich machen (zum Beispiel auf der Nachsuche erlegt bzw. verendet aufgefunden), erfragt werden. Ist die Zeit der Fleischreifung noch nicht durchlaufen (harte Muskulatur = noch im Stadium der Fleischreifung), wird das ausgeweidete Tier ein bis zwei Tage, maximal acht Tage in eine separate, nur für Wild im Haarkleid vorgesehene Kühlung gehängt. Anschließend aus dem Fell gezogen und in seine Einzelteile zerlegt, werden die Fleischstücke in Folie verpackt und eingefroren. Schieres Wildfleisch sollte ohne Tiefkühlung im Kühlschrank nicht länger als zwei bis drei Tage aufbewahrt werden. Bei längerer Aufbewahrung ist die Gefahr des Schmierigwerdens und der Zersetzung durch Fäulnisbakterien gegeben. Werden Hasen und Wildkaninchen unausgeweidet angeliefert (was aus hygienischen Gründen nicht sein sollte, aber immer wieder vorkommt), dann sind sie umgehend auszu-weiden. Ein aufgedunsener Bauch und vergrünte Bauchlappen gelten als für den Verzehr des Fleisches bedenkliche Merkmale und erfordern ohne Ausnahme eine veterinärmedizinische Begutachtung. Dies gilt auch für anderes Haarwild und folgende Feststellun-gen: erhebliche Abweichungen der Muskulatur in Farbe, Konsistenz und Geruch; Abmagerung oder Schwund einzelner Muskelpartien, Verschmutzung mit Magen- oder Darminhalt, stickige Reifung.

Moderne Tiefkühlung
ermöglicht, dass Wild heute nicht nur in der Jagdsaison, sondern ganzjährig erhältlich ist.

Bei in der Schwarte angekauften Wildschweinen ist vom Verkäufer die amtliche Bestätigung (Gebühren-zettel) über die durchgeführte gesetzlich vorgeschrie-bene Trichinenuntersuchung einzufordern und das Vorhandensein der Trichinenbeschaustempel (Innen-seite der Keulen, der Bauchlappen und Rippenbögen) zu kontrollieren. Fehlt das eine oder andere, ist die Untersuchung auf Trichinen selbst zu veranlassen. Vorsicht ist auch – wie auf Seite 231 dargestellt – beim Kauf von in der Paarungszeit erlegtem männlichem Wild (mag kein Jäger!) geboten.

Einmal eingefrorenes und bei Kühlschranktemperatur aufgetautes Wildbret kann nochmals eingefroren werden. Die beim Auftauen (bei + 10 °C 12 bis 36 Stunden) auftretenden Fleischsaftverluste können vernachlässigt werden, geschmacklich entstehen beim erneuten Einfrieren keine Nachteile. Wichtig: Je magerer das Wildbret ist (deshalb beim Zurichten alles sichtbare Fett gründlich entfernen), desto längere Einfrierperioden sind möglich. Folgende Zeiten sollten jedoch möglichst nicht überschritten werden: Reh- und sonstiges Hirschwild 18 bis 24 Monate, Wildschaf und -ziege 12 Monate, Wildschwein 6 Monate, Wildhase und Wildkanin 7 bis 9 Monate – luftdichte Verpackung zur Vermeidung von Gefrier-brand vorausgesetzt.

Gehäutet wird Wildbret vor seiner Zubereitung bzw. vor dem Einfrieren. Entfernt werden alle mit Daumen und Zeigefinger leicht abhebbaren Häute. Beim Rücken verbleibt die letzte, leicht bläulich schim-mernde und mit der Fleischfaser verwachsene Haut am Stück. Sie wird meist nur beim vom Knochen gelösten Rückenmuskel entfernt, wenn dieser als »Filetstück« oder zu Medaillons verarbeitet wird. Wildbret ohne Hautgoût bedarf keiner Beize oder Marinade, es sei denn, es wird eine Veränderung des wildeigenen feinen Aromas bewusst angestrebt. Je nach Rezeptur durchaus zweckmäßig ist es, das Wildbret mit Gewürzen einzureiben und es ein bis zwei Stunden in der Kühlung ruhen zu lassen. Letzt-lich bestimmt immer die Rezeptur über die endgültige Zurichtung des Fleischstücks.

Wild in der Ernährung

Ernährungsphysiologisch zeichnet sich das Fleisch der meisten Wildtiere gegenüber dem Schlachtvieh durch geringere Fettanteile (je nach Wildart zwischen 1 und 8 %), einen höheren Eiweißgehalt (21 bis 23 %) und einen dadurch nahezu halbierten Energiewert aus. Darüber hinaus ist es reich an Mineralstoffen wie Calcium, Phosphor und Eisen sowie Vitaminen der B-Gruppe. Hoch ist der Anteil an den Cholesterin-spiegel beim Menschen beeinflussenden gesättigten Fettsäuren (ca. 66 %), gering der an ungesättigten Fettsäuren (ca. 3 %). Der Cholesteringehalt im Wildbret (65 bis 70 mg/100 g) entspricht nach jüngeren Erkenntnissen dem in Rind- und Schweine-fleisch. Aufgrund seines geringen Fettanteils wird Wildbret gern in der Diätküche eingesetzt. Zu beachten hierbei sind jedoch neben den ungesättigten Fettsäuren die bei jungem Wild gegebenen höheren Puringehalte. Fleisch älterer Stücke (über drei Jahre) ist hiermit weniger belastet.

In der allgemeinen Wildküche so gut wie nicht anzutreffen sind die Innereien von Wild. Dies hat traditionelle Gründe: Zunge, Lunge, Herz, Leber, Nieren und Milz verbleiben als »kleines Jägerrecht« beim Erleger des Stückes. Aber auch der Jäger verzich-tet heute immer mehr auf den Verzehr von Innereien und folgt damit einer Empfehlung des Bundesgesund-heitsministeriums. Einmal sind Lebern und Nieren relativ hoch mit Schwermetallen (Cadmium, Queck-silber und Blei) sowie Rückständen chlorierter Kohlenwasserstoffe belastet, zum anderen sind Lungen und Lebern häufig mit Parasiten (Lungenwurm und Leberegel) befallen. Hinzu kommen ein hoher Cholesterin- und Puringehalt, die bei häufigem Verzehr von Innereien langfristig speziellen Erkrankungen (zum Beispiel Gicht) Vorschub leisten. Keine Rolle mehr spielt die nach dem Reaktorunfall in Tschernobyl kurzfristig gegebene radioaktive Belastung des ost- und mitteleuropäischen Wildes. Strenge Kontrollen sorgen dafür, dass radioaktiv belastetes Wildfleisch nicht in den Handel gelangt. Dies gilt auch für Wild aus Gegenden (Skandinavien), in denen aufgrund pflanzenspezifischer Gegebenhei-ten eine solche Belastung noch möglich ist.

Wildküche einst und heute

Noch vor 50 Jahren entsprach die Zubereitung von Wild in der Küche weitest gehend den Gepflogenhei-ten des vorigen Jahrhunderts und davor. Die heute bekannten Kühl- und Tiefkühlmöglichkeiten gab es nicht – Ausnahme: in den Felsen gehauene Kühlkeller mit im Sommer und Winter nahezu identischen Temperaturen sowie die im Osten Europas gebräuch-lichen Eiskeller auf den Gütern. Hierbei handelte es sich um aus Ziegel gemauerte, durch Erde und Stroh isolierte Gewölbe, in die im Winter aus der vereisten Oberfläche von Seen herausgesägte Eisblöcke einge-bracht wurden. Das geschossene Wild, meist mehrere Stücke an einem Tag, wurde an diesen kühlen, jedoch nicht immer luftigen Orten im Haarkleid hängend aufbewahrt. Für die Küche benötigte Stücke (Keule, Rücken, Blatt usw.) wurden herausgetrennt und zubereitet. An dem in der Decke verbliebenen Rest bzw. den noch vorhandenen ganzen Stücken (ob im Fell belassen oder nicht) setzte schon nach wenigen Tagen die Fleischfäulnis ein. Je länger es abhing, desto stärker trat diese zu Tage und verursachte beträchtliche Geruchs- und Geschmacksveränderungen. Der so genannte Hautgoût entstand. Um mit starkem Fäulnisgeschmack belastetes Wildbret dennoch in der Küche verarbeiten zu können, wurde es durch ver-schiedene säure- oder alkoholhaltige Beizen oftmals über Tage vorbereitet und genusstauglich gemacht. Als auch dies nicht mehr ausreichte, gab man zum faulen Wildbraten als Beilage die hocharomatische Preiselbeere. Ihr Aroma verdeckte noch verbliebene, unangenehme Geschmacksnuancen. Beizen und Preiselbeeren sind aus heutiger Sicht Relikte der Wildzubereitung aus einer Zeit, die dank moderner Kühl-und Lagertechnik längst passé ist. Die Annahme, eine Beize (zum Beispiel Buttermilch-oder Essigbeize) würde das Fleisch generell mürber machen, resultierte seinerzeit mehr aus dem vorange-

gangenen Zersetzungsprozess und weniger aus der
dem Fleisch zugeführten Säure, die das Bindegewebe
auflockernde Enzyme begünstigt. Es ist ein anderer
Effekt, der sich beim Beizen ergibt: die Anreicherung
der Fleischfasern mit Flüssigkeit. Diese bewirkt, dass
beim Braten zuerst die Fremdflüssigkeit abgegeben
wird, bevor die Zellflüssigkeit selbst ausdampft. Eine
höhere Saftigkeit des Bratens ist gegeben. Dies ist ein
Effekt, der sich ohne Beeinträchtigung des fleischei-
genen Aromas auch durch mehrstündiges Wässern des
Fleisches (Schüssel oder Bratentopf) erzielen lässt.
Ebenfalls ein Relikt aus alter Zeit ist das Spicken von
Wildbret bzw. sein Umwickeln mit Speck. Die
Zuführung von Fett auf diese Weise macht es keineswegs saftiger, sondern wirkt sich lediglich auf den
Geschmack aus, d. h., das Speckaroma mischt sich mit
dem Fleischaroma und der beigegebenen Würze.
Oftmals bewirkt Speck aber auch das Gegenteil von
Genuss: Im Handel angebotenes, bereits gespicktes
und tiefgefroren aufbewahrtes Wildfleisch vermag
einem nach seiner Zubereitung den Appetit zu
verderben, weil der eingezogene Speck in der Frostung
ranzig geworden ist. Das kann bereits nach 8 bis
12 Wochen eintreten, auch wenn das Haltbarkeitsda-
tum noch lange nicht abgelaufen ist. Empfehlung:
alten Speck entfernen und – falls überhaupt – durch
frischen ersetzen.
Es mag verwundern, dass der Verzehr des seinerzeit
mit Fäulnisbakterien und sonstigen Erregern durch-
setzten Wildbrets kaum zu Erkrankungen führte. Der
Grund ist einleuchtend: Köche wie Hausfrauen
brieten, schmorten, kochten das Fleisch stets gut und
so lange durch, dass durch die Hitzeeinwirkung
pathogene (krank machende) Keime abgetötet wurden.
So konnte auch relativ frisches Fleisch von Wildtieren
verzehrt werden, die mit Erregern einer gerade
überstandenen, einer beginnenden oder einer bestehenden Krankheit belastet waren (sind). Das ist vielen
Jägern bekannt. Die Annahme, das von ihnen abgege-
bene Wildbret werde grundsätzlich durcherhitzt, lässt
sie hinsichtlich der Lebensmittelhygiene wie der
gesundheitlichen Beurteilung oft über Gebühr großzügig verfahren. Ganz anders ist jedoch die Situation,
wenn, Modetrends folgend, Wildbret roh (Carpaccio,
Mousse), halbroh oder rosa zubereitet und verzehrt
wird. Jede Art der Wildzubereitung muss deshalb die
bei der Wildfleischgewinnung gegebene Hygiene, das
mögliche Vorhandensein von die menschliche

Gesundheit gefährdenden Krankheitserregern und die
Dritten gegenüber gebotene Sorgfaltspflicht berück-
sichtigen. Skepsis ist jedenfalls besser als blindes
Vertrauen.
Grundsätzlich gilt, dass das Fleisch junger Tiere zarter
in der Faser und insgesamt saftiger ist. Fleisch älterer
Tiere ist im Muskel kerniger und grobfaseriger.
Erfolgt der Bezug von Wild nicht direkt vom Revier-
inhaber, der Auskunft über das Alter der erlegten
Stücke geben kann, gibt es bei portionierten Wildtei-
len (Keule, Rücken, Blätter usw.) keine sicheren
Merkmale zur Altersfeststellung. Die Größe einer
Keule, eines Rückens oder Blattes vermag zwar beim
Hirschwild Hinweise auf das mögliche Alter (zum
Beispiel vom Wildkalb, Rehkitz u.a.) geben, bietet
aber nicht letzte Sicherheit, da auch ältere Stücke
untergewichtig und deren Teile größenmäßig klein
sein können. Auch lässt sich die Zuordnung eines
Portionsstückes zu einer bestimmten Wildart vom
Äußeren her nicht immer eindeutig bestimmen. Das
hat in der Vergangenheit zu Manipulationen im
Angebot des Handels – Springbockfleisch als Reh-
fleisch, Känguruhfleisch als Hirschfleisch verkauft –
geführt.
Sehr dunkles Fleisch (im Vergleich mit anderen
Stücken der gleichen Art) deutet auf eine überlange,
möglicherweise stickige Reifung hin. Sehr helles
Fleisch, welches nicht arttypisch (zum Beispiel
Wildschaf) ist, lässt vermuten, dass das betreffende
Stück Wild gut ausgeblutet oder beim Erlegen unter
Stress gestanden hat. Wildbret von jungen Tieren
kann in Pfanne und Bräter durchaus eine längere
Garzeit erfordern als das Fleisch von älteren Tieren.
Die Ursache liegt in einer mangelnden Fleischreifung,
deren Gründe bereits dargestellt wurden. Der Streit
unter Köchen um die Frage, welches Wildbret am
besten sei, ist so alt, wie Wild in der Küche verarbeitet
wird. Dennoch lässt sich nach objektiven Kriterien
(Länge der Fleischfaser, Anteil der eingelagerten
Fettzellen) eine gewisse Rangfolge – zumindest für die
in Europa vorkommenden Wildarten – festlegen:
Sikawild, Wildschafe, Damwild, Rehwild,
Wildschwein, Rotwild, Hase und Wildkanin. Der für
jede Wildart typische Eigengeschmack des Fleisches
wird bestimmt durch den in der Muskulatur gegebenen Fettanteil, die Qualität des regional sowie jahreszeitlich unterschiedlichen Nahrungsangebotes (ein im
Mai geschossener Rehbock schmeckt

anders als die im November erlegte Ricke) sowie den wildtiereigenen biologischen Lebenszyklus. Wildbret, das von während der Paarungszeit erlegten Tieren stammt, ist – insbesondere bei den männlichen Stücken – mit einem starken geschlechtsspezifischen (urinösen) Geruch und Geschmack behaftet. Dieser lässt sich bei den hirschartigen Wildtieren durch Gefrieren über mehrere Wochen und Monate (Brauchbarmachung) stark mindern bzw. ganz beseitigen, nicht jedoch bei den männlichen, in der Rauschzeit (Paarungszeit Oktober bis Januar) erlegten Wildschweinen. Deren Fleisch ist praktisch ungenießbar. Die so genannte Koch- oder Bratprobe (siehe Seite 230) lässt in Geruch und Geschmack erkennen, ob das Fleisch von einem brunftigen oder rauschigen bzw. von einem Wildtier stammt, dass zur Zeit des Erlegens krank war. Die Entscheidung, ob man solches Wildbret noch in der Küche verarbeitet oder dem Verkäufer zurückgibt, muss jeder selbst treffen. Werden ausnahmsweise Innereien (zum Beispiel durch den Jäger) angeboten, dann sollte man diese Chance wahrnehmen. Aus Lebern, Herzen und Zungen (Leckern) lassen sich vorzügliche Terrinen und Sülzen als Vorspeisen herstellen.

Zubereitungshinweise

Die Kenntnisse in der Bewertung und Behandlung von Lebensmitteln haben sich in den letzten hundert Jahren wesentlich erweitert. Deshalb verwundert es, dass bei der Zubereitung von Wild heute noch der beschriebene, aus früherer Zeit stammende »Mythos« weiterlebt. Im Interesse der eigenen Gesundheit gilt: Wildbret sollte während der Zubereitung mindestens 10 Minuten lang im Kern eine Temperatur von 80 °C gehabt haben. Nur sie gewährleistet, dass vorhandene Krankheitserreger weitest gehend abgetötet werden. Das Fatale bei einigen von Wildtieren auf den Menschen übertragbaren Krankheiten ist nämlich, dass diese häufig 8 bis 14 Tage nach der Übertragung ausbrechen und unter dem Erscheinungsbild eines grippalen Infektes u. ä. verlaufen. Stets auf der sicheren Seite ist derjenige, der Wildbret durchbrät, durchgart oder durchkocht. Ist während der Zubereitung für ausreichend Feuchtigkeit in Form von Wasserdampf, Brat- oder Kochflüssigkeit gesorgt, wird selbst das Fleisch alter Tiere mürbe und saftig. Heutige Erkenntnis ist ebenfalls: Jegliches Wildbret kann in der Küche wie das Fleisch von Schlachtvieh zubereitet werden – also wie ein Rinder-, Schweine- oder Lammbraten. Dies gilt auch für das Würzen. Es ist kein Geheimnis, dass die überwiegende Zahl der

Die Technik macht es heute möglich, zu jeder Zeit die genaue Temperatur im Braten zu erfahren. Das muss nicht unbedingt mit einem solchen Präzisionsthermometer, wie nebenstehend abgebildet, geschehen. Im Handel werden heute höchst brauchbare Stechthermometer zu erschwinglichen Preisen angeboten. Viele Ofenhersteller haben überdies Anschlussmöglichkeiten für Thermometer in ihre Geräte eingebaut. Beim Wild sollte man jedenfalls auf die Themperaturkontrolle nicht verzichten.

Rezepte, die das Fleisch eines bestimmten Wildtieres nennen, austauschbar sind. So kann das Rezept für eine Rehfleischzubereitung genauso für die Zubereitung von Hirsch-, Wildschwein- oder Gamsfleisch und umgekehrt verwendet werden. Die Frage nach den Brat- und Garzeiten bei Wildbret lässt sich – im Gegensatz zu den Brat- und Garzeiten beim Schlachtvieh – nicht allgemeinverbindlich beantworten. Schlachtvieh ist bei der Schlachtung überwiegend nur wenige Monate, selten über zwei Jahre alt. Außerdem durchläuft es eine optimale Fleischreifung. Das Stück Wildbret dagegen, das im Handel gekauft wird, kann sowohl von einem jungen, aber auch von einem alten Tier stammen. Es kann eine gute oder eine weniger gute Fleischreifung durchlaufen haben. Deshalb stellen die nachfolgend angegebenen Brat- und Garzeiten lediglich Anhaltswerte dar. Sie sollen gewährleisten, dass das Wildbret bis in seinen Kern hinein auf eine Temperatur von 80 °C über die Dauer von mindestens 10 Minuten erhitzt wird. *Bratenstücke*, zu denen Zuschnitte aus der Keule, aus dem Rücken, aus der Schulter und – bei großen Wildtieren – auch aus der Halspartie zählen, benötigen im Durchschnitt folgende Bratzeiten: Keulen- und Halsstücke (je nach Größe und Alter des Tieres) 70 bis 120 Minuten; Rückenstücke als Filet 25 bis 35 Minuten, als Medaillon 15 Minuten, als ganzer Rücken mit Knochen 60 bis 90 Minuten; Schulterstücke 70 bis 90 Minuten. *Kochwildfleisch*, zu dem die Halspartie kleineren Wildes, das Rippen- und Bauchfleisch zählen, erfordert in der Regel Garzeiten von 80 bis 120 Minuten. Diese Zeiten gelten auch für aus den Kochfleischstücken hergestellte Rollbraten, während zu Gulasch geschnittenes Hals-, Rippen-und Bauchfleisch aufgrund der kleinen Fleischstücke mit kürzeren Brat- und Garzeiten auskommt. Vorgenannte Brat- und Garzeiten beziehen sich auf den Elektroherd und 200 °C. Bei Verwendung eines Gasherdes liegen sie etwas kürzer, bei einem mit Kohle oder Holz befeuerten Herd sind sie länger. Wildgerichte werden gern mit Früchten kombiniert, weil deren Säure einen strengen Wildgeschmack ausgleichen bzw. überdecken kann. Beliebt sind Preiselbeeren, Trauben, Äpfel und Orangen. Süße oder saure Sahne wird in den Küchen nahezu aller Länder zugegeben, um eine sämige, gehaltvolle Sauce zu bekommen. Was das *Würzen* von Wildfleisch betrifft, ist alles erlaubt, was gefällt. Als bei Wild besonders gern eingesetzte Gewürze gelten u. a.: Wacholderbeere, Thymian, Rosmarin, Salbei, Piment, Liebstöckel, Kerbel, Estragon, Herbes de Provence. Die klassische Küche verwendet einen Hauch Knoblauch für Wildfonds und bestimmte Zubereitungen, vor allem große Braten. Er soll das Gesamtaroma abrunden und darf keinesfalls vorschmecken. Absolute Knoblauchgegner kommen auch ohne seine Zugabe aus. Über diese Gewürze hinaus sind natürlich alle Arten von Speisepilzen, Wildfruchtgelees, Weinen und Spirituosen eine Zutat, die den Geschmack abrundet und ergänzt. Wird Wildbret gespickt, sollte der Speck vorher in der erwählten Gewürzmischung gewälzt werden. Bewährt hat es sich, einen konzentrierten Gewürzsud herzustellen und diesen, abgeseiht, mit einer handelsüblichen Gewürzpistole in das Wildfleisch zu spritzen.

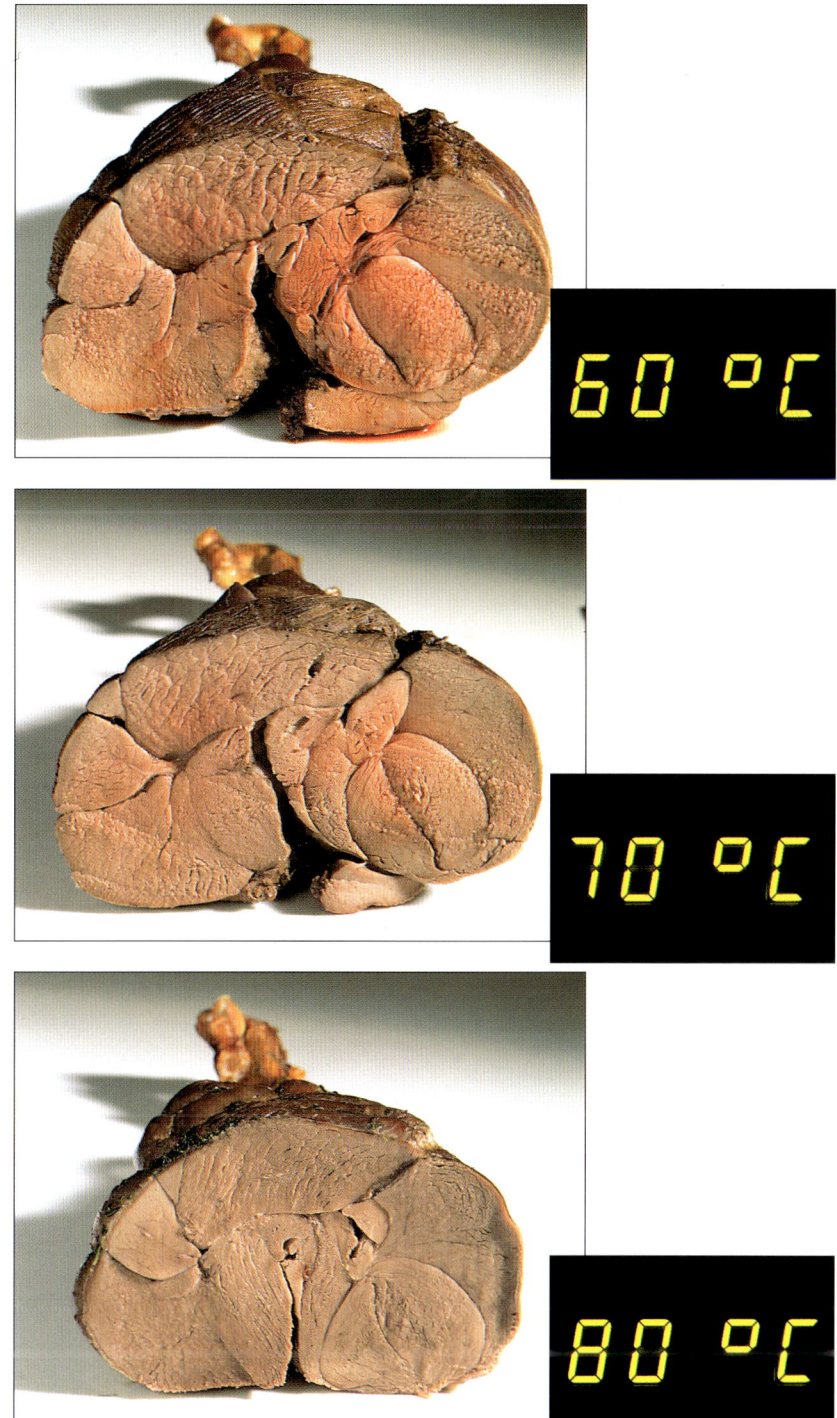

Die Kerntemperatur ist ein wesentlicher Faktor nicht nur für das Braten von Wildbret, sie ist bei der Zubereitung von Wildbret von genereller Bedeutung. Erst wenn eine Kerntemperatur von 80 °C erreicht ist und über 10 Minuten konstant gehalten wird, sind pathogene (Krankheit erzeugende) Keime abgetötet. Aufschluss über die Temperatur gibt die Messung mit dem Fleischthermometer. Gemessen wird im Kern des Bratenstückes. Im abgebildeten Beispiel wurde eine ausgebeinte, 2 kg schwere Rehkeule bei 180 °C im Ofen gebraten. Sie brauchte 65 Minuten, ehe eine Kerntemperatur von 60 °C erreicht war. Weitere 20 Minuten Bratzeit, insgesamt also 85 Minuten waren erforderlich, um eine Kerntemperatur von 70 °C zu erreichen. Und erst nach 105 Minuten Bratzeit betrug die Kerntemperatur 80 °C. Der Wechsel in der Fleischfarbe lässt die Veränderungen bei zunehmender Kerntemperatur erkennen. Saftigkeit und Zartheit des Wildbrets sind auch bei 80 °C gegeben.

Hirschartige
CERVIDAE – VOM ELCH
BIS ZUM REHWILD

Wildarten, bei denen die männlichen Tiere einen sich jährlich erneuernden Kopfschmuck (Geweih) tragen, gehören zoologisch zu den Hirschartigen. Die Ausnahme: der als Antilopenart zu den Hornträgern (Bovidae) zählende, in Amerika vorkommende Gabelbock *(Antilocapra americana)*. Als einziger Bovide erneuert er ebenfalls jährlich seine Stirnwaffen. Der Aufbau des von den Jägern als Trophäe begehrten Geweihes beginnt wenige Tage nach dem Abwerfen des alten Geweihs (in der vegetationsarmen Zeit Herbst/Winter) und dauert rund vier Monate.

Rotwild ist das am weitesten verbreitete Hirschwild der Welt. Dieser Rothirsch, ein ungerader Vierzehnender, hat ein Geweih, dessen eine Stange 7 Enden und die andere nur 6 Enden aufweist. Die Anzahl der Enden ist kein Altersmerkmal.

Durch Verfegen (Schlagen der Geweihstangen an Bäume und Büsche) wird die Basthaut, die das Wachstum ermöglicht, abgestreift und der weiße Geweihknochen durch die Rindensäfte eingefärbt. Die jeweilige Geweihgröße hängt vom Alter des Tieres und der Qualität seines Nahrungsangebotes ab. Die Geweihausformung ist von Wildart zu Wildart unterschiedlich. Hirschartige besitzen ein würziges, meist fettarmes Wildbret. Bezogen auf das verarbeitete

Gewicht, wird Fleisch von Hirschwild in der Wildküche am häufigsten verarbeitet.

Elchwild *(Alces alces)*, engl. moose deer, franz. élans. Der Elch ist die größte Hirschart der Welt, seine Körpergröße entspricht der eines Pferdes. Elchwild lebt in Skandinavien, Polen, der ehemaligen UdSSR, Alaska und Kanada. Je nach Lebensraum erreichen die Bullen Gewichte von 300 bis 500 kg, die Kühe 200 bis 350 kg, die Kälber 60 bis 130 kg. Das Fleisch ist würzig und wohlschmeckend. In der Küche geschätzt sind die Kälber, Jungbullen und Schmaltiere (einjährige Stücke). Importe aus Polen und der ehemaligen UdSSR erfolgen nur in geringem Umfang. Brunftzeit ist im September, Oktober, die Hauptjagdzeit von September bis November.

Rotwild *(Cervus elaphus)*, engl. red deer, stag, franz. cerf rouge. Mit seinen Unterarten Wapiti (Altai, Ostsibirien, Mongolei, USA, Kanada) und Maral (Kaukasus, Persien) sowie seiner Einbürgerung in Neuseeland und in Südamerika ist das Rotwild eine der am weitesten verbreiteten Hirscharten. Die Hirsche werden je nach Art und Lebensraum 100 bis 300 kg, die Kühe 70 bis 100 kg, die Kälber 30 bis 70 kg schwer. Rotwild liefert ein kerniges, rotbraunes, fettarmes und wohlschmeckendes Fleisch. In der Küche geschätzt sind die Kälber, Schmalspießer und Schmaltiere (einjährige Stücke). Brunftzeit ist im September/Oktober auf der nördlichen Erdhalbkugel, im März/April auf der südlichen Erdhalbkugel. Die Hauptjagdzeit ist von August bis Januar bzw. Februar bis Mai. Importe kommen aus Osteuropa und Neuseeland (Farmhaltung). Auch in Europa wird Rotwild in landwirtschaftlicher Gatterhaltung aufgezogen.

Damwild *(Dama dama)*, engl. fallow deer, franz. daim. Das Damwild ist eine in freier Wildbahn zahlenmäßig begrenzt vorkommende Hirschart. Sie wird vielmehr seit Jahrtausenden in Parks und landwirtschaftlichen Gattern gehalten. Die Hirsche werden 80 bis 130 kg, die Tiere (weibliche Stücke) 50 bis 60 kg, die Kälber 15 bis 25 kg schwer. Damwild liefert ein helles, rotbraunes, zartes, saftiges und wohlschmeckendes Fleisch. In der Küche geschätzt sind die Kälber, Schmalspießer und Schmaltiere (einjährige Stücke).

Gewichte in kg:
In der Tabelle werden beispielhaft die Gewichte der wichtigsten Hirschwildarten und ihrer beim Zerwirken anfallenden Teile genannt. Differenzen zum Ausgangsgewicht resultieren aus den Flüssigkeitsverlusten beim Abhängen.

Hirschartige	Gesamtgewicht*	Rücken	je Keule	je Blatt	Hals	je Rippenbogen	je Bauchlappen	Decke
Elchbulle	310	37,6	45,1	24,5	29,2	14,1	3,5	67,1
Elchkuh	204	31,3	28,8	16,1	18,2	8,7	1,8	38,8
Elchkalb	75	11,5	10,2	5,7	6,6	3,1	0,6	17,0
Rotwild, Hirsch	94,6	17,0	15,3	8,5	10,5	4,6	0,8	8,4
Rotwild, Schmaltier	38,0	5,7	6,9	3,6	3,0	1,7	0,4	4,0
Rotwild, Kalb	33,6	5,4	6,5	3,2	2,2	1,3	0,3	2,7
Damwild, Hirsch	54,2	7,5	8,2	4,0	9,0	2,7	0,6	5,6
Damwild, Alttier	36,5	5,7	6,3	2,6	3,6	2,6	0,5	3,3
Sikawild, Schmaltier	27,0	5,1	4,3	2,3	2,5	1,1	0,3	1,3
Rehbock	15,8	2,7	2,5	1,2	1,3	0,8	0,3	2,2
Ricke	16,1	3,4	2,6	1,1	1,0	0,8	0,2	2,3
Schmalreh	14,8	2,5	2,6	1,1	1,2	0,7	0,2	1,8
Kitz	8,7	1,5	1,5	0,7	0,6	0,3	0,1	1,2
* gewogen ohne Haupt und Läufe.								

Brunftzeit ist im Oktober, die Hauptjagdzeit von August bis Januar. Importe kommen aus Osteuropa. Hauptlieferant sind landwirtschaftliche Gatter.

Sikawild *(Cervus nippon)*, engl. sika deer, franz. cerf sika. Diese Hirschart stammt aus Ostasien, unter anderem aus Japan, und wurde in verschiedene europäische Länder ausgewildert. Die Hirsche werden bis 100 kg, die Kühe bis 70 kg, die Kälber bis 35 kg schwer. Sikawild liefert ein dunkelbraunes, überaus feines, saftiges Fleisch. In der Küche geschätzt sind die Kälber, Schmaltiere und Schmalspießer. Brunftzeit ist im Oktober/November, die Hauptjagdzeit von August bis Dezember. Importe kommen in geringem Umfang aus Osteuropa. Das Angebot stammt meist aus regionalen Vorkommen.

Weißwedelwild *(Odocoileus virginianus)*, engl. white-tailed deer, franz. cerf de virginie. In Nord- und Sudamerika sowie in Finnland (Einbürgerung) kommt diese Hirschart vor. Die Hirsche werden 90 bis 200 kg, die Kühe 80 bis 110 kg, die Kälber 25 bis 40 kg schwer. Das Fleisch weist eine mittellange Faser auf, ist reich an Fettzellen und deshalb sehr saftig. In der Küche geschätzt sind die jungen Tiere, ältere haben zum Teil starke Fettschichten unter dem Fell. Brunftzeit ist im November, die Hauptjagdzeit von September bis November. Bedeutung hat das Weißwedelwild eigentlich nur in der Wildküche seines Lebensraumes.

Maultierwild *(Odocoileus hemionus)*, engl. mule deer, franz. cerf mulet. Diese Hirschart ist in Nordamerika beheimatet. Die Hirsche werden 100 bis 130 kg, die Tiere 50 bis 70 kg, die Kälber 20 bis 30 kg schwer. Das Fleisch ist ähnlich dem des Weißwedelwildes. Brunftzeit ist im September/Oktober, die Hauptjagdzeit von August bis November. Auch Maultierwild hat nur in der Wildküche seines Lebensraumes eine Bedeutung erlangt.

Renwild *(Rangifer tarantus)*, engl. reindeer, caribou, franz. renne, caribou. Dies ist die einzige Hirschart, bei der auch die weiblichen Tiere ein Geweih tragen. Wild lebend kommt das Renwild nur in Südnorwegen, Mittelfinnland und der ehemaligen UdSSR sowie in Alaska und Kanada (Karibu) vor. Zur Fleischgewinnung wird es in halb domestizierten Herden gehalten. Die Hirsche erreichen Gewichte zwischen 120 bis 220 kg, die Kühe 80 bis 150 kg, die Kälber 35 bis 45 kg. Das Fleisch ist zart und wohlschmeckend. In der Küche geschätzt sind alle Altersklassen. Brunftzeit ist im Oktober, die Hauptjagdzeit von September bis Oktober. Importe kommen aus Skandinavien und der ehemaligen UdSSR.

Rehwild *(Capreolus capreolus)*, engl. roe deer, franz. chevreuil. Rehe sind die kleinste, in Europa am häufigsten vorkommende Hirschart. Gewicht und Größe variieren je nach Typus (sibirisches Rehwild) und Lebensraum. Böcke wiegen 15 bis 30, Ricken 13 bis 22 kg, Kitze 8 bis 14 kg. Rehwild ist die (in Europa) in der Küche am meisten verwertete Wildtierart. Es liefert ein rotbraunes, zartfaseriges, wohlschmeckendes Fleisch. In der Küche besonders geschätzt sind Kitze und einjährige Stücke. Brunftzeit ist im Juli/August, die Hauptjagdzeit von Mai bis Januar. Importe kommen aus Osteuropa (Polen, Tschechien, Ungarn) und Österreich.

Vergleich verschiedener Keulen vom Hirschwild:

Rehwild hat ein dunkelrotes Fleisch von feinem Aroma, das in der Struktur kurzfaserig ist. Das Gewicht dieser Keule: 2 kg.

Damwild bocitzt ein rotbraunes kurzfaseriges, saftiges Fleisch von milder Würze. Das Gewicht dieser Keule: 4,6 kg.

Rotwild hat ein rotbraunes gegenüber Reh- und Damwild kernigeres, langfaseriges Fleisch. Das Gewicht dieser Keule: 7,3 kg.

Elchwild, hier Keule vom Elchkalb, ist im Fleisch von mittelroter Farbe und besonders würzig. Das Gewicht dieser Keule: 11,4 kg. Keulen von ausgewachsenem Elchwild erreichen das zwei- bis dreifache Gewicht.

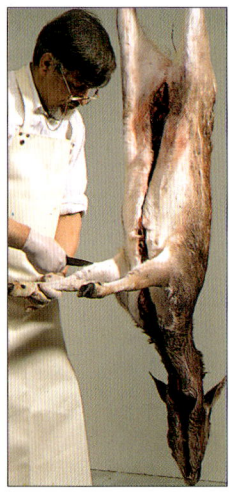

Die Decke an der
Unterseite der Vorder-
läufe durch die Achsel-
höhle bis zum Brust-
bein aufschneiden.

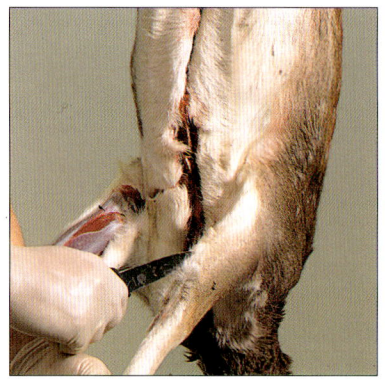

1 Die Messerspitze mit der Schneide nach oben unter die Decke schieben und in Richtung Brustbein führen.

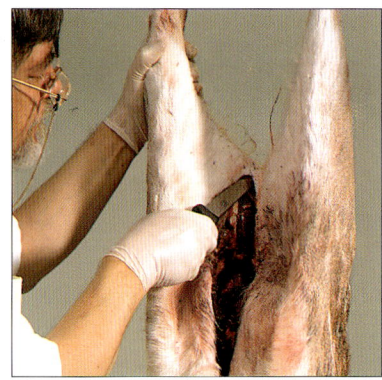

2 Das Deckenstück über der die Keulen verbindenden Schlossnaht bis zum Waidloch mittig aufschneiden.

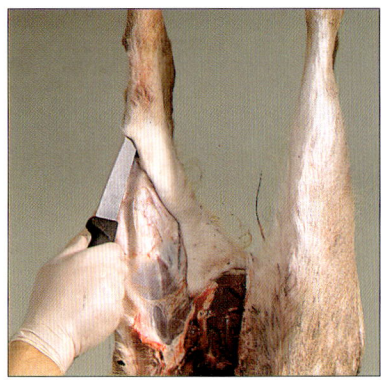

3 Die Decke an der Innenseite der Keulen von der Bauchhöhle bis über das Sprunggelenk aufschneiden.

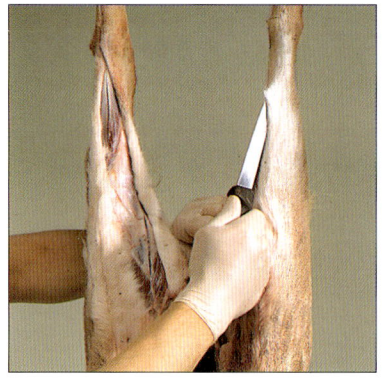

4 Das Messer so führen, dass beim Aufschneiden das Keulenfleisch nicht angeschnitten wird.

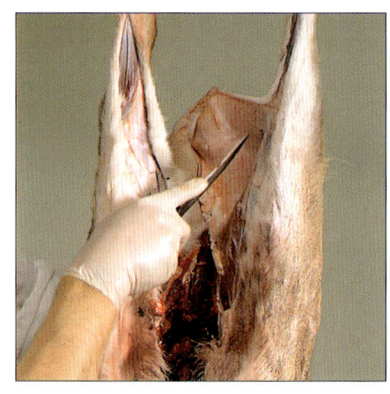

5 Innenseiten der Keulen durch Abziehen der Decke und Durchschneiden des Bindegewebes freilegen.

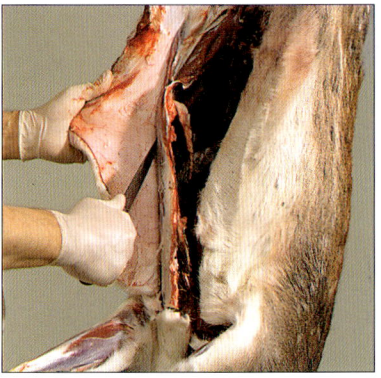

6 Decke abziehen und Bindegewebe durchschneiden, um Rippenbögen und Bauchlappen freizulegen.

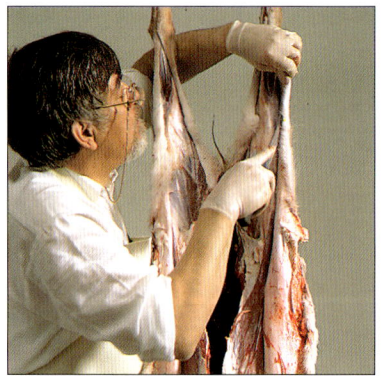

7 Die Sprunggelenke freilegen. Dazu die Decke beidseitig am Fußknochen abschneiden.

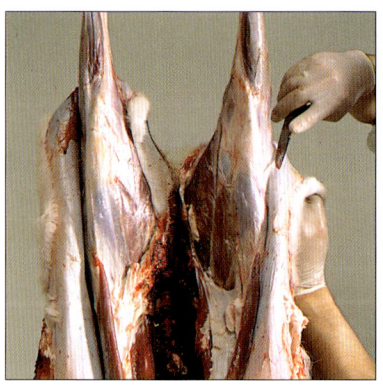

8 Die Decke abziehen, gleichzeitig das verbindende Gewebe mit dem Messer durchschneiden.

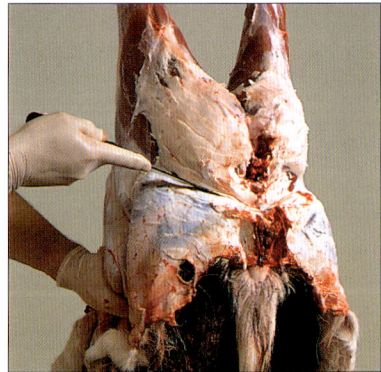

9 Den Wedel (Schwanz) direkt am Körper durch Schnitt zwischen den Wirbeln abtrennen, die Keulen freilegen.

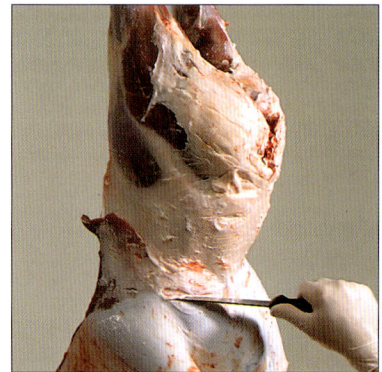

10 Das Fettgewebe zwischen Decke und Wildbret beim Ablösen der Decke am Wildkörper belassen.

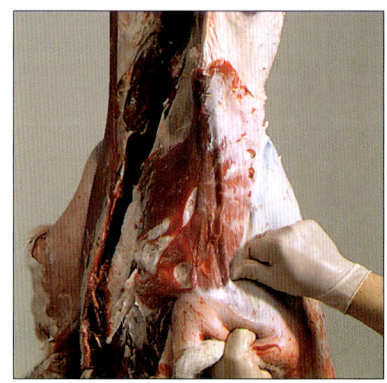

11 Das Bindegewebe, wo möglich, mit Daumen und Faust in Richtung Wildkörper von der Decke wegdrücken.

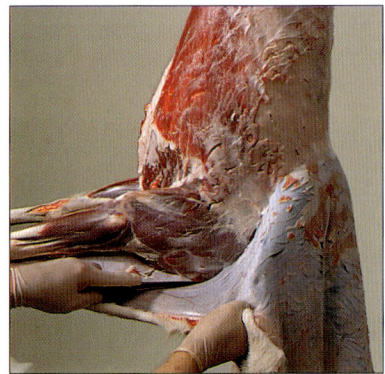

12 Die Blätter mit Ober- und Unterarmbein freilegen, dazu die Decke seitlich wegziehen und ablösen.

Aus der Decke schlagen

SO NENNT DER JÄGER DAS ABZIEHEN DES FELLS BEI SCHALENWILD

Zur Gewinnung und Zurichtung des Wildbrets für die Küche gehört auch viel handwerkliches Geschick. Die Jägersprache besitzt für diese Handlungen eigene Begriffe. So wird beim Aus-der-Decke-Schlagen mit dem Messer nicht geschnitten, sondern auf-, ab- oder durchgeschärft. Wird frisch geschossenes Wild sofort aus der Decke geschlagen, trocknet die Oberfläche des Fleisches wegen der noch gegebenen Körperwärme pergamentartig aus, das Fleisch verliert an Saftigkeit und verfärbt sich dunkel. Deshalb wird Wild erst nach Beendigung der Fleischreifung aus der Decke geschlagen. Dies erfolgt bei allem Hirschwild entweder am hängenden (Haupt oder Hinterläufe nach unten) oder an einem liegenden Stück, welches sich auf einem muldenförmigen Rost (Schrägen) befindet. Auf dem Schrägen wird die Decke beidseitig zum Rücken hin abgelöst.

Damwild, eine mittelgroße Hirschart, stammt heute zum ▷ großen Teil aus landwirtschaftlicher Gatterhaltung. Verwertet werden meist einjährige Stücke. Gegenüber dem aus freier Wildbahn stammenden Damwild weisen Gattertiere vielfach einen höheren Anteil sichtbaren Fettgewebes auf.

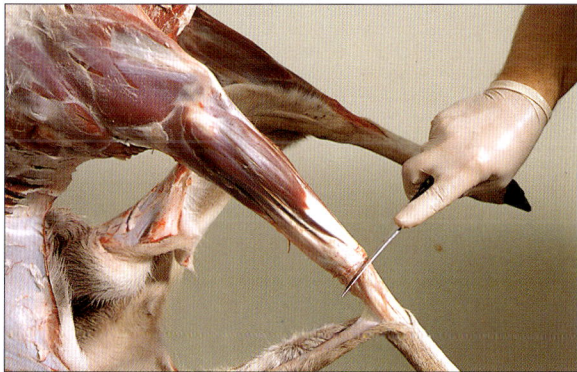

13 Sehnen am Handwurzelgelenk durch Rundumschnitt bis zum Knochen durchschneiden. Mittelhandknochen durch seitliches Wegdrehen aus dem Gelenk hebeln, abschneiden.

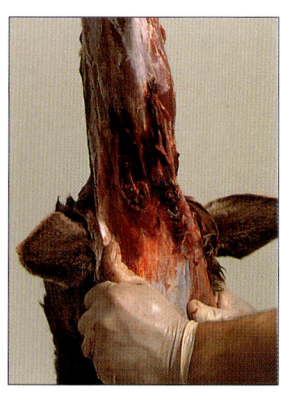

14 Träger (Hals) durch Abziehen der Decke in Richtung Haupt freilegen.

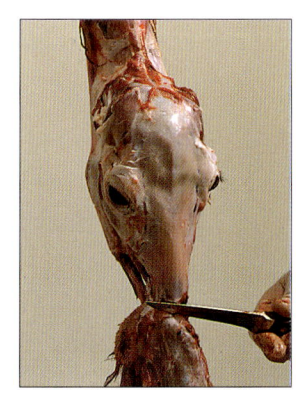

15 Decke am Windfang (Nase) abschneiden, Lichter (Augen) auslösen.

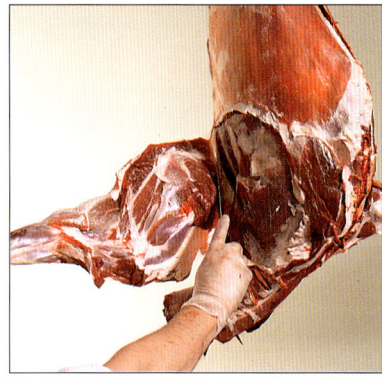

1 Das Blatt am Unterarmbein wegziehen. Durch die Achsel zum Rücken hin rundum abschneiden.

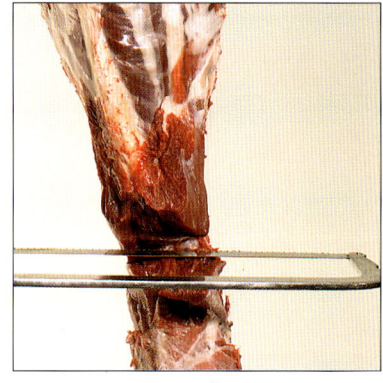

2 Den Träger am Übergang zum Rücken abtrennen. Das Wildbret durchschneiden, Knochen durchsägen.

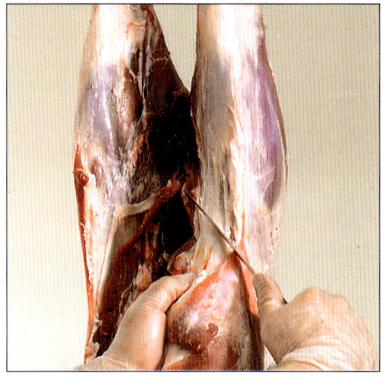

3 Den Bauchlappen unter den Keulen zum Rücken, dann an diesem entlang bis zur Rippe abschneiden.

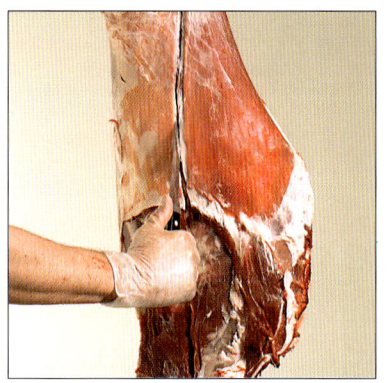

4 Eine Sägelinie entlang dem Rücken durch Messerschnitt auf die Rippen markieren.

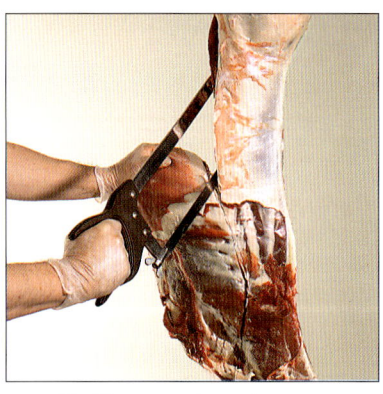

5 Die Rippen entlang der vorgezeichneten Sägelinie durchsägen und zur Seite wegdrücken.

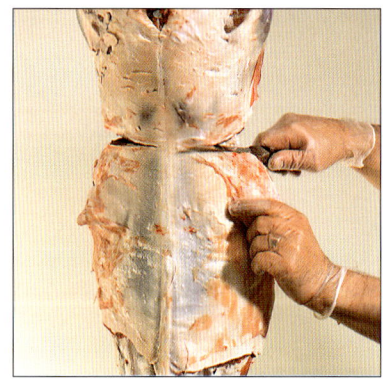

6 Den Rücken im Lendenbereich unterhalb der Keulen beidseitig bis in den Knorpel der Wirbel einschneiden.

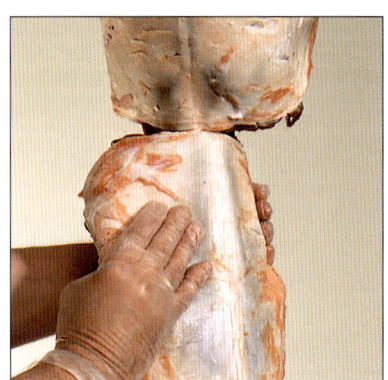

7 Den Rücken unter kräftigem Druck nach oben im Wirbel brechen und durch Drehen von den Keulen abtrennen.

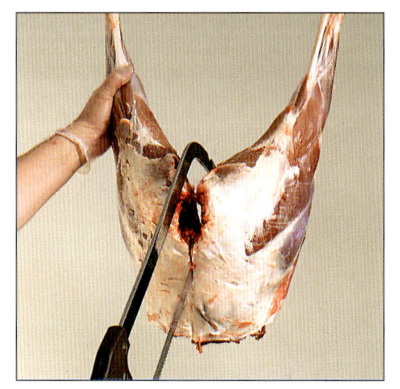

8 Die Keulen mit Schnitt durch Kreuzbein, Schwanzwirbel und Beckenknochennaht voneinander trennen.

Zerwirken von Schalenwild
DIE GEWINNUNG AM BEISPIEL VON DAMWILD

Nach dem »Aus-der-Decke-Schlagen« wird der Wildkörper in seine Einzelteile zerlegt (zerwirkt). Dies erfolgt bei allem Schalenwild auf die gleiche Weise. Werkzeuge sind Messer und Knochensäge, bei kleinen Wildtieren wie Reh, Frischling oder Wildkalb reicht auch eine Aufbrechzange oder robuste Geflügelschere. Bei größeren Wildtieren kann der Körper vorher der Länge nach gespalten werden, um beispielsweise später aus dem Rücken Koteletts zu schneiden.

Lage und Bezeichnung der Teilstücke beim Damwild:

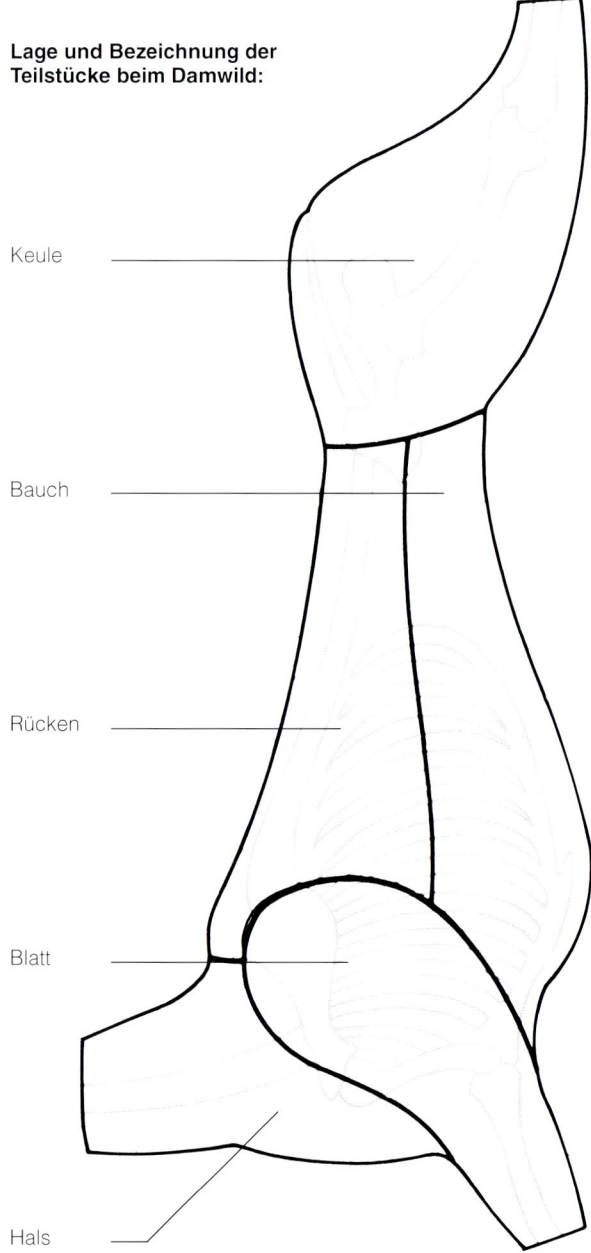

Keule

Bauch

Rücken

Blatt

Hals

Der Träger

Je größer das Wild, von dem er stammt, desto fleischiger und damit wertvoller ist der Träger (Hals). Sein mit vielen Muskeln durchzogenes Wildbret ist von kerniger Struktur und eignet sich besser zum Schmoren als zum Braten. Wird der Halswirbel ausgelöst, kann das Fleisch zu Gulasch geschnitten oder zu einem Rollbraten gewickelt werden. Der Knochen wird für einen Saucenfond genutzt.

Das Blatt

Das Blatt (Schäufele) zählt zu den Edelteilen des Wildes. Sein Fleisch ist von ähnlicher Struktur wie das der Keule. Es wird sowohl gebraten als auch geschmort. Bei kleinen Stücken wie Reh, Wildkalb oder Frischling wird das Unterarmbein (Haxe) abgetrennt, Schulterknochen und Oberarmbein belässt man im Fleisch und brät (schmort) das Blatt im Ganzen. Bei größeren Stücken löst man die Knochen aus.

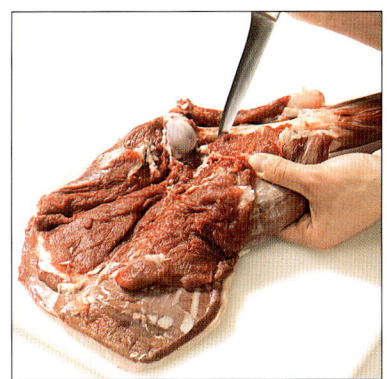

4 Das Oberarmbein mit Längsschnitt entlang dem Knochen freilegen. Das Fleisch vom Knochen lösen.

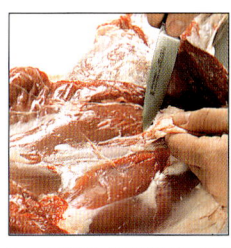

Das Lymphgeflecht unter dem Schultergelenk muss vor dem Zerteilen des Blattes herausgeschnitten werden.
Die Drüse, die im Fettgewebe über dem Blatt liegt, muss mit dem Fett entfernt werden.

1 Den Träger mit der Unterseite nach oben legen. Entlang dem Knochen das Fleisch ablösen.

1 Das Blatt, von der Oberseite gesehen, mit Schulterknochen, Ober- und Unterarmbein (Haxe).

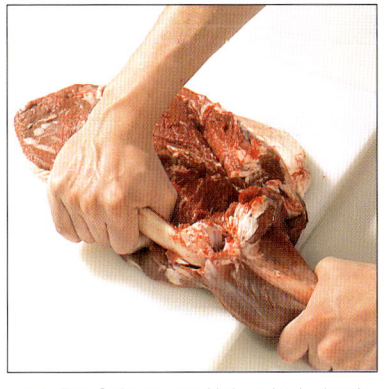

5 Die Sehnen am Kniegelenk durchtrennen. Das Oberarmbein mit einer Drehung aus dem Gelenk hebeln.

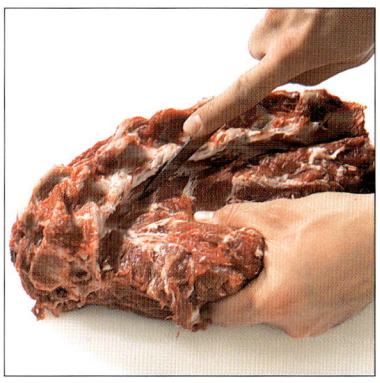

2 Das Fleisch vom Knochen wegdrücken und mit gegen den Knochen geführten Schnitten abtrennen.

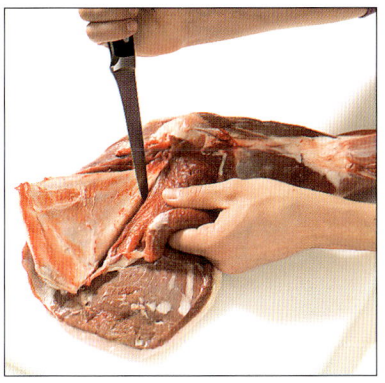

2 Das Blatt mit der Unterseite nach oben legen, das Fleisch vom Rand des Schulterknochens her ablösen.

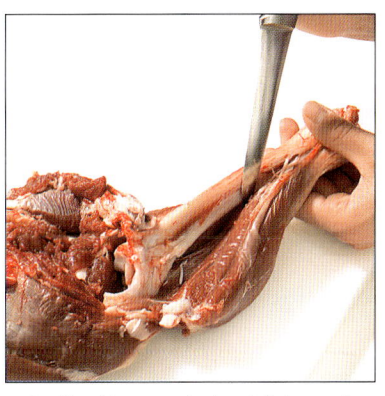

6 Das Unterarmbein mit links und rechts zum Knochen geführten Schnitten freilegen und auslösen.

3 Die Sehnen zwischen den Fleischsträngen herausschneiden, ohne die beiden Fleischstücke zu trennen.

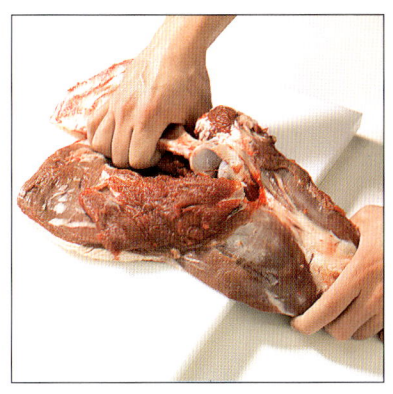

3 Das Fleisch an der Schaufelunterseite beidseitig ablösen, Gelenk durchtrennen, Knochen abziehen.

7 Die entbeinte Schulter kann nun als Braten, Rollbraten oder zu Ragout verwendet werden.

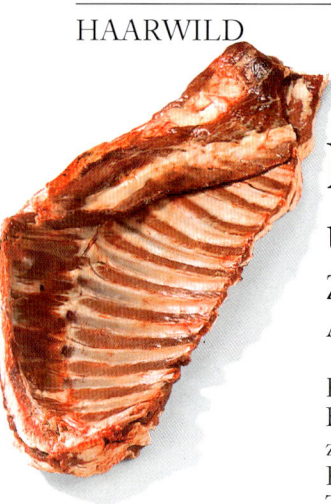

Rippenbogen mit Brustbein und Bauchlappen. Das von den Rippen großflächig abgelöste Wildbret wird zu Ragout oder als Rollbraten verarbeitet.

Rücken und Schlegel
ZURICHTEN UND AUSBEINEN AM BEISPIEL VON DAMWILD

Rücken (Ziemer) und Keulen (Schlegel) werden als Bratenstücke pariert bzw. ausgebeint und in Teilstücke zerlegt. Rücken, ganze Keulen, zum Beispiel vom Reh, Frischling, Überläufer und Damhirschkalb, oder Teilstücke von ihnen können weiterverarbeitet oder tiefgefroren werden. Die in der Bildfolge dargestellten Arbeiten sind bei allen Schalenwildarten gleich.

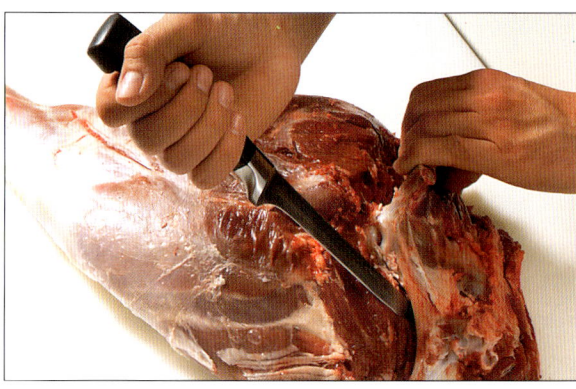

1 Keulen: Beckenknochen mit dem Messer anlösen. Den Knochen fassen, mit Schnitten gegen den Knochen aus dem Fleisch und dem Gelenk auslösen.

1 Rücken: bis auf die mit dem Fleisch verwachsene Sehnenhaut entfernen. Die Häute mit dem dazwischenliegenden Fettgewebe abziehen und abtrennen.

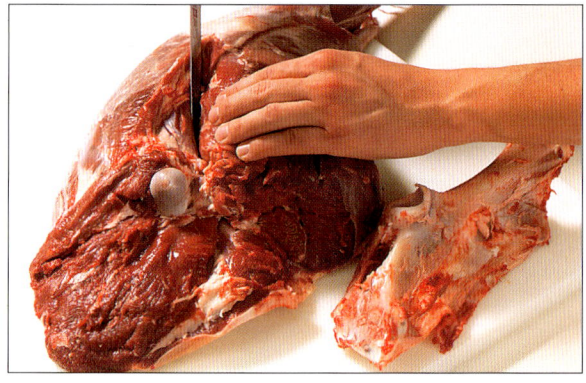

2 Den Oberschenkelknochen in seinem Verlauf in der Keulenmuskulatur ertasten. Entlang dem Knochen das Muskelgewebe aufschneiden und den Knochen freilegen.

2 Die Rippen unmittelbar an den Filets entlang dem Rücken mit der Säge kürzen. Auf Gleichmäßigkeit auf beiden Seiten achten. Anhängende Bauchlappen abschneiden.

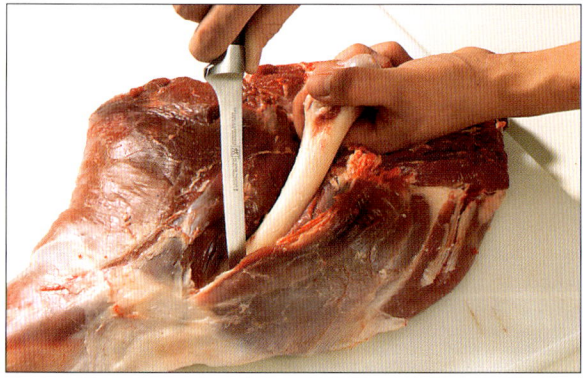

3 Die Gelenkkapsel freilegen, den Oberschenkelknochen anheben, mit dem Messer aus dem Fleisch herauslösen und vom Unterschenkelknochen im Gelenk abschneiden.

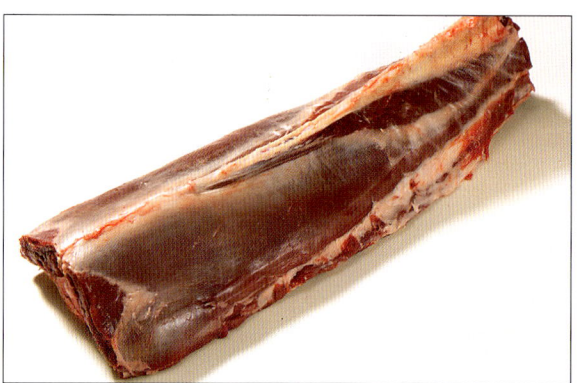

3 Der Rücken, gehäutet und in Form gesägt. Wird er im Ganzen gebraten, kann die blaue Sehnenhaut am Wildbret verbleiben, sie verhindert ein Austrocknen.

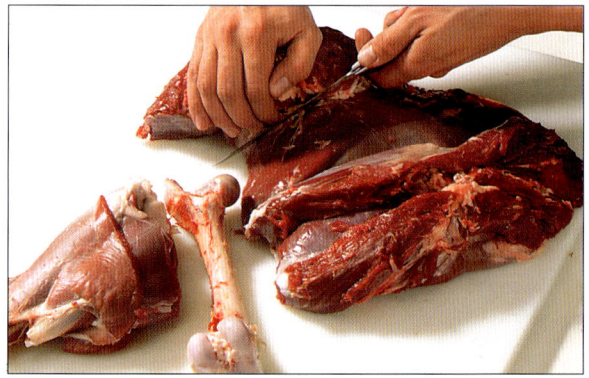

4 Die Keule vom Unterschenkel mit glattem Schnitt abtrennen und in ihre Einzelteile (Nuss, Unter- und Oberschale, falsche Lende, Beckenmuskel) zerlegen.

Innereien
VOM HIRN BIS ZUR NIERE
IST ALLES VERWERTBAR

In der Wildküche weniger beachtet und auch in der Küche des Jägers nur selten zubereitet werden die Innereien vom Wild. Wenn überhaupt, dann werden meist nur Leber und Herz, hin und wieder auch die Nieren verwertet. Gründe für das geringe Interesse an der Gewinnung von Hirn (Bregen), Zunge (Lecker), Lunge (Beuscherl), Herz, Leber, Milz und Nieren sind ihre gegenüber dem Wildbret stärkere Schadstoffbelastung, ein höherer Anteil an Purinen und beim Hirn der hohe Cholesteringehalt. Hinzu kommt, dass die Kenntnis der geschmackvollen Zubereitung von Innereien des Wildes im Laufe der Jahre abgenommen hat. Dabei gibt es eine Fülle attraktiver Rezepte für Innereien. Werden sie nur selten gegessen oder – wie Lunge, Leber und Herz – mit anderen Teilen zu Pasteten und Terrinen verarbeitet, ist die gesundheitliche Gefährdung gering. Es lohnt sich deshalb, bei einem Jäger oder im Wildhandel nach Innereien zu fragen.

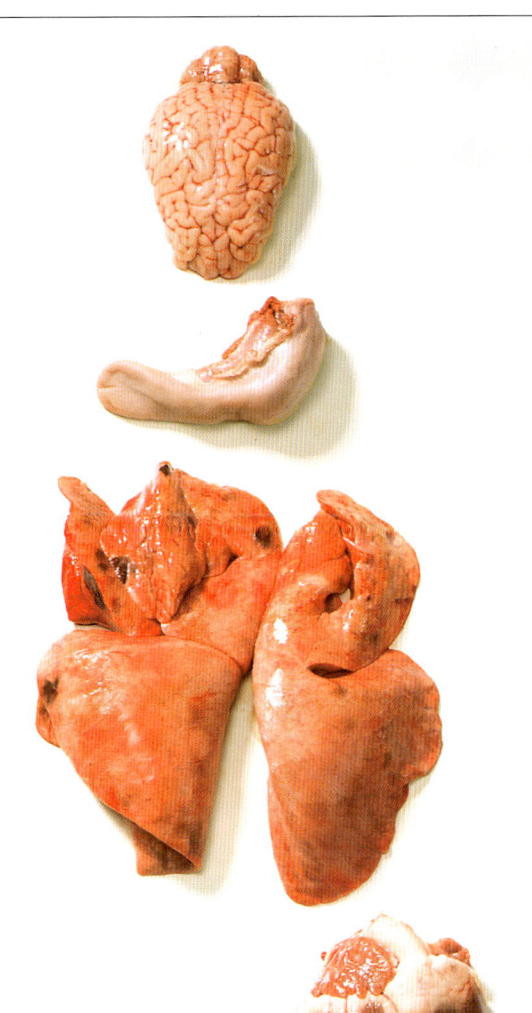

Hirn – es wird ganz oder in Tranchen gebraten bzw. zu Hirnkuchen oder Klößchen verarbeitet.

Zunge – gepökelt oder ungepökelt, wird sie für Ragouts, Sülzen und Füllungen verwertet.

Lunge – von den Bronchialästen befreit, wird sie zur Herstellung eines Beuschels genommen.

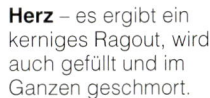

Herz – es ergibt ein kerniges Ragout, wird auch gefüllt und im Ganzen geschmort.

Leber – sie wird im Ganzen, in Scheiben oder Streifen gebraten oder in Pasteten verarbeitet.

Milz – sie wird gern für Suppeneinlagen, aber auch für Terrinen verwendet.

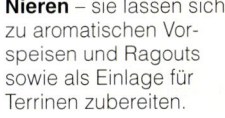

Nieren – sie lassen sich zu aromatischen Vorspeisen und Ragouts sowie als Einlage für Terrinen zubereiten.

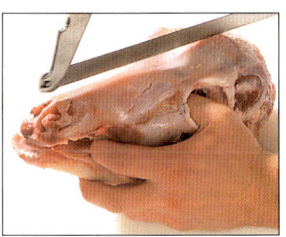

Das Hirn unversehrt aus dem Haupt holen:

Die Schädeldecke der Länge nach in der Mitte mit einer Knochensäge auftrennen. Dabei nicht zu tief sägen.

Den Schädelknochen vorne und hinten quer zum Haupt, seitlich parallel zur Mittellinie durchsägen.

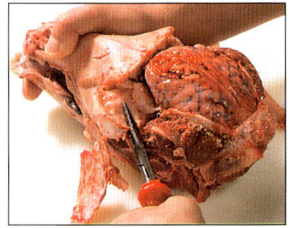

Den Schädel in den Sägeschnittlinien mit einem Schraubenzieher aufhebeln, Knochen mit einer Zange wegbrechen.

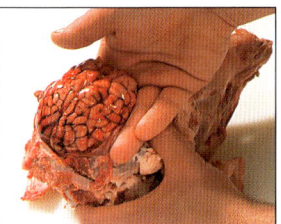

Das Hirn mit den Fingern oder einem großen Löffel vorsichtig aus dem Schädel herausheben.

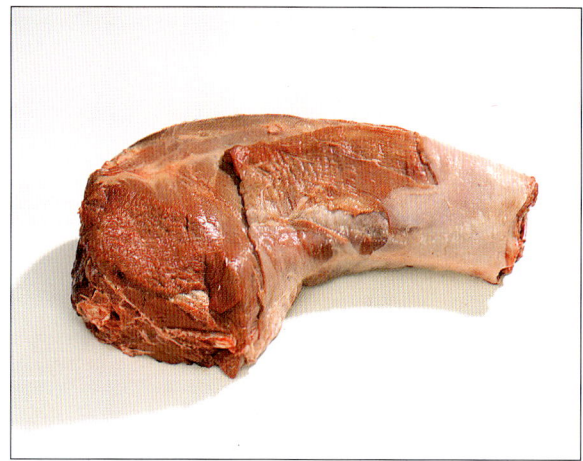

Die Teile vom Hirsch

KERNIG IN DER STRUKTUR UND LANG IN DER FASER – DAS FLEISCH VOM ROTHIRSCH GEHÖRT ZUM BELIEBTESTEN WILDBRET

Das Fleisch von jungen Tieren ist besonders zart und saftig und nach angemessener Reifung ganz ideal zum Braten und Grillen. Das Fleisch älterer Tiere ergibt sehr schmackhafte und saftige Schmorbraten. Die besten Stücke sind der Rücken und die Keulen. Schulter, Rippenbogen und Unterschenkel eignen sich besonders gut für Gulasch und Ragout. Damhirschfleisch gilt im Vergleich zum Rothirsch als noch schmackhafter. Wildbret von in der Paarungszeit (Brunft) geschossenen männlichen Tieren besitzt einen starken Geschlechtsgeruch und -geschmack. Durch Einfrieren über mehrere Wochen kann er jedoch gemindert werden.

Hirschrücken mit auf der Oberseite anhaftender Fettschicht. Sie wird entlang dem Rückgrat eingeschnitten und dann zu den Seiten hin abgelöst.
Der parierte Hirschrücken kann im Ganzen gebraten oder in die beiden Filets (großes Rückenfilet auf dem und kleines Filet unter dem Rückenknochen) und den Wirbelknochen (Karkasse) zerlegt werden. Die Technik wird am Beispiel des Rehrückens auf Seite 224/225 gezeigt. Das große Rückenfilet wird entweder im Ganzen gebraten oder zu Kurzbratstücken (Medaillons) geschnitten.

Hirschhals von einem mittelschweren Tier. Er wird als Ganzes geschmort oder nach dem Auslösen der Nackenwirbel zu Ragout geschnitten beziehungsweise als Rollbraten zubereitet.
Hirschschulter – Unterseite – mit anhängendem Unterarmknochen und freigelegtem Schulterknochen (Blattschaufel). Beim Zurichten für die Küche als Bratenstück werden alle Knochen (Schulter-, Oberarm- und Unterarmknochen) ausgelöst.
Rippenbogen – Unterseite – mit anhängendem Bauchlappen (oben) und halbem Brustbein (links unten). Das von den Rippen gelöste Fleisch wird zu Ragout geschnitten oder zu einem Rollbraten gewickelt.

Teile der Hirschkeule:

Unterschale im Anschnitt.
Sie wird als Bratenstück im
Ganzen genommen, kann
aber auch zu Schnitzel
zugeschnitten oder für
Geschnetzeltes verwendet
werden. Die Schnittführung
erfolgt quer zur Faser.

SPICKEN AM BEISPIEL
EINER KLEINEN HIRSCHKEULE

Hirsch- und Rehfleisch sind besonders mager und
werden deshalb gern gespickt. Mit dem Speck
können gleichzeitig Aromen eingebracht werden.

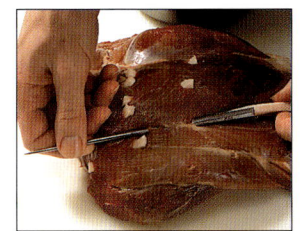

Spicken und binden:

Die gut gekühlten
Speckstreifen mit der
Spicknadel schräg zur
Faser einziehen.

Oberschale im Anschnitt.
Sie dient als Bratenstück,
kann aber auch zu Steaks
geschnitten werden.

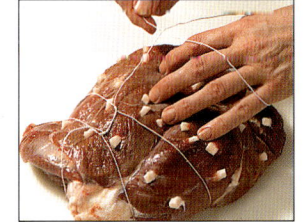

Die ausgelöste Keule in
Form bringen und
locker mit Küchengarn
zusammenbinden.

Rundum gleichmäßig
gebunden, behält die
Keule während des
Bratens ihre Form.

Nuss im Anschnitt. Ein her-
vorragendes Stück zum Bra-
ten, kann aber auch zu
Steaks geschnitten werden.
Gepökelt, luftgetrocknet
oder geräuchert ergibt die
Nuss einen schmackhaften
Schinken.

Gulasch und Ragout,
zugeschnitten aus dem vom
Unterschenkelknochen
abgelösten Wildbret. Auch
das Fleisch von Schulter und
Rippenbogen ist geeignet.

Hirschkeule im Ganzen, von
der Unterseite gesehen, mit Beckenknochen (oben) und anhängendem
Unterarmknochen (unten).

Reh

DAS POPULÄRSTE UND HÄUFIGSTE WILDBRET

Das meiste im Handel angebotene Wildbret vom Reh kommt aus deutschen Revieren. Rehwild ist kein Grasfresser, sondern ein Nahrungsselektierer. Es äst in der vegetationsreichen Zeit (Frühjahr, Sommer) nur Blätter und würzige Kräuter. Im Herbst füllt es seinen Pansen (Magen) mit Eicheln und Bucheckern. Während des Winters lebt es überwiegend von angemästeten Fettdepots und von Knospen, Weichhölzern, Brombeer- und Himbeerblättern, es mag aber auch Blatt- und Kleeheu. Das jahreszeitlich bedingte Nahrungsangebot wirkt sich naturgemäß auf den Geschmack des feinen, kurzfaserigen Wildbrets aus. So kann der Gourmet mit feiner Zunge erkennen, ob das Stück Rehwild, von dem der Braten stammt, im Mai oder im August, im Oktober oder im Januar erlegt wurde. Die Bewahrung des rehwildtypischen Eigengeschmacks setzt voraus, dass es sauber geschossen und ordentlich ausgeweidet wird, nicht über Gebühr abhängt und sein Wildbret nicht gebeizt wird. Junge Tiere wie Kitze, Jährlingsböcke und Schmalrehe, aber auch zwei bis dreijährige Stücke liefern ein zartes, saftiges Wildbret. Das Wildbret älterer Stücke ist schwergewichtiger und in seiner Struktur kerniger, weist jedoch weniger Purine auf.

Weibliches Rehwild im Winterhaar. Es ist für den Jäger gegenüber dem Rehbock (im Winter ohne Geweih) an der »Schürze«, dem Haarbüschel hinten an den Keulen, deutlich zu unterscheiden.

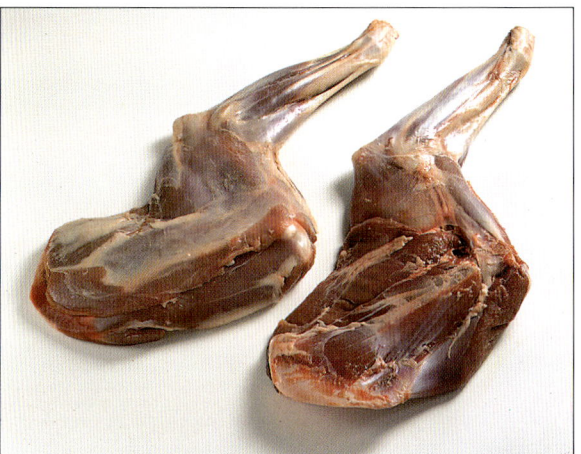

Einzelteile der Keule nach dem Ausbeinen und Zerlegen (von oben nach unten): Unterschenkelbein (Haxe), Unterschale mit anhängender falscher Lende und darüber liegendem Kniegelenkmuskel, Oberschale, Beckenmuskel (unten links) und Nuss (unten rechts).

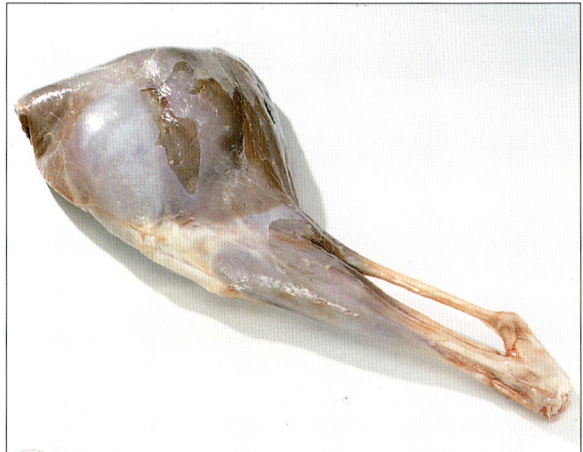

Rippenbogen mit Brustbein und anhängendem Bauchlappen. Großflächig von den Rippen abgelöst, kann das Wildbret zu einem Rollbraten gewickelt oder zu Ragout geschnitten werden. Die Knochen dienen der Fondherstellung.
Blätter in Ober- und Unteransicht. Ohne Unterarmbein (Haxe) werden sie im Ganzen gebraten, können aber auch entbeint zu einem Rollbraten gewickelt, oder für Ragouts, Pasteten und Terrinen verwendet werden.
Keule: Sie ist in der Küche besonders geschätzt. Ohne Unterarmbein (Haxe) und Schlossknochen (Beckenknochen) wird sie im Ganzen gebraten (geschmort) oder für Kurzbratstücke in ihre Einzelteile zerlegt.

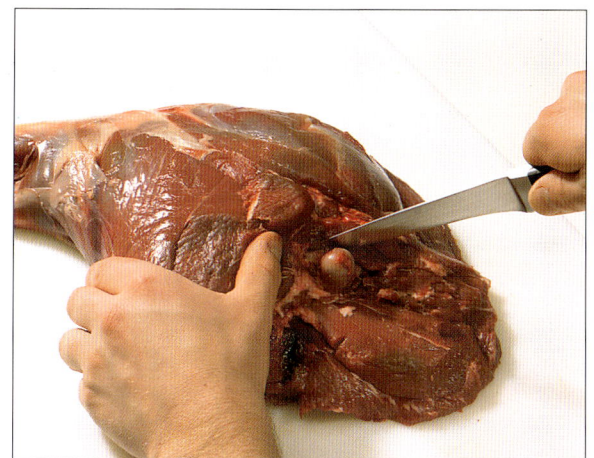

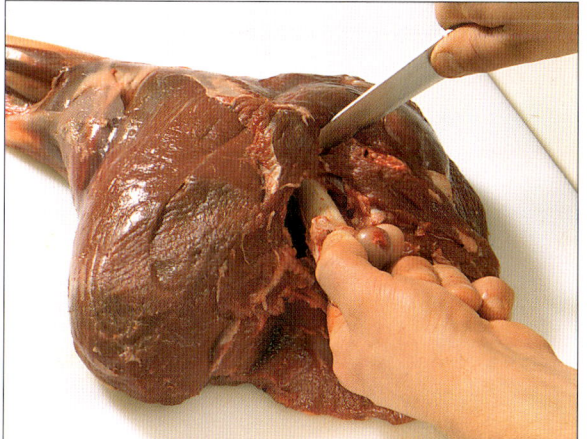

Spicken
mit gewürztem Speck
FÜR MEHR AROMA IM WILDBRET

Speckstreifen, nicht zu tief unter die Oberfläche eingezogen, geben der entstehenden Kruste Fett, sind aber auch wichtige Aromaträger. Gewürzte Speckstreifen aromatisieren das umliegende Wildbret, da sich beim Erhitzen die ätherischen Öle aus den Gewürzen lösen. Verwendet wird in der Regel grüner Speck, es darf aber auch geräucherter sein.

Streifen von grünem Speck werden in einem passenden Geschirr mit einer Gewürzmischung bestreut und darin gewälzt, bis sie gleichmäßig davon bedeckt sind.

Würzig spicken:

Speckstreifen nebeneinander auf ein Tablett legen und kurz gefrieren. Sie werden dabei hart, was das Spicken erleichtert.

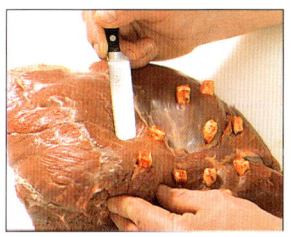

In das Bratenstück, hier eine Rehkeule, mit dem Messer ein tiefes Spickloch schneiden. Eventuell mit dem Finger etwas erweitern.

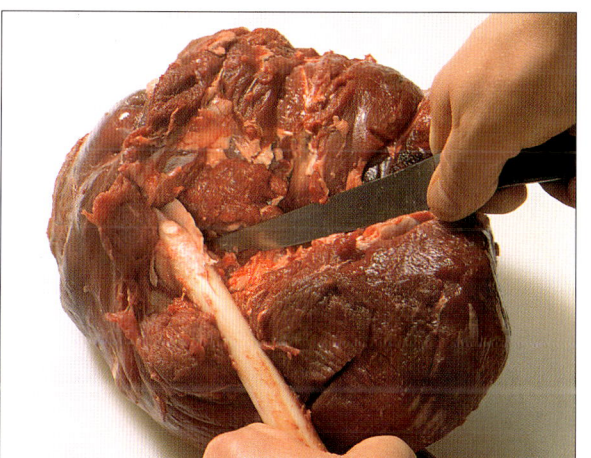

Eine Keule hohl auslösen: Den Gelenkkopf, auf dem der Schlossknochen (Beckenknochen) gesessen hat, mit dem Messer rundum freischneiden, dabei das Wildbret mit dem Daumen vom Oberschenkelbein wegdrücken. Den Knochen am Gelenkkopf fassen und mit dem Messer, mehr schabend als schneidend, das Wildbret in Richtung Kniegelenk rundum vom Knochen lösen. Aufpassen, dass dabei die Muskeln nicht durchtrennt werden. Die Sehnen am Kniegelenk zu durchtrennen ist am einfachsten von außen zu bewerkstelligen. Das Oberschenkelbein durch Drehen aus dem Kniegelenk lösen und herausziehen. Die Keule ist für eine Füllung vorbereitet.

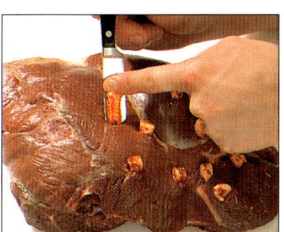

Die Speckstreifen an der Messerklinge entlang in das Spickloch schieben, nötigenfalls mit dem Daumen nachdrücken.

Ist die Keule fertig gespickt, soll sie etwa eine Stunde ruhen. In dieser Zeit kann ein Teil des Aromas schon in das Wildbret einziehen.

Rehrücken Baden-Baden. Eines der klassischen Rezepte für den Rehrücken. Typisch für diese Garnitur sind die mit Johannisbeergelee gefüllten Kompottbirnen.

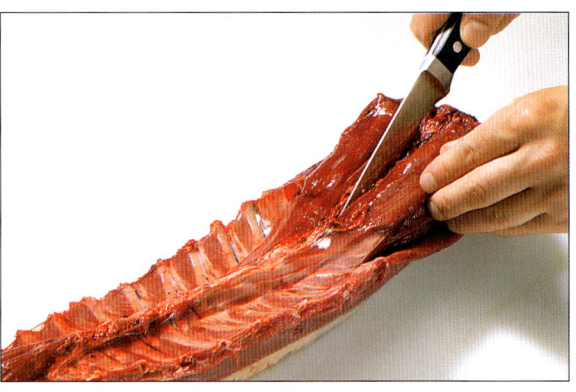

1 Vorbereiten des Rückens: Den Rehrücken mit der Fleischseite auf die Arbeitsplatte legen und die Rehfilets (die kleinen Filets) links und rechts des Rückgrats lösen.

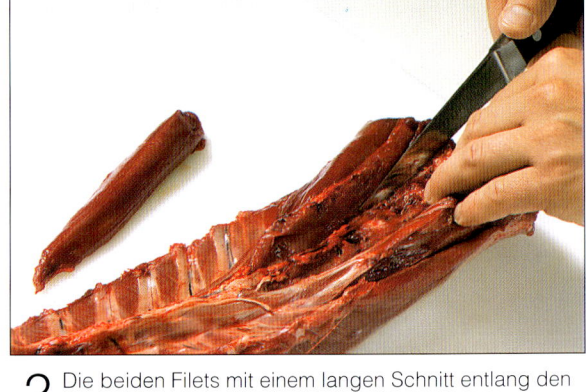

2 Die beiden Filets mit einem langen Schnitt entlang den Rippenknochen vorsichtig herauslösen, ohne das Fleisch zu verletzen. Danach von Sehnen befreien.

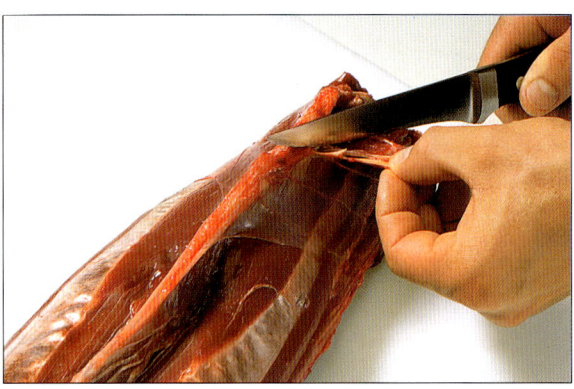

3 Zuerst die im Halsbereich locker auf dem Rücken sitzenden Häute lösen. Sie lassen sich durch Ziehen und wenige Schnitte problemlos entfernen.

4 Die fest auf dem Fleisch sitzenden Sehnen vom Sattel zum Hals in breiten Streifen ablösen. Dabei die Messerschneide unterhalb der Sehnen führen.

5 Auf beiden Seiten des Rückens die Sehnen hauchdünn vom Fleisch trennen. Um es nicht zu verletzen, die Sehnen mit leichtem Zug anheben und abtrennen.

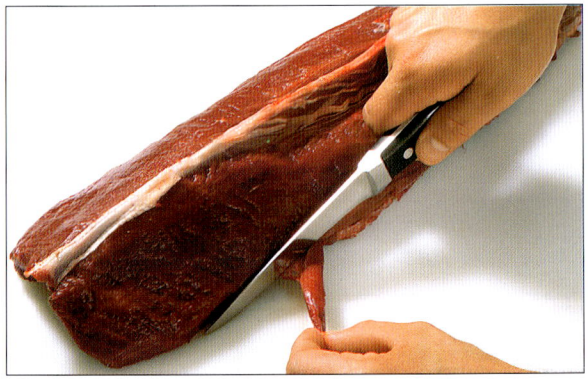

6 Die überstehenden Bauchlappen und Fettablagerungen abtrennen, dabei knapp an den Enden der Rippenknochen entlangschneiden.

7 Die beiden Rückenfilets etwas vom Rückgrat ablösen, den Rückgratknochen mit einer Schere auf die Höhe der Filets zurückschneiden.

8 Zum Fixieren der Karkasse einen langen Spieß durch das Knochenmark des Rückgrats stoßen. So wird einer Verformung des Rückens beim Braten vorgebeugt.

Der Rücken
DAS FEINSTE VOM WILD – SEINE VERARBEITUNG AM BEISPIEL EINES REHRÜCKENS

Der Rücken von Schalenwild wird auch als Ziemer bezeichnet. Vom Elch bis zum Reh sind die grundlegenden Handgriffe bei seiner Verarbeitung stets die gleichen. Die Rücken unterscheiden sich nur in ihrer Größe – und das erheblich. Der Rücken kleinerer Tiere, zum Beispiel vom Reh, Damwild und Hirschkalb, wird oft im Ganzen gebraten. Dazu muss er, wie auf der linken Seite gezeigt, sauber vorbereitet werden. Wichtig für das Braten des ganzen Rückens ist das Fixieren mit einem Spieß, damit er sich im Ofen nicht zu einer »Schaukel« verformt. Das Bardieren, also das Einhüllen in einen Speckmantel, ist wie das Spicken mit Speckstreifen bei den Fachleuten höchst umstritten. Es hat – ohne Zweifel – geschmackliche Auswirkungen. Beim Garen mit sehr hohen Temperaturen hat die Speckhülle jedoch eine Berechtigung, weil sie dem Austrocknen der Fleischoberfläche vorbeugt. Durch das Auslösen des Filets gewinnt man kleinere Portionsstücke. Damit sind vielseitige Varianten der Zubereitung möglich, zum Beispiel Kurzbraten, Füllen oder Einschlagen. Auch stehen die Knochen zur Herstellung kräftiger Saucen und Fonds zur Verfügung.

1 **Auslösen der Rückenfilets**: Den parierten Rehrücken entlang dem Rückgrat einschneiden und die Rückenfilets von den Rippenknochen lösen.

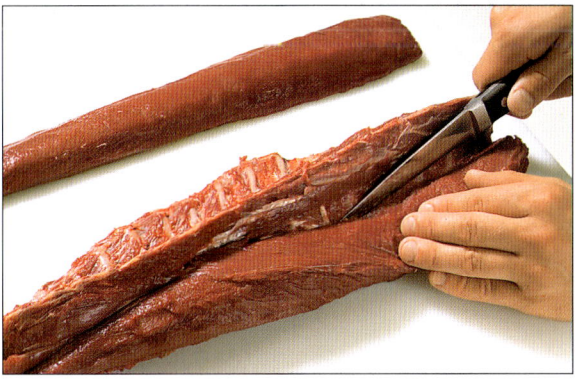

2 Die Messerschneide immer entlang dem Knochen führen und das Fleisch vom Halsansatz zum Sattel mit langen Schnitten von der Karkasse lösen.

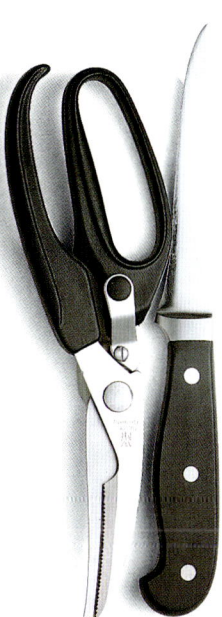

Das richtige Werkzeug ist wichtig. So ist zum Beispiel neben dem Ausbeinmesser eine kräftige Geflügelschere hilfreich.

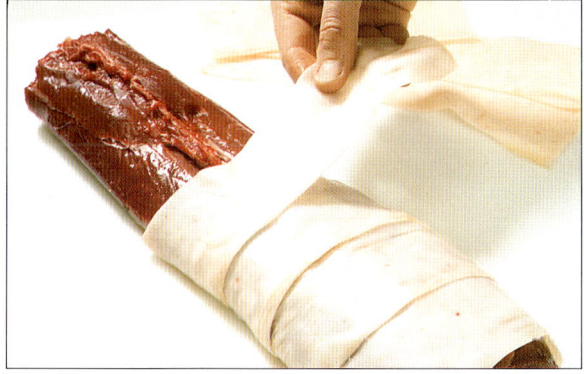

1 **Bardieren des Rückens**: Den Rehrücken mit dünnen Scheiben von grünem Speck gleichmäßig umwickeln. Dabei die Scheiben 1 bis 2 cm überlappen lassen.

3 Das im Sattelbereich bereits gelöste Rückenfilet von der Karkasse weghalten, um ein Einschneiden in das Fleisch zu vermeiden. Das Filet vom Knochen trennen.

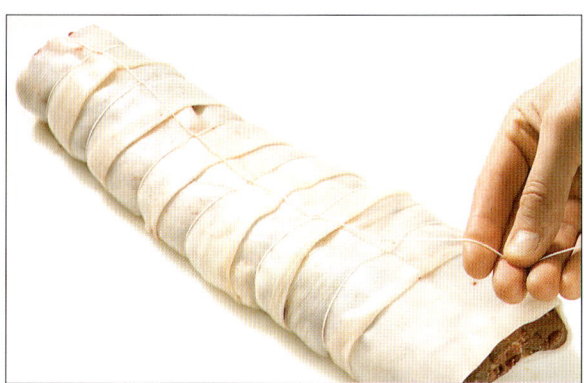

2 Damit sich die Speckscheiben durch die Hitze beim Braten nicht ablösen, wird der Rücken über die gesamte Länge locker mit Küchengarn verschnürt.

4 Die beiden Rückenfilets und die auf die gleiche Art ausgelösten kleinen Filets (Rehfilets) sowie die Karkasse können nun weiterverarbeitet werden.

Mufflon und Gams
(linke und rechte Seite)
sind die bekanntesten Vertreter Horn tragender Wildtiere. Rund
10.000 Stück Wildschafe und an die
50.000 Stück Gamswild werden pro
Jahr in Europa erlegt und überwiegend
in der Länderküche zubereitet.

Horntragende Wildtiere
BOVIDAE – JUNGWILD LIEFERT EIN VORZÜGLICHES WILDBRET

Eine Rarität in der Wildküche ist das Wildbret Horn tragender Wildtiere. Es ist kernig in der Struktur, würzig im Geschmack und zudem sehr saftig. Bratenstücke von Gams-, Muffel- oder Steinwild gelten als Delikatesse, besonders solche von jungen Tieren. Das Wildbret älterer Tiere ergibt vorzügliche Schmorbraten und Ragouts. Wird vor der Zubereitung alles sichtbare Fettgewebe vom Wildbret entfernt, schmeckt es auch nicht talgig. Weniger begehrt, da von artspezifischem Geruch und Geschmack, ist das Wildbret älterer, in der Brunft erlegter Böcke und Widder. Wird es jedoch fünf bis sechs Monate eingefroren, verlieren sich die brunftigen Geschmackskomponenten. Unter Wildliebhabern hoch geschätzt ist das Fleisch von jungen Wildschafen (Mufflons), insbesondere das der Lämmer. Mufflonfleisch ist von heller Farbe, kurz in der Faser sowie reich an Fettzellen und deswegen überaus saftig. Auch das Wildbret älterer weiblicher Tiere schmeckt nicht nach Hausschaf. Fleisch von Muffelwild gilt als bestes Wildbret Europas.

Wildrinder *(Bison* sp.), engl. bison, franz. bison. In Europa als Wisent *(Bison bonasus)*, in Nordamerika als **Bison** bekannt, sind Wildrinder die größte Horn tragende Wildart. Sie werden in Europa wegen der geringen, aus Gehegehaltung in der Wildbahn neu begründeten Bestände kaum bejagt. In Europa angebotenes Wildbret vom Wisent stammt meistens von Tieren aus Wildparks. In Amerika ist die Nutzung der wieder zuwachsenden Herden beschränkt. Bullen werden bis 1000 kg, Kühe bis 800 kg, Kälber 100 bis 350 kg schwer. Das Fleisch spielt nur in der Wildküche ihres Lebensraumes eine Rolle. Brunftzeit ist im August/September, die Hauptjagdzeit von Oktober bis Februar.

Gamswild *(Rupicapra rupicapra)*, engl. chamois, franz. chamois. Das ziegenähnliche Gamswild kommt vor allem in europäischen Hoch- und Mittelgebirgslagen vor. Böcke werden 35 bis 50 kg, Geißen 30 bis 40 kg, Kitze 12 bis 18 kg schwer. Das Fleisch ist dunkel, hocharomatisch, zum Teil sehr fett (talgig) und bei älteren Stücken von etwas strengem Geschmack. In der Küche geschätzt sind Kitze und Jährlinge. Brunftzeit ist im November/Dezember, die Hauptjagdzeit von August bis Dezember. In der Wildküche seines Lebensraumes spielt Gamswild eine große Rolle.

Wildziegen *(Caprinae)*, engl. wild goat, franz. chèvre sauvage. In verschiedenen Arten kommen die Wildziegen im Mittelmeerraum sowie in Nord- und Südamerika vor. Lebensraum ist das Hochgebirge. In der Wildküche haben sie praktisch keine Bedeutung.

Wildschafe *(Ovis* sp.), engl. wild sheep, franz. mouton sauvage. In Nordamerika, Asien und Europa kommt diese Wildart in Unterarten vor. Von Bedeutung in der europäischen Wildküche ist das **Muffelwild** *(Ovis ammon musimon)*, engl. moufflon, franz. mouflon. Die Widder werden bis 50 kg, die Schafe bis 40 kg und die Lämmer 12 bis 18 kg schwer. Das von Kennern geschätzte, bei jungen Stücken nicht nach Schaf schmeckende Fleisch ist hell, zartfaserig und überaus saftig. Brunftzeit ist im November/Dezember, die Hauptjagdzeit von August bis Januar.

Steinwild *(Capra ibex)*, engl. ibex, franz. bouquetion. Diese ziegenähnliche Wildart kommt in Unterarten in Asien und Europa vor. Die Böcke erreichen Gewichte von 75 bis 110 kg, die Ziegen bis 60 kg, die Lämmer 10 bis 15 kg. Das Fleisch ist kräftig würzig, zum Teil talgig fett. Bedeutung hat es nur in der Küche seines Lebensraumes. Brunftzeit ist im Dezember/Januar, Hauptjagdzeit von September bis November.

Antilopen *(Antilopinae)*, engl. antelope, franz. antilope. In der Mongolei, Afrika und Amerika kommt diese Horn tragende Wildart mit zahlreichen Unterarten vor. Verstärkt angeboten durch Exporte aus Südafrika und Namibia wird das Fleisch des **Springbocks** *(Antidorcas morsupialis)*, engl. springbuck, franz. gazelle à bourse. Es ähnelt dem Dam- und Rehwildfleisch.

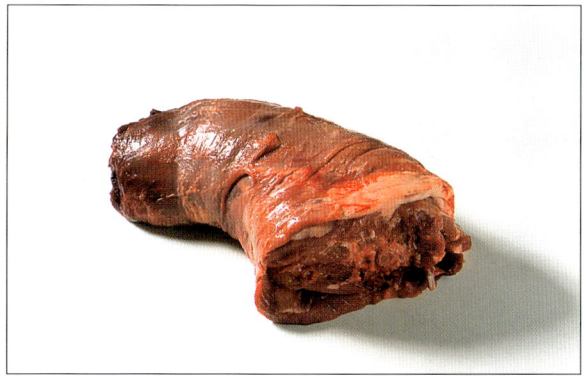

Gamsträger (Hals) – hier 1200 g. Er wird fast ausschließlich für die Herstellung einer aromatischen Suppe verwendet. Vom Knochen gelöstes Fleisch dient als Einlage.

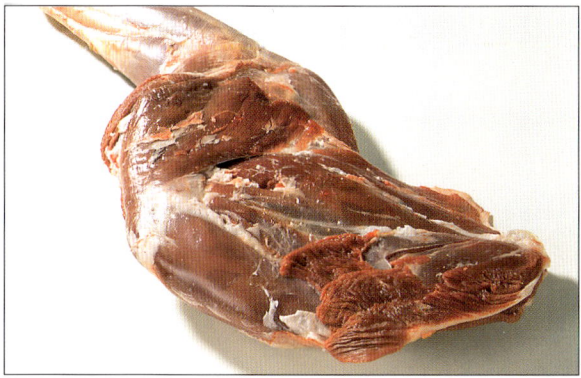

Gamsschulter (Blatt) – hier 1800 g. Sie ergibt einen saftigen Schmorbraten, dazu verbleiben die Knochen im Fleisch. Ausgebeint wird sie zu Ragout geschnitten.

Gamsrücken (Ziemer) – hier 2300 g. Der fleischige, zartfaserige und saftige Rücken wird im Ganzen oder in Teilstücken (mit Knochen) gebraten.

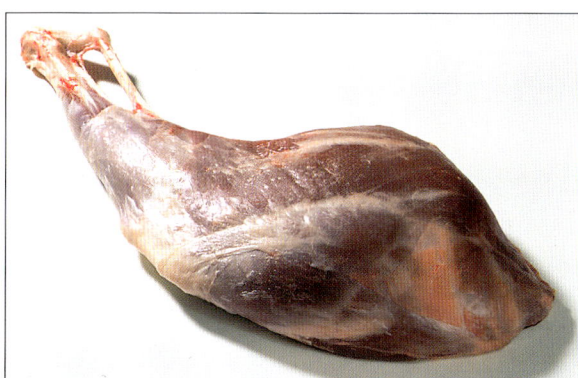

Gamskeule (Schlegel) – hier 2600 g. Sie wird im Ganzen (ohne Haxe) gebraten oder geschmort. Die Haxe ist Basis für einen Fond, die entbeinte Keule ergibt Kurzbratstücke.

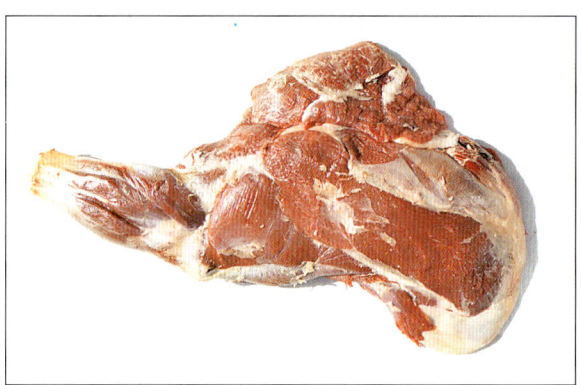

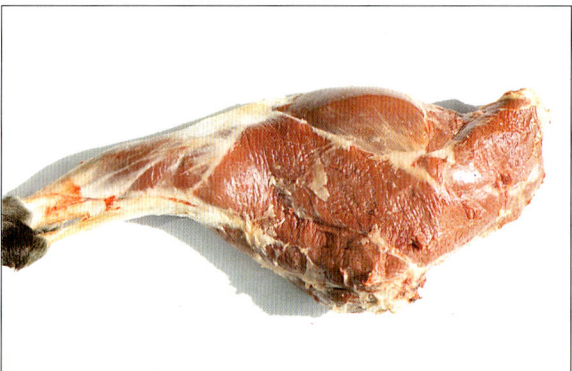

Die wichtigen Einzelteile vom Steinbock – Träger (Hals), Blatt (Schulter) und Keule. Sie unterscheiden sich zwar im Geschmack (wenn es sich um ein junges Tier handelt) und in der Fleischfarbe nicht von den Teilen der verwandten Gemse, jedoch in Größe und Gewicht. Der Träger ist besonders stark und massig, die Schulter auch entsprechend ausgeprägt. Die Keule ist im Verhältnis eher klein geraten.

Das Zerwirken – eine Arbeit, die aus hygienischen Gründen im Zerwirkraum ausgeführt wird. Das Zerwirken in freier Natur sollte die Ausnahme bleiben.

Ragout vom Steinbock
HARTLY MATHIS BEREITET ES MIT EINER BEIZE AUS MERLOT ZU

Nicht mehr ganz junges Fleisch, in diesem Fall von einem zwölfjährigen Bock, das ohnehin recht langfaserig ist, bedarf schon einer Beize, die es etwas mürbe macht. Aber dann ist der Genuss auch perfekt. Für das Ragout 800 g Steinbockfleisch (aus der Keule oder Schulter) in Würfel von etwa 4 cm Kantenlänge schneiden. Das Fleisch über Nacht in einer kräftigen Marinade aus Merlot (Tessiner Rotwein), Wurzelgemüse, Kräutern (zum Beispiel Thymian, Rosmarin, Lorbeer) und Gewürzen (beispielsweise Pfefferkörner, Wacholderbeeren, Knoblauch) durchziehen lassen. Sie kann durch einen Schuss Aceto Balsamico verfeinert werden. Für die Zubereitung das Fleisch mit dem Gemüse auf ein Sieb geben und die Marinade auffangen. Das Fleisch vom Gemüse trennen, trockentupfen und in 40 ml Pflanzenöl in einem flachen Topf anbraten. Mit Salz und Pfeffer würzen, dann das abgetropfte Gemüse zugeben. Das Gemüse mitschwitzen, bis es ebenfalls leicht Farbe genommen hat. Einen Esslöffel Tomatenmark einrühren und trockenschwitzen. Mit der Marinade in drei bis vier Arbeitsgängen ablöschen, dabei jeweils reduzieren lassen. Das Ragout mit Wasser begießen, bis es vollständig bedeckt ist. Den Topf mit einem Deckel verschließen und bei schwacher Hitze 50 bis 70 Minuten köcheln lassen. Das gegarte Ragout absehen, die Sauce auffangen und das Fleisch ausstechen. Die Wildsauce aufkochen, das Fleisch zugeben und darin erhitzen. 400 g geputzte und gewaschene Pfifferlinge in 20 g Butter anbraten, würzen und zum fertigen Ragout geben. In der Südschweiz wird dazu Polenta gereicht, ein passendes Getränk ist Merlot.

Steinwild
CAPRA IBEX – EINE SELTENE DELIKATESSE AUF DER SPEISEKARTE

Das Steinwild – engl. ibex, franz. bouquetin –, eine in verschiedenen Unterarten in Asien und Europa vorkommende Ziegenart, wird selten angetroffen. Der Alpen-Steinbock *(Capra ibex ibex)* beispielsweise lebt in bestimmten Gebieten aber auch in größeren Populationen, die so stark anwachsen können, dass ansehnliche Stückzahlen geschossen werden dürfen. Trotzdem bleibt er ein rares Wildbret, das nur im Bereich seines Lebensraumes von Bedeutung ist. Die Hauptjagdzeit ist von September bis November. Die Steinböcke erreichen in der Regel ein Gewicht von 75 bis 110 kg. Geißen bringen bis zu 60 kg, Lämmer zwischen 10 und 15 kg auf die Waage. Das Fleisch hat einen kräftigen, würzigen Geschmack, kann auch manchmal etwas »talgig« sein; im Durchschnitt ist es aber von mittlerer Qualität.

Dass ausgerechnet ein Spitzenkoch wie Hartly Mathis aus St. Moritz einen solch kapitalen Bock erlegt, ist nicht alltäglich. Sicher ist dagegen, dass er das Beste daraus machen wird. Die feinen Stücke vom Rücken werden zu Braten, das Fleisch von Schulter oder Keule zu Ragout verarbeitet. Vom guten Rest gibt es echte Graubündner Steinbocksalsiz.

Schwarzwild
SUS – BEGEHRT SIND FRISCHLINGE UND ÜBERLÄUFER

Wildschwein wird in seinen Zubereitungen relativ selten auf der Speisekarte von Restaurants angeboten. Für Kenner ist dies unverständlich, zumal sich die Wildschweine in den letzten Jahren vor allem in Deutschland kräftig vermehrt haben. Obwohl Urahn des Hausschweins, unterscheidet sich das Wildbret der »Schwarzkittel«, wie der Jäger das Wildschwein nennt, wesentlich von deren Fleisch. Das Wildbret des Wildschweins besitzt zwar im Vergleich zu Reh und Hirsch einen höheren Anteil an Fettzellen – das macht es besonders saftig. Doch ist es auch bei einer dicken Speckschicht (Weißes) unter der Schwarte insgesamt magerer und von festerer Struktur als das Fleisch von Hausschweinen. Einer der Gründe, warum es zu Unrecht weniger geschätzt wird, dürfte in einer Erfahrung liegen, der Jäger aus gutem Grunde aus dem Wege gehen: Dem Wildbret von in der Rauschzeit (Paarungszeit) erlegten älteren männlichen (Keilern) und weiblichen (Bachen) Stücken haftet ein penetranter geschlechtsspezifischer Geruch und Geschmack an; er hat bisher noch jeden verprellt, dem ein solcher Braten vorgesetzt wurde. Dass solche Stücke überhaupt gekauft und verwertet werden, mag an mangelnder Kenntnis und der Ansicht, dies sei ein für Wildschwein generell typischer Geruch und Geschmack, liegen. Dem ist jedoch nicht so, wie das Wildbret von Frischlingen, Überläufern (einjährige Stücke) und außerhalb der Paarungszeit erlegten Stücken beweist. Beim Einkauf ist deshalb darauf zu achten, dass rauschige Stücke nicht in die Küche kommen. Ob das Fleisch von einem solchen Wildschwein stammt, lässt sich durch die Koch- oder Bratprobe leicht feststellen: Ein Stück Wildbret wird mit etwas Wasser aufgekocht oder in der Pfanne angebraten. Riecht es urinös, braucht man das Fleisch erst gar nicht zuzubereiten. Auch Einfrieren, Marinieren oder Beizen hilft nicht, den rauschigen Geruch und Geschmack zu mildern bzw. zu übertönen.

Wildschwein *(Sus scrofa)*, engl. wild boar, franz. sanglier. Reinrassigen Ursprungs kommen Wildschweine in unterschiedlicher Stärke nur in Europa, Nordafrika und Vorderasien vor. Sie dürfen nicht verwechselt werden mit in verschiedenen Ländern (Australien, Philippinen) aus verwilderten Hausschweinen entstandenen Wildschwein-Populationen. Je nach Alter und Lebensraumbedingungen wiegen Keiler 50 bis 350 kg, Bachen 40 bis 200 kg, Frischlinge 10 bis 80 kg. Die Rauschzeit (Paarungszeit) ist normalerweise im November/Dezember, vereinzelt auch zu anderen Jahreszeiten. Die Hauptjagdzeit ist für Frischlinge und Überläufer zum Teil ganzjährig, sonst von Juni bis Januar. Zahlenmäßig ist das Vorkommen in Deutschland besonders stark. Importe kommen aus Osteuropa, Pseudowildschweine aus Australien. Wildschweine müssen auf Trichinen untersucht werden.

Wildschweine gelten als uriges und wehrhaftes Wild. Der gedrungene Träger und insbesondere die Schulterpartie sind durch eine extrem dicke Schwarte (Schild) gepanzert.

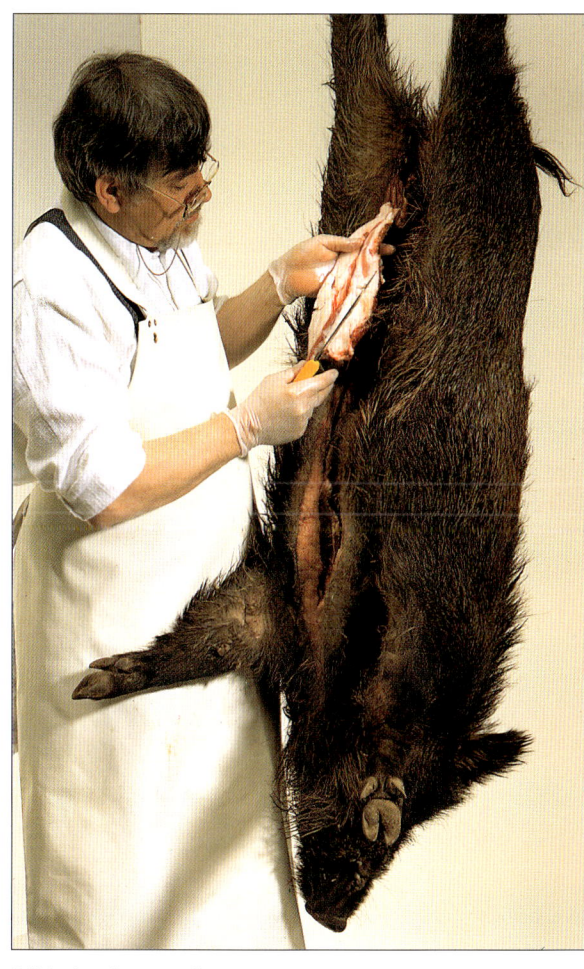

Wildschweine unterliegen der amtlichen Trichinenbeschau. Diese wird durch Stempel an der Innenseite der Keulen, den Bauchlappen und Rippenbögen (kontrollieren!) dokumentiert.

Bauchlappen und Rippenbögen freilegen, die Schwarte parallel zum Wildkörper (im Speck) abschneiden.

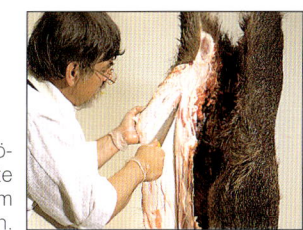

Die Sprunggelenke freilegen, die Schwarte oberhalb des Gelenks abschneiden und rundum ablösen.

Den Purzel (Schwanz) direkt am Wildkörper abschneiden. Der Schnitt erfolgt zwischen den Schwanzwirbeln.

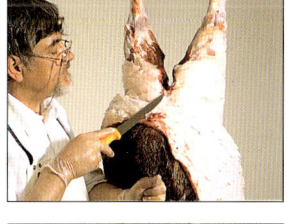

Den Rücken freilegen. Dabei die Schwarte gespannt halten und von Rippenbögen zu Rippenbögen abschneiden.

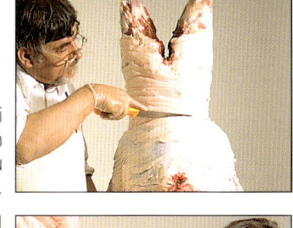

Abschwarten eines Wildschweins:

Das Fettgewebe (Flomen) von der Innenseite der Rippen abziehen. Flomen und Speck zu Schmalz auslassen.

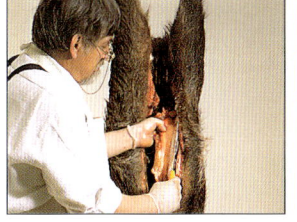

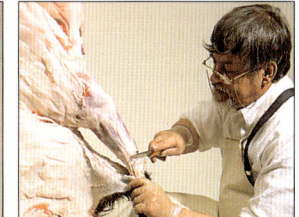

Den Fußknochen abtrennen. Mit Rundschnitt Sehnen und Muskeln am Sprunggelenk bis zum Knochen durchschneiden.

Die Schwarte an der Unterseite der Vorderläufe aufschneiden. Der Schnitt erfolgt bis zum Brustbein.

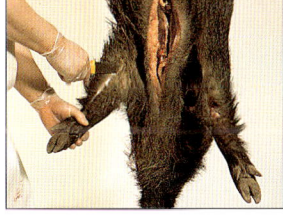

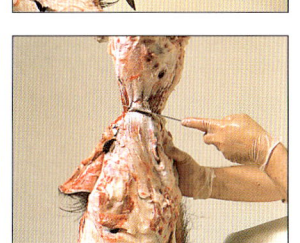

Das Sprunggelenk durchschneiden. Den Mittelfußknochen fassen und durch seitliches Wegdrehen aus dem Gelenk hebeln.

Die Schwarte an der Innenseite der Keulen aufschneiden. Den Schnitt bis über das Sprunggelenk führen.

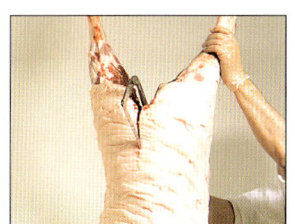

Nacken und Haupt freilegen. Die Schwarte bis zum Wurf (Nase) rundum ablösen und am Wurf vom Wildkörper abschneiden.

Die Keulen von der Schwarte befreien: Schwarte abziehen und das Bindegewebe durchschneiden.

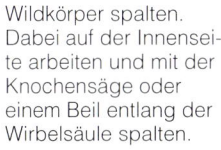

Wildkörper spalten. Dabei auf der Innenseite arbeiten und mit der Knochensäge oder einem Beil entlang der Wirbelsäule spalten.

Die Teile vom Wildschwein
STÜCKE VON SAFTIGEM WILDBRET
ZUM BRATEN, GRILLEN UND SCHMOREN

Wildschwein wird, wie anderes Schalenwild auch, in Blätter, Rücken, Keulen, Rippenbogen und Hals zerwirkt. Frischlinge (Jungtiere) mit einem Gewicht bis zu 20 Kilogramm können jedoch auch im Ganzen wie ein Spanferkel gebraten werden. Wird das Wildbret vom Wildschwein nicht sofort verwertet, kann es eingefroren werden. Vorher muss allerdings alles sichtbare Fett entfernt werden, damit es während der Tiefkühlung nicht ranzig wird. Wegen des hohen Anteils an Fettzellen soll eine Lagerzeit von 6 Mona-ten nicht überschritten werden. Wildschweinfleisch duftet gelegentlich intensiv nach Maggikraut (Lieb-stöckel); riecht das Wildbret während und nach der Fleischreifung leicht säuerlich, deutet dies meist auf eine stickige (beispielsweise ohne ausreichende Frischluftzufuhr ablaufende) Fleischreifung hin. Das Fleisch nimmt dabei eine kupfer- bis braunrote Farbe an. Im Geschmack ist es häufig muffig. Riecht das Fleisch dagegen nach Ammoniak, so ist dies ein Zeichen für beginnende Fäulnis.

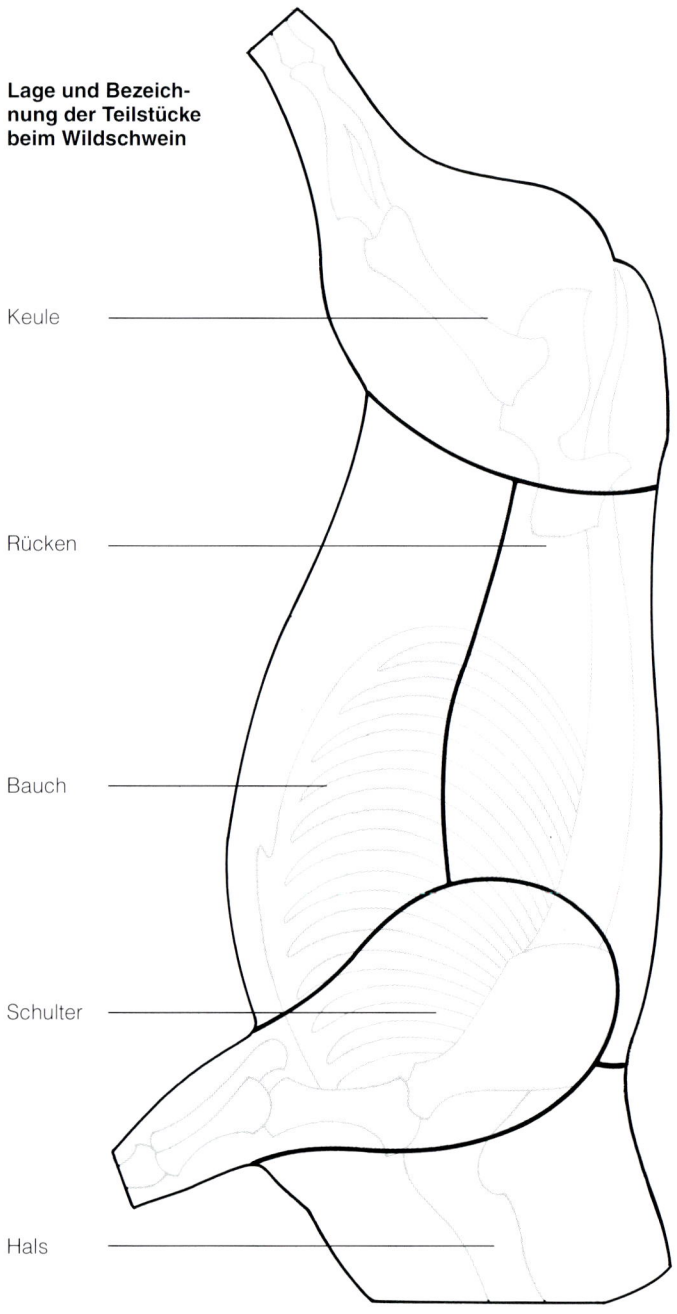

Lage und Bezeich-nung der Teilstücke beim Wildschwein

Keule

Rücken

Bauch

Schulter

Hals

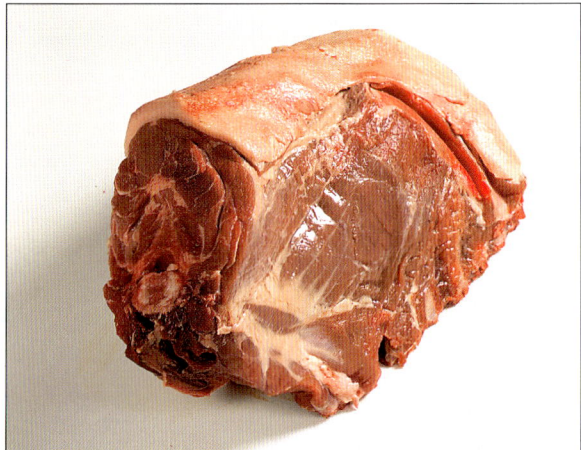

Nacken (Träger). Sein Fleisch ist kurzfaserig und besonders saftig. Es wird von Kennern als Braten überaus geschätzt. Wird der Nacken frisch verarbeitet, kann bei jungen Stücken eine dünne Fettschicht am Wildbret verbleiben. Bei alten Stücken wird das Fett dagegen vollständig abgelöst.
Rippenbogen, von innen gesehen, ohne Bauchlappen. Für die Küche wird das Fleisch von den Rippen abgelöst. Die Schnittführung erfolgt vom Brustbein entlang dem Rippenbo-gen zu den Rippenenden. Beim Zuschnitt für Ragout wird das Fett zwischen Fleisch und Bindegewebe herausgelöst, für einen Rollbraten kann es am Wildbret verbleiben.

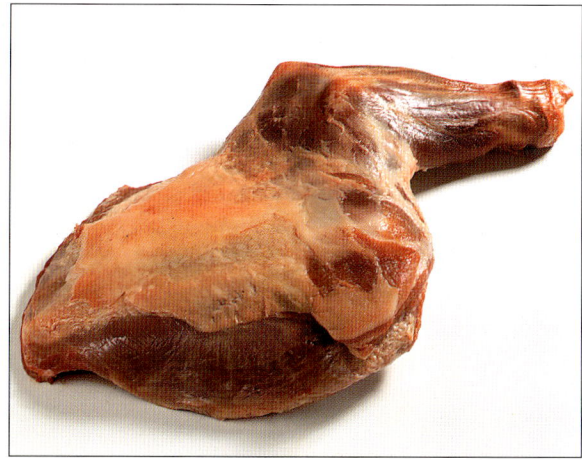

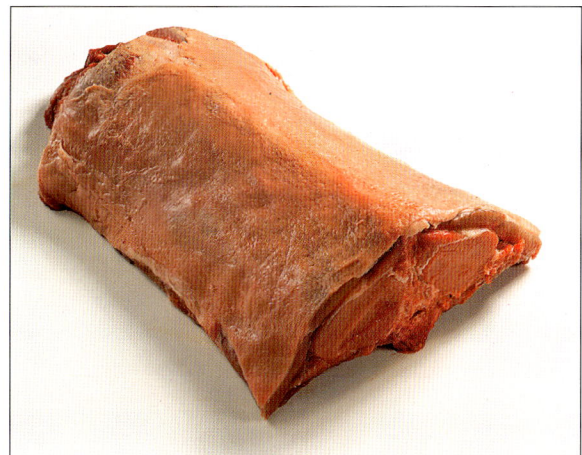

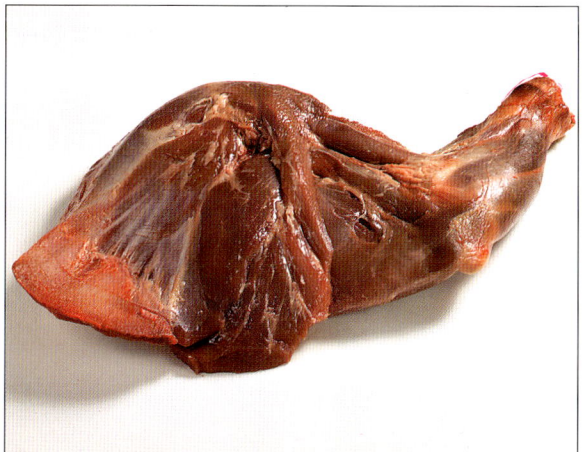

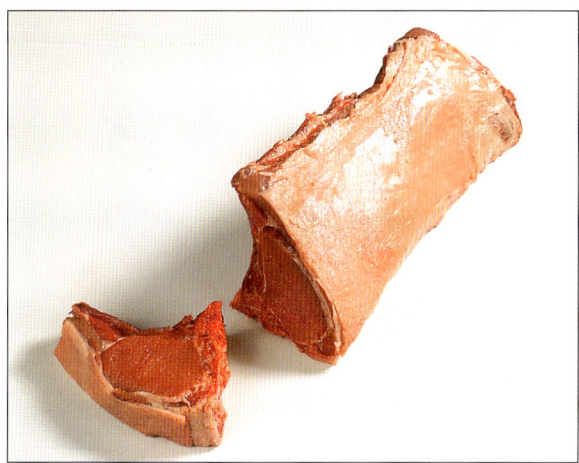

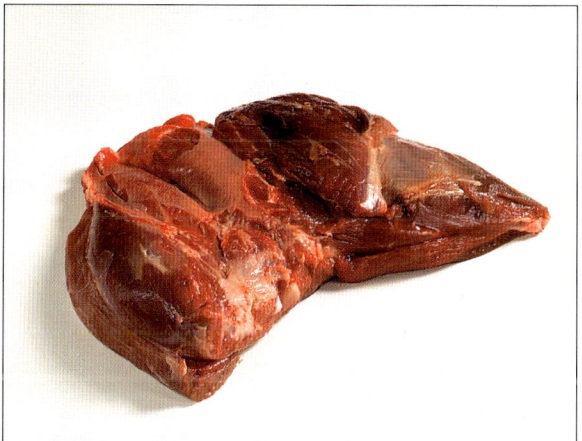

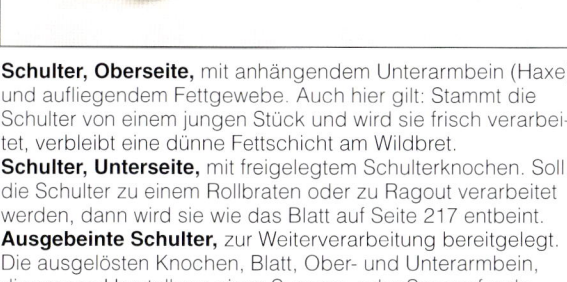

Schulter, Oberseite, mit anhängendem Unterarmbein (Haxe) und aufliegendem Fettgewebe. Auch hier gilt: Stammt die Schulter von einem jungen Stück und wird sie frisch verarbeitet, verbleibt eine dünne Fettschicht am Wildbret.
Schulter, Unterseite, mit freigelegtem Schulterknochen. Soll die Schulter zu einem Rollbraten oder zu Ragout verarbeitet werden, dann wird sie wie das Blatt auf Seite 217 entbeint.
Ausgebeinte Schulter, zur Weiterverarbeitung bereitgelegt. Die ausgelösten Knochen, Blatt, Ober- und Unterarmbein, dienen zur Herstellung eines Suppen- oder Saucenfonds.

Rücken im Ganzen mit aufliegendem Fettgewebe. Er wird entweder im Ganzen als Braten verwendet oder wie ein T-Bone-Steaks geschnitten und dann kurz gebraten.
Kotelettstrang, der entlang der Wirbelsäule geteilte Wildschweinrücken. Er wird zu passenden Bratenstücken zugeschnitten oder in Koteletts zersägt. Bei beiden Formen das anhaftende Fettgewebe sorgfältig entfernen.
Wildschweinfilets, von der Unterseite des Rückens abgelöst. Sie bieten das zarteste Wildbret, das im Ganzen gebraten oder zu Medaillons geschnitten werden kann. Vor der Zubereitung gehäutet und in Würfel geschnitten, eignet sich das Filet vorzüglich für ein Fondue.

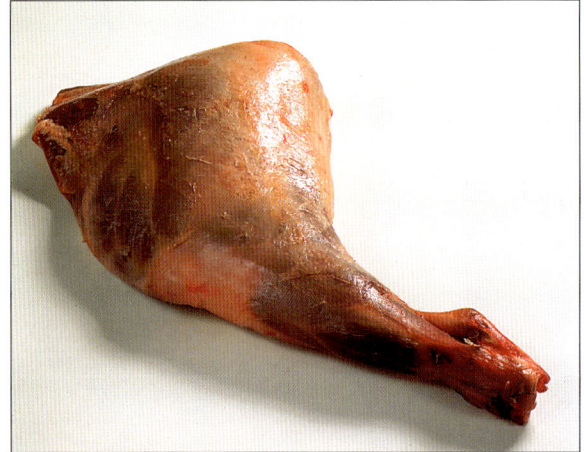

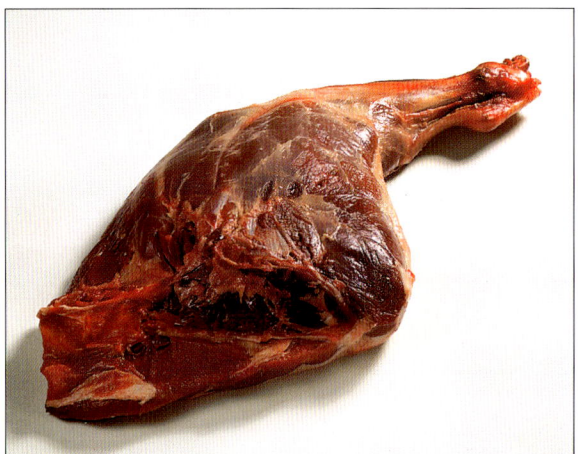

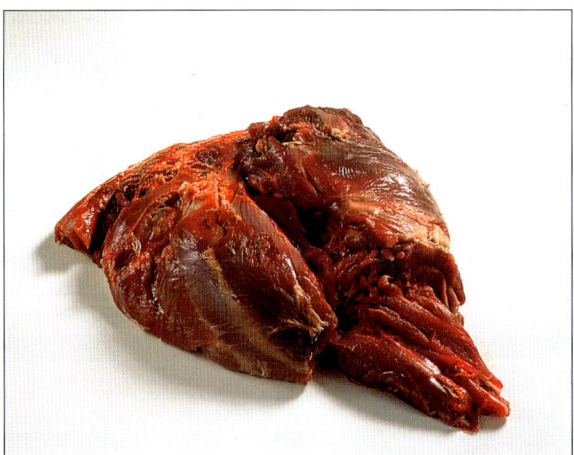

Die Teile der Wildschweinkeule

Für kleinere Bratenstücke oder für den Zuschnitt von Kurzbratstücken wird die ausgebeinte Wildschweinkeule in ihre Einzelteile zerlegt. Diese sind die Unterschale (1), die Oberschale (2), der Beckenmuskel, auch »kleine Nuss« (3) genannt, die Nuss (4) und die Haxe (5). Schnitzel werden aus der Ober- und Unterschale, Steaks aus der Nuss geschnitten.

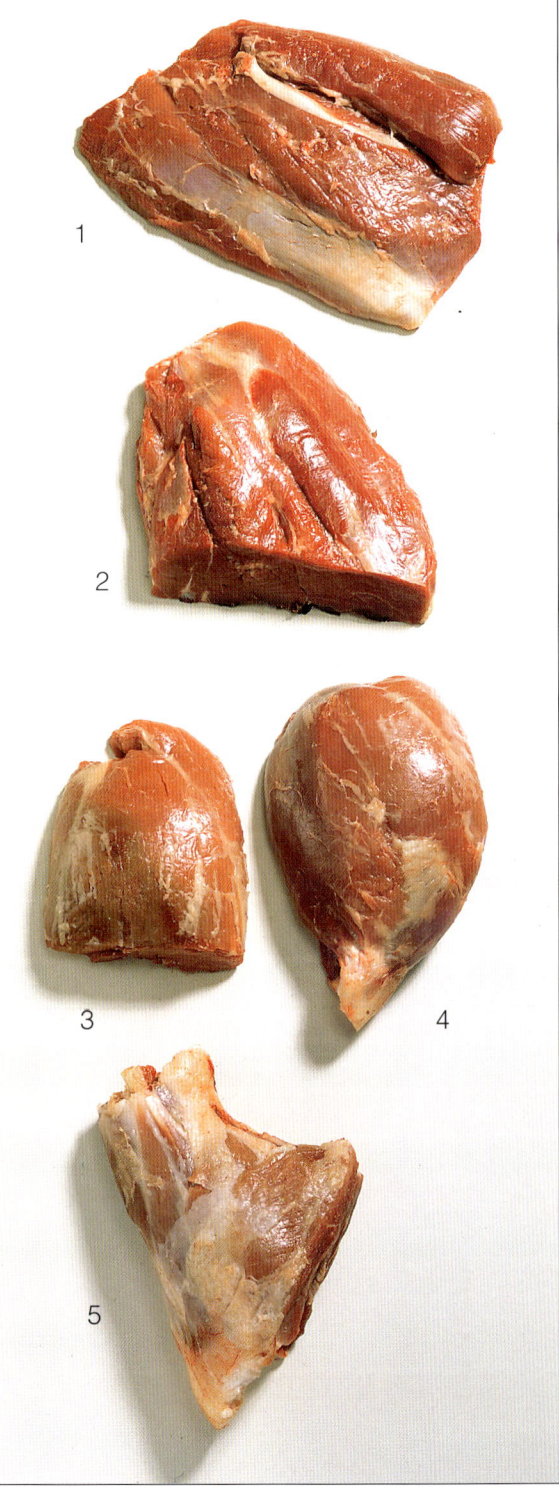

Keule, Oberseite, mit anhängendem Unterschenkelbein (Haxe). Bei der Verwendung als Braten im Ganzen verbleiben das Ober- und Unterschenkelbein im Fleisch. Der Schloss-knochen (Beckenknochen) wird vorher sorgfältig ausgelöst.
Keule, Unterseite, bei der der an der Breitseite anliegende Schlossknochen bereits ausgelöst ist. Für das Auslösen der Schenkelbeine den Verlauf der Knochen ertasten, das Wildbret entlang den Knochen aufschneiden, diese am Gelenk anheben und auslösen (siehe Seite 218).
Ausgebeinte Keule. Sichtbar ist die vom Fettgewebe verursachte Marmorierung des Wildbrets. Deutlich sind die Oberschale (rechts), die Nuss (links) und die Haxe (rechts vorne) bei dieser Abbildung zu erkennen.

Beim Wildschwein gibt es echte Schwergewichte

DAS NAHRUNGSANGEBOT BESTIMMT DIE KÖRPERMASSE

Die Gewichte der Einzelteile vom Wildschwein sind naturgemäß von der Größe und Schwere des jeweiligen Stückes, von dem sie stammen, abhängig. Je älter und schwerer das Wildschwein ist, desto ungünstiger ist das Verhältnis zwischen Wildbret einerseits und Schwarte, Haupt, Weißem (Speck und Flomen) sowie den nicht verwertbaren Teilen der Läufe andererseits. Ausschlachtergebnisse von weniger als 60 Prozent sind keine Seltenheit. Prozentual mit am höchsten ist der Wildbretanteil bei einem gesunden und gut ernährten Stück Schwarzwild, das ausgeweidet in der Schwarte zwischen 40 und 60 Kilo wiegt. Allerdings ist beim Wildschwein das Gewicht des einzelnen Stückes nicht immer ein Indiz für sein Alter. In Jahren, in denen ausreichend Eicheln und Bucheckern fallen, können (ausgeweidete) Frischlinge Gewichte bis zu 80 Kilo, Überläufer über 100 Kilo und ältere Stücke 200 Kilo und mehr erreichen. Ist das Fraßangebot in der Aufwuchsphase und den Jahren danach gering, bringen auch drei- bis sechsjährige Sauen (ebenfalls ausgeweidet) kaum mehr als 60 Kilo auf die Waage. Über fünfjährige Keiler und Bachen liefern unabhängig von ihrem Gewicht ein weniger zartes Wildbret. Es eignet sich mehr zum Schmoren als zum Braten und Kurzbraten. Die nachstehend angegebenen Gewichte (mit Knochen und unpariert) beziehen sich auf einen 62 Kilogramm schweren zweijährigen Keiler, im zweiten Fall auf einen 31 Kilogramm schweren Frischling, beide in der Winterschwarte.

	Keiler	Frischling	
Schwarte, Haupt, Läufe, Flomen und Speck zusammen	30,3 kg	7,8 kg	
Rücken	4,0 kg	4,0 kg	
je Keule	6,0 kg	3,6 kg	
je Schulter	2,9 kg	2,7 kg	
je Rippenbogen	2,3 kg	1,1 kg	
je Bauchlappen	0,6 kg	0,3 kg	
Innereien: Leber	1,2 kg	Innereien werden nur in Ausnahmefällen (Gatterhaltung) gehandelt. Frischlingsinnereien sind in der Regel nicht zu haben.	
Herz	290 g		
Lunge	420 g		
je Niere	180 g		
Milz	90 g		
Hirn	120 g		
Zunge	195 g		

In der Summe der Teile ergeben sich Differenzen zum Ausgangsgewicht. Diese sind durch Feuchtigkeitsverluste während der Fleischreifung verursacht.

Innereien vom Wildschwein

Die Leber (1) teilt sich in mehrere Lappen; die Gallenblase wird beim Ausweiden gleich abgezogen. Die Leber wird meist gebraten oder geschmort. Das Herz (2) wird im Ganzen geschmort oder zu Ragout verarbeitet. Lunge (3) und Nieren (4) müssen entsprechend vorbereitet werden. Aus der Lunge wird ein Beuschel zubereitet, Nieren werden gebraten oder gedünstet.

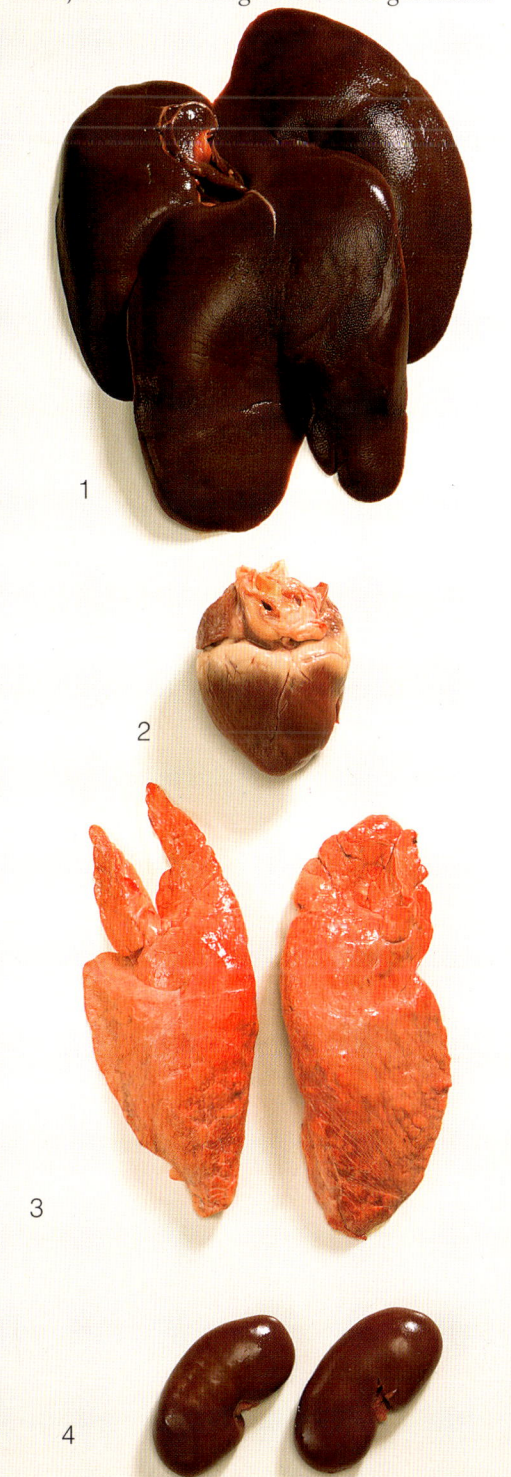

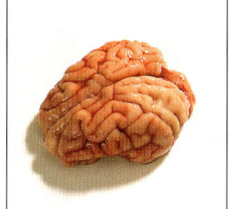

Das Hirn vom Wildschwein wird auf dieselbe Weise verwertet wie das von anderen Wildtieren.
Die Wildschweinzunge ist wie die von Schlachttieren vorzubereiten und zu verwenden.
Die Milz ähnelt in ihrer schmalen und langen Ausformung einem Filet. Ausgeschabt, mit Zwiebel, Zitronenschale, geschabtem Speck und geriebenem Weißbrot vermischt, in Butter gebraten, mit etwas Wildfond, Rotwein, Pfeffer, Salz und frischen Kräutern aromatisiert, ergibt sie als »falscher Schnepfendreck« ein pikantes Amuse-gueule.

Hasenartige

LEPORIDAE – FLOTTE RAMMLER UND FLITZER

Hasen und Wildkaninchen liefern ein beliebtes, zartes, aromatisches Wildbret. Trotz einer hohen Vermehrungsrate (bis zu zehn Junge pro Häsin und Jahr) geht die Zahl der europaweit erlegten Hasen seit Jahren zurück. Größter Lieferant von Hasenteilen ist heute Argentinien. Rücken und Keulen von rund drei Millionen Hasen werden jährlich allein nach Deutschland exportiert. Das Wildkaninchen kam ursprünglich nur westlich der Pyrenäen vor. Heute liefert es zahlenmäßig die größte Strecke. Die hohe Fruchtbarkeit der Kaninchenhäsin (bis zu vierzig Junge und mehr pro Jahr) macht dies möglich.

Feldhase *(Lepus europaeus)*, engl. hare, franz. lièvre. Vom Polarkreis bis zum Mittelmeer, von den Britischen Inseln bis zum Ural ist der Feldhase eine verbreitete Hasenart. Je nach Lebensraum wird er auch als **Waldhase** bezeichnet. In Argentinien, Neuseeland und einigen anderen Ländern wurde er aus Europa eingeführt und ausgewildert. Durch die rotbraune Haarfärbung, die oben schwarze und unten weiße Blume (Schwanz) sowie die schwarzen Löffelspitzen (Ohren) sind auch junge Feldhasen eindeutig vom Wildkaninchen zu unterscheiden. Er erreicht ein Gewicht von 3 bis 5 kg und hat ein wohlschmeckendes, rotbraunes Fleisch. In der Wildküche geschätzt sind junge Hasen, erkennbar an dem etwas oberhalb des Handwurzelgelenks (Vorderlauf) seitlich ertastbaren Jugendpfötchen. Dieses verschwindet im achten Lebensmonat. Paarungszeit ist das zeitige Frühjahr bis in den Frühsommer, die Hauptjagdzeit ist im Herbst. Importe kommen umfangreich aus Argentinien, in geringem Umfang aus Osteuropa.

Schneehase *(Lepus timidus)*, engl. mountain hare, franz. lièvre changeant. Der in den warmen Monaten graubraune Schneehase wechselt im Herbst seine Haarfarbe in Weiß. Lediglich die Löffelspitzen bleiben durchgehend schwarz. Er kommt in Schottland, in den nördlichen Regionen Europas sowie am Polarkreis (Kanada, Alaska) und im Alpengebiet vor, wird aber nur in den nördlichen Gebieten der Erde bejagt. Das Gewicht erreicht je nach Lebensraum 4 bis 10 kg. Paarungszeit ist das zeitige Frühjahr bis in den Frühsommer, die Jagdzeit von Oktober bis Dezember. Das wohlschmeckende Fleisch des Schneehasen ist nur in der Wildküche seines Lebensraumes von Bedeutung. Importe stammen aus Schottland, Russland, Skandinavien.

Wildkaninchen *(Oryctolagus cuniculus)*, engl. wild rabbit, franz. lapin de garenne. Dieser kleinste europäische Vertreter der Hasenartigen ist in Süd-, Mittel- und Westeuropa sowie (durch Auswilderung) vor allem in Australien verbreitet. Aufgrund seiner Größe und des blaugrauen Fells ist er nicht mit dem Feldhasen verwechselbar. Wildkaninchen erreichen ein Gewicht von 1,5 bis 2 kg. Sie haben ein helles zartes Fleisch von wohlschmeckendem Aroma. Paarungszeit sind der ausgehende Winter und das zeitige Frühjahr. Sie werden zum Teil ganzjährig bejagt, ansonsten im Herbst und frühen Winter.

Hase und Wildkaninchen (links und rechts) unterscheiden sich deutlich in der Größe und in der Fellfarbe. Sie werden aber immer wieder von Nichtjägern in der Natur verwechselt. Eine Kreuzung zwischen beiden Wildarten findet nicht statt. Obwohl sie beide zu den Hasenartigen (Leporidae) zählen, sind sie nicht artverwandt. Feld- und Waldhase besitzen einen rötlichbraunen Balg (Fell) mit weißer Unterwolle. Beim Wildkaninchen ist der Balg fahlgrau bis blaugrau mit grauem Unterhaar, er kann aber auch falbig, scheckig oder schwarz sein. Die Löffel (Ohren) des Hasen haben schwarze Spitzen und sind – nach vorne umgelegt – so lang wie der Kopf. Beim Wildkaninchen sind die Löffel kürzer und in der Spitze graubraun. Hasen sind Einzelgänger, während das Wildkaninchen in Kolonien in unterirdischen, selbst gegrabenen Bauen lebt.

Zwei Methoden

BEIM ABBALGEN EINES HASEN UND WILDKANINCHENS

Die traditionelle Methode wird am Hasen, die »Schnellmethode« am Wildkaninchen beispielhaft gezeigt. Bei der traditionellen Methode wird der Balg im Ganzen in Richtung Kopf, bei der »Schnellmethode« wird er geteilt und jeweils in entgegengesetzte Richtung abgezogen.

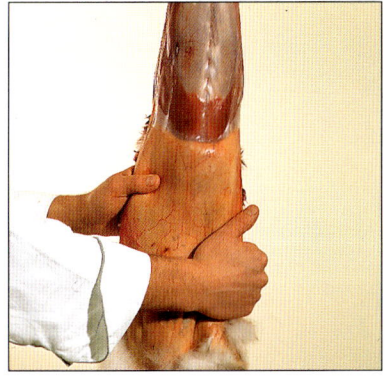

4 Den Balg mit beiden Händen fassen und mit kräftigem Zug über den Rücken in Richtung Kopf abziehen.

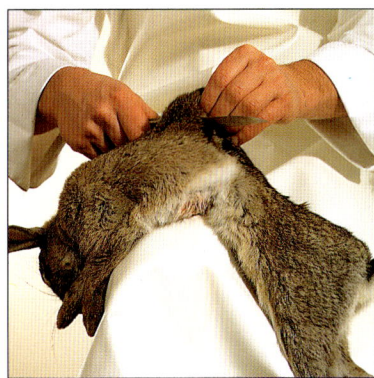

1 **»Schnellmethode«**: Den Balg in Rückenmitte fassen, quer zum Körper durchschneiden.

Tipp
Hasen und Wildkaninchen haben links und rechts unterhalb der Schwanzwurzel (Blume) in Hauttaschen sitzende Drüsen. Sie müssen vor dem Abbalgen sorgfältig entfernt werden. Gelangt das Sekret dieser Drüsen – es ist gelblichgrau beim Hasen – über die Messerschneide oder die Finger an das Wildbret, wird dieses bitter und ungenießbar.

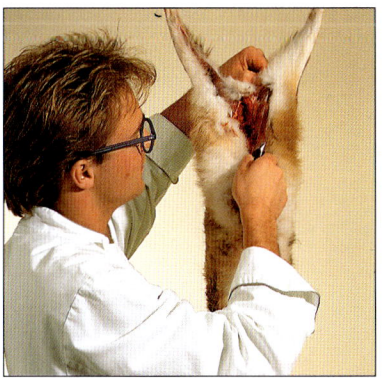

1 **Traditionelle Methode**: Die Balginnenseite der Hinterläufe bis zum Sprunggelenk aufschneiden.

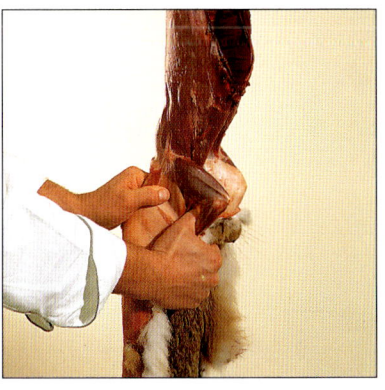

5 Die Vorderläufe nach oben aus dem Balg drücken und diesen bis zum Handwurzelgelenk abziehen.

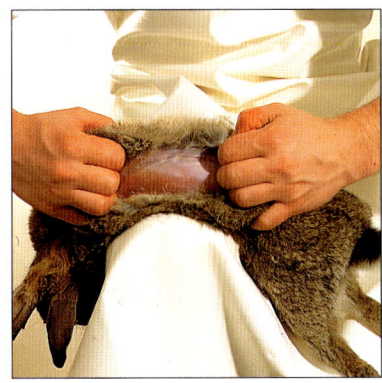

2 Die Schnittlinie durch Hineingreifen mit den Händen und Auseinanderziehen erweitern.

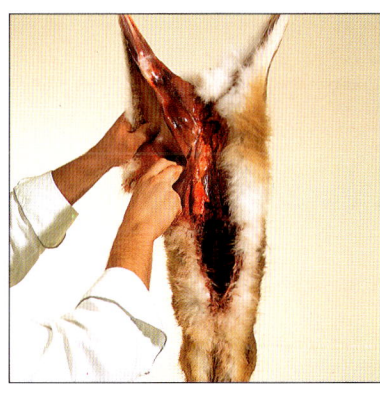

2 Die Keulen (nach Abschneiden des Balges am Gelenk) durch Abziehen des Balges freilegen.

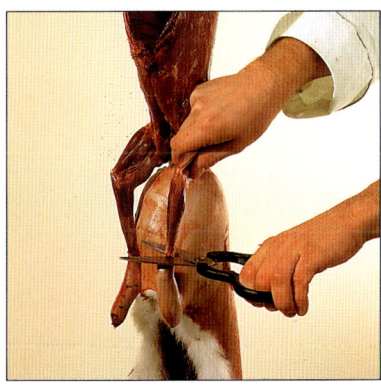

6 Die Pfoten (nach Abschneiden des Balges am Gelenk) mit einer Schere im Gelenk abtrennen.

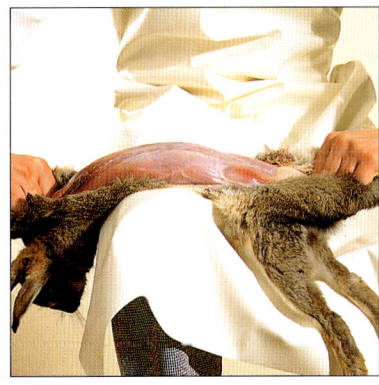

3 Den Rücken freilegen durch Auseinanderreißen des Balges in Richtung Kopf- und Hinterläufe.

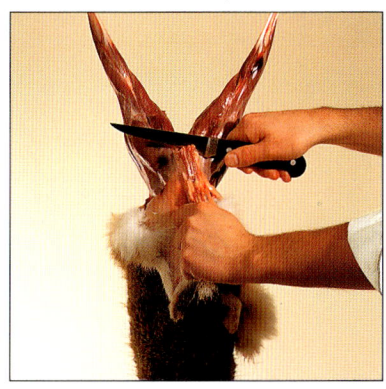

3 Die Blume (Schwanz) an der Wurzel mit Schnitt durch die Wirbel vom Wildkörper abschneiden.

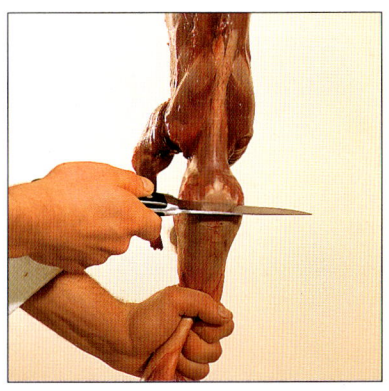

7 Den Kopf durch Abziehen des Balges freilegen. Den Balg mit den Löffeln vom Kopf abschneiden.

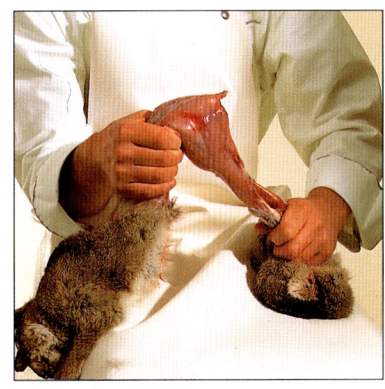

4 Vorder- und Hinterläufe durch Abziehen des Balges freilegen. Balg vom Wildkörper abschneiden.

Beispiel Hase:

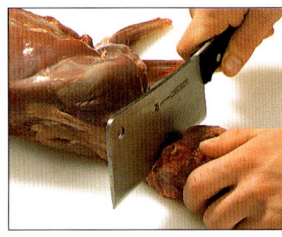

Den Kopf am Halsansatz mit einem Küchenbeil abhacken. Auf gleiche Weise den Hals abtrennen.

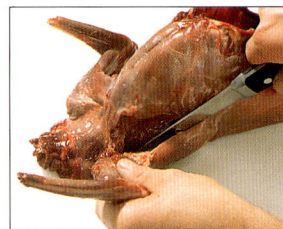

Die Achselhöhle unmittelbar am Rippenbogen aufschneiden. Anschließend den Lauf vom Körper abklappen.

Den Lauf mit in Richtung Rücken geführtem Schnitt ablösen und im Gelenk vorsichtig abschneiden.

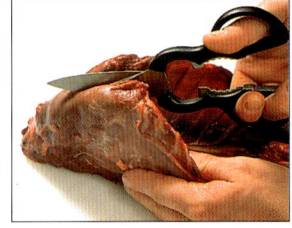

Das Brustbein von der Bauchseite zum Halsansatz hin mit einer Geflügelschere aufschneiden.

Das Zerwirken
VON HASE UND WILDKANINCHEN

Die Gewinnung von Einzelteilen von Hase und Wildkaninchen entspricht arbeitstechnisch dem Zerwirken beim Schalenwild. Als Hilfsmittel genügen ein Messer, eine Geflügelschere und ein kleines Küchenbeil. Keulen und Rücken werden nur für Hasenpfeffer geteilt. In der Regel werden sie, gespickt oder ungespickt, im Ganzen gebraten. Gleiches gilt für die Blätter, wenn sie nicht mit Hals, Rippen und Bauchlappen als "Hasenklein" für ein Ragout Verwendung finden. Zum Ragout kann auch der gesäuberte, der Länge nach halbierte Kopf gegeben werden. Mit den Teilen vom Wildkaninchen wird wie mit den Hasenteilen verfahren. Ausnahme: Es wird im Ganzen gebraten und erst anschließend tranchiert. Das Wildbret unmittelbar nach dem Erlegen ausgeweideter Hasen und Wildkaninchen bedarf keiner Beize. Im Gefriergerät sollen die Hasen- und Kaninchenteile nicht länger als sechs Monate gelagert werden. Eine längere Lagerung fördert das Ranzigwerden des eigenen Fettes, aber auch vom eingespickten Speck.

Innereien vom Hasen. Die Hasenleber gilt als besondere Delikatesse, sie sollte jedoch, wie auch Herz und Nieren, wegen der gegebenen Schwermetallbelastung nur zu seltenen Gelegenheiten verzehrt werden.
Keulen und Blätter vom Hasen ergeben eine für drei Portionen ausreichende Mahlzeit.

Die Bauchlappen und Rippenbogen parallel zum Rücken mit der Schere abschneiden.

Die Keulen links und rechts oberhalb der Beckenknochen mit einem Messerschnitt anlösen.

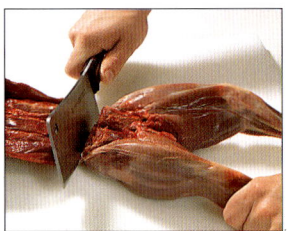

Den Rücken im Bereich der Lendenwirbel mit dem Beil durchschlagen und so von den Keulen trennen.

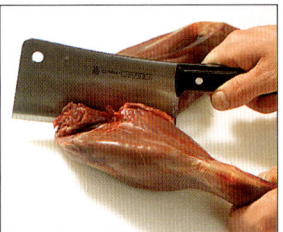

Die Keulen trennen: dafür Kreuzbein und Schwanzwirbel von der Innenseite mit dem Beil spalten.

Gewichte von Hase und Kaninchen

Hasen und Wildkaninchen variieren je nach Alter und dem in ihrem Lebensraum gegebenen Nahrungsangebot beträchtlich in ihren Gewichten. Jäger wissen, dass der »Waldhase«, so nach seinem Lebensraum bezeichnet, in der Regel schwerer ist als der »Feldhase«. Dabei sind beide von der gleichen Art. Am leichtesten unter den Hasen ist der »Dreiläufer«, wie die Jäger den noch nicht ausgewachsenen, 3 bis 4 Monate alten und zu Beginn der Jagdsaison geschossenen Hasen bezeichnen. Bei den Wildkaninchen sind jene, die in kleinen Familienverbänden in guten Biotopen leben, stets etwas schwerer als ihre in Großkolonien auf Sandboden (Dünen) aufwachsenden Artgenossen. Ein ausgewachsener Hase ist ausreichend für 4 Portionen, ein ausgewachsenes Wildkaninchen ergibt dagegen nur 2 Portionen. In der folgenden Übersicht sind beispielhaft Hase und Wildkaninchen und deren Teile mit ihren Gewichten gegenübergestellt.

Gespickt und eingelegt, eine Prozedur, die mit Hautgoût behafteten Tieren gut bekommt. Frische, nicht zu lange abgehangene Hasen bedürfen dieser Vorbereitung nicht.

Häuten eines Hasenrückens: Die Sehnenhaut im Bereich der Lende mit der Messerspitze vom Wildbret ablösen, mit Daumen und Zeigefinger fassen und mit dem Messer streifenweise vom Rücken ablösen.
Hasenrücken, einmal von der Sehnenhaut befreit, einmal bis zur Sehnenhaut gehäutet. Wird der Rücken von der Oberseite scharf angebraten, kann die Sehnenhaut am Wild verbleiben.

	Hase	Wildkaninchen
unausgeweidet	4,4 kg	1,6 kg
ausgeweidet	3,8 kg	1,3 kg
abgebalgt (mit Kopf)	2,4 kg	1,0 kg
Balg mit Läufen	1,4 kg	0,3 kg
Rücken	0,60 kg	0,24 kg
Keulen	0,66 kg	0,33 kg
Blätter	0,36 kg	0,14 kg
Rippen mit Bauchlappen	0,36 kg	0,09 kg
Kopf und Hals	0,42 kg	0,20 kg

Einen Hasenrücken spicken:

Gleich lange Streifen von grünem oder geräuchertem Speck in die zu verwendende Spicknadel einlegen.

Die Spicknadel quer durchs Rückenfilet stechen und dabei die Speckstreifen nicht zu tief einziehen.

Die Speckstreifen mit dem Messer oder einer Küchenschere am Wildbret auf 1 cm Überstand abschneiden.

Wildkaninchen haben ein helles, fast rosafarbenes Wildbret von zarter Struktur. Im Gegensatz zum Hauskaninchen ist das Wildbret vom Wildkaninchen feiner im Geschmack und deshalb in der Wildküche besonders geschätzt. Die Verwendung frischer Kräuter und Gewürze fördert sein Eigenaroma.

Federwild

Jede auf der Welt vorkommende Vogelart gehört, wenn sie nicht als Haustier gehalten wird, im weitesten Sinne unter den Begriff Federwild. Diese auch als Flugwild bezeichneten Arten sind bis auf wenige, geschmacklich bedingte Ausnahmen essbar. Den umstrittensten Beweis hierfür lieferten noch bis vor kurzer Zeit die südeuropäischen Länder. So wurden auf einigen italienischen, südfranzösischen und spanischen Märkten gerupfte Vögel unterschiedlichster Art feilgeboten und gekauft. Erst eine sensibilisierte Öffentlichkeit vermochte durch massive Proteste den vor allem im übrigen Europa geschmähten, mit Leimruten und Netzen begangenen »Vogelmord« zu mindern. Eine verbreitete Reaktion war das Unverständnis der betroffenen Vogelfänger, welche das Fleisch der in anderen Ländern geschützten Sing- und Zugvögel als besondere Gaumenfreude schätzten.

Von einem Amselzungensalat und ähnlichen Delikatessen wussten schon die reichen Römer in der Antike zu schwärmen. Heute ist auch in diesen Ländern, die mit einer jahrtausendealten Kultur im Vogelfang befrachtet sind, längst nicht mehr alles erlaubt, was gefällt. Ausgehend von Deutschland, dessen jagdgesetzliche Regelungen weltweit als vorbildlich gelten, wird auch in Südeuropa immer stärker zwischen nach Gesetz jagdbarem Wildgeflügel und durch Gesetz geschütztem Federwild unterschieden.

Ob schottisches Moorhuhn, Fasan oder Rebhuhn –
sie gehören zu den Delikatessen der feinen Wildküche.

Gewinnung von Federwild, Fleischqualität, Hygiene

Aufgrund zahlreicher internationaler Vereinbarungen ist ein Teil des für die Küche genutzten Wildgeflügels nur beschränkt bejagbar und handelbar. Bei seltenen Federwildarten sollte man sich deshalb vor dem Ankauf vergewissern, ob sie überhaupt bejagt, importiert oder gehandelt werden dürfen. Deutschen Jägern ist es zum Beispiel durch Gesetz verboten, die Türkentaube und die Waldschnepfe in den Handel zu bringen, obwohl sie beide offiziell erlegt werden dürfen. Hinzu kommt, dass aufgrund der durch die menschliche Zivilisation veränderten natürlichen Lebensräume und eine geänderte land- und forstwirtschaftliche Bodennutzung die früher in freier Natur reichlich anzutreffenden Hühnervögel (Rebhuhn, Fasan, Wachtel, Auerwild usw.) zahlenmäßig schwinden. Zwar versuchen die Revierinhaber vielerorts, die Bestände durch gezielte Hegemaßnahmen und Auswilderungen von in der Voliere aufgezogenen Tieren zu stützen und zu stabilisieren, doch ist dies meist nur von geringem Erfolg. Die Folge ist, dass ein Großteil des heutigen Angebots an Rebhühnern, Fasanen und Wachteln, manches Rauhfußhuhn sowie ein Teil der Wildenten und -gänse aus kommerziell betriebenen Aufzuchtstationen kommt – auch dann, wenn sie in freier Wildbahn erlegt wurden, denn sie waren kurz vor Aufgang der Jagdsaison ausgewildert worden.

Die Jagd auf Wildgeflügel wird mit der Schrotflinte entweder auf der Einzeljagd hinter dem Vorstehhund – er markiert durch blitzartiges Stehenbleiben das vor ihm sich befindende Flugwild – oder in Gruppen (Streife, Treibjagd) ausgeübt. Gejagt werden darf nur in begrenztem Umfang vor der Brut- und Aufzuchtzeit und nach dieser. Länderspezifische Regelungen legen für die einzelnen Vogelarten Jagd- und Schonzeiten fest. Das größte Angebot an Wildgeflügel gibt es in den Herbstmonaten, wenn die Jungen durchgemausert haben.

Wie bei Haarwild bestimmen auch bei Wildgeflügel die Gegebenheiten des Lebensraumes und des jahreszeitlichen Nahrungsangebotes die Qualität und den Geschmack seines Fleisches. So besitzt der sich überwiegend in Maisschlägen aufhaltende Fasan ein

Dass Wildgeflügel im Federkleid zum Verkauf angeboten wird, wie diese Tauben von einem Fachgeschäft in Paris, wird langsam zur Ausnahme. Der Verbraucher möchte sich heutzutage die Mühe des Rupfens und Vorbereitens nicht mehr machen. Gefragt ist küchenfertiges Wildgeflügel.

anderes Fleischaroma als sein in Weinbergen sich ernährender Artgenosse. Beide jedoch unterscheiden sich von dem Fasan aus der Voliere durch ein kernigeres, muskulöseres Fleisch, das zudem in der Farbe dunkler ist. Ähnlich ist es bei der Wildtaube. Die auf dem spätsommerlichen Getreidefeld geschossene Taube schmeckt anders als die im Herbst Eicheln und Bucheckern als Nahrung aufnehmende Taube. Bei den Wildenten bestimmt die Qualität des Gewässers, auf dem sie sich überwiegend aufhalten, das Fleischaroma mit. Diese Tatsachen sind beim Kauf von Wildgeflügel nur selten bekannt, wie 1985/86 die amtliche Warnung vor dem Verzehr von am Unterlauf der Elbe geschossenen Wildenten belegt. Deren Fleisch war hochgradig mit Schwermetallen belastet, eine Folge der großen Verschmutzung des Flusses mit Schiffs- und Industrieabwässern. Die so genannten Fortschritte in der Zivilisation bleiben nicht ohne Einfluss auf die Qualität von Lebensmitteln. Früher war es üblich, erlegtes Wildgeflügel mit einem am Ende hakenförmig gebogenen dünnen Holz- bzw. Metallstab oder einem Draht durch den Darmausgang (Kloake) auszuweiden. Der gebogene Teil wurde durch die Darmöffnung in den Bauchraum gestoßen, darin mehrfach gedreht und mit den daranhängenden Därmen nach außen gezogen. Durch Nachhaken und Nachgreifen wurde versucht, möglichst alles Gedärm herauszuziehen. Die Folge war eine Verschmutzung des Bauchraumes mit Darminhalt (Kot) und darin enthaltenen Bakterien, was relativ schnell zu einer Geschmacksbeeinflussung und Qualitätsminderung

des Fleisches führte – von vielen irrtümlich als typischer Wildgeflügelgeschmack angesehen und deklariert. Derart nach dem Erlegen behandeltes und dann noch über längere Zeit im Federkleid hängend aufbewahrtes Wildgeflügel dürfte auch heute die Masse des Angebotes ausmachen. Noch hat es sich längst nicht bei allen Jägern herumgesprochen, dass nur derjenige lebensmittelhygienisch einwandfrei handelt, der sein Wildgeflügel nach dem Schuss genauso schnell und ordentlich versorgt, wie es bei Hausgeflügel üblich ist. Noch spuken solche Empfehlungen herum: Der am Hals im Federkleid aufgehängte Fasan muss solange hängen bleiben, bis er ohne Kopf von der Schlinge fällt, das heißt, bis er an dieser Stelle durchgefault ist. Dass dessen Fleisch aufgrund des fortgeschrittenen Fäulnisprozesses besonders mürbe ist und besonders riecht (Hautgoût), verwundert dann nicht. Von besonderer Wichtigkeit für Fleischqualität und Hygiene ist auch der richtige Umgang mit dem Kropf von Wildtauben und Hühnervögeln. Obwohl immer wieder empfohlen, ist das schnelle Entfernen des unmittelbar vor dem Schlüsselbein sitzenden Kropfes bei Jägern und den Wildgeflügel im Federkleid einfrierenden Händlern längst nicht üblich. Im Kropf, der beutelartigen Ausbuchtung der Speiseröhre, sammelt der Wildvogel seine Nahrung, zum Beispiel Körner, Wildfrüchte, Käfer, Würmer und Larven, sowie Magensteine. Hier wird die Nahrung durch Säuern vorverdaut. Verbleibt der Kropf mit Inhalt über längere Zeit im Wildvogel, säuert er in unangenehmer Weise das Fleisch und macht es letztlich ungenießbar. Hinzu kommt, dass frisch abgeschluckte Käfer, Würmer und Larven durch die Speiseröhre in den Bauchraum wandern. Eine weitere Besonderheit bei Wildgeflügel, insbesondere bei Wildtauben, Wildenten und (in geringerem Umfang) Wildhühnern, ist deren natürliche Belastung mit Salmonellen sowie mit Feder- und Hautparasiten. Darauf sollte beim Rupfen und Herrichten geachtet werden.

Wildgeflügel und Lebensmittelrecht

Wildgeflügel unterliegt, sofern es nicht in Zuchtbetrieben nach Art des Hausgeflügels gewonnen wird, keiner generellen Fleischuntersuchung, sondern lediglich der stichprobenartig stattfindenden Lebensmittelkontrolle beziehungsweise ab 1.1.94 der veterinärmedizinischen Untersuchung (nur Großhandel!). Insofern ist es genauso kritisch zu beurteilen wie Haarwild, zumal, wenn es nach dem Erlegen nicht sofort sorgfältig ausgeweidet wird. Dies ist zur Zeit bei der Mehrheit erlegten Wildgeflügels (leider) noch der Fall.

Behandlung und Lagerung von Federwild

Vom Handel wird Wildgeflügel fertig gerupft und ausgeweidet, frisch beziehungsweise gefroren, aber auch geschlossen und im Federkleid, zum Teil unausgenommen und tiefgefroren, angeboten. Ersteres ist küchenfertig, Letzteres muss für die Küche vorbereitet, das heißt gerupft und nötigenfalls ausgeweidet werden. Für das Entfernen des Federkleides gibt es verschiedene Methoden: das trockene Rupfen, das Abbrühen des Federkleides mit heißem Wasser (ca. 80 °C) und anschließendem Nassrupfen, das Eintauchen des ungerupften Vogels in heißes Pech oder Paraffin. Während das Rupfen – außer bei den Schwanz- und Schwungfedern (Flügelspitzen) – stets gegen die Wuchsrichtung der Federn erfolgt, wird das erkaltete Pech oder Paraffin stückchenweise mit den anhängenden Federn vom Körper gelöst. Grundsätzlich gilt: Das Rupfen von Wildgeflügel hat aus hygienischen Gründen außerhalb der Küchenräume zu erfolgen. Am Tierkörper noch verbliebene Federhaare werden über einer offenen Flamme (Gas bzw. Gasfeuerzeug, jedoch keine Kerzenflamme!) abgeflämmt. Bei Wildenten hat sich das Häuten – also das Ablösen des Federkleides mitsamt der anhaftenden Haut – immer stärker eingebürgert. Der bei manchen Schwimmvögeln gegebene tranige Beigeschmack lässt sich durch das Häuten mindern beziehungsweise ganz aufheben.

Nach dem Rupfen oder Häuten wird der Vogel – sofern noch nicht geschehen – ordentlich ausgeweidet, der eventuell noch vorhandene Kropf entfernt und der Körper innen gründlich gewaschen. Mit einem frischen Tuch abgetupft, kommt er in die Kühlung oder, in Folie verpackt, in die Tiefkühlung. In der Kühlung sollte er abgedeckt und nicht länger als 2 bis 3 Tage aufbewahrt werden.

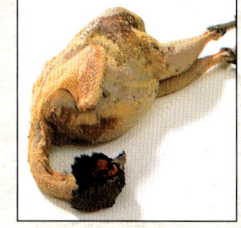

Ein Fasan, wie er in der Küche nicht verwertet werden sollte. Unausgeweidet und über mehrere Tage im Federkleid hängen gelassen, ist sein Wildbret von innen heraus bis zur Keulenoberfläche durchgefault.

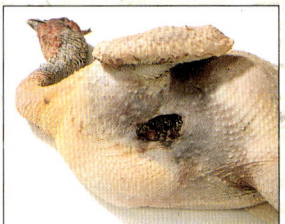
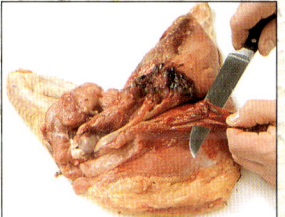
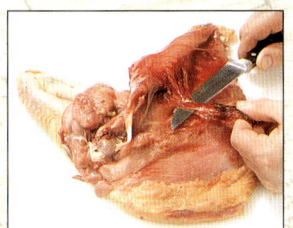
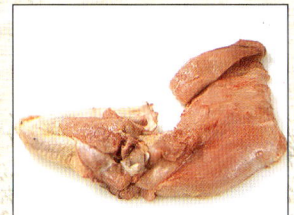

Der Schuss, ob mit Kugel oder Schrot, bringt bei der Verarbeitung von Wildgeflügel oft Probleme, wenn große Teile des Fleisches manchmal unbrauchbar geworden sind. Am Beispiel eines Wildtruthahns wird hier demonstriert, wie das verblutete Fleisch ringsum das Ein- bzw. Ausschussloch entfernt wird.

Ob es sich bei dem gelieferten Vogel um frische oder bereits ältere Ware handelt, lässt meist die Farbe des Fettes erkennen. Helles, weißes (bei Maisfasanen auch gelbliches) Fett deutet auf Frische, graues, dunkles Fett auf überlagerte Ware hin. Tiefgefroren sollten fettreiche Fasane nicht länger als 12 Wochen, fettreiche Wildenten und -gänse nicht über 6 Monate aufbewahrt werden. Ein Überziehen der Lagerzeit (wird bei Frostware oft zu hoch angesetzt) führt zum Ranzigwerden des Fettes und damit zur Ungenießbarkeit des Fleisches.

Federwild in der Ernährung

Gegenüber Hausgeflügel zeichnet sich Wildgeflügel durchweg durch ein magereres Fleisch mit kerniger, muskulöser Struktur aus. Es hat einen geringeren Energiewert, durchschnittlich um 108 kcal beziehungsweise 451 kJ/100 g, und mit 16,3 g/100 g einen annähernd gleichwertigen Eiweißanteil. Wildgeflügel ist gut für die Diätküche geeignet, vorausgesetzt, es werden sichtbare Fette entfernt. Zu beachten sind der relativ hohe Purinanteil bei jungem Wildgeflügel, positiv der gegenüber Haarwild bis zum Siebenfachen höhere Anteil an ungesättigten Fettsäuren (ca. 12 bis 25 %) sowie der im normalen Bereich liegende Cholesteringehalt.

Federwild in der Küche

Um welches Wildgeflügel es sich auch handelt, die edelsten Teile sind die Brustfilets und die Keulen. Alles andere, sofern der Vogel nicht im Ganzen zubereitet wird, dient zur Herstellung von Suppen und Saucenfonds. Junges Wildgeflügel ist im Fleisch zarter und saftiger als altes. Bei bereits küchenfertig geliefertem Wildgeflügel lässt sich, wenn Kopf und Fußglieder entfernt sind, eine sichere Altersbestimmung nicht mehr durchführen. Das als Alterstest vielfach empfohlene Niederdrücken des Brustbeins -elastisch = jung, steif = alt – ist keineswegs zuverlässig und führt oft zu unerwarteten, nämlich zähen Ergebnissen. Auch Wildgeflügel kann Träger verschiedener, für den Menschen gefährlicher Krankheitserreger sein. Da es nach dem Erlegen keiner generellen veterinärmedizinischen Genusstauglichkeitsbeurteilung unterliegt, gilt hier das Gleiche wie für Haarwild: stets gut durchbraten (Kerntemperatur 80 °C über 10 Minuten) beziehungsweise durchkochen. Rohes Fleisch (Carpaccio) von Wildgeflügel anzubieten oder es halbroh, zum Teil innen noch blutig zu servieren, ist weder lebensmittelhygienisch noch gesundheitlich zu verantworten. Die Annahme, eine alkoholhaltige Beize beziehungsweise Marinade töte (wirke sie nur lange genug) vorhandene Krankheitserreger ab, ist irrig. Im Gegenteil, denn die in einer solchen Beize gegebene geringe Alkoholkonzentration fördert zum Teil sogar die Vermehrung verschiedener, krank machender Erreger. Dass über Generationen weitergegebene und ausgelobte Zubereitungen bei näherer Betrachtung äußerst suspekt wirken, beweist der so genannte Schnepfendreck. Diese von vielen Köchen mitservierte, von Gourmets als Delikatesse (ob eingeredet oder tatsächlich als solche empfunden) bezeichnete Innerei von Schnepfenvögeln, besteht im wahrsten Sinne des Wortes aus »Dreck«. Hierbei handelt es sich nämlich um den weißen bis hellgelben, überaus muskulösen und spiralförmig gewachsenen Darm des Vogels mit dem darin enthaltenen Kot, der überwiegend aus den Resten verdauter Würmer und Larven besteht. Für die Zubereitung des Schnepfendrecks wird der Darm (von manchen Köchen auch der Magen) ungereinigt verarbeitet. Für das »besondere Aroma« sorgen nicht nur die verarbeiteten Kräuter und Gewürze.

Wie man ein bestimmtes Wildgeflügel zubereitet, kann meist erst in der Küche entschieden werden. Denn erst wenn es gerupft ist, lassen sich die diversen Verletzungen und die dadurch entstandenen Blutungen genau erkennen. Erst danach kann man entscheiden, ob der Vogel gut genug ist, um im Ganzen gebraten zu werden oder ob daraus besser ein Ragout zubereitet wird.

Zubereitungshinweise

Hinsichtlich der Brat- und Garzeiten lassen sich, da vom Alter des einzelnen Wildvogels abhängig, keine exakten Empfehlungen geben. Erfahrungen in der Praxis haben gezeigt, dass ausgelöste Brustfilets nach 20 bis 25 Minuten durchgebraten sind. Keulenstücke benötigen je nach Größe 35 bis 50 Minuten, halbierte Vögel (Fasan, Wildente) je nach Größe 45 bis 60 Minuten, ganze Vögel (Taube, Rebhuhn, Schnepfe, Wachtel) 40 bis 60 Minuten. Wildenten und -gänse sollte man nach dem Anbraten schmoren (60 bis 90 Minuten). Eine probate Methode, jegliches Wildgeflügel zart und saftig als Braten auf den Tisch zu bringen, ist, es bis auf einen selbst bestimmten Garpunkt vorzuköcheln. Im Sud erkaltet, kann es dann (zum Beispiel am nächsten Tag) wie frisch weiterverarbeitet werden. Dass sich hierbei die Bratzeiten verkürzen, ergibt sich aus der Sache.

Garprobe am Beispiel einer bardierten Fasanenbrust: Der richtige Garzustand ist erreicht, wenn auf Daumendruck das Fleisch kaum mehr nachgibt. Exakt ist das Ergebnis mit dem Fleischthermometer. Die Spitze möglichst genau in die Mitte stechen, die Temperatur soll 80 °C betragen.

Rohgewichte		Portionsgrößen	
Fasan (aus der Fasanerie)		Wachtel	2 Vögel
ohne Kopf und Hals,		Rebhuhn	1 Huhn
ausgeweidet	1310 g	Haselhuhn	1 Huhn
2 Keulen	400 g	Moorhuhn	1 Huhn
2 Brüste mit Haut	400 g	Schnepfe	1 Vogel
2 Brüste ohne Haut	320 g	Bekassine	1 Vogel
		Auerhahn	1 Brustfilet oder 1 Keule
Wildente (aus freier Wildbahn)		Birkhahn	1 Brustfilet oder 1 Keule
ohne Kopf und Hals,		Fasan	1/2 Fasan
ausgeweidet	900 g	Wildente	1/2 Ente
2 Keulen	250 g	Wildgans	1-1/2 Brustfilet oder 1 Keule
2 Brüste mit Haut	220 g	Wildtruthahn	1/2 Brustfilet
2 Brüste ohne Haut	170 g		1/2 Keule

Fasan und Wildente sind das in der Wildküche am meisten verwendete Federwild. Sie werden häufig ausgelöst und in Teilen zubereitet. Doch werden sie auch gern – ebenso wie das kleinere Wildgeflügel – im Ganzen zubereitet und portioniert angerichtet.

Die wichtigsten Federwildarten im Größenvergleich und mit ihren Durchschnittsgewichten (gerupft, ausgeweidet):

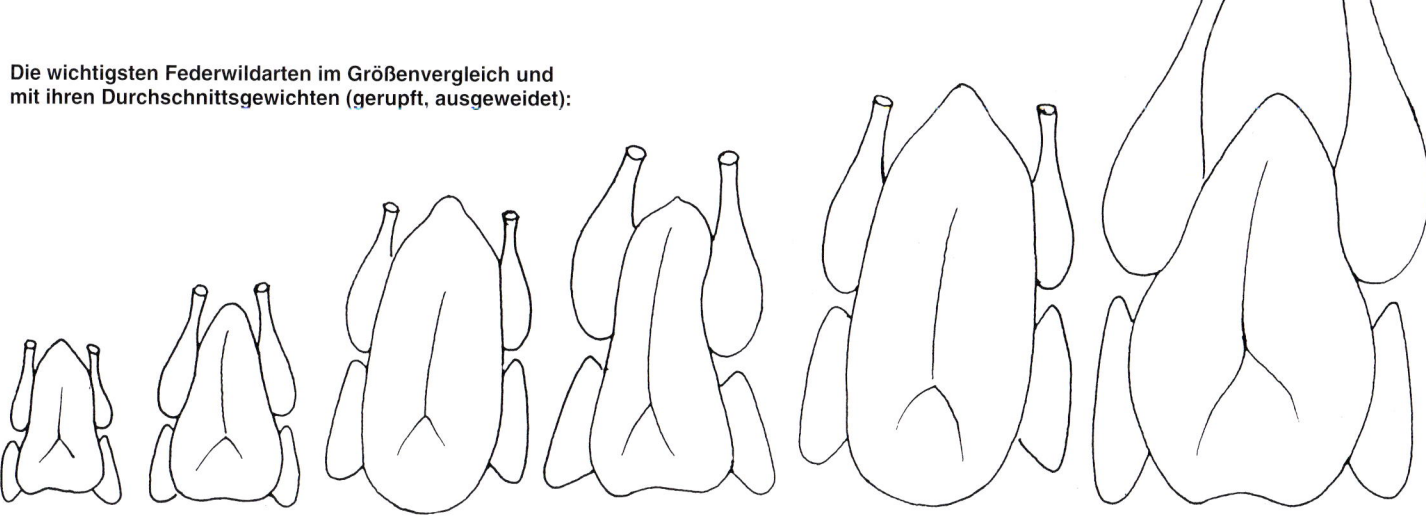

Rebhuhn	Ringeltaube	Wildente	Fasan	Wildgans	Wildtruthahn
320 g	420 g	900 g	1100 g	3300 g	5300 g

Hühnervögel
GALLIFORMES – BUNTE HÄHNE, GRAUE HENNEN

In der Wildküche früherer Jahrzehnte waren Wildhühner fast ebenso häufig anzutreffen wie Gerichte von Hasen und Wildkaninchen. Was in der Natur reichlich vorkam, konnte auch entsprechend oft zubereitet und serviert werden. Zwischenzeitlich sind durch Veränderungen in ihrem Lebensraum die Zahl der Populationen und die Kopfstärke der Familienverbände zum Teil drastisch zurückgegangen. Nasskalte Frühjahre, die es an den für die Küken überlebensnotwendigen Insekten fehlen ließen, trugen ebenso dazu bei wie eine großflächig betriebene Landwirtschaft in einer von Hecken, krautbewachsenen Wegrainen und Ackerrandstreifen ausgeräumten Landschaft. Unfruchtbarkeit und Eierschalenbruch verursachende Pestizide taten ein Übriges. Ein verantwortungsvoller Umgang mit der Natur, Verbesserungen des Lebensraumes und Stützung der Bestände durch intensive Hege wahren dem Feinschmecker die Chance, auch künftig hin und wieder ein Wildhuhn verzehren zu können.

Fasan

(Phasianus), engl. pheasant, franz. faisan. Zu den heute am häufigsten auf der Speisekarte anzutreffenden Wildhühnern zählt der Fasan. Lebensraum des neben dem Rebhuhn bekanntesten und in der Küche bedeutendsten Hühnervogels ist Europa und Asien, wo er selten über 600 m Höhe angetroffen wird. Seine Jagdzeit ist von Oktober bis Januar. Der Fasan besitzt ein helles, muskulöses Fleisch, das schon die alten Griechen und Römer zu schätzen wussten. Die Römer waren es auch, die diesen aus Asien stammenden Hühnervogel zuerst nach Mitteleuropa brachten. Die meisten in freier Wildbahn vorkommenden Fasane gründen ihre Abstammung noch aus dem Mittelalter. Damals waren sie aus fürstlichen Fasanengärten (Fasanerien) entflogen. Doch wurden sie auch – das gilt bis in unsere Zeit – von Revierinhabern ausgewildert. Dies ist auch einer der Gründe, warum der in vielen Revieren seit Jahrhunderten vorkommende und sich dort natürlich vermehrende Fasan heute noch von manchem als nicht in den gegebenen Lebensraum passender Exote angesehen wird. Beim Fasan gibt es verschiedene Rassen, die sich in ihrem Erscheinungsbild unterscheiden. Dies wird besonders deutlich am Prachtgefieder der Fasanenhähne.

Am bekanntesten, da bei uns am häufigsten anzutreffen, ist der **Jagdfasan** *(Phasianus colchicus)*. Äußeres Kennzeichen ist das Fehlen eines weißen Halsringes, ein grün bis violett schimmerndes Halsgefieder und ein braunes Bauchgefieder. Ganz anders erscheint dagegen das Prachtkleid des **Mongolischen Fasans** *(Phasianus colchicus mongolicus)*. Er besitzt einen breiten weißen Halsring, weiße Schulterflügel und ein braunes Bauchgefieder. Das Halsgefieder ist auch bei ihm grün bis violett schimmernd. Ebenfalls stolzer Träger eines weißen, jedoch gegenüber dem »Mongolen« schmäleren Halsringes ist der **Ringfasan** *(Phasianus colchicus torquatus)*. Außer durch den schmalen Halsring unterscheidet er sich vom Mongolischen Fasan durch das Fehlen der weißen Flügeldecken, er besitzt ein gelblich braunes Bauchgefieder. Hin und wieder im Handel anzutreffen ist noch der **Tenebrosus** *(Phasianus colchicus tenebrosus)*, ein Fasan ohne Halsring und mit blau schillerndem Bauchgefieder. So unterschiedlich wie ihr Erscheinungsbild ist die Fähigkeit der einzelnen Fasanenrassen, sich einem gegebenen Lebensraum anzupassen. Dies hat mit dazu geführt, dass in einzelnen Revieren aufgrund der Auswilderung verschiedener Rassen die Hähne in unterschiedlichstem Erscheinungsbild anzutreffen sind. Welche der Rassen im vorgegebenen Biotop auf Dauer überlebt und damit heimisch wird, entscheidet letztlich die Natur. Lassen sich die Hähne recht eindeutig der einen oder anderen Rasse zuordnen, ist dies bei den Hennen nicht der Fall. Mit ihrem graubraun gemusterten Gefieder sehen sie praktisch alle gleich aus. Außer der Gefiederfarbe unterscheidet sie von den Hähnen noch der kürzere Stoß (Schwanzfedern), das geringere Gewicht und der in jungen Jahren fehlende, bei älteren Hühnern hin und wieder als Andeutung feststellbare Sporn. Er sitzt oberhalb der Zehenglieder und ist ein wichtiges Merkmal für die Altersfeststellung. Bei jungen Tieren ist er warzenähnlich und kegelförmig stumpf. Je älter der Hahn, desto länger der Sporn. Junge Hähne aus freier Wildbahn haben ein Lebendgewicht zwischen 700 und 1350 g, ältere Hähne zwischen 1150 und 1550 g.

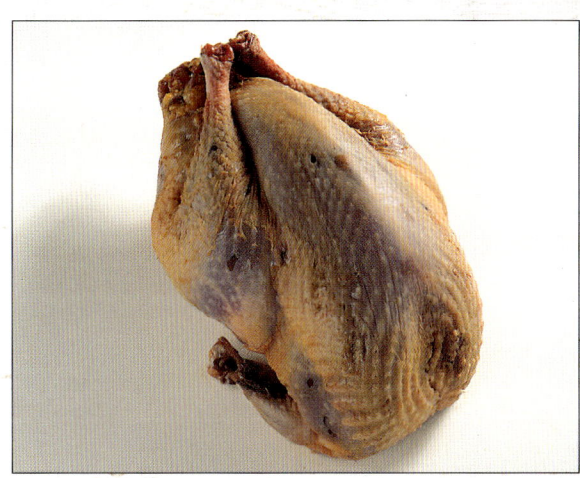

Der gerupfte Fasan. Aus freier Wildbahn werden überwiegend Fasanenhähne angeboten, deren kerniges, muskulöses Wildbret weniger aromatisch als das der im Gewicht leichteren Henne ist. Fasane können sowohl im Ganzen als auch in Teilstücken gebraten werden.

Sporn: Fasanenhähne haben im Gegensatz zur Henne oberhalb der Zehenglieder einen Sporn. Je kürzer (kegelförmig stumpf) dieser Sporn ist, desto jünger ist der Hahn.

Junge Hennen wiegen lebend zwischen 700 und 1000 g, ältere zwischen 1100 und 1300 g. Diese Gewichte sind allerdings kein Maßstab für eine Altersqualifizierung bei im Handel angebotenen, küchenfertigen und hochgewichtigen Fasanen. Nur zum geringen Teil handelt es sich dabei um in freier Wildbahn aufgewachsene Fasane. Schrotkugeln im Wildbret sind lediglich ein Indiz dafür, dass der Vogel während einer Jagd erlegt wurde. Vielfach aus einer Fasanerie stammend, ist er oft erst wenige Wochen zuvor zur Bereicherung der Jagdstrecke im Revier »ausgewildert« worden. Diese Verfahrensweise wird in Deutschland in jüngerer Zeit von der Jägerschaft immer stärker abgelehnt, in den osteuropäischen Ländern dagegen noch uneingeschränkt praktiziert. Aus den dortigen, im Stile landwirtschaftlicher Hühnerproduktion geführten Fasanerien, kommt auch das Hauptangebot im Handel. Betriebe, die jährlich zwischen 300.000 und 500.000 Fasaneneier maschinell ausbruten lassen, masten einen wesentlichen Teil dieser Vögel ausschließlich zum Verkauf an Handel und Gastronomie. Solche Fasane besitzen dann küchenfertig ein Gewicht zwischen 1000 und 1300 g. Ihre Zubereitung erfolgt wie beim Wildfasan sowohl im Ganzen als auch in Teilen (Brust, Keulen).

Steinhuhn *(Alectoris graeca)*, engl. rock partridge, franz. bartavelle. Dieser Hühnervogel hat einen roten Schnabel, rote Füße, im Obergefieder ist er grau, an den Flanken hell-dunkel gebändert, typisch ist der helle, schwarz umrandete Kehlfleck. Das Steinhuhn ist etwas größer als das Rebhuhn. Es kommt in Europa nur in mediterranen Hochlagen vor. Selbst in der Wildküche seines Lebensraumes hat das Steinhuhn kaum eine Bedeutung erlangt.

Chukarhuhn *(Alectoris chukar)*, engl. chukar, franz. chukar. Dem Steinhuhn im Äußeren nahezu gleich ist das Chukarhuhn, dessen Vorkommen von den Balkanländern bis zur Mandschurei reicht. Bedeutung hat es nur in der Wildküche seines Lebensraumes, wo es als Wildgeflügel sehr geschätzt ist.

Fasane sind in der Küche ein begehrtes Wildgeflügel. Gegenüber der graubraunen Henne sind die Hähne überaus farbenprächtig und besitzen einen längeren Stoß (Schwanzfedern).

Feldhühner sind in ihren Beständen weniger geworden. Für die Küche kommen viele aus der Zucht.

Das Rebhuhn, allgemein auch als Feldhuhn bezeichnet, liefert zartes, wohlschmeckendes Wildbret. Gebratene junge Rebhühner gelten als Delikatesse.
Das Rothuhn, hier gerupft, hat im Unterschied zum Rebhuhn graue Federn, einen roten Schnabel und einen hellen, schwarz umrandeten Kehlfleck.

Rothuhn (*Alectoris rufa*), engl. red-legged partridge, franz. perdrix rouge. Im Aussehen ähnelt das Rothuhn dem Steinhuhn. Es kommt in begrenzten Populationen im Mittelmeerraum vor. Nur in der Wildküche seines Lebensraumes konnte es bisher eine Bedeutung erlangen. Dort wird der Vogel nur im Ganzen zubereitet. In der Regel wird er gebraten.

Wachteln

(*Coturnix coturnix*), engl. quail, franz. caille. Sie sind im echten Sinn des Wortes nicht nur ihrer »Portionsgröße« wegen ein Leckerbissen. Wachteln werden heute fast ausschließlich aus Brutfarmen an Handel und Gastronomie geliefert. Während die Wachtelhenne in freier Natur pro Jahr bis zu zwei Gelege mit insgesamt 20 bis 32 Küken aufzieht, legt die gefarmte Henne im Jahr zwischen 200 und 300 Eier. Dies wird möglich durch Ausnutzen des bei allen Vogelarten gegebenen Naturtriebes, nämlich das um entnomme Eier verringerte Gelege durch Nachlegen aufzufüllen. Die täglich eingesammelten Eier werden in einer Brutmaschine ausgebrütet. Die Küken schlüpfen nach 16 bis 18 Tagen und werden ausschließlich unter einer Wärmelampe (37 °C) mit einem Spezial-Kükenfutter aufgezogen. Nach 6 bis 7 Wochen sind die in der Haltung anspruchslosen Vögel ausgewachsen und damit schlachtreif. Die Wachtel ist das kleinste, nur starengroße Feldhuhn. Die Gefiederoberseite zeigt helle Längsstreifen, die Hähne tragen gegenüber den Hennen eine deutliche Kehlzeichnung. Die Wachtel ist ein Zugvogel mit jährlich schwankender Population. Ihr Vorkommen erstreckt sich auf Mittel-, Süd- und Osteuropa sowie Afrika. Wachteln werden in freier Wildbahn nur in südlichen Ländern bejagt, und zwar im September/ Oktober. Die Anlieferung von Tieren und Eiern für den Handel und die Gastronomie erfolgt fast ausschließlich und nahezu ganzjährig aus Zuchtbetrieben. Importe stammen überwiegend aus Frankreich. Wachteln werden nur im Ganzen zubereitet.

Rebhuhn

(*Perdix perdix*), engl. partridge, franz. perdrix. In vielen von ihm früher zahlreich besiedelten Revieren ist auch das Rebhuhn selten geworden. Bereits in verschiedenen Bundesländern Deutschlands wird es als im Bestand gefährdeter Wildvogel auf der Roten Liste geführt. Wo die Population regional stabil ist und entsprechenden Zuwachs aufweist, wird sie schonend bejagt und liefert so köstliches Wildbret. Hähne und Hennen sind gleich groß (ca. 400 g), wobei beide ein braungraues Gefieder mit starker Musterung tragen. Der Hahn trägt ein auffallend rostbraunes Brustschild, außerdem weisen seine Federn einen klaren gelben Schaftstrich auf. Junge Rebhühner haben spitz zulaufende Flügelspitzen. Nahezu in ganz Europa und Asien kommen Rebhühner bis in 600 m Höhe vor. Sie werden von September bis November bejagt. Dem Handel werden sie aus regionalen Revieren und Volieren angeliefert, hinzu kommen Importe aus Osteuropa. Rebhühner werden überwiegend nur im Ganzen zubereitet.

Wachteln, gerupft und zur Verarbeitung in der Küche vorbereitet. Der fleischige Wildkörper ist so groß wie ein Star. Pro Portion rechnet man zwei Wachteln. Sie werden im Ganzen, meist mit einer aromatischen Füllung versehen, gebraten, gelegentlich auch geschmort.

Trutwild *(Meleagris gallopavo)*, engl. wild turkey, franz. dindon. Dieser nordamerikanische Hühnervogel ist ein Urahn des Haustrutgeflügels. In Deutschland und Österreich wurde er in kleinen Gebieten ausgewildert. In Aussehen und Gefiederfarbe ist das Trutwild dem gleichnamigen Hausgeflügel vergleichbar. Der Wildtruthahn wird bis 7,5 kg schwer. Bedeutung hat er nur in der regionalen Küche. Jagdzeit ist im Frühjahr zur Balz auf den Hahn, im Herbst auf der Treibjagd auf beide Geschlechter. Anlieferungen an Handel und Gastronomie erfolgen aus regionalen Vorkommen. Importe sind nicht bekannt. In der Küche geschätzt ist vor allem das Brust- und Keulenfleisch, doch wird der Vogel auch im Ganzen gebraten.

Rauhfußhühner

Eine Besonderheit unter den Hühnervögeln stellen die Rauhfußhühner (Tetranoninae) dar, die ihres bevorzugten Lebensraumes wegen auch Waldhühner genannt werden. Die Bezeichung »Rauhfuß« erhielten sie wegen der über die Laufbeine bis zu den Zehen reichenden Befiederung. Rauhfußhühner besitzen ein dunkelrotes, im Geschmack sehr würziges Wildbret, das bei jungen Vögeln besonders zart, bei älteren Exemplaren dagegen oftmals zäh ist. Letztere werden vor dem Braten vorgekocht, geschmort oder zu Ragout verarbeitet. In Deutschland sind Rauhfußhühner ganzjährig geschont, in anderen Ländern sind die Abschusszahlen meist limitiert. Gute Streckenergebnisse gibt es noch bei den schottischen Moorhühnern. Wie manches andere Wildgeflügel unterliegen insbesondere Rauhfußhühner Export-, Import- sowie Handelsbeschränkungen.

Auerwild *(Tetrao urogallus)*, engl. capercaillie, franz. tétras. Unter den Rauhfußhühnern ist es der größte vorkommende Wildvogel. Hähne erreichen ein Gewicht von 4 bis 5 kg. Sie haben ein dunkelgraues bis blauschwarzes, metallisch glänzendes Federkleid. Die kleinere Henne mit einem Gewicht von 2,5 bis 3 kg besitzt auf der Oberseite ein braunes, mit schwarzen und weißlichen Querbändern gezeichnetes Gefieder. Die Unterseite ist gelblichbraun. Junghähne haben kürzere Schwanzfedern, einen blaugrauen Schnabel und sind im Rückengefieder ähnlich wie die Henne gefärbt. Auerwild kommt in den Waldgebieten Europas und Asiens, in Mitteleuropa in den Mittel- und Hochgebirgslagen vor. Es findet seine Bedeutung in der regionalen Küche, vor allem in Skandinavien, Österreich, Osteuropa. Jagdzeit ist im Januar, Mai, September/Oktober. Importe (Einzelstücke) kommen aus Skandinavien, der ehemaligen UdSSR und Österreich. Als Bezugsquelle kommen vor allem Präparatoren in Frage. In der Küche geschätzt ist vor allem das Brust- und Keulenfleisch.

Birkwild *(Tetrao tetrix)*, engl. black game grouse, franz. tétras-lyre. Der Hahn zeigt ein glänzend schwarzes Gefieder mit weißem Unterschwanz und weißem Fleck am Flügelansatz. Die Henne hat ein braunes Gefieder mit dunklen Bändern und einen gegabelten Schwanz. Während der Hahn etwa 1,2 kg auf die Waage bringt, wird die Henne nur etwa 0,9 kg schwer. Junge Hähne haben 2 bis 3 sichelartig nach außen gebogene Schwanzfedern. In seinem Lebens-

Der Wildtruthahn, ein in Amerika beheimatetes Federwild, kommt in zwei Arten vor. Als Broncetruthuhn *(Meleagris gallapavo)* in Nordamerika und als Wildtruthuhn *(Meleagris gallapavo mexikana)* in Mexiko. Truthühner besitzen unterschiedliche Fleischstrukturen. Brust und Keulen lassen sich vielseitig zubereiten. Die vom Knochen (Karkasse) gelöste Brust kann als Filet gebraten, zu Schnitzeln geschnitten oder beide Brüste zusammen können zu einem Rollbraten gebunden und zubereitet werden.

Die Keule vom Trutwild. Deutlich erkennbar ist der unterschiedliche Verlauf in der Fleischfaser. Gegenüber den als Hausgeflügel gehaltenen Puten und Truthähnen besitzt das Fleisch des Trutwildes eine dunklere Färbung. Auch beim Trutwild müssen vor der Verarbeitung der Keule die Sehnen gezogen werden.

»Indianische Henn« aus Marx Rumpolt »Ein new Kochbuch«, Ausgabe 1604, in Frankfurt am Main erschienen.

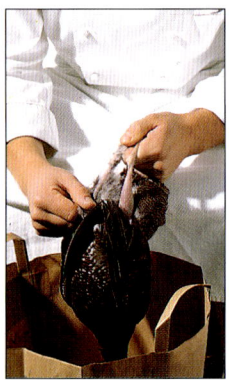

Wildgeflügel wird am einfachsten trocken gerupft. Der Vogel kann aber auch – wie beim Hausgeflügel üblich – abgebrüht und anschließend nass gerupft werden.

Rupfen – ausnehmen und zerlegen
AM BEISPIEL EINES MOORHUHNS

Es folgen die Arbeitsschritte, die bei allem Wildgeflügel gleich sind. Wurde es nach der Jagd ordentlich versorgt, das heißt, Kropf, Därme und Magen entfernt, entfällt diese Arbeit in der Küche.

1 **Rupfen**: Den Vogel festhalten. An der Brust beginnend die Federn gegen die Wuchsrichtung herausrupfen.

2 **Ausnehmen**: Die Haut über dem Kropf in Richtung Brustbein aufschneiden und den Kropf freilegen.

3 Den Kropf (zur Speiseröhre gehörender Hautsack) im Ganzen entfernen oder vom Inhalt entleeren.

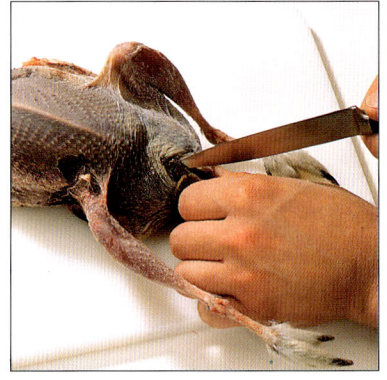

4 Den Bauch vom Darmausgang bis zum Brustbein aufschneiden, dabei den Darm nicht verletzen.

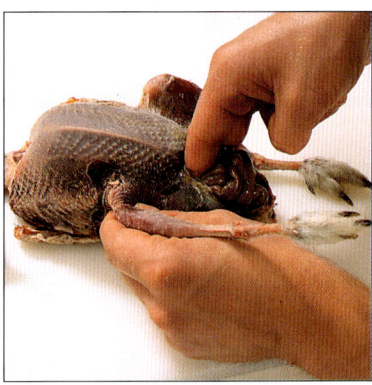

5 Gescheide und Innereien mit zwei Fingern aus der Bauchhöhle und dem Brustkorb herausholen.

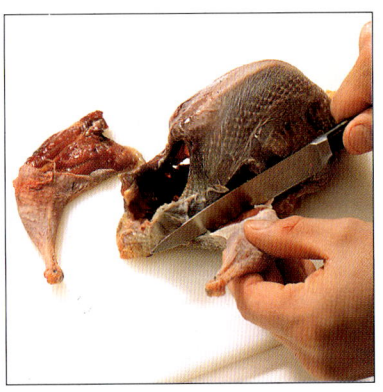

6 **Zerlegen**: Die Keulen abschneiden. Die Schnitte seitlich bis zum Gelenk, dann durchs Gelenk führen.

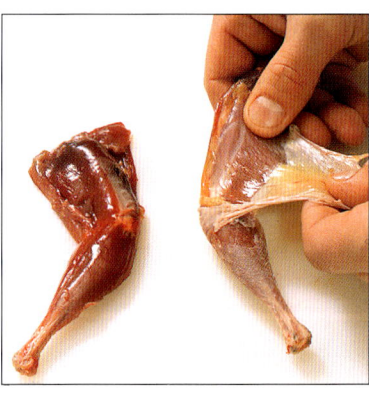

7 Die Keulen häuten, dabei die Haut in Richtung Laufbeingelenk rundum vorsichtig abziehen.

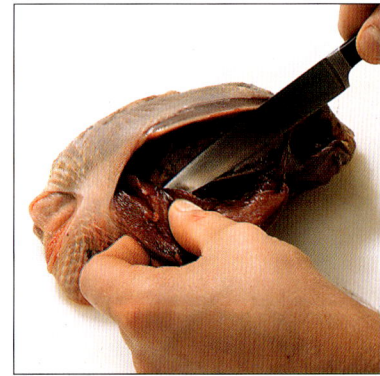

8 Das Bruststück mit vom Brustbein zum Rücken geführten Schnitten vom Knochen abtrennen.

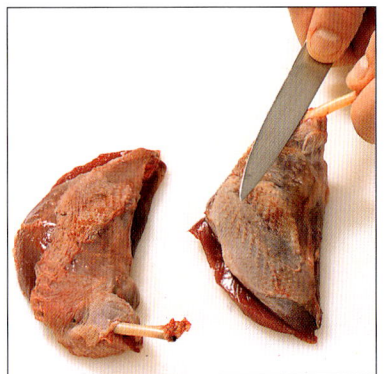

9 Den Flügelknochen am Gelenk umschneiden und das Fleisch mit dem Messerrücken abschaben.

10 Die Blutgerinnsel aus den Herzkammern mit Messerdruck von der Herzspitze her herausschieben.

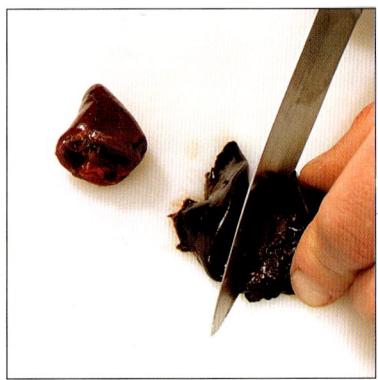

11 Die Gallenblase vorsichtig von der Leber ablösen, Leber abspülen und anschließend halbieren.

Moorhühner aus Schottland. Hier ist das Kennzeichen der Rauhfußhühner, nämlich die bis zu den Zehen reichende Befiederung, deutlich zu erkennen.

raum sowie in den Jagdzeiten unterscheidet sich das Birkwild nicht vom Auerwild. Bedeutung hat es nur in der regionalen Küche Skandinaviens, Schottlands, Österreichs sowie in Osteuropa erlangt. Für die Importe, Bezugsquelle und Zubereitung gilt dasselbe, wie bei Auerwild beschrieben.

Rackelwild *(Tetrao hybride)*, engl. wood grouse, franz. tétras hybride. Als Kreuzung zwischen Birk- und Auerwild ist das Rackelwild gelegentlich in freier Natur anzutreffen. Es kann sich nicht selbst fortpflanzen. In der Wildküche gilt dieselbe Verwendung wie für Auer- und Birkwild.

Haselwild *(Bonasa bonasia)*, engl. hazel grouse, franz. gélinotte des bois. Dieses rebhuhngroße Rauhfußhuhn hat ein Gefieder von grauer bis rostbrauner Grundfarbe mit zahlreichen Flecken und Musterungen. Es erreicht ein Gewicht von etwa 400 g. Das Fleisch des Haselwildes gilt als besondere Delikatesse. Sein Lebensraum ist mit dem von Auer- und Birkwild nahezu identisch. Haselwild ist in Nord-, Mittel- und Osteuropa anzutreffen. Eine Bedeutung hat es nur in der regionalen Küche. Es wird in Deutschland nicht, in anderen Ländern im September/Oktober gejagt.

Zubereitet wird der Vogel im Ganzen.

Alpenschneehuhn *(Lagopus mutus)*, engl. ptarmigan, white grouse, franz. lagopède des Alpes, perdrix des neiges. Dieses Rauhfußhuhn lebt im mitteleuropäischen Hochgebirge, im Norden Skandinaviens und in Schottland. Der Hahn trägt im Sommer ein graues, die Henne ein braunes Gefieder. Beide haben weiße Flügel. Im Winter sind beide weiß mit schwarzem Schwanz. Das Alpenschneehuhn wird etwa 400 g schwer. Eine Bedeutung hat es nur in der Wildküche seines Lebensraumes erlangt. Dort wird der Vogel gewöhnlich im Ganzen zubereitet.

Moor(schnee)huhn *(Lagopus lagopus)*, engl. grouse, franz. grouse. Das Moorhuhn ist ein dem Alpenschneehuhn sehr ähnliches Rauhfußhuhn und wird mit diesem oft verwechselt. Es kommt in Schottland und Skandinavien vor. Seine kulinarische Bedeutung hat es vor allem in der Wildküche seines Lebensraumes. Dort wird der Vogel in der Regel im Ganzen zubereitet.

Watvögel
CHARADRIIFORMES

Waldschnepfe. Sie ist von der gleichfarbenen, jedoch kleineren Bekassine (Kopf und Oberkleid längs gestreift) durch Querbänderung an Kopf und Oberkleid gut zu unterscheiden.

Die in der Küche bekanntesten Watvögel sind die Schnepfenarten, die in den Mittelmeerländern in der Jagdsaison häufig angeboten werden. In Deutschland werden Sie aufgrund gesetzlicher Bestimmungen nur noch selten geschossen. Ihr Wildbret gilt bei Gourmets als Delikatesse.

Waldschnepfe *(Scolopax rusticola)*, engl. woodcock, timberdoodle, franz. bécasse des bois. Dieser knapp taubengroße Zugvogel (ca. 300 g) mit langem Schnabel ist von Schottland über Skandinavien bis Mittel-, Ost- und Südeuropa verbreitet. Er wird im März/April und Oktober/November bejagt. Dem Handel wird er aus freier Wildbahn angeliefert.

Uferschnepfe *(Limosa limosa)*, engl. black-tailed godwit, franz. barge à queue noire. Der langbeinige, große Watvogel, bei dem Hals und Brust auffallend rotbraun gefärbt sind, hat eine weiße Flügelbinde und einen weißen Schwanz. Er ist in Deutschland geschützt, in anderen Ländern wird er zum Teil bejagt.

Sumpfschnepfe, Bekassine *(Gallinago gallinago)*, engl. heather-bleater, franz. bécassine ordinaire, bécassine des marais. Dieser drosselgroße, braunschwarze Vogel mit langem Schnabel und relativ kurzen Beinen gilt als feinster Schnepfenvogel. Vorkommen und Jagdzeit (in Deutschland geschützt) entsprechen denen der Waldschnepfe.

Rabenvögel
CORVIDAE

Seit einigen Jahren sind Krähen, Elstern und Eichelhäher aufgrund einer EU-Bestimmung ganzjährig geschont. Ihre heutige Populationsdichte wird jedoch bald auf EU-Ebene zur Freigabe der Jagd führen können. Dann werden die Rabenvögel die Wildküche wieder bereichern.

Rabenkrähe *(Corvus c. corone)*, engl. carrion crow, franz. corneille noire. Der taubengroße Wildvogel mit schwarzem Gefieder, der zumeist in Schwärmen auftritt, ist in Westeuropa bis an die Elbe und bis zu den Zentralalpen verbreitet. Der im Norden und Osten Europas lebende Vetter ist die Nebelkrähe *(Corvus c. cornix)*. Die Jagdzeit ist überwiegend im Frühjahr vor der Brutzeit und im Herbst. In der Wildküche beliebt sind Brust und Keulen junger Krähen nach der Mauser.

Eichelhäher *(Garrulus glandarius)*, engl. jay, franz. geai des chênes. Der amselgroße Vogel mit rötlichbraunem Gefieder, einem schwarzen Schwanz mit weißem, oberhalb des Schwanzes liegendem Bürzel und blauschwarz gebänderten Deckfedern auf den Flügeln kommt in Europa und Asien vor. Die Jagdzeit ist überwiegend im Herbst. In der Küche geschätzt sind Brust und Keulen.

Elster *(Pica pica)*, engl. magpie, franz. pie. Der schwarzweiß gefärbte, langschwänzige Vogel von Taubengröße lebt in Europa, Asien und Nordamerika. Er wird überwiegend im Frühjahr vor der Brutzeit und im Herbst bejagt. In der Küche geschätzt sind Brust und Keulen junger Vögel.

Die Ringeltaube ist die häufigste bei uns vorkommende Wildtaubenart. Alte Vögel haben einen weißen Halsring, bei jungen Tauben fehlt er.
Gerupfte Ringeltaube. Durch ihre blaugraue, grobporige Haut und ihr dunkles Fleisch ist sie von einer gerupften Haustaube gut zu unterscheiden.

Taubenvögel
COLUMBIFORMES

Ringel- und Türkentauben sind bei den Wildtauben die Hauptarten in Europa. Mit über 600.000 Stück wurden in den letzten Jahren allein in Deutschland nahezu gleichviel Ringeltauben wie Wildenten erlegt.

Ringeltaube *(Columba palumbus)*, engl. wood pigeon, franz. pigeon ramier. Die größte mitteleuropäische Taube (ca. 500 g) trägt ein blaugraues Gefieder. Bei Jungtieren fehlen die weißen Flecken an der Halsseite. Ringeltauben werden von Juli bis April bejagt.

Türkentaube *(Streptopelia decaocto)*, engl. collared turtle dove, franz. tourterelle turque. Die Türkentaube ist kleiner als die Ringeltaube, hat einen hellgrauen Rücken, einen langen, gestuften Schwanz und ein schmales, schwarzes, halbmondförmiges Nackenband. Jagdzeit ist von Juli bis April. Die Türkentaube darf in Deutschland nicht gehandelt werden.

Turteltaube *(Streptopelia turtur)*, engl. turtle dove, franz. tourterelle des bois. Die in der Größe der Türkentaube entsprechende Turteltaube – sie lebt in Europa, Asien und Afrika – trägt ein rostbraunes Rückengefieder. In Deutschland ist sie ganzjährig geschont, wird aber in anderen Ländern bejagt.

Kranichartige
GRUIFORMES

Wo Trappen angeboten werden, stammen sie mit Sicherheit aus Aufzuchtstationen. Die frei lebenden Bestände werden in fast allen europäischen Ländern weitest gehend von der Jagd verschont. Das ist anders beim Blässhuhn, das bei Entenjagden gelegentlich mitgeschossen wird. Größere Strecken werden bei speziellen Beichenjagden am Bodensee erzielt.

Trappen *(Otididae)*, engl. bustard, franz. outarde. Dieses größte europäische Wildgeflügel wird in **Großtrappe** *(Otis tarda)* und **Zwergtrappe** *(Tetrax tetrax)* unterschieden. Bei der Großtrappe erreichen die auf der Oberseite im Gefieder rotbraunen, am Hals grauweißen und im Brustbereich mit einem rostroten Band gezeichneten Hähne Gewichte bis zu 16 kg. Die im Gefieder etwas unauffälligeren Hennen sind wesentlich kleiner. Sie leben in den Steppengebieten Europas und Afrikas, zum Teil noch in Mitteldeutschland, Polen, Ungarn und Österreich. Die Zwergtrappe (bis 1 kg) hat ein sandfarbenes Gefieder. Der Hahn weist einen schwarz-weißen Halsring auf. Sie leben in West- und Südeuropa.

Blässhuhn *(Fulica atra)*, engl. coot, franz. foulque. Der zu den Rallen zählende Schwimmvogel erreicht die Größe einer kleineren Ente (ca. 600 g). Beide Geschlechter haben ein schwarzes, glänzendes Gefieder, einen weißen Schnabel und eine weiße Stirnblässe. Jungvögel haben einen roten Schnabel mit weißer Spitze. Sie leben in ganz Europa, ausgenommen Skandinavien, und werden von September bis Dezember bejagt. In der Küche geschätzt sind nur die Jungvögel. Sie werden vor der Zubereitung gehäutet.

Schwimmvögel
ANSERIFORMES

Ihr gemeinsames Kennzeichen sind die Schwimmhäute zwischen den Zehen (Ruder, Latschen). Wildenten und Wildgänse zählen zu den weltweit am häufigsten vorkommenden Schwimmvögeln und Federwildarten. Wildenten werden in Schwimm- und Tauchenten unterschieden. Erkennbar sind sie an ihrer Schwimmlage. Während die Schwimmente ihren Steiß (Bürzel) stets über dem Wasser hat, ist der Steiß der Tauchente immer im Wasser. Das Wildbret von Wildenten und Wildgänsen ist muskulöser, fettärmer und damit weniger saftig als das Fleisch des gleichartigen Hausgeflügels. Es ist jedoch wohlschmeckend und von zarter Struktur. Von Kennern besonders geschätzt wird die Krickente. Immer häufiger auf Flüssen und Teichen angetroffen werden bastardierte Wildenten, die überwiegend aus wilden Kreuzungen zwischen Haus- und Zierenten und der Stockente stammen. Seltener kommt es zu Vermischungen zwischen den Wildentenarten untereinander bzw. zwischen Wildgänsen und Hausgänsen.

Stockenten sind die am weitesten verbreitete Wildentenart. Der Erpel trägt im Gegensatz zur unscheinbar gefärbten Ente ein buntes Prachtkleid mit dunkelgrün schillerndem Kopf und weißem Halsring. Bei Erpel und Ente gleich ist der »Spiegel« auf den Flügeln – dunkelblau schillernde, mit schwarzen und weißen Querbändern versehene Federn.

Wildente, gerupft, nicht gehäutet. Im Vergleich zur gemästeten Hausente ist sie nicht so fleischig, Haut und Fleisch sind dunkler, dafür aromatischer und weniger mit Fettzellen durchzogen. Wildenten werden im Ganzen gebraten oder geschmort, sie können aber auch in Keulen und Bruststücke zerlegt und anschließend zubereitet werden.

Wildente
DIE HAUT ABZIEHEN
UND TEILEN

Statt Wildenten wie anderes Wildgeflügel zu rupfen, ist es heute immer häufiger üblich, den Schwimmvögeln gleich die Haut mitsamt den anhängenden Federn abzuziehen. Diese Methode ist dann zu empfehlen, wenn sich die Enten (aber auch anderes Wildgeflügel) über längere Zeit auf einem durch Industrie- und Schiffsableitungen verunreinigten Gewässer aufgehalten haben. Am Federkleid nur selten bemerkbar, haften die im Wasser gelösten Schadstoffe unsichtbar an der Haut der Tiere. Bei der Zubereitung von nur gerupften Enten dringen die nicht abwaschbaren Stoffe in das Wildbret ein. Es wird dadurch geschmacklich negativ beeinflusst oder sogar ungenießbar. Spuren der Schadstoffe finden sich auch im Fettgewebe unter der Haut. Deshalb ist es eine Empfehlung, auch dieses zu entfernen.

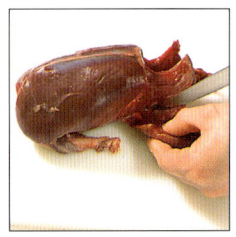

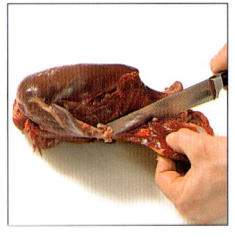

Federkleid und Haut werden gleichzeitig abgezogen, die Keulen mit Schnitt durch Wildbret und Gelenk abgetrennt und die Flügelknochen bis zum Schulterblatt abgeschnitten.

Brustfilets auslösen:

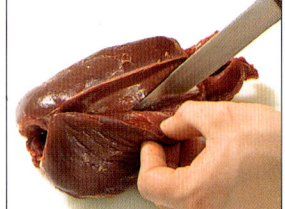

Die Brustfilets am Brustbein voneinander trennen, mit einer Hand fassen und Richtung Rücken abschneiden.

Die ausgelösten Brustfilets werden im Ganzen gebraten oder zu kleinen Medaillons geschnitten.

Stockente (*Anas platyrhynchos*), engl. mallard, franz. canard col-vert. Sie ist die am häufigsten vorkommende Entenart (1 bis 1,2 kg) in Mitteleuropa. Der Erpel unterscheidet sich von der braun gefiederten Ente durch einen flaschengrünen Kopf, ein weißes Halsband und ein tiefbraunes Brustgefieder. Jagdzeit ist September bis Januar. Die Anlieferung erfolgt aus freier Wildbahn und aus Aufzuchtstationen. In der Küche besonders geschätzt sind noch nicht einjährige Enten, zu erkennen an den dunklen graugrünen Schwimmhäuten und einem rötlich-hornfarbenen Schnabel. Ältere Enten haben nach einem Jahr gelbe und ab dem zweiten Jahr orangerote Latschen (gilt für alle Entenarten).

Krickente (*Anas crecca*), engl. teal, franz. sarcelle d'hiver. Sie ist die kleinste Ente (ca. 300 g) in Mitteleuropa. Der Erpel hat einen dunkelbraunen Kopf und ein graues Körpergefieder mit gelbem Fleck an der Hinterseite. Die Ente ist graubraun. Die Krickente liefert ein überaus wohlschmeckendes Fleisch. Sie wird von September bis Januar bejagt. Die Anlieferung erfolgt nur regional aus freier Wildbahn.

Knäkente (*Anas querquedula*), engl. garganey, franz. sarcelle d'été. Der ca. 350 g schwere Zugvogel kommt in Mitteleuropa nur in den Sommermonaten vor. Der Erpel hat einen braunen Kopf mit weißen Seitenstreifen und ein hellgraues Bauchgefieder. Die Ente ist graubraun. Außer in Skandinavien, Schottland und Südeuropa ist die Knäkente im übrigen Europa und Asien verbreitet. Sie wird im September bejagt.

Pfeifente (*Anas penelope*), engl. wigeon, franz. canard siffleur. Die in Skandinavien und Osteuropa vorkommende große Ente (700 bis 800 g) ist nur regional bedeutend. Der Erpel hat einen rotbraunen Kopf mit heller Stirnblässe. Die Ente ist graubraun.

Spießente (*Anas acuta*), engl. pintail, franz. canard pilet. Der große Entenvogel (700 bis 1000 g) wird im gleichen Lebensraum wie die Pfeifente angetroffen. Der Erpel hat einen dunkelbraunen Kopf, einen langen, vorn weißen Hals, einen langen, spitz zulaufenden Schwanz, ein graues Bauchgefieder mit zum Schwanzende hin gelben und schwarzen Absätzen sowie ein hell-dunkel gebändertes Rückengefieder. Auch hier ist die Ente unscheinbar grau. Bedeutung hat sie nur in der regionalen Küche erlangt.

Graugans (*Anser anser*), engl. grey leg goose, franz. oie cendrée. Sie ist die größte europäische Gänseart (3 bis 4,5 kg) und Stammform der Hausgans. Das dunkel- bis mittelgraue Gefieder ist gebändert. Sie lebt in Europa und Asien. Die Graugans ist ein Zugvogel. Die Altersmerkmale sind dieselben, wie bei der Stockente beschrieben. Sie wird im November/Dezember bejagt und aus freier Wildbahn, aber auch aus Aufzuchtstationen angeliefert. Importe kommen überwiegend aus Osteuropa.

Saatgans (*Anser fabalis*), engl. bean goose, franz. oie des moissons. Der in der Größe der Graugans vergleichbare Schwimmvogel hat ein dunkelbraunes, gebändertes Gefieder. Der Schnabel ist am Ansatz größtenteils schwarz. Die Saatgans ist ein Zugvogel und kommt in den nördlichen Regionen Europas vor, ab Herbst ist sie auch in Mitteleuropa anzutreffen. Sie wird im November/Dezember bejagt und aus freier Wildbahn, gelegentlich aus Aufzuchtstationen ausgeliefert. Importe kommen aus Osteuropa.

Kanadagans *(Branta canadensis)*, engl. Canada goose, franz. bernache du Canada. Die außerhalb Europas größte, schwarzhalsige Gans mit weißem Kehlkopf hat ihre Heimat in Nordamerika. In Europa wurde sie erfolgreich angesiedelt. Sie wird im November/ Dezember bejagt und aus freier Wildbahn, gelegentlich aus Aufzuchtstationen angeliefert. Importe kommen aus westeuropäischen Ländern.

Ringelgans *(Branta bernicla)*, engl. brent goose, franz. bernache cravant. Diese nur an Meeresküsten vorkommende, kleinwüchsige Gans trägt ein dunkles Rücken- und ein weißes Bauchgefieder. Am Hals ist beidseitig ein halbringförmig wirkender weißer Fleck zu erkennen. Die Ringelgans wird im November/ Dezember bejagt. Die Anlieferung an Handel und Gastronomie erfolgt aus freier Wildbahn.

Blassgans *(Anser albifrons)*, engl. white fronted goose, franz. oie rieuse. Diese Gans ist ein in den nördlichen Regionen der Erde beheimateter Zugvogel. Altvögel sind an der weißen Stirnblässe und schwarzen Fleckung von Jungvögeln zu unterscheiden. Sie werden im November/Dezember bejagt und aus freier Wildbahn angeliefert. Ihr Wildbret ist nur in der regionalen Küche von Bedeutung.

Höckerschwan *(Cygnus olor)*, engl. mute swan, franz. cygne tuverculé. Der große weiße Schwimmvogel (bis 13 kg) ist mit Ausnahme von Afrika weltweit verbreitet. Junge Schwäne unterscheiden sich durch ein graubraunes Gefieder und einen fleischfarbenen Schnabel von den weißen Alttieren mit schwarzem Schnabel. Sie werden von September bis Januar bejagt und aus freier Wildbahn angeliefert. In der Küche geschätzt sind junge Schwäne. Von älteren Vögeln werden vor allem die Bruststücke verarbeitet.

Graugans, größte europäische Wildgans und als einzige in Mitteleuropa brütend. Die Graugans ist die Stammform der Hausgans. Sie wird oft mit der Saatgans verwechselt, von der sie sich durch ein helleres Gefieder und den rosa bis gelben Schnabel unterscheidet. Das Wildbret der Graugans ist trockener als das der Hausgans.

Früchte,
Pilze und Kastanien

Ursprünglich waren es wild wachsende Früchte, die zum Wildfleisch der Tiere aus Wald und Flur verarbeitet wurden; sie ergaben hervorragende geschmackliche Kombinationen. Zusammenstellungen, die zu Recht zur Tradition wurden und heute wie früher zubereitet und serviert werden. Es sind vornehmlich die Früchte des Herbstes, die eben zur gleichen Zeit wie das Wild auf den Markt kommen. Heute gibt es dafür keine Notwendigkeit mehr, denn mit wenigen Ausnahmen werden wir heute das ganze Jahr über, dank moderner Kühlmethoden, mit Haar- und Federwild versorgt. Trotzdem haben sich Preiselbeeren oder Kastanien, wie viele andere Herbstfrüchte unserer heimischen Wälder, als geschmacklich ideale Begleiter zum Wild behaupten können. Diese Wildfrüchte liegen sogar voll im Trend, und die Neue Küche hat sich ihrer mit besonderer Liebe angenommen. Ganz einfache, pikante Kreationen sind entstanden, aber auch raffinierte Kombinationen, die vor allem den Gegensatz von süß und pikant betonen. Ebenso gehören Orangen und Feigen aus den Ländern des südlichen Europa seit langem zu den Beilagen der klassischen Wildküche. Dass auch mit Exoten wie zum Beispiel Ananas, Mango oder Kiwi, experimentiert wurde, ist nur eine logische Entwicklung, die durchaus brauchbare bis hervorragende Kombinationen hervorgebracht hat. So harmoniert das Aroma einer wirklich reifen Mango ganz hervorragend mit gebratenem Hirsch oder Reh, ganz besonders aber mit der Sauce und ihren Gewürzen, mit Pfeffer, Thymian, Knoblauch und Wacholder. Versuche in dieser Richtung lohnen sich also ganz sicher, wenngleich es auch Exoten gibt, die überhaupt nicht mit dem Geschmack von Haarwild harmonieren, zum Beispiel Passionsfrüchte. Die gleichen Früchte passen sich aber dem Fasan-Aroma bestens an.

Früchte, Pilze und Kastanien –
feine Beilagen, die zu Wild besonders gut passen.

Von Ananas und Quitten

Exotische Früchte gehören heutzutage weit mehr zum täglichen Angebot als einige heimische Obstarten, wie beispielsweise die bei uns nur im Spätherbst anzutreffenden Quitten. Ähnlich wie die meisten Wildarten sind die Exoten nahezu saisonunabhängig. Was liegt also näher, als mit neuen Kombinationen und Kreationen von Wild und exotischen Früchten zu experimentieren. Früchte, die genügend Säure enthalten, man denke an Ananas, Zitrusarten oder Baumtomaten, eignen sich in Form von Kompott vorzüglich als Beilage zu herzhaft abgeschmeckten Wildgerichten. Zu kurz gebratenem oder gegrilltem Wildbret passen mit Limettensaft marinierte Bananen und Feigen; erst recht, wenn auch sie gegrillt werden. Große Wildbraten vom Grillspieß oder aus dem Ofen schmecken mit kurz mitangebratener Ananas oder Mango besonders fruchtig. Dass diese Früchte sehr gut zu geschnetzeltem Fleisch oder gar zu pfannengerührten Gerichten nach asiatischem Vorbild passen, ist schon über alle Grenzen hinweg bekannt. Doch warum den Blick in die Ferne schweifen lassen, auch mit einheimischen Wildfrüchten lassen sich die Exoten gut kombinieren, zum Beispiel Mango mit Preiselbeeren oder Ananas mit Hagebuttenmark.

GEBACKENE QUITTEN

Sie harmonieren besonders gut mit gebratenem oder gegrilltem Wildbret sowie mit Wildgeflügel.

4 Quitten, Saft von 1 Zitrone
Für den Sud:
1 l Wasser, 600 g Zucker
200 ml Zitronensaft
2 Zimtstangen, 2 Nelken

Die halbierten und entkernten Quitten bis zur weiteren Verarbeitung in Zitronenwasser legen. Für den Kochsud alle Zutaten – bis auf 200 g Zucker – in einen großen Topf geben und die Früchte darin kochen.

Quitten zubereiten:

Die gewaschenen Quitten längs halbieren und die Kerngehäuse mit einem Kugelausstecher sorgfältig entfernen.

400 g Zucker mit dem Wasser, dem Zitronensaft und den Gewürzen in einen großen Topf geben.

Quittenhälften hinzufügen und etwa 20 Minuten in der Flüssigkeit kochen, bis sie weich sind.

Mit der Schnittfläche nach oben auf ein gefettetes Backblech legen und mit etwas Sud begießen.

Den restlichen Zucker darüber streuen und in den auf 250 °C vorgeheizten Ofen schieben.

So lange backen, bis die Früchte eine goldgelbe Oberfläche haben. Mit etwas Sud beträufeln und servieren.

HAGEBUTTENKONFITÜRE

Diese Konfitüre bietet sich zum Würzen von Wildsaucen oder zum Garnieren von pochierten Birnen an.

1 kg Hagebutten
500 g Zucker
Saft und Schale von 1 unbehandelten Zitrone
1/2 l Wasser
1 Flasche flüssiges Geliermittel

Die Konfitüre nach der Bildanleitung unten zubereiten. Beim Weichkochen der Früchte ist darauf zu achten, dass immer genügend Flüssigkeit vorhanden ist, eventuell Wasser nachgießen.

Hagebuttenkonfitüre herstellen:

Die gewaschenen und abgetrockneten Hagebutten mit einem Messer längs durchschneiden.

Die Kerne sorgfältig, am besten mit einem kleinen Kugelausstecher, aus den Früchten holen.

Die Früchte in eine Schüssel geben, mit dem Zucker bestreuen und über Nacht durchziehen lassen.

Die Hagebutten in Zitronenwasser (mit der Zitronenschale) weich kochen, das Geliermittel zugießen.

Die Konfitüre noch heiß passieren und dabei so viel wie möglich vom Fruchtfleisch durchdrücken.

Die warme Konfitüre in die vorbereiteten Gläser füllen, mit Cellophan und Gummiringen verschließen.

HAGEBUTTENSAUCE

Bekannt ist, dass sich Hagebuttenkonfitüre oder -mark gut zum Würzen von Wildsaucen eignet. Die folgende Hagebuttensauce harmoniert gut mit gegrilltem Wild.

150 g Hagebuttenmark
1/8 l Sahne
je 6 EL Öl und Sherry
1 unbehandelte Zitrone
2 unbehandelte Orangen
1 gestr. TL Salz
2 gestr. TL edelsüßes Paprikapulver
je 1 Msp. Zimt und gemahlene Nelken
2 cl Weinbrand
1 TL Worcestersauce

Das Hagebuttenmark mit der Sahne, dem Öl und dem Sherry glatt rühren. Von der Zitrone und den Orangen die Schalen abreiben, den Saft auspressen und zusammen mit dem Salz, Paprika, Zimt und den Nelken zu der Mischung geben. Den Weinbrand und die Worcestersauce zugießen und gut unterrühren.

Die Preiselbeere *(Vaccinium vitis-idaea)*. Die Preiselbeere, ▷ auch Grandel-, Krons- oder Fuchsbeere genannt, gehört in die Familie der Heidekrautgewächse. Als sich mit unterirdischen Ausläufern ausbreitender Zwergstrauch ist sie in den skandinavischen Ländern ebenso verbreitet wie in den Alpen. In europäischen Küchen begleitet sie seit Generationen verschiedene Wildgerichte, wobei sie mit ihrem süßherben Geschmack besser zu Schmorgerichten als zu gegrilltem oder kurz gebratenem Wildbret passt. Die kleine, würzige Preiselbeere aus unseren heimischen Wäldern darf aber nicht mit den wesentlich größeren Cranberries verwechselt werden, wie sie aus nordamerikanischen Kulturen kommen.

Sanddorn *(Hippophaë rhamnoides)*. Die Früchte lassen sich als Kompott gut mit anderen Beeren kombinieren. Sie sind sehr reich an Vitamin C.

Die Moosbeere *(Vaccinium oxycoccos)*. Die Moosbeere ▷ lebt, mit dünnen Stängeln am Boden kriechend, auf Torf- und Moorböden und wird gelegentlich als eine Doppelgängerin der Preiselbeere bezeichnet. Sie ist reich an Vitaminen und Mineralstoffen, bringt jedoch nicht das ausgewogene, pikante Aroma der Preiselbeere mit. Ihre blassroten bis roten Früchte werden in Form von Konfitüren oder Kompott zu allen Wildgerichten gereicht. Geschmacklich ist sie den großfrüchtigen Züchtungen aus Amerika (Cranberries) allemal gewachsen.

▽ **Die Cranberry** *(Vaccinium macrocarpon)*. Cranberries, auch Kranichbeeren genannt, sind reine Kulturpflanzen. Sie werden hauptsächlich in Nordamerika angebaut. Für die Bedeutung des Namens (engl. crane = Kranich) gibt die Überlieferung zwei Erklärungen: zum einen, weil Kraniche diese Beeren lieben, zum anderen, weil die schlanke Blütenknospe an den Hals, Kopf und Schnabel des Kranichs erinnert. Cranberry-Pflanzen sind immergrüne, kleine, am Boden rankende Halbsträucher. Ihre fleischigen Früchte sind deutlich größer als die der Preiselbeere. Mit fortschreitender Reife färbt sich das anfänglich helle Fruchtfleisch rötlich.

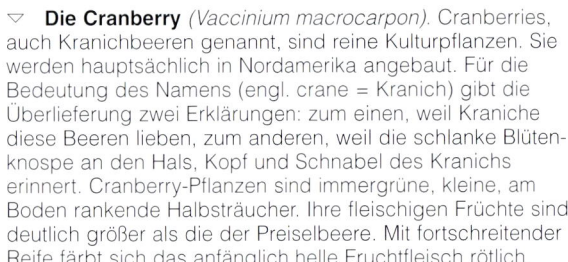

CRANBERRYSAUCE

Die im Geschmack etwas kräftigeren Cranberries werden bei uns im Spätherbst in bester Qualität angeboten. Eine aus ihnen hergestellte Sauce passt vorzüglich zu allem kräftig schmeckenden Wildgeflügel.

(für 4 bis 5 Gläser, je 1/4 l Inhalt)
1 kg Cranberries
400 g brauner Zucker
Saft von 1 Zitrone
1/8 l kräftiger Rotwein
Abgeriebenes und Saft von 2 unbehandelten Orangen
1/2 TL Zimt
1 TL Senfpulver
1/2 TL Ingwerpulver

Die Beeren sorgfältig verlesen, waschen und abtropfen lassen. In einen entsprechend großen Topf füllen, den Zucker und den Zitronensaft zugeben und unter Rühren etwa 15 Minuten kochen. Den Rotwein unterrühren. Die Orangen unter heißem Wasser abbürsten und die Schale abreiben. Den ausgepressten Orangensaft mit den Schalen und den Gewürzen zu den Beeren geben und weitere 10 Minuten kochen lassen. In vorbereitete Gläser füllen und mit Cellophan verschließen oder Twist-off-Gläser verwenden. Wegen des geringen Zuckergehalts ist die Sauce nur etwa 4 bis 5 Wochen haltbar. Sie kann aber im Einkochtopf bei 80 °C in 30 Minuten sterilisiert werden.

Wildbeeren
HERB UND
VON ANGENEHMER SÄURE

Die Vogelbeere *(Sorbus aucuparia)*. Die Eberesche, ▷
auch als Vogelbeere bezeichnet, da sie von Vögeln gern
gefressen wird, ist ein häufig anzutreffender Baum. Die als
Beeren bezeichneten Früchte sind botanisch Sammelbalg-
früchte. Werden sie im rohen Zustand verzehrt, können sie
Erbrechen und Durchfall bewirken. Bei eingekochtem Vogel-
beerenmus, bei Kompott oder Gelee besteht jedoch keine
Gefahr. Ihre Beliebtheit als Beilage zu Wildgerichten liegt mit
an ihrem herben, zuweilen auch leicht bitteren Geschmack,
besonders in Kombination mit Zucker und Gewürzen.

VOGELBEERENGELEE

1 kg Vogelbeeren
1/2 l Wasser
500 g Einmachzucker
4 cl Wacholderschnaps

Die Beeren von den Dolden abstreifen, waschen und gut
abtropfen lassen. In dem Wasser etwa 1/2 Stunde richtig weich kochen und anschließend im Mixer pürieren.
In ein Mulltuch schütten und 24 Stunden lang abtropfen lassen, dabei aber nicht durchdrücken. Den Saft mit
dem Zucker und dem Wacholderschnaps bis zur
Geleeprobe einkochen.

VOGELBEERENKOMPOTT

Eine höchst pikante Beilage, die mit allen kräftig
schmeckenden Wildgerichten harmoniert.

2 kg Vogelbeeren
1/2 l Wasser
1 kg Äpfel (Cox Orange)
1,5 kg Zucker
1 Zimtstange
10 Nelken
1/2 TL gemahlener Ingwer

Die Vogelbeeren waschen und abtropfen lassen. Mit
dem Wasser zum Kochen bringen. Die Äpfel schälen,
vom Kerngehäuse befreien und in Spalten schneiden.
Nach 10 Minuten Kochzeit die Äpfel, den Zucker und
die Gewürze zugeben und weiterkochen, bis die Früchte weich sind, das dauert etwa 10 Minuten. Will man das
Kompott für einen längeren Zeitraum haltbar machen,
in vorbereitete Gläser füllen und sterilisieren.

Schlehen, Schwarzdorn *(Prunus spinosa)*. An den mit langen, spitzen Sprossdornen versehenen Sträuchern wachsen bläulich schwarze, bereifte Steinfrüchte heran, die im rohen Zustand extrem sauer sind. Nachdem jedoch der erste Frost übers Land gezogen ist, werden sie mürbe und entwickeln ihr typisches Aroma. Sie enthalten dann viel Zucker und schmecken dementsprechend süß.

Holunderbeeren, auch Fliederbeeren genannt, müssen vollreif gepflückt werden, da sie nach der Ernte nicht nachreifen.

SCHLEHEN – SÜSS-SAUER EINGELEGT

Rechtzeitig zur Treibjagdsaison werden auch die Schlehen reif. Ebenso wie viele andere Herbstfrüchte eignen sie sich bestens als Beilage zu Wildbret. Sie können als Saft, Sirup oder Konfitüre verarbeitet werden. Dies sollte möglichst schnell nach der Ernte erfolgen, denn nur dann bleibt das volle Aroma erhalten.

1,2 kg Schlehen
3/8 l Rotwein
1/8 l milder Weinessig
100 g brauner Zucker
100 g Rübensirup
3 Gewürznelken
1 Stück Zimtstange
1/2 TL Pfefferkörner
1/2 Vanilleschote
1 EL Senfkörner
1 unbehandelte Orange

Die frisch gepflückten Früchte waschen, abtrocknen und jede Frucht mehrmals mit einer Nadel einstechen. In einen entsprechend großen Topf Wein und Essig gießen, Zucker, Sirup, Gewürze, die abgeriebene Schale und den Saft der Orange zugeben und etwa 4 bis 5 Minuten kochen. Die Schlehen portionsweise in die kochende Flüssigkeit geben, jede Portion 3 bis 4 Minuten kochen, mit einem Schaumlöffel wieder herausholen und in gut verschließbare Gläser füllen. Den Sud mit den Gewürzen darüber gießen und die Gläser fest verschließen. So zubereitet, halten sich die Schlehen mindestens 4 bis 5 Monate.

HOLUNDERKOMPOTT

Für ein gutes Kompott sind vollreife Holunderbeeren Voraussetzung. Man erkennt sie an der tiefblauen bis schwarzen Farbe. Die beste Erntezeit ist der Monat Oktober, also gerade rechtzeitig zur Wildsaison. Ein frisch zubereitetes Holunderkompott bietet durch seinen markanten Geschmack einen interessanten Kontrast zu kalten und warmen Wildgerichten.

1 kg Holunderbeeren (mit Stiel)
1/4 l Rotwein, 250 g Zucker
Schale von 1/2 unbehandelten Zitrone
1 kleine Zimtstange, 2 Nelken
250 g geschälte Birnen, 200 g geschälte Äpfel
1 TL Speisestärke

Das Holunderkompott, wie in der Bildfolge unten beschrieben, zubereiten. Die empfindlichen Beeren lassen sich besser von den Dolden entfernen, wenn sie vorher kurz gefroren werden. Die Speisestärke mit etwas Rotwein anrühren und das Kompott damit binden.

Holunderkompott zubereiten:

Die Holunderbeeren mit Stiel unter fließendem Wasser waschen, abtropfen lassen und kurz gefrieren.

Die Beeren mit den Fingern vorsichtig vom Stiel abzupfen, dabei darauf achten, dass sie nicht zerdrückt werden.

Den Rotwein mit Zucker, Zitronenschale, Zimtstange und Nelken zum Kochen bringen und die Beeren zufügen.

Einmal aufkochen lassen, dabei ständig umrühren. Die in Spalten geschnittenen Birnen und Äpfel beigeben.

15 Minuten köcheln, abschäumen und mit der angerührten Stärke binden. In eine Schüssel oder Gläser füllen.

Schwarzer Holunder
EIN GESCHMACKLICH INTERESSANTER GEGENSATZ ZU KRÄFTIGEN WILDGERICHTEN

(Sambucus nigra). Nachdem im Hochsommer die weißen, würzig duftenden Blüten an den Holundersträuchern verblüht sind und sich die reifen Früchte entwickelt haben, muss man mit der Ernte im Herbst den Vögeln zuvorkommen. Aus den in endständigen, schirmförmigen Trugdolden stehenden Blüten entwickeln sich saftige, schwarze, beerenartige Steinfrüchte. Diese sind im rohen Zustand ungenießbar, da sie, ebenso wie die roten Früchte des Traubenho-lunders *(Sambucus racemosa)*, das Blausäure abspaltende Sambunigrin enthalten, welches Vergiftungen bewirken kann. Gekocht können die schwarzen Holunderbeeren jedoch recht vielfältig verwendet werden. So wird daraus Konfitüre Mus (»Hollermus«), Gelee, Saft, Sirup oder Kompott hergestellt. Dabei eignen sie sich hervorragend zum Kombinieren, etwa mit Orangen, Ebereschen, Zwetschgen oder, wie im nebenstehenden Rezept beschrieben, mit Äpfeln und Birnen. Durch den markanten Eigengeschmack der Holunderbeeren empfiehlt es sich allerdings, das Kompott ausschließlich zu kräftigen Wildsorten wie Hirsch, Wildschwein oder Gemse zu servieren. Der feine Geschmack von zartem Wildgeflügel würde neben dem kräftigen Aroma des Kompotts untergehen.

»Heiße Maroni« vom Holzkohleofen sind eine ganz besondere Spezialität. Nach einem Wildessen bieten sie sich als Leckerei zu einem Glas Rotwein an.

Kastanien
DIE IDEALE BEILAGE UND FÜLLUNG FÜR WILD

Wie das Wild haben auch die Ess- oder Edelkastanien *(Castanea sativa)* im Herbst Saison. Kein Wunder also, dass diese beiden Produkte miteinander zubereitet werden, zumal sie sich geschmacklich hervorragend ergänzen. Der leicht nussartige, süßliche Geschmack der Maronen, wie die Esskastanien auch genannt werden, unterstreicht den Eigengeschmack des Wildfleisches. Deshalb sind Esskastanien eine beliebte Beilage zu allen Wildarten, sie werden aber auch sehr häufig zu einer Füllung für Federwild verarbeitet. Die Esskastanie stammt ursprünglich aus Kleinasien und bekam ihren Namen von der pontischen Stadt Kastanis. Heute werden diese Nüsse, die

Das Dorf Castasegna im schweizerischen Bergelltal (im Bild unten) ist über die Grenzen der Schweiz hinaus für seine schmackhaften Esskastanien bekannt.

im Handel fast immer bei den Frischfrüchten zu finden sind, überwiegend im Mittelmeerraum angebaut. Doch auch in den wärmeren Lagen des nördlichen Europa sowie in Nordamerika, Japan und China werden die bis zu 20 Meter hohen Bäume kultiviert. In den Anbauregionen, vor allem im Mittelmeerraum, zählen die Esskastanien zu den Grundnahrungsmitteln, während sie in den nördlicheren Regionen schwer zu bekommen und deshalb eine Delikatesse sind. Die großen, runden, manchmal auch herzförmigen Esskastanien unterscheiden sich dadurch von anderen Nüssen, dass sie viel Stärke und Eiweiß, aber wenig Fett enthalten und damit äußerst energiearm sind. Roh schmecken die Maronen herb. Durch einen Koch- oder Röstprozess werden sie mehlig und die Stärke verzuckert; die Nüsse schmecken dann leicht süß und bekommen den für sie typischen Geschmack. Beliebte Zubereitungen sind kandierte oder glasierte Maronen »Marrons glacés«, ein mit Butter und Sahne zubereitetes Maronenpüree oder aber die für die Schweiz so typische »vermicelle«, eine Süßspeise aus Maronenpüree, das durch einen Lochseiher gedrückt wird und Spaghetti täuschend ähnlich sieht.

Mitte Oktober fallen die reifen Kastanien von den Bäumen und geben meist zwei rotbraun glänzende Nüsse frei, welche in stacheligen, aufgeplatzten Fruchthüllen stecken und mit dem Rechen zusammengetragen werden.

KASTANIENPÜREE

Ob im Ganzen glasiert, nur heiß aus der Schale gegessen, mit einem Gemüse, beispielsweise Rosenkohl, gemischt oder einfach zu Püree verarbeitet: Kastanien sind schon immer eine beliebte und schmackhafte Beilage der klassischen Wildküche gewesen.

600 g Esskastanien (in der Schale)
20 g Zucker, 60 g Butter
1 Prise Salz
1/8 l Milch
125 g Sahne
2 cl Madeira

Bei diesem Rezept ist es beim Schälen von Vorteil, nacheinander kleine Kastanienmengen zu backen, um ein zu schnelles Abkühlen zu vermeiden. Eine Variante, Kastanien zum Schälen vorzubereiten, ist das Sieden in heißem Öl. Danach müssen sie auf Küchenkrepp abgetropft werden. Aus dem erkalteten Püree lassen sich auch Kroketten herstellen; einfach 2 bis 3 Eigelbe einarbeiten, formen, panieren und ausbacken.

Das Püree lässt sich mit Hilfe eines Dressiersacks und einer Sterntülle dekorativ als Rosette aufspritzen. Ebenso kann es mit zwei Löffeln als Nocke abgestochen werden.

Kastanienpüree zubereiten:

Den Zucker in einem flachen Topf schmelzen, leicht karamellisieren lassen und die Hälfte der Butter sowie die geschälten Kastanien hinzufügen.

Die Kastanien anschwitzen, mit kaltem Wasser auffüllen, bis sie leicht bedeckt sind. Mit Salz würzen, den Topf mit einem Deckel verschließen, köcheln lassen.

Kastanien schälen:

Die Kastanienschalen mit einem kleinen, scharfen Küchenmesser kreuzweise einritzen, ohne in das Fruchtfleisch zu schneiden.

Nach etwa 40 Minuten sind die Kastanien gar. Die weichen Früchte mit Hilfe eines Teigschabers durch ein Sieb streichen.

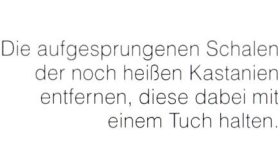

Die Kastanien in eine feuerfeste Form geben und im vorgeheizten Ofen bei 220 °C 10 Minuten backen.

Die passierten Kastanien in einen Topf geben und mit der erhitzten Milch und Sahne zu einem glatten Brei rühren.

Die aufgesprungenen Schalen der noch heißen Kastanien entfernen, diese dabei mit einem Tuch halten.

Das Püree erwärmen, den Madeira zugeben und die restliche Butter unterarbeiten. Mit Salz abschmecken und dann servieren.

Wild und Pilze

BEIDE HABEN IM HERBST SAISON

Wie der Verbraucher heute nicht mehr nur auf das Wild angewiesen ist, das in freier Wildbahn geschossen wird, so gibt es in unserer Zeit auch bei den Pilzen »Ausweichmöglichkeiten«. Dank moderner Zuchtverfahren stehen dem Verbraucher nicht nur Wildpilze, sondern auch Zuchtpilze zur Verfügung, die das ganze Jahr über und teilweise in sehr guter Qualität angeboten werden. Wie viele klassische und traditionelle Rezepte beweisen, harmonieren Pilze mit Wildbret in der Regel sehr gut. Es sind aber meist die edlen Wildpilze, zum Beispiel Pfifferlinge, Steinpilze, Morcheln oder gar die teuren Trüffeln, die in diesen klassischen Rezepten verwendet werden. Wer selbst kein passionierter Pilzsammler ist und diese deswegen kaufen muss, sollte, natürlich auch bei Zuchtpilzen, darauf achten, nur frische Pilze und, wenn möglich, unbeschädigte Exemplare ohne Maden zu wählen. Noch kritischer muss man natürlich beim Kauf von schwarzen oder gar weißen Trüffeln sein, für die der Begriff »kostbar« fast untertrieben ist. Nun, zu warmen oder kalten Wildgerichten passen sie vorzüglich.

TOURNIERTE CHAMPIGNONKÖPFE

In der feinen Küche gehören tournierte Champignonköpfe zum Standardrepertoire, wenn es darum geht, Gerichte ansprechend zu garnieren. Sie harmonieren gut mit einem Salmi vom Fasan, einem Rehrücken und noch vielen anderen Wildgerichten. Bei der Auswahl der Pilze darauf achten, dass nur wirklich frische Ware verwendet wird, die Pilze am Stiel noch geschlossen sind und eine makellose schneeweiße Haut haben. Eine bereits zähe Haut würde beim Tournieren einreißen und faltig werden; in diesem Fall empfiehlt es sich, den Pilzkopf vorher zu schälen.

12 kleine weiße Champignonköpfe
Saft von 1/2 Zitrone
Zum Dünsten:
10 g Butter, 2 Schalotten
Salz, frisch gemahlener weißer Pfeffer
100 ml Weißwein

Frische Trüffel werden meist gewaschen angeboten. Trotzdem müssen sie absolut trocken sein, ein kräftiges Aroma besitzen und sich schwer anfühlen, dann sind sie sicher ohne Wurmlöcher.

Vorrat für die pilzlose Zeit. Trocknen ist die einfachste Möglichkeit, Pilze haltbar zu machen. Es hat zudem den Vorteil, dass einige Pilzsorten, zum Beispiel Steinpilze, ihr Aroma beim Trocknen erheblich verstärken und eine ideale Würze für Wildsaucen sind. Dafür müssen sie vorher eingeweicht werden.

Austernpilze haben ein sehr intensives Aroma und sind deshalb als Beilage oder Füllung für kräftige Wild-gerichte ideal.

Champignons, einst Edelpilze der feinen Küche, sind zur Massenware geworden. Wegen ihres zarten Fleisches und ihres feinen Aromas werden sie nach wie vor geschätzt. Ihr deutscher Name »Egerling« ist inzwischen durch den populären Zucht-Champignon fast völlig verdrängt worden.

Die Champignons kurz waschen und sofort in Zitronenwasser legen, um eine Braunfärbung zu vermeiden. Dafür in einer kleinen Schüssel den Zitronensaft mit so viel Wasser verdünnen, dass die Pilze frei schwimmen können. Die Zubereitung erfolgt, wie in der Bildfolge unten beschrieben.

Salzen und pfeffern, den Weißwein zugießen und im geschlossenen Topf 10 Minuten lang dünsten.

Champignons tournieren und dünsten:

Die Pilze am Stiel halten und leicht drehen, dabei mit einem Zesteur aus der Kopfmitte heraus kleine Kerben ziehen.

Den Fond leicht einkochen lassen, die Champignons darin schwenken und sofort heiß servieren.

Alternativ kann mit einem scharfen Messer geschnitten werden. Dabei auf gleich tiefe Einkerbungen achten.

Die braunen Egerlinge sind aromatischer im Geschmack und fester im Fleisch als die weißen Champignons. ▷

Die Butter zerlassen und die fein geschnittenen Scha-lotten darin glasig schwit-zen, Champignons zufügen.

Fonds,
Suppen und Saucen

Saucen kann man durchaus als die Krönung aller Kochkunst bezeichnen. Die natürliche Basis aromatischer Wildsaucen und Wildsuppen ist ein kräftiger Grundfond, der aus den ausgelösten Knochen beziehungsweise Karkassen und Parüren (Abgängen) von Haar- oder Federwild hergestellt wird. Durch sirupartiges Einkochen entsteht ein Extrakt. Der Wildextrakt ist konzentriert im Geschmack, gibt Suppen und Saucen den typischen Charakter und kann zum Glacieren von gebratenem Wildbret verwendet werden. Eine klare Wildkraftbrühe als Consommé oder Consommé double nimmt eine herausragende Position unter den Suppen ein. Sie ist ein appetitanregendes, nicht belastendes Entree für ein Menü und kann durch feine Einlagen vervollständigt werden. Gebundene braune Wildsuppen sind eher magenfüllend, können aber mit Butter, Sahne, Rotwein oder Dessertweinen sehr fein abgeschmeckt werden. Wildsaucen sind braune Saucen, deren Basis für eigenständige Wildgerichte immer aus den Knochen und Parüren des jeweiligen Wildtieres zubereitet werden sollte. Der ausgeprägte Geschmack des Fonds wird zum harmonischen Bindeglied zwischen dem zubereiteten Fleisch und der Sauce. Wer Saucenfond auf Vorrat hält, kann auch kurz gebratene Wildgerichte mit einer entsprechend gewürzten Wildsauce servieren.

Eine Sauce ist so gut wie ihre Zutaten.
Deswegen gilt auch für Wildsaucen: das Beste ist gerade gut genug!

FONDS, SUPPEN UND SAUCEN

Durch die konstante Hitze im Ofen ist beim Anbraten ein gleichmäßiges, langsames Rösten gewährleistet.

Die in gleich große Stücke gehackten Knochen mit dem Öl in einen Bräter geben und bei 180 bis 200 °C im vorgeheizten Ofen rösten. Nach 5 bis 10 Minuten eventuell vorhandene Parüren und Sehnen zugeben. In der Zwischenzeit das Röstgemüse (Mirepoix) schälen, würfeln und zu den angerösteten Knochen geben. Dieses ebenfalls Farbe nehmen lassen. Das ausgetretene Fett aus dem Bräter gießen und auf dem Herd weiterarbeiten. Das Tomatenmark zugeben und unter ständigem Rühren trockenrösten. Durch das Rühren mit dem Bratwender wird das Ansetzen verhindert.

Den Inhalt des Bräters in mehreren Arbeitsschritten mit dem Rotwein ablöschen, dabei jeweils reduzieren lassen. Die stufenweise Reduktion bewirkt die immer intensivere Färbung des Fonds und verleiht ihm seinen kräftigen Charakter. Anschließend die Knochen mit so viel kaltem Wasser aufgießen, dass sie ganz bedeckt sind. Die Flüssigkeit zum Kochen bringen und dabei mit dem Bratwender den Bratensatz lösen. Nach dem Aufkochen den Inhalt des Bräters in einen entsprechend großen Topf füllen.

Dunkler Wildfond

DIE BASIS FÜR GUTE SUPPEN UND SAUCEN

Ein kräftiger Fond ist die beste Basis für das Gelingen vieler Wildgerichte. Wenn bei der Verarbeitung von Wild Knochen anfallen, sollten sie möglichst sofort zu einem aromatischen Wildfond verarbeitet werden. Der berühmte »Hautgoût« ist einem Fond für eine feine Wildsauce nicht gerade zuträglich. Es lassen sich alle Wildknochen verwenden. Allerdings sollten die Knochen verschiedener Tierarten möglichst nicht vermischt werden. Besser ist es, jeweils die Knochen des Tieres zu nehmen, das später auch zubereitet wird. Die Knochen sollten frei von Haar-, Feder- sowie Blutresten sein. Ein zu langes Rösten kann sich negativ auf den Geschmack auswirken, da unerwünschte Bitterstoffe frei werden. Den Wildfond nicht salzen, da der spätere Grad der Reduktion nicht abschätzbar ist. Besser ist es, den Fond immer erst in der Endphase kurz vor dem Servieren zu würzen.

2 kg frische Wildknochen
80 ml Pflanzenöl
500 g Zwiebeln, 200 g Möhren
100 g Knollensellerie
1 EL dreifach konzentriertes Tomatenmark
3/4 l Rotwein
Zum Würzen:
8 bis 10 weiße Pfefferkörner
3 Pimentkörner, 2 Nelken
1 Lorbeerblatt
6 bis 8 Wacholderbeeren
1 Thymianzweig
nach Belieben 1/2 Sternanis

Die angegebenen Mengen sind für 1,5 l berechnet. Da die Herstellung eines Grundfonds sehr arbeitsaufwändig ist, empfiehlt sich die Zubereitung größerer Mengen. Heiß in Gläser abgefüllt und dicht verschlossen, hält sich der Fond einige Tage. Man kann ihn aber auch portionsweise als Vorrat für einige Wochen einfrieren. Falls kein Wildfond zur Verfügung steht, kann ein dunkler Kalbsfond verwendet werden.

Den Fond erneut zum Kochen bringen. Fett- und Eiweißstoffe setzen sich an der Oberfläche als Schaum ab. Diesen mit einer Schöpfkelle vorsichtig abnehmen. Die Gewürze und Kräuter zugeben und den Fond mindestens 60 bis 70 Minuten leise köcheln lassen und dabei des Öfteren abschäumen. Ein Spitzsieb mit einem Passiertuch auslegen und den Fond durchseihen. Dabei den Topfinhalt nicht hineingießen, sondern vorsichtig mit einer Schöpfkelle umfüllen, damit die Trübstoffe im Tuch zurückbleiben. Langsam ablaufen lassen, ohne am Tuch zu rütteln. Anschließend bis zur gewünschten Stärke reduzieren. Erneut entfetten und kalt stellen.

Wildfond zubereiten:

Die zerkleinerten Knochen mit dem Öl in eine Fettpfanne geben und im auf 200 °C vorgeheizten Ofen rösten.

Die Knochen öfter wenden; wenn sie Farbe angenommen haben, die Sehnen und Parüren zugeben.

Nachdem alles dunkle Farbe angenommen hat, die Pfanne mit einem Gitter abdecken und das Fett abgießen.

Das geschälte, grob gewürfelte Röstgemüse mit wenig Öl in einen großen Topf geben und erhitzen.

Ein neutraler Wildfond, die Basis für verschiedene Wildsuppen und -saucen, kann später beliebig mit Weinen, Pilzen oder Fruchtgelee aromatisiert werden.

Grundfond vom Wild
EIN NEUTRALER FOND OHNE WEIN

Generell empfiehlt es sich, einen Fond in größeren Mengen herzustellen. Bei dem hier beschriebenen Wildfond werden die Knochen in einer Fettpfanne geröstet, das Gemüse wird separat angeschwitzt.

30 ml Pflanzenöl
2 kg Wildknochen (z. B. Hirsch, Wildschwein, Reh)
500 g Sehnen und Parüren
450 g Zwiebeln
300 g Möhren, 150 g Knollensellerie
12 bis 15 weiße Pfefferkörner
1 Knoblauchzehe in der Schale
2 Nelken, 1 Lorbeerblatt

Die angegebenen Mengen sind für 1 bis 1,5 l berechnet.

Unter ständigem Rühren mit einem Bratenwender anschwitzen und dabei leicht Farbe annehmen lassen.

Die abgetropften Knochen in einen großen Topf schütten und das noch warme, geröstete Gemüse dazugeben.

Gemüse und Knochen gut miteinander vermischen und mit so viel kaltem Wasser angießen, bis alles bedeckt ist.

Die Flüssigkeit bis zum Kochen bringen, den Schaum mit der Schöpfkelle abheben und die Gewürze zugeben.

2 bis 3 Stunden köcheln lassen, durch ein Tuch passieren und zur gewünschten Konsistenz reduzieren.

Wildglace
EIN KONZENTRIERTER FOND MIT KALBSFÜSSEN

Wie bei allen Wildfonds empfiehlt es sich auch bei der Wildglace, größere Mengen herzustellen. Die Besonderheiten einer Glace liegen zum einen im stark konzentrierten Geschmack und zum anderen in der gelierenden Konsistenz im kalten Zustand, die durch das Mitkochen der Kalbsfüße bewirkt wird.

30 ml Pflanzenöl
1,5 kg Wildknochen
1 kg Kalbsknochen
2 Kalbsfüße (à 600 g)
450 g Zwiebeln
300 g Möhren
150 g Knollensellerie
12 bis 15 weiße Pfefferkörner
1 Knoblauchzehe in der Schale
2 Nelken
1 Lorbeerblatt

Die im Rezept angegebenen Mengen sind für 0,2 l Wildglace berechnet.

Die erkaltete Wildglace ist von dunkler, kräftiger Farbe und stark gelierend. Sie dient als Basisprodukt zur Pasteten- und Terrinenherstellung sowie als Geschmacksverstärker vieler Saucen. Für die Vorratshaltung lässt sich die Wildglace portionsweise einfrieren oder in kleinen Gläsern aufbewahren.

Wildglace zubereiten:

Das Öl in einen Bräter geben, die zerkleinerten Knochen sowie die in Stücke gesägten Kalbsfüße zugeben.

Im vorgeheizten Ofen bei 200 °C gleichmäßig rösten und dabei des Öfteren mit einem Bratenwender wenden.

Haben die Knochen Farbe angenommen, das geschälte und gewürfelte Gemüse zugeben und mitrösten.

Bei dunkelbrauner Farbe der Knochen den Bräter aus dem Ofen nehmen. Die Knochen mit kaltem Wasser ablöschen.

Den Bratensatz mit einem Bratenwender lösen und die Knochen mit der Flüssigkeit in einen großen Topf geben.

Mit Wasser bedecken und zum Kochen bringen. Mit der Kelle abschäumen und die Gewürze hinzufügen.

Den Wildfond 2 bis 3 Stunden leicht köcheln lassen. Anschließend durch ein feines Tuch passieren.

Den fertigen Wildfond unter leichtem Köcheln so weit reduzieren, bis ein leicht dickflüssiges Konzentrat entsteht.

1 Die Wildknochen waschen, zerkleinern und zusammen mit dem Pflanzenöl in einen Bräter geben.

2 Im vorgeheizten Ofen die Knochen bei 180 °C gleichmäßig rösten und dabei des Öfteren wenden.

3 Haben sie eine gleichmäßige goldbraune Farbe angenommen, auf ein Sieb schütten und abtropfen lassen.

4 In einen entsprechend großen Topf geben und mit so viel kaltem Wasser aufgießen, bis sie bedeckt sind.

5 Die Flüssigkeit zum Kochen bringen und den Schaum mit einer Schöpfkelle immer wieder abschöpfen.

6 Nach dem Abschäumen die Gewürze und Kräuter sowie das Bouquet garni zu den Knochen geben.

7 Die Brühe 1 1/2 bis 2 Stunden leicht köcheln und anschließend durch ein Passiertuch seihen.

8 Zum Entfetten der Brühe ein Küchenkrepp über die Oberfläche ziehen und das Fett damit entfernen.

Kraftbrühe vom Wild

Die Herstellung guter und kräftiger Brühen ist wie die Zubereitung von Saucen sehr zeitaufwändig. Doch die Mühe lohnt sich, ob ungeklärt als Basisfond oder geklärt als Kraftbrühe.

UNGEKLÄRTER WILDFOND

2 kg Wildknochen, 30 ml Pflanzenöl
1 Lorbeerblatt, 2 Nelken
10 bis 12 weiße Pfefferkörner
6 Wacholderbeeren, 1 Thymianzweig
Für das Bouquet garni:
je 80 g Möhren und Petersilienwurzel
80 g Lauch, 1 Knoblauchzehe

Die angegebenen Mengen sind für 3 l berechnet. Den Wildfond wie in der Bildfolge links zubereiten. Er ist die Basis für viele andere Suppen und Saucen. Der Fond kann aber auch geklärt werden, wodurch eine gehaltvolle Kraftbrühe entsteht.

GEKLÄRTE KRAFTBRÜHE

Zum Klären:
400 g Wildfleisch (Haxe), 150 g Möhren
80 g Petersilienwurzel, 100 g Lauch
2 Thymianzweige, 5 Wacholderbeeren
1 Lorbeerblatt, 1 Nelke, 8 bis 10 Pfefferkörner
1 zerdrückte Knoblauchzehe
1 Prise Salz, 1 Spritzer Aceto Balsamico
5 Eiweiße, 5 zerstoßene Eiswürfel
2 halbe gebräunte Zwiebeln
3 l Wildfond

Die Mengen sind für 2 l berechnet. Das Klären, wie in der Bildfolge rechts beschrieben, durchführen.

1 Wildfleisch, Möhren- und Petersilienwurzel durch die grobe Scheibe des Fleischwolfs drehen.

2 Den Lauch waschen, klein schneiden und mit den Gewürzen zum Fleisch und dem Gemüse geben.

3 Salz und Aceto Balsamico zugeben und zusammen mit den Eiweißen unter den Fleischteig rühren.

LEBERRAVIOLI IN WILDKRAFTBRÜHE

Für den Nudelteig:

2 Eier, 1 Prise Salz, 1 EL Olivenöl

30 g doppelgriffiges Weizenmehl, 100 g Mehl

Für die Füllung:

20 g Butter, 150 g Wildschweinleber

1 Prise Salz, frisch gemahlener weißer Pfeffer

1 Thymianzweig, 1 Salbeiblatt

1 EL gehackte Petersilie, 1/3 Knoblauchzehe

50 g frisches Weißbrot ohne Rinde

1 Ei, 1 Eiweiß

Für den Teig die Eier mit dem Salz verschlagen, die restlichen Zutaten zugeben und glatt verarbeiten. Den Nudelteig in Folie 1 Stunde im Kühlschrank ruhen lassen. Für die Füllung die Butter in einer Pfanne schmelzen, die Wildschweinleber darin anbraten und würzen. Noch warm in einen Mixer geben und mit den Kräutern sowie dem Weißbrot fein mixen. In eine Schüssel geben, das Ei unterrühren und kalt stellen. Den Nudelteig zu zwei gleich großen Platten ausrollen, auf einer der Platten 3 x 3 cm große Quadrate markieren. Auf jedes Quadrat ein Häufchen der Füllung setzen, die Zwischenräume mit Eiweiß bestreichen. Die zweite Teigplatte darüber legen und die Zwischenräume mit Hilfe eines Kochlöffels andrücken. Mit einem gezackten Teigrädchen die Ravioli zerteilen und in siedendem Salzwasser 12 Minuten gar ziehen lassen. Zum Servieren in Suppentassen geben und mit heißer Wildkraftbrühe übergießen.

4 In einem Topf das Klärfleisch, die Eiswürfel und die Zwiebelhälften vermengen. Den Wildfond aufgießen.

5 Erhitzen und dabei mit einem Bratenwender am Topfboden rühren, damit das Eiweiß nicht ansetzt.

6 Wenn die Brühe aufkocht, den Bratenwender herausnehmen und den Fleischkuchen aufbrechen lassen.

7 Bei niedriger Temperatur 30 bis 40 Minuten köcheln lassen, anschließend durch ein Tuch passieren.

FONDS, SUPPEN UND SAUCEN

1 Die Geflügelkarkassen unter kaltem Wasser abwaschen, säubern und mit dem Beil zerkleinern. Dabei sollten Reste von Fettablagerungen entfernt werden.

2 Die Knochen zunächst blanchieren. Dafür einen großen Topf mit Wasser zum Kochen bringen und die Knochen mit einem Schaumlöffel vorsichtig einlegen.

3 Sobald das Wasser einmal kräftig aufwallt, die Knochen in einen Seiher gießen. Durch das kurze Blanchieren werden sie von noch anhaftendem Schmutz gesäubert.

4 Mit kaltem Wasser abbrausen, um einerseits die Knochen sehr schnell abzukühlen, andererseits um noch anhaftende Blutreste abzuspülen.

5 Die abgetropften, sauberen Knochen in einen entsprechend großen Topf geben und so viel kaltes Wasser einfüllen, dass sie vollständig bedeckt sind.

6 Das Wasser mit den Knochen zum Kochen bringen und den dabei an der Oberfläche auftretenden Schaum mit einer Schöpfkelle sorgfältig entfernen.

7 Anschließend das zusammengebundene Bouquet garni sowie die Gewürze zum köchelnden Fond geben. Die gebräunte Zwiebel ebenfalls hinzufügen.

8 Den Fond 1 1/2 Stunden leicht köcheln lassen, durch ein Tuch passieren und vorsichtig mit einer Schöpfkelle oder Küchenpapier entfetten und kalt stellen.

Wildgeflügelfond
SPEZIALFOND AUS KARKASSEN

Dieser Fond kann sowohl als Grundfond als auch als einfache Brühe eingesetzt werden. Er eignet sich aber auch sehr gut zum Auffüllen von Suppen oder kann zum Pochieren verwendet werden.

WILDGEFLÜGELFOND

2 kg Wildgeflügelkarkassen (6 bis 8 Stück)
Für das Bouquet garni:
100 g Möhren
je 60 g Stangensellerie und Lauch
Zum Würzen:
1 Lorbeerblatt, 3 Pimentkörner
10 bis 12 Pfefferkörner, 1/2 gebräunte Zwiebel

Den Fond, wie in den Arbeitsschritten links beschrieben, zubereiten. Die oben angegebenen Mengen sind für etwa 2,5 l berechnet.

ESSENZ VOM WILDGEFLÜGEL MIT GEBRATENER FASANENBRUST

Zu Fasanenbrust passt ein kräftiger, trockener Weißwein. Es ist von Vorteil, wenn der Grundfond ausschließlich aus Fasanenkarkassen zubereitet wird.

Zum Klären:
200 g Fasanenkeulenfleisch
80 g Möhren
60 g Knollensellerie
60 g Lauch, 1 Nelke, 1 Lorbeerblatt
2 Pimentkörner, 2 Thymianzweige
3 Wacholderbeeren, 1 Prise Salz
4 Eiweiße
5 zerstoßene Eiswürfel
1/2 gebräunte Zwiebel
1 1/2 l Wildgeflügelfond (siehe oben)
Für die Einlage:
4 Fasanenbrüste, Salz
frisch gemahlener weißer Pfeffer
20 ml Pflanzenöl, 80 g Knollensellerie
120 g Möhren, 100 g Lauch

Das Fleisch mit den geschälten Möhren und dem Sellerie durch die grobe Scheibe des Fleischwolfs drehen. Die Essenz, wie auf Seite 274/275 beschrieben, weiter zubereiten. In der Zwischenzeit die Einlage herstellen. Die Fasanenbrüste dafür salzen und pfeffern und in heißem Pflanzenöl von beiden Seiten anbraten. In den auf 180 °C vorgeheizten Ofen geben und etwa 15 Minuten garen. Das Gemüse waschen, schälen und zuerst in Scheiben, dann in gleichmäßige Rauten schneiden. In Salzwasser bissfest garen und abschrecken. Wenn die Brüste gar sind, die Essenz erhitzen und das Gemüse zugeben. Vor dem Servieren abschmecken und über die tranchierten Fasanenbrüste gießen.

LEGIERTES WILDSÜPPCHEN MIT GEFÜLLTEN MORCHELN

50 g kaltes Fasanenfleisch von der Keule
Salz, frisch gemahlener weißer Pfeffer
60 ml kalte Sahne, 20 kleine eingeweichte Morcheln
1,2 l Wildgeflügelfond
2 Eigelbe, 200 ml angeschlagene Sahne
1 EL geschnittener Schnittlauch

Das Fleisch fein würfeln, salzen, pfeffern und im Mixer fein pürieren. Nach und nach die Sahne zugeben, durch ein feines Sieb streichen und kalt stellen. Die Morcheln trockentupfen und mit einem Dressiersack und kleiner Lochtülle mit der Wildfarce füllen. Den Fond zum Kochen bringen und die Morcheln 12 bis 15 Minuten darin ziehen lassen. Mit einer Schaumkelle herausnehmen und warm halten. Die Eigelbe zu der leicht angeschlagenen Sahne geben und die Suppe unter ständigem Rühren mit dem Schneebesen legieren, sie sollte jedoch nicht mehr kochen. Abschmecken, mit den Morcheln und dem Schnittlauch servieren.

GRAUPENSUPPE

50 g Perlgraupen
100 g Möhren
50 g Stangensellerie
80 g Lauch
60 g Petersilienwurzel
50 g durchwachsener Speck
30 g Butter
1 kleine Zwiebel
1,2 l Wildgeflügelfond (siehe Seite 276/277)
1 Prise Salz, frisch gemahlener weißer Pfeffer
1 Prise Muskatnuss
1/2 TL gehackter Majoran
1 EL gehackte Petersilie
1 bis 2 EL angeschlagene Sahne

Die Perlgraupen auf ein Sieb geben und unter fließendem Wasser gründlich abbrausen. Anschließend in Salzwasser kochen, bis sie weich sind. Das Gemüse schälen und fein würfeln. Den Speck klein schneiden und in der Butter anschwitzen. Nacheinander die in Würfel geschnittene Zwiebel und die Gemüsebrunoise zugeben und leicht Farbe annehmen lassen. Mit dem Wildgeflügelfond aufgießen und 10 Minuten köcheln lassen. Die Graupen zugeben, die Suppe mit den Gewürzen abschmecken und mit den Kräutern bestreuen. Kurz vor dem Servieren mit angeschlagener Sahne verfeinern. Dies kann ebenso mit Crème fraîche oder saurer Sahne geschehen.

Sauce Velouté: Die Butter zerlassen und die Schalottenwürfel darin glasig schwitzen. Mit Mehl bestreuen und anschwitzen, ohne es Farbe nehmen zu lassen. Den kalten Wildfond und den Kochfond der Keulen zugießen und mit der Roux verrühren. 5 Minuten gut durchkochen lassen. Die Sahne zugießen und 5 bis 10 Minuten köcheln lassen. Mit den Gewürzen abschmecken und durch ein feines Sieb passieren.

FASANENSAMTSUPPE

2 Fasanenkeulen (à 160 g)
1/2 l Wildgeflügelfond (siehe Seite 276/277)
1 bis 2 EL angeschlagene Sahne
1 kleiner Bund Kerbel
Für die Sauce Velouté:
30 g Butter
1 Schalotte
30 g Mehl
1,2 l Wildgeflügelfond
300 ml Sahne
1 Prise Salz, frisch gemahlener weißer Pfeffer
1 Prise Muskatnuss

Die Haut der Fasanenkeulen abziehen und das Fleisch vom Knochen lösen. Den Wildgeflügelfond zum Kochen bringen, das Keulenfleisch zugeben und bei geschlossenem Topf in 30 bis 40 Minuten garen. Das Fleisch herausnehmen und erkalten lassen. Die Suppe, wie in der Bildfolge links als Sauce Velouté beschrieben, herstellen. Das kalte Fleisch in Würfel schneiden, zur Suppe geben und erhitzen. Vor dem Servieren mit angeschlagener Sahne vollenden und mit kleinen Kerbelzweigen garnieren.

STEINPILZESSENZ MIT BLÄTTERTEIGHAUBE

300 g Wildfleisch
30 g getrocknete Steinpilze
je 80 g Möhren und Petersilienwurzel
80 g Lauch
1 Lorbeerblatt
1 Nelke
2 Pimentkörner
10 weiße Pfefferkörner
3 bis 4 Wacholderbeeren
1 Thymianzweig
1 Knoblauchzehe
1 Prise Salz
je 1 Spritzer Cognac und Madeira
1/2 gebräunte Zwiebel
4 Eiweiße
4 bis 5 zerstoßene Eiswürfel
1,2 l Wildgeflügelfond (siehe Seite 276/277)
Für die Einlage:
je 100 g Möhren und Lauch
80 g Knollensellerie
300 g Blätterteig
2 Eigelbe

Blätterteighaube:
Die Gemüsejulienne zur kalten Essenz geben und zusammen in Suppentassen einfüllen. Den Blätterteig 1/2 cm stark ausrollen und ruhen lassen. 4 Deckel ausstechen, die im Durchmesser 2 bis 3 cm größer sind als die Tassen. Die Tassenränder mit Eigelb bestreichen, Deckel aufsetzen und andrücken. Den Blätterteigdeckel mit einem Muster versehen und 20 Minuten ruhen lassen. Hat sich der Teig entspannt, goldbraun backen und die Suppe sofort servieren.

Das Wildfleisch mit den Steinpilzen, den Möhren und der Petersilienwurzel durch die große Scheibe des Fleischwolfs drehen. In eine Schüssel geben und den fein geschnittenen Lauch, die Gewürze und Kräuter hinzufügen. Die Zwiebel und die Eiweiße unterrühren und die Klarifikation in einen Topf geben. Die zerstoßenen Eiswürfel beigeben und den Wildfond aufgießen. Unter ständigem Rühren mit dem Bratenwender zum Kochen bringen. Die Essenz, wie auf Seite 274/275 beschrieben, weiter zubereiten. Die fertige Essenz passieren, abschmecken und erkalten lassen. Für die Einlage das Gemüse schälen und in feine Julienne schneiden, kurz blanchieren und abschrecken. Die Suppe, wie in den Arbeitsschritten rechts beschrieben, in die Tassen füllen, mit Blätterteig abdecken und im vorgeheizten Ofen bei 200 °C 15 Minuten backen.

KNÖDEL
VON LEBER UND MILZ

Eine herzhafte Suppeneinlage für Wildbrühen, die aus der frischen Milz und Leber zubereitet wird.

80 g Milz vom Wild (Reh, Hirsch, Wildschwein)
60 g Zwiebel
30 g Butter
1 EL gehackte Petersilie
4 altbackene Semmeln
1/8 l Milch
120 g Leber vom Wild (Reh, Hirsch, Wildschwein)
2 Eier
1 Prise Salz, frisch gemahlener weißer Pfeffer
Abgeriebenes von 1/2 Zitrone
1 TL gehackter Majoran

Die Knödel zubereiten, wie in der Bildfolge rechts beschrieben. Zum Formen der Knödel die Hände mit kaltem Wasser anfeuchten und aus der durchgedrehten Masse 6 große oder 12 kleine Knödel rollen und garen. Nach dem Einlegen die Hitze reduzieren und die Knödel, je nach Größe, entweder 12 (kleine) oder 25 (große) Minuten gar ziehen lassen. Sobald sie an die Oberfläche steigen, sind sie gar und können mit der Schaumkelle entnommen werden. Die Knödel können auch direkt in einer Wildbrühe gegart werden; dann trübt sich allerdings die Suppe. Die Knödel heiß zur Brühe geben.

In einer Wildkraftbrühe angerichtet und mit Schnittlauchröllchen bestreut, sind die Knödel ein attraktiver Auftakt für ein Menü.

Knödel zubereiten:

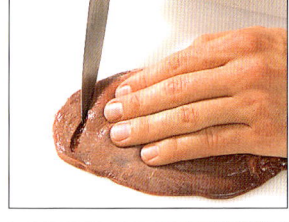

Die Milz mit einem scharfen Messer an der schmalen Seite einschneiden, ohne die untere Haut zu durchtrennen.

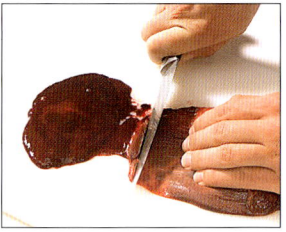

Die Milzmasse mit Hilfe der stumpfen Seite der Messerklinge vorsichtig aus der Haut schieben.

Die geschälte Zwiebel fein schneiden, in der Butter glasig dünsten und die klein geschnittene Petersilie beigeben.

Die Semmeln in feine Scheiben schneiden und in einer Schüssel mit der lauwarmen Milch übergießen.

Das Brot, die in Streifen geschnittene Leber, die Zwiebel und die Milz durch den Fleischwolf drehen.

Anschließend die Eier zugeben und die Masse würzen. Gleichmäßige Knödel formen.

Die Knödel in einen großen Topf mit leicht kochendem Salzwasser einlegen und gar ziehen lassen.

Suppeneinlagen
DIE VOLLENDUNG GUTER SUPPEN

Bei der Zubereitung von Suppeneinlagen ist die Kreativität des Kochs gefragt. Durch eine harmonische Begleitung können insbesondere Wildsuppen aus ihrem bisherigen »Schattendasein« heraustreten.

HIRN-MARKKLÖSSCHEN

(für 8 bis 10 Portionen)
200 g Rindermark, 100 g Hirsch- oder Rehhirn
(oder 300 g Hirn)
10 g Butter, 1 Prise Salz
frisch gemahlener weißer Pfeffer
1 Prise Muskatnuss, 1 bis 2 Eigelbe
1/2 EL gehackte Petersilie, 1 TL gehackter Majoran
50 g frisch geriebenes Weißbrot ohne Rinde

Das Rindermark und das Hirn in kaltem Wasser klarlaufen lassen, bis alle Blutreste entfernt sind. Das Rindermark Zimmertemperatur annehmen lassen und durch ein feines Sieb streichen. Das Hirn enthäuten und in Streifen schneiden. Die Butter in einer Pfanne schmelzen und die Hirnstreifen darin mit leichter Farbe anbraten und würzen. Das Mark in einer Schüssel schaumig rühren und die Eigelbe zugeben. Das Hirn unterrühren und die Kräuter beigeben. Das geriebene Weißbrot unter die Masse arbeiten, so dass sie sich formen lässt. Mit zwei Teelöffeln kleine Nocken abstechen und in leicht kochendes Salzwasser geben. 15 Minuten darin ziehen lassen und in einer entsprechenden Wildbrühe servieren. Das Rezept ergibt 40 bis 50 Klößchen, die sich auch problemlos im Kochfond einfrieren und später auftauen lassen.

GEFÜLLTE PROFITEROLES

(für 8 bis 10 Portionen)		
Für den Brandteig:		
1/8 l Wasser, 30 g Butter		
1 Prise Salz, 100 g Mehl		
3 Eier		
Für die Füllung:		
50 g Rehkeulenfleisch, 60 ml Sahne		
1 Prise Salz, frisch gemahlener weißer Pfeffer		
1/2 EL geschlagene Sahne		
Außerdem:		
10 g Butter für das Blech, 1 Eigelb		

Für den Brandteig das Wasser mit der Butter zum Kochen bringen und das Salz hinzufügen. Das Mehl sieben, auf einmal zugeben. Den Teig mit dem Kochlöffel ständig rühren, bis er sich von der Topfwand löst und sich auf dem Topfboden eine weiße Haut bildet. Die abgebrannte Masse leicht abkühlen lassen und die Eier nach und nach mit dem Schneebesen unterarbeiten. Den Teig, wie rechts beschrieben, aufspritzen, bei 200 °C im vorgeheizten Ofen 25 Minuten backen und auf dem Blech

auskühlen lassen. Für die Füllung das Rehfleisch fein würfeln und wie die Sahne gut kühl stellen. Das Fleisch in einen Mixer geben, salzen, pfeffern und die Sahne nach und nach unterarbeiten. Die Farce durch ein feines Sieb streichen und mit der geschlagenen Sahne fertig stellen. Die ausgekühlten Profiteroles damit füllen, auf ein Backblech setzen und 10 Minuten backen. Noch heiß zur Suppe geben und sofort servieren.

Die Brandmasse mit einem Dressiersack und einer 5er-Lochtülle auf ein gefettetes Blech spritzen. Mit Wasser verdünntes Eigelb aufstreichen, 30 Minuten kühl stellen.

Wenig Farce mit einem Spritzbeutel mit 2er-Lochtülle seitlich in die Profiteroles einfüllen. Sie dehnt sich beim Backen noch etwas aus.

DEMIGLACE VOM WILD

Die Herstellung einer Wild-Demiglace unterscheidet sich von der üblichen Herstellung klarer Fonds durch das Bestauben der Knochen mit Mehl. Im Unterschied zur klaren Jus wird die Demiglace zudem nicht durch ein Tuch, sondern durch ein feines Sieb passiert. Sie lässt sich besonders gut in großen Mengen herstellen und eignet sich zum portionsweisen Einfrieren.

3 kg Wildknochen, 30 ml Pflanzenöl
300 g Möhren, 400 g Zwiebeln
80 g Knollensellerie, 1 1/2 EL Tomatenmark
3 bis 4 EL Mehl, 1 Lorbeerblatt, 2 Nelken
15 weiße Pfefferkörner, 3 Pimentkörner
8 bis 10 Wacholderbeeren, 1/2 Sternanis
1 Knoblauchzehe, 2 Thymianzweige

Die Demiglace, auch Kraftsauce genannt, zubereiten, wie in den Arbeitsschritten unten beschrieben.

Eine Demiglace zubereiten:

Die gehackten Knochen mit dem Öl in einem Bräter rösten, Gemüse, Zwiebeln und Tomatenmark mitrösten. Das Mehl darüber streuen, durchrösten.

Mit Wasser ablöschen und bedecken. Bratensatz vom Boden lösen. Aufkochen, abschäumen, würzen. 1 1/2 Stunden köcheln lassen.

Durch ein Spitzsieb seihen. Nur durchsickern lassen, nicht nachhelfen, da sonst zu viele Rückstände in der Sauce bleiben.

Die Sauce zur gewünschten Konsistenz reduzieren. Die Demiglace nochmals abschmecken und in einer Sauciere servieren.

Gebundene Saucen
WENN SAUCE ZUSÄTZLICH NÖTIG IST

Für eine Vielzahl von Wildzubereitungen sind gebundene Saucen notwendig. Vorwiegend werden sie bei kurz gebratenen Gerichten eingesetzt, aus denen keine Fonds gezogen werden können. Dazu werden beim direkten Saucenansatz die Knochen mit Mehl bestaubt, während beim indirekten Ansatz ein klarer Fond im Nachhinein mit einer Mehlschwitze oder mit Mehlbutter gebunden wird. Wichtig ist, dass das Mehl ausgekocht wird, nur so verliert es seinen Eigengeschmack. Das beste Beispiel hierfür ist die Demiglace. Alle gebundenen Saucen dürfen bei der Zubereitung nur äußerst sparsam gewürzt werden. Das Abschmecken erfolgt erst ganz zum Schluss.

GEBRATENES GAMSRÜCKENFILET IN COGNACSAUCE

500 g Gamsrückenfilet
1 Prise Salz, frisch gemahlener weißer Pfeffer
20 ml Pflanzenöl
2 cl Cognac, 200 ml gebundene Wildsauce

Das Filet in vier gleich große Stücke schneiden, salzen, pfeffern und in heißem Pflanzenöl beidseitig in einer Pfanne anbraten. In den vorgeheizten Ofen geben und bei 180 bis 200 °C 12 bis 15 Minuten braten. Währenddessen den Cognac in eine Sauteuse geben und bis auf einen kleinen Rest einkochen lassen. Die Wildsauce aufgießen, zum Kochen bringen und mit Salz und Pfeffer würzen. Das Fleisch aus dem Ofen nehmen, 1 bis 2 Minuten ruhen lassen, längs auftranchieren und mit der Sauce servieren. Als Beilage eignen sich frisch durchgepresster Kartoffelschnee sowie ein Cranberrykompott.

MIT MEHLBUTTER GEBUNDEN

Das Binden von Flüssigkeiten mit Mehlbutter ist die einfachste und praktischste Methode. Da man Mehlbutter sehr gut in großen Mengen auf Vorrat produzieren kann (sie hält sich bis zu zwei Tage im Kühlschrank), hat man sie stets zur Hand.

40 g Butter, 15 g Mehl

1/2 l dunkler Wildfond (siehe Seite 270/271)

Die Sauce sollte nicht zu dick gebunden werden, da auch hier das Mehl einige Zeit auskochen muss, um seinen Eigengeschmack zu verlieren.

Alle drei hier gezeigten Arten von gebundenen Saucen führen zum gleichen Ergebnis und können durch Gewürze, Weine oder Spirituosen verfeinert werden. Eine weitere Variante ist die Zugabe von Sahne oder Créme fraîche.

Mit Mehlbutter binden:

Die Butter würfeln, auf einen Teller geben und das Mehl darüber sieben. Mit der Gabel zu einem glatten Teig verarbeiten.

Zu einer Rolle formen, in Folie einschlagen und gut durchkühlen lassen. Die Mehlbutter zunächst in Scheibchen, dann in Würfel schneiden.

Den Wildfond zum Kochen bringen und die Mehlbutter nach und nach mit einem Schneebesen einrühren. Die Sauce glatt rühren.

Die gebundene Sauce 10 bis 15 Minuten köcheln lassen, des Öfteren mit dem Schneebesen umrühren. Durch ein feines Sieb passieren.

Im Unterschied zur Sauce mit dunkler Roux bleibt die mit Mehlbutter gebundene Sauce heller und ist somit für Sahnesaucen gut geeignet.

MIT DUNKLER MEHLSCHWITZE GEBUNDEN

Bei dieser Version einer Mehlbindung kann durch zusätzliches Rösten des Mehls in der Butter die Intensität der Saucenfarbe verstärkt werden.

40 g Butter, 20 g Mehl

1/2 l dunkler Wildfond (siehe Seite 270/271)

Die Mehlschwitze wird auch als Einbrenne oder Roux bezeichnet. Beim Ablöschen und Aufgießen ist auf ein sorgfältiges Glattrühren zu achten.

Eine Mehlschwitze zubereiten:

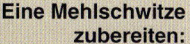

Die Butter aufschäumen lassen. Mehl darüber streuen und angehen lassen. Umrühren, bis es eine mittelbraune Farbe angenommen hat.

Den kalten Wildfond unter ständigem Rühren aufgießen und glatt rühren. 15 bis 20 Minuten köcheln lassen und durch ein Sieb passieren.

SAUCE HOLLANDAISE

Für die Reduktion:

1 klein geschnittene Schalotte
je 1 Zweig Estragon und Petersilie
1/2 Lorbeerblatt
4 bis 6 weiße Pfefferkörner
2 EL Weißweinessig
2 EL Wasser, 8 EL Weißwein

Zum Aufschlagen:

180 g Butter, 3 Eigelbe
je 1 Prise Salz und Cayennepfeffer
1 Spritzer Zitronensaft

Die angegebenen Mengen sind für etwa 1/4 l berechnet. Zum Aufschlagen der Sauce die Butter vor der Verwendung so lange kochen, bis sich die Molke abgesetzt hat und zum größten Teil verdampft ist. Wenn sich hellbraune Flocken bilden, die Butter sofort vom Herd nehmen und leicht abkühlen lassen. Alle Arbeitsschritte werden in der Bildfolge unten beschrieben:

CUMBERLANDSAUCE

Dies ist wohl die bekannteste aller kalten Saucen, die als Klassiker weltweit zu kaltem Wild, Wildgeflügel und Wildpasteten serviert wird.

je 1/2 unbehandelte Orange und Zitrone
1/4 l Rotwein
125 g rotes Johannisbeergelee
150 g Preiselbeerkonfitüre
2 cl roter Portwein
je 1 Messerspitze englisches Senfpulver, Ingwerpulver und Cayennepfeffer

Die Orange und Zitrone unter heißem Wasser kräftig bürsten und trockenreiben. Mit dem Zesteur von den Fruchtschalen feine Streifen abschneiden, den Saft auspressen und auffangen. Die Julienne blanchieren und abschrecken. Die Sauce, wie in den Arbeitsschritten unten gezeigt, zubereiten. Cumberlandsauce lässt sich auch gut in größeren Mengen herstellen. Wird sie noch heiß in Gläser abgefüllt, die gut verschließbar sind, hält sie sich sogar mehrere Wochen im Kühlschrank. Nach Belieben kann auf die Zitrusschalen verzichtet werden, die der Sauce allerdings ihren typischen Charakter geben. Eine Variante kennt auch fein geschnittene Schalotten, die in dem Rotwein mitgekocht werden. Diese Sauce erhielt ihren Namen von dem Herzog von Cumberland, Sohn König Georgs V. von Hannover. Die Überlieferung berichtet, dass ihm diese Sauce von seinem Küchenmeister gewidmet wurde.

Sauce hollandaise zubereiten:

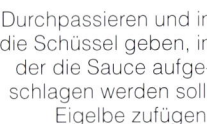

Für die Reduktion alle Zutaten in einen Topf geben, aufkochen lassen und bis auf ein Viertel reduzieren.

Durchpassieren und in die Schüssel geben, in der die Sauce aufgeschlagen werden soll. Eigelbe zufügen.

Im heißen Wasserbad aufschlagen, bis die Spuren des Schneebesens gut erkennbar sind. Herausnehmen und die Butter erst tropfen-, dann fadenweise unterschlagen.

Wichtig: Die Butter und die Eigelbe sollten etwa die gleiche Temperatur haben, bevor die Butter untergeschlagen wird. Die Sauce erst ganz zum Schluss abschmecken und sofort servieren.

Cumberlandsauce zubereiten:

Den Rotwein in eine Sauteuse gießen. Die Julienne hinzufügen und bei schwacher Hitze 10 Minuten blanchieren und leicht köcheln lassen.

Das Johannisbeergelee sowie die Preiselbeerkonfitüre durch ein feines Sieb streichen und in einer Schüssel auffangen. Anschließend beiseite stellen.

Die Julienne aus dem Rotwein nehmen, Portwein und die Zitrussäfte zum Rotwein geben und kurz aufkochen. Gelee und Konfitüre zufügen.

Einmal kräftig aufkochen lassen, mit Senfpulver, Ingwer und Cayennepfeffer würzen und passieren. Die Julienne hinzufügen. Erkalten lassen.

Saucen zum Wild

SOWOHL KALTE ALS AUCH WARME SAUCEN ERGÄNZEN WILDGERICHTE HERVORRAGEND

Nicht immer sind kräftige Fonds oder Saucen zur Hand, wenn man sie braucht. Es muss in diesen Fällen aber nicht auf eine Beigabe verzichtet werden, denn köstliche Saucen lassen sich auch ohne große Vorbereitung herstellen. Die Beispiele auf dieser Seite geben Anregungen für kalte und warme Saucen, die auch für Grillpartys ideal sind.

PETERSILIENSAUCE

1 kleiner Bund Blattpetersilie
3 Schalotten, 1/2 Knoblauchzehe
10 g Butter, 1/2 TL Mehl
1/8 l Weißwein
200 ml Milch, 20 g weiche Butter
150 ml Sahne
Salz, frisch gemahlener weißer Pfeffer
1 Prise Muskatnuss

Die Petersilie waschen, trockenschleudern und die Blätter abzupfen. Die Blätter beiseite legen, die Stiele klein schneiden. Die Schalotten und den Knoblauch schälen und fein schneiden. Die Butter in einer Sauteuse schmelzen, die Schalotten und den Knoblauch glasig dünsten. Die Petersilienstiele hinzufügen, kurz mitschwitzen und das Mehl darüber stauben. Den Weißwein aufgießen und bei schwacher Hitze 5 Minuten köcheln lassen. Die Milch zugießen und die Flüssigkeit auf etwa die Hälfte reduzieren. In der Zwischenzeit die Petersilienblätter mit der weichen Butter in einen Mixer geben, fein mixen und kalt stellen. Die Sahne zur Sauce gießen, erneut aufkochen und weitere 5 Minuten köcheln lassen. Mit Hilfe eines Stabmixers die Petersilienbutter unter die Sauce rühren, würzen und sofort servieren. Nach Belieben kann die Petersiliensauce mit geschlagener Sahne verfeinert werden.

TOMATENSAUCE

Diese Sauce ist nicht nur warm, sondern auch kalt eine Köstlichkeit. Sie passt besonders gut zu kurz gebratenen Vor- und Hauptspeisen oder gegrilltem Wild.

2 Schalotten, 1 Knoblauchzehe
je 80 g Möhren und Stangensellerie
800 g Tomaten
50 ml Olivenöl
je 1 Thymian- und Rosmarinzweig
1/2 Lorbeerblatt
Salz, frisch gemahlener weißer Pfeffer
1/8 l Weißwein
1 Spritzer Aceto Balsamico

Die Schalotten und die Knoblauchzehe schälen und fein schneiden. Möhren und Sellerie waschen, schälen

Wer kalte Saucen unmittelbar nach der Zubereitung noch heiß in Gläser abfüllt, kann diese mehrere Tage aufbewahren. Die Petersiliensauce ist eine Ausnahme, da sie zum Aufwärmen ungeeignet ist.

und klein würfeln. Die Tomaten häuten, entkernen und in gleichmäßige Stücke schneiden. Das Gemüse, wie in der Bildfolge unten beschrieben, anschwitzen. Den Weißwein aufgießen und die Sauce bis zu einer dickflüssigen Konsistenz reduzieren lassen. Mit Aceto Balsamico verfeinern und noch heiß in Gläser füllen. Wer die Sauce mehrere Tage aufbewahren möchte, sollte das restliche Olivenöl in die gefüllten Gläser gießen und diese gut verschließen.

Tomatensauce zubereiten:

30 ml Olivenöl in einer Sauteuse erwärmen und die Schalotten und den Knoblauch glasig dünsten. Das fein gewürfelte Gemüse mit angehen lassen.

Den Thymian- und den Rosmarinzweig sowie das Lorbeerblatt zugeben und die Tomatenwürfel hinzufügen. Das angeschwitzte Gemüse salzen und pfeffern.

Braten

Ob kurz gebraten in der Pfanne oder große Stücke aus dem Ofen, Feinschmecker wissen den Geschmack von gebratenem Wildbret zu schätzen. Beim Haarwild gelten die Edelteile wie der Rücken (Ziemer), die Keulen (Schlegel) und das Blatt (Schäufele) als bevorzugte Bratenstücke, beim Federwild sind es die Brust und die Keulen. Gebraten werden sie entweder im Ganzen oder in Teilstücke zerlegt. Empfohlen wird eine Kerntemperatur von 80 bis 85 °C, welche mit einem Fleischthermometer gemessen wird. Je nach Region erfolgt das Braten entweder auf dem Herd oder im Ofen. Bewährt hat sich die Kombination beider Verfahrensweisen, bei der das Fleischstück zuerst auf dem Herd durch mehrmaliges Wenden gleichmäßig angebraten und anschließend im vorgeheizten Ofen fertig gegart wird. Spicken oder Bardieren verhindert durch das austretende Fett ein Austrocknen der Bratenoberfläche. Zum Kurzbraten eignen sich die ausgelösten Rückenfilets, ganz oder in Medaillons geschnitten, Kotelettstücke und Zuschnitte aus der Keule (Schnitzel). Um das Innere eines größeren Bratenstücks zu würzen, kann ein Gewürzsud separat hergestellt, durchgeseiht und mit einer Gewürzpistole in das Fleisch eingespritzt werden. Ein gleichwertiger Effekt wird beim Spicken des Wildbrets mit gewürzten Speckstreifen erzielt. Dabei ist das Spicken mit dem Messer, das die Fleischfasern durchtrennt und den ätherischen Ölen das Eindringen in das Fleisch erleichtert, dem Einziehen des Specks mit der Spicknadel vorzuziehen.

Der feine Wildbraten –
so zubereitet schätzt man Wildbret am meisten.

Vorspeisen aus der Pfanne

Hier sind der Vielfalt und der Fantasie nahezu keine Grenzen gesetzt. Die feinsten Teile vom Wildbret lassen sich in entsprechend kleinen Portionen zubereiten. Das können die kleinen Filets vom Reh- und Hirschrücken sein oder die feinen Brüstchen vom Federwild. Natürlich gilt dies ohne Abstriche auch für die Innereien.

GEBRATENE HASENLEBER AUF APFELSCHEIBEN

Dieses Rezept ist eigentlich nur für Jäger interessant. Hasen kommen heute in der Regel bereits ausgeweidet auf den Markt, so dass Hasenlebern kaum zu bekommen sind. Wer dieses Rezept nachkochen möchte, kann sie allerdings zusammen mit dem frisch geschossenen und ausgeweideten Hasen beim Jäger bestellen.

(für 2 Portionen)
4 Hasenlebern
20 g Butterschmalz
1 mittelgroße Zwiebel
1 Apfel
10 g Butter
1 Prise Salz
frisch gemahlener weißer Pfeffer
100 ml dunkler Wildfond (siehe Seite 270/271)
Für die Vinaigrette:
2 EL Rotweinessig
Salz, frisch gemahlener weißer Pfeffer
je 2 EL Walnussöl und Distelöl
Für die Garnitur:
Feldsalat und Chicorée

Die Hasenlebern putzen und dabei, wenn nicht bereits geschehen, die Gallenblase entfernen. Die Lebern halbieren, abwaschen und trockentupfen. Das Butterschmalz in einer Pfanne erhitzen und die Lebern darin anbraten. Die Hitze reduzieren und die in Ringe geschnittene Zwiebel hinzufügen. Den Apfel schälen, zwei Scheiben von etwa 1,5 cm Stärke abschneiden und mit dem Kernausstecher aushöhlen. Die Apfelscheiben zu den Lebern geben und langsam mitbraten. In der Zwischenzeit für die Vinaigrette den Essig in eine Schüssel geben, salzen und pfeffern. Das Öl gut unterrühren. Haben die Lebern leicht Farbe angenommen, die Butter hinzufügen und aufschäumen lassen. Wenn die Lebern gleichmäßig gebraten sind und die Zwiebelringe und Apfelscheiben Farbe angenommen haben, mit Salz und Pfeffer würzen. Aus der Pfanne nehmen und warm halten. Den Bratensatz mit dem Wildfond ablöschen und reduzieren. Den Salat mit der Vinaigrette marinieren und anrichten. Die Apfelscheiben auf die Teller geben, die Lebern darauf setzen und mit den gebratenen Zwiebelringen garnieren. Den reduzierten Bratensatz über die Lebern geben und servieren.

Lebern, Zwiebeln und Äpfel bei niedriger Temperatur braten, bis die Lebern wirklich gar sind. Kurz vor Ende der Garzeit die Butter zugeben und darin nachbraten.

GEBRATENE REBHUHNBRÜSTCHEN AUF LINSENSALAT

200 g rote Linsen
120 g Stangensellerie
Für die Vinaigrette:
2 EL Rotweinessig
6 EL Sojaöl
Salz
frisch gemahlener weißer Pfeffer
1 Schalotte
1/2 EL geschnittener Schnittlauch
Für die Rebhuhnbrüstchen:
8 Rebhuhnbrüstchen
Salz
frisch gemahlener weißer Pfeffer
20 ml Pflanzenöl
10 g Butter
2 Thymianzweige

Die Linsen in kaltem Wasser einweichen und 1 Stunde quellen lassen. In ein Sieb schütten und kurz mit kaltem Wasser abbrausen. Die Linsen nun in kochendem Salzwasser garen. Haben sie noch einen kleinen Biss, abschütten und abschrecken. Den Stangensellerie schälen und dabei die Fäden ziehen. In dünne Scheibchen schneiden und kurz in Salzwasser blanchieren. Aus dem Essig und dem Öl eine Vinaigrette herstellen, mit Salz und Pfeffer würzen. Die fein geschnittene Schalotte sowie den Schnittlauch unterrühren. Die Rebhuhnbrüstchen bratfertig vorbereiten, mit Salz und Pfeffer würzen und im heißen Pflanzenöl in einer Pfanne von beiden Seiten anbraten. Im vorgeheizten Ofen bei 180 °C in 8 bis 10 Minuten fertig braten. Kurz vor Ende der Garzeit die Butter und die Thymianzweige zugeben, die Zutaten nachbraten und aus der Pfanne nehmen. Linsen und Sellerie mit der Vinaigrette marinieren und flach auf den Tellern anrichten. Die Rebhuhnbrüstchen mit kleinen Geflügelmanschetten versehen und auf dem Linsensalat anrichten. Als Garnitur die gebratenen Thymianspitzen zugeben.

Die Hirschnieren längs halbieren, kurz kalt wässern, trocken-tupfen. Harnleiter und Fettablagerungen entfernen und anschlie-ßend in kleine Scheiben schnetzeln.

Wildleber, frisch aus der Pfanne

So schmeckt sie am besten: schlicht in Butter gebraten und mit Salz und Pfeffer, nach Belieben auch mit Majoran und Muskatnuss gewürzt. Aber auch andere Varianten eröffnen kulinarische Genüsse. Die zuweilen bis 1,5 kg schwere Leber von großem Wild kann schmackhaft in Scheiben zubereitet werden. Dies ist vor allem für Portionsgerichte von Vorteil. Wildleber-scheiben eignen sich für Vorspeisen und auch für Hauptgerichte. Durch ihren vorzüglichen Geschmack sind sie immer eine Besonderheit auf Wildspeise-karten.

LEBER IN SCHEIBEN

Beim Braten von Leber sind einige wichtige Merkmale zu beachten. Leberscheiben werden generell erst nach dem Braten gewürzt, da sie sonst hart und zäh werden können. Vor dem Braten sollten sie trockengetupft wer-den. Um ein Ankleben in der Pfanne zu vermeiden, kön-nen sie in Mehl gewendet werden, allerdings muss man das überschüssige Mehl abklopfen. Das Mehlen hat den Vorteil, die Leber trocken in die Pfanne geben zu kön-nen, und sie erhält eine gleichmäßige Bratfarbe.

| 750 g Wildschweinleber, 3 EL Mehl |
| 20 g Butterschmalz, 20 g Butter |
| 1 Prise Salz, frisch gemahlener weißer Pfeffer |

Die Wildschweinleber häuten und mit einem langen Küchenmesser in etwa 1 cm dicke Scheiben schneiden. Das Bratfett in einer entsprechend großen Pfanne er-hitzen und die Leberscheiben darin anbraten. Beidsei-tig etwa 2 Minuten braten und frische Butter zugeben. Die Scheiben in der aufschäumenden Butter nachbraten, salzen, pfeffern und direkt servieren.

GESCHNETZELTES VOM WILDTRUTHAHN

Das Fleisch der Truthahnbrust gilt als besonders aro-matisch und eignet sich deshalb sehr gut zum Kurzbraten. Das Schnetzeln der Brust empfiehlt sich, wenn diese durch den Schuss verletzt wurde und deshalb nicht mehr im Ganzen serviert werden kann.

| 650 g Wildtruthahnbrust, 30 ml Pflanzenöl |
| Salz, frisch gemahlener weißer Pfeffer |
| 1 Schalotte, 1 kleine Knoblauchzehe |
| 1 kleine rote Chilischote |
| 20 g Butter, 1/8 l Weißwein |
| 300 ml Wild-Demiglace (siehe Seite 282/283) |
| 2 EL geschlagene Sahne |

Zum Schnetzeln die Truthahnbrust zuerst längs in lan-ge Stränge schneiden, dann in Scheibchen teilen. Das Öl in einer großen Pfanne erhitzen und das geschnittene Fleisch zugeben. Unter ständigem Rühren die Fleisch-teile goldbraun anbraten. Mit Salz und Pfeffer würzen und die gewürfelte Schalotte sowie den Knoblauch zuge-ben. Chilischote halbieren und entkernen, zugeben und mit der Schalotte glasig schwitzen. Butter hinzufügen und aufschäumen lassen. Das Geschnetzelte auf ein Sieb geben und den Bratensaft auffangen. Den Bratensatz in der Pfanne mit dem Weißwein ablöschen und bis auf einen kleinen Rest einkochen lassen. Die Wild-Demiglace zugießen, mit Salz und Pfeffer abschmecken. Das Truthahnfleisch und den Fleischsaft zugeben und erhitzen, aber nicht mehr kochen. Kurz vor dem Servieren mit geschlagener Sahne fertig stellen.

NIEREN VOM HIRSCH IN SENFSAUCE

Oftmals sind Nieren vom Wildbret nur für eine einzel-ne Portion ausreichend. Wer Nieren für mehrere Por-tionen zubereiten will, kann diese tiefgefroren aufbe-wahren, bis eine entsprechende Menge vorhanden ist.

| 650 g Hirschnieren |
| 20 ml Pflanzenöl, 1 Schalotte, 10 g Butter |
| Salz, frisch gemahlener schwarzer Pfeffer |
| 350 ml dunkler Wildfond (siehe Seite 270/271) |
| 1 TL Speisestärke |
| 2 TL Rôtisseursenf (z. B. Maux-Senf) |

Die Nieren, wie in der Bildfolge links beschrieben, schnetzeln. Das Öl in einer großen Pfanne erhit-zen, die geschnetzelten Nieren zugeben und unter ständigem Rühren anbraten. Die Schalotte fein würfeln und mit angehen lassen. Die Butter zu-geben und aufschäumen lassen. Die Nieren mit Salz und Pfeffer würzen und auf ein Sieb geben. Den abtropfenden Fond auffangen. Mit dem Wildfond den Bratensatz ablöschen und leicht reduzieren lassen. Speisestärke mit wenig Wasser anrühren, die Sauce damit leicht abbinden und ab-schmecken. Die Nieren und den zurückgehaltenen Saft zur Sauce geben und erhitzen, jedoch nicht mehr kochen. Den Senf unter die Sauce rühren und servieren.

Gebraten
und in Sauce serviert

In der klassischen Kochkunst ist es eine beliebte Methode, kurz gebratenes Fleisch, ebenso die Innereien, zusätzlich mit Sauce anzureichern. Das kann je nach Rezept ein Fond oder eine bereits reduzierte Demiglace sein. Beste Beispiele sind die links aufgeführten Rezepte: Geschnetzeltes vom Wildtruthahn und Nieren vom Hirsch in Senfsauce.

Berner Rösti sind eine feine Beilage für diese Saucengerichte. Dafür am Vortag gekochte Kartoffeln auf der Röstireibe raspeln. Würfel von durchwachsenem Speck in Butterschmalz auslassen, die Kartoffeln zugeben, Farbe annehmen lassen, mit saurer Sahne bestreichen, wenden und fertig braten.

Kurz gebratene Innereien

BESONDERE GAUMENFREUDEN AUS DER PFANNE

Leber und Hirn gehören zu den feinsten Teilen vom Wildbret und sind deshalb sehr begehrt. Dennoch kommen Innereien auch heute sehr selten in den Handel, da sie zum »kleinen Jägerrecht« gehören. Das heißt, dass diese Teile dem Jäger als Entlohnung für die Erlegung und Versorgung des Wildes zustehen. Nachdem sowohl die Umweltbelastung als auch die Sensibilität für Schadstoffe gestiegen sind, gibt der Jäger sie heute gerne einmal ab. Hirn vom Wild ist auf Vorbestellung im Wildhandel erhältlich.

GESCHNETZELTES VON DER WILDSCHWEINLEBER MIT POLENTA

Die Leber vom Wildschwein ist eine der schmackhaftesten vom Haarwild. Durch ihre Größe ist sie als Hauptgericht für 8 bis 10 Portionen gerade richtig. Das folgende Rezept wurde für 4 Portionen berechnet.

700 g Wildschweinleber
20 g Butterschmalz, 1 mittelgroße Zwiebel
Salz, frisch gemahlener weißer Pfeffer
1/4 l dunkler Wildfond (siehe Seite 270/271)
1/8 l Sahne
2 cl Calvados, 1 EL gehackte Petersilie

Die Leber, wie in der Bildfolge rechts beschrieben, zubereiten. Als Beilage eignen sich besonders gut gebakkene Polenta-Halbmonde sowie Teigwaren.

REHLEBERGESCHNETZELTES IN ACETO BALSAMICO

(ohne Abbildung)
800 g Rehleber
20 ml Olivenöl
2 Schalotten
1 kleine Knoblauchzehe
Salz, 1 TL grüne Pfefferkörner
400 ml dunkler Wildfond (siehe Seite 270/271)
1 Prise Salz, frisch gemahlener weißer Pfeffer
1 TL Speisestärke
1 EL Aceto Balsamico

Die Rehleber von dem sichtbaren Gallengeflecht befreien, häuten, in Scheiben und anschließend in kleine Streifen schneiden. Das Olivenöl in einer großen Pfanne erwärmen und die Leber darin gleichmäßig anbraten. Schalotten und Knoblauchzehe schälen, fein schneiden und kurz mitschwitzen. Die Leber salzen, den grünen Pfeffer zugeben und den Wildfond aufgießen. Dann die Hitze zurücknehmen und den Fond etwas einkochen lassen. Die Sauce mit Salz und Pfeffer abschmecken und mit der in Wasser angerührten Speisestärke binden. Die Leber vom Herd nehmen, den Aceto Balsamico unterrühren und direkt servieren.

Geschnetzeltes von der Wildschweinleber:

Die Wildschweinleber unter fließendem kaltem Wasser waschen, häuten und in breite Scheiben schneiden, diese in feine Streifen schnetzeln.

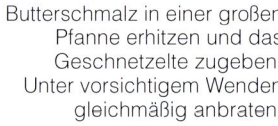

Butterschmalz in einer großen Pfanne erhitzen und das Geschnetzelte zugeben. Unter vorsichtigem Wenden gleichmäßig anbraten.

Die geschälte und fein geschnittene Zwiebel zugeben und glasig dünsten. Die Leber würzen und mit dem Wildfond aufgießen.

Einkochen lassen und die Sahne zugeben. Aufkochen, beiseite ziehen und mit Calvados und Petersilie fertig stellen.

GEBRATENES HIRN VOM HIRSCHWILD

Gebratenes Hirn vom Hirschwild mit einer Salatgarnitur und einer Estragon-Vinaigrette bietet sich als Vorspeise für ein Wildessen geradezu an.

(für 2 Portionen)
1 Hirn vom Hirschwild (etwa 185 g)
1/2 Zwiebel, 1 Lorbeerblatt
1/8 l Weißwein, 1 Nelke
Salz, frisch gemahlener weißer Pfeffer
2 EL Mehl, 10 g Butterschmalz, 10 g Butter
Für die Salatgarnitur:
Feldsalat, Friséesalat, Kirschtomaten
Für die Vinaigrette:
20 ml Estragonessig, 60 ml Sonnenblumenöl
Salz, frisch gemahlener weißer Pfeffer
1 TL geschnittener Estragon

Das Hirn, wie in der Bildfolge beschrieben, zubereiten. Für die Vinaigrette den Essig mit dem Öl verrühren, würzen und mit dem Estragon vollenden.

Gebratene Hirnscheiben:

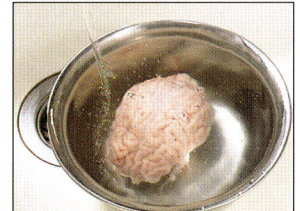

Das Hirn unter fließendem kaltem Wasser klarlaufen lassen, bis alle Blutreste ausgewaschen sind.

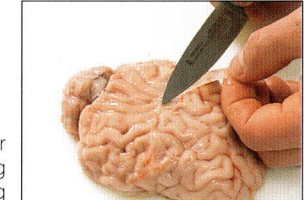

Mit einem scharfen Messer die dünne Haut vorsichtig einschneiden und sorgfältig vom Hirn abziehen.

Gebratene Hirnscheiben sind in Verbindung mit knackigen Salaten kaum von anderen Wildinnereien zu übertreffen. Voraussetzung ist jedoch, dass das Gericht heiß serviert wird.

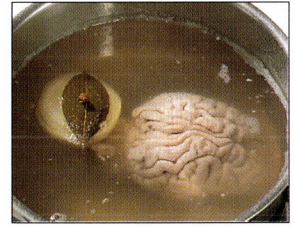

Die mit dem Lorbeerblatt gespickte Zwiebel, Weißwein und Nelke in einen Topf geben, mit Wasser auffüllen und aufkochen. Das Hirn zugeben und salzen.

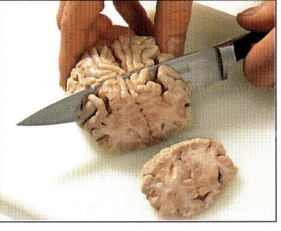

10 Minuten ziehen lassen, vom Herd nehmen und im Fond auskühlen lassen. Herausnehmen und in Scheiben schneiden.

Die Hirnscheiben mit Salz und Pfeffer würzen und in Mehl wenden. Danach das Mehl gut abklopfen.

Gleichmäßig in Butterschmalz anbraten. Butter zugeben, das Hirn nachbraten und mit dem Salat anrichten.

BRATEN

Das Filet in 4 gleiche Teile schneiden. Mit dem Anschnitt auf die Arbeitsfläche legen. Mit dem Plattiereisen leicht flach klopfen. Um jedes Medaillon 1/2 Scheibe Speck wickeln, Enden überlappen lassen. Mit Küchengarn fixieren.

TOURNEDOS VOM REH

Hier wird das Feinste aus dem Mittelstück des Rehrückens verarbeitet. Die Speckhülle schützt das zarte Fleisch vor dem Austrocknen und gibt ihm zudem einen ganz besonderen Geschmack.

(für 2 Portionen)
280 g Rehrückenfilet
Salz, frisch gemahlener weißer Pfeffer
2 Scheiben grüner Speck, 2 EL Pflanzenöl
Für die Sauce:
1 cl Cognac
2 cl roter Portwein
2 cl Trüffelfond
1/4 l dunkler Wildfond (siehe Seite 270/271)
1/2 TL Speisestärke
20 g schwarze Trüffel aus dem Glas

Die Medaillons, wie in der Stepfolge links beschrieben, vorbereiten und mit Salz und Pfeffer würzen. Öl in einer Pfanne erhitzen und die Tournedos darin kurz anbraten. In den auf 180 °C vorgeheizten Ofen schieben und 12 bis 15 Minuten garen. In der Zwischenzeit die Spirituosen und den Trüffelfond in eine Sauteuse geben und bis auf einen kleinen Rest reduzieren. Den Wildfond aufgießen und auf 1/3 einkochen lassen. Die Sauce mit der in wenig Wasser angerührten Speisestärke binden und mit Salz und Pfeffer abschmecken. Die Trüffel in kleine Scheiben schneiden und zugeben. Die fertig gegarten Tournedos aus dem Ofen nehmen und das Küchengarn entfernen. Auf Tellern anrichten und mit der Trüffelsauce nappieren. Als Beilage eignet sich feines Gemüse wie Möhrchen, Kohlrabi oder Brokkoli.

Schieres Fleisch von besten Stücken

Für Wildbret aus der Pfanne ist eine Top-Fleischqualität von größter Wichtigkeit. Der Rücken in seinen Einzelteilen eignet sich dafür besonders, aber auch Stücke aus der Keule, wie zum Beispiel die Nuss. Voraussetzung aber ist, dass es zartes Fleisch von jungen Tieren ist. Damit das ohnehin magere Wildbret schön saftig bleibt, wird es während des Bratvorgangs ständig mit Bratensaft beträufelt oder, wie bei den Tournedos vom Reh, mit einer Speckscheibe umwickelt.

HIRSCHSTEAKS MIT STEINPILZRAHMSAUCE

Dieses Gericht zeigt, dass sich auch Teile aus der Keule sehr gut zum Kurzbraten eignen. Wer eine ganze Hirschnuss zur Verfügung hat, kann daraus Steaks für etwa 6 Portionen schneiden.

Für die Sauce:
400 g Steinpilze
10 g Butter, 1 Schalotte
1/8 l Weißwein
1/4 l dunkler Wildfond (siehe Seite 270/271)
1/8 l Sahne
Salz, frisch gemahlener weißer Pfeffer
Für die Steaks:
4 Hirschsteaks aus der großen Nuss (à 160 g)
Salz, frisch gemahlener weißer Pfeffer
2 EL Pflanzenöl
Außerdem:
10 g Butter
1 EL geschlagene Sahne
1 TL fein geschnittener Schnittlauch

Für die Sauce die Steinpilze putzen und klein schneiden. Die Butter in einem Topf schmelzen und die fein

CRÉPINETTES VOM REHRÜCKEN MIT CHAMPIGNON-DUXELLES

Crépinettes – ein klassisches Rezept der französischen Küche – lassen sich in abgewandelter Form auch aus den besten Stücken vom Reh zubereiten. Das Garen im Schweinenetz ist charakteristisch für dieses Gericht; das Schweinenetz wird traditionell mitgegessen.

320 g Rehrückenfilet
Salz, frisch gemahlener weißer Pfeffer
20 ml Pflanzenöl
Für die Champignon-Duxelles:
10 g Butter, 1 Schalotte
250 g weiße Champignons
Salz, frisch gemahlener weißer Pfeffer
150 ml dunkler Wildfond (siehe Seite 270/271)
2 EL gehackte Petersilie

geschnittene Schalotte darin glasig dünsten. Die Putzreste der Pilze zugeben und mit angehen lassen. Den Weißwein aufgießen und auf die Hälfte reduzieren. Den Wildfond zugießen, zum Kochen bringen und die Pilzreste 5 Minuten darin ziehen lassen. Durch ein feines Sieb passieren und auf 1/3 einkochen lassen. Die Sahne aufgießen und die Sauce zu einer cremigen Konsistenz einkochen lassen. Mit Salz und Pfeffer würzen und beiseite stellen. Die Hirschsteaks würzen und, wie in den Arbeitsschritten unten gezeigt, zubereiten. In der Zwischenzeit die restliche Butter in einer Pfanne schmelzen und die Steinpilze darin anbraten. Leicht würzen und zur Sauce geben. Diese aufkochen, Schlagsahne und Schnittlauch hinzufügen und nochmals abschmecken. Die Steaks anrichten und mit Sauce nappieren. Eine passende Beilage sind Kartoffelgnocchi.

Für die Crépinettes das Rückenfilet in Medaillons zu je 40 g schneiden und leicht plattieren. Mit Salz und Pfeffer würzen. Im heißen Öl von beiden Seiten kurz anbraten. Für die Duxelles die Butter in einem großen Topf schmelzen und die fein geschnittene Schalotte darin glasig schwitzen. Die fein gewürfelten Champignons hinzufügen, salzen, pfeffern und den austretenden Saft einkochen lassen. Den Wildfond aufgießen und die Pilze darin garen, bis die Flüssigkeit fast ganz verdampft ist. Die Champignons herausnehmen und kalt stellen. Für die Crépinettes das Schweinenetz vor dem Gebrauch in kaltem Wasser säubern und von Blut- und Schmutzresten befreien. In 8 gleich große Stücke schneiden. Die Crépinettes, wie in den Arbeitsschritten unten beschrieben, fertig stellen. Die gebratenen Crépinettes mit der kräftigen Sauce servieren. Als Beilagen eignen sich Rosenkohlblätter, Steinpilze und Fingernudeln.

So wird das Steak gebraten:

Das Hirschsteak mit Salz und Pfeffer würzen. Das Pflanzenöl in einer entsprechend großen Pfanne erhitzen, das Steak darin anbraten.

Das Fleisch leicht Farbe nehmen lassen, wenden und auch auf dieser Seite gleichmäßig anbraten. Den Ofen auf 180 °C vorheizen.

Die Pfanne in den vorgeheizten Ofen schieben und etwa 8 bis 10 Minuten braten. Das Steak herausnehmen und kurz ruhen lassen.

Crépinettes fertig stellen:

Das Schweinenetz ausbreiten und die Medaillons darauf setzen. Petersilie unter die Duxelles rühren und auf den Filets verteilen.

Die Medaillons doppelt ins Netz einschlagen, Ränder abschneiden. Crépinettes mit den Händen formen. In heißem Öl anbraten.

Anschließend im vorgeheizten Ofen bei 180 °C etwa 14 Minuten fertig braten und servieren.

Duxelles vorbereiten:
Die Schalotte glasig schwitzen, die Champignons zufügen und würzen. Den Wildfond aufgießen, die Champignons darin garen, bis die Flüssigkeit verdampft ist. Herausnehmen und kalt stellen.

Känguru kurz gebraten

DIE IDEALE GARMETHODE

Das auf dem 5. Kontinent beliebte Kängurufleisch eignet sich bestens zum Kurzbraten. Das Hüftsteak beispielsweise kann für eine Vielzahl von Gerichten, bei denen es schnell gehen soll, verwendet werden. Außerdem wartet Känguru mit drei verschiedenen Lendenstücken auf, die allesamt sehr saftig sind.

WÜRZIGER KÄNGURUSPIESS

Als Beilage zum Känguruspieß aus der Pfanne macht sich der mit Kurkuma leuchtend gelb gefärbte Reis optisch wie geschmacklich ganz besonders gut.

Für die Spieße
700 bis 800 g Kängurufleisch, am besten Hüftsteaks
Salz, frisch gemahlener Pfeffer
6 EL Olivenöl
200 g roh geräucherter durchwachsener Speck
100 g Zwiebeln
150 g rote Paprikaschote
6 bis 8 Salbeiblätter
4 EL Pflanzenöl zum Braten
1/8 l Wildfond, 20 g Butter

Für den Reis:
250 g Langkornreis
20 g Butter
3/4 l erhitzter Gemüsefond
1/4 TL gemahlene Kurkuma
Salz, frisch gemahlener Pfeffer

Den Reis waschen und abtropfen lasssen. Die Butter in einem Topf zerlassen und den Reis darin anschwitzen, bis die Körner glasig sind. Mit etwas Fond ablösen, Kurkuma einrühren und den Reis etwa 20 Minuten garen, dabei nach und nach den Fond angießen, jedoch nur so viel, dass der Reis gerade eben von Flüssigkeit bedeckt ist. Inzwischen das Fleisch für die Spieße in 3 cm breite Scheiben schneiden. Salzen und pfeffern und die Fleischstücke mit Öl bestreichen. Den Speck in 2 mm dicke Scheiben schneiden und die Hälfte der Kängurustücke damit umwickeln. Die Zwiebeln schälen und vierteln. Die Paprikaschote waschen, halbieren, Stielansatz, Samen sowie Scheidewände entfernen und das Fruchtfleisch in 1,5 x 3 cm große Stücke schneiden. Abwechselnd ein mit Speck umwickeltes Fleischstück, ein Zwiebelviertel, ein Paprikastück, ein Fleischstück und Salbeiblätter auf die Spieße stecken. Das Öl in einer Pfanne erhitzen und die Spieße von jeder Seite darin 3 bis 4 Miuten braten. Herausnehmen und warm halten. Den Bratsatz mit dem Wildfond ablöschen, die Butter zufügen, kurz aufkochen lassen und mit Salz und Pfeffer würzen. Die gebratenen Spieße mit dem Kurkumareis auf vorgewärmten Tellern anrichten, mit etwas Bratsauce umgießen und sofort servieren.

GESCHNETZELTES VOM KÄNGURU MIT TAGLIATELLE

Auch hier werden saftige Steaks aus der Hüfte verarbeitet. Pasta, am besten selbst zubereitet, erweisen sich als ideale Begleitung.

800 g Kängurufleisch (Hüftsteaks)
80 g weiße Zwiebeln, 1 Knoblauchzehe
80 g Möhre, 60 g Stangensellerie
2 rote Chilischoten
700 g Tomaten, 3 EL Pflanzenöl
Salz, frisch gemahlener Pfeffer
150 ml Rotwein
1 EL gehackte Kräuter (Petersilie und Thymian)
200 ml Wildfond
200 g Champignons, geputzt und halbiert

Das Fleisch in dünne Streifen schneiden. Die Zwiebeln sowie die Knoblauchzehe schälen und beides fein hacken. Die Möhre schälen und in kleine Würfel schneiden. Den Stangensellerie putzen, dabei eventuell vorhandene Fäden abziehen und klein würfeln. Die Chilischoten waschen, jeweils den Stielansatz, Samen, und Scheidewände entfernen und das Fruchtfleisch in feine Ringe schneiden. Die Tomaten blanchieren, häuten, halbieren, Stielansätze und Samen entfernen. Die Samen durch ein Sieb passieren, dabei den Saft auffangen. Das Fruchtfleisch der Tomaten in kleine Würfel schneiden. 2 EL Öl im Wok erhitzen, das Fleisch salzen und pfeffern und portionsweise im Wok unter ständigem Rühren anbraten. Herausnehmen und beiseite stellen. Restliches Öl zugießen und die Zwiebel-, Knoblauch-, Möhrensowie die Selleriewürfel kurz unter Rühren mitbraten. Den Rotwein angießen und alles bei schwacher Hitze unter gelegentlichem Rühren 5 Minuten garen; der Wein sollte fast vollständig verdampft sein. Die Chili- und Tomatenwürfel, den Tomatensaft sowie 1 TL Kräuter einrühren und alles 20 Minuten köcheln lassen, währenddessen nach und nach den Wildfond angießen. 5 Minuten vor Ende der Garzeit die geputzten und halbierten Champignons zugeben. Mit Salz und Pfeffer abschmecken. Das Kangurugeschnetzelte auf vorgewärmten Tellern anrichten und mit den restlichen gehackten Kräutern bestreuen und nach Belieben mit selbst gemachten Tagliatelle servieren, die als Beilage dazu gut schmecken.

WILDSCHWEINKOTELETTS, MIT CHAMPIGNONSAUCE ÜBERBACKEN

Der besondere Reiz dieses Gerichts liegt in der Kombination von kurz gebratenen Koteletts und dem Überbacken mit einer Sauce. Durch das langsame Gratinieren bleibt die Champignonsauce flüssig, bildet an der Oberfläche jedoch eine schmackhafte Kruste.

8 Wildschweinkoteletts (à 120 g)
Salz, frisch gemahlener weißer Pfeffer
30 ml Pflanzenöl
Für die Sauce:
400 g weiße Champignons
30 g Butter, 2 Schalotten
Salz, frisch gemahlener weißer Pfeffer
100 ml Weißwein 300 ml Sahne, 2 Eigelbe
1 EL gehackte Petersilie, 1/2 TL gehackter Thymian
60 g mittelalter Gouda
1 Prise Paprikapulver edelsüß

Für die Sauce die Champignons putzen, waschen und in Scheiben schneiden. Die Butter in einem Topf schmelzen und darin die fein geschnittenen Schalotten glasig dünsten. Die Champignons zugeben, mit Salz und Pfeffer würzen, mit Weißwein ablöschen und den Fond reduzieren. Die Sahne aufgießen und auf etwa die Hälfte einkochen lassen. Die Sauce abschmecken und beiseite ziehen. Die Wildschweinkoteletts salzen, pfeffern und in heißem Öl in einer Pfanne anbraten. Die Hitze etwas reduzieren und weitere 6 bis 8 Minuten braten. Die Koteletts aus der Pfanne nehmen und in eine feuerfeste Form legen. Die Eigelbe unter die Champignonsauce rühren, die Kräuter zufügen und über die Wildschweinkoteletts geben. Den klein geschnittenen Gouda darüber verteilen und mit wenig Paprikapulver bestauben. Die Koteletts unter dem Grill langsam gratinieren, bis die Oberfläche der Sauce leicht gebräunt ist, dann in der Form servieren.

MEDAILLONS VOM WILDSCHWEIN MIT RÄUCHERAAL

Diese ungewöhnliche Kombination von Wild und Fisch wird erst möglich durch den Räuchergeschmack des Aals. So ergibt sich eine Verbindung von ganz außergewöhnlichem Reiz. Die süßlich-pikante Sauce als Vermittler rundet diese Kombination ab.

300 g Räucheraal
800 g ausgelöstes Rückenfilet vom Wildschwein
Salz, frisch gemahlener schwarzer Pfeffer
20 ml Pflanzenöl
Für die Sauce:
1/2 l dunkler Wildfond (siehe Seite 270/271)
200 g Trockenobst (Apfel, Birne, Aprikose)
12 Backpflaumen
2 bis 3 EL Crème fraîche
Salz, frisch gemahlener weißer Pfeffer

Für die Sauce den Wildfond zum Kochen bringen und das Trockenobst zugeben. Vom Herd nehmen und das Obst 5 bis 10 Minuten darin ausziehen lassen. Den Fond durch ein Sieb passieren, dabei das Obst leicht ausdrücken. Die Backpflaumen zum Fond geben und etwa 5 Minuten darin quellen lassen. In der Zwischenzeit den Räucheraal filetieren und in etwa 5 cm breite Stücke schneiden. Das Rückenfilet mit Salz und Pfeffer würzen und in einer Pfanne in heißem Öl beidseitig anbraten. In den auf 180 °C vorgeheizten Ofen schieben und etwa 20 Minuten braten. Zwischenzeitlich die Crème fraîche zur Sauce geben, einmal aufkochen lassen und mit Salz und kräftig mit Pfeffer würzen. Das gegarte Filet aus dem Ofen nehmen, 2 Minuten ruhen lassen und in 8 gleichmäßige Tranchen schneiden. Mit je einem Stück Räucheraal belegen und die Sauce darüber geben. Eine passende Beilage sind Knöpfle.

Feine Stücke vom Wildschweinrücken
AUSSERGEWÖHNLICHE REZEPT-IDEEN BRINGEN ABWECHSLUNG IN DIE WILDKÜCHE

Das ganz besondere Wildschweinaroma entwickelt sich bei den edlen Fleischstücken vom Rücken vor allem dann, wenn sie kurz gebraten werden. Stammt das Fleisch dann noch von einem jungen Tier, zum Beispiel einem Überläufer, ist es für diese Garmethode bestens geeignet. Bei starker Hitze anbraten, bei reduzierter Hitze fertig garen, gerade so, dass das Fleisch zwar durchgebraten ist, aber schön saftig bleibt. Die Koteletts können wie im nebenstehenden Rezept (links) sogar rosa gebraten werden, wenn sie beim Überbacken noch durchgaren.

Den Hirschrücken mit einem scharfen Messer auf beiden Seiten des Rückgrats 1,5 bis 2 cm tief einschneiden. Durch das Knochenmark des Rückgrats einen Spieß stoßen, damit sich die Karkasse während des Bratens nicht verformen kann. Die Schnittflächen entlang dem Rückgrat marinieren. Dazu 6 Pfefferkörner, 4 Wacholderbeeren, 1 Nelke und 1/2 Lorbeerblatt zerstoßen, mit 2 EL Öl verrühren, die Schnittflächen damit einpinseln und gut zusammendrücken. Den Rücken abdecken, etwa 1/2 Stunde im Kühlschrank ruhen lassen, damit die Marinade einwirken kann. Anschließend den ganzen Rücken mit Salz und frisch gemahlenem Pfeffer würzen.

Bratfett oder Öl (50 bis 80 ml) in einen Bräter geben und auf dem Herd erhitzen. Den vorbereiteten Rücken mit der Fleischseite nach unten in den Bräter legen und gleichmäßig anbraten. Den Rücken wieder auf die Karkasse wenden und den Bräter in den auf 180 bis 200 °C vorgeheizten Ofen schieben. Während des Garens den Rücken des Öfteren mit dem Bratfett begießen. Dazu den Bräter schräg halten und das Fett in einer Ecke zusammenlaufen lassen. Nach etwa 35 bis 40 Minuten mit Hilfe eines Fleischthermometers die Kerntemperatur messen. Der Braten muss so lange garen, bis die Innentemperatur 80 °C erreicht hat.

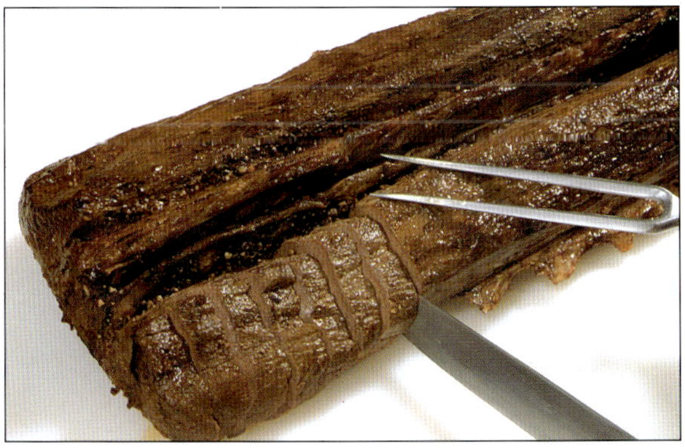

Braten eines Hirschrückens
GROSSE STÜCKE IM GANZEN BRATEN

Wer seine Gäste zu besonderen Anlässen mit einem nicht alltäglichen Wildbretgericht überraschen will, liegt mit einem im Ganzen gebratenen Hirschrücken sicher richtig. Ein Rücken von 4,5 bis 5 kg bietet für sechs bis acht Portionen ein optisch attraktives Hauptgericht. Die Zubereitung ist zwar etwas aufwändig, doch die Mühe lohnt sich. Den Hirschrücken, wie in der Bildfolge links beschrieben, mit der »Kombimethode« garen. Dafür wird der Rücken auf dem Herd angebraten und anschließend im Ofen fertig gegart. Wichtig ist, dass das Fleisch nach dem Ende der Garzeit einige Minuten ruht. Durch das Absinken der Außentemperatur kann sich der Fleischsaft wieder gleichmäßig im Gewebe verteilen. Wird das Fleisch nun tranchiert, tritt der Saft nicht aus, und das Fleisch bleibt saftig.

Werden Teilstücke eines jungen, zarten Rückens gebraten, können sie auch längs – also nicht gegen die Faserrichtung – aufgeschnitten werden.

Den Rücken aus dem Ofen nehmen, den Spieß entfernen und das Fleisch in Alufolie gewickelt ruhen lassen. In der Zwischenzeit nach Belieben aus dem Fond eine Sauce zubereiten. Die Filets von der Karkasse lösen und quer zur Fleischfaserrichtung schräg in Scheiben aufschneiden.

Rückenfilet tranchieren:
Ein Hirschrücken kann auf zwei Arten tranchiert werden. Es ist möglich, den Rücken herkömmlich aufzuschneiden (im Bild oben). Optisch attraktiver ist es, das Fleisch in Faserrichtung zu tranchieren, was aber nur bei jungen Tieren zu empfehlen ist (im Bild unten).

Wildkaninchen und Hase

GANZ BESONDERE LECKERBISSEN AUS DEM OFEN

GEFÜLLTES WILDKANINCHEN

(für 4 bis 6 Portionen)
1 Wildkaninchen (etwa 1 kg)
Salz, frisch gemahlener weißer Pfeffer
Für die Füllung:
100 g Kalb- oder Wildkaninchenfleisch
Salz, frisch gemahlener weißer Pfeffer
120 ml Sahne
je 100 g grüne, rote und gelbe Gemüsepaprika
2 Scheiben Toastbrot
10 g Butter
Außerdem:
2 Scheiben grüner Speck
1 kleine Zwiebel
je 30 g Möhre und Lauch
2 EL Öl
1/2 l Wildgrundfond (siehe Seite 272/273)
1/8 l Sahne

Das Wildkaninchen, wie in der Bildfolge beschrieben, vorbereiten und füllen. Für die Füllung das Fleisch und die Sahne kühl stellen. Das Fleisch fein würfeln, mit Salz und Pfeffer würzen und im Mixer fein pürieren. Die Sahne nach und nach zugeben, bis eine homogene Masse entsteht. Die Farce durch ein feines Sieb streichen und kalt stellen. Die Paprikaschoten häuten, von den Samen und den Scheidewänden befreien und fein würfeln. Mit leichtem Biss blanchieren, abschrecken und gut abtropfen lassen. Das Toastbrot entrinden und würfeln, in der Butter goldgelb anbraten und abkühlen lassen. Mit den Paprikawürfeln unter die Fleischfarce rühren. Das vorbereitete Kaninchen mit der Farce füllen, mit den Speckscheiben belegen und vernähen. Das Gemüse putzen und grob zerkleinern. Das Kaninchen mit Salz und Pfeffer würzen und die Rückenseite auf dem Herd im heißen Öl anbraten. Das Wildkaninchen wenden, das Gemüse zugeben und im vorgeheizten Ofen bei 180 °C etwa 1 Stunde garen. Dabei wenig Wildfond angießen, das Gemüse des Öfteren wenden. Nach Ende der Garzeit das Kaninchen aus der Form nehmen und warm halten. Den restlichen Wildfond zugießen, auf die Hälfte reduzieren und die Sahne hinzufügen. Die Sauce zu einer cremigen Konsistenz einkochen lassen, würzen und passieren. Das Wildkaninchen in Scheiben schneiden und mit der Sauce servieren.

So wird das Kaninchen gefüllt:

Die kleinen Kaninchenfilets so ablösen, dass sie mit den Bauchlappen verbunden bleiben. Rippen und Rückgrat freilegen.

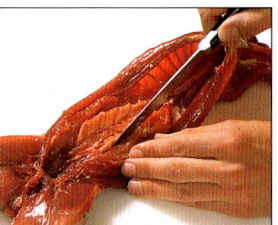
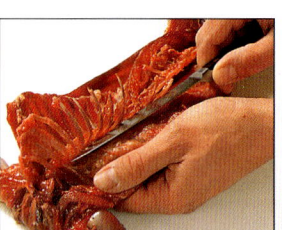

Die Knochen mit Hilfe eines scharfen Messers entfernen, ohne das Fleisch einzuschneiden. Kaninchen würzen und füllen.

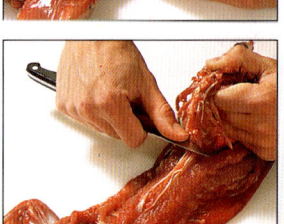

Die Füllung mit Speck belegen, Bauchhöhle zunähen. Den Rücken im heißen Fett anbraten, auf der Bauchseite fertig garen.

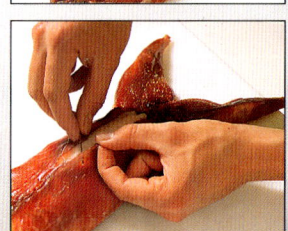

HASENRÜCKEN
MIT SPECK-GEMÜSESAUCE

Dieser im Ganzen gebratene Hasenrücken ist ein klassisches Gericht für 2 Portionen und zudem optisch sehr attraktiv. Als nicht alltägliche Beilage bieten sich Laugenknödel an.

(für 2 Portionen)
600 g Hasenrücken
60 g durchwachsener Speck
50 g Möhre
30 g Knollensellerie
2 Schalotten
50 g Lauch
Salz
frisch gemahlener weißer Pfeffer
2 EL Pflanzenöl
1/4 l dunkler Wildfond (siehe Seite 270/271)
1 Msp. Speisestärke
Für die Laugenknödel:
250 g Laugengebäck (Brezeln oder Brötchen)
1/8 l Milch
1 kleine Zwiebel, 20 g Butter
1 EL fein geschnittene Petersilie
Salz, frisch gemahlener weißer Pfeffer
1 Msp. Muskatnuss, 1 Ei

Den Hasenrücken auf der Fleischseite von Sehnen und Häuten befreien und auf beiden Seiten des Rückgrats etwa 1/2 cm tief einschneiden. Den Speck in feine Würfel schneiden, das Gemüse waschen und putzen. Die Möhre, den Knollensellerie und die Schalotten fein würfeln, den Lauch in feine Ringe schneiden. Den Hasenrücken mit Salz und Pfeffer würzen und, wie in den Arbeitsschritten unten beschrieben, weiter zubereiten. Für die Laugenknödel das Laugengebäck in feine Scheiben schneiden und mit der heißen Milch übergießen und einweichen lassen. Die Zwiebel schälen, fein schneiden und in der Butter glasig dünsten. Die Petersilie zugeben, sofort vom Herd nehmen und leicht abkühlen lassen. Die Brotmasse mit Salz, Pfeffer und Muskatnuss würzen. Das Ei und die Zwiebel hinzufügen und unterrühren. Die Masse einige Minuten durchziehen lassen und 6 gleichmäßige Knödel daraus formen, dabei die Hände mit etwas kaltem Wasser anfeuchten. Die Knödel in siedendes Salzwasser geben, die Hitze reduzieren und in 12 bis 15 Minuten gar ziehen lassen. Sobald sie an der Oberfläche schwimmen, mit einer Schaum- oder Lochkelle entnehmen. Inzwischen für die Sauce die Speisestärke in wenig Wasser anrühren und die Specksauce damit leicht andicken.

Den Hasenrücken braten:

Das Öl in einer feuerfesten Form erhitzen. Den Rücken mit der Fleischseite nach unten darin gleichmäßig anbraten.

Die Form in den auf 180 °C vorgeheizten Ofen schieben und 20 bis 25 Minuten garen. Das Gemüse oft wenden.

Den Rücken wieder auf die Karkasse wenden. Den klein geschnittenen Speck sowie das fein geschnittene Gemüse hinzufügen.

Den Hasenrücken aus der Form nehmen. Das Gemüse mit dem Wildfond ablöschen und etwa auf die Hälfte reduzieren.

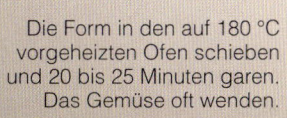

GEBRATENE HIRSCHNUSS

(für 4 bis 5 Portionen)
1 Hirschnuss (etwa 1 kg)
Salz
frisch gemahlener weißer Pfeffer
30 ml Pflanzenöl
200 g Zwiebeln
30 g kalte Butterwürfel

Die Hirschnuss mit Salz und Pfeffer würzen. Das Öl in einer entsprechend großen, feuerfesten Form erhitzen und die Nuss auf dem Herd gleichmäßig auf allen Seiten anbraten. Die Form in den auf 180 °C vorgeheizten Ofen schieben und etwa 1 1/2 Stunden garen. Nach 5 Minuten die geschälten, grob gewürfelten Zwiebeln zugeben und mitbraten. Haben diese Farbe angenommen, etwas Wasser angießen. Mehrmals wiederholen, so dass der Bratensatz nie ohne Flüssigkeit brät und genügend Feuchtigkeit im Ofen verdampfen kann, um den Braten saftig zu halten. Nach Ablauf der Garzeit – die optimale Kerntemperatur von 80 °C sollte erreicht und möglichst 10 Minuten gehalten worden sein – die Hirschnuss in Alufolie einschlagen und 5 bis 10 Minuten ruhen lassen. Durch das Absinken der Außentemperatur kann sich der Fleischsaft wieder gleichmäßig verteilen, so dass er beim Aufschneiden eines so großen Bratens nicht ausläuft und die Fleischscheiben schön saftig bleiben. In der Zwischenzeit den Bratensatz durch ein Sieb passieren und zum Kochen bringen. Die kalten Butterwürfel einrühren und mit Salz und Pfeffer abschmecken. Die Hirschnuss in gleichmäßige Tranchen schneiden und in der Bratform mit der Sauce servieren. Als Beilagen eignen sich besonders glasierte Kastanien und frisch gekochte Preiselbeeren.

Große Braten
WENN SIE SCHÖN SAFTIG BLEIBEN SOLLEN, BRAUCHEN DIE GROSSEN STÜCKE BEIM BRATEN GANZ BESONDERE SORGFALT

REHKEULE, IM GANZEN GEBRATEN

Vor allem bei großen Stücken vom Wild – wie dieser Rehkeule – ist es sehr wichtig, dass das Ende der Garzeit mit Hilfe eines Fleischthermometers bestimmt wird. Erst wenn eine Kerntemperatur von 80 °C erreicht ist, ist sicher, dass alle eventuell im Wildbret vorhandenen Keime abgetötet wurden.

(für 6 bis 8 Portionen)

1 Rehkeule mit Knochen (etwa 2,8 kg)

Salz

frisch gemahlener weißer Pfeffer

40 ml Pflanzenöl

1 EL gehackte Kräuter

Die Rehkeule von lockerer Haut befreien und den Röhrenknochen hohl auslösen (siehe Seite 223). Damit die Keule während des Bratvorgangs ihre Form behält, wird sie leicht mit Küchengarn gebunden und anschließend mit Salz und Pfeffer gewürzt. Das Öl in einem Bräter erhitzen und die Keule auf dem Herd von beiden Seiten darin anbraten.

In den auf 180 °C vorgeheizten Ofen schieben und etwa 1 3/4 Stunden braten. Während des Bratvorgangs des Öfteren mit dem Bratfett begießen. Dazu den Bräter schräg halten und das Fett in einer Ecke zusammenlaufen lassen. Sollte die Oberfläche zu dunkel werden, kann die Keule im letzten Drittel der Bratzeit mit Alufolie abgedeckt werden. Ist nach Ablauf der Bratzeit die Kerntemperatur von 80 °C erreicht, die Keule aus dem Ofen nehmen, in Alufolie einschlagen und 5 Minuten ruhen lassen, das Küchengarn entfernen. Mit den gehackten Kräutern bestreuen und tranchieren. Dabei die Keule bis zum Unterschenkelknochen in Scheiben schneiden, das Haxenfleisch vom Knochen lösen und aufschneiden.

Die hohl ausgelöste Rehkeule kann auch gespickt werden. In diesem Fall wird die Keule nach dem Spicken ebenfalls zuerst auf dem Herd gleichmäßig angebraten und schließlich im Ofen fertig gegart.

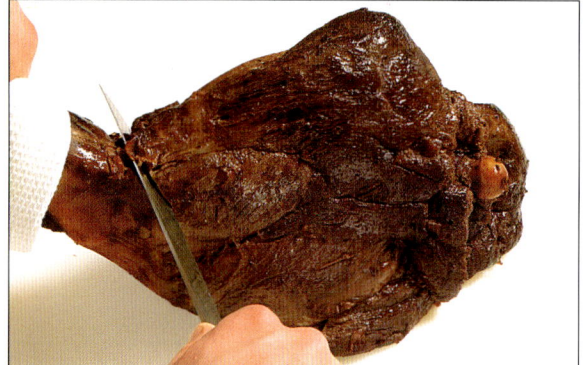
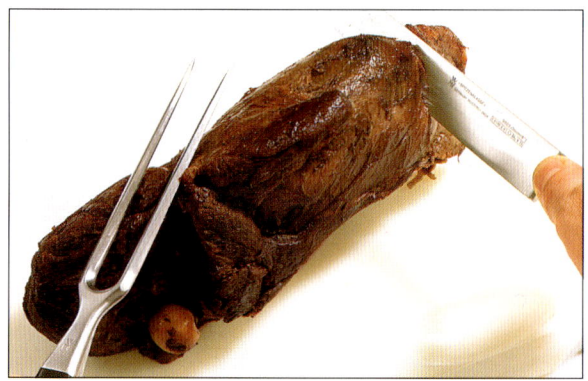

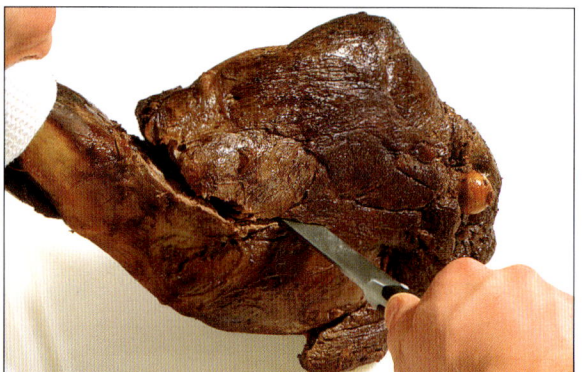

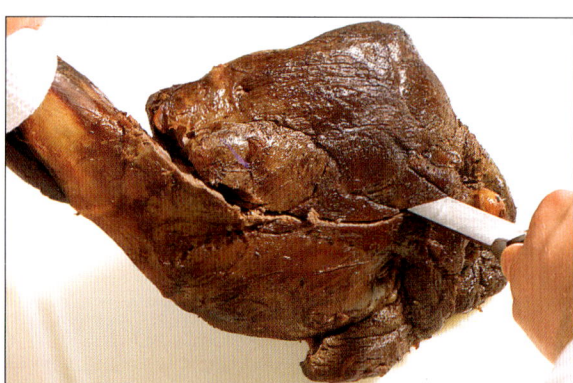

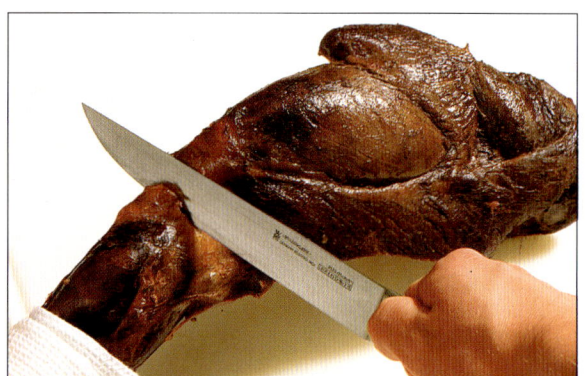
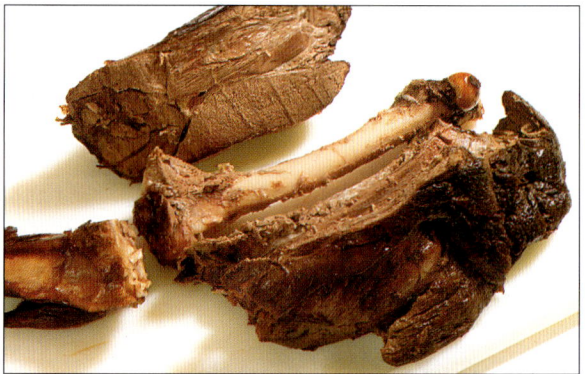

Die Haxe mit einem Tuch anfassen und die Keule aufstellen. Mit einem schmalen, stabilen Messer zwischen Haxe und Frikandeaukopf bis zum Gelenk einschneiden. Den großen Gelenkkopf des Röhrenknoches in leichtem Bogen um- schneiden und entlang dem Röhrenknochen weiterschneiden bis hin zum kleinen, einseitig freiliegenden Kugelgelenk. Dieses umschneiden und das Fleisch neben der Oberschale abtrennen. Die Haxe im Gelenk einschneiden und abtrennen.

Die Nuss am Kugelgelenk mit einem Einschnitt vom Knochen lösen. Diesen mit kleinen Schnitten der Messerspitze entlang dem Röhrenknochen freilegen. Um den Knochen vollends entfernen zu können, hebt man ihn an, um das tiefer im Fleisch liegende Kugelgelenk umschneiden und den Knochen auslösen zu können. Die ausgelösten Einzelteile: oben die Oberschale mit Frikandeau, unten die kleine und die große Nuss sowie links die Haxe.

Die ausgelösten Fleischteile werden quer zur Fleischfaser in gleichmäßige Scheiben geschnitten. Soll die ganze Keule aufgeschnitten werden, so wird sie auf einer gebutterten Platte angerichtet. Die geschnittenen Scheiben werden zu ihrer ursprünglichen Form zusammengesetzt und die Haxe daran gelegt. Beim Tranchieren kommt es darauf an, das Fleisch ohne unnötigen Verschnitt von den Knochen zu trennen. Dabei muss sicher und zügig gearbeitet werden, um ein zu schnelles Abkühlen zu vermeiden.

Eine Keule, mit dem Knochen gebraten
TRANCHIEREN AM BEISPIEL EINER KEULE VOM WILDSCHAF

Es wird demonstriert, wie man mit möglichst einfachen Schnitten das Fleisch vom Knochen löst. Dabei bleiben 2 große Fleischstücke übrig, die in entsprechend starke Scheiben geschnitten werden.

1 Mufflonkeule (etwa 3,5 kg)
Salz, frisch gemahlener weißer Pfeffer
50 ml Pflanzenöl
400 ml dunkler Wildfond (siehe Seite 270/271)
1 TL Speisestärke

Die Mufflonkeule von losen Häuten befreien. Mit Salz und Pfeffer kräftig würzen. Das Öl in einem Bräter erhitzen und die Keule auf dem Herd rundherum gleichmäßig anbraten. Den Bräter in den auf 180 °C vorgeheizten Ofen schieben und die Keule während der zweistündigen Garzeit des Öfteren mit dem Bratfett übergießen. Die Keule herausnehmen und warm halten. Den Bratsatz mit dem Wildfond ablöschen und leicht einkochen, passieren, binden und abschmecken. Die Keule tranchieren und mit der Sauce servieren. Als Beilage bietet sich gratiniertes Fenchelgemüse an.

ROTWILDLEBER IM SPECKMANTEL

Eine Wildleber, im Ganzen gebraten, bringt nicht nur Abwechslung in die Wildküche, sie ist auch ein ganz besonderer Genuss und geschmacklich mit der klein geschnittenen Leber aus der Pfanne gar nicht zu vergleichen. Wenn sie zudem unter einem schützenden Speckmantel gebraten wird, ist die Leber von wunderbar zarten Konsistenz und sehr saftig. Die Zutaten des folgenden Rezepts wurden für 4 Portionen berechnet.

800 g Rotwildleber
30 g Butterschmalz
1 mittelgroße Zwiebel, in Ringen
300 g durchwachsener Bauchspeck in Scheiben
1 säuerlicher Apfel, in Spalten
frisch gemahlener weißer Pfeffer
6 Salbeiblätter
1/4 l dunkler Wildfond (siehe Seite 270/271)

Die Leber, wie in den Arbeitsschritten unten erklärt, zubereiten. Durch den Speckmantel erhält die Leber einen kräftig würzigen Geschmack, so dass auf die Zugabe von Salz vollkommen verzichtet werden kann. Die fertig gegarte Leber aus dem Ofen nehmen, die Folie entfernen und den Wildfond aufgießen. Auf dem Herd den Fond etwas einreduzieren und die Leber tranchieren. Dazu die geschmorten Zwiebeln und Äpfel und den Bratensatz reichen. Als Beilagen bieten sich Kartoffelpüree, Bratkartoffeln oder Knödel an.

Eine frisch zubereitete Leber vom Wild ist nicht nur unter Jägern eine geschätzte Delikatesse. Auch in der Küche freut sich jeder über frische Wildleber, da sich ihm eine fast unbegrenzte Zahl von Zubereitungsmöglichkeiten anbietet.

Die Leber herausnehmen. Im Fett die Zwiebelringe und 50 g in feine Streifen geschnittenen Speck anbraten.

Apfelspalten auf den Zwiebeln verteilen. Die Leber würzen und auf das Zwiebel-Apfelbett legen.

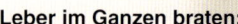

Leber im Ganzen braten:

Die Leber kalt abbrausen, trocknen. Mit dem Finger vorsichtig unter die Haut fahren und diese ablösen.

Die ganze Oberfläche so mit Speckscheiben belegen; dass die Scheiben sich jeweils überlappen.

Das Fett in einer feuerfesten Form erhitzen und die Leber auf dem Herd beidseitig anbraten.

Die ganze Form mit Alufolie fest verschließen. Im vorgeheizten Ofen bei 200 °C 1 Stunde garen.

GLACIERTER ELCHBRATEN MIT KARTOFFELROULADE

Das Glacieren Ganzer Bratenteile im Ofen hat den großen Vorteil, dass gleichzeitig das Fleisch gegart und eine Sauce gewonnen wird.

(für 6 bis 8 Portionen)
1,7 kg Elchfrikandeau
Salz, frisch gemahlener weißer Pfeffer
30 ml Pflanzenöl
150 g Zwiebeln, 100 g Möhren
80 g Knollensellerie
Für die Kartoffelroulade:
300 g mehlig kochende Kartoffeln
Salz, frisch gemahlener weißer Pfeffer
1 Msp. Muskatnuss
1 Ei, 1 Eigelb
10 g doppelgriffiges Weizenmehl, 10 g Butter
50 g durchwachsener Speck, 1 mittelgroße Zwiebel
2 EL gehackte Petersilie
1 Ei
20 g flüssige Butter
1 Eigelb zum Bestreichen
1 EL Semmelbrösel zum Bestreuen
Außerdem:
1/2 l Wasser, 1/2 TL Speisestärke

Das Frikandeau von Haut und Sehnen befreien. Den Ofen auf 200 °C vorheizen und die Bratpfanne mit dem Öl darin erhitzen. Wie in der Bildfolge rechts beschrieben, weiterarbeiten. In der Zwischenzeit für die Kartoffelroulade die Kartoffeln waschen und in der Schale kochen. Noch heiß pellen und durch die Kartoffelpresse drücken. Mit Salz, Pfeffer und Muskat würzen. Das Ei, das Eigelb, das Weizenmehl und die Butter unterrühren und die Masse abkühlen lassen. Für die Rouladenfüllung den Speck und die Zwiebel fein würfeln. Den Speck in einer Pfanne auslassen, die Zwiebel zugeben und glasig dünsten. In einer Schüssel mit der Petersilie und dem Ei verrühren. Den Kartoffelteig auf einer bemehlten Arbeitsfläche ausrollen und mit der Füllung bestreichen. Den Teig zur Roulade rollen und auf ein mit flüssiger Butter gefettetes Blech setzen. Mit Eigelb bestreichen und die Semmelbrösel darüber streuen. Bei 200 °C im Ofen 15 bis 20 Minuten backen und mehrmals mit der restlichen flüssigen Butter bestreichen. Das Elchfrikandeau nach Ablauf der Garzeit aus der Bratpfanne nehmen, in Alufolie wickeln und einige Minuten ruhen lassen. Den Bratfond mit der in wenig Wasser angerührten Speisestärke binden und abschmecken. Das Fleisch tranchieren und mit der Sauce nappieren. Die Kartoffelroulade in Scheiben schneiden und zusammen mit einem gedünsteten Apfel, gefüllt mit Cranberries, als Beilage servieren.

Frikandeau braten:

Das gewürzte Frikandeau (Nuss-Stück aus der Keule) in dem erhitzten Öl im Ofen von allen Seiten anbraten.

Hat das Frikandeau gleichmäßig Farbe angenommen, das geschälte und gewürfelte Gemüse zugeben.

Leicht Farbe annehmen lassen. Des Öfteren wenden und mit etwas Wasser aufgießen.

Dieses stets bis auf einen kleinen Rest einkochen lassen und nachgießen. Den Braten häufig begießen.

Nach 1 1/2 Stunden den Bratfond passieren und dabei mit der Schöpfkelle das Gemüse leicht ausdrücken.

Der Speckmantel verhindert zum einen das Austrocknen der Wildgansbrust, zum anderen gibt er dem Gericht einen unverkennbaren Geschmack.

GEBRATENE WILDGANSBRUST

Wildgansgerichte sieht man nur sehr selten auf den Speisekarten der Spezialitätenrestaurants. Dies liegt vor allem daran, dass das Gansfett bei älteren Tieren leicht tranig schmeckt und schon so mancher Gast schlechte Erfahrungen mit diesem Gericht machte. Dabei kommt es allein darauf an, nur junge Tiere zu verwenden.

(für 2 Portionen als Hauptgericht)
1 Wildgansbrust mit Flügelknochen (etwa 350 g)
Salz
frisch gemahlener weißer Pfeffer
100 g durchwachsener Speck in Scheiben
20 ml Pflanzenöl
je 50 g Möhre, Wirsing und Zwiebel
30 g Staudensellerie
1 Tomate
1 Schalotte
10 g Butter
2 cl weißer Portwein
1/8 l Weißwein
1/4 l Wildgeflügelfond (siehe Seite 276/277)
1/2 TL Speisestärke

Die Wildgansbrust leicht salzen und pfeffern. Mit den Speckscheiben umwickeln, diese leicht überlappen las-

sen und mit Küchengarn binden. Das Öl in einer feuerfesten Form erhitzen und die Brust je 2 Minuten von beiden Seiten anbraten. Die Form in den vorgeheizten Ofen schieben, die flachere Brustseite soll nun unten sein. Bei 180 °C insgesamt 40 Minuten braten. In der Zwischenzeit das Gemüse putzen und in gleichmäßige Streifen schneiden. Die Tomate häuten, entkernen und in Würfel schneiden. Nach 20 Minuten Bratzeit die fein geschnittene Schalotte zur Wildgansbrust geben und glasig dünsten. Die Gemüsestreifen hinzufügen und mit angehen lassen. Ist das Gemüse gleichmäßig angebraten, die Butter zugeben, aufschäumen lassen und mit dem Portwein ablöschen. Den Weißwein aufgießen, kurz reduzieren und den Wildgeflügelfond zugießen. Wenn die Flüssigkeit auf die Hälfte reduziert ist, die Form herausnehmen. Die Brust in Alufolie einschlagen und kurz ruhen lassen. Die Tomatenwürfel zur Sauce geben und diese mit der in wenig Wasser angerührten Speisestärke binden und abschmecken. Das Küchengarn von der Gänsebrust entfernen, das Fleisch in Scheiben schneiden, auf der Sauce anrichten und in der Form servieren.

Wildgeflügel aus dem Ofen

GEFLÜGEL MIT LANGEN GARZEITEN, IM OFEN GEBRATEN

WILDENTE
MIT HONIG-SESAM-KRUSTE

Eine süßsaure Art der Zubereitung bietet sich auch bei Wildenten an. Durch ihre knusprige Haut ist die hier gezeigte Wildente ein echter Leckerbissen.

1 Wildente
Salz
frisch gemahlener weißer Pfeffer
Für die Marinade:
1 Knoblauchzehe
4 bis 6 weiße Pfefferkörner
2 EL geschälter Sesam
1 TL getrockneter Koriander
2 EL Honig
2 EL Rotweinessig
1 EL gehackte Petersilie
1 Messerspitze Ingwerpulver
3 EL Pflanzenöl

Die Ente unter fließendem Wasser innen und außen waschen und trockentupfen. Bauchhöhle und Haut salzen und pfeffern. Mit einem kleinen Holzspieß die Bauchhöhle verschließen, die Keulen zusammenbinden. Für die Marinade den geschälten Knoblauch im Mörser zerstoßen. Nacheinander Pfefferkörner und Sesamsamen zugeben und zerkleinern. Die fein gestoßenen Gewürze in eine Schüssel geben und mit den übrigen Zutaten der Marinade verrühren. Die Ente mit der Brustseite nach oben in eine feuerfeste Form legen und damit einpinseln. In den auf 180 °C vorgeheizten Ofen schieben und 45 bis 50 Minuten braten. In den ersten 25 Minuten die Ente immer wieder mit der Marinade bepinseln. Die letzten 10 Minuten damit aufhören, damit die marinierte Haut in dieser Zeit Farbe nehmen kann und knusprig wird.

Variante Kräuterkruste: Gewürztes Kräuteröl ist eine ganz pikante Mischung, die nicht nur zum Bestreichen für eine Ente, sondern auch für Fasan oder Rebhuhn taugt. Dafür werden 4 EL feines Pflanzenöl mit 1 EL edelsüßem Paprikapulver, je 1 Messerspitze Ingwerpulver und Piment, 1 TL Salz und 2 EL gehackten, gemischten Kräutern verrührt. Die Kräutermischung sollte aus Petersilie, Thymian, ganz wenig Liebstöckel und Rosmarin zusammengesetzt sein. Mit dem gewürzten Kräuteröl die Ente vor dem Braten bepinseln und diesen Vorgang während des Bratvorgangs wiederholen, bis die Mischung aufgebraucht ist. Die letzten 10 Minuten nicht mehr bepinseln, damit sich eine schöne Kräuterkruste bilden kann.

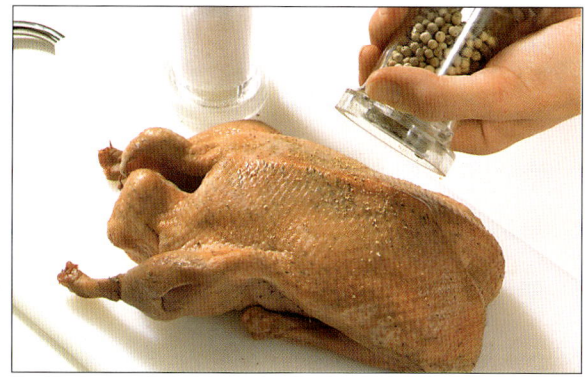

Die Wildente bratfertig vorbereiten. Dafür gründlich waschen, mit Küchenpapier trockentupfen. Bauchhöhle und Haut mit Salz und Pfeffer würzen.

Knoblauchzehe, Pfefferkörner und Sesam im Mörser zerstoßen und mit den restlichen Zutaten vermischen. Diese Marinade gibt der Ente den süßsauren Geschmack und bringt die knusprige Oberfläche.

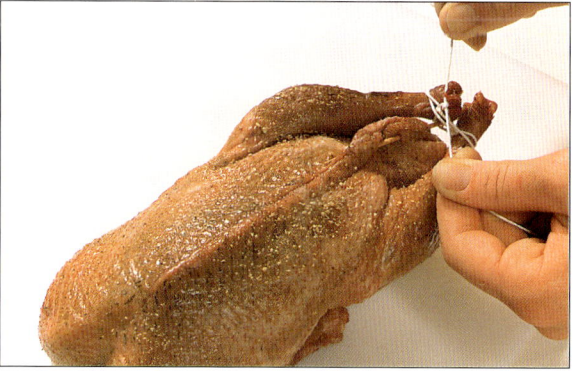

Die Ente vor dem Braten dressieren, damit sie die Form behält. Die Bauchhöhle mit einem kleinen Holzspieß verschließen, die Keulen mit Küchengarn zusammenbinden.

Aus Kräutern und Gewürzen sowie Öl, Essig und Honig eine Marinade herstellen und die Entenbrust damit bestreichen. Dies kann auf dem Arbeitsbrett oder in der Form erfolgen.

Die Ente nur in den ersten 35 Minuten des Bratvorgangs mehrmals mit der Marinade bestreichen. Die verbleibende Bratzeit gehört der Krustenbildung.

Schützende Wirsingblätter halten das zarte Fasanenfleisch delikat zusammen, während es im Ofen schonend gegart wird.

Fasan, deftig kombiniert
SEIN MILDES AROMA HARMONIERT BESTENS MIT WÜRZIGEM KOHLGEMÜSE

FASANENBRUST IM WIRSINGMANTEL
4 Fasanenbrüste (à 200 g)
Für die Füllung:
800 g Champignons
2 Schalotten
20 g Butter
1 Prise Salz, frisch gemahlener weißer Pfeffer
1 EL gehackte Petersilie
1 EL gehackter Thymian
2 Eigelbe
Außerdem:
1 Wirsingkopf (etwa 1 kg)
100 g durchwachsener Speck in Scheiben
4 Schweinenetze
30 ml Pflanzenöl

Für die Füllung die Champignons putzen und waschen. Anschließend in kleine Würfel schneiden. Die Schalotten schälen, fein schneiden und zusammen mit der Butter in einem flachen Topf glasig dünsten. Die Champignonwürfel zugeben und mitschwitzen lassen. Mit Salz und Pfeffer würzen. Die Pilze Saft ziehen lassen und so lange dünsten, bis die Flüssigkeit reduziert ist. Die Kräuter zufügen und alles in eine Schüssel geben. Nach kurzem Abkühlen die Eigelbe unterziehen. Für den Wirsingmantel die äußeren 8 bis 10 Blätter des Wirsingkopfes entfernen, waschen, in Salzwasser blanchieren und abschrecken. Den Strunk der Blätter ausschneiden und je zwei Blätter zu einem Rechteck auslegen. Diese mit einem Tuch bedecken und mit dem Plattiereisen leicht klopfen, damit die etwas dickeren Rippen aufspringen. Die Wirsingrechtecke mit je 2 bis 3 Speckscheiben belegen und die erkaltete Champignonfüllung darauf verteilen. Die Fasanenbrüste enthäuten, salzen, pfeffern und auf die Füllung legen. Nun den Wirsing zu einem Päckchen zusammenlegen und leicht andrücken. Die Päckchen in 1 bis 2 Lagen Schweinenetz hüllen und einschlagen. Das Öl in einer Pfanne erhitzen und die eingeschlagenen Fasanenbrüste beidseitig darin anbraten. Die Pfanne in den vorgeheizten Ofen stellen und das Fleisch bei 180 °C in 25 bis 30 Minuten braten. Dabei die Päckchen 1- bis 2-mal wenden. Nach Ende der Garzeit das Netz entfernen, die Wirsingpäckchen kurz ruhen lassen und in Scheiben schneiden. Mit glasierten Maronen und Bandnudeln servieren. Basis für eine harmonische Sauce ist ein Wildgeflügelfond (siehe Seite 276/277), am besten aus Fasanenkarkassen. Dieser wird um die Hälfte reduziert und mit kalter Butter aufgeschlagen.

GEBRATENER FASAN
AUF WEINKRAUT

Dieses Rezept steht als stellvertretendes Gericht für alle gebratenen Wildgeflügel.

(für 2 Portionen)
1 Fasan (etwa 1 kg)
1 Prise Salz, frisch gemahlener weißer Pfeffer
30 ml Pflanzenöl
Für die Garnitur:
3 Scheiben Toastbrot
50 g durchwachsener Speck
100 g helle Trauben
20 g Butter
Außerdem:
400 g fertiges Weinkraut

Den Fasan bratfertig vorbereiten. Anschließend mit einem Sägemesser halbieren. Dabei in der Mitte des Brustbeines einschneiden und der Länge nach teilen. Den Rücken ebenfalls in der Mitte durchtrennen. Die beiden Fasanenhälften mit Salz und Pfeffer würzen. Das Öl in einem Bräter erhitzen und die Fasanenhälften beidseitig je 2 Minuten anbraten. Den Bräter in den vorgeheizten Ofen schieben und das Fleisch 25 Minuten bei 180 °C garen. In der Zwischenzeit das Toastbrot entrinden und in kleine Würfel schneiden. Den Speck in breite Scheiben zerteilen und in kochendem Wasser kurz blanchieren und abschrecken. Die Trauben häuten, halbieren und entkernen. Wenn die Fasanenhälften fertig gegart sind, das Fleisch herausnehmen und kurz ruhen lassen. 10 g Butter in einer Pfanne erhitzen und die Brotwürfel darin goldgelb braten, auf einen Teller geben. Die restliche Butter in der Pfanne erhitzen und die Speckstreifen darin anbraten. Die Traubenhälften zufügen und kurz mit durchschwenken, bis sie heiß sind. Die Fasanenhälften in Brust und Keule zerteilen und mit dem fertigen Weinkraut anrichten. Die Croûtons darüber streuen und die Speck-Trauben-Mischung mit der Butter darüber geben.

Es ist auch möglich, den Fasan im Ganzen zu braten. Diese Art bietet sich an, wenn bei der Zubereitung Zeit gespart werden soll. Der Fasan kann dann vor den Augen der Gäste am Tisch zerlegt werden. Da jedoch das Tranchieren des im Ganzen gebratenen Fasans schwerer fällt, werden in diesem Rezept Fasanenhälften gebraten.

Gebratener Fasan mit Weinkraut.
Ein trockener Riesling rundet den edlen Geschmack harmonisch ab.

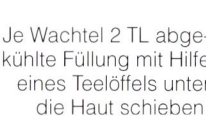

Die Pilzsauce, hier in eine zur Tüte gedrehte Crêpe gefüllt, ist eine harmonische Ergänzung zu gefüllten Wachteln.

Füllung zubereiten:

Die Schalotte und den Speck fein würfeln und in der Butter glasig dünsten. Die gewürfelten Lebern zugeben und kurz mitschwitzen.

Die Mischung in einen Mixer geben und kurz mixen, eine leichte Struktur soll erkennbar bleiben. In eine Schüssel geben und abkühlen lassen.

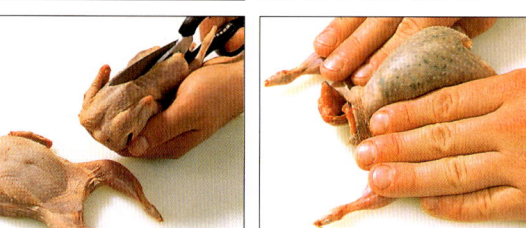

Das entrindete, im Mixer geriebene Weißbrot, Butter und Petersilie unterrühren, mit Salz und Pfeffer würzen.

Wachteln füllen:

Die ausgenommenen Wachteln entlang dem Rückgrat aufschneiden, Bauchhöhlen säubern.

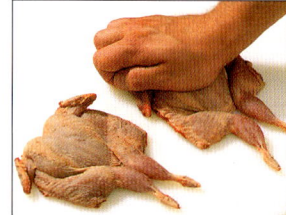

Mit der Brustseite nach oben auf ein Arbeitsbrett legen und leicht flach drücken.

Vom Hals aus die Haut über der Brust lösen, dabei darauf achten, dass sie nicht einreißt.

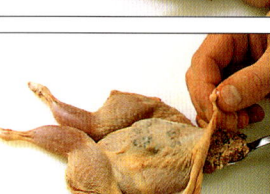

Je Wachtel 2 TL abgekühlte Füllung mit Hilfe eines Teelöffels unter die Haut schieben.

Mit ganz leichtem Fingerdruck die Füllung formen und dabei die Wachtel in ihre ursprüngliche Form bringen.

Die lose Haut zwischen den Schenkeln mit der Messerspitze einstechen und einen 1 cm langen Schnitt ausführen.

Die Schenkel durch die eingeschnittene Haut ziehen und die Wachtel so in Form bringen.

Mit Salz und Pfeffer würzen, in eine ofenfeste Form legen, mit Pflanzenöl bestreichen und im Ofen braten.

WACHTELN MIT LEBERFÜLLUNG

Eine attraktive Zubereitung ist es, Wachteln – aber auch anderes Geflügel – unter der Haut zu füllen.

8 Wachteln
Salz, frisch gemahlener weißer Pfeffer
30 ml Pflanzenöl, 10 g Butter
Für die Füllung:
1 Schalotte
20 g durchwachsener Speck
10 g Butter
4 Wachtellebern, 50 g Geflügelleber
2 Scheiben Toastbrot
20 g weiche Butter, 1 EL gehackte Petersilie
Salz, frisch gemahlener weißer Pfeffer

Die Wachteln füllen, wie in der Bildfolge beschrieben. Im vorgeheizten Ofen bei 180 °C 15 bis 20 Minuten braten. Während der letzten 5 Minuten die Brüste mit Butterflocken belegen. Pfifferlinge in Sahnesauce sind eine passende Beilage. Dazu 500 g Pfifferlinge putzen, waschen und trockentupfen, 1 Schalotte fein würfeln, in 20 g Butter andünsten, die Pilze zugeben und mitschwitzen. Mit Salz und Pfeffer würzen und sanft ziehen lassen. Die Pilze auf ein Sieb geben. Den Fond mit 100 ml Weißwein lösen und einkochen lassen, mit 1/8 l Sahne aufgießen. Die Sauce wieder einkochen lassen, die Pilze zufügen. Zum Schluss 1 EL Schnittlauchröllchen und 1 EL geschlagene Sahne unterziehen.

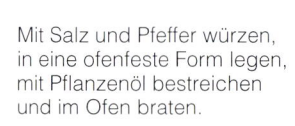

Gefüllte Wachteln
UNTERSCHIEDLICHE FÜLLMETHODEN UND VARIABLE FÜLLUNGEN BIETEN GROSSE ABWECHSLUNG

WACHTELN MIT APFELFÜLLUNG

Die einfachste und gebräuchlichste Art, Wachteln zuzubereiten, ist das Füllen der Bauchhöhle. Bekannte Füllungen bestehen aus Brot, Reis, Kräutern und Gewürzen oder Fleischfarcen. Die hier vorgestellte Apfel-Brot-Füllung ist eine interessante Variante, die dem Gericht einen süßlich pikanten Geschmack verleiht.

4 küchenfertige Wachteln (à 180 g)
Salz, frisch gemahlener weißer Pfeffer
30 ml Pflanzenöl, 15 g Butter
Für die Füllung:
120 g Toastbrot (6 Scheiben), 40 g Butter
1 säuerlicher Apfel (etwa 200 g)
2 cl Calvados, 4 cl Läuterzucker
1 EL gehackte Petersilie
2 Eigelbe, 1 EL Crème fraîche
je 1 Prise Salz, weißer Pfeffer und Muskatnuss

Für die Füllung das Toastbrot entrinden und in kleine Würfel schneiden. Die Butter in eine Pfanne geben, aufschäumen lassen und die Brotwürfel darin goldgelb rösten. Die Würfel auf Küchenkrepp abtropfen lassen. Den Apfel schälen, das Kerngehäuse entfernen und ebenfalls in kleine Würfel schneiden. Den Calvados und den Läuterzucker zusammen mit den Apfelwürfeln in eine Schüssel geben und 5 Minuten darin ziehen lassen. Das Brot in eine zweite Schüssel geben, die Petersilie, die Eigelbe und Crème fraîche unterrühren. Die Apfelwürfel mit der Marinade zugeben und die Füllung mit den Gewürzen abschmecken. Die Bauchhöhlen der Wachteln mit Salz und Pfeffer würzen, anschließend die Füllung hineingeben. Mit den Händen die Wachteln in Form bringen und mit Küchengarn dressieren. Das Öl in einer Pfanne erhitzen, die Wachteln einsetzen und im vorgeheizten Ofen bei 180 bis 200 °C 20 bis 25 Minuten braten. Um eine gleichmäßige Bräunung zu erzielen, während der letzten 5 Minuten des Bratvorgangs etwas frische Butter zerlassen und damit die Wachteln mehrmals bepinseln. Die gefüllten Wachteln aus dem Ofen nehmen, mit einem scharfen Messer entlang dem Brustbein halbieren und servieren. Eine traditionelle und fast immer passende Beilage zu Wachteln ist Weinkraut. Ob es mit Riesling gekocht oder mit Champagner verfeinert wird, ist jedem selbst überlassen; es harmoniert ausgesprochen gut. Eine weitere Variante, die sich durch ihren süßlich sauren Geschmack auszeichnet, ist Ananaskraut. Dem mit Wein und hellem Fond angesetzten Kraut werden in den letzten 10 Minuten der Kochphase kleine, frische Ananaswürfel zugegeben. Es sollen vollreife Früchte verwendet werden. Als Kartoffelbeilage runden Püree oder Fingernudeln das Gericht ab.

Die Bauchhöhle gefüllt. Diese Methode bietet sich bei der Apfelfüllung an, da diese nicht vollständig durchgaren muss und so besonders saftig bleibt.

Unter der Haut füllen ist eine Methode, die sich besonders bei kleinem Wildgeflügel, wie zum Beispiel Wachteln, empfiehlt. Zum einen wird die Füllung auf diese Weise durch und durch gar, was vor allem bei einer Leberfüllung (links) sehr wichtig ist. Zum anderen bleibt das Brustfleisch saftig, weil es durch die darüber liegende Füllung vor der Strahlungshitze geschützt wird.

Rebhuhn
ZARTES WILDGEFLÜGEL AUF FEINSTE ART

Bei Wildgeflügel von geringem Gewicht bietet es sich an, das Geflügel im Ganzen zu braten. Beim Schneehuhn, der Wildtaube und dem Birkhuhn sind die Keulen allerdings sehr zäh und sollten besser geschmort werden.

REBHUHN IN WEINBLÄTTERN

Eine harmonische Kombination. Das Garen von Rebhühnern in einer Speckhülle ist zwar die beliebteste Art der Zubereitung. Wer aber einen Schritt weitergehen möchte, kann diese Kombination mit frischen Weinblättern ergänzen und kommt dabei zu einem interessanten Ergebnis.

4 Rebhühner (à 200 g)
Salz, frisch gemahlener weißer Pfeffer
30 g weiche Butter, 4 frische Weinblätter
4 Scheiben grüner Speck, 20 ml Pflanzenöl

Die Rebhühner bratfertig vorbereiten und das Brustbein entfernen. Die Bauchhöhlen mit Salz und Pfeffer würzen und, wie in der Bildfolge rechts beschrieben, weiter zubereiten. Die fertigen Rebhühner mit Weinkraut und Kartoffelpüree servieren. Als Garnitur können gebratener Speck, Brotcroûtons sowie abgezogene Traubenhälften gereicht werden.

Rebhühner zubereiten:

Die Rebhühner vorbereiten, in der Bauchhöhle würzen, in Form bringen und mit Küchengarn binden.

Außen würzen und die weiche Butter auf den Brüsten verteilen. Den Stiel der Weinblätter entfernen und die Blätter über die Brüste legen.

Je eine Scheibe Speck über die Weinblätter geben und fest andrücken. Mit Küchengarn sorgfältig fixieren.

Eine feuerfeste Form mit Öl ausstreichen. Die Rebhühner hineinlegen und im vorgeheizten Ofen bei 180 °C 25 bis 30 Minuten garen.

Die fertig gebratenen Hühner aus dem Ofen nehmen. Das Küchengarn und auch den Speck entfernen.

Die Rebhühner mit einem scharfen Messer halbieren und pro Portion 2 Hälften auf Tellern anrichten.

Das Rebhuhn nimmt den Geschmack der frischen Butter und der Weinblätter auf. Das süßsaure Weinkraut und die Trauben sind eine harmonische Kombination dazu.

REBHUHN MIT REHFÜLLUNG

4 Rebhühner (à 200 g)
Salz
frisch gemahlener weißer Pfeffer
4 Scheiben grüner Speck
20 ml Pflanzenöl
Für die Füllung:
150 g Rehfleisch aus der Keule
20 g Butter
2 Thymianzweige
Salz
frisch gemahlener weißer Pfeffer
1 Scheibe Toastbrot
1 Ei
2 EL Sahne
10 g schwarze Trüffel

Für die Füllung das Rehfleisch in Würfel schneiden. Die Butter in einer Pfanne erhitzen, den Thymian zugeben und das Fleisch darin anbraten. Die Würfel salzen und pfeffern. Das innen noch rohe Fleisch in einen Mixer geben und pürieren. Das entrindete Toastbrot sowie das Ei zugeben und mitmixen. Die Masse in eine Schüssel geben und die Sahne unterrühren. Die Trüffel fein würfeln und zur Füllung geben. Die Rebhühner in der Bauchhöhle kurz auswaschen und trockentupfen. Die Bauchhöhle mit Salz und Pfeffer würzen und die Füllung hineingeben. Je eine Scheibe grünen Speck über die Brüste legen und mit Küchengarn fixieren. Das Pflanzenöl in einer Pfanne erhitzen, die Rebhühner auf der Brustseite kurz anbraten und wenden. Die Pfanne in den vorgeheizten Ofen geben und das Geflügel bei 180 °C in 35 bis 40 Minuten garen. Anschließend den Speck entfernen, die Rebhühner längs halbieren und servieren.

GRAUBROTFÜLLUNG MIT KORINTHEN FÜR 4 REBHÜHNER

(ohne Abbildung)
100 ml Schwarztee
2 EL Korinthen
120 g entrindetes Graubrot
40 g Butter
20 g geröstete Pinienkerne
2 Eigelbe
Abgeriebenes von 1/2 Orange
Salz
frisch gemahlener weißer Pfeffer

Den heißen Schwarztee in eine Schüssel gießen und die Korinthen 15 Minuten darin einweichen. Das Graubrot in 1/2 cm große Würfel schneiden, die Butter in einer Pfanne schmelzen und die Brotwürfel darin anrösten. In eine Schüssel geben, leicht abkühlen lassen, die Pinienkerne, die Eigelbe und die abgeriebene Orangenschale zugeben und gut vermengen. Die Korinthen leicht ausdrücken und hinzufügen. Salzen und pfeffern, und die Rebhühner, wie im Rezept oben beschrieben, damit füllen und fertig zubereiten.

CHAMPIGNONFÜLLUNG FÜR 4 REBHÜHNER

Eine weitere harmonische Variante einer Füllung, die zu Rebhühnern gut passt, wird mit frischen Pilzen hergestellt. Für die Zubereitung des gefüllten Rebhuhns wird das Rezept oben zugrunde gelegt.

(ohne Abbildung)
200 g weiße Champignons
20 g Butter
2 Schalotten
je 1 Thymian- und Rosmarinzweig
1 Prise Salz, frisch gemahlener weißer Pfeffer
2 cl Madeira
4 Eigelbe
4 Scheiben Toastbrot
1 EL gehackte Petersilie
2 EL Crème fraîche

Die Champignons waschen, putzen und in kleine Würfel schneiden. Die Butter in einem flachen Topf schmelzen und die fein geschnittenen Schalotten darin glasig dünsten. Thymian, Rosmarin und Champignons beifügen. Die Pilze mit Salz und Pfeffer würzen und Saft ziehen lassen. Wenn der Pilzfond fast reduziert ist, den Madeira zugießen. Die Flüssigkeit so weit reduzieren, bis die Pilze in fast trockener Form vorliegen. Die Kräuter entfernen und die Pilze in eine Schüssel legen, abkühlen lassen. Anschließend die Eigelbe unterrühren. Das Toastbrot entrinden, fein reiben und untermengen. Zum Schluss die Petersilie und die Crème fraîche unterrühren. Die Bauchhöhle der Rebhühner füllen und weiterverfahren, wie im Rezept oben beschrieben.

Das feine Aroma des Parmaschinkens – durch die Salbeijus noch unterstützt – wird beim Tranchieren frei.

Das Beste vom Wildgeflügel

Das ist nun mal unbestritten die Brust. Sie will aber auch besonders vorsichtig behandelt werden, denn das Brustfleisch trocknet bei unsachgemäßem Vorgehen leicht aus, besonders bei magerem Geflügel wie Fasan, Rebhuhn und Moorhuhn. Anders ist es bei der Ente. Sie hat eine ganz natürliche, schützende Fettschicht, die darüber hinaus auch noch gut schmeckt, wenn sie knusprig gebraten wird.

Fasanenbrüste zubereiten:

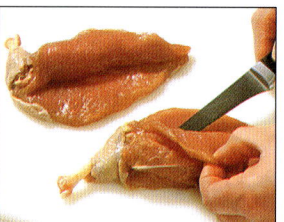
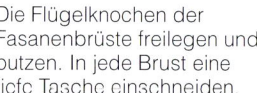

Die Flügelknochen der Fasanenbrüste freilegen und putzen. In jede Brust eine ticfc Tasche einschneiden.

Jede Tasche mit einer Scheibe Parmaschinken füllen und pro Brust 3 kleine Salbeiblätter einlegen.

Die Brüste schließen und mit Salz und weißem Pfeffer würzen. Auf der Hautseite goldgelb anbraten, dann wenden.

FASANENBRUST, GEFÜLLT MT PARMASCHINKEN UND SALBEIJUS

Fasanenbrüste sind im Wildhandel ausgelöst zu bekommen. Wer den ganzen Vogel verwendet – für dieses Rezept werden 2 Fasane gebraucht –, der kann aus den verbleibenden Teilen ein Ragout zubereiten, wie auf der folgenden Seite beschrieben.

4 Fasanenbrüste (à 200 g)
4 Scheiben Parmaschinken
12 kleine Salbeiblätter
Salz
frisch gemahlener weißer Pfeffer
30 ml Pflanzenöl
Für die Salbeijus:
3 bis 5 Salbeiblätter mit Stiel
1/4 l Wildgeflügelfond (siehe Seite 276/277)
1 TL Speisestärke
Salz, frisch gemahlener weißer Pfeffer
1 Spritzer Aceto Balsamico

Die Fasanenbrüste, wie in den Arbeitsschritten links beschrieben, füllen und schwach würzen. Nach dem Anbraten die Brüste in eine feuerfeste Form legen und im vorgeheizten Ofen bei 200 °C 10 bis 12 Minuten garen. In der Zwischenzeit die Jus vorbereiten. Die Stiele der Salbeiblätter mit dem Wildfond zum Kochen bringen und auf die Hälfte reduzieren. Den Fond passieren, erneut erhitzen und mit der in etwas Wasser angerührten Speisestärke binden. Die Salbeiblätter fein schneiden und zur Sauce geben. Würzen und mit Aceto Balsamico vollenden. Die Fasanenbrüste aufschneiden und mit der Salbeisauce servieren. Dazu werden Mandelbällchen sowie junger Mais mit geschmorten Tomatenwürfelchen gereicht.

Keulenragout zubereiten:

Die Keulen enthäuten und mit Salz und Pfeffer würzen. Die Hälfte des Öls in einem Topf erhitzen und die Keulen von beiden Seiten darin anbraten.

Die Karkasse klein hacken. Die Keulen aus dem Öl nehmen. Die Knochen in den Topf geben und im restlichen Öl gleichmäßig anbraten.

In der Zwischenzeit das geschälte Röstgemüse würfeln. Hat die Karkasse Farbe angenommen, das Gemüse zugeben und mitbraten.

Tomatenmark beigeben, trockenschwitzen und mit Rotwein ablöschen. Den Wein reduzieren und die Knochen mit Wasser bedecken.

Zum Kochen bringen, abschäumen und die angebratenen Keulen sowie die Gewürze und Kräuter hinzufügen.

Die Hitze reduzieren und die Keulen weich schmoren. Das Fleisch herausnehmen, vom Knochen lösen und würfeln.

Die Sauce durch ein Passiertuch seihen, leicht reduzieren und abschmecken.

Hinweis zum Braten:

Zur Arbeitserleichterung können die Innereien in der gleichen Pfanne wie die Brüste gebraten werden.

MOORHUHNBRUST MIT KEULENRAGOUT IN PASTETEN

Dieses Rezept kann jederzeit und genauso schmackhaft mit anderem Wildgeflügel zubereitet werden.

2 Moorhühner (eventuell mit Herz und Leber)
Salz, frisch gemahlener weißer Pfeffer
40 ml Pflanzenöl
je 100 g Möhren und Zwiebeln
60 g Knollensellerie
1 TL Tomatenmark
300 ml Rotwein
6 bis 8 Wacholderbeeren, 1 Lorbeerblatt
2 Nelken, 2 Pimentkörner
10 weiße Pfefferkörner
1 Knoblauchzehe, 1 Thymianzweig
1/2 TL Speisestärke, 10 g Butter
4 Blätterteigpasteten
4 Geflügelmanschetten

Die Moorhühner in Keulen und Brüste mit anhängendem Flügelknochen teilen. Die Keulen, wie in der Stepfolge links beschrieben, schmoren. In der Zwischenzeit die Flügelknochen der Brüste mit dem Messer umschneiden und die Flügelhaut in Richtung Brust schaben. Die Innereien putzen und fein würfeln. Die Sauce mit der in etwas Wasser angerührten Stärke binden und die Keulenwürfel darin erhitzen. Die Moorhuhnbrüste mit Salz und Pfeffer würzen und mit dem restlichen Öl in einer Pfanne anbraten. Im vorgeheizten Ofen bei 180 °C 10 bis 12 Minuten braten, zum Schluss die Butter zugeben. Im Bratsatz nun noch die Innereien anbraten und zum Keulenragout geben. Die Pastetchen aufbacken und mit dem Ragout füllen. Die Brüste auftranchieren und die Geflügelmanschetten aufstecken. Mit gedünstetem Wirsinggemüse servieren.

Grillen
und Backen

Grillen ist eine Garmethode, die eigentlich so gar nicht »wildtypisch« ist und im Schatten der Garmethoden Braten und Schmoren ein bisschen untergeht. Dennoch gibt es einige Stücke vom Wildbret, die erst durch Grillen einen ganz besonderen Reiz bekommen. Es sind im wahrsten Sinne des Wortes die »Filetstücke« von jungen Tieren, die auf dem Grill hervorragend gelingen, immer vorausgesetzt, dass es sich um frisches Fleisch handelt. Ob ein Holzkohlengrill, ein Elektro- oder Gasgrill verwendet wird, ist gleichgültig. All diese Energiequellen haben gemeinsam, dass sie eine extrem hohe Hitze ausstrahlen, die für die Krustenbildung auf der Fleischoberfläche verantwortlich ist – der Fleischsaft bleibt darunter eingeschlossen. Es ist aber vor allem die Zubereitung auf dem Holzkohlengrill, die für Wildbret ideal ist. Ob Filets vom Haarwild auf dem Rost oder eine Wildente auf einem Drehspieß gegrillt wird – aus diesen Gerichten schmeckt man einen Hauch von Lagerfeuer heraus, der besonders gut zu Wild passt. Eine ebenso seltene Zubereitungsart für Wild ist das Backen. Wagt man sich an dieses Thema heran, verblüffen die Ergebnisse. Ob beispielsweise versteckte Braten im Teig oder unter einer Salzkruste gebacken werden, in beiden Fällen handelt es sich um eine ganz besonders schonende Garmethode, die man am treffendsten mit »Dünsten im eigenen Saft« umschreiben könnte. Ähnlich verhält es sich auch mit den englischen Pies, bei denen das Wildfleisch ebenfalls unter einer Kruste gegart wird.

Exotisch kombiniert ein Leckerbissen –
ein gegrilltes Filet vom Damhirsch verträgt sich hervorragend mit einer Sauce
vom Granatapfel und gegrillten Apfelbananen.

Wild vom Rost
KLEINE STÜCKE GRILLEN

Nicht nur im Herbst ist das Angebot an Wildbret reichhaltig und abwechslungsreich. Für stimmungsvolle Partys an lauen Sommerabenden bietet sich das Grillen von Wild auf dem Rost an. Die einzelnen Teile können auf unterschiedlichste Art und Weise zubereitet werden. Allen gemeinsam ist die kurze Garzeit. Diese kann je nach Hitzequelle unterschiedlich sein. Ein Strahlungsgrill im Ofen garantiert gleichmäßige und kontrollierbare Hitze, wogegen ein Holzkohlengrill von der Hitze der Glut abhängig ist. Allgemein ist zu empfehlen, portioniertes Grillfleisch nicht bei zu hohen Temperaturen zu grillen, da es meist sehr fettarm ist und gerne trocken wird. Um ein Verbrennen zu vermeiden, kann es nach kräftigem Anbraten auch auf einem Stück Alufolie fertig gegart werden.

WILDENTENBRUST

Schön saftig bleiben die Wildentenbrüste, wenn sie am Tag zuvor in eine Ölmarinade eingelegt werden. Damit die Marinade besser eindringen kann, wird die Haut der Brüste mit einem scharfen kleinen Messer vorsichtig 2 mm tief eingeschnitten.

8 Wildentenbrüste (à 120 g)
Für die Marinade:
12 zerstoßene weiße Pfefferkörner
2 Thymianzweige
Abgeriebenes von 1/2 Orange und 1/2 Zitrone
1/8 l Pflanzenöl
Außerdem:
Salz, frisch gemahlener weißer Pfeffer

Als Abwandlung ist eine süße Marinade reizvoll. Dafür kann die Honigmarinade aus dem Rezept Spareribs vom Damwild (siehe Seite 323) verwendet werden.

WILDFRIKADELLEN

Wildfrikadellen sind eine herzhafte und auch wohlschmeckende Abwechslung für die Grillsaison. Der Fleischteig sollte jedoch erst kurz vor dem Grillen zubereitet, nicht roh abgeschmeckt und unbedingt am selben Tag verzehrt werden. Für die Frikadellen lassen sich auch minderwertigere Fleischteile verwenden, jedoch lohnt sich der Einsatz von kräftig durchwachsenen Stücken, wie es beispielsweise der Hals ist.

(für 12 Stück, à 100 g)
850 g Mufflonhals oder anderes Wildbret
300 g fetter Speck
1 mittelgroße Zwiebel
1 Knoblauchzehe
1 kleiner Bund Petersilie, 1/2 TL gehackter Thymian
Salz, Pfeffer, Paprikapulver
3 Eier
60 g geriebenes Weißbrot ohne Rinde

Die Zubereitung der Frikadellen erfolgt so, wie sie in der Bildfolge beschrieben ist. Sie müssen 8 bis 10 Minuten auf dem Grillrost garen.

Die Pfefferkörner mit dem Thymian und den Zitrusschalen zum Öl geben, verrühren und die Wildentenbrüste darin einlegen. Mit Folie bedecken und einen Tag marinieren. Das Fleisch gut abtropfen lassen, erst kurz vor dem Grillen salzen, nochmals pfeffern und 8 bis 12 Minuten auf dem Rost grillen.

Das Fleisch zusammen mit dem Speck, den Gewürzen und Kräutern durch die feine Scheibe des Fleischwolfs drehen. Die Mischung in eine Schüssel geben, die Eier und das Weißbrot unterrühren. Aus der Masse einen Laib formen, Scheiben abschneiden und zu Frikadellen formen.

Schmetterlingssteaks lassen sich auch aus dem zusammenhängenden Kotelett- oder Lendenstück schneiden.

SPARERIBS VOM DAMWILD

Eine süßlich-pikante Zubereitung am Beispiel von Hirschrippen, die auf dem Rost besonders gut gelingt.

2 Rippenbögen vom Damhirsch (à 1,2 kg)
Für die Honigmarinade:
80 g Honig
2 EL gestoßener weißer Pfeffer, 6 Nelken
2 fein geschnittene Knoblauchzehen
2 fein geschnittene Chilischoten
1/2 TL gemahlener Ingwer
1 gehäufter EL gehackter Rosmarin
1/4 l Pflanzenöl
Außerdem:
Salz

Die Rippenbögen nach jeder zweiten oder dritten Rippe einschneiden und mit dem Beil die Knochen durchtrennen. Das Fleisch, wie unten beschrieben, marinieren und mindestens 1 Tag durchziehen lassen. Abtropfen lassen, salzen und 25 bis 30 Minuten grillen. Die Hitze sollte nicht zu stark sein, damit die Spareribs nicht verbrennen und gut durchbraten. Die Haut bekommt durch den Honig einen besonderen Geschmack.

STIELKOTELETTS VOM MUFFLON

Auch die zartesten Teile wie die Koteletts des Rückens lassen sich grillen. Sollte der Rücken noch im Ganzen sein, muss er in der Länge der Wirbelsäule gespalten werden, um die Kotelettstränge zu gewinnen.

2 Kotelettstränge (à 1,2 kg)
Salz
frisch gemahlener weißer Pfeffer
100 ml Pflanzenöl

Die Kotelettstränge von Häuten und Sehnen befreien. Das Zuschneiden der Koteletts erfolgt, wie in der Bildfolge unten beschrieben. Die Koteletts mit Salz und Pfeffer würzen. Vor dem Grillen mit dem Öl bestreichen. Auf dem Rost 6 bis 8 Minuten bei mäßiger Hitze grillen. Wohl selbstverständlich ist, dass man die Koteletts vom Rotwild, Damwild oder Reh ebenso zubereiten kann. Eine pikante Variante: Nach dem Wenden 1 TL Preiselbeerkompott auf die Koteletts streichen und mit einer entsprechend großen Scheibe Goudakäse abdecken. Während die Unterseite fertig gart, schmilzt auf der Oberseite der Käse.

Den Honig in eine Schüssel geben und die trockenen Gewürze und Kräuter zugeben. Gut miteinander vermengen und das Öl langsam einrühren, so, dass eine dickflüssige Paste entsteht. Die Spareribs mit der Paste bestreichen, in ein tiefes Blech legen und zum Marinieren mit Folie bedecken.

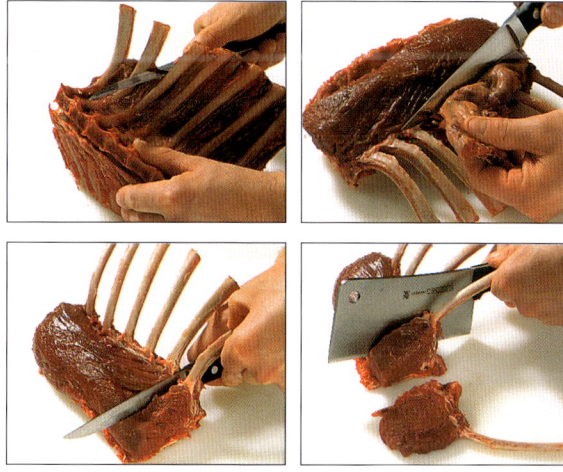

Die Knochenhäute an den einzelnen Rippen längs einritzen. Mit dem Messerrücken die Haut vom Knochen abschaben und diesen dabei freilegen. Das Rippenfleisch abtrennen. Das Rückenfilet zwischen jeder Rippe einschneiden. Zum Schluss mit dem Beil die Rückenwirbel durchtrennen.

Mixed Grill
vom Rehrücken
EDLES VON DER HOLZKOHLE

Natürlich ist nicht nur der Rücken vom Reh das ideale
Stück zum Grillen. Auch vom Rotwild, Damwild, den
Horn tragenden Tieren wie Gemse oder Wildschaf
sowie vom Wildschwein lassen sich alle Teile des
Rückens bestens grillen. Vorausgesetzt, es handelt sich
um junge Tiere mit zartem Fleisch – sonst sollte man
sie zu Schmorgerichten verwenden.

MIXED GRILL VOM REHRÜCKEN
(für 4 bis 6 Portionen)
1 Rehrücken mit Rippenbögen (etwa 3,5 kg)
100 g Spickstreifen vom grünen Speck
80 g durchwachsener Bauchspeck in Scheiben
Salz, frisch gemahlener weißer Pfeffer
40 ml Pflanzenöl

Die kleinen Rückenfilets auslösen, anschließend den
Rehrücken in Teile zerlegen. Dafür den Rücken in der
Länge der Wirbelsäule mit einer Knochensäge teilen.
Nach 6 bis 7 langen Rippen, vom Hals aus gezählt, die
Kotelettstränge quer durchtrennen. Die zum Sattel hin
liegenden Rippen von den Kotelettsträngen absägen.
Aus den langen Rippenstücken Stielkoteletts schneiden
(siehe Seite 323) und den hinteren Sattel des Rückens
auslösen. Die ausgelösten Rückenfiletteile in der gesamten Länge mit einem Stab durchstoßen und mit je
einem Streifen grünen Speck spicken. Die kleinen
Rehfilets würzen, aneinander legen und in die zuvor überlappend ausgelegten Bauchspeckscheiben einrollen. Die
abgetrennten Rippen zu Spareribs schneiden, das heißt,
nach jeder zweiten oder dritten Rippe durchtrennen. Die
Rehrückenteile würzen und leicht mit Öl bepinseln.
Danach auf den Rost des Holzkohlengrills legen und
garen. Die Grillzeit ist abhängig von der Hitze der Glut,
deshalb können nur ungefähre Garzeiten angegeben
werden: Stielkoteletts 10 Minuten, gespicktes Rückenfilet
20 Minuten, Filet im Speckmantel 15 Minuten, Spareribs
10 Minuten. Die Stücke können ganz nach Zeit und
Anlass auch nacheinander auf den Grill gelegt werden.

Auf Holzkohle gegrillte Teile
vom Sommerbock sind eine
Bereicherung jeder Grillparty.
Entsprechend werden dazu kalte
Würzsaucen und Salate gereicht.

Marinierte Paprikaschoten: Verschieden-
farbige Paprikaschoten halbieren, die
Scheidewände und Samen entfernen und auf
einem Gitter im Ofen backen. Wenn die Haut
Blasen wirft, die Schoten aus dem Ofen
nehmen, häuten und in Stücke schneiden.
Mit Olivenöl, Knoblauch sowie Kräutern und
Gewürzen marinieren.

KEULE VOM MUFFLON

Die hier aufgeführte Zubereitungsart eignet sich auch für eine Rehkeule. Eine pikante Variante für das Wildbret vom Wildschaf (Mufflon) ist das Einbinden einer angedrückten Knoblauchzehe.

(für 6 bis 8 Portionen)
1 Keule vom Mufflon (ausgelöst etwa 2,5 kg)
Für die Marinade:
1/4 l Pflanzenöl
2 Lorbeerblätter, 3 Thymianzweige
1 Rosmarinzweig, 2 EL Petersilie
2 kleine Pfefferschoten, 2 TL grober schwarzer Pfeffer
4 Pimentkörner, 3 Nelken
1/2 TL Ingwerpulver
Außerdem:
2 TL Salz

Die Keule bratfertig vorbereiten. Das Öl mit den Gewürzen mischen. Die flach ausgelegte Keule damit einreihen, zu einer Rolle aufwickeln und in eine Form legen. Mit der restlichen Marinade übergießen und die Form mit Folie verschließen. Mindestens 2 Stunden, besser aber über Nacht marinieren. Das Öl abgießen, das Fleisch salzen und grillen. Den Garzustand in regelmäßigen Abständen mit einem Fleischthermometer kontrollieren, da bei der Holzkohle große Temperaturunterschiede möglich sind.

Das Fleisch bei starker Hitze anbraten. Erst wenn die Oberfläche eine braune Kruste hat, den Abstand zur glühenden Holzkohle vergrößern und so die Keule bei geringeren Temperaturen fertig grillen. Es ist sehr wichtig, den Braten

Mufflonkeule marinieren und grillen:

Das gewürzte Fleisch in eine große Form legen und mit der restlichen Marinade übergießen.

Die Form mit Folie verschließen, das Fleisch entsprechende Zeit marinieren lassen. Danach die Marinade abgießen.

Das Fleisch salzen, mittig in den Grillkorb legen und mit den Haftklammern zusammendrücken.

70 bis 90 Minuten grillen. Das Fleisch in kurzen Abständen mit der Ölmarinade bepinseln.

REHKEULE IM SPECKMANTEL

Zwei Möglichkeiten bieten sich hier an: die Keule auslösen und das gewürzte Fleisch aufrollen oder die Keule hohl auslösen (siehe Seite 223) und den Unterschenkelknochen im Fleisch belassen. So hält die Keule gut zusammen und lässt sich später leicht aufschneiden.

1 ausgelöste Rehkeule (etwa 1,6 kg)
Für die Würzpaste:
2 EL mittelscharfer Senf
1 1/2 TL Salz
1/2 TL frisch gemahlener weißer Pfeffer
1 EL edelsüßes Paprikapulver
1/2 zerdrücktes Lorbeerblatt
2 zerdrückte Wacholderbeeren
1 EL gemischte gehackte Kräuter
30 g gehackte Schalotten
2 cl trockener Sherry
4 cl Pflanzenöl
Außerdem:
250 g grüner Speck in Scheiben

Den Senf mit den vorbereiteten Gewürzen verrühren. Dann die gehackten Kräuter und Schalotten zugeben

Große Braten gehören auf den Drehspieß

SO LASSEN SICH MÄCHTIGE FLEISCHSTÜCKE AM GLEICHMÄSSIGSTEN GAREN

Die starke Strahlungshitze der Holzkohle bekommt dem ohnehin mageren Wildbret besonders gut, denn sie bewirkt bei den großen Braten eine schnelle Verkrustung der Oberfläche. Um es schön saftig zu halten, muss das Fleisch jedoch in sehr kurzen Abständen mit Fett oder ablaufendem Bratensaft bepinselt werden. Auch in einem Speckmantel bleibt das Wildbret schön saftig. Nachteilig ist hier allerdings der fehlende typische »Grillgeschmack«, der von der Holzkohle stammt und sowohl mit Haar- als auch mit Federwild bestens harmoniert. Bei Wild mit leichter Fettauflage, wie etwa bei Wildschwein, Wildgans oder Ente, kann auf den Speckmantel verzichtet werden.

immer wieder einzupinseln. Dies ist Voraussetzung dafür, dass das Fleisch saftig bleibt und die Würze aus der Marinade von der Kruste aufgenommen wird. Der Grillkorb hat klare Vorteile gegenüber den gebundenen und aufgespießten Braten.

und zum Schluss den Sherry und das Öl unterrühren. Mit einem Pinsel auf das Fleisch auftragen und anschließend den Speckmantel anlegen.

Rehkeule im Speckmantel:

Die Würzpaste auf das Fleisch streichen, dieses aufrollen und auch seine Oberfläche bestreichen.

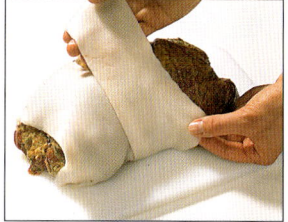

Große Speckscheiben erleichtern das Umwickeln. Die Scheiben etwas überlappen lassen.

Das umhüllte Fleisch in den Grillkorb legen und mit den Haftklammern kräftig zusammendrücken.

Ratatouille passt zur gegrillten Mufflonkeule ganz hervorragend. Dazu noch Kartoffeln aus der Folie, mit einem Löffel Sauerrahm garniert, servieren.

Eine Folienkartoffel mit Sauerrahm
ist geschmacklich eine feine Ergänzung
zu der Kombination von gegrilltem Hirsch
und würzigen Tomaten.

GEGRILLTER HIRSCHHALS MIT TOMATEN UND FOLIENKARTOFFELN

Wer bei diesem Gericht eine knusprige Fleischkruste bekommen will, sollte die Oberfläche der Fleischrolle kräftig würzen, mit Butter bestreichen und bei starker Hitze anbraten.

700 g ausgelöster Hals vom Hirsch
1 EL mittelscharfer Senf
1 TL Salz, frisch gemahlener weißer Pfeffer
1/2 TL Ingwerpulver
1 EL gehackte Schalotten
5 bis 6 Basilikumblätter, 60 g Butter
Für die Sauce:
je 1 gehackte Knoblauchzehe und kleine Zwiebel
4 EL Olivenöl
1 TL Salz, 1 EL gehackte Kräuter
400 g Tomaten

Die Fleischrolle, wie rechts beschrieben, würzen, aufspießen und beim Grillen öfter mit flüssiger Butter bestreichen. Nach etwa 30 Minuten die Temperatur mit einem Fleischthermometer prüfen. Das fertige Fleisch 20 bis 30 Minuten in Folie hüllen und warm stellen. Für die Sauce die Knoblauchzehe und Zwiebel im Olivenöl anschwitzen, das Salz und die Kräuter zugeben. Von den Tomaten die Haut abziehen, Kerne entfernen und das Fruchtfleisch in große Stücke schneiden. In gewürztem Öl schmoren, bis sie weich sind. Mit dem aufgeschnittenen Hirschfleisch servieren.

Den Hirschhals vorbereiten:

Das ausgelöste Fleisch ausbreiten, mit dem Senf gleichmäßig bestreichen und mit Salz bestreuen.

Zuerst mit Pfeffer würzen, dann das Ingwerpulver und die fein gehackten Schalotten darüber streuen.

Die Basilikumblätter einlegen und das Fleisch so aufrollen, dass nirgendwo Zwischenräume bleiben.

In 2-cm-Abständen mit Küchengarn binden und exakt in der Mitte den Drehspieß durchstechen.

Am Spieß gebraten
DIE IDEALE GARMETHODE FÜR GANZE VÖGEL UND GEWICKELTE BRATEN

Welche Hitzequelle verwendet wird, hängt auch von der Jahreszeit ab, ob man zum Beispiel im Freien grillen kann. Die aggressive Hitze der Holzkohle bringt jedenfalls Röststoffe von besonderem Geschmack in die Fleischkruste. Aber kleine Stücke, wie zum Beispiel die Wildente, taugen auch für den Elektrogrill.

WILDENTE AM SPIESS

(für 2 Portionen)

1 küchenfertige Wildente (etwa 600 g)

2 Thymianzweige, 1 Rosmarinzweig

Salz, frisch gemahlener weißer Pfeffer

60 g Butter, 1 EL frisch gehackte gemischte Kräuter

Die gewaschene Wildente sehr sorgfältig innen und außen trockentupfen und, wie in der Bildfolge unten beschrieben, würzen und aufspießen. Das Fixieren von Keulen und Flügeln mit Rouladennadeln ist dem Bind-faden vorzuziehen. Immer darauf achten, dass der Vogel auf dem Spieß genau in der Mittelachse befestigt wird, damit er nicht »unrund« läuft und ungleichmäßig gart. Die Garzeit beträgt etwa 45 Minuten, sollte aber ab 35 Minuten kontrolliert werden, da die Hitze der Holzkohle sehr unterschiedlich sein kann.

Ente zum Grillen vorbereiten:

Die Kräutersträußchen in die Bauchhöhle einlegen und zusätzlich Salz und weißen Pfeffer hineinstreuen.

Die Beine mit einer Rouladennadel durchstechen. Dabei den Bürzel herauf-biegen und mitfixieren.

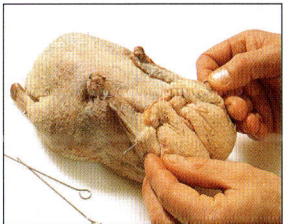

Die Haut vom Hals zwischen die Flügel legen und mit einer zweiten Rouladen-nadel durchstechen und fixieren.

Den Drehspieß durch-stecken und die Ente mit den Haltegabeln befestigen. Rundum salzen und pfeffern.

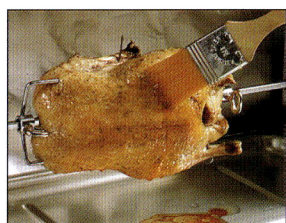

Während des Grillens regel-mäßig mit flüssiger Butter be-pinseln, nach der halben Gar-zeit mit den Kräutern bestreuen.

Im Fett gebacken
AUSSEN KNUSPRIG, INNEN SAFTIG

Wildgeflügel wie etwa Enten, Fasane, Rebhühner oder auch Schnepfen eignen sich ganz vorzüglich zum Frittieren. Mit Zitrone beträufelt, harmoniert das ausgebackene Wildgeflügel gut mit Salaten, Gemüse und kalten Dips. Zum Frittieren sollten nur raffinierte Pflanzenöle verwendet werden, die einer Dauerbelastung während des Backens standhalten.

FRITTIERTE WILDENTENTEILE

2 Wildenten (à 600 g)
Salz, frisch gemahlener weißer Pfeffer
6 EL Weizenmehl, 1 Ei
150 g Semmelbrösel, 1 Zitrone

Die beiden Wildenten frittierfertig zerteilen, dabei die Flügelknochen an den Brüsten belassen. Die Oberschenkelknochen der Keulen auslösen und von allen Teilen die Haut vom Fleisch abziehen, da diese unter der Panade nicht knusprig werden kann. Als Einzelteil fritiert, stellt die Entenhaut jedoch einen besonderen Leckerbissen dar. Die Geflügelteile, wie in der Bildfolge rechts beschrieben, vorbereiten und frittieren. Dabei darauf achten, dass keine zu großen Mengen auf einmal in das heiße Fett gelegt werden, da die Teile leicht aneinander haften und zudem die Temperatur der Fritteuse zu schnell absinkt. Die fertig frittierten Wildententeile mit Zitronenspalten anrichten und heiß servieren.

Ententeile panieren und frittieren:

Das Mehl auf einen Teller sieben und die gewürzten Wildentenbrüste und -keulen darin wenden.

Auf einem zweiten Teller das Ei mit einer Gabel verquirlen und darin das gut vom Mehl abgeklopfte Fleisch wenden.

Das Ei leicht abtropfen lassen. Dann das Fleisch in den Semmelbröseln wenden, dabei die Panade leicht andrücken.

Das Frittierfett auf 160 °C erhitzen. Vorsichtig die panierten Teile in den Frittierkorb legen, sie brauchen viel Platz.

Wenn die Panade eine goldbraune Farbe angenommen hat (etwa 8 Minuten), die Teile herausnehmen und anrichten.

Zu frittiertem Wildgeflügel sowie zum Wildschinken im Brotteig sind frische Salate der Saison eine immer passende Beilage. Die frittierten Wildententeile vertragen sich auch sehr gut mit einer leichten Remoulade.

Im Brotteig gebacken
EINE HERZHAFTE KOMBINATION

Allseits bekannt und sehr beliebt ist das Garen von Schinken in einer Brothülle. Ebenso wie der herkömmliche Schinken eignet sich auch der Wildschweinschinken sehr gut für diese Zubereitungsart. Den Brotteig kann man einen Tag im Voraus beim Bäcker bestellen, sei es Sauerteig, Vollkornteig oder andere Varianten.

WILDSCHWEINSCHINKEN IN BROTTEIG

900 g geräucherter Wildschweinschinken
800 g Brotteig (Weizen-Roggen-Mischung)
1 Eigelb, TL Wasser

Den Brotteig auf der bemehlten Arbeitsfläche zu einem 1 cm dicken, großen Rechteck ausrollen. Den Schinken mit Küchenkrepp trockentupfen und in den Teig einschlagen. Dabei die Nahtstelle leicht überlappen lassen und die überstehenden Ränder abschneiden. Das Eigelb mit Wasser verquirlen, die Brotteigränder damit einpinseln und miteinander verkleben. Die Teigreste zusammenlegen, verkneten und erneut ausrollen. Mit einem gezackten Teigrädchen Streifen herausschneiden und den Schinken damit verzieren. Die Streifen ebenfalls mit Eigelb ankleben und die gesamte Oberfläche dünn mit Eigelb einpinseln. Den eingepackten Schinken auf ein Backblech legen und das Blech rundum leicht mit Wasser benetzen, um durch den Dampf die Krustenbildung des Teiges zu unterstützen. Das Blech in den auf 220 °C vorgeheizten Ofen schieben. Nach 5 Minuten die Temperatur auf 180 °C reduzieren und den Schinken weitere 45 Minuten backen. Den fertig gebackenen Schinken im Teig mit einem Brotmesser aufschneiden und servieren.

Wild unter knuspriger Teigkruste

SEHR ATTRAKTIV IST DIE ENGLISCHE SCHÜSSELPASTETE MIT WILD

Eine ausgefallene Art, Haar- und Federwild appetitlich anzurichten, ist dieser Pie. Der aus Nierenfett vom Rind hergestellte Teig ist durch seine blättrige Konsistenz im warmen Zustand eine echte Gaumenfreude. Die ideale Einlage für einen solchen Pie ist das Fleisch vom Rebhuhn oder Moorhuhn. Aber auch alle Vögel, die stark zerschossen sind und im Ganzen nicht so ansprechend aussehen, eignen sich hierfür.

Das kalte Nierenfett mit einem großen Messer klein hacken und gelegentlich mit Mehl bestauben, damit es nicht zusammenklebt. Mit dem Mehl und dem Wasser zu einem festen Teig kneten, salzen und 2 bis 3 Stunden ruhen lassen.

REBHUHNPIE

Für den Teig:
250 g Rindertalg (Nierenfett), 500 g Mehl
1 TL Salz, 200 bis 300 ml Wasser
Für die Füllung:
6 Rebhühner (zusammen etwa 1,2 kg)
4 EL Pflanzenöl
1 geviertelte Zwiebel, 1 gewürfelte Möhre
1/8 l Weißwein, 1 l Wasser
50 g durchwachsener Räucherspeck
100 g Zwiebelwürfel, 60 g Möhrenwürfel
100 g Staudensellerie in Streifen
50 g Butter, 1 TL Salz
2 zerdrückte Wacholderbeeren
frisch gemahlener weißer Pfeffer
2 TL Paprikapulver
Außerdem:
1 Eigelb zum Bestreichen

Das gut gekühlte Nierenfett von den Häuten befreien. Daraus den Teig, wie in der Bildfolge links beschrieben, bereiten. Die küchenfertigen Rebhühner entbeinen. Dabei kann durchaus etwas Fleisch an den Knochen verbleiben. Das Öl in einem entsprechend großen Topf erhitzen und die Knochen mit der Zwiebel und der Möhre kräftig anbraten. Den Wein angießen, etwas vor dampfen lassen und dann mit Wasser aufgießen. Die Knochen solange kochen, bis die Flüssigkeit etwa zur Hälfte eingekocht ist. Dann abseihen und die Brühe weiter bis auf 1/4 l reduzieren. In einer Pfanne den Speck anbraten, das klein gewürfelte Gemüse darin halb weich dünsten. In einer zweiten Pfanne in Butter zuerst die großen Fleischstücke (Brust, Keulen) anbraten, dann kurz die Fleischreste. Mit dem Gemüse mischen und das Ganze mit Salz, Wacholder, Pfeffer und Paprikapulver pikant würzen. In die vorbereitete Form füllen und wie in der Bildfolge rechts verschließen. Dafür den Teig etwa 1/2 cm dick ausrollen, mit etwas Mehl bestauben und auf ein Rollholz wickeln. Über der Form dann wieder abrollen. In den dekorierten und mit Eigelb bestrichenen Teigdeckel wird ein Loch für den Kamin gestochen und eine Hülse aus Alufolie eingesetzt, so kann der

Dampf entweichen. In den auf 200 °C vorgeheizten Ofen schieben und etwa 50 Minuten backen. Nach der halben Garzeit die Knochenbrühe eingießen und den Pie fertig garen.

Pie zubereiten:

Die Speckwürfel in einer Pfanne anrösten und das fein gewürfelte Gemüse nacheinander zugeben.

Die Fleischstücke bei starker Hitze in Butter anbraten. Anschließend das Gemüse zugeben und würzen.

Den Rand der Pieform mit Eigelb bestreichen und einen 2 cm breiten Teigrand auflegen, andrücken.

Die Füllung in die Form geben, glatt streichen. Auf dem Teigrand den Teigdeckel abrollen und leicht andrücken.

Die gesamte Oberfläche mit Eigelb bestreichen. Mit etwa 1 cm breiten Teigstreifen gitterfömig dekorieren.

In der Mitte der Teigoberfläche ein Loch ausstechen, den Kamin einsetzen, Teigrosetten herumlegen.

Nach der halben Garzeit die Knochenbrühe durch den Kamin gießen und den Pie fertig backen.

Unter solchen Teigkrusten
können die unterschiedlichsten
Füllungen ganz delikat versteckt
werden. So zubereitet, schmeckt
Federwild ganz besonders gut.
Aber auch Ragout vom Hirsch,
Wildschwein oder Hasen eignet
sich für diese Garmethode
hervorragend. Ganz wichtig
dabei: immer genügend
Flüssigkeit zugießen.

Herzhafte Quiches mit Wildeinlage
WÜRZIGE TORTELETTS FÜR ZWISCHENDURCH

Abgeleitet von der klassischen Quiche Lorraine, gibt es eine Vielzahl von Variationsmöglichkeiten mit Wild. In Verbindung mit geriebenem Käse beispielsweise, können unzählige Arten von Wildbret, aber auch Wurst und Schinken aus Wild eingesetzt werden. Ob als Appetitanreger oder für zwischendurch, Quiches haben für den kleinen Hunger genau die richtige Größe. Für den großen Hunger können sie aber auch als pikante Kuchen in größeren Formen gebacken werden, wobei der geriebene Teig in diesen Fällen durch Hefe- oder Blätterteig ersetzt werden kann. Eines haben sie aber alle gemeinsam: frisch aus dem Ofen schmecken sie am besten.

QUICHE MIT WILDBRET

Für den gesalzenen Mürbeteig:	
250 g Mehl, 125 g Butter	
Salz	
1 Eigelb	
1 bis 2 EL Wasser	
Für die Füllung:	
250 g Hirschfrikandeau	
30 g Butterschmalz	
1 mittelgroße Zwiebel	
1 kleine Knoblauchzehe	
Salz, frisch gemahlener weißer Pfeffer	
200 g geriebener Emmentaler	
3 Eier	
200 ml Sahne	
1 kleiner Bund Petersilie	

Die oben angegebenen Mengen sind für 12 Quiches (à 12 cm Durchmesser) oder für 1 große Form von 24 cm Durchmesser berechnet. Den Teig, wie in der Bildfolge unten beschrieben, zubereiten und die Förmchen damit

auslegen. Wie in der großen Stepfolge gezeigt, die Quichemasse zubereiten, einfüllen und im vorgeheizten Ofen bei 200 °C 25 bis 30 Minuten backen. Nach Ende der Garzeit kurz ruhen lassen und vor dem Servieren aus den Förmchen stürzen.

Teig zubereiten:
Das Mehl sieben, in die Mulde Butter, Salz und Eigelb geben, krümelig hacken, Wasser hinzufügen und rasch verkneten. In Folie 1/2 Stunde kühl ruhen lassen.

Den Mürbeteig auf einer gemehlten Arbeitsfläche dünn ausrollen, die im Durchmesser 3 cm größer sind als die Förmchen.

Den Teig in die Förmchen legen und ringsherum andrücken. Die überstehenden Teigränder mit einem Messer abschneiden.

Füllung zubereiten:

Das Wildfleisch zuerst in Scheiben schneiden, anschließend in gleichmäßige Würfel mit einer Kantenlänge von etwa 1/2 cm teilen.

Das Fett erhitzen und die Würfel gleichmäßig darin anbraten. Zwiebel und Knoblauch fein geschnitten hinzufügen, glasig dünsten.

Das Fleisch salzen, pfeffern und in eine Schüssel geben. Leicht abkühlen lassen und den geriebenen Käse darüber streuen.

Die Eier zu den Fleischwürfeln in die Schüssel schlagen. Die flüssige Sahne ebenfalls zugießen. Eier und Sahne bewirken die Bindung.

Die Petersilie waschen, trockentupfen und anschließend möglichst fein hacken. Ebenfalls mit in die Schüssel geben.

Alle Zutaten mit Hilfe eines Kochlöffels gut miteinander verrühren und die Quichefüllung mit Salz und Pfeffer kräftig abschmecken.

Die Quichemasse bis etwa 2 mm unter den Rand in die ausgelegten Förmchen füllen und im Ofen backen.

QUICHE MIT WILDKABANOSSI

je 1/2 rote, gelbe und grüne Paprikaschote
1 mittelgroße Zwiebel
1 kleine Knoblauchzehe
20 g Butter
200 g Wildkabanossi, 3 Eier
200 ml Sahne
200 g geriebener Gruyère
Salz, frisch gemahlener weißer Pfeffer
1 Messerspitze Muskatnuss

Die Quicheförmchen vorbereiten wie im nebenstehenden Rezept. Die Paprikaschoten häuten, Scheidewände und Samen entfernen und fein würfeln. Die Zwiebel und den Knoblauch schälen und fein schneiden. Die Butter in einer Pfanne schmelzen und die fein geschnittenen Zutaten darin anschwitzen. Das Gemüse aus der Pfanne nehmen und leicht abkühlen lassen. In der Zwischenzeit die Kabanossi in Würfel schneiden und zum abgekühlten Gemüse geben. Die Eier, die Sahne und den geriebenen Käse hinzufügen und alle Zutaten gut miteinander vermengen. Die Quichemasse mit Salz, Pfeffer und geriebener Muskatnuss abschmecken, in die Förmchen einfüllen und backen.

GRILLEN UND BACKEN

WILDSCHWEINNIEREN,
IM SALZTEIG GEGART

Das Garen von Fleisch in Salzteig ist eine häufig angewandte Methode. Ihr Reiz liegt nicht nur im konzentrierten Eigengeschmack, sondern vor allem in der Form der Präsentation. So können auch optisch weniger attraktive Produkte, wie hier die Wildschweinnieren, für das Auge reizvoll zubereitet werden.

(für 2 Portionen)
Für die Nieren:
2 Wildschweinnieren (à 180 g)
1 Prise Salz, 1 Spritzer Essig
10 g Butterschmalz
1 kleiner Bund Thymian
Salz, frisch gemahlener weißer Pfeffer
4 Scheiben grüner Speck
Für den Salzteig:
250 g Mehl
150 g Salz
2 bis 3 Eier
1 TL Öl
1 Spritzer Essig

Die Nieren, wie in der Bildfolge rechts genau beschrieben, vorbereiten. Der Salzteig sollte frühzeitig hergestellt werden, da er vor der Weiterverarbeitung ein bis zwei Stunden im Kühlschrank ruhen muss. Für den Teig das Mehl in eine Schüssel sieben, das Salz und die restlichen Zutaten beigeben und zu einem glatten Teig verkneten. In Folie einschlagen, ruhen lassen und schließlich 1/2 cm dick ausrollen. Den Ofen auf 220 °C vorheizen und die in den Salzteig eingeschlagenen Nieren 25 Minuten garen. Der Salzteig wird nicht verzehrt. Salzteig kann, in größeren Mengen zubereitet, 2 bis 3 Tage aufbewahrt werden und erleichtert somit à la carte das Geschäft des Kochs.

Wildschweinniere vorbereiten:

Die halbierten Nieren über Nacht in einer großen Schüssel mit kaltem Wasser, das mit Salz und Essig versetzt wurde, wässern.

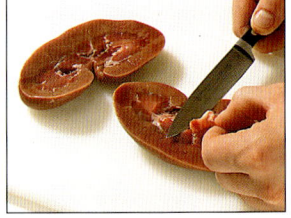

Die Nieren gründlich abspülen, trockentupfen und mit einem Messer Harnleiter und Fettablagerungen sorgfältig entfernen.

Das Butterschmalz in einer Pfanne erhitzen, die Nierenhälften einlegen und mit dem Thymian von beiden Seiten je 1 Minute anbraten.

Die Nierenhälften salzen, pfeffern und die Schnittflächen mit Thymian belegen. Die Hälften zusammensetzen und außen würzen.

Je Niere zwei Speckscheiben ausbreiten und dabei überlappen lassen. Die Nieren darauf legen und sorgfältig in den Speck einpacken.

Den Salzteig ausrollen und in 2 gleichmäßige Rechtecke schneiden. Die Nieren darin einschlagen, die Ränder mit Wasser verkleben.

Aus den anfallenden Teigresten Eicheln und Eichenblätter formen. Die Rückseite mit Wasser bestreichen, die Päckchen damit verzieren.

Die Nieren bei 220 °C etwa 25 Minuten garen. Längs aufschneiden, Teigdeckel abnehmen. Speck entfernen, tranchieren und servieren.

Gebacken in salziger Hülle
WÜRZE UND SCHUTZ ZUGLEICH

Ob in einem Salzteig oder unter einer Salzkruste gebacken – in beiden Fällen wird das Fleisch unter der schützenden Hülle schonend im eigenen Saft gegart. Diese Methode hat sich besonders bei Wild bewährt.

MUFFLON-RÜCKENFILET IN DER SALZKRUSTE

Die Salzkruste wird durch das Eiweiß gebunden. In manchen Anweisungen wird dazu geraten, Kartoffelstärke zuzugeben. Die Verwendung von Eiweiß, wie hier beschrieben, ist besonders einfach in der Herstellung und zuverlässig im Ergebnis.

(für 2 Portionen)
400 g Mufflon-Rückenfilet
Salz
frisch gemahlener weißer Pfeffer
20 ml Pflanzenöl
3 breite Scheiben grüner Speck
Für die Salzkruste:
1,5 kg grobes Salz
2 Eiweiße
80 bis 100 ml Wasser

Das Rückenfilet salzen und pfeffern. Das Öl in einer Pfanne erhitzen und das Fleisch von beiden Seiten kurz anbraten. Anschließend in Speckscheiben einschlagen, wie in der Bildfolge unten gezeigt. Für die Kruste das Salz in eine Schüssel füllen und die Eiweiße hinzufügen. Gut mit dem Salz verrühren und nach und nach das Wasser einlaufen lassen. Das Rückenfilet, wie rechts gezeigt, in die Salzkruste packen. Den Ofen auf 220 °C vorheizen und das »Salzpaket« 30 bis 35 Minuten darin garen. Die Salzkruste vor dem Servieren mit einem Messerrücken oder einem kleinen Hammer aufschlagen und entfernen, sie ist nicht zum Verzehr bestimmt.

In die Salzkruste packen:

Ein Backblech mit Alufolie auslegen. Die Hälfte der Salzkruste zu einem Bett darauf füllen, eine Mulde in die Mitte drücken.

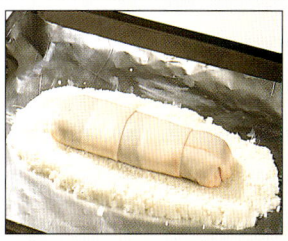

Das in Speck eingewickelte Rückenfilet in die Mulde legen. Die überstehende Alufolie an den Längs-, dann an den Querseiten anheben.

Mit der restlichen Salzkruste das Filet gleichmäßig bedecken. Mit Hilfe der Folie einen Laib formen. Backen.

Das Rückenfilet vorbereiten:

Das Filet würzen und anbraten.

Das Fleisch auskühlen lassen. Die Speckscheiben zu einem Rechteck auslegen, dabei überlappen lassen. Rückenfilet darin einschlagen.

Schmorgerichte

Schmoren ist die ideale und deswegen auch populärste Garmethode für Wild. Ideal ist sie schon deshalb, weil diese Technik des langsamen Garens in wenig Flüssigkeit keine großen Ansprüche an die Fleischqualität stellt und damit den Qualitätsschwankungen des Wildbrets entgegenkommt. Ein Beispiel dafür ist das Fleisch von älteren Tieren, das zwar sehr aromatisch, aber in der Struktur fester ist. Durch langsames Schmoren werden diese Stücke wunderbar zart. Auch die weniger wertvollen Teile von jungen Tieren, die zum Kurzbraten oder Füllen nicht geeignet sind – man denke an Schulter, Haxe oder Rippenfleisch vom Haarwild –, sind geschmort eine Delikatesse. Ähnlich verhält es sich beim Federwild. Auch hier sind es nur die jungen, zarten Tiere, die sich für das Braten oder Grillen anbieten. Älteres Federwild bedarf – wie auch das Haarwild – einer langsamen Garmethode. Schmoren ist auch deshalb eine ideale Garmethode für Wild, weil durch die Zugabe von aromatischen Zutaten wie Wurzelgemüse und Flüssigkeiten, zum Beispiel Wein, in Kombination mit dem langsamen Garen bei niedrigen Temperaturen im geschlossenen Topf das Fleisch einem ständigen Feuchtigkeitsaustausch ausgesetzt ist. Es gibt Geschmack an die Flüssigkeit ab, nimmt aber auch die Aromen der verschiedenen Zutaten auf. Das Ergebnis ist ein geschmacklich ausgewogenes Gericht mit gehaltvoller Sauce und zartem Fleisch. Klassische Wildgerichte wie ein Hirschragout oder Hasenpfeffer sind die besten Beweise. Zum Schmoren eignet sich aber nicht nur klein geschnittenes Fleisch, wie es in diesen und vielen anderen Ragouts der Fall ist. Auch große Braten lassen sich – bei entsprechend langer Garzeit – gut schmoren. Wird der Braten in eine Beize aus Wein und Aromaten eingelegt, verändert dies vor allem den Geschmack des Fleisches. Die Garzeiten und letztlich auch die Zartheit des Bratens werden hierdurch nicht beeinflusst.

Geschmorter Hase ist eines der feinsten Gerichte der Wildküche,
wenngleich diese Garmethode keine großen Ansprüche an die Fleischqualität stellt.

SCHMORGERICHTE

1 Das Fleisch von Häuten und Sehnen befreien und in 3 x 3 cm große Würfel schneiden.

2 Auf ein tiefes Blech geben, das geschälte, gewürfelte Wurzelgemüse samt Zwiebeln hinzufügen.

3 Mit den Gewürzen bestreuen, die zerdrückte Knoblauchzehe und den Thymian dazugeben.

4 Mit Rotwein übergießen, das Blech mit einer Folie verschließen und über Nacht marinieren lassen.

5 Die Marinade in ein Sieb schütten, und dabei die Flüssigkeit in einer Schüssel auffangen.

6 Das gewürfelte Wildfleisch mit einer Gabel vom Wurzelgemüse und den Gewürzen trennen.

7 Mit Küchenkrepp trockentupfen, damit beim Anbraten eine gleichmäßige Farbe entstehen kann.

8 Öl in einem großen, flachen Topf erhitzen, die Fleischwürfel dazugeben und Farbe nehmen lassen, würzen.

9 Das abgetropfte Gemüse (aus der Marinade) in den Topf geben und ebenfalls anbraten.

10 Das Gemüse leicht Farbe nehmen lassen. Tomatenmark zugeben und unter Rühren trockenschwitzen.

11 Marinade zugießen, falls nötig, so viel Wasser aufgießen, bis alles bedeckt ist. Aufkochen und abschäumen.

12 Im geschlossenen Topf bei mäßiger Hitze 60 Minuten garen. Auf ein Sieb schütten, die Sauce auffangen.

13 Die Sauce erhitzen, abschmecken. Das ausgesuchte Fleisch zugeben, aufkochen und servieren.

Ragout vom Wild

WOHL DIE BELIEBTESTE UND HÄUFIGSTE ZUBEREITUNGSART FÜR HAARWILD, VOM HIRSCH BIS ZUM HASEN

Bei diesem Schmorgericht harmoniert der typische Eigengeschmack des Wildes besonders gut mit der würzigen Marinade. Ein weiterer Pluspunkt dieser Zubereitung: Für ein Ragout müssen es nicht die besten Stücke vom Wild sein, es taugen dafür auch der Hals, die Schulter oder die Haxe, also der mit Sehnen durchzogene Unterschenkel. Diese Teile bringen auch besonders viel Geschmack, vor allem dann, wenn das Ragout mit den Knochen zubereitet wird, wie dies bei dem Rezept auf Seite 346/347 der Fall ist. Dieses Gericht ist zwar etwas mühsam zu essen, doch geschmacklich höchst empfehlenswert. Das Rezept kann aber auch mit Fleisch von anderen Wildarten in gleicher Weise zubereitet werden. Der Rotwein lässt sich durch Wild- oder Kalbsfond ersetzen, die Gewürze können ganz nach Geschmack variiert werden.

RAGOUT VOM HIRSCH

Die Fleischteile sollten von ihrer Struktur her nicht zu unterschiedlich ausgewählt werden, um Differenzen in den Garzeiten zu vermeiden.

1 kg Hirschfleisch aus der Schulter ohne Knochen, Haut und Sehnen
Für die Beize:
120 g Möhren
60 g Knollensellerie
200 g Zwiebeln
8 bis 10 Pfefferkörner, 1 Lorbeerblatt
6 bis 8 Wacholderbeeren
2 Nelken
1 Knoblauchzehe
2 Thymianzweige
1 l Rotwein

Außerdem:
40 ml Pflanzenöl
Salz, frisch gemahlener weißer Pfeffer
1 EL dreifach konzentriertes Tomatenmark
200 g weiße Champignons
20 g Butter

Das Hirschragoût, wie in der Bildfolge beschrieben, zubereiten. Das Ragout kann auch im geschlossenen Topf im Ofen geschmort werden. Diese Methode verhindert das Anbrennen. Gegen Ende der Garzeit die geputzten und gewaschenen Champignons in der Butter anschwitzen und erst kurz vor dem Servieren zum Ragout geben.

Champignons im Hirschragout sind eine geschmacklich hervorragende Ergänzung. Aber auch andere Pilze wie Pfifferlinge, Austernpilze oder die edlen Steinpilze harmonieren natürlich mit Wild bestens.

Mit und ohne Beize
SO VERSCHIEDEN KÖNNEN WILD-RAGOUTS ZUBEREITET WERDEN

Dass eine Beize den Geschmack eines Ragouts positiv
beeinflussen kann – vor allem, wenn ein guter Wein
verwendet wird –, ist sicher unbestritten. Doch auch
ohne Beize wird ein Ragout zum Genuss, wenn frische
Zutaten verwendet werden. Ein Beispiel dafür ist das
Gamsragout, für welches es sich allerdings empfiehlt,
nur Fleisch von einem jungen Tier zu verarbeiten.

GAMSRAGOUT

Die Schulter (Blatt, Schäufele) einer Gemse eignet sich
weniger zum Braten, ist aber geradezu ideal für ein Ragout. Dafür die Knochen auslösen und davon einen
Fond kochen.

1 Schulter einer jungen Gemse (etwa 1,2 kg)
Für den Fond:
30 ml Pflanzenöl
150 g Zwiebeln, 120 g Möhren, 80 g Knollensellerie
Außerdem:
100 g durchwachsener Speck
2 Tomaten
Schale von 1/2 unbehandelten Zitrone
2 Nelken, 5 Wacholderbeeren
30 g Butterschmalz
Salz, frisch gemahlener weißer Pfeffer
1/2 TL edelsüßes Paprikapulver
1/4 Zimtstange

Die Gamsschulter von losen Häuten
und Sehnen befreien und die Knochen
auslösen. Das Fleisch in Würfel von
etwa 3 cm Kantenlänge schneiden
und kühl stellen. Schulterknochen
und Parüren klein hacken. Das Öl in
einem Topf erhitzen, die Knochen
und Parüren darin anbraten. In der
Zwischenzeit das Gemüse putzen
und in Würfel schneiden. Zu den
Knochen geben und mitschwitzen,
bis es gleichmäßig Farbe angenommen hat. Mit so viel kaltem Wasser
auffüllen, dass die Knochen ganz
bedeckt sind, zum Kochen bringen.
Mehrmals abschäumen und etwa
2 Stunden köcheln lassen, anschließend passieren. Währenddessen den
Speck in feine Streifen schneiden
und kurz blanchieren. Die Tomaten
überbrühen, häuten, entkernen und
grob würfeln. Die Zitronenschale in
feine Streifen schneiden und ebenfalls
blanchieren. Die Nelken und
Wacholderbeeren in einem Mörser
stoßen. Das Butterschmalz in einem großen Topf erhitzen und das gewürfelte
Fleisch darin anbraten. Speckstreifen und
Tomatenwürfel zufügen und mitschwitzen.
Mit Salz, Pfeffer und Paprikapulver
würzen. Den passierten Wildfond aufgießen und die Zitronenstreifen, die
zerstoßenen Gewürze und die Zimtstange
hinzufügen. Wenn nötig, noch Wasser
nachgießen, damit das Ragout ganz
bedeckt ist. Den Topf mit einem Deckel
verschließen und im vorgeheizten Ofen
bei 180 °C 60 bis 80 Minuten schmoren.
Die Zimtstange entfernen, das Ragout
abschmecken. Gedünsteter Brokkoli mit
Mandelblättchen und Semmelknödel
ergänzen das Ragout bestens.

WILDSCHWEINRAGOUT MIT SEMMELKNÖDELN

Dieses Rezept ist ein gutes Beispiel dafür, welch großen Einfluss die Beize auf den Geschmack haben kann. Ausschlaggebend ist allerdings, dass der verwendete Wein von bester Qualität ist.

1 kg Wildschweinschulter ohne Knochen
Für die Beize:
100 g Möhren, 150 g Zwiebeln
60 g Knollensellerie
1 TL weiße Pfefferkörner
4 zerdrückte Wacholderbeeren
2 cl Wacholderschnaps
1 l guter Rotwein (Burgunder)
Außerdem:
40 ml Pflanzenöl
1 1/2 EL Mehl
1/4 l dunkler Wildfond (siehe Seite 270/271)
Salz, frisch gemahlener weißer Pfeffer
1 Msp. Ingwerpulver
5 zerstoßene Pimentkörner
Für die Semmelknödel:
260 g trockenes Weißbrot
5 g Butter, 1 mittelgroße Zwiebel
1/4 l Milch, 1/8 l Sahne, 2 Eigelbe
Salz, frisch gemahlener weißer Pfeffer
1 Msp. Muskatnuss
1 EL gehackte Petersilie, 20 g braune Butter

Das Öl erhitzen, die Fleischwürfel unter ständigem Rühren mit einem Bratenwender kräftig anbraten.

Fleischwürfel und zerkleinertes Gemüse würzen und mit dem Wein übergießen, mindestens 24 Stunden marinieren, anschließend das Fleisch herausnehmen und trockentupfen.

Das Gemüse (aus der Beize) zugeben, bei starker Hitze unter ständigem Wenden gleichmäßig hellbraun anbraten.

Mit Mehl bestauben, unter ständigem Rühren einige Minuten mitschwitzen und leicht Farbe nehmen lassen.

Die Beizflüssigkeit aufgießen, den Bratensatz am Topfboden loskochen, dann den Wildfond zugießen und köcheln lassen.

Das Fleisch in gleichmäßige Würfel von etwa 3 cm Kantenlänge schneiden. Für die Beize das Gemüse putzen und ebenfalls würfeln. Fleisch und Gemüse in ein entsprechend großes Gefäß geben, die restlichen Zutaten der Beize hinzufügen und 24 Stunden zugedeckt ziehen lassen. In ein Sieb gießen, die Flüssigkeit auffangen. Das Fleisch mit einer Gabel ausstechen und trockentupfen. Das Öl in einem großen Topf erhitzen und das Fleisch darin gleichmäßig anbraten. Das abgetropfte Gemüse zugeben, mit angehen lassen und mit dem Mehl bestauben. Nacheinander 1/4 l Beizflüssigkeit und den Wildfond aufgießen und bei mittlerer Hitze köcheln lassen. Nach 40 bis 50 Minuten den Topfinhalt erneut in ein Sieb schütten, die Sauce auffangen und das Fleisch herausnehmen. Die passierte Sauce erhitzen, das Fleisch zugeben, mit Salz, Pfeffer, Ingwer und Piment pikant abschmecken und servieren. Für die Semmelknödel das Weißbrot in feine Scheiben schneiden und in eine Schüssel geben. Die Butter in einer Pfanne schmelzen und die fein geschnittene Zwiebel darin glasig dünsten. Die Milch mit der Sahne aufkochen, über die Brotscheiben gießen und leicht abkühlen lassen. Die Eigelbe hinzufügen und würzen. Die Zwiebelwürfel zugeben und mit den übrigen Zutaten gut vermengen. Petersilie hinzufügen, die braune Butter zugießen und gut unterarbeiten. Die Hände mit Wasser anfeuchten und aus der Semmelmasse kleine Knödel formen. In siedendes Salzwasser einlegen und die Hitze zurücknehmen. Die Knödel gar ziehen lassen, bis sie oben schwimmen.

Zum Wildschweinragout mit Semmelknödeln ist Rotkohl eine beliebte Abrundung.

Nudeln sind ein idealer Begleiter

Ragout von klein gewürfeltem oder grob durchgedrehtem Fleisch verträgt sich besonders gut mit Nudeln, die als »Saucenschlucker« sehr beliebt sind. Die italienische Küche kennt davon viele Beispiele. Dass sich auch Wildbret dafür bestens eignet, beweisen die beiden folgenden Rezepte.

HASENRAGOUT MIT KNOBLAUCHSAUCE AUF BANDNUDELN

| 4 Hasenkeulen |
| (ergibt 600 g ausgelöstes Hasenfleisch) |
| 50 g Butter, 50 g Zwiebelwürfel |
| 1/2 TL Salz, frisch gemahlener weißer Pfeffer |
| 1 EL Tomatenmark |
| 1/4 l Chianti |
| 1/8 l dunkler Wildfond (siehe Seite 270/271) |
| *Für die Knoblauchsauce:* |
| 4 Knoblauchzehen, 30 g Pinienkerne |
| 30 g abgezogene Mandeln |
| 120 g gekochte Kartoffeln |
| 30 g entrindetes, eingeweichtes Brot |
| 1 Prise Salz |
| 1/4 l Olivenöl, 4 EL Weinessig |

In einem großen Topf das gewürfelte Hasenfleisch in der Butter anbraten, Zwiebelwürfel zufügen, salzen und pfeffern und das Tomatenmark zugeben. Mit Chianti und Wildfond aufgießen und im geschlossenen Topf bei geringer Hitze 25 bis 35 Minuten schmoren lassen. Für die Sauce die Knoblauchzehen, die Pinienkerne, die Mandeln und Kartoffeln sowie das ausgedrückte Brot in einem Mixer zu einer feinen Paste verarbeiten, salzen und unter ständigem Rühren das Öl in kleinen Mengen zugeben. Zum Schluss den Essig hineinrühren. Das Hasenragout mit der Knoblauchsauce auf Bandnudeln anrichten und servieren.

RAGOUT VON DER WILDENTE

| 1 Wildente (etwa 700 g) |
| 3 EL Pflanzenöl |
| 50 g Bauchspeck |
| je 60 g Stangensellerie und Möhre |
| 60 g Zwiebel |
| 1/4 l Rotwein (Merlot) |
| 1 EL Tomatenmark |
| 1/2 TL Salz |
| 1 Lorbeerblatt |
| frisch gemahlener weißer Pfeffer |
| je 1 Thymian- und Rosmarinzweig |
| 1/4 l Wildgeflügelfond (siehe Seite 276/277) |
| 1 EL gehackte Petersilie |
| geriebener Parmesan zum Bestreuen |

Aus einer ausgewachsenen, etwa 700 g schweren Wildente erhält man nach dem Auslösen der Knochen und dem Ablösen der Haut etwa 250 g Fleisch, was für dieses Rezept ausreicht. Das Ragout zubereiten, wie in den Steps der Bildfolge unten beschrieben. Auf Penne rigate, das sind kurze, schräg abgeschnittene, gerillte Hohlnudeln (»Federn«) anrichten, mit Parmesan bestreuen und heiß servieren.

Wildentenragout zubereiten:

Das Fleisch in möglichst kleine Würfel schneiden oder durch die grobe Scheibe des Fleischwolfs drehen.

In einer Pfanne das Öl erhitzen und den gewürfelten oder in Streifen geschnittenen Speck knusprig anbraten.

Das in feine Streifen (Julienne) geschnittene Gemüse zugeben, anschwitzen und das Fleisch zufügen.

Mit Rotwein ablöschen, das Tomatenmark einrühren, würzen und bei geringer Hitze langsam einkochen lassen.

Anschließend die Kräuter und den Wildgeflügelfond zugeben und das Ragout weiterköcheln lassen.

Bis zur gewünschten Konsistenz einkochen lassen, mit der Petersilie bestreuen und servieren.

SCHMORGERICHTE

Traditionell wurde Hasenpfeffer mit Hasenblut gebunden. Aus hygienischen Gründen sollte auf seine Verwendung möglichst verzichtet werden. Es kann durch frisches Schweineblut ersetzt werden.

1 Hasen zerlegen: Vorderläufe je einmal, Keulen zweimal durchtrennen, Rücken in vier gleiche Stücke zerteilen.

2 Fleisch in eine Schüssel geben. Gemüse, Kräuter und Gewürze zugeben, Essig und Rotwein angießen.

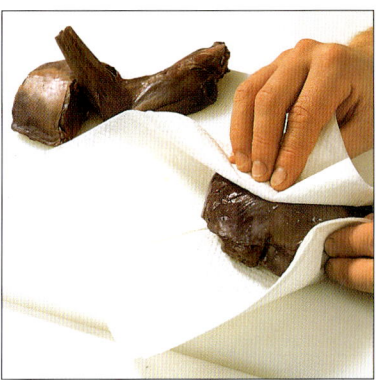

3 Nach 24 Stunden das Hasenfleisch aus der Marinade nehmen und mit Küchenkrepp trockentupfen.

4 Fleisch salzen und pfeffern, in Mehl wenden und abklopfen, so dass nur eine dünne Schicht haften bleibt.

5 Speck in Butter anbraten, auf ein Sieb geben. In derselben Butter Perlzwiebeln und Pilze anschwitzen.

6 Öl in den Topf geben. Die Hasenteile rundum anbraten, leicht Farbe nehmen lassen, herausnehmen.

7 Fleisch herausnehmen. Das Gemüse der Marinade abtropfen lassen und im Bratensatz anschwitzen.

8 Das Mirepoix unter Rühren anbraten, leicht Farbe nehmen lassen, dann mit dem Cognac ablöschen.

9 Cognac bis auf einen kleinen Rest reduzieren. Die Marinade zugießen und anschließend aufkochen lassen.

10 Einmal abschäumen, die angebratenen Wildhasenteile wieder zugeben. Den Topf schließen und schmoren.

11 Die gegarten Hasenteile mit Hilfe einer Schaumkelle vorsichtig herausnehmen und warm halten.

12 Schmorfond passieren, erneut erhitzen, Blut langsam einrühren, dabei die Sauce nicht mehr kochen.

Hasenpfeffer

DAS KLASSISCHE SCHMORGERICHT AUS DER WILDKÜCHE MIT DEM BESONDERS KRÄFTIGEN EIGENGESCHMACK

Den frisch geschossenen Hasen ausweiden, dabei das Hasenblut auffangen. Den Balg abziehen (siehe Seite 237) und den Hasen zerlegen (siehe Seite 238). Die Vorderläufe im Kniegelenk mit dem Messer durchtrennen und somit in je zwei Teile zerlegen. Die Haxen der Hasenkeulen ebenfalls im Gelenk ablösen und die Oberschenkel in zwei Portionen teilen. Dabei das Fleisch rings um den Knochen einschneiden und den Röhrenknochen mit einem Spalt- oder Schlagmesser durchtrennen. Auf dieselbe Weise den Rücken in vier gleichmäßige Stücke teilen.

1 Hase (1,5 bis 1,8 kg)
Für die Marinade:
je 150 g Möhren und Zwiebeln
60 g Knollensellerie, 2 Nelken
6 bis 8 weiße Pfefferkörner
6 bis 8 Wacholderbeeren
1 Lorbeerblatt, 2 Thymianzweige
80 ml Rotweinessig
1 l kräftiger Rotwein (Burgunder)
Außerdem:
150 g durchwachsener Speck
250 g Perlzwiebeln
200 g weiße Champignons, 20 g Butter
20 ml Pflanzenöl, 1 Prise Salz
frisch gemahlener weißer Pfeffer
4 EL Mehl, 4 cl Cognac
1/8 l frisches Hasen- oder Schweineblut

Den Hasenpfeffer, wie in der Bildfolge links beschrieben, zubereiten. Die Gemüse für die Marinade schälen und in Würfel schneiden. Den Hasen in eine Schüssel legen, das Gemüse, die Gewürze und Kräuter darüber geben, mit Essig und Rotwein übergießen. Mit Folie bedecken und 24 Stunden im Kühlschrank marinieren. Den Speck in 1/2 cm breite Streifen schneiden und blanchieren. Die Perlzwiebeln schälen und die Champignons putzen. Die Butter in einem flachen Topf erhitzen, den Speck goldgelb darin anbraten und auf ein Sieb geben. In derselben Butter die Perlzwiebeln mit wenig Farbe anschwitzen, 4 EL Wasser angießen und zugedeckt 10 Minuten dünsten. Die Champignons zugeben,

weitere 5 Minuten dünsten, bis das Gemüse leicht glasig ist, dann in einen Teller geben. Im selben Topf das Öl erhitzen, das Hasenfleisch anbraten, wieder herausnehmen und das abgetropfte Gemüse der Marinade hineingeben. Nach dem Anschwitzen mit Cognac ablöschen und mit der Marinade auffüllen. Nach dem Abschäumen das Fleisch zugeben, den Topf mit einem Deckel verschließen und im vorgeheizten Ofen 70 bis 90 Minuten bei 180 °C schmoren. Das Fleisch erneut herausnehmen und warm halten. Den Schmorfond durch ein feines Sieb passieren, zum Kochen bringen, abschäumen, entfetten und das Blut einrühren. Fleisch und Gemüse in ein feuerfestes Serviergeschirr geben, mit der Sauce übergießen und auf dem Herd erneut erhitzen. Die Sauce darf aber nicht mehr kochen, weil das Blut sonst gerinnt und griesig wird.

Die Fasane gleich-
mäßig auf dem Herd
anbraten und im Ofen
fertig garen. Anschlie-
ßend tranchieren, das
Fleisch auslösen und
warm halten.

SALMI VOM FASAN

Das Salmi ist wohl die feinste und vollkommenste
Zubereitungsart für Wildgeflügel, welche die alte Küche
überliefert hat. Leider hat dieses Gericht heute nur noch
einen geringen Stellenwert. Dies rührt wohl daher, dass
das Salmi oft nicht in der ursprünglichen Art und Weise
zubereitet wird und aus Gründen der Sparsamkeit verschiedene beziehungsweise aufgewärmte Wildgeflü-
gelarten verwendet werden. In diesem Rezept wird die
klassische Zubereitung des Salmi am Beispiel eines
Fasans vorgeführt.

2 Fasane (à 800 bis 1000 g)
Salz, frisch gemahlener weißer Pfeffer
30 ml Pflanzenöl
3 Schalotten
20 g Butter
1 cl Cognac
2 cl Trüffelfond
1/8 l Weißwein
3/4 l Wildgeflügelfond (siehe Seite 276/277)
20 g kalte Butter
20 g schwarze Trüffel
12 tournierte Champignonköpfe (siehe Seite 266/267)

Die bratfertigen Fasane mit Salz und Pfeffer würzen. Das
Öl in einer Pfanne erhitzen und die Fasane von allen
Seiten darin anbraten. In der Pfanne in den auf 180 °C
vorgeheizten Ofen schieben und 25 bis 30 Minuten braten. Die Fasane aus dem Ofen nehmen und tranchieren.
Das Fleisch von Haut und Sehnen befreien und bei geringer Hitze warm halten. In der Zwischenzeit die
Fasanenknochen mit dem Beil zerkleinern und die
Schalotten in feine Ringe schneiden. Die Butter in einem
Topf auf dem Herd schmelzen, die Schalottenringe darin
glasig dünsten. Die Knochen zugeben und kurz anbraten. Cognac, Trüffelfond und Weißwein aufgießen, leicht
reduzieren, den Wildgeflügelfond hinzufügen und etwa
10 Minuten leicht köcheln lassen. Den gesamten Topfin-
inhalt durch ein feines Sieb passieren, die Knochen mit
einer Schöpfkelle gut ausdrücken, damit keine Flüssigkeit
zurückbleibt. Die Sauce erneut erhitzen und etwa auf die
Hälfte reduzieren. Die kalte Butter zugeben und die
Sauce abschmecken. Die Trüffel in Scheiben schneiden
und zusammen mit dem Fasanenfleisch und den tour-
nierten Champignonköpfen in eine Sauteuse geben. Die
fertige Sauce darüber gießen, noch einmal kurz aufkochen lassen und servieren.

Braten und
in Sauce servieren
ZWEI TRADITIONELLE
ZUBEREITUNGSARTEN MIT
HERVORRAGENDEM GESCHMACK

Wildgeflügel kommt manchmal in sehr desolatem
Zustand – zerschossen und damit nur teilweise
brauchbar – auf den Küchentisch. Leider ist man vor
solchen Überraschungen auch bei Tiefkühlware nicht
immer sicher. Eben diese Teile lassen sich sehr gut für
Gerichte verwenden, die aus ausgelösten Teilen zubereitet werden. Auf diesen Seiten finden sich Beispiele dafür, wie ein zerlegter Fasan oder eine Wildente in Stücken zubereitet wird. Natürlich sind diese
Rezepte auch auf anderes Wildgeflügel, zum Beispiel
Rebhuhn, Taube oder Moorhuhn, übertragbar.

Wildentenkeulen schmoren:

Die Wildentenkeulen salzen und pfeffern. Das Pflanzenöl in einem großen Topf erhitzen und die Keulen rundum gleichmäßig anbraten.

Die Karkassen mit einem Beil klein hacken. Haben die Keulen Farbe genommen, diese herausnehmen und die Karkassen in den Topf geben.

Die Knochen gut anbraten. Das geschälte und grob gewürfelte Gemüse hinzufügen und ebenfalls leicht Farbe nehmen lassen.

Sobald alles gleichmäßig hellbraun angebraten ist, das Tomatenmark hinzufügen und das Mehl darüber stauben. Kurz mit angehen lassen.

Mit so viel kaltem Wasser aufgießen, dass der gesamte Topfinhalt knapp bedeckt ist und zum Kochen bringen.

Die Keulen wieder zu den Knochen und dem Gemüse geben. Die Gewürze und die vorbereitete Orangenschale hinzufügen.

Zugedeckt 1 bis 1 1/2 Stunden bei schwacher Hitze köcheln lassen. Die Sauce anschließend durch ein feines Sieb passieren.

Die Wildentenkeulen wieder in die Sauce geben. Den Orangensaft und die Orangenfilets zufügen, erhitzen, abschmecken und servieren.

WILDENTENKEULEN IN DUNKLER SAUCE

4 Wildentenkeulen (à 120 g)
Salz, frisch gemahlener schwarzer Pfeffer
20 ml Pflanzenöl
2 Wildentenkarkassen
100 g Zwiebeln
80 g Möhren
60 g Stangensellerie
1 TL Tomatenmark
1 gestrichener EL Mehl
1 Lorbeerblatt, 4 Wacholderbeeren
2 Nelken
1 unbehandelte Orange

Die Wildentenkeulen, wie in den Arbeitsschritten rechts beschrieben, zubereiten. In der Zwischenzeit die Haut der Orange (nur das Gelbe) abschälen, in feine Streifen schneiden und kurz blanchieren. Die Schale wird später, wie in der Stepfolge gezeigt, zugegeben. Das Fruchtfleisch filetieren, dabei den Saft auffangen. Ist das Keulenragout servierfertig, Orangensaft und -filets hinzufügen und mit den Keulen erhitzen.

GESCHMORTES WILDHERZ

Geschmorte Wildherzen erfreuen sich großer Beliebtheit in der Wildspezialitätenküche. Sie sind auch bestens zum Einfrieren geeignet.

2 Wildherzen (Wildschwein oder Hirsch, à 320 g)
20 ml Pflanzenöl
1 Prise Salz, frisch gemahlener weißer Pfeffer
100 g Zwiebeln
1 l Wild-Grundfond (siehe Seite 272/273)
2 Thymianzweige
4 bis 5 Pfefferkörner
2 Nelken
Außerdem:
4 frische Feigen
20 g Butter

Die Wildherzen werden, wie in der Bildfolge rechts beschrieben, vor- und zubereitet. Das Auffüllen mit einem kräftigen Wildfond macht sich in der Kraft der Sauce bemerkbar. Nach dem Verschließen mit einem Deckel wird der Topf auf die unterste Schiene geschoben und das Herz bei 190 °C geschmort. Nach 60 bis 80 Minuten ist es gar und kann aufgeschnitten werden. Kurz vor dem Servieren die Feigen waschen und halbieren. Die Butter in einer Pfanne schmelzen und die Feigen einlegen. Die Pfanne in den Ofen geben und die Feigenhälften etwa 5 Minuten braten. Die gebratenen Früchte mit dem Herz anrichten und mit Tagliatelle servieren.

Herz vorbereiten und schmoren:

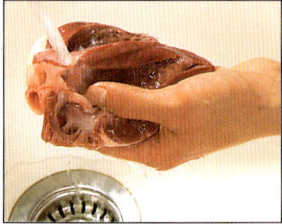

Das Herz der Länge nach halbieren und unter fließendem kaltem Wasser ausspülen, trockentupfen.

Oberen Teil des Herzens abtrennen und die Arterien ausschneiden, um das Herz im schieren Zustand zu erhalten.

Das Öl in einem großen, flachen Topf erhitzen. Das Herz mit Salz und Pfeffer würzen und gleichmäßig anbraten.

Die in Scheiben geschnittenen Zwiebeln beifügen und unter Rühren anschwitzen, bis sie Farbe annehmen.

Wildfond zugießen, aufkochen, die Gewürze zufügen. Zugedeckt schmoren.

Die Herzhälften quer in gleichmäßig dicke Scheiben schneiden und beiseite stellen.

Die Sauce passieren, abschmecken. Die Herzscheiben einlegen und kurz vor dem Servieren erhitzen.

Spezialitäten aus dem Schmortopf

HERZ UND KLEINERES WILDGEFLÜGEL SIND BESTENS GEEIGNET

Nicht nur in der Wildküche werden Herzen bevorzugt geschmort. Ihr kurzfaseriges, festes Fleisch ist für diese Garmethode vorzüglich geeignet, es kann nicht austrocknen, bleibt also saftig und zart. Auch das Wildgeflügel kann beim Schmoren seine Eigenschaften gut entfalten.

WILDTAUBENRAGOUT

Dieses attraktive Ragout lässt sich natürlich auch mit anderem Wildgeflügel zubereiten, zum Beispiel mit Rebhuhn, Wachtel oder Fasan.

(für 2 Portionen)
2 Wildtauben
Salz, frisch gemahlener weißer Pfeffer
20 ml Pflanzenöl
160 g Schalotten
1 kleine Knoblauchzehe
1/2 l Rotwein (Burgunder)
1/2 l Wildgeflügelfond (siehe Seite 276/277)
1/2 Lorbeerblatt
1 Nelke
80 g Kumquats

Die bratfertigen Wildtauben entlang dem Brustbein halbieren. Anschließend Brust und Keule voneinander trennen, so dass jede Taube in 4 Teilen vorliegt. Das Fleisch mit Salz und Pfeffer würzen und im erhitzten Öl anbraten, die Haut sollte eine gleichmäßig braune Farbe erhalten. Die Geflügelteile aus dem Topf nehmen und beiseite stellen. Schalotten schälen, vierteln und in dem Bratensatz anschwitzen. Den Knoblauch beifügen und, sobald das Gemüse leicht Farbe annimmt, den Rotwein aufgießen. Den Wein bis auf einen kleinen Rest reduzieren und anschließend den Wildgeflügelfond aufgießen, zum Kochen bringen und die Gewürze zufügen. Die angebratenen Taubenteile so hineinlegen, dass sie mit dem Fond bedeckt sind. Die Kumquats waschen, die Stielansätze entfernen und beigeben. Den Topf mit einem Deckel verschließen und die Tauben im vorgeheizten Ofen 60 bis 70 Minuten bei 180 °C schmoren. Das Taubenragout abschmecken und mit all seinen Bestandteilen servieren.

Alle Arten von Nudeln, aber auch Reis oder ein einfacher Kartoffelschnee sind eine passende Beilage.

SCHMORBRATEN VOM HIRSCHKALB

Für dieses Rezept wurde eine Hirschschulter verwendet, die zwar viele Sehnen, aber auch sehr viel Geschmack hat. Das Rezept lässt sich problemlos auf Damwild oder Mufflon übertragen.

1 Hirschkalbschulter (etwa 3,3 kg)
Für die Gewürzmischung:
1 Knoblauchzehe, 1 kleine Schalotte
2 TL scharfer Senf
1/2 TL Salz, frisch gemahlener weißer Pfeffer
je 1 Thymian-, Rosmarin- und Pfefferminzzweig
reichlich gehacktes Basilikum
Außerdem:
je 60 g Möhre und Knollensellerie
100 g Zwiebeln, 4 EL Pflanzenöl
250 g grüner Speck in Scheiben
2 Lorbeerblätter, 2 Nelken, 10 Pimentkörner
1/2 l dunkler Wildfond (siehe Seite 270/271)
1/4 l italienischer Rotwein (wie Barolo)

Die Hirschschulter, wie in den Arbeitsschritten beschrieben, auslösen. Für die Gewürzmischung die Knoblauchzehe und die Schalotte sehr fein schneiden und mit den restlichen Zutaten verrühren. Das Fleisch mit der Gewürzmischung bestreichen und binden. Möhre, Sellerie und Zwiebeln putzen, und fein würfeln. Das Öl in einer entsprechend großen Kasserolle erhitzen und das Gemüse darin anbraten. Die Schulter mit den Speckscheiben belegen und zum Gemüse geben. Lorbeerblätter, Nelken und Pimentkörner zugeben und 10 Minuten mitdünsten. Den Wildfond aufgießen und weitere 20 Minuten im geschlossenen Topf schmoren. Den Rotwein zugießen und das Fleisch bei schwacher Hitze langsam garen. Ist nach etwa 1 1/2 Stunden Gesamtgarzeit die Kerntemperatur von 80 °C erreicht, die Schulter aus der Kasserolle nehmen und den Speck entfernen. Die Sauce durch ein Sieb passieren, dabei mit der Schöpfkelle nachhelfen. Nach Belieben nachwürzen. Die Schulter aufschneiden und mit Bandnudeln sowie der Sauce servieren.

Hirschschulter auslösen:

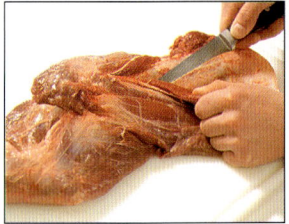

Mit einem scharfen Messer im Gelenk das Schulterblatt vom Oberbeinknochen trennen und am Schulterblatt entlangschneiden.

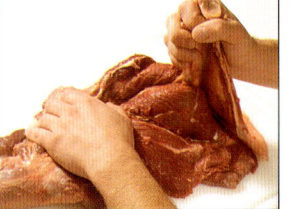

Mit Hilfe des Messers den Kopf des Schulterblatts lösen. Die Schulter festhalten und das Blatt mit kräftigem Druck aus dem Gelenk hebeln.

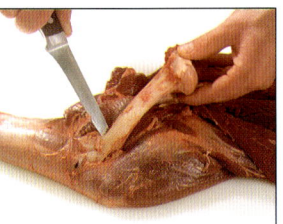

Den Oberbeinknochen mit dem Messer vollständig freilegen, im Gelenk vom Vorderbeinknochen trennen und herausheben.

Das Fleisch ausbreiten und die Gewürzmischung mit dem Löffelrücken möglichst gleichmäßig auftragen.

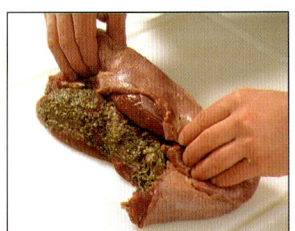

Die Schulter mit beiden Händen fassen und aufrollen. Dabei darauf achten, dass das Fleisch eng gerollt wird und keine Hohlräume enstehen.

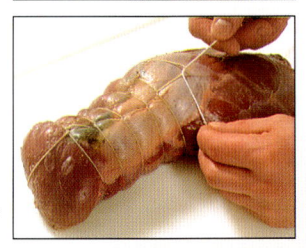

In Abständen von maximal 2 cm mit Küchengarn binden und mit der restlichen Gewürzmischung gleichmäßig bestreichen.

Eingelegte schwarze Oliven
passen sehr gut zum Aroma dieses Schmorbratens.

Klassische Schmorbraten von der Schulter und der Keule
BEIM SCHMOREN SIND DER GRÖSSE DER FLEISCHSTÜCKE GRENZEN GESETZT

In der Größenordnung eines Rehs, eines Stücks vom Damwild oder eines Wildschafs ist es noch problemlos möglich, eine Keule mit Knochen im Ganzen zu schmoren. Ausgelöst, also ohne Knochen, dürfen es sogar Fleischstücke bis zu 4 kg sein. Für eine Schulter empfiehlt es sich generell, sie vor dem Schmoren auszulösen, da das Fleisch gleichmäßiger gart und sich wesentlich leichter aufschneiden lässt.

GESCHMORTE REHKEULE

1 ausgelöste Rehkeule (etwa 1,8 kg)
150 g grüner Speck
Salz und Pfeffer zum Würzen des Specks
Thymian- und Rosmarinzweige, Salbeiblätter
12 Wacholderbeeren, 1 Prise Salz
frisch gemahlener weißer Pfeffer
2 bis 3 Pimentkörner
60 ml Pflanzenöl
1 Zwiebel, 1 Möhre
1 Stück Knollensellerie
1/2 l Wild-Grundfond (siehe Seite 272/273)
2 cl Cognac
1 TL Speisestärke

Die ausgelöste Rehkeule von allen lockeren Häuten befreien. Den Speck in gleichmäßige Streifen schneiden, rundum mit Salz und frisch gemahlenem Pfeffer bestreuen und in das Tiefkühlfach stellen. Um die Keule zu spicken, das Fleisch mit einem spitzen Messer quer zur Fleischfaser in Abständen von 2 bis 3 cm tief einschneiden. Die gewürzten, tiefgefrorenen Speckstreifen mit den Kräutern so in die Einschnitte stecken, wie es auf dem kleinen Bild rechts gezeigt wird.

In jeden dritten Einschnitt auch noch eine Wacholderbeere geben. Die Keule mit Küchengarn locker binden und mit Salz, Pfeffer und Piment würzen. Das Öl in einem entsprechend großen Topf erhitzen und die Keule darin von allen Seiten kurz anbraten. Das Gemüse putzen, grob zerkleinern, zur Keule geben, leicht Farbe nehmen lassen, dann den Wildfond aufgießen. Den Topf ohne Deckel bei 200 °C in den vorgeheizten Ofen schieben und die Keule in kurzen Abständen mit Hilfe einer Schöpfkelle mit dem Wildfond übergießen. Nach etwa 15 Minuten den Topf verschließen, die Hitze auf etwa 160 °C reduzieren. Die Keule 1 bis 1 1/2 Stunden schmoren und dabei noch 1- bis 2-mal wenden. Hat das Fleisch eine Kerntemperatur von 80 °C erreicht, aus dem Topf nehmen und in Alufolie einschlagen. Die Sauce durch ein feines Sieb passieren, nach Belieben noch etwas einkochen lassen und mit dem Cognac verfeinern. Vor dem Servieren die Speisestärke in ein wenig kaltem Wasser anrühren und die Sauce damit binden. Die Keule in Scheiben schneiden und mit der Sauce servieren. Zu diesem Wildschmorbraten passen glasierte Kastanien ebenso wie deftige Gemüse sowie Nockerln, Spätzle oder Nudeln.

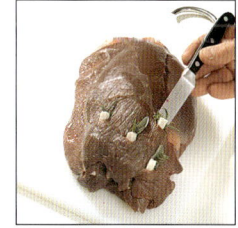

Mit einem scharfen Messer quer zur Fleischfaser in das Fleisch stechen. Die gewürzten, tiefgefrorenen Speckstreifen mit den Kräutern auf der Messerklinge in die Einschnitte schieben.

Beizen und Schmoren

Der Sauerbraten vom Elch und die in Rotwein eingelegten Hasenläufe sind zwei gute Beispiele für gebeizte (marinierte) Schmorbraten. Beim Beizen wird das Fleisch in Essig, Wein oder Buttermilch unter Zugabe von Gewürzen eingelegt. Es nimmt die Aromastoffe der Beize auf, der Säuregehalt hemmt das Wachstum verschiedener Bakterien und bewahrt das Wildbret für einige Zeit vor dem Verderb. Frisches Wildbret eignet sich am besten zum Marinieren.

SAUERBRATEN VOM ELCH

Dies ist ein Rezept nach Art des »Rheinischen Sauerbratens«. Dafür wird ein festes und grobfaseriges Fleisch benötigt, wie es das vom Elch ist. Seine Textur eignet sich besonders gut für einen gebeizten und ganz langsam durchgeschmorten Braten, er kann aber auch mit großem Erfolg gespickt werden.

1,2 kg Keulenfleisch (Oberschale oder Frikandeau) vom Elch oder Rothirsch
Für die Essigbeize:
je 60 g Möhre, Sellerieknolle Lauch und Petersilienwurzel
1 Knoblauchzehe
1 Zwiebel
1 Bund Petersilie
2 Lorbeerblätter
10 Wacholderbeeren
4 Nelken
10 Pimentkörner
1 TL Pfefferkörner
1/4 l milder Weinessig
1/2 l Wasser
Außerdem:
6 EL Pflanzenöl
60 g Tomatenmark
1 TL Salz, 80 g Saucenlebkuchen
80 g Rosinen

Für die Sauerbratenbeize Wasser und Essig aufkochen, etwas abkühlen lassen, dann erst dürfen die Gewürze und das Gemüse damit in Verbindung kommen.

Das Fleisch waschen und abtrocknen. In ein entsprechend großes, hohes Geschirr legen und mit dem klein geschnittenen Wurzelgemüse, der angedrückten Knoblauchzehe, der zerkleinerten Zwiebel, der gehackten Petersilie und den Gewürzen bestreuen. Den Essig mit dem Wasser aufkochen, abkühlen lassen und über das Fleisch gießen. Zugedeckt etwa 24 Stunden marinieren. Das Fleisch aus der Beize nehmen und abtrocknen, die Marinade abseihen. Das Öl in einer Kasserolle erhitzen, das Fleisch auf dem Herd von allen Seiten anbraten. Das aufgefangene Wurzelgemüse und die Gewürze aus der Marinade zusammen mit dem Tomatenmark zum Fleisch geben, die Kasserolle offen in den auf 200 °C vorgeheizten Ofen schieben. Die Marinade nach und nach zugießen und etwa 45 Minuten schmoren. Salzen,

den zerkleinerten Saucenlebkuchen zugeben und, wenn nötig, mit Wasser aufgießen. Im geschlossenen Topf in weiteren 1 1/4 Stunden bei etwas reduzierter Hitze fertig garen. Die Rosinen zugeben und alles nochmals 15 Minuten ziehen lassen. Eine passende Beilage sind etwa Kartoffeln oder Klöße.

GESCHMORTE HASENLÄUFE MIT ORANGEN

Der Reiz dieses Rezepts liegt in der geschmacklichen Harmonie von Hase und Rotwein einerseits und den süßsäuerlichen Orangen andererseits. Diese Aromakombination wird erst durch die Beize möglich.

je 2 Vorder- und Hinterläufe vom Hasen
Für die Rotweinbeize:
100 g Zwiebeln
je 70 g Möhre, Knollensellerie und Lauch
1 EL gehackte Petersilie
1/2 l Rotwein
2 cl Cognac
2 Lorbeerblätter, 1 Knoblauchzehe
1/2 TL Pfefferkörner
1 unbehandelte Orange
Außerdem:
100 g durchwachsener Räucherspeck
50 g Zwiebel
50 g Möhre
1 TL Mehl
1 TL Salz, 2 TL edelsüßes Paprikapulver
2 Nelken, 1 Thymianzweig
1 unbehandelte Orange

Die Hasenläufe waschen, abtrocknen und die lockeren Häute sorgfältig entfernen. In ein entsprechend großes, hohes Geschirr legen. Die in Scheiben geschnittenen Zwiebeln und das zerkleinerte Gemüse zufügen, die Petersilie darüber streuen. Mit dem Rotwein und Cognac übergießen, die Lorbeerblätter, die etwas angedrückte Knoblauchzehe und die Pfefferkörner dazugeben. Die Orange unter heißem Wasser bürsten, in Scheiben schneiden und ebenfalls hineinlegen. Diese Rotweinbeize sollte mindestens 24 Stunden, jedoch nicht länger als 2 Tage, einwirken. Das Fleisch herausnehmen und abtrock-nen, die Beize abseihen. Den Speck würfeln, in einer Kasserolle auslassen und darin die Läufe von allen Seiten anbraten. Die gewürfelte Zwiebel und die in Stücke geschnittene Möhre zugeben, mit dem Mehl bestauben und unter Rühren einige Minuten angehen lassen. Mit der Beize auffüllen und mit Salz, Paprikapulver, Nelken und Thymian würzen. Bei schwacher Hitze und halb geöffnetem Topf etwa 70 bis 85 Minuten köcheln lassen, bis das Fleisch schön weich ist. Das Fleisch herausnehmen und warm stellen, die Sauce passieren und nochmals aufkochen. Die Orange unter heißem Wasser bürsten, in Scheiben schneiden und mit dem Fleisch zur Sauce geben. Weitere 5 Minuten ziehen lassen und servieren.

Die Beize soll eine gezielte Geschmacksrichtung auf das Fleisch übertragen. Durch Verwendung der Beize beim Schmoren nimmt das ganze Gericht das Aroma an.

Geschmorte Teile aus der Keule

LANGE GARZEITEN GEBEN DEN GERICHTEN IHREN BESONDEREN CHARAKTER

Wer Teile aus der Keule von Wildbret verarbeiten will, kann diese auch schmoren. Die langen Garzeiten sind ideal für das Keulenfleisch und geben dem Gericht zudem eine ganz besondere Note. Ein positiver Nebeneffekt ist, dass geschmorte Gerichte besonders kräftige Saucen ergeben, deren Aromastoffe auf das Wildbret übergehen. Als Beispiele für Schmorgerichte aus der Keule stehen die Rezepte Ossobuco – natürlich von einer Rotwildhaxe – und Rotwildrouladen mit Wachteleiern.

OSSOBUCO VOM ROTWILD

Dass sich nicht nur Kalbshaxen, sondern auch Haxen vom Rotwild zu einer abgewandelten Form des klassischen, italienischen Ossobuco verarbeiten lassen, soll in diesem Rezept demonstriert werden.

1 Rotwildhaxe (etwa 800 g) oder 4 Scheiben einer Rotwildhaxe mit Knochen (à 200 g)
100 g Zwiebeln, 1 kleine Knoblauchzehe
60 g Stangensellerie, 80 g Möhren
200 g Tomaten, 50 g durchwachsener Speck
je 1 Thymian-, Rosmarin- und Basilikumzweig
Salz, frisch gemahlener weißer Pfeffer
3 EL Weizenmehl
30 ml Pflanzenöl
300 ml kräftiger Rotwein
600 ml dunkler Wildfond (siehe Seite 270/271)

Wer die Rotwildhaxe für dieses Gericht selbst teilen will, hat es am leichtesten, wenn sie tiefgefroren ist. Vor der weiteren Verarbeitung muss das Fleisch allerdings aufgetaut werden. Auf Wunsch teilt aber auch der Wildhändler die Haxe mit Hilfe einer Bandsäge in Scheiben. Die Zwiebeln, die Knoblauchzehe, den Sellerie und die Möhren schälen. Die Zwiebeln fein würfeln, die Knoblauchzehe und den Stangensellerie klein schneiden. Die Möhren mit einem Buntmesser in Scheiben schneiden. Die Tomaten blanchieren, häuten, entkernen und vierteln. Den Speck in etwa 1/2 cm breite Streifen schneiden, die Kräuter abzupfen. Die Haxenscheiben salzen und pfeffern, in Mehl wenden und gut abklopfen.

Das Öl in einem entsprechend großen, flachen Topf erhitzen und die Haxenscheiben darin von beiden Seiten goldbraun anbraten, herausnehmen. Die Speckstreifen in den Topf geben und anbraten. Das vorbereitete Gemüse zufügen und mit leichter Farbe anschwitzen. Die Tomatenviertel zugeben, mit angehen lassen und die Kräuter zufügen. Mit dem Rotwein ablöschen, zur Hälfte reduzieren und den Wildfond zugießen. Zum Kochen bringen, die Haxenscheiben einlegen und den Topf mit einem Deckel verschließen. Im vorgeheizten Ofen auf der untersten Schiene bei 180 °C 60 bis 80 Minuten schmoren. Die Wildhaxenscheiben anrichten, die Sauce abschmecken und über das Fleisch gießen. Das weiche Knochenmark gilt als Delikatesse und kann mitgegessen werden.

Wildrouladen mit Wachteleiern
sind aufgeschnitten sehr attraktiv. Auch geschmacklich präsentieren sie eine harmonische Kombination.

Für das Ossobuco ist die
unpassierte, eingedickte Sauce typisch. Als Beilagen sind Dauphinekartoffeln, Risotto oder Polenta üblich.

ROTWILDROULADEN MIT WACHTELEIERN

8 Wachteleier
700 g Rotwildfrikandeau
Salz, frisch gemahlener schwarzer Pfeffer
2 TL Dijon-Senf
150 g durchwachsener Speck in Scheiben
30 ml Pflanzenöl
150 g Zwiebeln
80 g Möhren
1/2 EL Tomatenmark
4 cl roter Portwein
400 ml Wild-Grundfond (siehe Seite 272/273)
1 Lorbeerblatt
2 Thymianzweige
1 EL gehackte Petersilie

Die Wachteleier in kochendem Wasser 4 bis 5 Minuten garen, abschrecken, auskühlen lassen und schälen. Das Frikandeau in 8 kleine Schnitzel schneiden und diese leicht flach klopfen. Salzen und pfeffern und dünn mit dem Senf bestreichen. Auf jedes Schnitzel 1 Scheibe geräucherten Speck legen und 1 Wachtelei setzen. Zu Rouladen rollen und die Enden mit kleinen Holzspießen fixieren. Das Öl in einem entsprechend großen Topf erhitzen. Die Rouladen nachwürzen und rundherum goldbraun anbraten. Aus dem Topf nehmen und beiseite stellen. Die Zwiebeln und Möhren schälen, grob zerkleinern und in demselben Topf anbraten. Hat das Gemüse leicht Farbe angenommen, das Tomatenmark zufügen und trockenschwitzen. Mit dem Portwein ablöschen und leicht reduzieren lassen. Den Wildfond aufgießen und zum Kochen bringen. Die Kräuter und Rouladen zufügen. Den Topf mit einem Deckel verschließen und in den auf 180 °C vorgeheizten Ofen schieben. Auf der untersten Schiene 60 Minuten schmoren. Nach Ablauf der Garzeit die Rouladen aus dem Topf nehmen, warm halten und die Sauce passieren. Das geschmorte Gemüse kann nach Belieben durch das Sieb gedrückt werden, was die Sauce zusätzlich bindet. Die Sauce nochmals erhitzen, die Rotwildrouladen damit übergießen und mit Petersilie bestreuen.

Wild-Delikatessen international

Es hat wohl etwas mit der Geschichte und der Tradition der Jagd in den verschiedenen Ländern zu tun, dass das Wildbret in den Küchen der Welt einen unterschiedlichen Stellenwert einnimmt. Vor allem in Europa hält man aufgrund einer sehr alten Jagdtradition viel auf die Wildküche. So entwickelten sich im Laufe von Jahrhunderten viele hervorragende Wildgerichte mit einer Art »Universal-Wildgeschmack«. Dieser typisch europäische Wildgeschmack wird zum einen vom Hautgoût, zum anderen von einer Gewürzmischung dominiert, die sich aus Wacholderbeeren, Pfeffer und Lorbeerblättern zusammensetzt. Das Paradebeispiel schlechthin ist hier das altbekannte »Hirschragout«. Grund genug, über die Grenzen der Länder und Kontinente zu schauen. Und siehe da, in allen regionalen Küchen gibt es traditionelle Wildrezepte mit den unterschiedlichsten Zubereitungsarten. So wird in Mexiko eine Rehkeule mit reichlich Knoblauch zubereitet, was in der europäischen Wildküche fast undenkbar ist. Hier wird Knoblauch, wenn überhaupt, nur in ganz geringen Mengen verwendet. Doch nicht nur die Art der Zubereitung, auch die Auffassung, was unter »Wild« zu verstehen ist, ist außerhalb Europas verschieden. So tauchen neben den auch bei uns bekannten Wildarten in Fernost beispielsweise Schlangen unter der Rubrik »Wildgerichte« auf und schmecken – objektiv betrachtet – ganz hervorragend. Der Zubereitung von Wildbret sind demnach keine Grenzen gesetzt, es gilt hier, mit Gewürzen und Zubereitungsformen zu experimentieren und neue Kreationen zu schaffen. Die folgenden Rezepte laden zu einer kulinarischen Reise in ferne Länder ein.

Wildschwein chinesisch – ein gutes Beispiel dafür,
wie man in der asiatischen Küche mit Wildbret umgeht.

WILDSCHWEIN MIT GEMÜSE
(Abbildung siehe Seite 359)

Dieses Rezept könnte in einer der chinesischen Landesküchen erfunden worden sein! Tatsächlich wurde es aber einem Rezept nachempfunden, in dem ein ganz gewöhnliches Hausschwein verarbeitet wird. Dank des kräftigen Wildschweinaromas übertrifft diese Variation das Original bei weitem, zumal die hier angewandte Garmethode des »Pfannenrührens« dem frischen Wildschweinfleisch besonders entgegenkommt. »Echtes Pfannenrühren« ist nur im Wok, wie die chinesische Pfanne genannt wird, möglich. Durch die runde Form der Pfanne verteilt sich die Flamme (nur mit Gas möglich!) gleichmäßig auf die ganze Oberfläche. Durch die starke Hitze und die ständige Bewegung werden Fleisch und Gemüse besonders schnell gar. So bleiben die wertvollen Inhaltsstoffe besser erhalten, das Fleisch wird zart, und das Gemüse behält seinen »Biss«.

400 g Wildschweinnuss
Für die Marinade:
1 Knoblauchzehe
1 rote Chilischote
4 bis 5 EL helle Sojasauce
Außerdem:
je 1/2 rote, gelbe und grüne Paprikaschote (à 50 g)
1 Bund Frühlingszwiebeln
100 g Stangensellerie
150 g Bambussprossen (aus der Dose)
50 g Shiitake-Pilze
20 ml Pflanzenöl
2 EL dunkle Sojasauce
frisch gemahlener weißer Pfeffer
1/2 TL Speisestärke
30 g Cashewkerne
2 TL gehacktes Korianderkraut

Das Wildschweinfleisch in Streifen oder dünne Scheibchen schneiden. Die Knoblauchzehe schälen und wie die Chilischote fein schneiden. Mit dem Fleisch in eine große Schüssel geben, mit der Sojasauce übergießen und etwa 1/2 Stunde marinieren. Die Paprikaschoten waschen, halbieren, Samen und Scheidewände entfernen und in Streifen schneiden, die Frühlingszwiebeln putzen und in Ringe teilen. Den Stangensellerie schälen und in Streifen, die Bambussprossen in Scheiben schneiden, die Pilze waschen und trockentupfen. Das Öl im Wok erhitzen und das Fleisch darin unter ständigem Rühren kurz, aber kräftig anbraten. Herausnehmen, dabei das Fett gut abtropfen lassen, warm stellen. Das vorbereitete Gemüse in den Wok schütten und bei starker Hitze und unter ständigem Rühren im Öl kräftig anbraten. Das Fleisch hinzufügen und mit dem Gemüse vermengen. Mit Sojasauce und Pfeffer würzen und mit der in wenig kaltem Wasser angerührten Speisestärke binden. Die Cashewkerne in einer Pfanne anrösten und zufügen, mit dem Korianderkraut bestreuen und mit Reis servieren.

Asiatisch gewürzt
EIN VERSUCH, DER SICH LOHNT

Dass Wildschwein, Wachteln oder Hirsch so gewürzt ganz anders, doch ebenso fein schmecken können, klingt zunächst überraschend. Würziges Fleisch harmoniert nämlich auch mit asiatischen Gewürzen sehr gut. Das Ergebnis ist geschmacklich überzeugend, wie das Hirsch-Sate aus Indonesien und die marinierten Wachteln beweisen.

HIRSCH-SATE UND WACHTELN, MARINIERT UND GEGRILLT

»Sate ayam« heißen die kleinen Spießchen, die in Indonesien an jeder Straßenecke angeboten und dort traditionell aus Hühnerfleisch zubereitet werden. Dieses Rezept lässt sich aber auch mit großem Erfolg auf Hirschfleisch, hier mit Speck, sowie Wachtelbrüstchen und -keulen übertragen.

(für 8 Spieße)
250 g Hirschfilet
8 Scheiben durchwachsener Räucherspeck
4 ausgelöste Wachteln (Brüste mit Flügeln und Keulen)
Für die Marinade:
1 EL Honig
2 EL helle Sojasauce
2 EL trockener Sherry
2 EL fein gehackte Schalotten
1 fein geschnittene Knoblauchzehe
1/2 TL Salz
frisch gemahlener weißer Pfeffer
Für die Sauce:
2 EL dunkle Sojasauce
2 EL Tahinpaste
4 cl trockener Sherry
Salz, frisch gemahlener weißer Pfeffer
4 EL Tomatenketchup
6 EL Wild-Grundfond (siehe Seite 272/273)

Die Hirschfiletstreifen mit Speck belegen, ziehharmonikaartig auf Stäbchen spießen und marinieren.

Das Hirschfilet in 8 dünne, lange Streifen schneiden, mit den Speckstreifen belegen und, wie auf dem Bild zu sehen ist, auf dünne Holz- oder Bambusstäbchen (Sate-Stäbchen) aufspießen. Die Zutaten für die Marinade verrühren, in eine niedrige Schüssel geben und die Spießchen sowie die Wachtelteile mindestens 1/2 Stunde darin marinieren. In der Zwischenzeit alle Zutaten für die Sauce verrühren und, wenn nötig, mit etwas Limettensaft säuern. Spieße und Wachtelteile aus der Marinade nehmen, gut abtropfen lassen und auf dem Grill rundum knusprig braten. Mit der Sauce servieren. Passende Beilagen sind knusprig frisches Weißbrot und frische Mangowürfel.

Wildbret auf Spanisch

Wildbret wird auf der Iberischen Halbinsel sowohl anders gewürzt als auch anders zubereitet, beispielsweise nach Art der traditionellen spanischen Paella.

GEFÜLLTE SCHNEPFEN AUF PAPRIKAGEMÜSE

Eine Kombination, die beispielsweise auch mit Rebhuhn oder Taube zubereitet werden kann; auf jeden Fall mit Vögeln, die möglichst wenig zerschossen sind und sich gut füllen lassen. Sollten keine küchenfertige Vögel zu bekommen sein, müssen diese vorab gerupft, ausgenommen, gewaschen und sorgfältig abgetrocknet werden. Die Lebern nicht verwerfen, sondern für die Füllung bereithalten. Wo sie fehlen, können auch andere Geflügellebern verwendet werden.

4 küchenfertige Schnepfen oder Rebhühner (à 250 g)
Für die Füllung:
80 g Weißbrot
8 EL Milch
60 g Schnepfen- oder Rebhuhnleber
1/2 TL Salz, frisch gemahlener weißer Pfeffer
2 Sardellenfilets
120 g geräucherter Schinken
3 EL Olivenöl
2 EL gehackte Schalotten
1 EL gehackte Petersilie
Außerdem:
Salz, frisch gemahlener weißer Pfeffer
3 EL Olivenöl
1 EL Semmelbrösel
1 EL gehackte Petersilie
je 1 grüne und gelbe Paprikaschote
2 Tomaten
1/4 l Wildgeflügelfond (siehe Seite 276/277)

Für die Füllung das Weißbrot würfeln, in eine Schüssel geben und mit der Milch übergießen. Die Lebern häuten, fein würfeln und zusammen mit den Gewürzen und den geschabten Sardellenfilets zum Weißbrot geben. Etwa 1 Stunde durchziehen lassen. Den Schinken in kleine Würfel schneiden. In einer entsprechend großen Pfanne das Öl erhitzen, darin den Schinken und die Schalotten unter Rühren kurz anbraten und zu dem Weißbrot schütten. Die Petersilie zufügen, zu einer weichen Füllung verrühren und, wenn nötig, nachwürzen. Die Schnepfen innen und außen salzen und pfeffern. Die Füllung in die Bauchhöhlen verteilen und die Öffnungen mit Zahnstochern verschließen. In einer Pfanne das Öl erhitzen, die Vögel hineinlegen und mit dem Öl bepinseln. Die Semmelbrösel und die Petersilie vermischen und damit bestreuen. In den auf 200 °C vorgeheizten Ofen schieben. Die Paprikaschoten häuten, von Samen und Scheidewänden befreien, in Streifen schneiden. Die Tomaten überbrühen, häuten, halbieren, die Kerne entfernen, in Streifen schneiden. Nach 10 Minuten Garzeit im Ofen das Gemüse zugeben und nach weiteren 10 Minuten mit dem Wildgeflügelfond aufgießen. Nach etwa 30 bis 40 Minuten ist die Füllung gar. Als Beilage passt Safranreis sehr gut dazu.

WILDSCHWEIN MIT REIS UND GARNELEN

Eine Art Paella, in welcher der Eigengeschmack des Wildschweins, trotz der spanischen Gewürzmischung, gut zur Geltung kommt. Ganz wichtig für dieses Rezept ist ein guter Wildfond, der aber auch durch eine gehaltvolle Hühnerbrühe ersetzt werden kann.

1 kg Wildschweinschulter (ohne Sehnen 800 g)
4 EL Pflanzenöl, 100 g gewürfelte Zwiebeln
150 g spanische Knoblauchwurst (oder Kabanossi aus Wildfleisch)
2 rote Paprikaschoten
Salz, frisch gemahlener weißer Pfeffer
1 Msp. Safranpulver oder einige Safranfäden
2 zerdrückte Knoblauchzehen
1/2 l Wild-Grundfond (siehe Seite 272/273)
1/8 l weißer, trockener Rioja
200 g Rundkornreis
100 g frische oder tiefgekühlte Erbsen
8 gekochte Garnelen

Die Schulter von allen Sehnen befreien. Das Fleisch zu Würfeln von etwa 2 cm Kantenlänge schneiden. Das Öl in einer Paella-Pfanne erhitzen, Zwiebeln zugeben und, wie in der Bildfolge erklärt, weiterarbeiten. Die gesamte Garzeit beträgt etwa 30 bis 40 Minuten. Die Garnelen erst kurz vor Ende der Garzeit zugeben, die Pfanne zudecken und 5 Minuten ziehen lassen.

»Paella« zubereiten: Die Zwiebelwürfel in dem heißen Öl unter ständiger Bewegung hell anschwitzen und das Fleisch zufügen.

Nach maximal 6 bis 8 Minuten die in Scheiben geschnittene Wurst hinzufügen und einige Minuten weiterbraten.

Die gehäuteten Paprikastreifen zufügen und mit Salz und Pfeffer, Safran und dem Knoblauch würzen.

Die Hälfte des Fonds zugießen, einmal kurz aufkochen lassen. Den Wein zufügen, weitere 5 Minuten dünsten.

Den Reis unterrühren. Nach etwa 10 Minuten den Rest des Fonds darüber gießen und die Erbsen hinzufügen.

BURGUNDER SCHMORBRATEN VOM HIRSCH

Bei einem Gericht wie diesem ist es nicht einfach, zu den Wurzeln seiner Abstammung zu gelangen. So kann nicht sicher nachgewiesen werden, ob dieser Hirschbraten wirklich aus Frankreich, genauer gesagt aus dem Burgund stammt, oder ob es doch der berühmte Wein war, der ihm seinen Namen gab. Das Rezept hat auch Ähnlichkeit mit einem Rinderbraten aus der Lombardei, dem »Brasato«. Sicher ist jedenfalls, dass sich das Wildbret vom Hirsch mit dieser Zubereitungsart bestens verträgt. Eine Voraussetzung für das Gelingen und den Wohlgeschmack ist allerdings, dass nur Wein von bester Qualität verwendet wird.

1,2 kg Hirschfleisch aus der Oberschale
0,7 l guter Burgunder
1 Knoblauchzehe
1 große Zwiebel, 1 große Möhre
1 Petersilienwurzel
100 g Knollensellerie
1/2 TL frisch gemahlener schwarzer Pfeffer
1 TL Salz
1 TL edelsüßes Paprikapulver
100 g grüner Speck
1 EL Tomatenmark
1 Lorbeerblatt
20 g frische Ingwerwurzel
dunkler Wildfond zum Aufgießen (Seite 270/271)

Das Fleisch, wenn nötig, häuten und in einen entsprechend großen Topf legen, mit dem Wein übergießen und über Nacht ziehen lassen. Die ungeschälte Knoblauchzehe andrücken, die Zwiebel vierteln, das Wurzelgemüse putzen und grob würfeln. Zusammen mit den Gewürzen zum Fleisch geben und dieses nochmals 2 bis 3 Stunden marinieren, dann herausnehmen und trockentupfen. Den Speck in kleine Würfel schneiden und in einer großen Kasserolle auslassen, das Fleisch hinzufügen und bei starker Hitze rundum kräftig anbraten. Das Wurzelgemüse mit einem Schaumlöffel aus der Marinade nehmen, in die Kasserolle geben und mit angehen lassen. Die Hälfte des Rotweins (Marinade) zugießen und die Kasserolle in den auf 180 °C vorgeheizten Ofen schieben. Nach etwa 20 Minuten den restlichen Wein aufgießen und den Braten ohne Deckel weitere 60 Minuten schmoren. Das Tomatenmark, das Lorbeerblatt und die Ingwerwurzel zufügen und weiterschmoren, wenn nötig, etwas Wildfond aufgießen. Nach einer weiteren Stunde, also etwa 2 Stunden und 20 Minuten Gesamtgarzeit, den Braten aus dem Ofen nehmen und in Alufolie einschlagen. Die Sauce durch ein feines Sieb passieren. Wer will, kann auch das Gemüse durch das Sieb drücken, die Sauce wird in diesem Fall sämiger. Den Braten aufschneiden und mit gebratenen Zucchinischeiben und Kartoffelplätzchen mit Cranberries servieren.

Kartoffelplätzchen: Aus 750 g gekochten Kartoffeln, Salz, Pfeffer, 3 Eigelben und 4 EL Semmelbröseln einen Teig bereiten, 100 g frische Cranberries untermischen, Plätzchen formen und in reichlich Butter braten.

GESCHMORTES WILDKANINCHEN MIT OLIVEN

Ein Rezept aus der Provence, das als Variante auch in Spanien vorkommt. Geschmacklich wird es von Knoblauch, Rosmarin und Oliven dominiert.

1 küchenfertiges Wildkaninchen
1/2 TL Salz
frisch gemahlener weißer Pfeffer
1 EL Mehl, 80 g Schalotten
je 50 g Stangensellerie und Möhre
50 g Frühlingszwiebeln
2 Knoblauchzehen, 4 EL feinstes Olivenöl
1/8 l Weißwein
1/2 TL gestoßene Pimentkörner
je 1 Msp. geriebenes Ingwerpulver und Muskatnuss
1/2 TL gestoßener Koriander
3/8 l Wild-Grundfond (siehe Seite 272/273)
10 schwarze Oliven
1 EL gehackte Petersilie
1/2 TL gehackter Rosmarin
2 TL gehackter Thymian
1 TL gehackter Oregano

Das Kaninchen waschen, trockentupfen, von losen Häuten befreien und in 8 Stücke teilen, salzen und pfeffern. Mit Mehl bestauben und leicht abklopfen, dass sie nur mit einer hauchdünnen Mehlschicht bedeckt sind. Das Gemüse vorbereiten, dafür die Schalotten fein schneiden, den Stangensellerie, die Möhre und Frühlingszwiebeln putzen und würfeln, die Knoblauchzehen vierteln. Das Öl in einer Pfanne auf dem Herd erhitzen, die Kaninchenteile darin rundum kräftig anbraten, herausnehmen und warm stellen. Das vorbereitete Gemüse in derselben Pfanne im verbliebenen Öl angehen lassen, das Fleisch und den Knoblauch zugeben, den Weißwein aufgießen, die Gewürze darüber streuen und in den auf 200 °C vorgeheizten Ofen schieben. Nach etwa 20 Minuten mit etwas Wildfond aufgießen, die entsteinten und halbierten Oliven zufügen und mit den gehackten Kräutern bestreuen. Weitere 15 bis 20 Minuten schmoren, dabei die Kaninchenteile in kurzen Abständen mit dem Schmorfond begießen und, wenn nötig, mit weiterem Wildfond aufgießen. Nach 40 Minuten Gesamtschmorzeit herausnehmen und servieren. Als Beilagen eignen sich besonders gut Fenchelgemüse mit Petersilienkartoffeln, körnig gekochter Reis oder – ein ganz besonderer Tipp – Risotto milanese.

Wein, Knoblauch und Oliven

SÜDLÄNDISCHE ZUTATEN DOMINIEREN DIE WILDGERICHTE AUS FRANKREICH

Mit Knoblauch, Kräutern und Oliven geschmort – nach dieser Methode werden rund ums Mittelmeer Wild- und Zuchtkaninchen, Hühner, aber auch Fasane und Rebhühner zubereitet.

Dunkle Sauce:
Die Butter schmelzen, das Mehl darin bräunen, mit dem Rotwein ablöschen und glatt rühren. Mit dem Kochsud aufgießen und 12 Minuten leise köcheln lassen. Würzen und die in Streifen geschnittene Lunge, Herz und Gurken zufügen, aufkochen.

Beuschel

EINE ÖSTERREICHISCHE SPEZIALITÄT

Das Beuschel (Lunge), im Oberösterreichischen auch Lingerl genannt, ist ein Traditionsgericht, das als Maßstab der Kochkunst vieler Hausfrauen und Köche gilt. Die Lunge wird gern in Verbindung mit Herz verarbeitet, da sie selbst einen geringen Nährwert aufweist. Die Beuschel des Wildes lassen sich auf gleiche Art und Weise wie das traditionelle Beuschel zubereiten. Bei den beiden auf diesen Seiten beschriebenen Rezepten sind die Grundschritte der Zubereitung gleich, lediglich die Sauce und die zusätzliche Verwendung von Herz im ersten Rezept unterscheiden die Gerichte voneinander.

BEUSCHEL IN DUNKLER SAUCE

300 g Rehlunge
1 Rehherz
Für den Kochsud:
2 l Wasser, Salz
1/2 geschälte Zwiebel, gespickt mit 1 Lorbeerblatt und 2 Nelken
1 Bouquet garni (je 50 g Möhre und Lauch und 30 g Knollensellerie)
1/4 l Weißwein
Für die dunkle Sauce:
20 g Butter
1 gehäufter EL Mehl
1/8 l Rotwein
300 ml Kochsud
Salz, frisch gemahlener weißer Pfeffer
150 g Gewürzgurken

Die Lunge zusammen mit dem halbierten Herzen, wie in der Bildfolge rechts beschrieben, kochen und schneiden. Den Kochsud beiseite stellen. Die dunkle Sauce nach der Anleitung oben zubereiten. Die Haut der Gewürzgurken mit einem Sparschäler entfernen, die Gurken halbieren, entkernen und in feine Streifen (Julienne) schneiden. Das Beuschel mit einem in Scheiben geschnittenen Serviettenknödel servieren.

SERVIETTENKNÖDEL

8 altbackene Brötchen (oder 350 g Weißbrot)
1/4 l lauwarme Milch
1 Prise Salz, frisch gemahlener weißer Pfeffer
1 Prise Muskatnuss, 1 mittelgroße Zwiebel
100 g Butter, 6 Eier
1 EL gehackte Petersilie

Die Brötchen in feine Scheiben schneiden, in einer Schüssel mit der Milch übergießen, salzen, pfeffern und mit Muskatnuss würzen. Die Zwiebel schälen, fein schneiden und in 20 g Butter glasig dünsten. Die restliche Butter in einer Schüssel schaumig rühren. Die Eier trennen und die Eigelbe nach und nach unter die Butter rühren. Mit der Zwiebel und der Petersilie unter die Brotmasse mengen. Die Eiweiße steif schlagen und mit einem Kochlöffel vorsichtig unter die Masse heben. Ein 80 x 80 cm großes Tuch (Serviette) in Wasser tauchen und auswringen. Die Knödelmasse in Form einer dicken Wurst auf das Tuch häufen und darin gleichmäßig einrollen, das Tuch an den Enden mit Küchengarn abbinden. Den Serviettenknödel in einen entsprechend großen Topf in siedendes Wasser legen und bei schwacher Hitze 50 bis 60 Minuten gar ziehen lassen. Den Knödel aus dem Tuch schlagen und in Scheiben schneiden. Nach Belieben die einzelnen Scheiben in frischer Butter anbraten.

BEUSCHEL IN HELLER SAUCE

Im Gegensatz zum Rezept »Beuschel in dunkler Sauce« kommt hier nur die Lunge zum Einsatz. Sie wird mit einer hellen Sauce serviert.

500 g Lunge vom Dam-, Rot- oder Schwarzwild
Für den Kochsud:
Zutaten wie Rezept auf der linken Seite
Für die helle Sauce:
20 g Butter, 1 gestrichener EL Mehl
300 ml Kochsud, 1/8 l Sahne
Salz, frisch gemahlener weißer Pfeffer
Saft und Abgeriebenes von 1/4 Zitrone
einige Spritzer Worcestersauce
2 gehackte Sardellenfilets
10 g Kapern, 1 EL gehackte Petersilie

Die Zubereitung dieses Gerichts entspricht der Bildanleitung unten. Mit Petersilie bestreut servieren. Als Beilage passen ebenfalls Scheiben vom Serviettenknödel.

Die Lunge auf einen Teller legen, beschweren und auskühlen lassen. Den Kochsud aufbewahren.

Die ausgekühlte Lunge zunächst in dünne Scheiben und anschließend in feine Streifen schneiden.

Helle Sauce:

Beuschel kochen und schneiden:

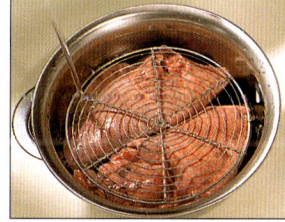

Die Wildlunge (und das Herz) unter fließendem Wasser klarlaufen lassen, dabei mit einem Gitter beschweren.

Die Butter schmelzen, mit Mehl bestauben, kalten Sud aufgießen, glatt rühren, 10 bis 15 Minuten köcheln.

Für den Kochsud das Salzwasser aufkochen, die Lunge, die Spickzwiebel und das Bouquet garni zufügen.

Die Sahne zugießen und zu einer cremigen Sauce einkochen lassen. Anschließend salzen und pfeffern.

Den Wein zugießen, mit einem Deckel beschweren, damit die Lunge ständig bedeckt ist, 60 bis 70 Minuten kochen.

Die restlichen Zutaten (außer der Petersilie) sowie die fein geschnittene Lunge zufügen, aufkochen lassen.

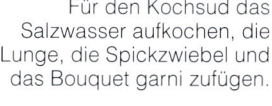

WILD-DELIKATESSEN INTERNATIONAL

SZEGEDINER GULASCH VOM WILDSCHWEIN

1 kg entbeinte Wildschweinschulter
250 g Zwiebeln
100 g grüner Speck
30 ml Pflanzenöl
3 EL edelsüßes Paprikapulver
1/2 l dunkler Wildfond (siehe Seite 270/271)
400 g Sauerkraut
1 TL Kümmel
2 EL Tomatenmark
Salz, frisch gemahlener weißer Pfeffer
100 g saure Sahne
1 EL gehackte Petersilie

Die Wildschweinschulter von losen Häuten und Sehnen befreien, das Fleisch grob würfeln. Die Zwiebeln schälen und würfeln, den Speck in feine Streifen schneiden. Das Gulasch, wie in der Stepfolge beschrieben, fertig stellen. Dazu das Öl in einem Topf erhitzen, die Zwiebeln und den Speck darin anbraten. Das Paprikapulver darüberstreuen und kurz mitbraten, darauf achten, dass es nicht verbrennt, die Fleischwürfel zugeben. Wichtig ist, dass immer genügend Flüssigkeit vorhanden ist. Die Gesamtgarzeit beträgt etwa 70 Minuten. Vor dem Servieren die saure Sahne und die gehackte Petersilie zufügen. Als Beilage eignen sich sowohl Knödel als auch Nudeln, Reis oder Kartoffeln.

Szegediner Gulasch zubereiten: Das Fleisch grob würfeln. Zwiebeln und Speck fein geschnitten im heißen Öl anbraten. Das Paprikapulver darüber streuen.

Das vorbereitete Fleisch dazugeben und bei starker Hitze unter ständigem Rühren kräftig anbraten.

Die Hälfte des Wildfonds aufgießen, den Bratensatz vom Boden lösen, zugedeckt etwa 10 Minuten dünsten.

Das Sauerkraut und den Kümmel zufügen und etwa 10 Minuten mitdünsten. Den restlichen Wildfond aufgießen.

Das Tomatenmark beigeben, kräftig salzen und pfeffern. Den Topf halb schließen und fertig garen.

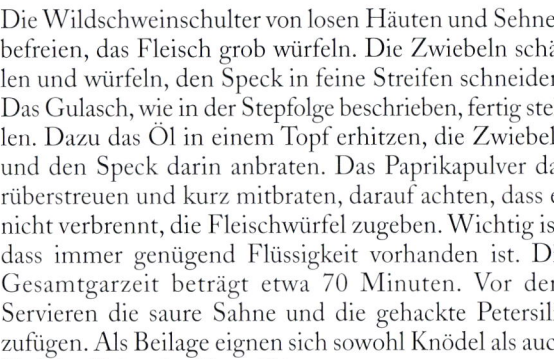

GESOTTENES WILDSCHWEIN MIT HAGEBUTTENKONFITÜRE

Wildbret zu kochen, ist durchaus nicht alltäglich. Diese Garmethode ist für das Fleisch im folgenden Rezept aber gerade richtig, da es von einem Überläufer stammt, dessen junges Fleisch aus der Schulter oder der Keule beim Kochen schön weich wird.

1,3 kg entbeinte Schulter oder Keule vom Wildschwein
600 g Suppengrün (Möhren, Sellerie, Lauch und Petersilienwurzel)
1 Knoblauchzehe
100 g Zwiebeln
1/2 l leichter Rotwein
5 Pfefferkörner
2 Lorbeerblätter
1 TL getrockneter Thymian
8 bis 10 Wacholderbeeren
1 Stück Meerrettich, Salz
1 l Fleischbrühe oder dunkler Wildfond (siehe Seite 270/271)
4 Zitronenscheiben
4 TL frisch geriebener Meerrettich
1 EL gehackte Petersilie
Rote-Bete-Salat
Hagebuttenkonfitüre (siehe Seite 259)

Wildschwein ungarisch

In Ungarn versteht man sich besonders gut auf Wildgerichte. Vor allem die Zubereitung von Wildschwein ist eine Spezialität der ungarischen Nationalküche. Das Wildschweingulasch nach Szegediner Art übertrifft auf jeden Fall das Original.

Die Schulter oder Keule häuten und mit Küchengarn binden. Das Suppengrün putzen, eine Hälfte in Scheiben, die andere in feine Streifen schneiden. Die Knoblauchzehe zerstoßen. Die Zwiebeln schälen und fein schneiden. Den Rotwein in einen Schmortopf gießen, das in Scheiben geschnittene Suppengrün, den Knoblauch, die vorbereiteten Zwiebeln, die Kräuter, Gewürze und Meerrettich nach Geschmack zufügen. Erhitzen, salzen, das Fleisch einlegen und mit so viel Brühe oder Fond auffüllen, dass alle Zutaten bedeckt sind. Im geschlossenen Topf bei mäßiger Hitze auf dem Herd weich kochen. Die Garzeit ist vom Alter des Wildschweins abhängig, beträgt aber etwa 1 1/2 Stunden. Kocht die Flüssigkeit ein, weitere Brühe oder Fond nachgießen. Für die Beilage in der Zwischenzeit das in feine Streifen geschnittene Suppengrün in der restlichen Fleischbrühe weich kochen und warm halten. Auf jede Zitronenscheibe 1 TL geriebenen Meerrettich häufen, mit Petersilie und Rote-Bete-Salat garnieren und kalt stellen. Ist das Fleisch gar, aus der Kochbrühe nehmen, das Küchengarn entfernen, in Scheiben schneiden und auf einer feuerfesten Servierplatte anrichten. Etwas Kochbrühe darüber seihen und die Suppengrünstreifen auf den Scheiben verteilen. Abdecken, auf dem Herd erneut erhitzen und servieren. Als Beilage eignen sich gekochte Kartoffeln. Die Hagebuttenkonfitüre wird separat serviert.

Eintöpfe

LEICHTE EINTOPFGERICHTE AUS MAGEREM WILDBRET

Das Fleisch von Haar- und Federwild eignet sich sehr gut für Eintöpfe. Hier können durchwachsene, gehaltreiche Teile vom Wildbret ebenso wie Teile älterer Tiere verarbeitet werden, die zum Kurzbraten ungeeignet sind. Werden sie mit dem Gemüse in einem Topf geschmort, erhalten sie den typischen »Eintopfcharakter«. Sie können aber auch mit Schlachtfleisch, zum Beispiel Schweine- oder Lammfleisch, kombiniert werden. Vor allem traditionelle Eintopfrezepte wie das Irish Stew oder das berühmte Cassoulet ergeben – mit Wildfleisch zubereitet – ganz neue und geschmacklich interessante Kreationen.

STEW MIT FASAN

Ein Stew mit Fasanenkeulen zuzubereiten, ist nur eine von vielen Möglichkeiten. Anstelle der Fasanenkeulen können beispielsweise auch Keulen von Wildtruthahn, Wildente oder Wildgans verarbeitet werden.

8 Fasanenkeulen
Salz, frisch gemahlener weißer Pfeffer
350 g Zwiebeln
120 g durchwachsener Speck
200 g Möhren
200 g Navetten
300 g Wirsing
30 ml Öl
2 Nelken
1 Knoblauchzehe
1 Lorbeerblatt
1 Thymianzweig
1/2 l Wildgeflügelfond (siehe Seite 276/277)

Die Fasanenkeulen salzen und pfeffern. Die Zwiebeln schälen und in Ringe schneiden, den Speck grob würfeln. Die jungen Möhren so schälen, dass ein wenig vom Grün stehen bleibt. Die Navetten schälen und in Ecken schneiden. Den Wirsing in Blätter zerteilen, waschen, die Mittelrippen herausschneiden und in breite Streifen schneiden. Das Öl in einem flachen Schmortopf auf dem Herd erhitzen und die Keulen rundum anbraten. Die Zwiebelringe hinzufügen und glasig schwitzen. Den gewürfelten Speck beigeben und anbraten. Das vorbereitete Gemüse zufügen, salzen, pfeffern, die Nelken zugeben, mit den Kräutern bestreuen und kurz andünsten. Den Wildgeflügelfond aufgießen und so viel Wasser zufügen, bis alles bedeckt ist. Zum Kochen bringen, mit einem Deckel verschließen und in den vorgeheizten Ofen schieben. Bei 180 °C auf der untersten Schiene etwa 1 1/2 Stunden schmoren. Nach Ende der Garzeit das Lorbeerblatt und den Thymianzweig entfernen und das Stew heiß servieren.

Den Topf mit Teig verschließen: Teig zu einer Rolle formen, Topf- und Deckelrand mit Wasser befeuchten. Teigrolle auf die Ränder drücken. Nach dem Backen die Teigkruste abschlagen.

CASSOULET VOM WILD

Die besondere Note dieses Gerichts liegt darin, dass der Topf mit einem Ring aus Brotteig fest verschlossen und im Ofen fertig gegart wird. Der Teigring wird erst kurz vor dem Servieren wieder entfernt.

(für 6 Portionen)
500 g Wildschweinbrust ohne Knochen
500 g Rotwildschulter ohne Knochen
250 g weiße Bohnen
250 g kleine Zwiebeln
1 Knoblauchzehe
500 g Möhren
100 g Stangensellerie
Für das Bouquet garni:
1/2 Möhre, 1 Stück Knollensellerie
1 Stück Lauch
Außerdem:
30 ml Öl
Salz, frisch gemahlener weißer Pfeffer
je 1 Thymian- und Rosmarinzweig
1 Lorbeerblatt
3 Nelken
200 g Wildsalami
1/8 l Weißwein
1 EL geschnittene Petersilie
Für den Teig:
250 g Mehl
1 Prise Salz
1/8 l Wasser

Zur Vorbereitung die Bohnen über Nacht einweichen, abschütten, 45 Minuten in Salzwasser köcheln lassen, abgießen und beiseite stellen. Die Wildschweinbrust und die Rotwildschulter in 3 x 3 cm große Würfel schneiden. Die Zwiebeln schälen und den Knoblauch fein schneiden. Die Möhren schälen und schräg in Scheiben schneiden. Den Sellerie schälen und in feine Streifen teilen. Die Zutaten für das Bouquet garni putzen und mit Küchengarn zusammenbinden. Das Öl in einer feuerfesten Steingutform erhitzen, das gewürfelte Fleisch goldbraun anbraten, salzen und pfeffern. Das vorbereitete Gemüse sowie die Kräuter und Gewürze hinzufügen und kurz angehen lassen. Die Salami in dicke Scheiben zerteilen, beigeben und kurz mitschwitzen. Mit dem Weißwein ablöschen und so viel Wasser aufgießen, dass alle Zutaten völlig bedeckt sind. Zum Kochen bringen und währenddessen den Teig herstellen. Dafür das Mehl in eine Schüssel sieben, das Salz zufügen und das Wasser langsam zugießen. Zunächst mit einem Kochlöffel verrühren und dann mit der Hand so lange kneten, bis der Teig geschmeidig ist. Kocht das Cassoulet, den Deckel auf die Form setzen und den Topf mit dem Wasserteig verschließen, wie in der Bildfolge links beschrieben wird. In den auf 180 °C vorgeheizten Ofen schieben und in etwa 1 1/2 Stunden garen. Die Teigkruste mit dem Messerrücken abschlagen, den Topf öffnen, das Cassoulet mit frisch geschnittener Petersilie bestreuen und servieren.

Zwei Klassiker einmal anders.
Da für Stew und Cassoulet
kräftige Fleischsorten ideal
sind, gelingen diese Gerichte
mit Wildbret besonders gut.

Rehkeule, im Rotweinteig gebacken

Dieses mexikanische Rezept zeigt deutlich, dass in der Neuen Welt zwar in der europäischen Tradition gekocht und gebacken wird, die Zutaten sich aber deutlich von denen in Europa unterscheiden. Am folgenden Rezept ist besonders reizvoll, dass der Rotwein nicht nur die notwendige Flüssigkeit für den Teig ist. Beim Backen gibt er zusätzlich sein feines Aroma an das Fleisch und den Fleischsaft ab und trägt damit zur besonderen Note des Gerichts bei.

1 Reh- oder Damwildkeule (etwa 3 kg)
Für den Rotweinteig:
1,2 kg Weizenmehl, 2 EL Salz
700 ml Rotwein
Für die Marinade:
6 Knoblauchzehen, je 250 g Zwiebeln und Möhren
150 g Knollensellerie
je 50 g Petersilienwurzel und -stängel
150 ml Olivenöl
je 1 EL brauner Zucker und Salz
je 10 schwarze Pfefferkörner und Nelken
1 TL gestoßene Pimentkörner
1 EL frisch gehackte Ingwerwurzel
5 bis 6 Thymianzweige
Für die Sauce:
8 cl Cream Sherry
50 g Butter, 1 EL Speisestärke

Die Rehkeule parieren und, wie auf Seite 222/223 beschrieben, hohl auslösen. Wenn nötig, locker binden und in ein entsprechend großes Gefäß legen. Den Rotweinteig, wie in der Bildfolge rechts beschrieben, zubereiten, in Folie wickeln und etwa 1 Stunde ruhen lassen. Für die Marinade die Knoblauchzehen und Zwiebeln schälen und grob hacken. Das Wurzelgemüse putzen, schälen und in Würfel oder feine Streifen schneiden. Das Öl in einer entsprechend großen Kasserolle erhitzen, das vorbereitete Gemüse unter ständigem Rühren anbraten und die Kräuter und Gewürze zufügen. Die Hitze redu-

zieren und die Marinade etwa 1/2 Stunde schmoren. Die Keule, wie in den Arbeitsschritten auf der rechten Seite gezeigt, zubereiten. Im vorgeheizten Ofen bei 180 °C 3 bis 4 Stunden backen, bis eine Kerntemperatur von 80 °C erreicht ist. Den Bratensaft, der sich im Inneren der Teighülle gesammelt hat, auffangen und die Keule, in Folie eingeschlagen, 1/2 Stunde ruhen lassen. In der Zwischenzeit die Sauce kochen.

Rotweinteig zubereiten:

Mehl und Salz in eine Schüssel geben, die Hälfte des Rotweins zugießen, mit einem Kochlöffel verrühren.

Anschließend mit den Händen zu einem Teig kneten, dabei den restlichen Wein nach und nach zugießen.

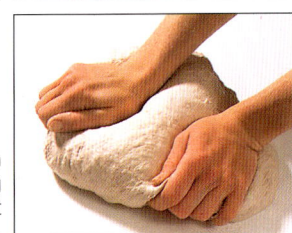

Den Teig auf einer gemehlten Arbeitsplatte so lange kräftig durchkneten, bis er glatt und geschmeidig ist.

Durch die Öffnung im Teig kann während des Backens Dampf entweichen, der Bratensaft sammelt sich am Teigboden. Den Teigmantel deshalb immer über einem entsprechend großen Gefäß öffnen, denn nur so geht von dem Saft nichts verloren.

Auf ein gemehltes Backblech heben, mit Wasser bepinseln, ein etwa 2 cm großes Loch herausstechen und backen.

Keule vorbereiten und backen:

Knoblauch, Zwiebeln und Gemüse im heißen Öl anbraten, Gewürze und Kräuter zufügen, 1/2 Stunde schmoren.

Für die Sauce den Cream Sherry zur Marinade gießen und aufkochen lassen.

Die vorbereitete Rehkeule ganz mit der Marinade bedecken. Mit Folie verschließen und kalt stellen.

Die Butter in Stücken zugeben, den Bratensaft zugießen und etwa 10 Minuten kochen lassen.

4 Stunden ruhen lassen, dabei 2- bis 3-mal wenden. Die Marinade auffangen, das Fleisch trockentupfen.

Durch ein feines Sieb passieren, die Sauce mit Speisestärke binden und weitere 5 Minuten kochen.

Äpfel, in Zimt-Zucker-Wasser gedünstet, passen gut als Beilage. Vor dem Servieren mit gehackter Minze bestreuen.

Den Teig ausrollen, die Keule darauf legen, in den Teig einschlagen und die Ränder gut verschließen.

Hat die Keule die Kerntemperatur erreicht, in Folie einschlagen, 1/2 Stunde ruhen lassen, tranchieren und servieren.

Kalte Wildköstlichkeiten

Bei kalter Küche in Verbindung mit Wildbret denkt jeder wohl zuerst an den Luxus von Pasteten oder Galantinen (Rollpasteten). Dass in der kalten Küche auch sehr gut »Reste« verwertet werden können, daran wird wohl erst gedacht, wenn beispielsweise ein Stück einer Rehkeule übrig bleibt. Die Rezepte in diesem Kapitel zeigen, wie schnell aus eben solchen Resten eine feine Tellersülze oder ein erfrischender Salat entstehen kann. Ein kalter Rehrücken zur Zierde des kalten Büffets darf natürlich nicht fehlen und wird speziell für diesen Zweck gebraten. Dieser Klassiker der kalten Wildküche ist gar nicht so schwierig in der Verarbeitung. Wer das Aufschneiden der Rückenfilets und das Montieren auf die Karkasse einmal beherrscht, wird immer ein attraktives Schaustück in seinem Repertoire haben. Zu den feinsten kalten Zubereitungen, für die sich das aromatische Wildbret besonders anbietet, gehören die Mousse und das Parfait – edle Vorspeisen, die auf der Zunge zergehen. Geschichte gemacht hat die kalte Wildküche freilich mit solch luxuriösen Schmankerln wie Pasteten und Terrinen. Generationen von Köchen haben an diesem Thema gearbeitet, wahre Kunstwerke wurden geschaffen. Heute steht glücklicherweise die Optik nicht mehr ganz so im Vordergrund und die Terrinen und Galantinen haben sich behauptet, weil sie einfach sehr gut schmecken – in Miniportionen als Amusebouche oder als Prunkstücke des kalten Büffets.

Die Pasteten und ihre Varianten hätten ohne Wildbret
wohl kaum zu einer solchen Beliebtheit gelangen können. Sein hocharomatisches Fleisch
gibt ihnen einen ganz besonderen Geschmack.

Salate
GEBRATENES KALT SERVIERT

Herzhafte und pikante Salate – wer kennt sie nicht. Sie sind bei allen denkbaren Anlässen auf kalten Büffets, bei Sommerpartys im Garten oder beim Picknick im Freien dabei. Auch aus Wild lassen sich Delikatessen zaubern, die eine willkommene Abwechslung unter den Salaten darstellen. Hierfür muss das Fleisch nicht immer frisch gebraten sein, auch erkaltete Bratenreste finden breite Verwendung. Man genießt sie mit Gemüse, Früchten, Vinaigrette oder Sahnesaucen. Die hier gezeigten Beispiele lassen sich gut vorbereiten für einen späteren Verzehr.

GEBRATENE WILDENTENBRUST MIT ORANGEN-HIMBEER-VINAIGRETTE

4 gebratene Wildentenbrüste ohne Haut
2 Orangen
2 Kiwis
1 kleiner Frisée-Salat
Für die Vinaigrette:
Saft und Schale von 1/2 unbehandelten Orange
20 ml Himbeeressig
1 Prise Salz, frisch gemahlener weißer Pfeffer
1 EL grüne Pfefferkörner
80 ml Distelöl

Die Wildentenbrüste in Tranchen schneiden. Die Orangen filetieren, die Kiwis schälen und in Scheiben schneiden. Den Frisée-Salat putzen, waschen und trockenschleudern. Für die Vinaigrette die Schale der Orange in feine Streifen schneiden, kurz blanchieren, abgießen und die Streifen in frischem Wasser 10 Minuten köcheln lassen. Die Orange auspressen. In einer Schüssel den Essig, den Orangensaft und die Streifen vermengen, salzen und pfeffern, die grünen Pfefferkörner zugeben und alles mit dem Öl verrühren. Die Wildentenbrüste mit dem Salat und den Früchten arrangieren und mit der Vinaigrette übergießen.

NUDELSALAT MIT GEBRATENEM HASENFILET

400 g gebratene Hasenrückenfilets
200 g Hörnchennudeln (Pipette rigate)
Salz, 1/2 EL Öl
60 g Stangensellerie
80 g Frühlingszwiebeln
6 Kirschtomaten
Für die Sauce:
100 g Mayonnaise, 1 TL Currypulver
1 Prise Salz, frisch gemahlener weißer Pfeffer
2 EL Crème fraîche, 1/8 l Sahne
einige Spritzer Zitronensaft

Die Rückenfilets in Scheiben schneiden. Die Hörnchennudeln in Salzwasser unter Zugabe des Öls bissfest

kochen, in ein Sieb abgießen, mit kaltem Wasser abschrecken und abkühlen lassen. Den Sellerie schälen und in dünne, etwa 3 cm lange Streifen schneiden. Die Frühlingszwiebeln putzen und in dünne Scheiben teilen. Die Kirschtomaten waschen, vom Stielansatz befreien und halbieren. Für die Sauce in einer Schüssel die Mayonnaise mit dem Currypulver verrühren. Salz, Pfeffer und die Crème fraîche zufügen. Zum Schluss die Sahne einrühren und mit einigen Spritzern Zitronensaft verfeinern. Die Rückenfilets zusammen mit dem vorbereiteten Gemüse und den Nudeln in eine große Schüssel geben, die Sauce darüber gießen und den Salat vorsichtig durchmischen.

BUNTER ROTWILD-PAPRIKA-SALAT

400 g gebratene Oberschale vom Rotwild (Rohgewicht 500 g)
je 1 rote, grüne und gelbe Paprikaschote
2 kleine Gemüsezwiebeln
2 Gewürzgurken
Für die Vinaigrette:
30 ml Rotweinessig
Salz, frisch gemahlener weißer Pfeffer
2 EL Wasser
80 ml Distelöl

Die gebratene Oberschale muss vor dem Aufschneiden völlig erkaltet sein. Das Fleisch in dünne Scheiben schneiden, zu kleinen Röllchen formen und in tiefen Tellern anrichten. Die Paprikaschoten häuten, von Samen und Scheidewänden befreien und in 1/2 cm große Würfel schneiden. Die Zwiebeln schälen und in dünne Ringe schneiden. Die Gewürzgurken schälen, halbieren, die Samenstränge entfernen und das Fruchtfleisch ebenfalls fein würfeln. Den Essig in eine Schüssel geben, salzen, pfeffern, mit dem Wasser verrühren. Anschließend das Öl einrühren, das vorbereitete Gemüse zufügen und alles gut vermischen. Den Salat über den Fleischröllchen anrichten.

Gekochtes kalt serviert

VOR DEM KOCHEN WIRD GEPÖKELT

Um ein optisch ansprechenderes Ergebnis zu erhalten, werden Lecker (Zungen) gepökelt. Sie bekommen dadurch eine appetitliche rote Farbe. Zum Pökeln eignen sich alle Zungen des Wildes. Die Pökelzeit ist von Gewicht und Durchmesser der Zunge abhängig. Beim Reh ist von etwa 2 Tagen, bei Dam- und Rotwild von bis zu 4 Tagen auszugehen.

GEPÖKELTE WILDSCHWEINZUNGE MIT ROHEN CHAMPIGNONS UND SCHNITTLAUCH-VINAIGRETTE

1 Wildschweinzunge (200 g)
Für die Pökellake:
1 l Wasser
120 g Pökelsalz
6 bis 8 Wacholderbeeren
10 weiße Pfefferkörner, 1 Lorbeerblatt
2 Thymianzweige
Zum Kochen:
1/2 Zwiebel
1 Lorbeerblatt
2 Nelken
Für die Schnittlauch-Vinaigrette:
20 ml Rotweinessig
Salz, frisch gemahlener weißer Pfeffer
60 ml Sonnenblumenöl
1 EL fein geschnittener Schnittlauch
Außerdem:
60 g weiße Champignons
Feldsalat zum Garnieren

Für die Pökellake das Wasser zum Kochen bringen, abkühlen lassen, das Pökelsalz einrühren und die Gewürze und Kräuter hinzufügen. Die Wildschweinzunge hineinlegen, mit Folie bedecken und 3 Tage ziehen lassen. Die Zunge herausnehmen und 2 Stunden in klarem Wasser wässern. In einen Topf geben, mit Wasser bedecken und zum Kochen bringen. Die Zwiebelhälfte mit dem Lorbeerblatt und den Nelken spicken und zugeben, die Zunge simmern lassen, bis sie gar ist (etwa 2 Stunden). Herausnehmen, in einer großen Schüssel mit kaltem Wasser abschrecken und die Haut abziehen. Nach dem Häuten in den Kochsud zurückgeben und darin auskühlen lassen. Als Vorspeise die Zunge längs in dünne Scheiben schneiden, am besten mit einer Aufschnittmaschine. Für die Vinaigrette den Rotweinessig in eine Schüssel gießen, salzen, pfeffern, das Öl unterrühren und den Schnittlauch zugeben. Die Champignons waschen, die äußere Haut abziehen, in dünne Scheiben schneiden und leicht mit Salz und Pfeffer würzen. Die Zunge fächerartig auf einem Teller anrichten, die Champignonscheiben darauf verteilen und mit dem Feldsalat garnieren. Zum Schluss die Vinaigrette darüber gießen und servieren.

Zu dieser deftigen Vorspeise passen nicht nur Brot und Butter, sondern auch Bratkartoffeln oder Rösti.

Wildsülzen
TELLERSÜLZEN EINFACH UND GUT

Gebratenes Fleisch und erfrischende Gelees lassen sich in Tellersülzen gut vereinen. Den Variationsmöglichkeiten sind hierbei keine Grenzen gesetzt. Die im Bild gezeigten Wildsülzen lassen sich gut vorbereiten und können im Kühlschrank über mehrere Stunden aufbewahrt werden. Dabei müssen sie jedoch mit Frischhaltefolie abgedeckt werden, damit sie keine störenden Kühlschrankgerüche annehmen können. Die Basis für die beiden Gelees sind Wildkraftbrühen von Haar- und Federwild, die mit etwas Brombeeressig angereichert werden. Zu empfehlen ist, den Essig schon vor dem Klären zuzufügen, da eine spätere Zugabe das Gelee eintrüben könnte. Um das Gelee gleichmäßig zu verteilen, wird es im halbfesten Zustand über die Zutaten gegeben. Dazu das noch flüssige Gelee auf einer Schüssel mit Eiswasser kühlen und ständig rühren, bis es zähflüssig wird. Dann rasch in die vorbereiteten Teller gießen und kalt stellen.

SÜLZE VON DER WILDENTENBRUST

(für 2 Portionen)
2 gebratene Wildentenbrüste ohne Haut (à 80 g)
350 ml Wildgeflügelessenz (Seite 276/277)
3 Blatt weiße Gelatine, 4 Wachteleier
je 50 g Stangensellerie und Möhre
4 Kerbelzweige

Für das Gelee die aus Karkassen von der Wildente erstellte Wildgeflügelessenz erhitzen und die eingeweichte Gelatine einrühren und dabei auflösen. Das Gelee abkühlen lassen. In der Zwischenzeit die Wachteleier 4 Minuten in kochendem Wasser garen, in kaltem Wasser auskühlen lassen und pellen. Den Sellerie schälen und in dünne, etwa 3 cm lange Stifte schneiden. Die Möhre schälen und mit dem Zesteur erst der Länge nach ringsherum einkerben und in Scheiben schneiden. Das Gemüse in Salzwasser bissfest kochen und abschrecken. Die Wildentenbrüste tranchieren, abwechselnd mit Gemüse, halbierten Wachteleiern und Kerbelzweigen in die Teller einsetzen. Mit Gelee übergießen, kurz stocken lassen, servieren.

MUFFLONKEULENSCHEIBEN IN GELEE

300 g gebratene Mufflonkeule in Scheiben
350 ml Wildkraftbrühe (siehe Seite 274/275)
3 Blatt weiße Gelatine
je 1/2 rote, gelbe, grüne Paprikaschote (à 60 g)
je 50 g Zucchini und Möhre
Blattpetersilie zum Garnieren

Die Wildkraftbrühe, vorzugsweise vom Mufflon, erhitzen. Die Gelatine in kaltem Wasser einweichen, ausdrücken, in die Brühe einrühren und dabei auflösen. Das Gelee erkalten lassen. Die Paprikaschoten häuten, von Samen und Scheidewänden befreien und in gleichmäßige Rauten schneiden. Die Zucchini mit dem Zesteur oder einem Messer der Länge nach mehrmals einkerben und in Scheiben schneiden. Die Möhre schälen und fein stifteln. Das Gemüse in Salzwasser mit leichtem Biss blanchieren und abschrecken. Die Mufflonkeulenscheiben in Teller geben, mit dem Gemüse garnieren und das Gelee darüber gießen, stocken lassen. Die Sülze mit Petersilie verzieren und vor dem Servieren nochmals kurz kühlen. Es muss nicht immer eine frisch gebratene Mufflonkeule sein. Für dieses Rezept lassen sich auch kleinere Bratenreste und Teile anderer Haarwildarten, zum Beispiel Reh-, Gams- oder Damwild, bestens verarbeiten.

Kräftige Mousse in zartem Gelee

EINE MOUSSE, AUCH SCHAUMBROT GENANNT, MUSS AUF DER ZUNGE ZERGEHEN

Die Zubereitung dieser attraktiven Köstlichkeit ist zwar aufwändig, doch die Mühe lohnt sich. Wichtig ist, dass die in der Bildfolge beschriebene Reihenfolge unbedingt eingehalten wird.

1 Nur 4 Timbalförmchen gleichzeitig mit Geleẹ füllen. Es sollen sich keine Luftbläschen bilden.

2 Die Förmchen in Eiswasser setzen, das knapp bis unter den Förmchenrand reicht.

3 Das Gelee kurz stocken lassen und ausgießen. Es muss ein Rand von 2 bis 3 mm stehen bleiben.

4 Für die Mousse den Fond mit den Gewürzen zum Kochen bringen, Portwein und Cognac zugießen.

5 Die Flüssigkeit leicht reduzieren und die Sahne zugießen. Leicht cremig einkochen lassen.

6 Neben dem Herd die in Scheiben geschnittene Leber zugeben. Langsam lauwarm werden lassen.

7 Mit einem Mixstab einarbeiten. Dabei den Topf anheben und die Flüssigkeit zusammenlaufen lassen.

8 Die Schaummasse durch ein feines Sieb passieren und in einer Schüssel auffangen.

9 Die kalt eingeweichte und aufgelöste Gelatine rasch in die noch warme Sauce einrühren.

10 Bis kurz vor dem Stocken erkalten lassen, würzen und die geschlagene Sahne unterziehen.

11 Die Mousse mit einem Dressiersack mit großer Lochtülle in die vorbereiteten Förmchen füllen.

Feinste Mousse im Geleemantel
FINGERFERTIGKEIT IST GEFRAGT

Die Basis feiner Mousses sind gehaltvolle und kräftige Fonds, die sowohl vom Haarwild als auch von Wildgeflügel stammen können. Die geschmackliche Abstimmung von Mousse und Gelee muss – wie im folgenden Rezept gezeigt – bestens ausgewogen sein. Süßliche Komponenten wie Portwein, Madeira oder andere Dessertweine eignen sich hervorragend für die Zubereitung von Gelees. Bei der Mousse ist vor allem darauf zu achten, dass die Zutaten wirklich frisch sind und sorgfältig gearbeitet wird. Kreativität und Geschicklichkeit verhelfen dieser Vorspeise zu einem optisch eleganten Ergebnis. Ein außergewöhnliches Gericht von hohem Stellenwert ist die Belohnung.

WILDENTENMOUSSE
IN PORTWEINGELEE

Für das Gelee:
3/4 l Wildentenessenz (siehe Seite 276/277)
1/8 l roter Portwein
9 Blatt weiße Gelatine
1 kleiner Bund Kerbel
Für die Mousse:
350 ml dunkler Wildentenfond (siehe Seite 270/271)
1/2 Lorbeerblatt, 1 Nelke
3 Wacholderbeeren, 1 Thymianzweig
2 cl roter Portwein, 1 cl Cognac
150 ml Sahne, 100 g Gänsestopfleber
3 Blatt weiße Gelatine
Salz, frisch gemahlener weißer Pfeffer
150 ml geschlagene Sahne

Das Rezept ist für 8 Timbalförmchen mit je 90 ml Füllmenge berechnet. Für das Gelee eine Essenz aus Wildentenkarkassen, wie auf Seite 276/277 beschrieben, zubereiten. Das Grundrezept durch den Portwein erweitern, welcher vor dem Klären hinzugefügt wird. Die Gelatine kalt einweichen, ausdrücken und in der heißen Essenz auflösen. Die Förmchen damit auskleiden. Beim Chemisieren, das heißt dem Auskleiden mit Gelee, nicht zu viele Förmchen gleichzeitig in das Eiswasser stellen, da das Gelee schnell stockt und die vielen

Förmchen dann nicht rasch genug ausgegossen werden können. Sollte nach dem Ausgießen der Geleerand noch zu dünn sein, die Förmchen nochmals füllen und den Vorgang wiederholen. Sind die Förmchen ausgekleidet, je einen kleinen Kerbelzweig auf den Boden auf das noch leicht weiche Gelee legen und die Timbalförmchen kühl stellen. Für die Mousse nach dem Grundrezept »Dunkler Wildfond« einen Wildentenfond kochen, dabei die Knochen des Haarwilds durch Karkassen frischer Wildenten ersetzen. Die Mousse, wie in der Stepfolge links beschrieben, zubereiten und 2 bis 3 mm unter den Rand in die Förmchen einfüllen. Sobald sie fest geworden ist, die Förmchen mit Gelee auffüllen und 1 bis 2 Stunden gut durchkühlen lassen. Vor dem Servieren einige Sekunden in heißes Wasser tauchen und anschließend stürzen. Als Garnitur reicht ein kleines Bouquet von frischen Salaten aus. Die Vinaigrette dafür sollte in diesem Fall nicht zu kräftig sein, da sie sonst den feinen Geschmack der Mousse überdeckt.

FASANENLEBERPARFAIT

Nur feinste Zutaten wie frische Leber und feste Butter garantieren einen Erfolg. Dieses Rezept kann ebenso durch Lebern anderer Hühnervögel oder vom Hasen abgewandelt werden. Als Amuse-gueule oder als Vorspeise ist dieses Parfait, mit einem frischen Toast gereicht, vollständig. Die Auskleidung der Form mit grünem Speck ist eine Alternative zur Alufolie, er wird jedoch nicht mitverzehrt.

(für 5 Portionen)
250 g Fasanenlebern
250 g flüssige Butter
1 Ei
1 Eigelb
8 cl Portwein
8 cl Madeira
je 1 Thymian- und Rosmarinzweig
2 EL Wildglace (siehe Seite 272/273)
Salz, frisch gemahlener weißer Pfeffer
1 Prise Muskatnuss
Außerdem:
10 g flüssige Butter (zum Ausstreichen der Form)
1 reife Mango
Cumberlandsauce (siehe Seite 284)
1 Bund Pfefferminze

Das Fasanenleberparfait bekommt durch das Kochen der Butter einen würzigen, nussigen Geschmack. Die Lebern waschen und trockentupfen. Das Parfait, wie in der Bildfolge rechts beschrieben, zubereiten.

Für die Reduktion den Portwein und Madeira zum Kochen bringen, die Kräuter zugeben und auf ein Drittel reduzieren. Leicht abkühlen lassen, die Wildglace zufügen und diese in der Reduktion flüssig werden lassen. Zur Lebermasse geben. Mit Salz, Pfeffer und Muskatnuss würzen. Die Folienränder der Tunnelform über der Parfaitmasse zusammenlegen, die Form bis zwei Finger breit unter den Rand in ein 80 °C warmes Wasserbad stellen, zusammen in den vorgeheizten Ofen schieben und das Parfait im Wasserbad bei 170 °C 40 Minuten garen. Das Wasserbad darf während des Pochiervorgangs nicht kochen, um ein Auftreiben und eine Bläschenbildung zu vermeiden. Bei kurzzeitigem Aufklappen der Alufolie den Garzustand des Parfaits mit einem Holzspieß prüfen. Das Parfait über Nacht auskühlen lassen. Zum Servieren die Mango schälen, in Scheiben schneiden und mit dem in Tranchen geschnittenen Parfait anrichten. Mit der Cumberlandsauce umgießen und mit der Pfefferminze garnieren. Das Parfait sofort servieren, da es sehr lichtempfindlich ist und bei längerem Stehen leicht eine graue Farbe annimmt.

Fasanenleberparfait zubereiten:

Die Butter zum Kochen bringen und simmern lassen, bis sie eine nussbraune Farbe angenommen hat.

Die Fasanenlebern zusammen mit dem Ei und dem Eigelb in den Mixer geben und fein pürieren.

Die flüssige Butter durch ein Sieb passieren und lauwarm fadenweise untermontieren.

Die Reduktion mit den Gewürzen und der Wildglace zugeben, mitmixen und alles durch ein Sieb gießen.

Die Parfaitmasse in die mit Alufolie ausgekleidete und mit flüssiger Butter ausgestrichene Tunnelform füllen.

Eine Wildente zum Füllen entbeinen
FÜR WARME UND KALTE GERICHTE (GALANTINEN)

Zur Herstellung von Galantinen aus Geflügel eignen sich unter anderem die Wildenten. Das Fleisch und die Haut dienen dabei als Hülle für feine Füllungen. Um sie unverletzt zu gewinnen, ist Sorgfalt bei der Arbeit geboten. Zunächst werden die beiden Endglieder von Flügeln und Beinen entfernt. Für den weiteren Vorgang die Wildente mit der Brustseite auf die Arbeitsfläche legen.

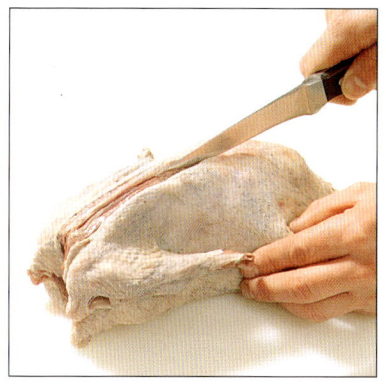

1 Vom Hals aus beidseitig entlang dem Rückgrat bis auf den Knochen einschneiden, die Haut lösen.

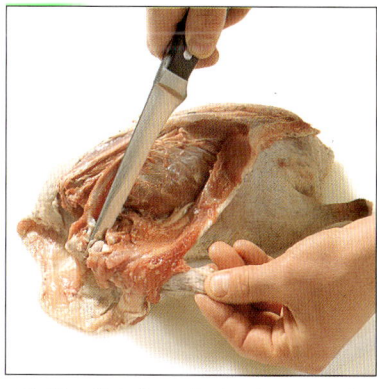

2 Das Schultergelenk ertasten und freilegen. Den Drehpunkt durchtrennen, Knochen durch Drehen lösen.

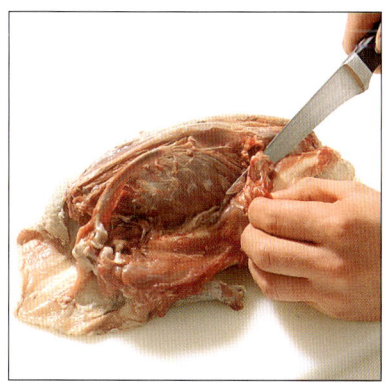

3 Das Fleisch entlang den Rippen bis zum Hüftgelenk lösen. Dieses ertasten, freilegen, den Knochen lösen.

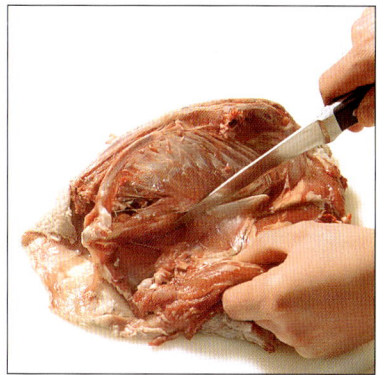

4 Nun das Fleisch ablösen, wieder entlang den Rippen. Die Messerklinge nie zum Fleisch richten.

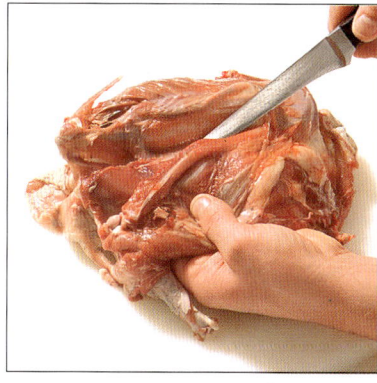

5 Das Brustfleisch beim Übergang zum Brustbein nicht verletzen. In Richtung Knochengerüst schneiden.

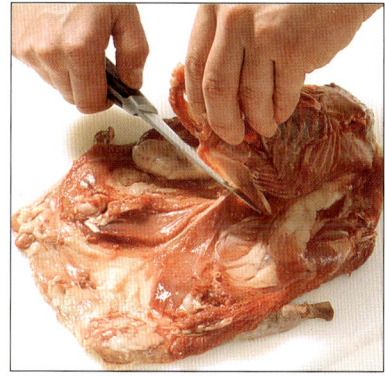

6 Das Brustbein beim Abtrennen vom Fleisch weghalten, die Karkasse im Ganzen herauslösen.

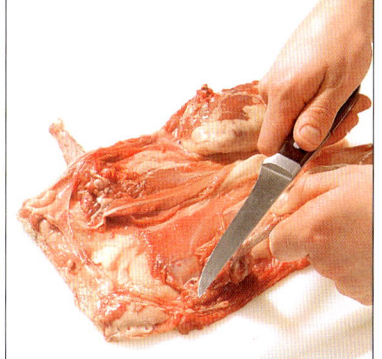

7 Die Flügelknochen freilegen, die Knochenstummel entfernen, das Fleisch nach innen stülpen.

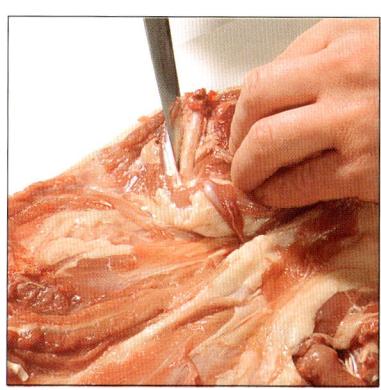

8 Die Oberschenkelknochen freilegen, die Keulenstummel entfernen, das Fleisch nach innen stülpen.

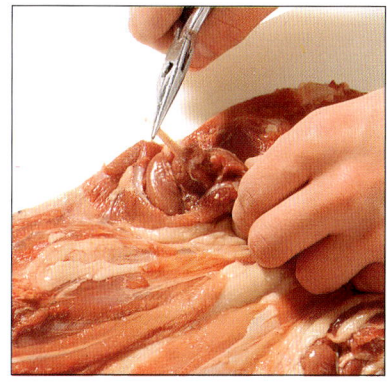

9 Die an Keulen und Flügeln durchtrennten Sehnen mit einer kleinen Flachzange herausziehen.

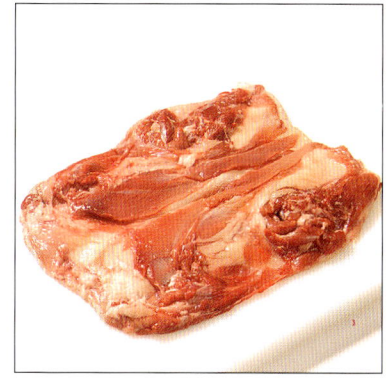

10 Die Brustfilets über unbedeckte Stellen ausbreiten, starke Fettpolster entfernen, Hautränder egalisieren.

Herstellen der Galantine: Das Fleisch klein würfeln und in das Tiefkühlfach stellen. Ist es durchgekühlt, salzen und pfeffern.

1 Das Fleisch in mehreren kleinen Portionen nacheinander in eine Küchenmaschine geben.

2 Die einzelnen Portionen nacheinander und so lange fein mixen, bis ein fester, zäher Fleischteig entsteht.

3 Die eisgekühlte Sahne zugießen und unterrühren, bis sich eine homogene Masse bildet.

4 Die Farce einige Minuten kalt stellen, dann mit einem Teigschaber durch ein feines Sieb streichen.

5 Erneut kühl stellen. Auf Eiswasser setzen und die geschlagene Sahne nach und nach einarbeiten.

6 Ein Probeklößchen abstechen und in siedendem Wasser 5 Minuten garen. Es sollte luftig und locker sein.

7 Den Cognac eingießen und als Einlage Trüffel, Pistazien und Schinken klein geschnitten zufügen.

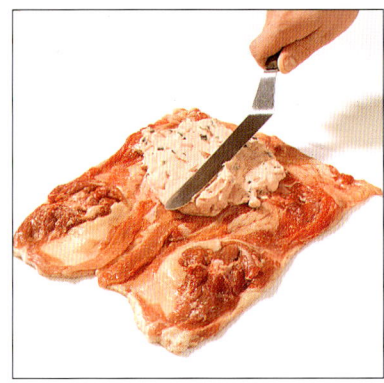

8 Die entbeinte Wildente auf ein feuchtes Tuch legen, salzen, pfeffern. Die Farce darauf verteilen.

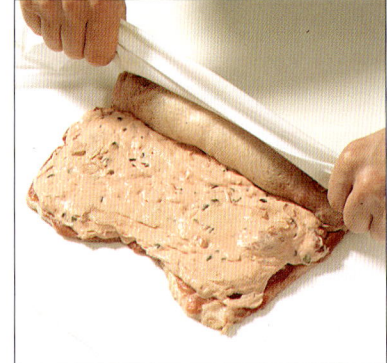

9 Durch gleichmäßiges Anheben des Tuches die Galantine von der Entenbrust zur Keule aufrollen.

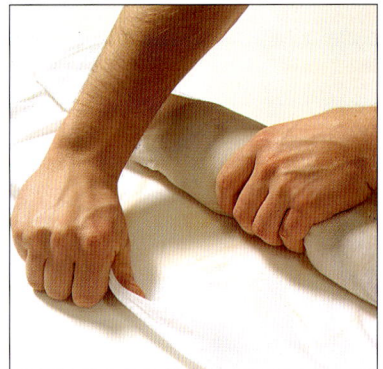

10 Die gerollte Galantine straff in das Tuch wickeln, dabei sollen Hohlräume vermieden werden.

11 Die Tuchenden abbinden und die Rolle gleichmäßig im Zweifingerabstand mit Küchengarn verschnüren.

12 Die Wildentengalantine in kräftiger Wildgeflügelbrühe mit einem Bouquet garni pochieren.

Wildentengalantine
EINE PASTETE DER BESONDEREN ART

Bei Galantinen handelt es sich allgemein um Rollpasteten aus entbeintem und gefülltem Geflügel oder Fleisch. Das hier gezeigte Wildentengalantine-Rezept führt vor, wie eine Wildente entbeint (siehe Seite 383), pikant gefüllt und optisch attraktiv in ihrer Haut gegart wird. Klassische Galantinen hatten das Ziel, die ursprüngliche Form des Tieres nachzubilden, weshalb Keulen- und Flügelknochen am Tier belassen wurden. Da aber Verluste beim Schneiden entstanden und eine gerechte Aufteilung von Brüsten und Keulen nicht möglich war, entwickelte sich eine modernere Form. Heute werden alle Knochen entfernt. Damit verlor die Galantine zwar optisch an Eleganz, sie kann aber immer noch durch ihren unvergleichlichen Geschmack überzeugen.

WILDENTENGALANTINE

(für 10 Portionen)
1 entbeinte Wildente
Für die Füllung:
180 g Wildentenfleisch
Salz, frisch gemahlener weißer Pfeffer
200 ml Sahne, 2 EL geschlagene Sahne
1 cl Cognac, 40 g schwarze Trüffel aus dem Glas
40 g geschälte, eingeweichte Pistazien
80 g gekochter Schinken

Außerdem:
1/2 l Wildgeflügelfond (siehe Seite 276/277)
1 Bouquet garni, 4 Blatt weiße Gelatine
400 g grüne Trauben, 100 g geschlagene Sahne
1 EL gehackte Pistazien
10 kleine, gebackene Weinblätter aus Mürbe- oder Pastetenteig

Bei der Zubereitung der Farce müssen alle Zutaten sehr gut gekühlt sein, damit eine Emulsion entstehen kann. Die Farce, wie in der Bildfolge links beschrieben, zubereiten und − wenn möglich − zwischen den einzelnen Arbeitsschritten kühl stellen. Das Fleisch nie warm werden lassen, da es sonst die Bindung verliert. Gelingt das Probeklößchen nicht, kann die Farce durch Unterrühren von Sahne noch etwas gelockert werden. Es empfiehlt sich, die Galantine in einem kraftigen Wildgeflügelfond etwa 40 Minuten zu garen. Sie muss völlig bedeckt sein mit dem Fond, der stets eine Temperatur von 80 °C haben sollte (mit dem Thermometer kontrollieren). Die Galantine im Fond − völlig bedeckt − auskühlen lassen, eventuell beschweren. Aus dem Tuch nehmen, anhaftendes Fett abstreifen und in Scheiben schneiden. Den Wildfond erneut erhitzen. Die kalt eingeweichte Gelatine darin auflösen. Die Weintrauben häuten, halbieren und entkernen. In Form einer Traube auf Tellern anrichten, eine Scheibe Galantine daneben platzieren. Das Gelee in einer auf Eis gesetzten Schüssel rühren, bis es zäh und dickflüssig ist. Die Trauben und die Galantine damit überziehen und 2 bis 3 Minuten kalt stellen. Mit Schlagsahne und Pistazien verzieren, mit den gebackenen Weinblättern garnieren.

KALTE WILDKÖSTLICHKEITEN

WILDTERRINE

Dieses Beispiel einer Wildterrine hat das Wildbret vom Rehwild als Basis, als Einlage werden die kleinen Filets verwendet. Das Rezept lässt sich problemlos auch auf andere Haarwildarten übertragen und kann vielfältig variiert werden. Für diese wie für alle anderen Terrinen gilt der Grundsatz: je qualitativ hochwertiger das Fleisch, desto besser das Endprodukt. Wildterrinen können mit Geleewürfeln, kalten Saucen, Konfitüren, aber auch mit feinen Früchten, einem Preiselbeerkompott und Salaten serviert werden.

(für 15 Portionen als Vorspeise)
Für die Farce:
400 g schieres Rehwildfleisch aus der Keule
Salz
frisch gemahlener weißer Pfeffer
450 ml Sahne
2 EL geschlagene Sahne
Für die Einlage:
10 Scheiben grüner Speck (à 8 x 16 cm)
100 g gepökelte, gekochte Wildzunge
(vom Hirsch- oder Schwarzwild)
150 g Pfifferlinge
10 g Butter
Salz, frisch gemahlener weißer Pfeffer
6 kleine Rehfilets (à 70 bis 80 g)
2 EL Pflanzenöl
2 EL Wildglace (siehe Seite 272/273)
6 große Wirsingblätter
Außerdem:
10 Wacholderbeeren
20 weiße Pfefferkörner
2 Lorbeerblätter
3 Thymianzweige

GEFÜLLTER WILDTRUTHAHNHALS

(für 2 Portionen als Vorspeise)
1 Wildtruthahnhals
Für die Füllung:
100 g Wildtruthahnfleisch aus der Keule
Salz, frisch gemahlener weißer Pfeffer
110 ml Sahne
20 g geschälte, eingeweichte Pistazien
60 g gekochter Schinken
Außerdem:
1 bis 1,5 l Wildgeflügelfond (siehe Seite 276/277)
1 Bouquet garni (Möhre, Lauch, Knollensellerie)

Truthahnhals vorbereiten und füllen:
Die Haut vom Truthahnhals ablösen, wenden, die Fettpolster entfernen, erneut wenden, an einer Seite abbinden und die Farce mit dem Dressiersack einfüllen.

Das Truthahnfleisch für die Füllung in kleine Würfel schneiden und kalt stellen. Gut durchkühlen lassen, salzen und pfeffern und in einen Mixer geben. Fein pürieren und die gekühlte Sahne nach und nach zufügen. Die Farce durch ein feines Sieb passieren, auf Eis stellen und gut durchkühlen lassen. Vor der Weiterverarbeitung ein Probeklößchen in siedendem Wasser gar ziehen lassen, um die Konsistenz und den Geschmack der Farce beurteilen zu können und, wenn nötig, zu korrigieren. Die Pistazien quer halbieren, den Schinken in kleine Würfel schneiden, zur Farce geben und gut unterrühren. Den Truthahnhals, wie in der Bildfolge links gezeigt, vorbereiten und mit der Farce füllen. Den gefüllten Hals wie die Galantine auf Seite 384/385 in ein Tuch einschlagen und binden. Den Wildgeflügelfond erhitzen, Bouquet garni zufügen, den gerollten Hals in den siedenden Fond einlegen und diesen bei einer gleich bleibender Temperatur von 80 °C etwa 30 Minuten darin garen. Die Rolle im Fond auskühlen lassen, aus dem Tuch schlagen und in Scheiben schneiden. Als Beilage bieten sich ein Rotkraut-Apfel-Salat und Chicoréeblätter an.

Die angegebenen Zutaten sind für eine Pastetenform von 1,2 l Inhalt berechnet. Das Fleisch für die Farce fein würfeln, kalt stellen, salzen, pfeffern und im Mixer fein pürieren. Die kalte Sahne nach und nach einarbeiten und, wie bei der Galantine auf Seite 384/385 beschrieben, mit der geschlagenen Sahne fertig stellen. Die Terrinenform mit den Speckscheiben auslegen und dabei etwa 1/2 cm überlappen lassen, kurz kalt stellen. Nun die Einlagen der Terrine vorbereiten. Die Wildzunge in Scheiben, dann in gleichmäßige Würfel schneiden, die Pfifferlinge putzen, waschen und trockentupfen. Die Butter in einer Pfanne schmelzen, die Pilze darin anschwitzen, salzen und pfeffern, in ein Sieb schütten und gut abtropfen lassen. Die Rehfilets mit Salz und Pfeffer würzen und im heißen Öl rundum kurz anbraten, herausnehmen, abkühlen lassen und mit der Wildglace einpinseln. Die Wirsingblätter in kochendem Salzwasser mit leichtem Biss blanchieren, abschrecken und auf einem Tuch ausbreiten. Die Rehfilets, wie in der Stepfolge beschrieben, einpacken. Die Zungenwürfel und die vorbereiteten Pfifferlinge zur Farce geben und gut unterrühren. Bevor die Zutaten in die Terrinenform gefüllt werden, die freien Schnittkanten der Speckstreifen mit den Fingern

»massieren«, so verbinden sie sich und schließen dicht ab. Die Farce in die Terrine einfüllen, verschließen und die Form in ein siedendes Wasserbad setzen, das knapp bis unter den Rand der Form reicht. In den vorgeheizten Ofen schieben und bei 180 °C etwa 60 Minuten garen. Die Temperatur des Wasserbades kontrollieren, sie soll 80 °C betragen. Den Terrineninhalt mit einem kleinen Brettchen belegen und den Deckel darauf setzen. Durch das Gewicht des Deckels wird die Terrine leicht gepresst. So auskühlen lassen und in Scheiben schneiden.

Für die nächste Schicht 4 Rehfilets, diesmal je 2 nebeneinander, einlegen, mit Farce auffüllen.

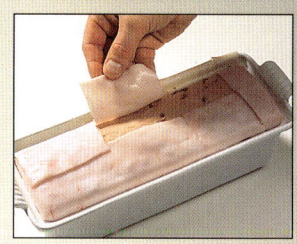

Die restliche Farce einfüllen, glatt streichen und die Speckscheiben als Verschluss darüber schlagen.

Die Terrine füllen und verschließen:

Die Terrinenform mit den Speckscheiben so auslegen, dass diese sich überlappen. Die Form kühl stellen.

Die Terrine mit den Gewürzen und Thymianzweigen hübsch belegen, den Deckel auflegen und im Wasserbad pochieren.

Die kurz angebratenen Rehfilets abkühlen lassen, an den Enden abschneiden und mit Wildglace einpinseln.

Die Mittelrippe der Wirsing- blätter herausschneiden, quadratisch auslegen und mit der Farce bestreichen.

Die vorbereiteten Rehfilets darauf legen, sorgfältig und gleichmäßig fest in die Wirsingblätter einrollen.

Einen Teil der Farce in die Terrinenform streichen, mit einem Löffel der Länge nach eine Vertiefung eindrücken.

Zwei Rehfilets hintereinander in die Vertiefung legen und mit so viel Farce auffüllen, bis sie bedeckt sind.

KALTE WILDKÖSTLICHKEITEN

KALTER REHRÜCKEN

Gebratenes Wildfleisch, kalt serviert, kann eine Delikatesse sein, immer vorausgesetzt, es wurde auch schön saftig gebraten. Wird ein Rehrücken für ein Büffet vorbereitet, dann muss das Fleisch auf jeden Fall mit einem Wildgelee (siehe rechte Seite) vor dem Austrocknen geschützt werden.

1 Rehrücken
Salz, frisch gemahlener weißer Pfeffer
1 EL Pflanzenöl
Zum Auffüllen der Karkasse:
70 g Butter, 30 g gehackte Pistazien
80 g klein geschnittener gekochter Schinken
500 g feine Kalbsleberwurst
Salz, frisch gemahlener weißer Pfeffer
Für die Garnitur:
5 gekochte Eigelbe, 80 g Butter
1 Messerspitze mittelscharfer Senf
1 Prise Salz, frisch gemahlener weißer Pfeffer
einige Spritzer Zitronensaft

Die beiden kleinen Filets des Rehrückens auslösen, salzen, pfeffern, in Öl anbraten und klein würfeln. Den Rehrücken im Ganzen, wie auf Seite 300/301 beschrieben, braten, auf der Karkasse abkühlen lassen und anschließend die Rückenfilets auslösen. Die Lebermousse zum Füllen, wie in der Bildfolge links beschrieben, herstellen, auf die Karkasse montieren und glatt streichen. Die Rückenfilets in leicht schräge Scheiben schneiden. Für die Garnitur die gekochten Eigelbe durch ein feines Sieb streichen. Die Butter in einer Schüssel schaumig rühren, die Eimasse zugeben und mit dem Senf, den Gewürzen und dem Zitronensaft abschmecken. Die Masse in einen Dressiersack mit Sterntülle (Größe 7) füllen und in der Mitte des Rückens aufspritzen.

Lebermousse:
Die Butter schaumig rühren, die Pistazien, den Schinken, die gewürfelten Filets und die geschnittene Leberwurst untermengen und abschmecken. Schnell arbeiten, da die Masse nicht zu warm werden darf.

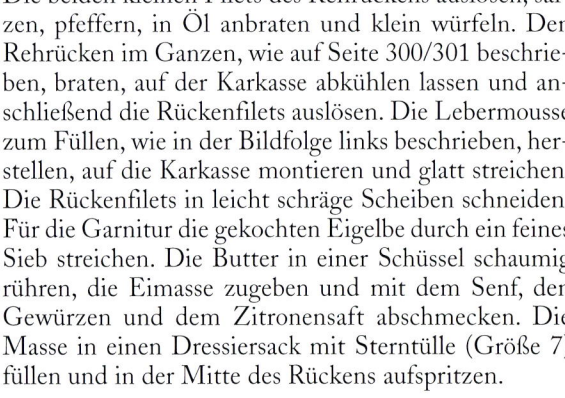

Karkasse montieren und belegen:

Die Lebermousse in einen Dressiersack mit großer Lochtülle füllen und die Karkasse damit auffüllen.

Die Mousse gleichmäßig – auch auf den Stirnseiten – auftragen und mit einer Palette sorgfältig glatt streichen.

Die Filetscheiben gleichmäßig auflegen, dabei überlappen lassen. Die Bratkanten sollen sichtbar sein.

Der Rehrücken
IM GANZEN GEBRATEN, KALT SERVIERT

Der kalt aufgeschnittene und garnierte Rehrücken ist wohl das beliebteste Objekt für kalte Büffets und Empfänge. Von allen Klassikern praktiziert, ist er heute noch Ausdruck von Eleganz und Exklusivität. In Verbindung mit Gelees, kalten Saucen und Kompott steht er als das Feinste vom Reh immer im Vordergrund. Da der im Ganzen garnierte Rücken oft über einen längeren Zeitraum attraktiv und frisch aussehen muss, wird er mit Wildgelee überglänzt. Zum Auffüllen (Montieren) der entstandenen Hohlräume der Karkasse verwendet man eine Mousse von Leber oder Schinken oder auch einen mit wenig Gelee angereicherten Waldorfsalat.

WILDGELEE

9 Blatt weiße Gelatine
3/4 l Wildkraftbrühe (siehe Seite 274/275)
Salz
Außerdem:
je 1 Kiwi und Feige

Die Gelatine in kaltem Wasser einweichen und in der erhitzten Wildkraftbrühe auflösen, salzen und abkühlen lassen. Die aufgelegten Filetscheiben damit überglänzen und abkühlen lassen. Das restliche Gelee auf die vorgekühlte Anrichteplatte gießen und stocken lassen. Den Rehrücken darauf anrichten, mit Kiwistücken und Feigenvierteln dekorieren und servieren. Wer den Rücken für ein Büffet vorbereitet und mehrere Stunden stehen lassen muss, sollte auch das aufgespritzte Eigelbdekor mit Gelee überglänzen.

Kalter Rehrücken mit Holunderkompott

Ein im Ganzen zubereiteter und garnierter Rehrücken ist für kleinere Anlässe oder für Portionsgerichte ungeeignet. Als Tellergericht serviert, bietet sich hier die gewünschte Alternative an. Zeitgemäß und frisch angerichtet, findet man ihn auf vielen Speisekarten. Pro Portion werden etwa 100 bis 120 g Rückenfilet gerechnet, das erst kurz vor dem Anrichten aufgeschnitten und mit frischen Salaten und Früchten, auch mit kleinen Würfeln von Wildgelee serviert wird. Eine harmonische Beigabe ist ein Holunderkompott mit Äpfeln und Birnen (siehe Seite 262/263).

Glossar

Abbalgen: engl. to skin (hare, rabbit); franz. dépouiller (lièvre, lapin). Entfernen des Fells bei Hase und Wildkaninchen.

Abschärfen: engl. to scrape off; franz. couper. Abtrennen mit dem Messer.

Abschussplan: engl. game harvest plan; franz. plan de tir. Zahlenmäßige Festlegung der pro Wildart und Jagdsaison zu erlegenden Tiere.

Abschwarten: engl. to skin; franz. dépouiller. Entfernen des Fells bei Wildschweinen.

Absteifen: Bezeichnung für kurzes Anbraten von Lebern, Nieren, Filets, Fisch.

Alttier: engl. adult hind, mature hind; franz. biche, adulte. Weibliches Hirschwild nach dem Setzen des ersten Kalbes.

Amuse-bouche, Amuse-gueule: Appetithäppchen, die zum Aperitif gereicht werden.

Anbraten: Kurzes Braten in Fett bei starker Hitze, damit sich die Poren schließen und Bräunung sowie Röststoffe entstehen.

Anschwitzen: In Fett angehen lassen bei geringer Hitze, ohne dass das Gargut Farbe annimmt.

Ansitzjagd: engl. still hunt; franz. chasse à l'affût. Von einem Hochsitz u.ä. aus ausgeübte Jagd.

Aufbruch: engl. gralloch(ing); franz. viscères. Aus dem Körper entfernte Eingeweide.

Ausbacken: In reichlich heißem Fett schwimmend goldgelb backen.

Aus der Decke schlagen: engl. to skin; franz. dépouiller. Entfernen des Fells vom Wildkörper.

Aushakeln: engl. to clean the bird; franz. à l'aide d'un crochet. Ausweiden von Wildgeflügel durch den Darmausgang mit einem Haken.

Auslassen: Speck anbraten, bis das Fett ausgelaufen und der Speck goldbraun ist.

Ausstechen: Fleischteile mit einer Fleischgabel entnehmen, zum Beispiel bei der Zubereitung eines Ragouts.

Ausweiden: engl. to disembowel; franz. vider. Entfernen der Eingeweide aus dem Wildkörper.

Auswildern: engl. to introduce, to release (game); franz. introduire, lâcher (gibier). Aussetzen von Wildtieren zum Zwecke der Begründung, der Erhaltung oder der Mehrung ihres Vorkommens.

Bache: engl. female wild boar; franz. laie. Weibliches Wildschwein.

Backen: Garen ohne Fettzugabe in trockener, heißer Luft.

Balg: engl. hide; franz. peau. Fell vom Hasen und Wildkaninchen.

Bardieren: Mit Speckscheiben belegen und mit Küchengarn binden.

Basthaut: engl. velvet; franz. velours. Samtartiges Hautgewebe, das die heranwachsenden Geweihstangen bei Hirschen umhüllt.

Beize: siehe Marinade.

Bestauben: Mit Mehl bestreuen.

Blanchieren: Abwällen in kochendem Wasser, um Lebensmittel vorzubereiten, Verunreinigungen zu beseitigen oder um Häute/Schalen besser entfernen zu können.

Blanquette: Weißes Ragout.

Blatt: engl. shoulder-blade; franz. épaule. Schulter bei Haarwild.

Blume: engl. scut, tail (hare, rabbit); franz. queue (lièvre, lapin). Bezeichnung für den Schwanz bei Hase und Wildkaninchen.

Bouchée: Mundbissen, Pastetchen, »Teighüllen«. Blindgebackener Teig – Krustade oder Pastetenhaus (Vol-au-vent). Ein Bouchée wird mit einer warmen Füllung serviert. Kann auch süß sein. Als Vorspeise, Zwischengericht, Dessert

Bouquet garni: Kräutersträußchen aus Petersilie, Thymian und Lorbeerblatt, je nach Zubereitung auch mit Gemüse und anderen Kräutern zusammengestellt.

Braisieren: Andere Bezeichnung für Schmoren, in anderen europäischen Ländern steht der Begriff auch für Dünsten, Dämpfen, kurzes Kochen.

Braten: Garen in heißem Fett im offenen Geschirr in trockener, heißer Luft.

Brioche: Hefekuchen, Hefebrot, ungezuckerter Hefeteig für Pasteten.

Broiler: Internationale Bezeichnung für Hühnchen und Hähnchen.

Brunftig: engl. rutting; franz. en rut, en chaleur. Paarungswilliges Haarwild. Bezeichnung für Geruch und Geschmack bei Wildbret, das von in der Paarungszeit erlegtem Haarwild stammt.

Brunoise: Bezeichnung für in feinste Würfel geschnittenes Gemüse.

Bürzel: engl. tail (game birds); franz. vrille (gibier à plumes). Hinterteil bei Wildgeflügel.

Chemisieren: Ausgießen bzw. Auskleiden einer Form oder Teighülle gleichmäßig dünn mit Gelee als »Mantel« für eine Füllung.

Chicken oyster: Austernförmige Fleischstücke aus dem Rücken des Huhns, deren Qualität dem Filet entspricht.

Consommé: Kraftbrühe, besonders kräftige klare Fleischbrühe. Eine Consommé double ist eine doppelte Kraftbrühe.

Crépinette: Netzwürstchen.

Croûton: Kleine, goldbraune Brotwürfel, in schäumender Butter gewendet.

Curry: Indisches Nationalgericht. Ein Ragout aus Fleisch – vorrangig Geflügel, Fisch oder Gemüse, sehr delikat gewürzt und mit körnig gekochtem Reis oder Brot serviert.

Dämpfen: Garen im Wasserdampf auf einem Loch- oder Siebeinsatz im geschlossenen Topf.

Decke: engl. coat; franz. pelage. Fell bei Haarwild.

Dressieren: In die ursprüngliche oder eine gewünschte Form bringen, bei Geflügel mit Hilfe eines Fadens.

Dressiersack: Spritzbeutel.

Drückjagd: engl. to drive game (with dogs); franz. pousser le gibier (avec chien). Das Aufscheuchen von Schalenwild mit Hunden in Richtung wartender Schützen.

Dünsten: Garen in wenig Fett, im eigenen Saft oder unter Zugabe von wenig Flüssigkeit im geschlossenen Topf.

Duxelles: Gehackte Pilze mit in Butter angeschwitzten Schalottenwürfeln.

Einkochen: siehe reduzieren.

Entfetten: Überschüssiges Fett entfernen. Dies kann mit einer Schöpfkelle erfolgen oder durch Absaugen mit Küchenpapier. Die einfachste Methode zu entfetten ist es, die erkaltete Fettschicht von der Oberfläche abzuheben.

Erlegen: engl. to bag; franz. tuer, abattre. Abschuss von Wildtieren nach festgelegter jagdrechtlicher Vorschrift.

Essenz: Konzentriert eingekochter Fond.

Extrakt: Eingedickte Essenz.

Farce: Füllung für Pasteten, Terrinen, Galantinen, Fleischteile, Geflügel, Fisch oder Gemüse; sie besteht aus püriertem Fleisch, Fisch oder Gemüse, wird pikant gewürzt und gebunden.

Federwild: engl. feathered game; franz. gibièr à plumes. Dem Jagdrecht unterliegende Wildvögel.

Feist: engl. grease, snet; franz. suif, graisse. Fett bei Haarwild.

Fond: Flüssigkeit, die beim Garen von Fleisch und/oder Knochen entsteht und das Aroma des Gargutes angenommen hat. Grundbrühe für Suppen und Saucen.

Frikassee: Weißes Ragout von Geflügel, Kalb oder Lamm.

Frischling: engl. gruntling; franz. marcassin. Wildschwein in den ersten Lebensmonaten.

Frittieren: Schwimmend garen in heißem Fett bei gleich bleibender Temperatur.

Galantine: Rollpastete. Ein ausgebeintes Tier – vornehmlich Geflügel und Fisch – wird mit einer Farce gefüllt, zusammengerollt, gebunden und in einem passenden Sud pochiert.

Garnitur: Beilage, Umlage, Einlage in Suppen oder Verzierung.

Garziehen: Das langsame Garen in Flüssigkeit unter dem Siedepunkt.

Gatter: engl. emparked reserve; franz. clôturée. Umzäuntes Feld- oder Waldgebiet.

Gatterwild: engl. park deer; franz. gibier de réserve. In umzäuntem Gebiet gehaltene Wildtiere.

Glace: Fleischextrakt. Eine so stark eingekochte, gelierende Fleischbrühe, dass sie im kalten Zustand schnittfest ist.

Glacieren: Übergießen von Braten mit entfettetem Fond, um beim Erhitzen Farbe und Glanz zu geben. Kalte Gerichte mit einer Glace überziehen, die ausschließlich erstarrt, glänzt und ein Austrocknen verhindert.

Gratinieren: Überkrusten, überbacken. Abschließendes Garen bereits gegarter Lebensmittel durch offenes Überbacken in trockener Hitze.

Grillen: Das Garen und Bräunen mit oder ohne Fettzugabe entweder bei Strahlungshitze im Ofen oder über Holzkohle.

Grüner Speck: Frischer, fetter Speck, nicht gesalzen, nicht geräuchert.

Haarwild: engl. furred game; franz. gibier à poil. Wildtiere, die ein Fell tragen.

Hautgoût: Geruch beziehungsweise Geschmack von Wild, der durch die Zersetzung des Fleischeiweißes beim langen Abhängen entsteht.

Hege: engl. wildlife conservation; franz. préservation du gibier. Erhaltung des Wildes und seiner Lebensräume durch Jäger.

Hirsch: engl. stag; franz. cerf. Das männliche Tier bei Hirschwild.

Jagdzeit: engl. hunting-(shooting-)season; franz. période d'ouverture de la chasse. Zeit, in der auf bestimmte Wildtiere Jagd gemacht werden darf.

Jägerrecht: engl. humble-pie, hunter's part; franz. droit du chasseur. Dem Erleger von Schalenwild traditionell zustehende Innereien des Tieres.

Julienne: In feinste Streifen geschnittenes Fleisch, Gemüse, Fruchtschalen und so weiter.

Jus: Bratensaft, Fleischsaft, Fruchtsaft.

Kahlwild: engl. hinds and calves; franz. biches et faons. Weibliche Tiere und Jungtiere ohne Kopfschmuck bei Hirschwild.

Kapaun: Kastrierter Hahn.

Karkasse: Gerippe von kleinen Tieren, hauptsächlich von Geflügel und Krustentieren.

Kasserolle: Flacher, schwerer Brat- oder Schmortopf mit Deckel.

Keiler: engl. tusker; franz. sanglier mâle. Männliches Wildschwein.

Kitz: engl. kid; franz. faon. Reh beiderlei Geschlechts in den ersten Lebensmonaten.

Klären: Flüssigkeiten von Trübstoffen befreien.

Kochen: Garen in viel wallender Flüssigkeit bei gleich bleibend 100 °C.

Kropf: engl. oitred (crop); franz. goître. Bezeichnung für die beutelförmige Erweiterung der Speiseröhre bei Hühnervögeln.

Kurzbraten: Schnelles Garen und Bräunen in wenig heißem Fett in der offenen Pfanne.

Latschen: engl. palmiped leg; franz. pied palmé. Schwimmfüße beim Wassergeflügel.

Läuterzucker: Zuckersirup.

Lecker: engl. tongue; franz. langue. Benennt die Zunge bei Haarwild.

Legieren: Sämigmachen (Binden) von Flüssigkeiten oder Speisen mit Eigelb.

Marinade: Zum Marinieren dienende gewürzte Flüssigkeit. Auch Beize genannt.

Marinieren: In eine Marinade einlegen, um Geschmack zu übertragen und um Haltbarkoit und Struktur zu verbessern.

Mauser: engl. moult, franz. mue. Wechsel des Federkleides bei Vögeln.

Melieren: Vermischen, etwas unterziehen.

Mirepoix: In Würfel geschnittenes Röstgemüse, Beigabe zu Brühen, Suppen, Saucen, Braten.

Montieren: Aufschlagen, unterheben.

Mousse: Auch Schaumbrot genannt. Fein schmelzende, auf der Zunge zergehende Farce aus Fleisch (Geflügel, Wild, Kalb), Leber oder Fisch und Sahne. Auch aus Gemüse kann eine Schaumfarce zubereitet werden.

Navetten: Speiserüben. Navetten sind winterharte, zweijährige Pflanzen.

Pansen: engl. stomach, paunch; franz. panse, estomac. Magen bei Gras fressendem Haarwild.

Parfait: Farce aus besonders edlen Zutaten, mit Gelatine oder Eigelb gebunden, nach Belieben mit geschlagener Sahne gelockert. Ein Parfait kann gestürzt und aufgeschnitten werden.

Parieren: Zurechtschneiden, überflüssige Fleisch- und Fettteile wegschneiden.

Parüren: Reste, die zum Beispiel beim Zurechtschneiden von Fleisch entstehen.

Passieren: Flüssigkeit, die auch gegarte Bestandteile enthalten kann, durch ein feines Sieb oder durch ein Tuch gießen, streichen oder drücken.

Pastete: Oberbegriff für Terrinen, Galantinen, Bouchées. In der Regel wird darunter aber die im Teigmantel gebackene Farce – mit und ohne feste Einlagen – verstanden.

Pie: Oberbegriff für englische Schüssel-Pasteten. Sie haben immer einen Teigdeckel. Die Füllung oder Farce darunter kann jedoch in eine mit Teig ausgelegte Backform oder direkt in eine Pie-Schüssel kommen.

Pirsch(jagd): engl. stalking; franz. chasse à l'approche. Jagdausübung zu Fuß.

Plattieren: Gemeint ist das Klopfen von Fleisch, um das Gewebe zu lockern.

Pochieren: Garen in nicht zu viel Flüssigkeit unter dem Siedepunkt.

Poêlieren: Dünsten mit leichter Farbgebung, »Hellbraun dünsten«. Garmethode für helles Geflügelfleisch, Kalbfleisch, Fisch und Federwild.

Poularde: Bezeichnung für ein schweres, fleischiges Hähnchen.

Poule: Henne.

Poulet: Hühnchen.

Pürzel: engl. tail (wild boar); franz. vrille. Schwanz beim Wildschwein.

Quiche: Pikante Torte. Für einen knusprigen Boden wird der Teig (ohne Füllung/Belag) vorgebacken.

Ragout: Bezeichnung für ein Schmorgericht aus Fleisch-, Fisch- oder Gemüsestücken. Gemeinsam ist allen Ragouts, dass sie mit einer gewürzten Sauce gebunden werden.

Rauschzeit: engl. rutting season; franz. temps du rut. Paarungszeit beim Schwarzwild.

Reduktion: Stark eingekochte Flüssigkeit.

Reduzieren: Einkochen, verringern einer Flüssigkeitsmenge durch leichtes Kochenlassen.

Rehbock: engl. roe-buck; franz. brocard. Männliches Tier beim Rehwild.

Revier: engl. hunting-territory; franz. canton de chasse. Begrenzte Wald- und Feldfläche, auf der die Jagd ausgeübt werden darf.

Ricke: engl. roe-doe; franz. chevrette. Weibliches Tier beim Rehwild.

Rösten: Das Garen und Bräunen ohne Fett durch unmittelbare Kontaktwärme bei gleich bleibend hoher Temperatur.

Roux: Mehlschwitze, Einbrenne. Grundlage für gebundene Saucen und Suppen.

Ruder: siehe Latschen.

Rupfen: engl. to pluck, to pull up; franz. plumer. Herausziehen der Federn bei Wildgeflügel.

Salmi: Braunes Ragout vom Wildgeflügel.

Salpicon: Bezeichnet in kleine Würfel geschnittenes Fleisch, Gemüse oder Früchte. Es wird mit einer Sauce gebunden.

Salzlecke: engl. salt lick; franz. pain salé, saunière. Natürlicher oder künstlich angelegter Salzstock für Wild.

Saté: Auch in den Schreibweisen Satee, Sateh, Satay bekannt. Indonesische Fleischspießchen, die auf der berühmten indonesischen Reistafel nicht fehlen dürfen.

Saufeder: engl. boar spear; franz. épieu de chasse. Bezeichnet eine Speziallanze zum Töten von Wildschweinen.

Schalenwild: engl. cloven-hoofed game; franz. ongulès. Haarwild, dessen Läufe in geteilte Hornschalen (Paarhufer) enden.

Schärfen: siehe abschärfen.

Schild: engl. shield (wildboar), franz. armure (sauglier). Bezeichnet dickes Schwartenteil über den Schulterblättern und über dem Nackenansatz beim Schwarzwild.

Schmalreh: engl. roe-doe in second year; franz. jeune chevrette. Bezeichnung für Weibliches Rehwild im zweiten Lebensjahr.

Schmalspießer: engl. brocket; franz. daquet. Männliches Hirschwild im zweiten Lebensjahr.

Schmaltier: engl. jinnock, hearst; franz. bichette. weibliches Hirschwild im zweiten Lebensjahr.

Schmoren: Anbraten und bräunen in heißem Fett mit anschließender Flüssigkeitszugabe und Fertiggaren im geschlossenen Topf.

Schonzeit: engl. fence months; franz. temps prohibé. Zeit, in der die Jagdausübung ruht.

Schrot: engl. shot; franz. plomb. Kleine Blei- oder Stahlkugeln, die verschossen werden.

Schwarte: engl. hide; franz. paroi. Haut mit Haaren beim Schwarzwild.

Schwarzwild: engl. wild boar; franz. sanglier, bêtes noires. Wildschwein.

Shiitake-Pilz: Ostasiatischer Speisepilz, der auch in Europa kultiviert wird. Er wird getrocknet in ganzen Hüten importiert, meist aus Japan, China und Korea. Die Pilze müssen über Nacht in lauwarmem Wasser eingeweicht werden, sind sehr aromatisch und unverzichtbar in der chinesischen und japanischen Küche.

Sojasauce: Aus Sojabohnen, Salz, geröstetem Weizen und Hefe hergestellte Würzsauce, die vor allem in der ostasiatischen Küche gebräuchlich ist.

Die dunkle Sojasauce hat mehr Farbe als Geschmack, die helle Sojasauce ist mild im Aroma und passt gut zu Gemüse und hellem Fleisch, und die rote Sojasauce, die kräftig im Geschmack ist, wird am vielseitigsten verwendet, vor allem zu herzhaften Zubereitungen.

Sporn: engl. dagger; franz. éperon. Stumpfe bis spitze Knochenbildung oberhalb der Zehenglieder an der Rückseite der Ständer von Fasanenhähnen.

Ständer: engl. leg, tarse; franz. tarse. Meint die Beine beim Wildgeflügel.

Strecke: engl. gamebag; franz. tableau de chasse. Bezeichnet das Ergebnis an erlegtem Wild nach einer Jagd(saison).

Suhle: engl. wallow; franz. souille. Schlammloch, in dem sich Hirsch- und Schwarzwild wälzen.

Tahin: Sesampaste, eine Würzpaste der orientalischen Küche, hergestellt aus gemahlenem Sesam, manchmal gesalzen. Die helle Paste aus geschältem Sesam ist milder als die dunkle aus ungeschälter Saat.

Terrine: Unverhüllte Farcen, in mit Speckstreifen oder Folie ausgelegte Spezialform gefüllt und im Wasserbad im Ofen gegart.

Timbal: Becherpastete.

Timbalform: Becherartige Form oder Förmchen zum Stürzen.

Tournieren: Durch Zuschneiden Form geben.

Träger: engl. neck; franz. encolure, cou. Meint den Hals bei Schalenwild.

Tranche: Scheibe, Schnitte.

Tranchieren: Zerlegen oder aufschneiden, servierbereit machen.

Treibjagd: engl. driven game shooting; franz. chasse en battue. Jagd, bei der das Wild durch Menschen (Treiber) und Hunde den Schützen zugetrieben wird.

Überläufer: engl. yearling boar; franz. bête de compagnie. Wildschwein im zweiten Lebensjahr.

Velouté: Weiße Grundsauce.

Waidgerecht: engl. huntsmanlike, franz. conforme au code d'honneur de la chasse. Entsprechend den genau festgesetzten und überlieferten jagdlichen Regeln.

Waidwund: engl. shot in the belly; franz. touché dans le grandes nandescu. Schuss durch den Bauchraum mit Verletzung von Magen und Darm.

Wedel: engl. tail of deer; franz. queue (cerf). Schwanz bei Hirschwild.

Widder: engl. ram; franz. bélier. Männliches Tier bei Wildschafen.

Wildbret: engl. game; franz. venison. Das Fleisch von Wildtieren.

Wildgatter: siehe Gatter.

Wildgeflügel: siehe Federwild.

Wildkammer: engl. holding cover of game; franz. remise du gibier. Raum zur Aufbewahrung, zum Abbalgen oder zum Aus-der-Decke-Schlagen und Zerwirken von Wild.

Wurf: engl. snout; franz. boutoir. Name für den Rüssel beim Wildschwein.

Zerwirken: engl. to cut up, to disjoint; franz. dépecer, défaire. Einen Wildkörper in seine Einzelteile zerlegen.

Zesteur: Spezialmesser zum Schneiden von Julienne (feinste Streifen) beziehungsweise Zesten (dünn abgeschälte Zitrusschale).

Ziemer: engl. saddle; franz. cimier (cerf). Rücken beim Haarwild.

Zurichten: engl. to prepare game; franz. préparation de venison. Wildbret für die Verarbeitung in der Küche herrichten.

Impressum

Verlag　© 2001 Teubner Edition, Grillparzerstr. 12, D-81675 München
Teubner Edition ist ein Unternehmen des Verlagshauses
Gräfe und Unzer, Ganske Verlagsgruppe

Produktion　Cookbook Packaging by Teubner Foodfoto GmbH
Frauenbergstr. 40 D-87645 Schwangau

Administration　Margit Fröhle
Claudia Hill, Andrea Mohr

Küche　Andreas Miessmer, Walburga Streif, Christine Reuland
Barbara Mayr, Eftichia Simopoulou

Fotografie　Dorothee Gödert, Kerstin Mosny, Arabella Schwarzkopf, Christian Teubner
Andreas Nimptsch, Odette Teubner

Redaktion　Gabriele Heßmann, Inken Kloppenburg, Dr. Ute Paul-Prößler
Mischa Gallé, Pascale Veldboer
Heidrun Boikat, Simone Hoffmann, Katrin Wittmann

Layout/DTP　Susanne Mühldorfer, Dietmar Pachelhofer
Annegret Rösler, Gabriele Wahl

Herstellung　Susanne Mühldorfer, Dietmar Pachlhofer
Annegret Rösler, Gabriele Wahl

Reproduktion　PHG-Lithos GmbH, 82152 Martinsried
Repromayer GmbH & Co. KG, 72770 Reutlingen-Betzingen

Druck　Dr. Cantz'sche Druckerei GmbH & Co. KG, 73760 Ostfildern

BILDNACHWEIS

S. 205/5 Foto: Peter Primusz/Ungarn; S. 206/1 Foto: Fotovermerk Neuseeland Wild,
Kommunikation & Marketing V. Stoltz/Bonn; S. 212/1 Foto: Gerhard Mages, Ober-
jäger in Elmen; S. 216 Zeichnung, S. 232 Zeichnung: Waltraud Berger.

WIR DANKEN:
allen, die durch ihre Beratung, Hilfe und tatkräftige Unterstützung zum Gelingen
dieses Buches beigetragen haben, insbesondere für das Thema Geflügel Herrn
Werner Frey; Firma Rungis, Satteldorf; Geflügel Giehl, Peiting; Geflügel Karmann,
Holzheim; Firma Hetzenecker, Neumarkt/St. Veith; Bundesverband Deutscher
Straußenzüchter e.V., Odenbach; Straußenfarm Donaumoos, Horst Engelhardt,
Leipheim-Riedheim. Und für das Thema Wild Herrn Ernst Arabin, Fleisbach,
Hessen; Firma Ager, Wildschinken und -würste, Söll/Tirol; Firma Karl Berger
GmbH, Wildschinken und -würste, Ortenburg/Bayern; Wildhandel Franz Bernet,
Nürnberg; Herr Brodersen, Zerwirkgewölbe – München; Dr. Wolfgang Dertz, Herrn
Rudolf Kopp, Hessische Landesforstverwaltung, Wiesbaden; Prof. Dr. Klaus Düwel,
Göttingen; Herrn Keul, Seeg; Revierjäger Fritz Mayr, Erpfendorf, Tirol; MAVAD,
ungarische Aktiengesellschaft für Wild-Wirtschaft und -Handel, Budapest; New
Zealand Game Industry Board, Neuseeland; Prof. Dr. Franz Josef Rankl, Kitz-
bühel/Tirol; Prof. Dr. Dr. Christian Ring, Hannover; Dr. Stefan Völl, Bundes-
verband für landwirtschaftliche Wildhaltung e.V., Bonn; Herrn Robert Wright,
Aberdeen, Schottland.

ISBN 3-7742-3325-X